CB068966

COMENTÁRIOS
AO
CÓDIGO PENAL

**NÉLSON HUNGRIA**
Membro da Comissão Revisora do Anteprojeto do Código Penal.
Membro da Comissão Elaboradora dos Anteprojetos da Lei das Contravenções
Penais e do Código de Processo Penal. Ministro do Supremo Tribunal Federal

**RENÉ ARIEL DOTTI**
Corredator dos anteprojetos da Lei n. 7.209/1984 (reforma da Parte Geral do Código
Penal) e da Lei n. 7.210/1984 (Lei de Execução Penal). Medalha Mérito Legislativo da
Câmara dos Deputados (2007). Professor Titular de Direito Penal. Advogado

# COMENTÁRIOS AO CÓDIGO PENAL

Dec.-Lei n. 2.848, de 7 de dezembro de 1940

Lei n. 7.209, de 11 de julho de 1984

Volume I

Tomo I

Arts. 1º a 10

Arts. 1º a 12

6ª edição

**G|Z EDITORA**
Rio de Janeiro
2019

6ª edição – 2014
6ª edição – 2017 – 2ª tiragem
6ª edição – 2019 – 3ª tiragem

© Copyright
*Nélson Hungria*

Atualizador
*René Ariel Dotti*

Capa: Bruna C. Montenegro

CIP – Brasil. Catalogação-na-fonte.
Sindicato Nacional dos Editores de Livros, RJ.

---

H916c
6. ed.
v. I

Hungria, Nélson, 1891-1969

Comentários ao Código Penal: dec.-Lei n. 2.848, de 7 de dezembro de 1940 Lei n. 7.209, de 11 de julho de 1984 / Nélson Hungria; René Ariel Dotti. – 6. ed. - Rio de Janeiro: LMJ, 2014.
460 p.; 24 cm.

Inclui bibliografia

ISBN 978-85-62027-52-9

1. Brasil. Código de processo penal militar. 2. Direito penal - Brasil. I. Dotti, René Ariel. II. Título.

14-14125
CDU: 344.3(81)

---

O titular cuja obra seja fraudulentamente reproduzida, divulgada ou de qualquer forma utilizada poderá requerer a apreensão dos exemplares reproduzidos ou a suspensão da divulgação, sem prejuízo da indenização cabível (art. 102 da Lei nº 9.610, de 19.02.1998).

Quem vender, expuser à venda, ocultar, adquirir, distribuir, tiver em depósito ou utilizar obra ou fonograma reproduzidos com fraude, com a finalidade de vender, obter ganho, vantagem, proveito, lucro direto ou indireto, para si ou para outrem, será solidariamente responsável com o contrafator, nos termos dos artigos precedentes, respondendo como contrafatores o importador e o distribuidor em caso de reprodução no exterior (art. 104 da Lei nº 9.610/98).

As reclamações devem ser feitas até noventa dias a partir da compra e venda com nota fiscal (interpretação do art. 26 da Lei nº 8.078, de 11.09.1990).

Reservados os direitos de propriedade desta edição pela
GZ EDITORA

e-mail: contato@editoragz.com.br
www.editoragz.com.br
Av. Erasmo Braga, 299 - sala 202 – 2º andar – Centro – Rio de Janeiro – RJ – CEP 20010-170
Tels.: (0XX21) 2240-1406 / 2240-1416 – Fax: (0XX21) 2240-1511

Impresso no Brasil
*Printed in Brazil*

# ÍNDICE SISTEMÁTICO

### PRIMEIRA PARTE
### Nélson Hungria

| | |
|---|---|
| **Art. 1º Anterioridade da lei** | 3 |
| 1. Princípio da legalidade | 5 |
| 2. Evolução histórica do "nullum crimen, nulla poena sine lege" | 15 |
| 3. Analogia e interpretação | 34 |
| 4. Analogia "in bonam partem" | 63 |
| 5. O costume | 65 |
| 6. Erros da lei | 65 |
| 7. Leis penais em branco | 66 |
| 8. Tecnicismo jurídico-penal | 66 |
| 9. Arbítrio judicial | 69 |
| **Arts. 2º e 3º Lei penal no tempo – Lei excepcional ou temporária** | 71 |
| 10. A lei penal no tempo. Direito penal transitório | 73 |
| 11. A lei nova mais favorável | 77 |
| 12. "Abolitio criminis" | 79 |
| 13. Mudança da natureza da pena | 80 |
| 14. Pena menos rigorosa quanto ao modo de execução | 80 |
| 15. Redução quantitativa da pena | 81 |
| 16. Modificativos da pena | 81 |
| 17. Benefícios | 82 |
| 18. Causas extintivas de punibilidade | 84 |
| 19. Condições de processabilidade | 86 |
| 20. Causas excludentes de responsabilidade, de crime, de pena ou de culpabilidade | 86 |
| 21. Penas acessórias | 87 |
| 22. Exclusão de extradição | 87 |
| 23. Casos duvidosos | 87 |
| 24. Tempo do crime | 87 |
| 25. Crimes permanentes e continuados | 89 |
| 26. Leis intermédias | 89 |
| 27. Leis penais em branco | 90 |
| 28. Leis interpretativas ou corretivas | 90 |
| 29. Medidas de segurança e direito transitório | 90 |
| 30. Leis excepcionais ou temporárias | 90 |

# Índice

| | |
|---|---|
| 31. Conflito aparente de normas | 95 |

**Arts. 4º a 7º Lugar do crime – Extraterritorialidade – Pena cumprida no estrangeiro – Eficácia de sentença estrangeira** ........ 98, 99

| | |
|---|---|
| 32. A lei penal no espaço | 103 |
| 33. A regra adotada pelo Código e suas exceções | 105 |
| 34. Lugar do crime | 106 |
| 35. Território nacional | 111 |
| 36. Domínio fluvial | 116 |
| 37. Domínio marítimo | 116 |
| 38. Domínio aéreo | 118 |
| 39. Navios e aeronaves | 119 |
| 40. Imunidades diplomáticas | 123 |
| 41. Convenções, tratados, regras de direito internacional | 126 |
| 42. Imunidades parlamentares | 127 |
| 43. Crimes cometidos no estrangeiro. Extraterritorialidade | 128 |
| 44. A regra "non bis in idem" | 138 |
| 45. Exequibilidade de sentença penal estrangeira | 140 |

**Arts. 8º a 10 Contagem de prazo – Frações não computáveis da pena – Legislação especial** .............. 143

| | |
|---|---|
| 46. Decurso de prazo | 144 |
| 47. Frações não computáveis da pena | 145 |
| 48. Legislação especial | 145 |

## SEGUNDA PARTE
### René Ariel Dotti

*Siglas utilizadas* .............. 149

**Art. 1º Anterioridade da lei** .............. 153

**PRINCÍPIO DA LEGALIDADE** .............. 156

| | |
|---|---|
| § 1º O marco constitucional | 156 |
| § 2º O marco legal | 157 |
| § 3º Evolução histórica do *nullum crimen, nulla poena sine lege* | 157 |
| § 4º Tribunal de Nuremberg | 159 |
| § 5º Elementos constitutivos da lei penal e seus destinatários | 161 |
| § 6º Fontes da lei penal | 161 |
| § 7º A lei escrita como única fonte de Direito Penal | 162 |
| § 8º A proliferação de leis penais | 164 |

§ 9º O abuso midiático da lei penal ........................................................................... 165
§ 10. O direito penal do inimigo ............................................................................... 167
§ 11. Analogia e interpretação ................................................................................. 169
§ 12. Aspectos gerais da interpretação .................................................................... 171
§ 13. A interpretação da lei e o brocardo *in dubio pro reo* ..................................... 173
§ 14. Analogia vedada .............................................................................................. 174
§ 15. Analogia admitida ........................................................................................... 175
§ 16. O costume ....................................................................................................... 175
§ 17. Leis penais em branco .................................................................................... 175
§ 18. Tipos penais abertos ....................................................................................... 176
§ 19. Concurso aparente de normas penais ............................................................ 177
§ 20. Critérios para resolver o conflito .................................................................... 179
§ 21. Medida de segurança ...................................................................................... 183
§ 22. Erros da lei ...................................................................................................... 185
§ 23. Tecnicismo jurídico penal ............................................................................... 185
§ 24. Arbítrio judicial na aplicação da pena ............................................................ 190
§ 25. "O juiz é o direito feito homem" .................................................................... 195

**Demais princípios de direito penal** ......................................................................... 195

**Art. 2º Lei penal no tempo** ..................................................................................... 197
§ 1º O texto anterior ................................................................................................. 199
§ 2º O Código Penal de 1969 e a reforma de 1977 ................................................. 199
§ 3º *Abolitio criminis* .............................................................................................. 200
§ 4º Retroatividade da lei mais benigna .................................................................. 200
§ 5º Hipóteses de retroatividade da lei mais benigna ............................................. 202
§ 6º Ultratividade da lei penal mais benigna ........................................................... 202
§ 7º Retroatividade e irretroatividade da jurisprudência ........................................ 205
§ 8º Combinação de leis sucessivas ......................................................................... 205
§ 9º Sucessão de leis em relação aos crimes permanentes e continuados ............ 206
§ 10. A lei vacante mais favorável ao réu ............................................................... 209

**Art. 3º Lei excepcional ou temporária** .................................................................... 212
§ 1º Conceito ............................................................................................................. 213
§ 2º Eficácia temporal ............................................................................................... 213

**Art. 4º Tempo do crime** .......................................................................................... 214
§ 1º A redação original ............................................................................................. 215

§ 2º A lei penal no tempo .................................................................................. 216
§ 3º A teoria do Código Penal........................................................................... 216
§ 4º Aspectos peculiares .................................................................................. 217
§ 5º Modalidades de crimes quanto ao momento consumativo ......................... 217

**Art. 5º Territorialidade** .................................................................................. 219
§ 1º Princípio da soberania ............................................................................. 221
§ 2º Convenções e tratados ............................................................................. 222
§ 3º Território nacional.................................................................................... 224
§ 4º O princípio do pavilhão (ou da bandeira) ................................................. 226
§ 5º Navios e aviões públicos e privados ......................................................... 226
§ 6º Privilégios ou prerrogativas funcionais? ................................................... 227
§ 7º Imunidades parlamentares ....................................................................... 228
§ 8º Imunidades diplomáticas.......................................................................... 230
§ 9º Chefe de Estado........................................................................................ 234
§ 10. Prerrogativas processuais........................................................................ 234

**Art. 6º Lugar do crime** .................................................................................. 235
§ 1º Omissão no texto original do Código Penal .............................................. 236
§ 2º As diversas teorias sobre o assunto.......................................................... 237
§ 3º A competência jurisdicional...................................................................... 237
§ 4º Crimes à distância.................................................................................... 238
§ 5º Crime complexo, crime permanente e crime continuado........................... 238

**Art. 7º Extraterritorialidade** ......................................................................... 239
§ 1º Extraterritorialidade................................................................................. 242
§ 2º Extradição................................................................................................. 245
§ 3º Tribunal Penal Internacional..................................................................... 249
§ 4º Direito Internacional Penal e Direito Penal Internacional.......................... 251

**Art. 8º Pena cumprida no estrangeiro** ......................................................... 252
§ 1º *Non bis in idem*...................................................................................... 252
§ 2º Omissão legislativa .................................................................................. 253
§ 3º Hipóteses de graves incertezas ................................................................ 253
§ 4º Proibição de duplo processo pelo mesmo fato.......................................... 255
§ 5º Legalização de injustiça material ............................................................. 255

**Art. 9º Eficácia da sentença estrangeira** ..................................................... 255

§ 1º Natureza e objetivos da norma ............................................. 256
§ 2º O texto anterior .................................................................... 256
§ 3º Impropriedade de técnica legislativa .................................. 257
§ 4º A eficácia da sentença ......................................................... 257
§ 5º A homologação da sentença ............................................... 257

**Art. 10. Contagem de prazo** ...................................................... 258
§ 1º Tratamentos diversos .......................................................... 258
§ 2º Contagem de dias, meses e anos ....................................... 259
§ 3º Exemplos práticos ............................................................... 259
§ 4º Inaplicabilidade das Leis n. 810/49 e 1.408/51 ................. 260
§ 5º Prazos fatais e improrrogáveis ........................................... 260

**Art. 11. Frações não computáveis da pena** ............................ 261
§ 1º Desprezo de fração .............................................................. 261
§ 2º Desatualização ..................................................................... 262
§ 3º Norma de conteúdo vazio ................................................... 262
§ 4º Moeda corrente .................................................................... 262
§ 5º Frações do dia-multa .......................................................... 262

**Art. 12. Legislação especial** ...................................................... 263
§ 1º Direito Penal fundamental e Direito Penal complementar ......................................................... 263
§ 2º A lei especial exclui a aplicação da lei geral ..................... 264
§ 3º O desenvolvimento dos microssistemas ........................... 264
§ 4º Concurso real, concurso formal e aparente de normas incriminadoras .................. 265
§ 5º Um direito penal de ocasião .............................................. 265
§ 6º A necessidade de um comando reitor ............................... 266
§ 7º A reforma do sistema penal por lei complementar .......... 267

## APÊNDICE

**NOTA EXPLICATIVA** ...................................................................... 271

**NÉLSON HUNGRIA: O PASSAGEIRO DA DIVINA COMÉDIA** ............ 276
A homenagem por ocasião da aposentadoria .......................... 276
A homenagem pela ocasião do centenário ............................... 276
O texto do discurso perante o Supremo Tribunal Federal ..... 278
Hungria, o defensor de Chessmann .......................................... 289
Sobre a pena de morte no Brasil ............................................... 300
Clássicos da literatura ................................................................ 302

# Índice

| | |
|---|---|
| **Novas teorias e diretrizes do direito penal** | 303 |
| **Novos rumos do direito penal** | 313 |
| **Costa e Silva, penalista** | 325 |
| Crítica ao Código Penal de 1890 | 326 |
| Resíduos da Doutrina Medieval | 328 |
| Das penas | 330 |
| Analogia | 331 |
| Elaboração do Código Penal vigente | 332 |
| Dolo eventual | 333 |
| Preterintencionalidade | 334 |
| Responsabilidade sem culpa | 336 |
| Crime culposo | 337 |
| Erro de direito | 338 |
| Outras sugestões | 339 |
| Conclusão | 342 |
| **Crime continuado** | 344 |
| Teoria objetiva | 344 |
| Art. 51, § 2º, do Código Penal | 347 |
| Doutrinas alemã e italiana | 347 |
| Elemento subjetivo unitário | 351 |
| Opinião de Roberto Lyra | 355 |
| Definição e requisitos | 357 |
| Condições de tempo e de lugar | 358 |
| Maneira de execução | 359 |
| **Ortotanásia ou eutanásia por omissão** | 361 |
| **A autoria intelectual do código penal de 1940** | 367 |
| **O asilo político** | 373 |
| **Dados biográficos** | 383 |
| **Reunião da Comissão Revisora do Antroprojeto de Código Penal** | 387 |
| **Carta de Eugênio Raúl Zaffaroni** | 388 |
| **Quadro da legislação comparada** | 389 |
| **Exposição de Motivos do CP 1940 (parcial)** | 393 |
| | |
| Plano geral dos comentários ao Código Penal | 401 |
| Índice alfabético remissivo | 403 |

## NOTA DA EDITORA

O mercado de livros didáticos de Direito Penal em nosso país mostra, há vários anos, uma sensível lacuna. Embora ainda seja fonte para textos de doutrina e precedentes de jurisprudência acerca de aspectos relevantes da Parte Geral e de acesso frequente à Parte Especial do Código Penal, a obra prima de Nélson Hungria, *Comentários ao Código Penal* teve poucas reedições após a sua morte. Vieram novamente à estampa os volumes I (tomos I e II), IV, VI, VII e VIII.

A decisão de recuperar o projeto de republicação integral da clássica coleção constitui o maior desafio desta editora para oferecer momentos de prazer intelectual da leitura e o relevo científico da doutrina, iluminada pela vasta cultura geral do autor sobre o homem, o mundo e a vida.

Para o início da nova série, além da publicação integral e fiel do texto original de Nélson Hungria (vol. I tomo I, 4ª ed., 1958) foi convidado o Professor de Direito Penal e Advogado criminalista René Ariel Dotti, confessadamente um zeloso e fiel admirador da obra do grande mestre. Ele se ocupa da interpretação dos arts. 1º a 12 da nova Parte Geral do Código Penal (Lei nº 7.209/1984). Em várias passagens de seu discurso proferido no Supremo Tribunal Federal (16.05.1991) em homenagem ao centenário de nascimento do príncipe dos penalistas brasileiros, o orador revela a profunda veneração pela obra imortal e seu criador e também a gratidão pelo acesso, franqueado com a palavra, aos mundos reais do delito, do delinquente e da vítima.

Corredator dos projetos que se converteram na Lei nº 7.209 e na Lei 7.210, de 1984 (reforma da Parte Geral do CP e Lei de Execução Penal), René Ariel Dotti, foi homenageado com a *Medalha Mérito Legislativo Câmara dos Deputados* pelos relevantes serviços prestados ao Poder Legislativo e ao Brasil (21.11.2007) e com a *Medalha Santo Ivo – Padroeiro dos Advogados*, concedida pelo Instituto dos Advogados Brasileiros (2011). É autor de diversas obras jurídicas, entre elas *Proteção da vida privada e liberdade de informação* (RT, 1980); *Bases e alternativas para o sistema de penas* (RT, 1998) e *Curso de Direito Penal- Parte Geral* (Thomson Reuters/RT, 5ª ed., 2012).

O projeto de republicação dos antológicos *Comentários ao Código Penal* com a sua indispensável e permanente contribuição para o aprimoramento legislativo, o debate doutrinário e a orientação da jurisprudência, tem o condão de rejeitar o vaticínio pessimista de Kirchmann: "Três palavras modificadoras do legislador convertem em lixo bibliotecas inteiras".

**Guilherme Zincone**

# PREFÁCIO

No meu discurso proferido no Supremo Tribunal Federal (16.05.1991) em nome dos advogados brasileiros na homenagem ao centenário de nascimento do imortal *príncipe dos penalistas brasileiros* e publicado nesta edição, afirmei que "a teoria e a prática do Direito Penal, em nosso país, não conheceram expressão mais fulgurante de mestre e humanista. Nos mais diversos e longínquos mundos da realidade e da imaginação dos casos criminais, ele foi, e continua sendo, pela obra imortal, o personagem, o ator e o espectador da divina comédia da existência. Infernos, purgatórios e paraísos, todos os cenários dantescos da vida cotidiana foram exibidos e interpretados em suas lições. A imensa obra de Nélson Hungria é um dos modelos ambulantes da vida, da paixão, da morte e da ressurreição da palavra, como sagração e canto da condição humana. Se existem duas grandes classes de escritores geniais – os que pensam e os que fazem pensar –, Nélson Hungria foi o exemplo permanente e aliciante de ambas as categorias. Ele não somente pensava o universo do ser humano como protagonista da tragicomédia do delito, como também fazia e ainda faz pensar a multidão dos seus leitores: os profissionais e os estudiosos da ciência penal.

Os seus *Comentários ao Código Penal* são a reencarnação da aventura da existência humana, assim como fazem as sagradas escrituras. Com uma diferença, porém: os profetas que falam, pelas páginas de Nélson Hungria, não são os místicos que flutuam sobre a realidade, são as criaturas de carne e osso que escrevem, dirigem, interpretam e montam a representação. Os profetas do incomensurável espólio intelectual de Nélson Hungria são os réus, as vítimas, as testemunhas, os juízes, os advogados, os promotores, os peritos; todos, enfim, que reconstituem a história do delito e do delinquente."

Ao tomar posse no cargo de Desembargador no Tribunal de Apelação do Distrito Federal (Rio de Janeiro), em 16 de junho de 1944, Hungria proferiu discurso da extraordinária dimensão humana e notável acento crítico acerca da carreira que já vinha exercendo. São suas estas palavras:

> "O juiz que, para demonstração de ser a linha reta o caminho mais curto entre dois pontos, cita desde Euclides até os geômetras da quarta dimensão, acaba perdendo a crença em si mesmo e a coragem de pensar por conta própria. Dêle jamais se poderá esperar uma solução pretoriana, um milímetro de avanço na evolução do direito, o mais insignificante esfôrço de adaptação das leis. O juiz deve ter alguma coisa de pelicano. A vida é variedade infinita e nunca lhe assentam com irrepreensível justeza as roupas feitas da lei e os figurinos da doutrina. Se o juiz não dá de si, para dizer o direito em face da diversidade de cada caso, a sua justiça será a do leito de Procusto: ao invés de medir-se com os fatos, estes é que terão de medir-se com ela.
> Da mesma tribo do juiz técnico-apriorístico é o juiz fetichista da jurisprudência. Este é o juiz-burocrata, o juiz de fichário e catálogo, o juiz colecionador de arestos segundo a ordem alfabética dos assuntos. É o juiz que se põe genuflexo diante dos repertórios jurisprudenciais, como se fossem livros sagrados de uma religião cabalística. Para ele, a jurisprudência é o direito imutável e eterno: segrega-se dentro dela como anacoreta na sua gruta, indiferente às aventuras do mundo.

Será inútil tentar demovê-lo os seus ângulos habituais. Contra a própria evidência do erro, ele antepõe, enfileirados cronologicamente, uma dúzia ou mais de acórdãos, e tranqüilo, sem fisgadas de consciência, repete o ominoso brocardo: error communis facit jus. À força de se impregnar de doutrina e jurisprudência, o juiz despersonaliza-se. Reduz sua função ao humilde papel de esponja, que só restitui a água que absorve. Constrói no seu espírito uma parede de apriorismos e preconceitos jurídicos que lhe tapam as janelas para a vida" (Revista Forense, agosto de 1944, p. 573.

Na mesma oportunidade, e sobre a importância da justiça e do juiz, disse o novo Desembargador:

"A representação simbólica da justiça como deusa de olhos vendados e a concepção do juiz como impassível cegonha à beira da correnteza da vida, são idéias já inteiramente superadas. Justiça de olhos tapados é jogo de cabra- cega. Não lhe bastam ouvidos porque aquilo que os olhos não vêem, coração não sente. Por outro lado, a toga não reclama animais de sangue frio ou mutilados morais. Não se interprete ao pé da letra o tópico do Sermão da Montanha sobre a 'bem--aventurança dos mansos'. O próprio Cristo, num ímpeto de revolta, empunhou o azorrague pra expulsar os vendilhões do templo". (Ob. e loc. cit.).

Uma das muitas qualidades espirituais do príncipe dos penalistas brasileiros foi a demonstração de humildade, ao admitir a reversão de alguns de seus postulados acerca da pena de prisão. Durante os debates relativos ao tema "Orientações contemporâneas sobre a reforma dos Códigos Penais", constante da pauta das Jornadas de Derecho Penal (Buenos Aires, agosto de 1960), ele admitiu: "Também fui partidário convencido da pena-retribuição. Tenho sido, como tal, um dos autores de um Código eminentemente retribucionista que é o Código Penal brasileiro. Mas a lição, a experiência dos acontecimentos do mundo atual, levaram-me a uma revisão de pensamento. A uma revisão de raciocínio, para renegar, para repudiar, uma vez para sempre, a pena-castigo, a pena-retribuição, que de nada vale, que é de resultado ineficaz" (Jornadas de Derecho Penal, Buenos Aires, 1962, p. 88). E, materializando tal conclusão em seu Anteprojeto de Código Penal (1963), ele expressamente consignou, na rubrica do art. 35, a "função finalística das penas privativas de liberdade", com a seguinte disposição: "A pena de reclusão e a de detenção, aquela sob regime mais rigoroso que esta, são cumpridas em estabelecimentos separados ou em seções especiais do mesmo estabelecimento, e devem ser executadas de modo que exerçam sobre o condenado uma individualizada ação educacional, no sentido de sua gradativa recuperação social". Entre os relevantes textos pelos quais Nélson Hungria mostra grande sensibilidade e também a virtude dos grandes espíritos para redirecionar seu pensamento, pode-se indicar o artigo "Novos rumos de direito penal" e a conferência "Novas teorias e diretrizes de Direito Penal", divulgados no Apêndice deste volume.

Em 1977, a Forense publicou a 5ª edição dos *Comentários ao Código Penal* (vol. I, t. I, arts. 1º a 10), tendo, na primeira parte, o texto de Nélson Hungria e, na segunda, os comentários adicionais de Heleno Cláudio Fragoso. Ao adotar o mesmo critério de distribuição, a presente edição contém uma segunda parte, sob minha responsabilidade, ao analisar as disposições dos arts. 1º a 12 do Código Penal, com a reforma determinada pela Lei n. 7.209, de 11 de julho de 1984, que alterou a Parte Geral do diploma. A presente publicação mantém absoluta fidelidade ao texto da 4ª edição (1958). Inserir, de contrabando, qualquer palavra àqueles antológicos *Comentários* equivaleria a sobrepor uma nota marginal em partitura de Mozart.

Este projeto de recuperação da clássica obra somente foi possível graças ao empenho de algumas pessoas que fizeram da esperança uma realidade: Clemente Hungria, o filho dedicado, que cumpre o mandamento bíblico de honrar o pai e guardar com zelo sua memória e sua obra; Regina Bilac Pinto, diretora da Revista Forense, ao conceber o projeto de reedição, e Guilherme Zincone, que não mediu esforços para levar a bom termo este empreendimento como contribuição notável para a literatura jurídico-penal de nosso país.

Ao aceitar o desafio para compor a segunda parte dos *Comentários*, o fiz sob a inspiração do mestre imortal – referência de meus tempos de estudante, de advogado e de professor – e o compromisso de bem interpretar as disposições da lei de reforma da Parte Geral do Código Penal, na lembrança imperecível de Francisco de Assis Toledo, o lúcido e competente coordenador da mudança.

O paciente leitor compreenderá que o pensamento e a lição de Nélson Hungria constituíram vigoroso manancial para a elaboração dos movimentos de reforma do Código Penal de 1940, abarcando o Código Penal de 1969, a Lei n. 6.016/1973 e a própria Lei n. 7.209/1984. A bibliografia indicada após cada dispositivo dos *Comentários* sob minha responsabilidade presta homenagem não somente aos autores estrangeiros, mas, em especial, à geração de atuais doutrinadores brasileiros que também ganharam prestígio intelectual servindo-se da mesma fonte.

Agradeço aos meus colegas de escritório por dispensarem-me durante algum tempo das tarefas rotineiras para cuidar deste honroso e prazeroso trabalho. E, em especial, sou muito grato à Doutora Claudia Penovich e à bibliotecária Mônica Catani, pelos detalhes da montagem desta edição.

Curitiba, 1º de agosto de 2013.

**René Ariel Dotti**

# NÉLSON HUNGRIA, MEU PAI

**Clemente Hungria Hoffbauer**

Menino pobre, nascido no arraial de Angustura, na Zona da Mata de Minas, Nélson Hungria Hoffbauer cedo demonstrou precocidade, alfabetizado aos 3 anos pela mãe, terminou os preparatórios (ginásio) aos 13 anos e com 14 ingressou, com louvor, na Faculdade de Belo Horizonte. No final do 2º ano, transferiu-se para a Capital da República, sozinho, bacharelando-se em Direito aos 18 anos e, para se manter, conseguiu emprego de Mata-Mosquitos. Com essa mesma idade, foi nomeado promotor da cidade do Pomba, no agreste interior das Minas Gerais. Casou aos 21 anos e Isabel com 16. Tiveram 4 filhos. Em 1918 mudou-se para a capital mineira, advogando até 1922, quando veio para o Rio, onde se fixou. Foi delegado de polícia por 10 meses, depois, no Tesouro Nacional, foi vendedor de estampilhas, no guichê. Em 1924 passou em 1º lugar no primeiro concurso de pretor, no Brasil. Em 1934 conquistou o 1º lugar no concurso de Direito Penal, na Nacional de Direito. Em 1936 foi promovido por merecimento a juiz de direito e, com esse mesmo grau, alcançou a desembargadoria, em 1944. Em 1951 foi nomeado Ministro do Supremo, aposentando-se em 1961, retornou à advocacia até 1969, ano em que faleceu.

Em 1938 redigiu a Lei de Economia Popular, a primeira a codificar, no mundo, os crimes no comércio dos gêneros de primeira necessidade. De 1939 a 1940, fez parte da Comissão Elaboradora dos Códigos Penal, de Processo Penal e Lei das Contravenções Penais, juntamente com Roberto Lyra e Narcélio de Queiroz. Foi autor de 70% dos artigos dessa legislação. Escreveu 15 livros e cerca de 300 monografias e conferências sobre a ciência penal. Giuseppe Betiol, professor da Universidade de Pádua, proclamou: "Nélson Hungria, Il sumo giurista Del mondo internazionale". O professor René Dotti, cujo nome já ultrapassou nossas fronteiras, disse: "Nélson Hungria foi e continua sendo pela obra imortal o personagem, o autor e o espectador da divina comédia da existência. Infernos, purgatórios, paraísos e todos os cenários dantescos da vida cotidiana foram esculpidos e interpretados em suas lições". Temente a Deus, rezava suas próprias preces. Na medida do possível, aproximava-se dos humildes e evitava os poderosos. Nélson Hungria dizia que não era vantagem ter alcançado êxitos na vida: – "a natureza me privilegiou com boa memória e decretou que só dormiria 5 horas por noite, o que me sobra tempo para ler". No lar, era no escritório caseiro onde mais demorava, por isso faltava-lhe tempo para ajudar a mãe a educar os filhos e, escandalosamente, os protegia dos castigos maternos. "A mãe é a obra-prima de Deus" (Almeida Garret). Em Belo Horizonte, morávamos em um casarão velho, e quando o trovão roncava anunciando a tempestade, saíam das frinchas dos soalhos, pequenos, mas venenosos bichos: escorpiões, lacraias e víboras –, e o pai alertava: "meninos, fujam dos bichos de tempestade!" No correr dos anos quando a mídia, comprovadamente, apontava os corruptos, ele proclamava: – "São os bichos de tempestade".

# Meu pai

Aos 7 anos em Santo Antonio do Pinhal, fundou um semanário A Vespa de uma página, onde espicaçava os fazendeiros em prol dos colonos. Promotor no Pomba, Nélson Hungria fundou dois jornais: A Época e A Nova Era. Sobre a pena de morte, sentenciou: "É natural que um caçador de feras, ao encontrar um tigre na jungle, o mate sem hesitação, mas se o visse reduzido à impotência, entre grades de ferro de uma jaula, praticaria um gesto estúpido se o dessangrasse com um golpe de azagaia". Em 1929, o jornal A Esquerda publicou uma sentença de Nélson Hungria: "Para uns, todos os requintes do conforto, verdadeiro escândalo do luxo e do fausto, a filosofia do Epicuro para o encanto da vida, a superexcitada alegria de viver, para outros, a penúria, o desabrigo, o andrajo, a carência do pão, a fome". Outros refrões de Nélson Hungria: "A fera, a insaciável fera, é a multidão que em todos os tempos se aglomerou em frente à varanda de Pilatos, ovacionando-o". – "Somente as almas pusilânimes são incapazes de ira. Uma alma onde não passa, em face da injustiça um frêmito de ira, é uma alma sem elã para a vida. Sêneca mentiu quando disse que "o sinal mais certo da verdadeira grandeza é que nenhum acontecimento possa irritar-nos". Não! O homem impassível faz lembrar o pântano apodrecido, a água parada, onde germinam os vibriões maléficos. Somente o emotivo se integra na grandeza da vida, dando-lhe o belo espetáculo da sua pugnacidade a semelhança da correnteza fluvial que, a arrostar com os obstáculos, cresce bravamente sobre eles torvelinhando, espumando, rebramindo".

Hungria, adversário da censura, mas a favor da lei de imprensa, ponderou: – "Como toda liberdade a imprensa não pode ser ilimitada. Não há nem pode haver liberdade acima do direito". No mesmo diapasão, traçou o perfil dos repórteres maldizendo da difamação, da calúnia: – "Quando não mancham tisnam. Têm eles no estardalhaço o seu ganha-pão. Na sofreguidão de ofício imita o corvo batedor, que fareja a carniça para avisar o resto do bando. São eles as sentinelas avançadas da coscuvilhice social. A razão dos seus êxitos, e a espécie humana terrivelmente desunida... o mundo é um circo romano".

No dia de sua morte, aos 78 anos, com esposa e filhos, em torno de seu leito, fez um pedido: – "Quando vocês forem segurando a alça do meu caixão, digam em coro: – aí vai o pai muito a contragosto", ainda mais: – perdoem-me por não ter deixado herança". Desculpem-me o corujismo às avessas!

Clemente M. Hungria Hoffbauer é Advogado no Rio de Janeiro.

# PRIMEIRA PARTE

Nélson Hungria

# DECRETO-LEI N. 2.848, DE 7 DE DEZEMBRO DE 1940

## PARTE GERAL

### Título I
### DA APLICAÇÃO DA LEI PENAL

**ANTERIORIDADE DA LEI**
**Art. 1º** *Não há crime sem lei anterior que o defina. Não há pena sem prévia cominação legal.*

**DIREITO COMPARADO.** *Códigos:* francês, art. 4º; holandês, art. 1º; alemão, § 2º (restabelecido pela *Kontrollratsgesetz* n. 11, de 30.1.1946); português arts. 5º e 18; belga, art. 2º; italiano, art. 1º; suíço, art. 1º; espanhol (1944), arts. 1º e 23; polonês, art. 1º; iugoslavo, art. 2º; romeno, art. 1º; mexicano, art. 7º; boliviano, arts. 27 e 28; haitiano, art. 4º; chileno, arts. 18 e 80; dominicano, art. 4º; salvatoriano, arts. 1º e 40; nicaraguense, arts. 15, 41 e 83; hondurense, arts. 20 e 89; paraguaio, arts. 53 e 54; uruguaio, art. 85; panamenho, art. 1º; peruano, arts. 2º e 3º; venezuelano, art. 1º; cubano, art. 2º; colombiano, art. 1º; guatemalteco, arts. 1º e 2º; equatoriano, arts. 2º e 4º; costarriquense, art. 1º; portorriquense, § 1º.

**BIBLIOGRAFIA** (especial). SCHEM (Joachim), Die analogie im strafrecht. In: *Strafrechtliche abhandlungen,* fasc. 369, 1936; ACKERMANN (Barbara), *Das analogieverbot'in geltenden und zukünftigen strafrecht (A proibição da analogia no vigente e no futuro direito penal), idem,* fasc. 348, 1934; SCHOTTLAENDER (Adolf), *Die geschichtliche entwickelung des satz: "nulla poena sine lege" (A evolução histórica do aforismo,* etc.), *idem,* fasc. 132, 1911; DROST (H.), *Das ermessen des strafrichters* (O critério do juiz penal), 1930; SCHAEFER (K.) Nullum crimen sine poena. In: *Das kommende deutsche Straf-recht (O futuro direito penal alemão),* col. por GÜRTNER, vol. I (parte geral), 1935; SALTELLI (Carlo), Vanalogia e i principi generali di âiritto in matéria penale. In: *Annali di dir. e proc. pendle,* 4.934, n; ANOSSOW (J. J.), L'analogia nel diritto penale soviético. In: *Scuola Positiva,* 1930, I, pp. 444 e ss.; ROTONDI (Mário),

Interpretazione della legge. In: *Nuovo Digesto Italiano,* vol. VII; Becker, Die entsprechende Anwendung der Strafgesetz (A aplicação analógica da lei penal). In: *Gerichtssaal,* 1934, vol. 104, pp. 343 e ss.; Elvers, *Die bedeutung des satzes "nulla poena sine lege" in seiner historischen Entwicklung,* 1909; Florian (E.), Analogia pénale dei giuristi e analogia pénale degli antropologi criminalisti. In: *Scuola Positiva,* 1936, 1; Klee, Strafe ohne geschribenes Gesetz (Pena sem lei escrita). In: *Deutsche Juristenzeitung,* 1934, fase 10, pp. 639 e ss.; Jimenez de Asúa, Le príncipe "nullum crimen sine lege" et la question de l'analogie. In: *Revue de droit pénal et criminologie,* 1936; El derecho penal autoritário en Alemania y el derecho voluntarista. In: *Rev. de Derecho Penal,* vol. I, 1945; Palazzo, L'analogia nel diritto pénale romano e moderno. In: *Riv. Pénale,* 1939; Peco (J.), La analogia penal y la peligrosidad criminal. In: *Arquivos de Medicina Legal,* 1936; La analogia en el derecho penal. In: *Anais do IP Congresso Latino-Americano de Criminologia,* tomo I, pp. 335 e ss.; Hafter (E.), *Keine Strafe ohne Gesetz (Nenhuma pena sem lei),* 1921-1922; De la Morandiere (J.), *De la règle "nulla poena sine lege"* (tese de doutorado), 1910; Bellavista, *L'interpretazione della legge pénale,* 1936; Bobbio, L'analogia ed il diritto penale. In: *Riv. Penale,* 1938, I; De Mauro, *Nullum crimen, nulla poena sine proevia lege penali, idem,* 1925, I; Goetzler, Der Grundsatz "nulla poena sine lege" und die Vergeltungsidee. In: *Gerichtssaal,* 1934, vol. 104; Salvagno Campos, *Le délit innomé et l'interprétation analogique,* separata da *Revue Internationale de droit pénal,* 1932; Beldîg (E.), Il significato dei principio "nulla poena sine lege poenali" nella determinazione dei concetti fondamentali del diritto pénale. In: *Giustizia Pénale,* 1931, pp. 319 e ss.; Neuman (O.), Das blankogesetz. In: *Strafrechtliche Abhandlungen,* fasc. 87; Donnedieu de Vabres, *La politique criminelle des Etats autoritaires,* 1938; Raggi (L.), *Della legge pénale e della sua applieazione,* 1927; Delitala (G.), Analogia in "bonam partem". In: *Scritti giuridici "in memoriam" de Eduardo Massari,* 1938, pp. 511 e ss.; Madureira de Pinho (D.), *La analogia en materia penal (contrib. ao IP Congresso Latino-americano de Criminologia),* 1938; Paulino Neto, Da aplicação da lei penal. In: *Anais do 1º Cong. Nac. do Minist. Público,* 3º vol., pp. 43 e ss.; José Duarte, A analogia em direito penal, memória publ. In: *Trabajos do IP Congresso Latino-americano de Criminologia,* vol. II, pp. 371 e ss.; Da aplicação da lei penal segundo o novo código. In: *Revista Forense,* vol. 89, pp. 643 e ss.; Muniz Neto, *O princípio da legalidade dos crimes e das penas,* 1940; Noé Azevedo, *As garantias da liberdade individual em face das novas tendências penais,* 1936; Costa e Silva, O princípio da legalidade e a analogia em matéria penal. In: *Apêndice ao Código Penal,* II, 1938; Queirós (Nara), *Analogia em "bonam partem" e a Lei de Introdução ao Código Civil,* sep. de *Arquivos do Minist. da Justiça,* 1944; Mirto (Pietro), Della legge penale. In: *I Codici Penali nel primo decennio di attuazione*, 1942, vol. I, pp. 229 e ss.; Siegert, *Auslegung und Analogie im heutigen Strafrecht (Interpretação e analogia no direito penal contemporâneo)*, 1935; Dannenberg, *Liberalismus und Strafrecht im 19te. Johrhundert*, 1925; Lopez-Rey, *Qué es el delito?*, 1947; Roncagli (G.), *Analogia e consuetudine*, 1949; Bramont Arias, *La Ley Penal*, 1950.

## COMENTÁRIO

**1. Princípio da legalidade.** A fonte única do Direito Penal é a norma legal. Não há Direito Penal vagando fora da lei escrita. Não há distinguir, em matéria penal, entre *lei* e *direito*. *Sub specie juris,* não existe *crime* "sem lei anterior que o defina",[1] nem *pena* "sem prévia cominação legal". *Nullum crimen, nulla poena sine praevia lege poenali.* A lei penal é, assim, um *sistema fechado*: ainda que se apresente omissa ou lacunosa, não pode ser *suprida* pelo arbítrio judicial, ou pela analogia, ou pelos "princípios gerais de direito", ou pelo *costume.* Do ponto de vista de sua aplicação pelo juiz, pode mesmo dizer-se que a lei penal não tem *lacunas*. Se estas existem sob o prisma da *política criminal* (ciência pré-jurídica), só uma lei penal (sem efeito retroativo) pode preenchê-las. Pouco importa que alguém haja cometido um fato antissocial, excitante da reprovação pública, francamente lesivo do *minimum* de moral prática que o direito penal tem por função assegurar, com suas reforçadas sanções, no interesse da ordem, da paz, da disciplina social: se esse fato escapou à previsão do legislador, isto é, se não corresponde, precisamente, *a parte objecti* e *a parte subjecti,* a uma das *figuras delituosas* anteriormente recortadas *in abstracto* pela lei, o agente não deve contas à justiça repressiva, por isso mesmo que não ultrapassou a esfera da *licitude jurídico-penal*.[2] Os Códigos Penais modernos,

---

- 1 Foi criticado o emprego do verbo "definir" no texto do art. 1º do Código (G. SIQUEIRA, Código penal brasileiro, p. 50): ao invés dele, devia ter sido usado o verbo "qualificar", que seria mais técnico. É de todo improcedente a crítica. Definir um crime é, segundo estilo corrente em Direito Penal, descrever o fato que o constitui; ao passo que, no rigor técnico, qualificar um crime é determinar sua maior punibilidade, dadas tais ou quais circunstâncias de especial gravidade objetiva ou subjetiva. Há os crimes qualificados como há os crimes privilegiados (em que o tipo fundamental é acompanhado de circunstâncias que acarretam sua menor punibilidade). O art. 1º apresentaria, sim, uma falha técnica, se tivesse usado o verbo "qualificar".

- 2 O princípio da legalidade no direito penal é a premissa da teoria dogmático-jurídica da *tipicidade,* de Ernst Beling: antes de ser *antijurídica* e *imputável a título de culpa "sensu lato", uma* ação reconhecível como punível, deve ser *típica,* isto é, corresponder a um dos "esquemas" ou "delitos-tipos" objetivamente descritos pela lei penal. Sobre o valor técnico-jurídico da teoria de Beltng, veja-se, adiante, n. 50.

segundo um conceito aparentemente paradoxal de VON LISZT, são a *"Magna Charta libertatum"* dos delinquentes. O princípio central de quase todos eles é o da *legalidade rígida:* o que em seus textos não se proíbe é penalmente lícito ou indiferente. *Permittitur quod non prohibetur.*

Antes de ser um critério jurídico-penal, o *nullum crimen, nulla poena sine lege* é um princípio político-liberal, pois representa um anteparo da liberdade individual em face da expansiva autoridade do Estado. Em reação à estatolatria medieval, adotou-o a Revolução Francesa, incluindo-o, em fórmula explícita, entre os *direitos fundamentais* do homem; e somente o retorno ao ilimitado autoritarismo do Estado pode explicar o seu repúdio nos últimos tempos, ccmo aconteceu na Rússia soviética e na Alemanha de Hitler.\*
ANOSSOW, penalista russo, defendendo a abolição do *nullum crimen sine lege* no Código Penal dos Sovietes, procura apoiá-la no *defensismo* da "escola penal positiva" e argumenta: "O direito não tem a mobilidade da vida, mas não é isso "razão para que fatos perigosos fiquem impunes por falta "de um adequado artigo no Código Penal". É de retrucar-se que, embora ladeando seus próprios postulados e ilações, o positivismo penal não enjeitou o princípio da legalidade, por considerá-lo imprescindível baluarte da liberdade individual.³ Convenha-se que, mesmo abstraídas as leis penais, todo indivíduo normal, que cresce como membro da comunhão civil e vai natural e gradativamente afeiçoando seu espírito ao *clima ético* circundante, aos imperativos da moral prática que o solicitam desde a infância, tem, de regra, a clara intuição do que deve evitar para não se pôr em antítese com o escopo social de coordenação e coadaptação das atividades em comum. Não é outro, aliás, o raciocínio do direito penal clássico ao defender o dogma de que a ninguém é dado ignorar

---

\* A Alemanha Ocidental restabeleceu, desde janeiro de 1946, a proibição da analogia em direito penal e o princípio *nulla poena sine lege.*

• 3 FERRI *(Principii di diritto criminalle,* ed. 1928 p. 800):

"*[...] il principio romano* nullum delictum sine lege *non può essere abbandonato come garanzia dei civile consorzio";* FLORIAN *(Trattato di diritto penale, p. g., 1934, pp. 178-179): "Sarebbe il regno dell'arbitrio, la tranquillità e la pace dei cittadini non esisterebbero più, qualora potessero considerare corne reati azioni, che al giudice od al sovrano piacesse di ritenere tali, sensa previa solenne dichiarazione, o s'irrogassero pene a capriccio per specie o quantità. Anzi poichè la legge penale è l'espressione più alta e più enérgica dell'ordine giuridico, poichè essa ne è un poderoso strumento di tutela, la legge penale, più che ogni altra legge, richiede una formulazione chiara e precisa. La legge penale è il necessário presupposto anteriore dei reati e delle pene. Ben a ragione l'accennato principio fu definito palladio di libertá civile".*

a lei *(nemo censetur ignorare legem)*, de modo que ninguém se escusa invocando a insciência da lei *(ignorantia legis non excusat)*. Dizia justamente GIERKE que "o fundamento da regra *ignorantia juris nocet* é menos a ficção do conhecimento geral da lei do que o raciocínio de que na lei é apenas expresso o que já existe ou deve existir na consciência jurídica de cada indivíduo". Mas, a gênese social ou pré-legal dos deveres jurídicos não afasta a necessidade de se traçar um limite aos mandatários do Estado na aplicação da justiça penal. Antes da seleção legal (normativa) dos fatos lesivos do *mínimo ético* que o direito penal tutela, não se pode impor coativamente, *sub poena*, quanto a eles, um *dever jurídico* de abstenção. A supressão do *princípio da legalidade* subverteria a própria noção da culpabilidade, que não pode existir sem a *consciência* da violação do *dever jurídico,* ou possibilidade dessa consciência. Com a abolição do sistema de enumeração taxativa dos crimes ou com a licença para o *arbitrium judicis* ou a analogia na incriminação de fatos e irrogação de penas, não poderia ser coibida, nos seus requintes e caprichos, a sensibilidade ético-social dos juízes criminais, que seriam naturalmente levados à hipertrofia funcional, pois este é o destino fatal de todo poder incontrolado ou de imprecisas linhas de fronteira. O indivíduo passaria a viver em constante sobressalto, sempre na iminência de se ver sujeito à reação penal por fatos cuja antissociabilidade escapasse ao seu mediano senso de ajustamento à moral ambiente. Seria inevitável o conflito entre a apurada mentalidade dos juízes e a mentalidade média do homem do povo, ficando este subordinado a um *juízo de reprovação* muitas vezes inacessível ao seu próprio entendimento. Se, entretanto, inexistisse qualquer outro fundamento à permanência do *nullum crimen, nulla poena sine lege* no pórtico do *jus positum*, bastaria o de ser, na expressão de MEZGER, o *"palladium* da liberdade civil". Há cinco lustros passados, quando um extremado credo *totalitarista* parecia avassalar o mundo, e a Alemanha dos nazistas, na peugada da Rússia leninista, riscara do seu direito penal positivo a irrestrita proibição da analogia, ou a indeclinável formulação *normativa* do ilícito penal, dizíamos nós perante o Instituto da Ordem dos Advogados Brasileiros: "Estamos vivendo uma época de antiliberalismo. A concepção do Estado Todo-Poderoso exige o aniquilamento do indivíduo. Não passa este de uma *quantité negligeable* na aritmética do Estado totalitário ou do Estado marxista. Aquela intangível *zona livre* que a Revolução Francesa lhe assegura é hoje, no seio das ditaduras partidárias ou classistas, franco *domínio público*. Foi uma desapropriação violenta, sem prévio arbitramento e sem compensaçoes. Na Rússia soviética, proclama-se que o *individuum é o mal* edeve ser combatido, anulado, subvertido na *massa,* que significa o povo reduzido a um vasto aglomeramento de produtos humanos estandardizados, erradicados de alma, confundidos na desolante mesmice de "modelos de fábrica". Na Alemanha nacional-socialista, ao invés do ideal marxista da *massa*, fala-se, para servir ao ferrenho antiindividualismo de Hitler, no interesse do *povo,* que é defendido como "comunhão indissoluvelmente ligada pelo sangue e pelo território" ou como "única grandeza política", de que o Estado é forma natural; mas o resultado é o mesmo: o indivíduo reduzido à expressão mais simples. Embora com fundamentos diferentes, chega-se, na Rússia e na Alemanha, a uma fórmula idêntica. "Não há direitos individuais em si mesmos". Os postulados mais fundamentalmente insculpidos na consciência jurídica universal foram renegados como *superstições* maléficas, incompatíveis com o que por lá se chama o *novo Estado,* mas que, na realidade, não é mais que o retorno ao ominoso hiperestatismo dos tempos medievais. Não há melhor atestado dessa tendência involutiva do que a orientação jurídico-penal dos bolcheviques e nacional-socialistas. Antes que nós outros, ainda integrados na continuidade do credo democrático, nos refizéssemos do espanto causado pela adoção da *analogia* no Código Penal soviético, eis que o mesmo critério é inculcado e acolhido, sem rebuços e sob moldes talvez mais desabridos, na Alemanha, que vinha sendo, havia mais de um século, a pesquisadora e inexcedível mestra do Direito. O Código moscovita assim fixara o princípio do direito penal desprendido das leis: "Se uma ação qualquer, considerada socialmente perigosa, não acha especialmente prevista no presente Código, os limites e fundamentos da responsabilidade se deduzem dos artigos deste Código que prevejam delitos de índole mais análoga".[4] Ora, esta pura e simples substituição do legislador pelo juiz criminal era incompatível com a essência do *Estado totalitário,* corporificado no *Führer,* segundo a diretriz política que domina na Alemanha, após a queda da República de Weimar. Preferiu-se uma outra fórmula, que está inscrita no "Memorial" hitlerista sobre o "novo direito penal alemão": permite-se a punição do fato que escapou à previsão do legislador, uma vez que essa punição seja reclamada pelo "sentimento" ou pela "consciência" do povo *(Volksempfinden),* depreendidos e *filtrados,* não pela interpretação pretoriana dos juízes, mas (e aqui é que o leão mostra a garra...) segundo a *revelação (Kundmachung)* do *Führer.* Schafftein, professor de direito em Leipzig, proclama, sem rodeios, do alto de sua cátedra: "A lei é o que o *Führer* ordena" *("Gesetz ist, was der Führer be-*

---

- 4 É de notar-se que a permissão da analogia é tradição no direito penal dinamarquês (Códigos de 1866 e de 1930), mas em termos prudentemente restritos: "Incide sob a sanção legal todo ato cuja punibilidade seja prescrita pela legislação dinamarquesa ou que lhe seja *inteiramente assimilável".* Pode mesmo dizer-se que o critério aqui consagrado não é propriamente o da aplicação analógica da lei penal, mas o da sua *interpretação extensiva por força de compreensão.*

*fiehlt"*). A liberdade de aplicação analógica da lei penal é limitada pela submissão do juiz às "ideias" e às "ordens" emanadas da *mística* hitleriana. Conceitos, critérios, opiniões, pontos de vista, na interpretação, formação ou aplicação do direito, devem afeiçoar-se fielmente ao *espírito guiador* de Adolfo Hitler. Somente este (embora nascido em uma aldeia fronteiriça entre a Áustria e a Tchecoslováquia) é que tem o misterioso condão de polarizar o *espírito*, o *sentimento*, a *consciência* do povo alemão. Siegert, professor da famosa Universidade de Goettingen, assim formula o versículo do novo *Evangelho:* "Devemos seguir as proclamações do *Führer* como linhas de direção, a mostrar-nos, dentro do espírito nacional-socialista, o justo caminho para o reconhecimento e solução das concretas situações de fato". Os juízes não podem, de seu livre alvedrio, esquadrinhar a *sã mentalidade do povo (der gesunde Volksgeist)* para aplicar o direito penal *extra legem:* devem ter na memória, a impregnar-lhes substancialmente as decisões, o *Mein Kampf* e as arengas de Hitler. O *Mein Kampf* (esse livro que Jacques Bainville justamente qualifica de *bric-à-brac* de ideias pueris e charlatanices, em uma linguagem desconcertante de pedantismo) é a Bíblia do nacional-socialismo, é a craveira por onde têm de medir-se a alma e o pensamento alemães. O invocado "espírito do povo" não quer dizer o que o povo pensa na realidade, mas o que deve pensar segundo a *Führung* isto é, a *orientação do Chefe...* A dialética dos modernos juristas alemães, postulando a absorção do indivíduo pelo Estado, não tem outro objetivo que a defesa da legitimidade do incondicionado poderio de Hitler. Mas, leiamos o que eles dizem. Freifler, um dos máximos elaboradores do novo direito germânico, assim se pronuncia: "O direito penal não pode e não deve ser uma enumeração ou catalogação de casos, nos quais caiba ao Estado a faculdade de impor penas aos indivíduos. Tal concepção somente seria admissível se se considerarem o Estado e o indivíduo como *paralelas,* e não quando o indivíduo é identificado como membro orgânico do povo e o Estado como forma natural da vida do povo, segundo o prisma nacional-socialista". Schaffer assim argumenta: "O bem-estar e o interesse da coletividade são o objeto e o fim de toda a atividade do Estado. Não pode este tolerar que o indivíduo abuse impunemente de suas energias em prejuízo da comunhão geral. Mesmo sem a prévia incriminação legal, e na dúvida sobre a nocividade social da própria conduta, deve o indivíduo abster-se de agir: se não se abstém, age por sua conta e risco, e deve ficar sujeito à repressão penal". Schaffstein, o mais radical inimigo do individualismo entre os penalistas de Hitler, renega toda a dogmática jurídica da escola lisztchiana: não quer o direito estabilizado em fórmulas rígidas. Ao invés do método lógico-formal, que serviu ao ideal da segurança do direito no Estado liberal, o desenvolvimento da ciência jurídico-penal dentro da noção orgânica e complexiva de *direito, povo* e *Estado*. Supremo valor e, como tal, medida de todos os valores, é o Estado; não o Estado num sentido abstrato ou formal-mecanicístico, mas como *totalidade* da organização da vida do povo. Dentro destes pontos de vista é que se apregoa a necessidade de um direito penal libertado do rigorismo dos textos legais. Para os sectários de Hitler, não podia merecer acolhida nem mesmo a concepção *autoritário-conservadora* do direito penal, conforme pleiteavam OETKER E NAGLER, inspirados no Código Penal fascista. E começou-se, então, por exigir o cancelamento de uma das normas centrais do direito penal tradicional: o *nullum crimen, nulla poena sine lege*. Ao invés desta elementar garantia ou condição da liberdade individual, foi proclamado, em toda a sua latitude, o princípio reacionário: "Não há crime sem pena" *(Kein verbrechen ohne strafe)*. A *Strafrechtskommission* (Comissão de direito penal), nomeada pelo governo de Hitler em 1933, aprovou o seguinte dispositivo: "Se o fato não é expressamente declarado punível, mas um fato semelhante é *ameaçado* com pena na lei, deve esta ser aplicada, se o respectivo pensamento fundamental e a sã opinião do povo exigirem a punição". E sobreveio, afinal, a novela de 28 de junho de 1935 (modificativa do § 2º do Código Penal alemão, de 1871), que assim dispõe, adotando a fórmula que a própria *Strafrechtskommission* já inculcara em substituição à supratranscrita: "É punido quem pratica uma ação que a lei declara punível ou que merece punição segundo o conceito básico de uma lei penal e a sã consciência do povo. Se nenhuma lei penal determinada se aplica imediatamente ao fato, é este punido de acordo com a lei cujo conceito fundamental melhor se lhe adapte".[5]

O encarecido pretexto para essa militante negação do liberalismo é a necessidade de reforçada proteção do interesse social, no sentido de que o criminoso, doravante, não depare eventualidade alguma de escapar pelas malhas da lei. É de ver-se como os juristas de Hitler, na crítica do direito penal tradicional, cuidam de emprestar vulto a míseros grãos de areia. Um dos sovados exemplos que invocam, em desfavor do *sistema cerrado* dos Códigos Penais democráticos ou do *nullum crimen, nulla poena sine lege,* remonta ao fim do século passado. Antes da lei alemã que incriminou explicitamente o desvio clandestino de *energia elétrica* (lei de 9 de abril de 1900), o Supremo Tribunal Imperial tedesco declarara o fato isento de pena, não se podendo *reconhecer* nele o delito de *furto,* porque a *eletricidade* não é *coisa móvel* cor-

---

• 5 *"Betraft wird, wer eine Tat begeht, die das Gesetz für strafbar erklärt oder die nach dem Grundgedanken eines Strafgesetzes und noch gesundem Volksempfindem Bestrafung verdient. Findet auf die Tat keine bestimmte Strafgesetz unmittelbare Anwendung, so wird die Tat nach dem Gesetz bestraft, dessen Grundgedanke auf sie am bestren zutrifft".*

pórea, no sentido do art. 242 do Código Penal de 1871. Embora se apresentasse no caso uma evidente e intolerável lesão da propriedade alheia, tal como no furto, não podia ter lugar, no entanto, a imposição de pena, porque a lei penal era inaplicável por analogia. Esse aresto do *Reichsgericht,* datado de 1896, é agora exumado, para servir de *cavalo de batalha* aos atuais penalistas alemães. Ora, não se trata apenas de uma decisão que ficara sem eco fora da jurisprudência tedesca, mas, também, manifestamente errônea. Já o demonstrara à saciedade OSTWALD, em artigo publicado em 1897, na *Deutsche Juristische Zeitung.* Um objeto é matéria, sob o ponto de vista jurídico, quando tem um valor e é suscetível de apropriação. A *energia elétrica* é um objeto; não se cria do nada: pressupõe outra energia; por isso, tem um valor e é uma coisa móvel. Segundo justamente observa GIURIATI, quando a lei diz *coisa,* quer significar *matéria,* e se se pode, filosoficamente, discutir acerca da existência da *alma,* não se pode negar a materialidade de uma coisa que a gente é capaz de *produzir,* de *transportar,* de *empregar.* Nem se diga que para um físico é axiomática a antítese entre *eléctron* (energia) e *íon* (matéria), porque, se ao mesmo físico perguntarmos se a energia é uma entidade *espiritual* ou *material,* terá ele, indubitavelmente, de responder que é uma entidade material. Matéria e energia de tal modo se aglutinam, que nenhum dos termos, aparentemente antitéticos, pode existir sem o outro. A eletricidade procede da matéria e contribui para a sua formação. Da mesma opinião, com irrepreensível lógica, é outro autor italiano (FRASSATT): "Toda coisa que pode separar-se do mundo externo onde se produz, sem perder suas características, é corporal. A eletricidade pertence à natureza irracional, satisfaz necessidade e é apta para lograr fins humanos; pode-se dispor dela pela vontade de um indivíduo, com exclusão de outros, e existe no mundo exterior. Se nela se dão todas estas particularidades, vive materialmente e é coisa móvel, no sentido do direito penal". Assim, pois, o exemplo a que com tanta infelicidade se apegam os penalistas hitlerianos não passa de um notável erro judiciário. Para considerar *furto* a subtração dolosa de eletricidade, não era preciso de modo algum recorrer à *analogia:* o fato estava, sob Esse *nomen juris,* inconfundivelmente previsto no art. 242 da lei penal alemã. E outra ridícula *teia de aranha* a que procuram pendurar-se os penalistas do nazismo é o caso da "fraude praticada sobre os aparelhos telefônicos automáticos". Também aqui, a Suprema Corte alemã negava-se a reconhecer a ilicitude penal ou a identificar um caso de *fraude patrimonial,* pois, conforme argumentava, não se podia dizer que objetos inanimados fossem vítimas daquele *engano* a que se refere a lei quando prefigura o *crimen stellionatus.* Ora, somente a jurisprudência alemã entendera de acolher semelhante critério de decisão, cujo rigorismo é evidentemente exagerado. Se não se pode falar, propriamente, que o aparelho automático é iludido, não há negar que, com o artifício fraudulento para fazê-lo funcionar sem o lançamento da moeda autêntica, há *engano* dirigido contra os prepostos do centro telefônico, com injusto detrimento da empresa concessionária. É manifestíssima, na espécie, a concretização do estelionato, no rigor da conceituação legal.

Quando se verifica que para justificar a negação de um princípio basilar do direito penal clássico, só se encontram os bizantinismos de um tribunal demasiadamente aferrado à literalidade da lei, é de todo evidente que o *autoritarismo* penal consagrado no "Memorial" hitlerista não passa de caprichosa preocupação de extirpar sistematicamente tudo quanto se apresente sob color de liberalismo. A supressão do *nullum crimen, nulla poena sine lege*, quer na Rússia, quer na Alemanha, não é mais que mero luxo de prepotência. Porque a singela verdade é que não se pode apontar um único fato seriamente lesivo do interesse social que já não esteja previsto como crime no texto dos Códigos Penais. Se algum fato, fora dos quadros legais, ainda está, porventura, desafiando repressão penal, só poderia ser daqueles que o legislador costuma incluir no elenco das simples *contravenções*. Será, porém, que a transitória impunidade de um fato tão pouco relevante, do ponto de vista de sua antinomia com a disciplina social, que não chegou a ferir a sensibilidade do legislador, constitua uma desgraça nacional, para cuja debelação se imponha o repúdio de um mandamento formulado pela civilização jurídica? Seria ridícula a resposta afirmativa. Mesmo em relação àqueles fatos que, por supervenientes condições de vida social, deixem de ser toleráveis e passem a merecer grave punição, não se justificaria a dispensa de incriminação legal com exclusivo efeito para os casos futuros. O inconveniente temporário da impunidade de tais fatos seria indubitavelmente menor que o da substituição do legislador pelo juiz, em desfavor de elementar garantia da liberdade individual.[6] Não é preciso ter-se grande conhecimento das vicissitudes registradas pela histó-

---

- 6 É o que, com toda justeza, acentua PAUL LOGOZ, O ilustre professor da Universidade de Genebra (citado na Exposição de Motivos do Ministro CAMPOS sobre o projeto definitivo do nosso vigente Código Penal), referindo-se ao arguido inconveniente do nullum crimen, nulla pœna sine lege: "[...] *lorsqu'il s'agit de préciser le grief en citant des faits tirés d'une pratique déjà longue, les cas d'impunité dont ont fait état sont toujours plus ou moins les mêmes et ne constituent pas une liste très impressionante. On cite le vol d'électricité, la grivèlerie, certains cas d'obtention frauduleuse de telle ou telle prestation (un parcours en chemin de fer ou le fonctionnement d'un appareil automatique, par exemple). Il n'y a guère plus. Mais s'il est vrai que de tels actes ont pu, tout d'abord, trouver certains codes en défaut, cela justifie-t-il l'abandon d'une garantie dont, peut-être, on ne peut mésurer toute la valeur que quand on en est privé? Pour quelques acquittements dont la portée est assez minime et aux quels d'ailleurs un legislateur vigilant peut couper court à bref delai, vaut-il vraiment la peine de courir des risques beaucoup plus graves?*"

ria política dos povos, para diagnosticar-se no desenfreado *autoritarismo* do novo direito penal alemão um fenômeno passageiro. É em vão que a tirania dos governos, em todos os tempos, tem procurado eliminar a afirmação do indivíduo no jogo e na entrosagem da vida em sociedade. O individualismo é uma tendência congênita e imortal do homem. Não há criar-lhe barreiras injustificadas. Nem mesmo o *terrorismo* soviético conseguiu sufocá-lo: aquela *alma,* que os marxistas chamam de *superstição burguesa,* mas que é o inextinguível foco, o inexaurível *húmus* do individualismo, continua a germinar no seio do povo moscovita, para evidenciar, dia a dia, a absurdeza da tentativa comunista de transfusão do homem-indivíduo no homem-multidão. O que, porém, seria lamentável, se não fosse irrisório, é que no Brasil, neste país em que o sentimento libertário é planta nativa, já se fala, com ares de superior convicção, que o *nullum crimen, nulla poena sine lege* é um *anacronismo,* uma antigualha a pedir museu, uma *velharia desacreditada.* Nós ainda não nos libertamos do mau vezo de acolher, sem refletir, as ideias que nos chegam, *empacotadas,* da Europa. Ainda não nos corrigimos da balda de ter acessos de tosse quando o Velho Mundo apanha a coqueluche... Na pressa de se coçarem de pruridos alheios, aqueles que, entre nós, vozeiam as ideias partejadas na crise epiléptica dos países europeus, não se dão ao trabalho de passá-las pelo crivo da meditação e ponderação que nos permite a tranquilidade remansosa em que vivemos. Não percebem eles que um direito penal fora ou além das leis não seria um avanço, mas um recuo da civilização jurídica. Seria uma contramarcha aos crepusculares tempos medievais, em que o indefinido *arbítrio judicial* escreveu páginas que ainda hoje envergonham a humanidade. Ao invés dos textos legais, haveria livre ensejo para os preconceitos pessoais, os unilateralismos de opinião, a heterogeneidade dos critérios, o espírito sectarista, os *palpites* de cada juiz na formação do direito, o parcialismo da justiça. Ao invés da segurança dos prévios "moldes" penais, os erros de apreciação, a diversidade dos julgamentos, os ódios pessoais ou partidários, os caprichos da prepotência, o incubo das paixões de momento, as sentenças inspiradas na covardia ou servilismo em face dos governantes ou, o que é pior, em face da desorientada opinião pública. Se a jurisprudência no próprio regime de *lex praevia* é, por vezes, vacilante e incerta nas suas ilações exegéticas, imagine--se o que se passará no regime do direito penal extralegal ou não escrito... Mas, ainda há mais. Com a eliminação do *nullum crimen, nulla poena sine lege,* estará truncado um dos próprios fins políticos da pena, qual o da *prevenção geral* (ou da *coação psicológica,* segundo a fórmula de FEUERBACH), pois seria absurdo cogitar-se do caráter preventivo de penas sem o *memento* de expressos textos legais, isto é, penas que não se conhecem, a serem editadas para fatos ainda não definidos como crimes para ciência e governo dos cidadãos. Se a norma penal é uma *norma de conduta,* rematado despropósito será exigir-se que os indivíduos se ajustem a uma norma penal... inexistente. E se não existe norma legal incriminadora e punitiva, onde a certeza de que fato idêntico, se repetido, será tratado da mesma forma pelo juiz? Para os nossos insofridos pregoeiros de novidades europeias, quero repetir um conceito de SAUER, o insigne jurista-filósofo, que, apesar de alemão, não se alista entre os turibulários incondicionais de Hitler. Suas palavras valem como um *apelo à razão* nesta época de negativismo e ódio à Civilização que nos foi legada pelo aturado trabalho dos séculos: "As relações da vida e as criaturas humanas precisam amadurecer de novo para o liberalismo". Bem sei que já não é mais possível, nem jamais terá sido praticável o individualismo romântico dos iluministas. O indivíduo não pode ser o único fim do Estado; mas, por outro lado, temos de convir em que não pode ser esmagado pelo *rolo compressor* do Estado totalitário ou brutalmente imolado a um despótico *interesse coletivo,* que se confunde na prática, as mais das vezes, com o interesse de uma facção, de uma classe dominante, de uma maioria ocasional. As posições radicais, para a *direita* ou para a *esquerda,* não são mais que colapsos ou retrocessos na evolução política dos povos. O justo caminho é sempre o *meio-termo.* Só é possível o seguro avanço da Civilização quando a humanidade se apazigua nos pontos de equidistância entre os extremos, segundo a *lei de proporção* de que nos falava PITÁGORAS. Façamos a revisão dos princípios individualistas. Se há divergência entre os interesses do indivíduo e os da coletividade, a intervenção retificadora do Estado não se poderá fazer, para ser eficiente e duradoura, senão dentro de um superior sentido de equilíbrio e de harmonia. Atribua-se uma firme autoridade ao Estado, para regular o jogo das energias que se entrecruzam no seio da vida social; mas reserve-se ao indivíduo aquele sagrado e inexpugnável *quantum* de liberdade que lhe é absolutamente necessário para o seu êxito como imprescindível força de sinergia na consecução dos fins sociais. Ainda e sempre: *"sub lege, libertas".*[7]

---

- 7 Insistindo por uma solução conciliatória ou intermédia do velho e renitente dissídio entre *liberdade* e *autoridade,* dissemos alhures: "Para coibir os abusos do individualismo, que a Revolução Francesa ensinara ao mundo, o Estado contemporâneo não se ateve à máxima de que *abusus non tollit usus:* reduziu o indivíduo, sumariamente, a uma quantidade desprezível na aritmética político-social. O direito caracteriza-se, na hora presente, mesmo nos países mais afeiçoados aos "direitos do homem e do cidadão", pela incessante restrição da liberdade individual, – o que vale dizer: pela crescente anulação da personalidade humana. Para combater a hipertrofia do individualismo, voltou-se ao hiperestatismo de épocas já inteiramente superadas. Retornou-se à penumbra da Idade Média. A *liberdade* cedeu o passo à *autoridade.* Abstraiu-se que ambos os extremos –liberdade sem lei ou lei sem liberdade – deitam raízes fora da razão humana. Mas, se não era possível a felicidade dos homens num regime de excessiva liberdade, muito

**2. Evolução histórica do "nullum crimen, nulla poena sine lege".** No primitivo direito penal romano, formado à proporção que surgiam os casos concretos, não era proibida a punição *sine lege*. Ao tempo do governo dos magistrados, em conjugação com o tribunal do povo, já havia prefiguração de vários crimes (e prefixação de penas), mas o tribunal popular podia declarar puníveis outras ações não previstas. Quando, porém, ulteriormente, o tribunal popular foi substituído pelo processo das *quaestiones* e a jurisdição penal passou gradativamente para o tribunal de jurados, uma ação só podia ser punida se estivesse precisamente incriminada. Não podia ser punido um fato reprovável só porque fosse merecedor de pena. Notadamente com as *questiones perpetua*, instituídas ao tempo de Silla, e com a *ordojudiciorum publicorum,* passou a ser vedada a analogia. Como assinala Mommsen, "de então em diante, não podia haver em Roma nenhum delito sem prévia lei criminal, nenhum processo penal sem prévia lei processual, nenhuma pena sem prévia lei penal". Com o advento, porém, do processo senatório consular e do concomitante tribunal imperial, repudiou-se o princípio da legalidade rígida. Instituiu-se o processo *extraordinário,* e as fontes do direito penal passaram a ser, além das antigas leis populares, a *Constitutio* imperial, o *rescriptum,* o direito municipal, o direito local, a *consuetudo* radicada no *usus fori.* Permitia-se a interpretação extensiva e mesmo a analogia, isto é, a pena podia ser, excepcionalmente, irrogada *ad exemplum legis* (Dig., XLVIII, IV, 7, § 3º). Entretanto, como no direito anterior, jamais uma ação (não previamente incriminada) podia incidir *sub poena* pelo simples fato de ser merecedora de pena. Ainda então se preceituava que *"poena non irrogatur nisi quom quoque*

---

menos sê-lo-á num regime de escravidão. Pior que a lei da *jungle* é a lei da senzala; pior que a livre eclosão dos instintos é o entrave sistemático à expansão das tendências e vocações. Se o direito não procura o "meio-termo" ou a equidistância entre os interesses do indivíduo e os interesses do Estado, acaso colidentes, deixa de ser norma de cultura ou expressão da moral social, para ser instrumento passivo, ou do mais requintado egoísmo ou da mais intolerável prepotência. Não há sair dentre os chavelhos deste dilema. Sou daqueles que, adstritos à visão da realidade jurídica, negam a existência do chamado *direito natural,* com ou sem Deus. Não há outro direito senão o que se encerra na lei do Estado. A fórmula de Kelsen é incontestável: "O Estado é o direito". Não há direito errando fora das leis. Não é direito, mas simples aspiração a direito, com maior ou menor probabilidade de êxito, o que não se insere no mandamento coativo do Estado. Alguns juristas-filósofos, alarmados ante o absorvente predomínio do Estado, puseram-se a construir teorias de limitação ao seu arbítrio legislativo e chegaram a apelar para o "direito natural" de reflexo divino, como *vontade normativa* superior à do legislador estatal. A Hegel, a Jellineck e a Kelsen antepôs-se Santo Tomás de Aquino. Mas a tentativa é absurda, na vigência de uma civilização desprovida de Deus, intoxicada de Spencer e de Comte, inafeiçoável a uma cosmovisão transcendental.

*lege vel alio jure* (referência às novas fontes do direito, acima referidas) *spcialiter huic delicto imposita est"*. Mesmo no regime das *penas extraordinárias,*

> Assim, é força reconhecer que o pretendido "direito natural", na expressão de um publicista moderno, está para o direito legislado como um rei de baralho está para um rei de verdade. Não se pode acreditar num "direito natural de liberdade", como querem os rousseaunianos e andam proclamando, entre nós, muito suspeitos amigos da deusa do barrete frígio. O que há é a *possibilidade* ou *faculdade* natural de atividade livre do indivíduo, mas que o *imperium* do Estado disciplina e ajusta, transformando-a em "direito subjetivo individual", naturalmente limitado, porque todo direito é limite e proporção. Na famosa frase de Dante, direito é *proportio hominis ad hominem*. *Liberdade,* como conceito jurídico, não pode ser coisa diversa da clássica definição de Bluntschli: "faculdade de exercer a própria vontade *nos limites do direito*". É a manifestação da liberdade individual não coibida pelo direito positivo. É o poder jurídico do indivíduo, de dispor da própria pessoa e determinar-se ou agir segundo a sua vontade, sem outros limites que os traçados pelo direito do Estado. É a isenção de entraves à afirmação da personalidade humana no ambiente social, isenção que, dentro das fronteiras da ordem jurídica, compete a cada indivíduo em face dos outros indivíduos e em face dos órgãos do Estado. A liberdade do *homo socialis* só pode ser a "liberdade jurídica", a liberdade sob o prisma da realidade jurídica, a esfera individual imune da intervenção do Estado ou em que os fins estritamente individuais, como diz Jellineck, encontrem satisfação na livre atividade consentida pelo Estado ao indivíduo. Ampla ou restrita, a liberdade jurídica tanto existe sob os governos democrático-liberais quanto sob os governos autoritários. Mesmo no regime marxista, em que o indivíduo é subvertido na *massa,* não deixa de existir essa liberdade *sub specie juris,* embora estreitamente delimitada pelas leis institucionais do governo soviético. Nela também se proclama que "a livre expansão de cada um é condição para a livre expansão de todos", mas como não se julga possível realizar o ideal de liberdade sem graus de passagem, pois, na presente organização social, a liberdade dos indivíduos economicamente mais fortes acarreta a opressão das massas, tem-se de criar um regime preliminar de limite ao indivíduo. O Estado liberal quer, antes de tudo, a liberdade individual; o Estado socialista quer, precipuamente, a igualdade ou, melhor, a "igual liberdade" dos indivíduos. Não os indivíduos isolados no seu egoísmo, mas consubstanciados na massa. Bem-estar de cada um e bem-estar de todos, – ideal que não se alcançará sem restrições à liberdade individual. Como quer que seja, porém, a liberdade jurídica não diverge de um regime político para outro, senão do ponto de vista "quantitativo". No Estado liberal, é dinheiro de pródigo, enquanto no Estado totalitário é dinheiro de avarento; mas, tal como o dinheiro, a liberdade jurídica é "qualitativamente" a mesma, quer dada às mancheias, quer somiticamente... Formulam-se postulados mais ou menos abstratos, ideologias mais ou menos metafísicas, fábulas à Rousseau ou místicas à Hitler; mas, na realidade prática, o que há são apenas Estados que abdicam, ou não, do seu indefinido poder em face do indivíduo. Estou bem certo de que a lógica desse raciocínio leva ao desconfortante corolário do Estado Todo-Poderoso ou Estado-Moloch. Se não há poder algum acima da soberania do Estado, a vontade deste é a lei e a única matriz do direito. Desgraçadamente, não há evitar que daí resulte para o Estado, na expressão de Jhering, o "monopólio da coercisão", de que deriva a possibilidade de indefinida extensão da *autoridade,* em detrimento da *liberdade.* Contra essa indisfarçável

não eram estas puramente *arbitrárias,* pois o tribunal, ao aplicá-las, estava adstrito a consultar as fontes jurígenas acrescidas ao velho *jus legitimum.*

e chocante realidade não há senão um remédio de êxito precário ou contingente. Não cuidem que me refiro à *ultima ratio* da "revolução", segundo a tábua de direitos de 89 ou segundo o postulado de Locke, que, na ânsia de desatar esse nó górdio do sempre renascente conflito entre liberdade e autoridade, não vacilava em apelar para a violência, e em nome de Deus. Não! A violência nunca resolveu os problemas humanos e sociais. As revoluções, via de regra, são apenas o aproveitamento de ideologias para justificar, na ascensão ao poder, o *"ôte toi de là pour que je m'y met".* O corretivo a que aludo é a ideia imanente de justiça que a experiência e a razão infundem aos homens e se apresenta como instante sugestão ao espírito dos titulares do poder. Ajudada pela lição dos fatos político-sociais, pelo ensinamento histórico, a razão demonstra a existência de alguns princípios básicos, em que se devem assentar todas as concepções técnicas do direito. Trata-se de um dado específico da própria essência humana, a entremostrar, talvez, a nossa transcendente afinidade com a essência divina. Pretender que o direito, na sua evolução histórica, não prescinde e não pode prescindir desse elemento estrutural, não é propriamente, como entende o ceticismo de Gaston Jèze, construir um "monumento de inutilidade e de orgulho". Parece mesmo que há uma sanção misteriosa para os ditames dessa consciência de justiça, em parte congênita e em parte adquirida. Conforme adverte Le Fur, quando qualquer desses ditames ou "imperativos categóricos" é negado ou repudiado, no seio dos povos, por um grupo político dominante, comete este um grave erro e terá de sofrer, mais cedo ou mais tarde, o escarmento dos contragolpes. Vede o que se passa, na palpitante atualidade, com as desventuradas Alemanha e Itália O nacional-socialismo e o fascismo haviam culminado na divinização do Estado e legitimação da autoridade *in extensum.* Foi despejadamente proclamado que a vontade do mais forte é que faz o direito. Rezou-se na filosofia de Nietzsche, no evangelho de Zaratustra: "Não vos aconselho o trabalho, mas a luta; não vos aconselho a paz, mas a vitória. Uma boa causa – dizeis – santifica a própria guerra; mas eu vos digo que é a boa guerra que santifica qualquer causa. Não há pior vício que a piedade e a fraqueza. Eis a nova lei que promulgo para vós, meus irmãos: sede duros". A opressão passou a ser o útero do direito. Assim na política interna como no plano internacional. Com a *Gestapo,* a milícia dos *camicie nere,* o machado do carrasco e a *guerra total,* sob o pretexto de que a necessidade não tem lei (*"Not kennt kein Gebot"*), a vontade tirânica de dois partidos políticos seria a lei e o direito em todo o orbe terrestre. O *Führer* alemão e o *Duce* italiano renegaram a tradição do direito e emudeceram a voz da justiça. Mas o castigo não tardou, trazido pelo tremendo *choc de retour* dos acontecimentos. Dir-se-ia que a maldição de Deus caiu sobre eles como nos tempos bíblicos. A pátria de Goethe e a pátria de Dante são hoje um arrepiante estendal de ruínas. Benito Mussolini morreu trucidado pela própria multidão que outrora o aclamava em delírio. Adolfo Hitler, acuado como um cão hidrófobo, mordeu igualmente o pó do chão, depois de assistir ao desmoronamento da sua *gross Deutschland.* Projetemos, porém, o nosso olhar para além desse horrendo cataclismo de ódio e sangue em que nos lançou a desmedida ambição de dois energúmenos, e procuremos imaginar como será ou deve ser o amanhã da paz universal, o reatamento da continuidade do direito, a restauração da justiça no mundo redimido pelo sofrimento. Nada teremos aproveitado da terrífica lição, se não

Na Idade Média, entretanto, com a prevalência do *direito consuetudinário* sobre a lei escrita, o exemplo do processo romano extraordinário medrou amplamente, prescindindo-se, na configuração de crimes e irrogação de penas, até mesmo da analogia ou do *exemplum legis*. Permitiu-se o *plenum arbitrium* dos juízes. Foi a idade de ouro das *penas arbitrárias*. Ao juiz só era vedado, quando muito, excogitar uma espécie nova de pena. E ao lado do arbítrio do juiz ainda havia o arbítrio do rei, de que foram atestado, em França, as célebres *lettres de cachet*. Mesmo nas codificações da avançada Idade Média, não se proibia a analogia penal. Assim, a *Carolina* (Ordenança criminal de Carlos V, 1532), o *Codex Juris Bavarici Criminalis* (1751) e a *Constitutio Criminalis Thereziana* (1769). CARPSOVIO (1595-1666), entretanto, na Alemanha, já pugnava pelo *arbitrium* moderado, devendo o juiz, conforme dizia ele, regular-se *"secundum fidem, aequitatem et religionem"*. Também na Itália, não obstante o *arbitrio judicis* reconhecido no direito estatutário, FARINACIO, entre outros, antecipava-se ao princípio individualista do século XVIII: *"Poena non imponitur pro omni delicto, sed tantum pro eo, quod lex statuit esse delictum. Delictum non est ubi poena non cadit, etiam quod illicitum sit. Poena non habet locum nisi in casu a jure expresso"*. Muito antes dos enciclopedistas, já BACON (1560-1626) filosofava que *"optima lex quoe minimum relinquit arbitrio judieis"*; e PUFFENDOHF

---

soubermos reconstruir o mundo pela reconstrução do direito sobre as bases de uma justiça racional. É bem verdade que a evolução política e a evolução jurídica não se operam em linha vertical e contínua, mas em espiral. Estamos atualmente num período de regresso, mas temos de retomar o giro de propulsão para a frente e para cima. É indispensável, antes de tudo, um amplo reabastecimento de moral e um apurado espírito de justiça. Sem uma e sem outro, não será possível paz duradoura, nem real felicidade entre indivíduos e povos. É imprescindível uma paz alicerçada na força do direito, e não a paz do **Tribunal de Nuremberg**,* alicerçada no direito da força.

---

\* O **Tribunal de Nuremberg** há de ficar como uma nódoa da civilização contemporânea: fez *tábula rasa* do *nullum crimen nulla pœna sine lege* (com um improvisado *Plano de julgamento*, de efeito retroativo, incriminou fatos pretéritos e impôs aos seus autores o "enforcamento" e penas puramente arbitrárias); desatendeu ao princípio da "territorialidade da lei penal"; estabeleceu a responsabilidade penal de indivíduos participantes de tais ou quais associações, ainda que alheios aos fatos a elas imputados; funcionou em nome dos vencedores, que haviam cometido os mesmíssimos fatos atribuídos aos réus; suas sentenças eram inapeláveis, ainda quando decretavam a pena de morte. Como diz MONTERO SCHMIDT (*Rev. de Ciencias Penales*, tomo IX, n. 4, 1946): *"jamás había podido concebir la mente de jurista alguno un derrumbe más grande de los princípios de Derecho, que se iluminó, al postre, con una escena grotesca: el ahorcamiento del cadáver del Mariscal Goering, después que este se había suicidado!"*

(século XVII) declarava que *"tralaticium est, ubi non sit lex, ibi nec poena, nec delictum invenire"*.

Fato notável é que na Inglaterra, diversamente da Europa continental, madrugou, para o direito positivo, o princípio da reserva legal em matéria de crimes e penas. Já a *Magna Charta* do Rei João (1215), no seu art. 39, assim proclamava, consagrando a proibição da analogia *in malam partem*: *"Nullum liber homo capiatur vel imprisonetur aut dissaisiatur aut utlegatur aut exuletur aut aliqui modo destruatur nec super eum ibimus nec super eum mittemus nisi per legalem judicium parium suorum vel per legem terrae"*. Este preceito con-

> Se tivéssemos de caminhar, não para a paz fundada no direito, mas para a *paz romana*, imposta pelo arbítrio da desforra dos vencedores, teria sido então preferível que continuássemos na guerra. Há mais beleza e dignidade no furor de aço e fogo dos exércitos em luta do que na paz mantida pela opressão. E paz sem amor, sem justiça, sem direito, sem caridade, sem perdão, sem Deus, é paz efêmera. É quietude exterior de caldeira sob pressão. É silêncio de bocas amordaçadas. É agravação de ódios e rancores dissimulados no ambiente de senzala. É surdo fermento de novas guerras e hecatombes humanas. Somente poderemos ter um mundo digno de ser habitado, se o remodelarmos dentro do respeito pela dignidade humana. Renunciemos, uma vez por todas, aos estúpidos "ismos" facciosos. Nem escravos, nem déspotas. Nem o Estado exclusivamente para o indivíduo, nem o indivíduo exclusivamente para o Estado, mas ambos para a conquista e promoção do autêntico bem de cada um e de todos, – o que, em última análise, é a própria finalidade do direito. Nem o imperialismo do indivíduo, nem o imperialismo do Estado, mas a justiça, fortemente lastreada pela moral, como equilíbrio entre as necessidades finalísticas do Estado e o interesse dos indivíduos *uti singuli*, entre o ideal que se pode conceber pelo dom da razão e a solução oportuna dentro das contingências sociais e humanas. Não continuemos, anacronicamente, a exaltar um individualismo radical ou atomístico, cujos erros e desmandos ainda estão bem presentes em nossa memória; nem proclamemos o desembestado intervencionismo do Estado, que redunda na intolerável absorção ou aniquilamento do indivíduo. JULIEN BENDA (*La grande épreuve des democraties*) assim disserta, com toda justeza: "É claro que, se o culto da liberdade consiste exclusivamente no apreço das satisfações materiais que dela se podem tirar, ou no objetivo do que já denominei "dilatação pessoal", esse culto é positivamente imoral; e, por outro lado, se a abdicação da liberdade individual em favor da coletividade tem unicamente por fim a liberdade do todo social e a possibilidade de mais justiça para cada um de seus membros, ela é eminentemente moral". Este raciocínio deve ser um programa de ação no mundo de amanhã... O que temos a realizar, nesta hora de reabilitação da democracia, é um reajustamento de interesses. Autoridade do Estado e liberdade do indivíduo, não como forças mutuamente hostis, mas como interesses conciliados e aglutinados numa síntese orgânica. O papel do direito nesse próximo futuro não deve ser outro senão o que sempre lhe coube na sua racional evolução: colocar-se a meio caminho entre a tradição e a originalidade, conhecer e avaliar as necessidades do meio social presente e adaptar, o mais possível, umas às outras, as ideias fundamentais e as situações novas.

tinha, sem dúvida, a ideia fundamental de limitação da autoridade do Estado em face da liberdade individual, que, no século XVII, JOHN LOCKE[8] haveria de desenvolver e, no século XVIII, MONTESQUIEU retomaria cristalizando-a no seu famoso *Espírito das Leis* (1748). Foi com o grande publicista francês que se fixou o conceito de liberdade como "o direito de fazer tudo quanto as leis permitem". O que não é proibido é permitido. O indivíduo orienta-se exclusivamente segundo a lei. Daí, como corolário necessário, a proibição da analogia e do direito costumeiro em matéria penal.

Ainda mais: com a teoria da *separação dos poderes,* MONTESQUIEU criou um novo fundamento à proibição da analogia penal, pois o Poder Judiciário não podia, sem usurpação de função do Poder Legislativo, incriminar fatos ou irrogar penas. O juiz deve limitar-se a ler a lei e aplicar-lhe fielmente o

---

A este espírito de moderação obedeceu o nosso Código Penal vigente. É absolutamente inexata a informação de JIMÉNEZ DE ASÚA (*Códigos penales iberoamericanos,* I, p. 174), de que ele atendeu ao escopo de "defender a *nova ordem* brasileira personificada em seu Estado totalitário". Primeiramente, nunca houve *totalitarismo* no Brasil. A Constituição de 37 não se podia dizer *totalitária* só porque procurou corrigir certos excessos do individualismo e *armar* a própria democracia contra os extremismos da *direita* e da *esquerda*. A hipertrofia do Poder Executivo, que se seguiu, não resultou do sistema constitucional de 37, mas, ao contrário, da suspensão dele, em virtude de continuado *estado de emergência,* que redundou em franca ditadura.

Se o Código de 40 não pactuou com o liberalismo *à outrance,* não o fez por injunção de tendência político-totalitária, mas em obediência a critérios pacíficos no setor do direito penal muito antes do advento dos governos antiindividualistas. O direito penal, dentro dos próprios quadros da "escola clássica" (amamentada com o leite da filosofia libertária dos séculos XVIII e XIX), sempre assumiu uma feição ao mesmo tempo *liberal* e *autoritária. Liberal,* no sentido de que só a lei pode criar limites à liberdade individual; *autoritária,* no sentido de que o *jus puniendi* não deriva de um suposto "contrato social" (segundo a fábula de ROUSSEAU), mas da necessidade de defesa da autoridade do Estado, autoridade que assenta, não na própria essência deste (como se postulava no direito antigo e medieval), mas na lei.

Um Código que acolhe princípios centrais do individualismo político em matéria penal, quais sejam a proibição da analogia e a irretroatividade da *lex gravior,* não pode ser acoimado de *totalitário*. Deste qualificativo, aliás, o insigne ASÚA faz uso imoderado. Eu mesmo fui por ele increpado de "classicismo politicamente totalitário" (ob. cit., p. 172). Não acreditar em direitos pré-estatais ou pré-legais e reconhecer na lei a fonte única do direito, mesmo o da liberdade individual (dizia VOLTAIRE que "ser livre é não depender senão da lei"); enjeitar o fabulismo do "contrato social", mas propugnar o mútuo ajustamento entre os direitos individuais e os interesses sociais, não é ser *politicamente totalitário,* mas postular a coadaptação entre liberdade e autoridade, dentro das linhas estruturais do *Estado de direito.*

• 8 *Two treatises of government*

texto. *Les juges de la nation ne sont que la bouche qui prononce les paroles de la loi*. A divisão dos poderes é garantia da liberdade individual.[9]

O princípio da legalidade, como inferência do individualismo político, encontrou ressonância entre os enciclopedistas, filósofos do direito natural, iluministas, novelistas do *Contrato Social;* e BECCARIA (rousseauniano convicto), com o seu retumbante opúsculo *Dei delitti e delle pene* (1764), foi um dos máximos fatores de sua difusão no espírito da época. Somente a lei – dizia ele – pode determinar penas para os crimes. Nada de formação do direito penal pelo juiz ou pelo costume. Nenhum arbítrio ao juiz: *"In ogni delitto si deve fare dal giudice un silogismo perfetto: la maggiore dev'essere la legge generale; la minore l'azione conforme, o no, alla legge; la conseguenza la liberta o la pena"*. Foi a doutrina de BECCARIA que influiu na primeira formulação, em termos nítidos, do princípio da legalidade no direito penal positivo, isto é, na consagração de tal princípio pela *Josefina* (Ordenança penal austríaca de José II), que antecedeu de dois anos a declaração francesa dos "direitos do homem e do cidadão".

Já então a doutrina de LOCKE, aperfeiçoada pela teoria política de MONTESQUIEU e acentuada pela filosofia jurídica de BLACKSTONE e JAMES OTIS, repercutira fundamente nas colônias inglesas da América do Norte. O art. 39 da *Magna Charta* (chamado *"the keystone of english liberty"*) passara aos *Bills of Rights* e Constituições dessas colônias, e o Congresso de Filadélfia (1774) incluiu o princípio da legalidade entre os direitos fundamentais do homem. Na Constituição Federal americana (1787) veio a ser expressamente estatuída a proibição da lei *ex post facto* em matéria penal. Assumindo caráter eminentemente político, foi o princípio, de torna viagem à Europa, ricochetear sobre a Revolução Francesa. A Constituição da Virgínia (cujo art. 8º dispunha que *"no man be deprived of his liberty except by the laws of his land or the judgement of his peers"*) deixara profunda impressão em LAFAYETTE (quando de sua estada na América), e este, na Assembleia Nacional francesa, foi o primeiro a reclamar uma positiva *declaração de direitos,* no estilo dessa Constituição. Sob uma forma de iniludível precisão, foi então o princípio da legalidade consagrado pelo art. 8º da *Déclaration des droits de l'homme et du citoyen* (26-8-1789): «*Nul ne peut être puni qu'en vertu d'une loi établie et promulgée antérieurement au délit et légalement appliquée*». Esta fórmula

---

- 9 *"Il n'y a point encore de liberté, si la puissance de Juger n'est pas séparée de la puissance legislative et de l'exécutrice. Si elle était jointe à la puissance legislative, le pouvoir sur la vie et la liberté des citoyens serait arbitraire; car le juge serait législateur. Si elle était jointe à la puissance exécutrice, le juge pourrait avoir la force d'un oppresseur"* (De l'esprit des lois, liv. XI, cap. VI).

tornou-se dogma da democracia e propagou-se por todo o mundo civilizado. Os sucessivos Códigos Penais a endossaram e, na Alemanha, FEUERBACH teve o mérito de demonstrar que o princípio da legalidade, além do seu fundamento político, atendia a um critério nitidamente jurídico-penal: a função da ameaça penal é exercer uma geral *coação psicológica* impeditiva do crime (teoria já esboçada por WOLFF),[10] justificando-se a efetiva aplicação da pena quando alguém, apesar do conhecimento dessa ameaça, não se abstém de praticar o fato proibido *sub poena;* de modo que a punição de determinado fato tem como pressuposto a anterioridade de sua incriminação e correspondente cominação penal, no texto da *lei escrita* devidamente publicada. Igualmente a FEUERBACH se devem as sintéticas fórmulas latinas com que se costuma exprimir o princípio da legalidade: *nulla poena sine lege, nullum crimen sine lege*. Em apressado reparo à "Exposição de Motivos" com que o Ministro FRANCISCO CAMPOS fez acompanhar o projeto definitivo do nosso Código vigente, JIMENEZ DE ASÚA (loc. cit., pp. 174-175) focaliza o tópico sobre o princípio da anterioridade da lei penal e assim disserta: "[...] *conforme a critério alemán se atribuye la fórmula a* FEUERBACH*, cuando es harto sabido que la Revolución Francesa la tomo de* ROUSSEAU*. Al citarla* FRANCISCO CAMPOS *incurre en otro error, el de creer que* FEUERBACH *enuncio expresamente el principio* nullum crimen sine lege, *cuando en verdad solo parte dei apotegma* nulla poena sine lege, *derivando aquél de éste, como era lógico, ya que el famoso bávaro no lo concebia como principio político, sino científico, derivado*

---

• 10  Não se pode negar que a pena é um freio contra o crime. Não vale dizer que ela é impotente para conjurar uma grande percentagem de reincidentes, assim como não impede a delinquência *primária*. Os seres humanos não são impelidos pelo prazer ou repelidos pela dor de modo invariável ou uniforme, como asseguram os hedonistas. Além disso, não se pode deixar fora de conta a *esperança de impunidade,* que muitas vezes anima os delinquentes. O êxito preventivo ou intimidante da pena não pode, é certo, ser infalível em todos os casos; mas não é justo nem leal arguir-se a nenhuma coação *psicológica* da pena (como faz a *escola positiva),* tendo-se em vista somente os que delinquem e os que reincidem; porque se abstrai, dessarte, com evidente unilateralismo, a infinidade dos que não vão ou não retornam ao crime *formidine poena*. Suprima-se a pena *(quod Deus avertat),* e o crime seria, talvez, a lei da maioria. É irrecusável lição da experiência (e não simples "argumento de psicologia automórfica" de criminalistas ingênuos, corno dizia FERRI) a eficácia inibidora da pena. A propósito, raciocina com *humor* o Prof. THORNDYKE (Man *and his works,* 1943): "Se um certo prazer, como, por exemplo, o de beber um copo de cerveja, é acompanhado de certa *punição,* digamos, a de pagar alguns níqueis, o hábito, em determinado indivíduo, pode estabilizar-se na ingestão de três copos por dia; mas, se a cerveja vem a ser-lhe fornecida de graça, rapidamente passará a beber uma "dúzia de copos diários..." Abolida a ameaça da pena e a crer-se, como quer PATRIZI, que no fundo de cada um de nós há um *criminoso nato,* estaria implantada no convívio social a lei do mato virgem.

*de la* coacción psíquica *en que fundo el derecho de penar".* Improcede a crítica, que, esta sim, incide em equívocos. O Ministro CAMPOS não atribuiu a FEUERBACH o princípio da legalidade (nem os autores alemães jamais o fizeram), mas, apenas, com todo acerto, sua expressão em fórmula latina.[11] O *nullum crimen, nulla poena sine lege* é, sem dúvida alguma, uma aglutinação de três fórmulas originárias do grande penalista ademão: *nulla poena sine lege, nulla poena sine crimine, nullum crimen sine poena legali*. Para melhor esclarecimento, não há como transcrever-se o relativo trecho do *Lehrbuch des gemeinen in Deutschland gültigen peinlichen Rechts* (ed. 14ª, 1847, p. 41) de FEUERBACH: "[...] *Hieraus fliessen folgende, keiner Ausnahme unterworfenen untergeordneten Grundsätze: I – Jede Zufügung einer Strafe stezt ein Strafgesetz voraus* (nulla poena sine lege). *Denn lediglich die Androhung des Übels durch das Gesetz begründet den Begrif und die rechtliche Möglichkeit einer Strafe. II – Die Zufügung ein Strafe ist bedingt durch das Dasein der bedrohten Handlung* (nulla poena sine crimine). *Denn durch das Gesetz ist die gedrohte Strafe an die Tat als rechtliche notwendige Voraussetzung geknüpft. III – Die gesetzlich bedrohte Tat (die gesetzliche Voraussetzung) ist bedingt durch die gesetzliche f träfe* (nullum crimen sine poena legali). *Denn durch das Gesetz wird an die bestimmte Rechtsverletzung das Hebel als eine notwendige rechtliche Folge geknüpft".* Ou em vernáculo: 'Decorrem daí os seguintes irrestritos princípios fundamentais: I – Toda aplicação de uma pena pressupõe uma lei penal *(nulla poena sine lege),* pois somente a ameaça do mal pela lei cria o conteúdo e a possibilidade jurídica de uma pena. II – A aplicação de uma pena é condicionada pela existência do fato *ameaçado (nulla poena sine crimine),* pois, na lei, a pena cominada é ligada ao fato 'como o *pressuposto juridicamente necessário'.* III – O fato *legalmente ameaçado (pressuposto legal)* é condicionado pela pena legal *(nullum crimen sine poena legali),* pois o 'mal, como consequência juridicamente necessária, é ligado pela lei a

---

- 11 Não divergem os autores a tal respeito, dentro ou fora da Alemanha. Podia-se encher toda uma página com citações; mas basta que se mencionem os mais recentes tratados que nos vêm da própria pátria de ASÚA. Assim, o *Derecho penal,* de PUIG PENA, (vol. I, p. 70): *"Al frente del campo reservado al Derecho punitivo se halla establecido, con carácter de axioma, el famoso principio dei monopolio de la ley, que* FEUERBACH *formulo diciendo* "nullum crimen, nulla poena sine lege"; bem como o *Derecho Penal,* de CUELLO CALÓN (vol. I, p. 171): "[...] nullum crimen, nulla poena sine lege. *Esta máxima, pese a su vestimenta latina, no proviene del derecho romano, ha sido inspirada por* FEUERBACH". Não será demais que, entre os autores italianos, seja invocado o excelente DELITALA *(Criteri direttivi dei nuovo codice penale.* In: *Riv. ital. di Diritto Penale,* 1935, p. 585), no seguinte trecho: *"I I latinetto dei ditterio* – nullum crimen, nulla poena sine praevia lege poenali – non *deve trarre in inganno: è latino moderno, di marca teutonica, poichè è* ANSELMO FEUERBACH *che ha, per primo, rivestito il principio con la toga romana".*

uma *determinada violação do direito'''*. Como já vimos, a Revolução Francesa, para recepção do princípio da legalidade entre os "direitos do homem", não se inspirou diretamente em Rousseau, mas no exemplo, então palpitante, das Constituições norte-americanas, embora estas, por sua vez, tivessem recebido influência da filosofia do "contrato social". Por último, dizer-se que, em Feuerbach, o princípio da legalidade se alheia à sua origem política, é um puro equívoco. A teoria da *coação psicológica* não é senão um fundamento jurídico-penal ao princípio da legalidade, que Feuerbach, integrado no individualismo político da época, também reclamava como salvaguarda da liberdade individual. Fundado na doutrina da separação dos poderes, de Montesquieu, dizia ele que „somente o legislador podia tornar punível *in concreto* uma "ação antijurídica", de modo que se um fato não foi por ele ameaçado com pena... não pode juiz algum puni-lo" *("Nur der Gesetzgeber kann eine rechtswidrige Handlung in concreto zu einer strafbaren machen. Hat er eine Tat [...] nicht mit Strafe bedroht, so kann sie auch kein Richter bestrafen"*).

No Brasil independente, o *nullum crimen, nulla poena sine lege* tem sido, tradicionalmente, um princípio constitucional e uma norma de direito penal. A Constituição do Império (1824), inspirada no individualismo político da Revolução Francesa, já preceituava (art. 179, n. II) que "ninguém será sentenciado senão por autoridade competente e em virtude de lei anterior e na forma por ela prescrita". Com ligeiras alterações de redação, foi este dispositivo reproduzido pelas Constituições de 1891, 1934, 1937 e 1946.

O Código Criminal de 1830[12] declarava, no art. 1º, que "não haverá crime, ou delito (palavras sinônimas neste Código) sem uma lei anterior, que o

---

- 12 O Código de 1830 constituiu a etapa inicial do direito penal brasileiro (pois, antes dele, mesmo após a Independência, em 1822, vigorava no Brasil o liber terribilis das Ordenações Filipinas, tomadas de empréstimo a Portugal). Foi, aliás, o primeiro Código autônomo da América Latina. Embora sem originalidade alguma (a não ser a de, inspirado na lição de Bentham, considerar o – pactum sceleris como agravante genérica), não era decalque ou imitação servil de Códigos europeus. Filiava-se à corrente de ideias do iluminismo. É inegável que, dentro de sua época, foi obra notável de legislação, devendo notar-se que, como assinala o ilustre penalista Ladislau Thot, exerceu influência sobre quase toda a legislação penal latino-americana, através dos Códigos espanhóis de 1848, 1850 e 1870, que, em muitos pontos, se inspiraram no padrão brasileiro e, por sua vez, serviram de modelo, em torna-viagem, aos Códigos dos países de língua espanhola da América. Não se deve, porém, por mero espírito de patriotismo, exagerar o mérito do nosso primeiro Código. As novidades que lhe são atribuídas não passavam de autênticas velharias. Assim, a imprescritibilidade das penas (que o Código bávaro de 1813 anacronicamente consagrava, em contraste com o Código de Instrução Criminal francês de 1810), a reparação do dano ex delicto no próprio juízo criminal (critério residual da compositio) e a teoria objetiva da cumplicidade (que, não se sabe por que estranho

qualifique", e, no art. 33, que "nenhum crime será punido com penas, que não estejam estabelecidas nas leis, nem com mais, ou menos, daquelas que estiverem decretadas para punir o crime no grau máximo, médio, ou mínimo, salvo o caso em que aos juízes se permitir arbítrio". O Código de 1890 assim se exprimia, no art. 1º: "Ninguém poderá ser punido por fato que não tenha sido anteriormente qualificado crime, e nem com penas que não estejam previamente estabelecidas. A interpretação extensiva por analogia ou paridade não é admissível para qualificar crimes, ou aplicar-lhes penas".

O princípio da legalidade e consequentemente proibição da analogia, em matéria penal, tem sido ultimamente, no campo doutrinário, objeto de larga

---

raciocínio, se entende que, no Código monárquico, foi uma antecipação à teoria positiva sobre a participação no crime). Outro equívoco, e este contra a verdade histórica, em torno do Código de 1830, é dizer-se que ele resultou da conjugação entre os projetos de José Clemente Pereira e de Bernardo Pereira de Vasconcelos. A leitura dos Anais do Parlamento Brasileiro (1827-1830) evidencia que o projeto de Clemente Pereira não foi, sequer, objeto de discussão em plenário, tendo sido, por sugestão da Comissão parlamentar, inteiramente relegado. E é ainda de salientar-se que Clemente Pereira se alheou por completo aos debates. O que ocorreu foi o seguinte, na conformidade do que consta nos aludidos Anais: O projeto de Código Criminal de Bernardo de Vasconcelos foi apresentado à Câmara dos Deputados na sessão de 4 de maio de 1827. Na sessão do dia seguinte, Clemente Pereira, Sousa França e o próprio Vasconcelos sugeriram a nomeação de uma Comissão especial para apresentar seu parecer. Na sessão de 15 de maio, Clemente Pereira apresentou um projeto de "bases" para ulterior confecção do seu próprio projeto de Código Criminal e, na sessão do dia 16, dizia ele sobre tal esquema: "Eram minhas vistas que, tomando a Câmara em consideração o exame destas bases, assentasse se elas deviam passar como estavam, ou as emendasse, a fim de que, conhecendo por este meio quais eram os princípios da Câmara a este respeito, pudesse trabalhar no projeto do mesmo Código Criminal com mais acerto. Foi este meu projeto de bases remetido à Comissão de Legislação e Justiça Civil e Criminal. A Comissão interpôs o seu parecer já quase no fim da sessão, dizendo que achava as bases fundadas em justiça e nos verdadeiros princípios, e que poderiam servir para qualquer projeto, ou o autor mesmo das bases dirigir a marcha de um projeto de Código Criminal, mas que não deviam adotar-se a fim de deixar livre a qualquer o fazer um projeto por outras máximas e forma. Bem conheci o perigo que havia de entrar em grandes trabalhos sem ter bases que me certificassem o modo de pensar da Câmara; todavia pus mãos ao trabalho, e tenho a honra de apresentar hoje a esta Câmara a primeira parte do projeto criminal, isto é, o livro 1º, que trata dos crimes e penas, e não ultimei o trabalho do processo, que deve fazer objeto do livro 2º do Código Criminal, por alguns embaraços e dificuldades sobre a marcha que deve ter o mesmo processo, que se me ofereceram, e para explanar as quais pretendo consultar primeiro a vontade da Câmara". Vê-se, assim, que Clemente Pereira, ao verificar que suas "bases" não eram desaprovadas, cuidou logo de apresentar a parte que já tinha pronta do seu projeto. O presidente da Câmara, depois de ponderar que a mesma dispensa de duas leituras concedida ao Projeto Vasconcelos devia ser outorgada ao

controvérsia, provocada por penalistas de tendências políticas antiindividualistas; mas a opinião prevalente continua sendo pela sua conservação. Neste sentido, aliás, se pronunciaram os Congressos da Associação Internacional de Direito Penal, realizados em Paris, em 1937, e Internacional de Direito

> Projeto CLEMENTE PEREIRA, mandou-o à Comissão especial já nomeada para o fim do exame ou revisão do Projeto VASCONCELOS. O parecer da Comissão que era composta dos deputados JOSÉ ANTÔNIO DA SILVA MAIA, CÂNDIDO JOSÉ DE ARAÚJO VIANA, MANUEL CAETANO DE ALMEIDA E ALBUQUERQUE e JOÃO CÂNDIDO DE DEUS E SILVA, foi oferecido na sessão de 14 de agosto, em que se dizia: "A Comissão encarregada de examinar os dois projetos de Código Criminal, apresentados a esta Casa pelos ilustres deputados CLEMENTE PEREIRA e VASCONCELOS, deu-se com escrúpulo ao penoso trabalho de meditada leitura, e avaliação de cada um deles, comparou o método por um e outro adotado na classificação dos delitos e distribuição das penas, e confrontou mui atentamente as disposições contidas nos seus artigos com os princípios da jurisprudência que mais se amoldam às atuais circunstâncias físicas, morais e políticas do Império; mas ela não pode lisonjear-se de haver colhido de suas combinadas fadigas mais terminante resultado que a perfeita convicção da superior dificuldade de uma tal empresa, muitas vezes tentada, e porventura ainda não felizmente conseguida". Depois de declarar que os dois projetos, "posto que dignos de muita consideração, são ainda precisados de algumas mais ou menos essenciais alterações, que reduzam à harmonia perfeita as partes com o todo, e este com as supramencionadas circunstâncias" (isto é, "as circunstâncias físicas, morais e políticas do Império"), prosseguia o parecer: "Apenas se apresentara à Comissão a ideia de organizar dos dois um só projeto, coligindo o que de melhor escolha se acha espalhado em ambos, ou ao menos mais bem ordenada base, pelo método que seguira o Sr. CLEMENTE PEREIRA, que supre na clareza e ordem a falta de novidade que oferece o do Sr. VASCONCELOS, quando lha desvaneceu a séria contemplação das dificuldades que se lhe puseram diante, dificuldades insuperáveis, por sua natureza, e mais insuperáveis pela estreiteza do tempo, pela concorrência dos outros trabalhos, e pelo pouco que os membros da Comissão presumem de suas faculdades. É, pois, a Comissão de parecer: 1º, que, liberalizando a Câmara iguais louvores aos ilustres deputados, Srs. CLEMENTE PEREIRA e VASCONCELOS, receba com especial agrado ambos os projetos e ordene que ambos se imprimam, tanto para que todos os Srs. deputados possam melhor formar o seu juízo sobre o merecimento deles, como para se dar lugar às observações dos jurisconsultos e sábios da Nação, com que se facilitarão os debates; 2º, que para entrar na regular discussão conforme a ordem dos trabalhos, se prefira o do Sr. VASCONCELOS, por ser aquele que, por mais amplo no desenvolvimento das máximas jurídicas, razoáveis, e equitativas, e por mais munido na divisão das penas, cuja prudente variedade muito concorre para a bem regulada distribuição delas, poderá mais facilmente levar-se a possível perfeição com menor número de retoques acrescentados àqueles que a Comissão já lhe deu, de acordo com o seu ilustre autor". A primeira parte das conclusões do parecer foi logo aprovada. Na sessão de 10 de maio de 1828, foi enviado um ofício ao Senado, convidando-o a nomear outra Comissão especial de igual número, que, unida à da Câmara, examinasse maduramente o projeto e apresentasse as emendas que julgasse convenientes. Organizada a Comissão mista, formulou ela o seguinte parecer, subscrito por NICOLAU PEREIRA

Comparado, reunido em Haia, no mesmo ano. O primeiro desses Congressos emitiu um voto no sentido de que "o princípio da legalidade dos delitos e das penas, garantia necessária do direito individual, tem como consequência a exclusão do método analógico na interpretação das leis", embora também exprimisse o desejo de que as disposições da lei penal que definam as infra-

---

de Campos Vergueiro, J. A. da Silva Maia, M. C. de Almeida e Albuquerque, José da Costa Carvalho e J. C. de Deus e Silva: "Divide-se o projeto (o de Vasconcelos, que fora o preferido) em quatro partes: trata a primeira dos crimes e das penas em geral; nela "se qualificam as ações criminosas, e se dão regras para a satisfação do dano; definem-se as penas adotadas e estabelecem-se as regras gerais para sua aplicação e execução. Pode-se dizer que esta primeira parte contém a teoria do sistema que nas outras se desenvolve em um quadro classificado de todos os crimes. A segunda trata dos crimes contra os interesses gerais da Nação. A terceira, dos crimes contra os interesses dos indivíduos. E a quarta compreende os crimes policiais sobre que a autoridade pública deve cuidadosamente velar para prevenir males maiores". Depois de considerações sobre a "pena de morte", que, apesar do seu horror, devia ser mantida (sempre submetida ao Poder Moderador), continuava: "A Comissão não recomenda como obra perfeita o projeto oferecido, nem tanto é dado a homens, mas, comparando-o com a legislação atual, não receia afirmar a utilidade, e mesmo a necessidade de ser adotado. Nós não temos Código Criminal, não merecendo este nome o acervo de leis desconexas, ditadas em tempos remotos, sem o conhecimento dos verdadeiros princípios e influídas pela superstição e por grosseiros prejuízos, igualando às de Draco em barbaridade e excedendo-as na classificação absurda dos crimes, irrogando penas a fatos que a razão nega a existência, e a outros que estão fora dos limites do poder social. Elas têm também o vício de distinguir as pessoas dos delinquentes e de estender as penas aos inocentes. Ao contrário, o projeto oferecido é baseado no art. 129, § 2º, da Constituição do Império: "Nenhuma lei será estabelecida sem utilidade pública". Terminava o parecer sugerindo a nomeação de uma Comissão ad hoc, composta de três membros, a que se reuniriam os autores das emendas e para a qual poderiam ser convocados os autores das memórias. Foi tal Comissão nomeada, ficando constituída por Pinto da Gama, Carneiro Leão e Muniz Barreto. Nesse meio tempo, haviam sido distribuídos exemplares do Código Penal da Luisiana (compilado por Levingston), previamente traduzido para o vernáculo; mas não há traço de sua influência no curso da discussão ou no seio das comissões. A discussão do projeto teve início na sessão extraordinária de 10 de setembro de 1830. Contra a proposta de Paula e Araújo, foi aceita a de Ernesto França sobre a discussão por artigos. Campos Maia apresentou emendas ao art. 4º, relativo à coautoria e cumplicidade. Foi nomeada uma Comissão para opinar sobre as emendas absolutamente necessárias ou indispensáveis (Limpo de Abreu, Paula e Sousa e Luís Cavalcânti). O deputado Xavier de Carvalho propôs, sem êxito, que se aprovasse o projeto por aclamação. A Comissão não alterou o método com que estava organizado o projeto, limitando-se a escolher as emendas mais prementes e a formular outras que entendeu convenientes; a modificar parcialmente o sistema das penas, para melhor proporção; a conservar a pena de morte (já excluída para os crimes

ções sejam redigidas em termos bastante genéricos para facilitar a adaptação da jurisprudência às necessidades sociais" (*vide Revue Internacional de Droit Penal,* 1937). Também o 1º Congresso Latino-Americano de Criminologia, celebrado em Buenos Aires, em 1938, aprovou as seguintes declarações *(Actas, Delibe raciones, Trabajos,* tomo 1º, p. 391): *"a)* que o princípio da estrita legalidade dos delitos e das sanções deve manter-se no direito positivo como garantia das liberdades individuais, consagrada em todos os regimes democráticos da América; *b)* que a analogia, como fonte criadora de delitos e de sanções, deve ser proscrita, não só por contrariar o princípio de legalidade, como também por fundamentais razões de técnica jurídica". No próprio regime fascista, estruturalmente totalitário, foi mantido o princípio da legalidade, por isso mesmo que não chegou a transformar a justiça em função política (como na Rússia soviética e na Alemanha nazista). Com toda justeza, discorre PIETRO MIRTO (loc. cit., p. 237): "[...] onde a administração da justiça se move na órbita de um rígido jurisdicismo, e como absoluta função jurídica, isto é, como atuação de normas objetivas de direito, o princípio da analogia não pode ter ingresso, porque o princípio *nullum crimen nulla poena sine lege* se impõe como uma exigência mesma de técnica legislativa: aqui, estamos à margem de qualquer postulado político liberalístico, pois que não precisamos sair dos próprios termos da exigência de técnica legislativa, de que resulta, com um complexo sistema normativo, miudamente circunstanciado e especificado, um regime de limites, dentro do qual se determina o que é vedado ou imposto, e fora do qual, consequentemente, se reconhece uma esfera de atividade deixada livre ao indivíduo ou a coberto de intervenção do Estado".

Maculando a legislação penal brasileira, o Dec.-Lei número 4.166, de 11 de março de 1942 (sobre indenização de danos de guerra), depois de incriminar genericamente "a ação ou omissão, dolosa ou culposa, de que resultar

---

políticos, por proposta de RÊGO BARROS) somente para o homicídio com certas agravantes, para o latrocínio e para a insurreição de escravos (como grau máximo); suprimir alguns delitos e mudar a classificação de outros. Com tais emendas (a que foi estranho o projeto de CLEMENTE PEREIRA), foi o projeto aprovado na sessão da Câmara de 23 de outubro de 1830, e, em seguida, enviado ao Senado, que o adotou inteiramente. E a 16 de dezembro do mesmo ano foi o decreto do Código Criminal sancionado pelo Imperador D. PEDRO I e referendado pelo VISCONDE ALCÂNTARA, então ministro da Justiça.

Para uma resumida notícia histórica de nossa legislação penal (até o Código de 1890), veja-se VICENTE PIRAGIBE, Legislação penal brasileira e estrangeira, vol. 2º, 1932.

Em conferência realizada na Faculdade de Direito de São Paulo, em 1943, assim dissertamos sobre a "evolução do direito penal brasileiro nos últimos 25 anos": . . . .

diminuição do patrimônio de súdito alemão, japonês ou italiano, ou tendente a fraudar os objetivos desta lei", ainda achou de declarar (§ 3º do art. 5º) que "para a caracterização do crime, o juiz poderá recorrer à analogia". No tratamento dos súditos dos países do Eixo, acolhidos pelo Brasil e colaborando

> " O direito penal brasileiro passou, nestes últimos 25 anos, por uma notável fase de reconstrução e florescimento. Numa visão retrospectiva, pode ser identificado o ponto de partida dessa transformação evolutiva: assinala-o, indubitavelmente, a reforma na distribuição da justiça penal, caracterizada pela crescente restrição da competência legal ratione materiae do Tribunal do Júri e consecutiva ampliação da órbita funcional da magistratura togada, resultando daí a necessidade de uma séria revisão de cultura jurídica nos domínios do foro criminal. O direito penal emocional e romântico, afeiçoado ao objetivo de êxitos tribunícios e ao encantamento de ouvidos incautos, foi sendo substituído pelo direito penal conscienciosamente investigado e aplicado como um sistema orgânico de princípios, como um ramo da ciência jurídica. Até então, o estudo das questões penais que quase que somente seduzia os oradores do júri, e processava-se ao sabor ou sob a inspiração de cambiantes interesses ocasionais, para cujo triunfo se torcia e retorcia o direito positivo, mal amparado por displicentes despachos de pronúncia e quase reduzido a letra morta pelo soberano arbítrio e lógica de sentimento do tribunal popular.*

---

* O Dec.-Lei n. 167, de 5 de janeiro de 1938, e, posteriormente, o Código de Processo Penal unitário (Dec.-Lei n. 3.689, de novembro de 1941) haviam, em boa hora, limitado a soberania do júri, autorizando, em grau de apelação, a reforma de meritis de suas decisões, quando não encontrassem "apoio algum nas provas existentes nos autos ou produzidas em plenário". Desgraçadamente, um surto de liberalismo suranné fez com que, na Constituição de 46, (elaborada a toque de caixa, por um Congresso em cujo seio sobravam os políticos mas rareavam os estadistas e os juristas) se restituísse o júri à sua soberania e em termos tais que até poderiam parecer (sem o cotejo com outro preceito constitucional, sobre o plenitude da defesa, com todos os recursos essenciais a ela) excludentes de qualquer recurso fundado no mérito dos veredicta, como a revisão, ainda quando injustamente condenatórios e fossem interpostos para o fim de novo julgamento perante o próprio júri. Em defesa do repúdio à incontrolada soberania, dissemos alhures: "A justiça exercida pelo Tribunal do Júri deixou de ser, na atualidade uma questão de caráter político, para ser um problema exclusivo de processualística penal. É um puro anacronismo estar a repetir-se que o júri é uma instituição inseparável do regime democrático-liberal. Nos tempos medievais, foi ele, realmente, um anteparo contra o arbítrio e tirania do Princeps ou da Coroa, de que os juízes não eram mais que fâmulos. Conforme, porém, insuspeitamente pondera WILLOUGHBY (*Principles of judicial administration*, p. 488), "uma coisa é reconhecer o mérito de uma instituição política representativa de um progresso sobre as que a precederam e correspondente às condições que prevaleciam ao tempo de seus advento e desenvolvimento, e inteiramente outra é justificar sua persistência depois que essas condições cessaram, substituídas por outras totalmente diversas". Presentemente, o júri (nas suas linhas tradicionais) é uma *velharia* que só pode competir em novidade com as *ordálias* e os *duelos judiciários*....

pacífica e eficazmente em nosso progresso, usava-se dos mesmos inescrupulosos processos com que o *totalitarismo* provocava a indignação do mundo civilizado...

Lopez-Rey *(Que es el delito?,* p. 66) postula um "meio-termo" entre o direito penal liberal e o totalitário (entre *princípio da legalidade* e a permissão da analogia). Não merece apoio: qualquer transação redundará, praticamente, no subjetivismo variável e arbitrário dos juízes. Estes para garantia da liberdade jurídica do indivíduo têm de continuar a ser os "autômatos da subsunção", de que fala Henkel. É preciso desconhecer a lição da experiência (que nós, no Brasil, infelizmente tivemos com o famoso "Tribunal de Segurança Nacional", desligado dos princípios que informam o direito penal liberal), para chamar de espíritos superficiais, como faz Lopez-Rey, os que defendem a continuidade do princípio individualista contra a pretensão de inocular "nova seiva" no direito penal.

Na América, as legislações consagram, sem discrepância, o monopólio legal de incriminações e de penas, e na doutrina o princípio é pacífico, sal-

---

Sob o ponto de vista técnico da distribuição da justiça, já não há em doutrina uma só opinião que se aventure a defender essa antigualha, nos seus moldes clássicos. Com os seus juízes improvisados e escolhidos por sorteio, em gritante contraste com a natureza técnica e crítica do direito e processo penais contemporâneos; com os seus *veredicta* sem qualquer motivação e sem uniformidade, dependendo da maior ou menor impressão causada pelos "golpes teatrais" dos advogados de defesa, acarretando a insegurança e o descrédito da justiça penal e afrouxando a política de prevenção do crime pela ameaça da pena; com a sua alarmante parcialidade em favor dos chamados passionais; com a sua fácil permeabilidade a interesses e paixões de caráter espúrio, o júri representa uma instituição irremissivelmente falida. Não se compreende, como pondera Charles Boston (*University of Pensylvania Law Review*, nov. de 1912), que para todas as profissões ou atividades se exija preparo e treino, e somente para a função de juiz se dispense qualquer aprendizagem. Já dizia Faguet (*Culto da Incompetência*) que chamar leigos para o ofício de julgar é o mesmo que incumbir a um sapateiro o conserto de um relógio. Não passa de tropo literário dizer-se que os jurados, nos seus julgamentos, traduzem o sentimento popular. Gabriel Tarde já advertia que sob a influência absorvente dos oradores criminais, os jurados são subtraídos ao sentir do povo "como um pouco de água do mar recolhida num vaso deixa de sentir o movimento das marés". Em todos os países do mundo civilizado, nota-se crescente tendência, senão para repúdio total, pelo menos para uma fundamental modificação do instituto do júri. A começar pela Inglaterra, de onde ele se irradiou para os outros países. Conforme assinala Willoughby, o júri inglês foi de tal modo absorvido, no seu funcionamento, pela Corte junto da qual é chamado a servir, que já não passa de uma simples formalidade. No caso de *conviction*, admite-se apelação dela quando *unreasonable* ou contrária às provas a decisão. O *Criminal Appeal Act* de 1907 rompeu, em mais de um ponto, com a soberania dos juízes de fato (devendo notar-se, de passagem, que as sentenças dos *judges of Assize*, consequentes aos *veredicta* do júri, estão sujeitas à própria *reformatio in pejus*).

vo *neofílicas* e cautelosas impugnações de um ou outro escritor, como as de SALVAGNO CAMPOS, JOSÉ DUARTE e ROBERTO LYRA, que não tiveram maior repercussão. Negando a existência de "direitos adquiridos" em matéria penal, SALVAGNO CAMPOS propõe a adoção de uma genérica norma reversa sobre o que ele chama o *crime inominado*, que consistiria na violação de alguma regra (ética ou cultural) ou de algum interesse jurídico individual, consagrados, de qualquer modo, pela lei penal, posto que apresentasse caráter eminentemente injusto pela ausência de qualquer direito, legal ou natural (?), que pudesse

---

Nos Estados Unidos, cada vez mais o júri decai do seu âmbito jurisdicional ratione materiae, e não é admitido sem o freio da "unanimidade" para validade dos *veredicta*. Seu desprestígio chegou a tal ponto que, como informa GAVIOLA (*O processo pelo júri*. In: Revista Forense, n. 83), se tornou *facultativo*, por várias Constituições estaduais, o julgamento do cidadão por seus "pares" e isto não como uma "renúncia", mas como um "privilégio". Na Alemanha, Rússia, Itália e Iugoslávia, já foi o júri substituído pelo *escabinado* misto, que é uma conjugação de juízes togados e juízes leigos. Na França, é quase unânime a impugnação doutrinária da decrépita instituição, e uma lei de 1941 substituiu-a pelo *assessorat*, que é uma forma atenuada do *escabinado*. No México, o júri só é mantido para julgamento dos crimes políticos e de opinião. Quando do Congresso Internacional de Palermo, celebrado em 1933, foi formulado o seguinte voto: "*Le Congrès estime: qui dans les pays où l'institution du jury est dans les traditions nationales, celui peut être utilement amendé dans son recrutement et son fonctionement, suivant l'esprit de chaque législation*". Não foi outro o critério seguido pelo nosso Dec. n. 167, de 1938, e Código Unitário de Processo Penal. No sentido de coibir-se a ilimitada soberania do júri, já tínhamos o precedente do antigo Código de Processo Penal do Ceará. É verdade que este fora declarado inconstitucional, nesse particular, pelo Supremo Tribunal Federal, mas incoerentemente, porque a mesma Corte deixara de atribuir essa eiva à diminuição do *quorum* de jurados, à delimitação de competência do júri e à renovação do julgamento, quando a decisão fosse "manifestamente contrária à prova dos autos". Este último tímido critério (adotado pelo antigo Código de Processo Penal do Distrito Federal, alterado pelo Dec. n. 20.390, de 1931, que suprimira o advérbio "manifestamente"), galvanizado pela atual *lei do júri* (Lei n. 263, de 23.2.1948, não se justificava, nem se justifica, senão por um resquício de "superstição" em torno do júri. Por que as delongas e despesas de um segundo julgamento, e não permitir-se a reforma *de meritis* da decisão, em grau de apelação? Invoquemos ainda, a respeito, a opinião de WILLOUGHBY: "[...] *as a matter of practical experience, more harm is done in permitting a retrial of facts, through the delay and added expense thus entailed, than good is accomplished through the occasional correction of an error of judgement on the part of the judge or jury. In this connection it should be noted that the trial judge may himself set aside the veredict of the jury when it is manifestly contrary to the weight of the evidence*". Ora, aí está: não repugna a um dos mais ilustres constitucionalistas da América do Norte (cujos padrões, em matéria de democracia, vivemos a imitar) que a justiça togada corrija o *veredictum* do júri quando "manifestamente" contrário à prova dos autos. Os escrúpulos indígenas são exteriorizados, via de regra, pelos suspeitíssimos advogados criminais, que já se haviam habituado a "pescar" as mais incríveis absolvições nas "águas turvas" do júri. Dir-se-á que também veio em defesa da "peça de museu" o juiz ARI FRANCO,

favorecer o agente. O *crime inominado* seria reprimido no interesse exclusivo do indivíduo, e não em nome da sociedade (cujo desinteresse já estaria evidenciado na própria omissão de dispositivo expresso do Código Penal), de sorte que seria condição de sua punibilidade a *queixa* da parte ofendida. Ora, o ilustre penalista uruguaio parte de uma premissa falsa, qual seja a de que na esfera jurídico-penal não há "direitos adquiridos". Tal afirmativa só é concebível e defensável num regime estatal do mais ferrenho *autoritarismo*. Que é o tradicional princípio da *anterioridade* da lei penal, bem como o da irretroati-

> ex-presidente do Tribunal do Júri na Capital da República. Vê-se, porém, para logo que o nobre desembargador somente conhece o júri do Distrito Federal, que é um júri de elite. O Distrito Federal, entretanto, não é o Brasil. Se tivesse, como eu, militado no interior do país, o seu entusiasmo pelo júri teria descido a zero. Porque teria assistido o júri, como instrumento da mais abjeta politicalha, negar sistematicamente o quesito sobre autoria, não obstante o depoimento de três, de cinco, de oito testemunhas presenciais... O talentoso advogado ROMEIRO NETO, depondo em causa própria apesar de sua evidente suspeição achou de fazer um cotejo entre a justiça dos magistrados e a dos jurados, e, não se sabe por que inexplicácel raciocínio, entendeu de repetir os mesmíssimos termos com que se costuma fazer a comparação entre a *escola clássica* e a *escola positiva* penais, chegando à conclusão de que o júri se afeiçoa aos ensinamentos da última. Não é possível que o ilustrado causídico ignore o combate intransigente e cerrado que a "escola positiva" ofereceu à instituição do júri. É bem conhecido o libelo de FERRI (*Sociologia Criminal II*, p. 408): "*Il giuri, anche costituito da persone di capacita individuale presunta, non potrà mai esercitare la funzione giudiziaria in modo soddisfacente, perchè essa è costretta a regolarsi con una forma inferiore di evoluzione intellectuale*". Explica-se, porém, a conclusão do advogado ROMEIRO: está ele, como a mulher de Lot, de "olhos compridos" para o róseo passado dos seus indefectíveis triunfos na tribuna do júri, e não vacila em deslocar o quadro para servir ao seu ponto de vista.
> A limitação da soberania do júri, entre nós, visou, principalmente, a coibir as escandalosas absolvições sistemáticas do tribunal popular e, portanto, salvaguardar o indeclinável interesse da defesa social contra o crime. Resultou de uma experiência nossa, e não sob inspiração dos regimes políticos totalitários, segundo se assoalha com a mais requintada má-fé. É preciso acabar com esse estribilho de que se trata de uma medida de selo fascista ou nazista. A democracia liberal protege *os direitos do homem* e não *os crimes do homem*. Maldita seria a democracia, se se prestasse a uma política de cumplicidade com a delinquência. Ademais, há que atentar para os resultados decorrentes da restrição à pretendidamente irresponsável soberania do júri. Foram os mais benéficos, possíveis. Em alguns Estados, como o Rio Grande do Sul, Minas Gerais e São Paulo, os crimes contra a vida diminuíram de 40%. Nesta Capital (Rio de Janeiro), também decresceu a criminalidade violenta, notadamente a dos passionais, embora em menor percentagem, devendo notar-se que, mesmo antes da legislação vigente, o rigor na escolha dos jurados já tornara o júri do Distrito Federal menos incompatível com a sua missão. E depois disso, e apesar disso, há de retroceder-se, então, ao júri antigo, para resguardar a intangibilidade de uma instituição fora de sua época, expondo-se de novo a sociedade ao relaxamento da repressão do crime? Ninguém de ânimo isento terá a coragem de responder afirmativamente"

vidade da *lex gravior "in poenabilus"*, senão, precisamente, a proclamação de intangível *direito* (ou "situação jurídica definitivamente constituída", segundo a expressão de Roubier) que o Estado, autolimitando-se, reconhece ao indivíduo criminoso? A tese pressupõe, além disso, a tutelabilidade jurídico-penal de interesses *exclusivamente individuais*, – o que colide com o caráter essencialmente *publicístico* do direito repressivo. A este não importam interesses individuais cuja defesa não coincida imediatamente com a defesa do interesse social. A pena é a *ultima ratio* na garantia do *mínimo ético*, em cuja

---

Com o advento da nova Constituição, que reentronizou o júri, em virtude da emenda Aloísio de Carvalho, aprovada sob palmas de encomenda, mas reveladora da mais completa indiferença pelo bem público voltamos a carga, em artigo publicado no *O Jornal*, de 18 de setembro de 1946, sob o título "A repressão penal":

"O mundo contemporâneo passa por uma grave crise social e moral, que remonta à primeira Grande Guerra. Fendeu-se a camada de verniz que recobria os instintos egoísticos e violentos, e estes predominam na orientação da conduta humana. As normas de cultura que os séculos haviam sedimentado, vêm sendo extirpadas pelas raízes ou abolidas com a mesma facilidade com que se repudiam hábitos recentes. Desintegra-se, cada vez mais, o espírito de cooperação, de ordem e de paz. A fé religiosa foi banida dos corações. Os escrúpulos e reservas ditados pelo velho Código moral saíram de voga, como o fraque e a barba andó, e um exacerbado egoísmo desembestou na *steeple chase* do "cada um para si, custe o que custar". Não há escolha de meios para obtenção do êxito. As sanções religiosas e morais fizeram-se *espantalhos* ridículos. Mais do que nunca, o mundo passou a ser aquinhoado aos audazes, aos brutais, aos impudentes. E como não podia deixar de ser, a criminalidade tornou-se um meio de luta pela vida como outro qualquer. Jamais foi tão verdadeiro o postulado de que a sociedade faz o criminoso. O recrudescimento do crime é um dos mais nítidos sintomas da infecção social de nossos dias, e tanto mais alarmante quanto a delinquência que *evoluíra* da grosseira violência para a sutileza inteligente da fraude, voltou a ser, de novo, expressão frequente de tendências ferozes e sanguinárias. Os observadores superficiais costumam falar, a tal propósito, em falência da repressão penal, que deveria ser, seguindo eles, radicalmente substituída por um sistema de *reeducação* dos que delinquem, para ajustá-los ao tipo social recomendável. Estão, porém, sonhando acordados. Antes de tudo, temos de reconhecer que a grande percentagem dos *conscritos* do crime é de indivíduos constitucionalmente *desajustados*, mal providos de senso e resistência morais, e ainda está por descobrir-se o processo específico de sua adaptação à ordem ético-jurídica. O que a respeito tem sido sugerido ou preconizado não passa de pura alquimia. Além disso, nenhum Governo com a noção da realidade dos fatos, se arriscaria a desequilibrar o orçamento do Estado na aventura de derribar os cárceres para construir sobre as ruínas as *escolas* ou *colônias* (ou que melhor nome tenham os sub-rogados das penitenciárias) para problemática reforma de criminosos. E de que valeria o curso em tais escolas e colônias, se os *reeducandos*, de saúde psíquica precária, não iriam encontrar, de futuro, ambiente adequado ou propício à continuidade de sua pretendida *cura social*? Seria qualquer coisa como catequizar chavantes para remetê-los de torna-viagem às selvas. Para que ensinar a não roubar ou a não matar, se, após a técnica mirífica das incubadoras de regeneração, o indivíduo, com a sua debilidade moral *foncière*, vai ser deixado às mesmas influências perniciosas, aos

órbita de censura não gravitam *pecadilhos* e *indelicadezas* que só a suscetibilidade egocêntrica de quem os sofre pode exigir que incidam sob a enérgica sanção penal.

**3. Analogia e interpretação.** O penalismo da "época das luzes", no seu *odium* ao arbítrio judicial, fora ao extremo de reclamar se vedasse ao juiz a própria *interpretação* das leis. BECCARIA afirmava que "nada mais perigoso do

---

mesmos estímulos e solicitações de imoralidade e de brutalidade que o levaram anteriormente ao crime? É absurdo pretender a efetiva e permanente regeneração de delinquentes antes que seja alcançada a regeneração da própria sociedade. Somente utopistas impenitentes ou teóricos românticos podem acreditar, atualmente, no ideal de remodelação de criminosos pela simples suasão pedagógica ou métodos puramente educacionais. O único recurso eficiente contra a maior expansão desse pessimum genus (pelo menos no tocante a certos delinquentes) continua sendo, nas condições sociais vigentes, a inflexibilidade da repressão penal. Só o medo da pena ou a lembrança *física* de sua inexorável execução podem atenuar a endemia do crime numa sociedade moralmente arruinada. É com inteira justeza que adverte J. F. MESTRE (*Le juge unique en matière pénale*, 1935): "*Dans une société aussi dangereusement constituée, où tants d'individus ne se sentent retenus par aucun sentiment moral, la seule sauvegarde de l'organisation existant encore est la crainte d'une repression sévère. Le relèvement moral du coupable n'est pas à envisager avant que celui de la société n'ait été effectué*". A pena-segregação, a pena-castigo, a pena-prisão é o indeclinável meio prático para *neutralizar* o criminoso irredutível por outros meios, posto que se não queira ou não se deva, mesmo nos casos mais graves, ir ate a pena de morte. Desacreditadas as sanções religiosas e relaxadas as sanções morais, o receio da pena é, afinal, o irrenunciável meio de "coação psicológica" contra o crime, e a execução da pena é imperioso contragolpe, para afastar da sociedade, ainda que temporariamente, aqueles a quem a esperança de impunidade ou o espírito de rebeldia conduziram á violação da ordem jurídica. O grande erro na debelação ou atenuação da delinquência não é a conservação do sistema penal tradicional, mas o afrouxamento que a este imprimira um humanitarismo choramingas, cujo exagero resultara na minoração sistemática das penas e na descontrolada outorga de favores aos inimigos da sociedade. A suspensão condicional da pena tornou-se garantia de impunidade de criminosos incipientes. O livramento condicional, prematuramente concedido, fez-se gazua com que se abre a porta da prisão aos piores rapinantes e matadores. Os indultos, obtidos pela desnormalizante influência de políticos profissionais, transformou-se num meio habitual de romper as malhas da Justiça. O famigerado Tribunal do Júri, osso de magatério que persiste em ligar repressão penal e regime democrático, redundou, pela sua incompetência e frouxidão, em fator indireto de criminalidade. Acrescente-se a tudo isso a deliquescência geral dos costumes, a inferiorização moral do homem formado nos últimos períodos bélicos e interbélicos, e ter-se-á a explicação do recrudescimento da atividade criminosa. A reação, portanto, se impunha, e se impõe, para salvamento da periclitante organização jurídico-social. Os legisladores, por toda parte, compreenderam que não é mais possível contemporizar com a delinquência. No próprio país onde mais ardeu a fé na regeneração dos criminosos pelos métodos brandos – os Estados Unidos –, a repressão penal já não conhece limites na sua feição. O presídio de Alcatraz deixa

que este trivial axioma: *é necessário consultar o espírito da lei*", e acrescentava: "Feliz a nação em que as leis não são objeto de uma ciência!". O Código bávaro de 1813 era *fruto proibido* aos comentadores. Para evitar qualquer ensejo ao *arbitrium judicis,* recorria-se a uma profusa *casuística* da lei. A parte penal do *Allgemein Landrecht,* na Alemanha, continha nada menos de 1.577 artigos! Tamanha desconfiança contra o juiz teve, porém, de ceder ao

---

a perder de vista os calabouços medievais. Os *G-men* de HOOVER fuzilam *gangsters* ao mais fugidio sinal de resistência. Nas colônias penais, localizadas em regiões remotas, os reclusos são castigados corporalmente, sem dó nem piedade. Mandam-se para a cadeira elétrica ou condenam-se a 60 anos de prisão, menores de 18 anos! É que os americanos do Norte, com o seu espírito prático, não podem admitir que o liberalismo democrático se confunda com benignidade ou proteção a criminosos. Não é senão por anacrônico sentimentalismo ou por subalternos interesses de política do mal sentido, que se está encetando no Brasil o retorno à complacência para com a alcateia dos lobos humanos. O restabelecimento da ilimitada soberania do júri é o primeiro indício dessa deploravel contramarcha, desse triste e lamentável *sebastianismo*. E já se anuncia para breve um indulto de criminosos em massa, para comemorar a advento da nova Constituição! Todos os freios com que a vigente legislação penal, inspirada pela experiência de 50 anos de inocuidade de um Código moldado no liberalismo ortodoxo, procurou servir ao objetivo de diminuir o coeficiente de criminalidade, vão ser destroçados pelo arbítrio inconsciente e irresponsável do tribunal popular, restituído à possibilidade de negação sistemática do quesito sobre a "autoria material". É verdadeiramente de pasmar que o iniciador desse movimento de volta a ominoso passado tenha sido um professor de direito penal, o senador ALOÍSIO DE CARVALHO. É um nome, que precisa de ser guardado para quando se fizer o histórico deste período de confusionismo, que já fez o cassandrismo de MONTEIRO LOBATO profetizar a próxima ruína do Brasil... Ao que parece, o político baiano jurou aos seus deuses que há de realizar o desmantelo do nosso precavido sistema de defesa social. Não se contentou em reentrosar o júri no carro da democracia, misturando direito com política, para que o *passionalismo* indígena tenha livre respiradouro e as questiúnculas de mandonismo local possam ser, de novo, facilmente resolvidas a trabuco pelos *capangas* e *cangaceiros* a soldo dos *coronéis*. Disse ele, em entrevista aos jornais, que o *livre convencimento* em matéria de prova criminal, consagrado pelo atual Código de Processo Penal unitário, é um *princípio nazista*, e vale pela "sã consciência do povo" da bíblia de Hitler. Evidentemente, o professor-político, distanciado dos seus livros, não pôde averiguar que o "livre convencimento" data do direito romano e que, abolido na Idade Média, com o processo inquisitório, a que era inerente o regime das *provas legais*, ressurgiu na época moderna, como consectário do processo contraditório, que é da mais pura essência democrática. Chega a ser inverossímel que um penalista ignore que foi o demoliberalismo que trouxe para o direito moderno a regra do "livre convencimento". Tem este tanta afinidade com o critério da "sã consciência do povo", excogitado pelo autoritarismo estatal para justificar a analogia penal, quanto um ovo tem parentesco com um espeto. Inscrito no Código de Processo Criminal da França, de 1808, o princípio do "livre convencimento", aplicável de início aos jurados, estendeu-se a todos os tribunais de repressão, de modo que, no dizer de GARRAUD, *"en ce qui concerne les questions de culpabilité, les juges professionels sont des jures*). O

senso da justa medida e à própria necessidade prática da justiça criminal.

> Código processual austríaco de 1850 já adotara o mesmo princípio, que, ulteriormente, passou ao da Itália (de 1865) e ao da Alemanha (de 1877), transfundindo-se na legislação dos povos civilizados. A única diferença que a tal respeito existe entre juízes de fato e juízes togados, é que estes, ao contrário daqueles, estão adstritos a *motivar* suas decisões. A Lei n. 167 (a que faz tão despropositada referência o senador ALOÍSIO), ao determinar a "livre convicção" dos tribunais togados nas apelações de decisões do júri, não fez mais que ampliar a órbita de uma regra já existente na disciplina do tribunal de jurados e que só com o posterior advento do Código de Processo unitário se generalizou.
>
> Não era admissível que, chamado a apreciar de *meritis* as decisões do júri, o tribunal togado continuasse sujeito ao critério rígido das "provas legais". Seria o mesmo que dançar valsa ao som de música para rumba. E escapou ao Sr. ALOÍSIO que, com a atual generalização do "livre convencimento", o disposto na Lei n. 167 tornou-se ocioso, dada a homogeneidade de critério de apreciação de provas pelos juízes de fato e juízes de direito. Não se sabe onde foi ele encontrar a *heterogeneidade* contra a qual se rebela e que entende não poder subsistir. A distinção que existe, e há de sempre existir, é que os tribunais togados não têm o objetivo indefectível e inseparável do júri, de subtrair os culpados ao rigor necessário das medidas repressivas ou de defesa social. É bem verdade que o político nunca fez boa companhia ao jurista, e daí a leveza com que o senador ALOÍSIO se refere à questão do júri. Diz ele que os adversários desta instituição servem à mentalidade, muito comum no Brasil de hoje, de eliminar sumariamente os problemas controvertidos ou de solução difícil. Há um puro engano de sua parte. Os adversários do júri nunca deixaram de arrostar, para reduzi-los a zero, os argumentos em favor do júri, nem de indicar meios práticos de corrigir os seus defeitos, quando não pleitear sua abolição pura e simples ou sua substituição pelo *júri de técnicos*, segundo a sugestão de STERN. Se há um truísmo em matéria penal é que o júri clássico, encastelado na sua soberania e empirismo é irreconciliável com o moderno direito repressivo, a exigir conhecimentos técnicos, científicos e especializados, bem como apurado espírito de crítica. A justiça penal já não pode ser exercida por um variável grupo de leigos, que dela entende como de instrumentos de sopro entendia a *banda do bei de Túnis*. O problema do julgamento e punição dos criminosos não pode ser resolvido com uma instituição originária de épocas já superadas. Compreende-se que entre as fumaças da Revolução Francesa se reclamasse o júri como um baluarte de proteção do povo contra o despotismo dos reis, de que não eram então os juízes senão fâmulos obsequiosos. Compreende-se que a este tempo se gritasse: "*Le jury donne la realité à la souveraineté du peuple; le citoyen vote, le citoyen juge*". Repetir-se, porém, essa *tirada* de oratória século e meio depois, com um Poder Judiciário que a própria democracia resguardou contra a interferência do Poder Executivo, e já demonstrado pela experiência que o júri traduz a vontade popular como um espelho convexo repete a imagem ou como um galho seco representa a árvore de que foi destacado, pode ser arenga farfalhante de político, mas não conceito de um jurista, de um estadista ou de um sociólogo. O retorno do júri com a restabelecida faculdade de negar a própria evidência e de fazer de *quadro rotundum* vai apenas servir ao interesse das *panelinhas* políticas do coronelismo e da caterva de celerados que matam mulheres indefesas a pretexto de defesa da honra. Os constituintes de 1946 não poderiam ter prestado ao Brasil maior desse serviço".

O monopólio legal do direito repressivo não podia oferecer ou assegurar a mirífica perfeição dos textos da lei, para reduzir a função do juiz a um puro

---

*continuação da nota 12 (p. 29)*
    O caluniado Código de 90 fora metamorfoseado, pela espetacular e profusa oratória criminal, desorientadora da justiça ministrada pelos juízes de fato, num espantalho ridiculamente desacreditado. Foi o período áureo do *passionalismo* sanguinário, que andava à solta, licenciado sob a estapafúrdia, rubrica de "privação dos sentidos". As teorias revolucionárias da chamada "nova escola penal", difundidas *à la diable*, mal compreendidas ou tendenciosamente utilizadas, eram a moeda que, embora sem autorização legal, mas sob o pretexto de deplorável atraso da nossa lei escrita, livremente circulava no recinto do tribunal de jurados. A literatura psiquiátrica, a lobrigar o patologismo nas mais fugidias discordâncias de conduta, era piamente acreditada e abria a porta da prisão a uma privilegiada chusma de sicários e rapinantes. A nossa bibliografia jurídico-penal era escassa, enfezada e carrasquenha. Apenas arranhava a epiderme da lídima ciência penal, cujo estudo, por isso mesmo, se tornara desinteressante e tedioso. Foi a época dos anotadores do antigo Código, a respeito dos quais, molhando a pena em vinagre, escrevia Esmeraldino Bandeira que "não faziam avançar um passo na evolução da ciência jurídica" e estavam para esta como certos indivíduos para a indústria nacional: "Mandam estes últimos vir do estrangeiro um por um dos elementos de que se compõe determinado produto, inclusive o invólucro: reúnem e colam esses elementos e, metendo-os no invólucro referido, os expõem à venda como *produto nacional*. *Mutatis, mutandis*, é o que praticam aqueles anotadores. Apanham aqui e recortam ali as lições de uns juristas e as decisões de uns tribunais. Reúnem e colam tudo isso e metem depois num livro, que fazem publicar. Põem na lombada o seu nome de *autor*, e nesse nome circula e é citado o livro". Por outro lado, a tímida jurisprudência não voava mais longe que um curiango. Salvo um ou outro julgado de maior fôlego, limitava-se a obsedante enunciação de algumas regrinhas, de contestável acerto, mas que, à força de se repetirem, haviam adquirido o cunho de verdades axiomáticas. Nas academias, o estudante era doutrinado, de preferência, na desabrida crítica ao direito penal constituído e na inconciliável polêmica das "escolas" sobre o que devia ser, mais ou menos utopicamente, o novo direito penal. Nem era de exigir-se diversa orientação de ensino para formar bacharéis destinados a embasbacar juízes leigos. Aos advogados criminais nada mais era preciso que cultivar o *gênero patético* ou o *estilo condoreiro* e imprimir a marca de ciência exata às locubrações do *niilismo* penal, cuja bandeira vermelha fora desfraldada por Cesare Lombroso. Mesmo aqueles que conheciam, de verdade, a autêntica ciência penal abstinham-se, pelo receio de compromissos doutrinários em contraste com o interesse profissional, de fixar em livros didáticos a austera interpretação do direito positivo. Haja vista aquele que foi príncipe entre eles, o insigne Evaristo de Morais, em cuja extensa bagagem literária não se depara um só estudo de feição estritamente técnico-jurídica. Com o declínio, porém, do Tribunal do Júri, teve de operar-se uma profunda mudança nos arraiais da justiça penal. Transferido dos juízes de fato para os juízes de direito o julgamento da maioria dos crimes, entrou de despontar, no debate e solução dos casos e questões penais, o que se pode chamar o "pudor jurídico". Elevou-se o nível da cultura jurídico-penal. A eloquência farfalhante da tribuna do júri foi substituída pela dialética ponderada, sóbria e leal na exegese, análise e aplicação dos textos legais. Já a esse tempo, como nítido traço do novo rumo, viera de ser publicada (1921) a "parte geral" do *Direito penal brasileiro*, de Galdino Siqueira.

automatismo na aplicação liberal deles. Mesmo os textos aparentemente mais claros não estão isentos da necessidade de explicação, pois o seu verdadeiro

> Foi um acontecimento verdadeiramente notável. Tínhamos, afinal, escrita com mão de mestre, uma exposição clara e reconstrutiva do nosso direito penal positivo, interpretado dentro do raciocínio lógico-jurídico, retraçado nas suas fontes e no seu desenvolvimento histórico, coordenado nos seus princípios e corolários, exaustivamente comentado à luz da doutrina e jurisprudência modernas. Foi como se tivéssemos subido a um alcantil, descortinando; a vastidão da paisagem circundante, divisando sítios nunca dantes apercebidos, perscrutando toda a dilatada sucessão dos acidentes geográficos. Através do livro de Galdino, O Código de 90, que tão injustamente fora chamado "o pior Código Penal do mundo", aparecia-nos sob aspectos novos, reabilitado de muitas acusações que lhe faziam, explicado nos seus pontos obscuros ou incompreendidos, reintegrado no verdadeiro sentido dos seus dispositivos, cientificamente reajustado ao seu sistema orgânico e habilmente remoçado por uma exegese adaptativa. Ressurgiram, com o excelente tratado, cuja publicação foi rematada em 1924, o estudo e o gosto em torno do direito penal. Viera ele demonstrar que o nosso primeiro Código Penal republicano não era tão atrasado e defeituoso como se assoalhava: os que com ele lidavam, na prática judiciária, é que revelavam, via de regra, um profundo descaso pela cultura jurídico-penal, um quase total alheamento ao complexo estudo do direito penal como disciplina jurídica, resultando daí que, ao invés de uma interpretação orientada no sentido de uma possível correção de equívocos e falhas, o que se fazia era uma crítica intolerante e subversiva, tão do gosto dos que levam pouca munição de ciência nos alforges, Galdino Siqueira teve o mérito de formular, dentro de linhas precisas, a teoria do direito penal nacional, tornando possível que a ela se ajustasse a prática forense, até então assistemática e dispersiva. Deu-nos um corpo de doutrina, que nos ligou ao pensamento jurídico-penal da época e rasgou amplos horizontes aos nossos olhos inexpertos. Não era, pois, de admirar que, para os oficiantes da justiça penal, o novo livro passasse a ser, daí por diante, missal rezado com escrúpulos de padre noviço... Com o renovado entusiasmo pelos estudos em torno à ciência penal, sucedeu-se um período de reformas no campo legislativo. Coube ao governo Bernardes, servido pela inteligência e aquilina visão do seu ministro da Justiça, João Luís Alves, e este, por seu turno, ajudado por um seleto grupo de juristas (Astolfo Resende, Cândido Mendes, Mafra de Laet e Melo Matos), a efetivação de medidas do mais alto alcance no terreno prático do nosso direito penal. A condenação condicional, como um sucedâneo à pena de curta duração imposta ao criminoso primário; o livramento condicional, instituído sob feição judiciária, e a legislação sobre menores delinquentes, plasmada em moldes adequados, foram notáveis realizações dessa atividade reformadora. Há ainda, porém, assinalando a preocupação desse período governamental no sentido da atualização do nosso direito repressivo, um fato de subido relevo: a incumbência dada a Virgílio de Sá Pereira para a confecção de um projeto de novo Código Penal. A seguir, no governo Washington Luís, foi decretado o Código de Menores, que, consolidando e completando a legislação anterior, sob a inspiração e influxo de Melo Matos, foi universalmente consagrado como modelar. Embora de aplicação prática até hoje deficiente, pusera-se esse Código na dianteira das legislações congêneres do mundo civilizado, e só agora é que se cogita de sua substituição, porque, ao que se inculca em portaria ministerial, "já não corresponde aos imperativos e realidades do nosso meio social".

alcance pode ficar aquém ou além das letras. *Scire leges non est verba earum, sed vim ac potestatem tenere. O interpretatio cessat in claris* é um conceito superficial, que, na realidade da vida jurídica, a cada passo se desacredita. Não foi reservado ao legislador o condão da impecável justeza da expressão. As fórmulas da lei apresentam, frequentemente, defeitos de redação, ambiguidades, obscuridades, contradições (reais ou aparentes), *lapsus calami vel mentis,* equívocos, divergências entre a sua letra e o seu espírito. *Fatta la legge, trovato l'inganno,* – dizem os italianos. Notadamente em matéria penal, onde é raro encontrar-se um *ponto morto,* dado o incessante embate, de doutrinas ou a

> Abolida a velha distinção entre capazes e incapazes de *discernimento*, os menores foram colocados, de modo geral, sob jurisdição tutelar e à margem da repressão penal, ficando exclusivamente sujeitos, quando autores de fatos definidos como crimes, a um regime particular de pedagogia corretiva. Dava, assim, o Brasil um belo atestado de compreensão do grave problema da delinquência infantil e juvenil, procurando solucioná-lo com critérios humanitários e sabiamente preventivos. Em novembro de 1927, foi dada publicidade à "parte geral" do projeto de Código Penal, de Sá Pereira. Era este um escritor e professor de direito civil, não tendo jamais revelado pendores especiais pela ciência de Carrara e de Von Liszt; mas sobrava-lhe valor intelectual e possuía a aguda visão panorâmica dos problemas jurídicos e sociais. Era um homem de saber e pensamento. Conheci-o na intimidade e tive a glória de ser seu amigo. Empolgavam-me a sua nobre inteligência e a sua prodigiosa cultura. Dava prazer ouvi-lo, no aticismo da sua linguagem, na finura anatólica do seu espírito, na doce filosofia das suas ideias e conceitos. Ensinava a gente a bem-querer a ciência do direito, que, por ele professada, parecia assumir a feição de uma variante da estética. A publicação parcial do seu projeto e a "exposição de motivos", embora incompleta, com que a fez acompanhar, revelaram, em toda evidência, que Sá Pereira estava à altura da árdua tarefa que lhe fora cometida pelo presidente Bernardes. Rastreando a doutrina e legislação modernas, soube extrair delas, sem perder de vista o ambiente brasileiro e sem prejuízo de uma prudente originalidade, acertados critérios e justas soluções. Jimenez de Asúa, com sua grande autoridade, assim elogiou o trabalho de Sá Pereira: "*Este nuevo Proyecto, en el que han ejercido influjo los de Suiza, Suécia e Itália, merece juicio francamente laudatorio; sus aciertos son considerables y contados sus errores. La dualidad de pena y medida aseguratativa le enrola entre los documentos de tipo político-criminal; pero – al igual que el Código de Perú – la acogida de la sentencia indeterminada, en ciertas penas, como la relegación, y, sobretudo, el recibo de la peligrosidad, que colma de sentido antropológico sus mejores preceptos, permiten clasificarle entre los futuros Códigos de más certera factura*". Tancredo Gatti, em artigo publicado na Scuola Positiva, reconheceu no Projeto Sá Pereira uma das mais notáveis manifestações da reforma penal contemporânea e, embora criticando o *seu positivismo a metá*, declarava-o "*un'opera orgânica e di ampie vedute, che merita l'attenzione degli studiosi*". Em 1928, Sá Pereira completou o seu projeto, depois de revista por ele próprio a parte já publicada; e em 1930 ainda nova edição apareceu, com o remate da magistral "exposição de motivos". Com uma habilidade que superava a de outras legislações ou tentativas de codificação penal, o projeto adotara a orientação *unitarista* (que veio, afinal, a prevalecer no Código de 40).

heterogeneidade de aventados critérios de solução, a lei, por mais cuidada na forma e no fundo, dificilmente se exime à diversidade de entendimento. Nem é preocupação constante, na fatura das leis, a de sua escrupulosa correção. No

> Eram conciliadas numa síntese orgânica a tradicional "escola jurídica" e a chamada "escola positiva". Em apoio desse critério transacional, dizia eu, em 1929, louvando o Projeto Sá Pereira: "Não há negar que os princípios basilares do classicismo são deficientes, pois que, dentro de sua lógica, desarmam a sociedade em face de grande número de delinquentes; mas, por outro lado, se é certo que os princípios da escola positiva são, em tese, mais satisfatórios na solução dos problemas penais, não é menos certo que, sobre importarem o repúdio total de ideias até hoje profundamente radicadas na consciência pública, são ainda vacilantes e incertos na sua aplicação. Conciliar uns e outros, segundo um justo critério prático, é tarefa que se impõe no terreno do direito positivo". Submetido o projeto ao exame de uma comissão especial da Câmara dos Deputados, em meados de 1930, foi com brilho, a profundeza e a tolerância característicos de um espírito superior que Sá Pereira dissertou e dialogou no seio da Comissão, de que participavam figuras do porte de Cirilo Júnior, Plínio Casado, Afrânio Peixoto, Beni Carvalho, Belisário de Sousa, Genaro Guimarães e Lindolfo Pessoa. Esgrimia com punhos de renda e não se deixou apanhar indefeso um só instante. A soma de conhecimentos e o vigor das razões com que serenamente advogou as soluções do projeto foram surpreendentes. O abalizado civilista revelava-se, igualmente, um emérito penalista. Não pôde, entretanto, a Comissão chegar ao termo de seus trabalhos: sorveu-a o torvelinho da Revolução de 30. Mas o projeto não pereceu. Instituído o governo provisório da *segunda* República, foi ele mandado rever por uma Subcomissão Legislativa, composta do próprio Sá Pereira, Evaristo de Morais e Mário Bulhões Pedreira. Ao fim dessa prova, saiu o projeto retocado em vários pontos, mas sem perder as primitivas linhas estruturais, e foi, de novo, entregue à crítica. Seja-me permitido repetir, aqui, um trecho da apreciação por mim feita, em 1934, sobre o projeto revisto: "[...] segue a corrente político-criminal dominante: é caracteristicamente *unitarista*. Na sua contextura, a condição de *imputabilidade moral* faz causa comum com o critério da *periculosidade*. Ao lado da pena, como entidade distinta ou como seu complemento, a *medida de segurança*. É o mesmo sistema misto dos Códigos Penais italiano, peruano e iugoslavo e dos projetos suíço (1895-1918), polaco, (1922), finlandês (1922), norueguês (1922), grego (1924), tcheco-eslovaco (1926), alemão (1927), sobre "estado perigoso". Para o efeito de concretização ou individualização da pena (relativamente indeterminada), o critério informativo do "estado perigoso" antecede a qualquer outro, devendo o juiz ter em conta a personalidade do criminoso, a sua classificação (se *reincidente, profissional, incorrigível* ou *por índole*) e os motivos impelentes. O *estado perigoso*, ou, na expressão do projeto, a "periculosidade social" (só apreciável post delictum e assentando na "legítima previsão de que o autor de um crime ou contravenção provàvelmente os repetirá"), é o fundamento exclusivo das *medidas de segurança*, aplicáveis não somente aos inimputáveis (caso em que o internamento será por tempo indeterminado), como também, de par com a pena, aos anômalos psíquicos, ou declarados de imputabilidade restrita (deixado a Código especial o tratamento dos *menores delinquentes*) e aos imputáveis "incorrigíveis, ou profissionais, ou cuja periculosidade estiver em relação com a mendicância, a vagabundagem, a prostituição, ou as influências perniciosas do meio familiar ou social". Na classificação dos criminosos, o

Brasil, o desleixo do legislador penal orça, às vezes, pelo inverossímil, quando não pelo irrisório. O Código de 90, em vários pontos, conduziria o intérprete a perplexidades ou desconcertantes incertezas, de que só podia libertar-se invocando o *interpretatio illa sumenda quoe absurdum evitetur* haja vista a célebre fórmula da dirimente da privação de sentidos e de inteligência" (art. 27, § 4º), que tornava necessário supormos penalmente irresponsáveis, ao tempo do crime, o... estado cadavérico! Por grosseiro erro de redação, o § 2º do seu artigo 204 incriminava a *greve* ainda quando colimasse "impor... *diminuição de salário* e *aumento de serviço*"! Durante os intermitentes eclipses do

> que decide é o grau de periculosidade, aferido pelos seguintes diagnósticos: a reincidência, a habitualidade, a incorrigibilidade e a tendência a delinquir. Sente-se o critério da periculosidade em todo o sistema do projeto. Assim é que, segundo o exemplo que vem do celebrado Código Penal norueguês, não distingue ele, sob o ponto de vista ontológico, entre *autores* e *cúmplices* (embora o juiz, no tocante à penalidade *in concreto*, fique adstrito a atender, além da periculosidade de cada copartícipe, à importância de sua ação objetiva). É equiparada a pena da tentativa à do crime consumado, quando se trate de criminoso reincidente ou por índole. Não é excluída *a priori* a pena no caso de tentativa inadequada, embora possa o juiz atenuá-la, salvo se se tratar de criminoso reincidente ou por índole, devendo então ser aplicada a pena que as circunstâncias aconselham. De modo idêntico é tratado o excesso nos casos de exclusão de criminalidade (*ordem legal, obediência hierárquica, oposição a ordens ilegais, legítima defesa, estado de necessidade*). Não é excluída nem atenuada a pena no caso de *embriaguez voluntária*. As circunstâncias agravantes despem-se do seu tradicional caráter preponderantemente objetivo, para fixarem, de preferência, a subjetiva capacidade de delinquir. De seu lado, as circunstâncias atenuantes têm por fundamento quase exclusivo a ausência de periculosidade do agente do crime. O "estado perigoso" é a condição da pena de relegação, isto é, tal pena só é aplicável, como complemento à de prisão (superior a cinco anos) imposta a criminoso por índole ou reincidente, que haja cometido crime comum. A suspensão condicional da execução da pena não será concedida quando for contraindicada "pelas circunstâncias e pelos antecedentes pessoais, familiares ou sociais do condenado ou pela categoria criminal que deva ser classificado". Há uma inovação interessante, inspirada no reconhecimento geral da pouca periculosidade dos criminosos passionais: guardada a restrição acima, "a execução da pena de prisão, imposta no mínimo ao criminoso primário, por crime contra a vida ou integridade corpórea, cometido sob o domínio de paixão, que as circunstâncias tornem escusável, poderá ser suspensa, por prazo expressamente fixado entre quatro e 12 anos, para o homicídio ou tentativa de homicídio, e entre três e seis anos, para a lesão corporal grave", ficando, assim, aberta exceção a um dos critérios gerais da suspensão da pena, isto é, que o tempo da imposta restrição de liberdade não seja excedente de um ano. Por último, é de notar-se que o criminoso por índole ou reincidente não obterá o livramento condicional senão depois de cumprir dois terços da pena, enquanto para o criminoso primário basta o cumprimento de metade; e para a prescrição, no tocante aos criminosos por índole, reincidentes, incorrigíveis ou profissionais, não basta o decurso do tempo, sendo também necessária a prova de que o prescribente revelou continuidade de bom comportamento.

Parlamento, o regime dos *decretos-leis* (1930-1934 e 1937-1946), elaborados de improviso e a jato contínuo, foi uma verdadeira lástima. No mesmo dia, no mesmo *Diário Oficial*, publicavam-se leis que gritavam de susto por se acharem juntas. Uma lei sobre "loterias clandestinas" (ainda em vigor) comina *prisão celular* (desconhecida em nosso atual regime penal) de *40 a... 30 dias!* Outra lei declarava, na sua rubrica, que se destinava à "consolidação das infrações sobre crimes (!?) contra a economia popular", e, logo no seu art. 1º, falava em "penas contra a economia popular" (!?). A "parte penal" da vigen-

---

Como era natural, o Projeto Sá Pereira estimulou e fez recrudescer o estudo do direito penal no Brasil. Suscitou novos temas, provocou debates, abriu novos rumos. E foi por essa época que Antônio José da Costa e Silva, então ministro do Tribunal de Justiça de São Paulo, publicou, para glória e orgulho de nossa cultura jurídica, o primeiro volume do seu *Código Penal* (1930). Dir-se-ia que atingíramos o ponto culminante de gradativa ascensão. Pela fiel informação doutrinária, pela riqueza e solidez de ensinamentos, perfeição de técnica, concisão e clareza de estilo, esse livro foi, e continua sendo, a obra máxima do direito penal brasileiro. Atualizou conhecimentos, devassou distâncias, retificou caminhos, fixou certeiras diretrizes. Comparou o nosso direito ao de outros países, e nos pôs em contato direto com a profunda cultura jurídico-penal da Alemanha de antes de Hitler, da qual só tínhamos notícia, quase que exclusivamente, pela antiga versão do tratado de Von Liszt por José Higino (cujo famoso prefácio, aliás, constitui, ainda hoje, uma das melhores páginas da nossa literatura penal). Só então nos refizemos da incerteza e insatisfação em que, sobre vários problemas, nos deixavam os autores italianos, até ali reputados, no Brasil, mestres inexcedíveis da ciência penal. Só então pudemos verificar, não sem certo desencanto, que os figurinos italianos, em que tão extaticamente nos inspirávamos, eram, por sua vez, em grande parte, inspirados e talhados nos riscos e moldes da alfaiataria alemã. A *fonte limpa* estava além dos Alpes, alimentada pela mais penetrante sabedoria e o mais infatigável espírito de construção jurídica. O livro de Costa e Silva, cujo segundo tomo só veio a lume em 1938, foi o atestado inequívoco do quanto se elevara o nível da nossa cultura no campo da dogmática jurídico-penal. Realizou, em linhas esculturais, o mais perfeito trabalho de sistematização do nosso direito penal legislado. Alheando-se radicalmente à estéril e anacrônica polêmica das "escolas", cujo borralho fora revolvido, entre nós, por efeito reflexo da celeuma provocada pelo malogrado Projeto Ferri, apresentado ao governo italiano em 1921, Costa e Silva afirmava-se mestre insuperável na exposição técnico--jurídica dos princípios do Código de 90 e leis adicionais, no mesmo passo que, através de uma crítica superiormente esclarecida, arroteava as trilhas para um mais seguro e confiante empreendimento da reforma de nossa legislação penal. Em 1932, para gáudio dos lidadores do foro criminal e dos estudantes de direito, surgiu um trabalho de grande mérito: a *Consolidação das Leis Penais*, de Vicente Piragibe. Com paciência beneditina e habilidade de um mosaísta, Piragibe coligira e entrosara no Código de 90, sem quebrar-lhe a armação, toda a vasta e fragmentária legislação penal posterior. Tão útil foi o trabalho, que o Governo não vacilou em oficializá-lo. Em 1934, foi promulgado o vigente decreto sobre os crimes contra a honra por meio da imprensa, resultante do projeto elaborado pelo saber e lúcida inteligência dos conhecidos juristas Edgar

te Lei de Falências (espécime acabado de teratologia legislativa), abstraindo inadvertidamente sua subordinação à regra do parágrafo único do art. 15 do Código Penal, exclui, nos crimes falimentares, a punibilidade a título de culpa *stricto sensu*. A atual Lei de imprensa fala em "prescrição da ação dos delitos" [...] E assim por diante. Não se deixou contagiar, porém, pelo desprezo à gramática e à técnica o Código de 40. É verdade que Jimenez de Asúa (ob. cit., p. 176), referindo-se ao seu sistema de fórmulas da "parte especial" (sistema que remonta ao Código Criminal de 1830), declara que *"sin disputa*

---

Costa e Gabriel Bernardes. É um documento legislativo que, pela sua insuperável técnica e acerto de seus critérios na solução do delicadíssimo tema, enaltece a nossa civilização jurídica. Foi ele que inaugurou entre nós o *arbitrium regulatum* do juiz na aplicação da pena. A nossa bibliografia jurídico-penal crescia a olhos vistos, não apenas em quantidade, senão também, e principalmente, em qualidade. Mesmo antes de Costa e Silva, mas notadamente depois dele, processou-se uma fase de sérios estudos, consubstanciados em livros e monografias. Toda uma plêiade de autores novos, em concorrência com os já consagrados, surgia na liça. Não é possível citá-los todos, mas fixemos alguns nomes que guardo de memória: Lemos Sobrinho, Osmã Loureiro, Carlos Xavier, Pedro Vergara, Lemos Brito, Beatriz Mineiro, Moniz Sodré, Raul Machado, Vicente de Azevedo, Fernando Néri, Armando Costa, Ari Franco, Roberto Lyra, Basileu Garcia, Noé Azevedo, Soares de Melo, Cândido Mota Filho, Ataliba Nogueira, Aloísio de Carvalho, Narcélio de Queiroz, Demostenes Madureira de Pinho, Jorge Severiano, Álvaro Sardinha, Beni Carvalho, Correia de Araújo, Lauro Nogueira, Magalhães Drumond, Percival de Oliveira, Sinésio Rocha, Cardoso de Melo, Prudente Siqueira, Elias de Oliveira, Barreto Campelo, Evandro Neto, José Duarte, Aníbal Bruno, Oscar Stevenson, Jurandir Amarante, Dunshee de Abranches, Arnaldo Duarte, Benjamin Moraes. Eu mesmo, nos estreitos limites do meu esforço, contribuí com alguns livrinhos, que mal se distinguiam entre a rica seara dos meus vizinhos de lavoura. Acostumamo-nos a ter ideias e raciocínio próprios. Já não éramos o receptáculo passivo de tudo quanto nos vinha do Velho Mundo. Já não emitíamos fumaça quando a Europa acendia fogo. A este propósito, convém relembrar que, na América Latina, foi o Brasil o primeiro país em que ressoou uma voz, desautorizada, mas convencida, de protesto contra o *direito penal autoritário* da Alemanha nacional-socialista; que já estava aliciando espíritos aquém-Atlântico. Em conferências por mim proferidas em 1936 e 1937, e que tiveram a honra de especial referência de Jorge Eduardo Coll, ex-ministro da Justiça da Argentina, no discurso com que inaugurou o último Congresso Latino-Americano de Criminologia (celebrado em Santiago do Chile), procurei demonstrar que a denominada "escola de Kiel" não assentava sobre fundamentos sérios, mas apenas servia ao ferrenho antiliberalismo nazista. E hoje que estão contados os dias de Hitler (falava eu em 1943), permitam-me que recorde as palavras de cunho profético com que rematei uma dessas conferências: "Não nos enganemos com o que se passa atualmente na pátria de Kant e de Goethe: é uma transitória crise de evolução cultural, e é o fausto de prepotência de um governo ao

*padece la elegância y corrección del estilo"*, embora acrescentando: *"aunque se gana en nitidez y se excluyen muchas confusiones"*.

É de causar espécie como pode o ilustre penalista espanhol, naturalmente pouco afeito ao nosso idioma, encontrar desprovido de elegância e correção estilística o Código brasileiro, quando nenhum crítico nacional, por mais meticuloso, cuidou ainda de articular semelhante increpação, que é, *sin disputa,* desarrazoada e gratuita; mas, como quer que seja, é categórica a ressalva de Asúa (esta, sim, autorizada) quanto à nitidez e precisão das fórmulas do nosso Código. Nem por isso, entretanto, se há de supor que este dispen-

---

serviço de desconcertante mentalidade elaborada no seio de um povo que, depois de empunhar o facho da Civilização, iluminando o mundo, enfarou-se do seu fastígio e da sua glória e, tomado de estranha nostalgia, retorna momentaneamente às sombras crepusculares da Idade Média". E, felizmente, a evolução do direito penal brasileiro não se deslocou dos fulcros de um racional liberalismo. Em pleno curso dessa fase de intenso e propulsivo labor intelectual, ocorreu um fato doloroso: o falecimento de Sá Pereira. Uma grave e infelizmente não reparada injustiça amargurara-lhe os últimos dias da sua preciosa existência. As intrigas e perfídias da sociedade anônima da mediocridade, no ambiente naturalmente confuso dos primeiros tempos da Revolução vitoriosa, haviam sub-repticiamente corroído as raízes ao buriti altaneiro. Pude vê-lo no seu leito de moribundo. A discrasia sanguinea que lhe arroxeava o corpo era como o reflexo da mágoa funda que lhe arroxeava a alma. O condor dos altos cimos fora sacrificado ao insidioso despeito dos galináceos de quintal, surdamente conjurados. E foi um grande clarão, como o das antigas almenaras, que se apagou para sempre. Com o desaparecimento de Sá Pereira, o seu projeto de Código Penal perdera vigoroso arrimo; mas restavam, identificados com a obra que haviam ajudado a burilar, dois valores autênticos: Evaristo de Morais e Mário Bulhões Pedreira. No ano seguinte (1935), Adolfo Bergamini apresentava o projeto à Câmara dos Deputados e, em 1936, a Sociedade Brasileira de Criminologia, então sob a presidência do inolvidável Magarinos Torres, promovia na Capital da República a la Conferência Brasileira de Criminologia, destinada especialmente ao exame e crítica do projeto. Foi um conclave de juristas de todo o país e uma reafirmação da crescente altitude dos estudos penais do Brasil. No seio dos congressistas, Evaristo de Morais e, notadamente, Bulhões Pedreira exerceram papel do mais alto relevo, na defesa do projeto. Espírito de eleição e verdadeiro mago da palavra, servido por uma rara cultura e um extraordinário poder dialético, Bulhões Pedreira foi admirável pela proficiência e brilho com que pleiteou a sua causa, sem, entretanto, assumir uma atitude de sistemática intransigência. Múltiplas foram as emendas e sugestões apresentadas em torno ao projeto, tendo sido o resumo dos debates publicado em número especial da *Revista Penal*, órgão da Sociedade Brasileira de Criminologia. Aprovado na Câmara, sumariamente, já estava o projeto submetido ao exame da Comissão de Justiça do Senado, quando sobreveio o golpe de Estado de 1937. Devemos, aqui, abrir um parêntese, para registrar que o movimento evolutivo do nosso direito penal, neste último quarto de século, assinalou--se também, de modo altamente lisonjeiro para os nossos foros de cultura, na órbita do penitenciarismo ou execução penal. Sob o apostolado de Cândido Mendes, Evaristo

se, para um só que seja dos seus dispositivos, o complemento elucidativo da interpretação. Não o dispensaria o mais bem elaborado Código do mundo. Como toda norma jurídica, a norma penal não pode prescindir do processo

---

de Morais e Lemos Brito, e com a boa vontade dos governos federal e estaduais, muito se tem obtido e realizado nesse campo de ação. De um regime quase coetâneo da Colônia, em matéria de prisões, passamos à efetiva aplicação, que se vai generalizando gradativamente, de um sistema penitenciário digno de um povo civilizado. São Paulo, como sempre, foi o primeiro a dar o exemplo prático, edificando e instalando a modelar Penitenciária de Candiru. O exemplo alastrou e frutificou. Numa vista de relance, podemos apontar, na atualidade, em quase todo o Brasil, estabelecimentos penais e institutos anexos que nos honram e orgulham: em São Paulo, além da penitenciária de tipo citadino ou industrial, há a Colônia Agrícola de Taubaté, a Penitenciária de Mulheres, o reformado presídio da Ilha Anchieta, o Manicômio Judiciário de Juqueri e o recente Lar dos Egressos, que é o coroamento de uma política de benemerência na solução do problema da criminalidade; na capital da República, há a nova Penitenciária Central, a Colônia Agrícola Cândido Mendes, a modelar Penitenciária de Mulheres, o Manicômio Judiciário do Distrito Federal, o Sanatório Penal para Tuberculosos; em Minas Gerais, existe a Penitenciária Agrícola de Neves, onde se está fazendo alguma coisa que não vem nos livros, mas que representa esplêndida lição de penalogia; em Pernambuco, há a Penitenciária Agrícola de Itamaracá; na Bahia, sobressai o Pavilhão Penal Madureira de Pinho; no Estado do Rio, destaca-se a Penitenciária de Niterói; no Espírito Santo, há a ótima Penitenciária de Vitória; no Rio Grande do Norte, a Colônia Agrícola João Chaves; na Paraíba, o recente Manicômio Judiciário; em Goiás, a Penitenciária Agrícola-Industrial de Goiânia; em Mato Grosso, a Penitenciária Agrícola de Palmeiras; no Rio Grande do Sul, a Colônia Penal Daltro Filho, o Manicômio Judiciário Maurício Cardoso e o Reformatório de Mulheres. Atualmente, ainda no Estado de São Paulo, estão funcionando, com surpreendente êxito, os Institutos Penais de Bauru e São José do Rio Preto, ambos sob regime de open door. No ano de 1930, realizou-se, no Rio, a Conferência Penal e Penitenciária Brasileira, em que se evidenciou, uma vez mais, a urgente necessidade de uma remodelação intensiva das práticas penitenciárias no Brasil, o que veio a ser reconhecido pelo presidente Vargas, sempre atento às boas causas, ao baixar em 1934 o decreto do "selo penitenciário", cuja verba se destina, principalmente, à "instalação, conservação e manutenção dos estabelecimentos penais, colônias penitenciárias, colônias de egressos das prisões, cadastro judiciário e penitenciário, auxílio aos patronatos e aos asilos destinados aos filhos dos condenados, serviços de vigilância e proteção dos liberados". A 14ª Subcomissão Legislativa, nomeada pelo Governo Provisório em 1931 e constituída por Cândido Mendes, Lemos Brito e Heitor Carrilho, elaborou um projeto de Código Penitenciário, que foi apresentado à Câmara dos Deputados, com os seus 854 artigos, por Pereira Lira. Propunha esse projeto, segundo o afirmara a douta Subcomissão, "tornar possível realizar-se no Brasil o que ainda é uma aspiração em outros países e apenas objeto de estudo em postulados de Congressos internacionais". Com o advento dos novos Códigos Penal e Processual-Penal, terá naturalmente o projeto, que não chegou a ser discutido na Câmara, de sofrer numerosas alterações. Isto mesmo, aliás, já foi encarecido pela Conferência Penitenciária Brasileira, de 1940, que indicou para membros de uma Comissão revisora a

exegético, tendente a explicar-lhe o verdadeiro sentido, o justo pensamento, a real vontade, a exata razão finalística, quase nunca devidamente expressos com todas as letras.

Distingue-se a interpretação, quanto aos *órgãos* de que emana, em *autêntica, judicial e doutrinal* (ou *científica*).

Lemos Brito, Roberto Lyra, José Maria Alkmim, Acácio Nogueira e Pereira Lira, aos quais se veio juntar depois, por iniciativa da Inspetoria Geral de Prisões, Antônio Vieira Braga, e o experimentado colaborador dos dois Códigos acima citados. Para êxito do trabalho revisionista, novos estímulos e novas sugestões já foram dados pela brilhante série de conferências sobre penitenciarismo realizadas em São Paulo no ano passado. E para continuidade das realizações práticas do movimento renovador, aí estão a fé e o devotamento de Lemos Brito, Acácio Nogueira, Alkmin, Flamínio Favero, Heitor Carrilho e Plauto de Azevedo, que constituem hoje, a "ala dos namorados" da causa penitenciária do Brasil.

Passemos agora a fixar a última etapa da evolução do direito penal brasileiro. Realizou-a na 3ª República, instituída a 10 de novembro de 37. O presidente Vargas, por intermédio do seu conspícuo ministro da Justiça, Francisco Campos, resolveu, logo no início do novo regime, confiar a Alcântara Machado, ex-presidente da Comissão de Justiça do Senado e, na frase de Costa e Silva, "um dos mestres mais afamados da *alma mater* de São Paulo", a empresa de formular novo projeto de Código Penal, posto que o de Sá Pereira, mesmo depois de sua última revisão, e não obstante o reconhecido acerto do seu plano geral, fora convincentemente acusado de certas imperfeições na forma e na substância. Em maio de 1938, com surpreendente presteza, Alcântara Machado entregava ao Governo um "Anteprojeto da Parte Geral do Código Criminal Brasileiro", e, em agosto do mesmo ano, completava o seu trabalho, cuja publicação foi recebida com grande interesse, despertando louvores e restrições da crítica, quer no Brasil, quer no estrangeiro.

Del Pozzo, ilustre professor da Universidade de Turim, assim resumiu sua apreciação acerca da nova tentativa de codificação penal brasileira: "O projeto oferece vantagens inúmeras, como sejam a regulamentação orgânica do regime da menoridade, a atenuação do dualismo entre penas e medidas de segurança, a sistemática rigorosa, a simplicidade de redação, que mostra à primeira vista não se tratar de um livro de doutrina, e sim de um Código. Não lhe faltam, porém, defeitos, como a sistematização discutível da teoria do delito e o laconismo e as lacunas da parte relativa à imputabilidade". Jules Simon, conselheiro da Corte de Apelação de Bruxelas, não fez restrições: "[...] o projeto de Código Penal brasileiro é notável sob numerosos e variados aspectos. Representa mais uma prova brilhante dos progressos imensos realizados pelo direito penal e ciências criminológicas nos países da América Latina, durante estes últimos 20 anos. Os que pretendem reformar o direito penal da Bélgica andariam com acerto lendo o trabalho do Prof. Machado". Irureta Goyena, o venerando professor uruguaio e preclaro autor do Código Penal de sua pátria, teve igualmente elogios francos: "O projeto do eminente Prof. Alcântara Machado nos seduziu desde o princípio pela absoluta transparência de suas fórmulas, por sua insuperável precisão, pela sensatez da palavra empregada e por sua racional sobriedade. O excesso na articulação e

*Autêntica* se diz a interpretação que procede do próprio legislador, sob forma de outra lei e, portanto, com caráter *obrigatório*. Pode ser *contextual*, isto é, quando integrante da própria lei em causa (ex.: o conceito de *funcionário público*, como sujeito ativo ou passivo de crime, explicado pelo art. 327 do Código Penal) ou *posterior*, isto é, quando destinada a dirimir incerteza ou obscuridade de lei anterior.

*Judicial* é a interpretação que deriva dos órgãos judiciários (juízes e tribunais). Não tem caráter obrigatório senão para o caso concreto (posto que sobrevenha *res judicata*), mas serve de diretriz para a solução dos casos similares, tanto mais prestigiosa quanto mais perseverante e pacífica (assumindo, então, o nome de *jurisprudência*).

*Doutrinal*, finalmente, é a interpretação feita pelos escritores de direito, nos seus comentários à lei escrita. Não é jamais obrigatória, mas dispõe,

---

o preciosismo acadêmico da linguagem constituem, a meu ver, defeitos positivos que o autor conseguiu evitar com inexcedível mestria e particular acerto... Em suma, e à guisa de síntese e epílogo, cremos não cair no ditirambo, manifestando que o projeto se apresenta digno da nobre tradição jurídica do Brasil, digno da hierarquia do seu autor e digno, finalmente, de um estudo severo, de um manuseio meditado, de uma crítica de alto voo." No Brasil, Costa e Silva, em sucessivos e magistrais artigos publicados no Jornal do Comércio, do Rio, embora ressalvando a lisonjeira impressão que lhe deixara o Projeto Alcântara no seu conjunto, fez-lhe uma série de reparos. Também fui dos primeiros a entrar no debate, formulando minhas discordâncias, que não tinham valia, mas eram sinceras. Na minha opinião, tendo corrigido, com felicidade, vários defeitos do Projeto Sá Pereira, o novo projeto apresentava, no entanto, por sua vez, algumas falhas de técnica e certas soluções desatentas aos conselhos da mais recente política criminal. Faltava-lhe, notadamente, a meu ver, certa sensibilidade técnica. Não se rendeu às objeções, porém, o insigne professor paulista, que, com bravura, talento e convicção, defendeu seus pontos de vista; mas as críticas haviam deixado sulco nos meios jurídicos. E o ministro Campos deliberou submeter o projeto a uma revisão. A Comissão Revisora, oficialmente nomeada, ficara constituída por Vieira Braga, Narcélio de Queirós, Roberto Lyra e o orador que vos fala; mas, a convite especial do ministro, de que fui intermediário, consentiu em prestar-lhe seu inestimável concurso o preclaro Costa e Silva. As sugestões e observações escritas que este apresentou à Comissão serão reconhecidas, certamente, quando forem dadas à publicidade, como um documento do mais sabido valor científico. Pode dizer-se que eu me fiz, no seio da Comissão, um delegado do pensamento de Costa e Silva, que, de sua *thebaída* na rua Tomás Carvalhal, em São Paulo, me enviava suas preciosas e quase cotidianas instruções (sobre a contribuição de Costa e Silva, veja-se minha conferência "Costa e Silva, penalista". In: *Novas questões jurídico-penais*). Sem desmerecer o contingente de erudição e experiência de Roberto Lyra e Narcélio de Queirós, não tenho dúvida em afirmar que o êxito da tarefa revisionista foi devido a três fatôres decisivos: a devotada colaboração de Costa e Silva, a firmeza de propósito do ministro Campos e o sereno equilíbrio intelectual, o raro espírito de proporção de Vieira Braga.

também ela, de relevante prestígio, notadamente quando se torna *pacífica* ou *comum (communis opinio doctorum).*

Nunca é demais repetir-se que o *usus fori* e a *opinio doctorum,* por maior respeito que mereçam, não devem ser tratados como *tabus* ou exibidos como *roupas de franceses.* O chamado *argumento de autoridade* deve ser expendido *cum grano salis,* e somente para arrimo ao raciocínio na solução de questões seriamente controvertidas. Entre os juízes brasileiros, via de regra, abusa-se das *citações. Por dá cá aquela palha,* invocam-se profusamente *autores* e precedentes *julgados,* daquém e dalém mar, com transcrições em sete línguas diferentes, e as sentenças fogem inteiramente, por isso mesmo, à austera singeleza de que devem revestir-se. Sentenças não são desafôgo de sapiência ou "paradas" de erudição *ad hoc,* deglutida na última vigília. Como adverte CALAMANDREI, no seu *Elogio dos Juízes,* as sentenças judiciais não precisam de ser amostras de rebrilhante cultura de vitrina. O que lhes convém é que, dentro das possibilidades humanas, sejam justas, servindo ao fim prático de implantar a paz entre os homens. Longe de mim afirmar que o juiz não deva ilustrar-se, consultando a lição doutrinária e pondo-se em dia com a evolução jurídica; mas se ele se deixa seduzir demasiadamente pelo teorismo, vai dar no carrascal das *subtilitates juris* e das abstrações inanes, distanciando-se do solo firme dos fatos, para aplicar, não a autêntica justiça, que é sentimento em face da vida, mas um direito cerebrino e inumano; não o direito como ciência da vida social, mas o direito como ciência da lógica pura, divorciado da realidade humana: não a verdadeira justiça, que é função da alma voltada para o mundo, mas um direito postiço, arrebicado, sabendo

---

A dominante preocupação da Comissão Revisora foi imprimir ao Projeto ALCÂNTARA apurada harmonia técnica. Era nosso intuito que ele adquirisse, na sua contextura, uma homogeneidade integral, uma indefectível continuidade e coesão, qual a da superfície de água parada, que, à mais leve percussão, toda se ressente. Por outro lado, tivemos de alterá-lo no sentido da maior concisão possível, de modo que não restasse uma só demasia ou superfluidade. Revimemos alguma coisa do Projeto SÁ PEREIRA e respigamos, para o efeito de algumas retificações, nos Códigos Penais suíço, dinamarquês e polonês. Escandimos certos institutos. Ampliamos a noção do dolo. Suprimimos o regime da menoridade, que, pelo critério adotado, exorbitava da lei penal. Eliminou-se a classificação apriorística de criminosos, que, na prática, iria redundar fatalmente em perplexidade ou no mais descontrolado arbítrio. Cortamos cerce o capítulo dos crimes políticos, que, na atualidade, são irredutíveis a um sistema estável e duradouro, confirmando, cada vez mais, o famoso conceito de CARRARA: "Quando a política entra nas portas do templo da Justiça, esta foge pela janela, para livrar-se ao céu". Procuramos, num ou noutro ponto, afeiçoar mais convenientemente os critérios à realidade brasileira e seguir mais fielmente as lições da nossa prática judiciária. E foi só, a não ser que se hajam de trazer à balha alterações inteiramente secundárias.*

a palha sêca e cheirando a naftalina de biblioteca. O juiz que, para a demons-

---

* Veja-se no "Apêndice" nossa conferência sobre "A autoria intelectual do Código Penal de 1940".

Em belíssima oração, pronunciada sobre Alcântara Machado (a cuja memória rendo a homenagem da minha profunda admiração), César Salgado estranhou que "houvesse um delegado brasileiro, em conferência proferida ante o mundo jurídico de Santiago do Chile, sobre o novo Código Penal, omitido dentre os nomes de seus artífices o de Alcântara Machado". Como um dos membros da delegação brasileira, já expliquei em carta ao ilustre orador o que realmente houve. Não se fez uma injustiça por amor à injustiça. A arguida omissão (em simples nota fornecida à presidência do 2º Congresso Latino-americano de Criminologia, para instruir um voto de aplauso ao novo Código brasileiro) foi motivada pelo fundado receio de que Alcântara Machado, jamais conformado com o trabalho da Comissão Revisora, nem mesmo depois da promulgação do Código (a cuja paternidade timbrou em alhear-se), enjeitasse a homenagem prestada pelo Congresso do Chile, colocando-nos, a nós, representantes brasileiros, em situação de invencível constrangimento perante os demais congressistas. Já disse e repito que é de todo verdadeira a comparação no sentido de que o Projeto Alcântara está para o Código Penal de 40 como o Projeto Clóvis está para o Código Civil. Presentemente, estou coligindo e analisando todos os elementos que retraçam a elaboração do Código vigente: as três publicações feitas por Alcântara Machado, o texto da primitiva edição do projeto revisto, a réplica de Alcântara, a tréplica da Comissão Revisora e o texto do projeto definitivo. Pelo cotejo desses elementos, se verificará, sem contestação possível, que o *cerne*, o *granito* do projeto definitivo veio do Projeto Alcântara. Nem há por que disputar glórias em torno do novo Código: antes de tudo e acima de tudo, é ele uma resultante da cultura jurídica brasileira. Não é exclusivamente de alguém ou de um grupo: é do Brasil. O que agora nos cumpre, a todos quantos pugnamos pelo ritmo do direito na vida nacional, é prestigiá-lo, para que fique assegurada a sua plena eficiência finalística... É certo que o Código já foi alvejado com críticas descabidas e injustas, reveladoras, na sua maioria, de um *passadismo* impenitente. Também é certo que precipitados comentadores e irrefletidos intérpretes, ainda afeitos ao trato com o Código revogado, têm incidido em certos equívocos e lapsos, ensejando confusões e desinteligências. Tudo isso, porém, há de passar: é a poeira provocada pela queda do velho Código. Relembremos, com ufania, que penalistas e criminólogos de 19 países americanos, reunidos em Santiago do Chile, em 1941, proclamaram que o novo Código Penal brasileiro representa "um notável progresso jurídico, tanto por sua estrutura, quanto por sua técnica e avançadas instituições que contém". Não se trata de uma obra de carregação. Derivou ele de aturados esforços, de conscienciosos estudos e longas meditações, que se vieram processando desde a fase primitiva do Projeto Sá Pereira. Nenhum dos seus dispositivos resultou de leviana improvização. Tudo nele foi pesado, contado e medido. Os mais recentes Códigos Penais, as mais modernas doutrinas e teorias, as sugestões de política criminal contemporânea, os mais apurados ensinamentos da técnica jurídico-penal, as múltiplas lições da nossa experiência, todos os dados, em suma, indispensáveis à execução de trabalho de tão alta responsabilidade, foram perquiridos, analisados, balanceados e discutidos, a propósito de cada uma das fórmulas que vieram a ser definitivamente assentadas. Nada foi ali inserto arbitrariamente. Nada foi ali escrito porque já tivesse sido escrito antes,

tração de ser a linha reta o caminho mais curto entre dois pontos, cita desde Euclides até os geômetras da quarta dimensão, acaba perdendo a crença em si mesmo e a coragem de pensar por conta própria. Deles jamais se poderá esperar uma solução cautamente pretoriana, um milímitro de avanço na evolução do direito, o mais insignificante esforço de adaptação das leis. O juiz deve ter alguma coisa de pelicano. A vida é variedade infinita e nunca lhe assentam com irrepreensível justeza as "roupas feitas" da lei e os figurinos da doutrina. Se o juiz não dá de si, para dizer o direito em face da diversidade de cada caso, a sua justiça será a do leito de Procusto: ao invés de medir-se com os fatos, estes é que terão de medir-se com ela.

> mas porque se entendeu, após demorada ponderação, que era realmente o que devia ser escrito. Louvemos a atividade bibliográfica que o Código tem suscitado; mas seja-nos lícito advertir, contra o açodamento e a vaidade dos que se julgam encontradiços com a verdade escondida atrás da moita, que o novo diploma legal merece estudos que se não devem alinhavar inconsideradamente sobre o joelho. Como toda obra humana, o novo Código terá fatalmente defeitos; mas, ao invés de crítica destrutiva, esforcemo-nos, com a doutrina e com a jurisprudência, por dissimular, numa exegese inteligente e fecunda, os defeitos encontrados. Isto sim, será obra meritória".
>
> O nosso Código de 40, que já foi traduzido, juntamente com a Exposição de Motivos do Ministro CAMPOS, para o francês, por NIKO GUNSBURG, para o espanhol, por LAUREANO LANDABURU e FRANCISCO LAPLAZA, bem como por RAMIRO FERNANDEZ PINTADO, e para o alemão pelo Prof. Dr. DIETRICH LANG-HINRICHSEN, tem seu ensejo a apreciável bibliografia. Dos livros, monografias e opúsculos (deixados à margem os artigos doutrinários que, dada a sua profusão, não poderíamos mencionar sem incorrer em omissão), de que temos conhecimento, merecem especial citação os seguintes: *Código Penal Brasileiro*, 1 vol., 1941, e *Tratado de Direito Penal*, 4 vols., 1947, de GALDINO SIQUEIRA; *Código Penal Brasileiro*, de BENTO DE FARIA, 1942-1943, 5 vols.; *Código Penal*, de JORGE SEVERIANO, 4 vols.; com duas edições, 1941 e 1944; *Comentários ao Código Penal*, ed. da *Revista Forense*, projetada em 9 vols., mas de que só foram publicados, até a presente data, além do presente volume, os de n. II (ROBERTO LYRA), III (NÉLSON HUNGRIA), IV (ALOÍSIO DE CARVALHO), V, VI (NÉLSON HUNGRIA), VIII (NÉLSON HUNGRIA e ROMÃO LACERDA), e IX (MAGALHÃES DRUMOND); *Tratado de Direito Penal*, ed. Jacinto, com 10 vols., da autoria, respectivamente, de OSCAR TENÓRIO, JORGE SEVERIANO, PEDRO VERGARA, HEITOR CARRILHO, JOSÉ DUARTE, ARI FRANCO, CARLOS XAVIER, BENI CARVALHO, FRANCISCO BALDESSARINI e PEREIRA LIRA (1942-1943); *Código Penal*, de COSTA E SILVA, 1943, 1 vol.; *Código Penal Brasileiro*, de RIBEIRO PONTES, 1942, 2 vols.; O *Código Penal*, de RIBEIRO DE SOUZA, 1943, 1 vol.; *Teoria e Prática Penal*, de LEÃO STARLING, 1942, 1 vol.; O *Novo Código Penal*, coletânea de conferências realizadas na Faculdade de Direito de São Paulo por NOÉ AZEVEDO, ALMEIDA JÚNIOR, PACHECO E SILVA, BASILEU GARCIA, FLAMÍNIO FAVERO, CANUTO MENDES DE ALMEIDA, ATALIBA NOGUEIRA e CESARINO JÚNIOR, 2 vols., 1942; *Anais do I Congresso Nacional do Ministério Público* (realizado em São Paulo, 1942), com dissertações de MÁRCIO MUNHOZ, PAULINO NETO, HAECKEL

Da mesma tribo do juiz técnico-apriorístico é o juiz fetichista da jurisprudência. Esse é o juiz burocrata, o juiz de fichário e catálogo, o juiz colecionador de arestos segundo a ordem alfabética dos assuntos. É o juiz que se

de Lemos, Laertes Munhoz, Amorim Lima, Noé Azevedo, Dirceu Borges, Araldo Araripe, João Aureliano, José Augusto de Lima, Alvaro Toledo Barros, Florêncio de Abreu, Guedes de Miranda, Magalhães Drumond, Píres Abraão, Raul Barbosa, Dante Delmanto, Flamínio, Fávero, Carlos Teixeira Pinto, Salignac de Sousa, Édison Brandão, Ed. Augusto Viana, Mário J. Batista, Fernandes Aboudib, Luís da Costa Gomes, Raimundo Macedo, Basileu Garcia, Antônio César Neto, Ubaldo Caiubi, M. Campos Júnior, Morais Leme, Oto Lehmann, Drumond Costa, Berto Condé, Veiga de Carvalho, A. de Queirós Filho, Lopes Palmeiro, Natal e Silva, Nogueira da Silva, Valdemar César da Silveira, A. A. Covelo, Flávio Q. de Morais, Melo Kujawski, Dragomiroff Franco, J. Ferreira de Oliveira, Humberto da Nova, Bittencourt Porto e Nélson Hungria; *Anais da Iª Conferência dos Desembargadores* (realizada no Rio, de 19 a 29 de julho de 1943), sobre o novo Código Penal, 1 vol.; *Delito de homicídio* (1º vol., sobre o *dolo no homicídio*), 1945, *Das Circunstâncias Agravantes*, 1948, *Das Penas Principais e sua Aplicação*, 1948, *Das Circunstâncias Atenuantes*, 1948, e *Das Penas Principais*, 1948, de Pedro Vergara; *O Novo Código Penal e a Medicina Legal*, de Leonídio Ribeiro, 1 vol., 1942; *A Culpa no Direito Penal* (adaptação ao novo Código), de Raul Machado, I vol., 1943; *Crimes Contra os Costumes*, e *Crimes Contra o Patrimônio*, de Ed. Magalhães Noronha, 1943 e 1948-1952; *Dos Crimes Contra os Costumes*, e *Teoria Normativa da Culpabilidade*, de Odin Brasil Americano, 1943 e 1949; *Do Homicídio*, de Ivair Nogueira Itagiba, 1 vol., 1945; *Denunciação Caluniosa*, de Flávio Queirós de Morais, 1 vol., 1944; *Delito de Rixa*, idem, 1946, 1 vol.; *Delitos de Contaminação*, de Benjamim Vieira, 1 vol., 1941; *Dos Crimes e Infrações no Direito do Trabalho*, de Jorge Severiano, 1 vol., 1945; *Lesões Corporais no Crime e Cível*, de Assis Ribeiro, 1 vol., 1944; *Comentários à Nova Legislação Penal Brasileira*, do mesmo autor, 1 vol., 1942; *Contribuição ao Estudo do Suicídio*, de Nílton Sales, 1943; *A Questão do Crime Formal*, de Hélio Tornaghi, 1 vol., 1944; *A Norma Penal*, de Benjamim Morais, 1 vol., 1945; *A Tentativa Impossível*, de Álvaro Sardinha, 1 vol., 1941; *Da Exclusão de Crime*, de Oscar Stevenson, 1 vol., 1941; *Inovações do Novo Código Penal*, de Oliveira e Silva, 1 vol., 1942; *Novas Questões Jurídico-Penais*, de Nélson Hungria, 1 vol., 1945; *Da Extinção de Punibilidade*, de Raimundo Macedo, 1 vol., 1946; *Responsabilidade Penal*, de L. M. Bandeira de Melo, 1 vol., 1941; *Do Poder de Agraciar*, de Lemos Brito, 1 vol., 1942; *Peculato*, de Dídimo de Morais, 1 vol., 1941; *A Medida da Pena*, de Luís Magalhães, 1 vol., 1946; *O Novo Código Penal e a Lei das Contravenções*, de Nonato Cruz, 1942; *Noções de Direito Criminal*, de Roberto Lyra, 2 vols., 1944-1946; *A Prerrogativa da Graça no Direito Brasileiro*, de Tavares de Lira (Carlos), 1943; *Da Suspensão Condicional da Pena*, de José Luís Sales, 1945; *Estatutos Penais*, de Carlos Xavier, 1941; *Direito Penal, Sociologia e Psicologia Criminais*, 1947, de Correia de Araújo; *La Trajectoire du Crime. Etudes sur le Noveau Code Pénal du Brésil*, Niko Gunsburg, 1941; *Da Coautoria no Novo Direito Penal Brasileiro*, de Sadi de Gusmão, 1944; *A Tentativa em Face do Novo Código Penal*, de

põe genuflexo diante dos repertórios jurisprudenciais como se fossem livros sagrados de alguma religião cabalística. Para ele, a jurisprudência é o direito imutável e eterno: segrega-se dentro dela como anacoreta na sua gruta, indiferente às aventuras do mundo. Será inútil tentar demovê-lo dos seus ângulos habituais. Contra a própria evidência do erro, ele antepõe, enfileirados cronologicamente, uma dúzia ou mais de acórdãos, e tranquilo, sem fisgadas de consciência, repete o ominoso brocardo: *error communis facit jus.* À força de se impregnar de doutrina e jurisprudência, o juiz despersonaliza-se. Reduz sua função ao humilde papel de esponja, que só restitui a água que absorve. Constrói no seu espírito uma parede de apriorismos e preconceitos jurídicos, que lhe tapam as janelas para a vida. Suas decisões semelham, pela ausência de espontaneidade, às declarações de amor decoradas no *Conselheiro dos Namorados.* Enquadrado o seu pensamento nos esquemas fechados do teorismo científico ou do casuísmo curial, sua alma se estiola e resseca, impassível aos dramas que vêm epilogar-se nas salas dos tribunais. Não *sente* o direito, que ele só conhece e declara dentro de fórmulas invariáveis e hirtas. Exerce a função tão fria e impessoalmente como o empregado de aduana ao classificar mercadorias sob as rubricas da tabela tarifária.

Quanto aos *meios* de que se utiliza, a interpretação se divide em *gramatical* e *lógica* (ou *teleológica,* porque se propõe, principalmente, a pesquisa da razão finalística da lei).

A primeira vale-se da letra e sintaxe da norma legal para deduzir o seu sentido. É a mais simples e a menos subjetiva das formas de interpretação. Deve preceder a qualquer outra, pois é de presumir-se, *prima facie,* que o legislador tenha sabido traduzir devidamente seu pensamento. As *verba legis* podem ter acepção *jurídica* ou *extrajurídica,* técnica ou vulgar, conforme se

---

Teles Barbosa, 1947, 1 vol.; *Do Infanticídio,* de L. C. Vasconcelos, 1946, 1 vol.; *Peines et Mesures de Sûreté en Droit Brésilien,* de J. B. Herzog, separata da *Revue de Science Criminelle,* 1948; *Crimes Contra a Saúde Pública. Crimes Contra a Paz Pública,* de Flamínio Favero, 1950; Macedo Klauton, *A Incriminação do Abandono da Família,* 1954; *Instituições de Direito Penal,* de Basileu Garcia, 1951-1952; *O Furto e o Roubo,* de M. Hoeppner Dutra, 1955; *Curso de Direito Penal,* de J. Frederico Marques, 3 vols., 1954-1956; *Direito Penal* (p. geral, 2 vols.), de Aníbal Bruno, 1956; *Tratado da Responsabilidade Criminal,* de V. César da Silveira, 3 vols., 1955; *Sistema de Direito Penal Brasileiro,* de Salgado Martins, 1957; *Suspensão Condicional da Execução da Pena,* de Hugo Auler, 1957; *Dos Crimes Contra a Fé Pública,* de Teodolindo Castiglione, 1956; *Guia do Ensino e do Estudo de Direito Penal e Expressão mais Simples do Direito Penal,* de Roberto Lyra, 1953 e 1956; *ABC do Direito Penal,* de M. S. Vilela Souto, 1957; *A Moderação na Legítima Defesa,* de Brito Alves, 1957; *Da Prescrição Penal,* de Rodrigues Porto, 1957; *O Crime Continuado,* de Odin Americano, 1956.

depreender da *voluntas legis* (para o que se terá de recorrer, simultaneamente, à interpretação lógica ou teleológica). Na dúvida, devem ser entendidas segundo o uso comum (pois a lei é formulada *erga omnes)* e referidas ao tempo em que a lei foi elaborada *(in dúbio sunt referenda ad tempus dispositionis).* É princípio elementar de hermenêutica que, no texto das leis, nenhuma palavra se deve considerar supérflua, a não ser quando sua desnecessidade seja evidente. Sob pena de incorrer em graves equívocos, a análise gramatical não pode abster-se da visão panorâmica da lei: *incivile est, nisi tota lege perspecta, una aliqua partícula ejus proposita judicare, vel respondere.*

A interpretação lógica ou teleológica consiste na indagação da vontade ou intenção realmente objetivada na lei e para cuja revelação é muitas vezes insuficiente a interpretação gramatical. Pode mesmo dizer-se que, quase sempre, para elucidação do sentido da lei, a interpretação gramatical tem de conjugar-se com a interpretação lógica. Se há contraste entre uma e outra, a última é que deve prevalecer, pois, de outro modo, estaria a forma subvertendo o fundo. Cumpre ter em mira, antes de tudo, o escopo prático, a razão finalística da lei *(ratio legis)*, que é alcançada ou reconhecível pela consideração do interesse ou bem jurídico que a lei visa a tutelar (vida, patrimônio, liberdade, fé pública etc.), perquirindo-se toda a respectiva disciplina jurídica, a fim de que se possa descobrir e entender com exatidão a *voluntas legis.* Não é de confundir-se a *ratio legis* (isto é, o espírito da lei aduzido ao fim que colima) com os motivos ocasionais que militaram na formação da lei *(occasio legis),* isto é, os acontecimentos ou circunstâncias contingentes que tenham inspirado, para emanação da lei, a política legislativa. Desde que entra em vigor, a lei existe em si e por si. Destaca-se dos motivos que originariamente guiaram o legislador e pode sobreviver a eles, continuando a servir, em toda a plenitude de sua vontade imanente, ao fim superior de direito que o seu texto consagra.

Imprescindível é, igualmente, o chamado *elemento sistemático,* ou seja, o cotejo do dispositivo a interpretar com outras da mesma lei ou de lei distinta, mas atinente ao mesmo objeto ou assunto, e com os próprios princípios gerais de direito (a *ratio legis,* muitas vezes, tem de ser esclarecida pela *ratio juris),* de modo a elucidá-lo em função da harmonia de um sistema particular ou do sistema geral do direito. No elemento sistemático, assumem relevo, embora sem caráter decisivo, as *rubricas* da lei, pois quase sempre informam a respeito da órbita ou latitude dos preceitos que lhes estão subordinados. Se *vis intelligere nigrum, inspice rubrum.*

Ainda outro elemento de utilidade é o *histórico.* A lei não é entidade espontaneamente gerada ou *sine matre creata.* Afora os casos de *patologia* legislativa, todas as leis têm os seus precedentes, as suas etapas de formação, as suas vicissitudes no tempo e no espaço, a sua evolução, o seu gradativo aperfeiçoamento. Sem o conhecimento desse *processus* histórico, o intérprete pode incidir em sérios anacronismos ou equívocos.

Com o elemento histórico têm afinidade os "trabalhos preparatórios" (anteprojetos, projetos, debates parlamentares ou no seio de comissões técnicas incumbidas de projetar a lei) e as "exposições de motivos", estas com mais prestígio do que aqueles. Principalmente depois da crítica de BINDING ao fetichismo em torno aos "trabalhos preparatórios", entraram estes em fase de descrédito. Na verdade, se em alguns casos é proveitoso averiguar-se a *intenção do legislador* (ainda que sem identificá-la com a vontade real ou objetiva da lei), em outros casos, entretanto, dada a divergência de pontos de vista e as controvérsias travadas entre os formadores da lei, o que se encontra, através dos trâmites da gestação desta, é a maior confusão e perplexidade. Além disso, há no bojo da lei *possibilidades* que escaparam inteiramente à vontade subjetiva do legislador. *Vontade da lei* não é o mesmo que *vontade do legislador*. Costuma-se dizer, e com acerto, que a lei, às vezes, é mais sábia ou mais previdente que o legislador. Ainda mais: a lei não pode ficar inflexível e perpetuamente ancorada nas ideias e conceitos que atuaram na sua gênese. Não se pode recusar, seja qual for a lei, a denominada interpretação *evolutiva (progressiva, adaptativa)*. A lógica da lei, conforme acentua MAGGIORE, não é estática e cristalizada, mas dinâmica e evolutiva. "Se o direito é feito" para o homem e não o homem para o direito, o espírito que "vivifica a lei deve fazer dela um instrumento dócil e pronto" a satisfazer, no seu evoluir, as necessidades humanas". No estado atual da civilização jurídica, ninguém pode negar ao juiz a faculdade de afeiçoar a rigidez da lei ao progressivo espírito da sociedade, ou de imprimir ao texto legal a possível elasticidade, a fim de atenuar os contrastes que acaso surjam entre ele e a cambiante realidade. Já passou o tempo do rigoroso tecnicismo lógico, que abstraía a lei do seu contato com o mundo real e a consciência social. O juiz pode e deve interpretar a lei ao influxo de supervenientes princípios científicos e práticos, de modo a adaptá-la aos novos aspectos da vida social, pois já não se procura a *mens legis* no pensamento do legislador, ao tempo mais ou menos remoto em que foi elaborada a lei, mas no espírito evoluído da sociedade e no sentido jurídico imanente, que se transforma com o avanço da civilização. Não quer isso, porém, dizer que possa fazer *tabula rasa* da lei, julgando, não pelo que esta ordena, mas pelo que, na sua opinião, devia ordenar. Pode o magistrado, segundo adverte ilustre constitucionalista pátrio, interpretar a norma legal com a preocupação de realizar o que os alemães chamam o "direito justo", mas tal objetivo deve ser alcançado *com a lei,* e não *contra a lei. Non sunt judicandos leges,* isto é, as leis não podem ser privadas de aplicação, sob o pretexto de serem inoportunas ou desacertadas. Não deve ser o juiz um aplicador automático do literalismo da lei, mas um revelador de todo o possível direito que *nela se encerra,* suprindo-lhe a inexplicitude decorrente da imperfeição da linguagem humana. É-lhe vedado, entretanto, *negar* a lei. Notadamente em matéria penal, não pode o juiz meter-se a filósofo reformista, a santo incipiente ou a sociólogo de gabinete, para pretender corrigir a lei segundo a sua cosmovisão, a sua mística ou o seu teorismo. Tem de aplicar o direito positivo, o direito expresso ou latente nas leis, e não o direito idealmente concebido através de especulações abstratas ou lucubrações metafísicas. Pode e deve humanizar a regra genérica da lei em face dos casos concretos de feição especial, ou procurar revelar o que a letra concisa da lei não pôde ou não soube dizer claramente; mas isso dentro da própria latitude do sentido ou escopo dos textos, e nunca ao arrepio deles, ou substituindo-os pelo que arbitrariamente entende que devia ter sido escrito, segundo a sua ideologia pessoal. Costuma-se elogiar o juiz que faz praça de decidir pelo coração, em contraste franco com o preceito legal. Chamam lhe *bom juiz,* como ao juiz MAGNAUD. Não percebem, porém, os que assim procedem, que estão exaltando um exemplo de afoito charlatanismo ou uma forma dissimulada de prevaricação, isto é, o abusivo descumprimento da lei e a traição ao cargo pela vaidade de se ver bafejado pela aura popular ou de impor suas mais ou menos insinceras convicções extralegais de política social.

Acomode-se a lei, na amplitude do seu texto, ao fim de uma justiça consentânea com os interesses individuais e sociais. Reconheça-se, com CARNELUTTI, que, no sistema rígido, que é o complexo das normas legais, algumas vezes em antinomia com o complexo das relações sociais, que é uma massa em movimento, *"ocorre inserir dei giunti elastici, se non si vuole o che il diritto comprima la società o che la società infranga il diritto";* mas isso sem o repúdio subversivo da lei. Aplique-se a "justiça do caso concreto", tanto quanto o permita a norma legal ao definir a "justiça do caso abstrato", e isto mais acentuadamente numa época, como a atual, de profunda crise político--social, a exigir uma longa transfusão de equidade no sistema jurídico, para evitar-lhe o desmantelo e ruína.

Mas fiquem aí os juízes. Não passem daí, pois, do contrário estariam tomando a iniciativa de demolição da ordem jurídica. Deixar ao livre alvedrio ou variável critério dos juízes a aplicação do que estes, fora da lei, entendem por direito, seria fazer da justiça uma incerteza e uma constante ameaça à segurança dos direitos individuais e sociais. A tese do "direito livre", de KANTOROWICZ, segundo a qual o juiz deve substituir-se à lei, é apenas um arrojo de panfletário e não pode ser levada a sério, pois importaria em sobrepor à vontade coletiva, expressa na lei, a vontade arbitrária de um só, expressa na sentença judicial.

Outro elemento ponderável da interpretação lógica é o *direito comparado*.\* É sempre útil o confronto entre o direito nacional e o estrangeiro, quando coincidem na adoção de determinado princípio. Ainda no caso em que um não se tenha inspirado diretamente no outro, interessa evidentemente conhecer como a mesma norma tem sido entendida e aplicada em outros países. O cotejo, porém, deve ser feito com cautela e ponderação, para que se não vejam coincidências onde não existem. Tome-se, para exemplo, o § 3º do art. 30 do nosso Código Penal, que tem sido interpretado em acareação com o art. 163 do Código Penal italiano. Sem dúvida, foi aquele *sugerido* por este, mas há marcante diferença entre ambos. Enquanto o Código italiano, para especial concessão de *sursis* aos menores de 21 anos e aos maiores de 70, refere essas idades ao *tempo do crime*, o nosso Código relaciona-as ao *tempo da condenação*. O critério do legislador brasileiro, na adoção dessa medida, não se fundou na *menor resistência psíquica* dos menores de 21 e maiores de 70 anos, mas, sim, tão somente na consideração de que ao menor de 21 anos, primário no crime e não perigoso, deve-se evitar o *ferrete* da prisão, que talvez o degrade irremissivelmente; e ao septuagenário, com um passado sem crimes, e sem índice de periculosidade, deve-se poupar o cumprimento de uma pena da curta duração, que, afinal de contas, redundaria sem finalidade prática. Assim, somente com indisfarçável abstração da lei nacional pode o seu intérprete arrimar-se, na espécie, à lei italiana.

Finalmente, pode a interpretação lógica valer-se até mesmo de *elementos extrajurídicos*, desde que a lei os pressuponha ou a eles se reporte (ex.: diretrizes do regime político sob o qual foi criada a lei, vocabulário e conceitos de ciências extrajurídicas em que o legislador se louvou etc.).

Quanto aos seus *resultados*, a interpretação pode ser *declarativa, restritiva* ou *extensiva*.

*Declarativa* é a interpretação que se obtém quando a ambiguidade ou imprecisão do enunciado legal ou a aparente divergência entre este e o espírito da lei podem ser reduzidas sem necessidade de se dar à fórmula um sentido mais estrito ou mais amplo. Exemplo: o nosso Código Penal, no seu artigo 141, III, considera *majorante* (ou "condição de maior punibilidade") de crime contra a honra o ter sido cometido na presença de "várias pessoas", sem fixar o respectivo mínimo; mas deve entender-se que este é superior a dois, pois sempre que o Código se satisfaz com tal mínimo, para caracterização da *publicidade* de um fato, di-lo expressamente.

*Restritiva* se diz a interpretação que *restringe* o alcance das palavras da lei, verificando o intérprete que o pensamento desta não permite atribuir

---

\* Veja-se, no *Apêndice*, nossa dissertação sobre "Direito penal comparado".

àquelas toda a latitude que parecem comportar. As *verba legis* podem ser clara e propriamente empregadas, mas, à luz da interpretação lógica ou teleológica, podem apresentar-se *exuberantes* em relação ao que o legislador efetivamente pretendeu exprimir. Diz-se então que a linguagem da lei peca por excesso *(lex plus scripsit, minus voluit)*. Pode afirmar-se que o fundamento da interpretação restritiva é o brocardo *cessante ratione legis, cessat et lex ipsa*. Até certo ponto, exclui o radicalismo da máxima *ubi lex non distinguit nec nos distinguere debemus* (que só deve ser aplicada quando uma distinção omitida não deva considerar-se necessariamente implícita). Exemplo: quando, no seu art. 24, o Código declara que a *emoção*, a *paixão* ou a *embriaguez* (voluntária ou culposa) "não excluem a responsabilidade penal", tem-se de entender que se refere a esses estados psíquicos quando *não patológicos,* pois, de outro modo, seria irreconciliável o citado art. 24 com o art. 22, Outro exemplo: o § 3º do art. 30 do Código não deve ser aplicado quando se trata de crime contra os costumes, a que se não tenha seguido, embora na ausência de impedimento legal ou de justo motivo, o casamento do agente com a ofendida; pois, de outro modo, estaria iludida, no caso, a medida de política criminal consubstanciada no art. 108, nº VIII do mesmo Código.[13]

- 13 Exemplo frisante de interpretação restritiva foi a dada ao Dec.-Lei n. 5.214, de 21 de janeiro de 1943 (sobre livramento condicional), pela 2ª Câmara do Tribunal de Justiça do Distrito Federal, em acórdão de 23 de janeiro de 1945, de que fui relator: "Não pode o recorrente obter a liberação antecipada, eis que ainda não decorreu o *minimum* de tempo de cumprimento da pena imposta, a que está subordinada, primacialmente, a concessão de tal medida, quer em face da lei vigente ao tempo da prática do crime, quer em face da atual. Não há argumentar com o Dec.-Lei n. 5.214, de 21 de janeiro de 1943. O que este teve por fim esclarecer, aliás ociosamente (tendo-se em vista o parág. único do art. 2º do Código Penal em vigor), foi que o condenado, por crime cometido no regime da lei penal anterior, a mais de um e menos de três anos, pode obter o livramento condicional, que o Código atual somente concede aos condenados há mais de três anos. É o que está escrito, com todas as letras, na 'Exposição de Motivos' (dirigida pelo Sr. ministro da Justiça ao Sr. presidente da República) que acompanhou o projeto de que resultou o citado decreto legislativo: "Depois que o novo Código entrou em vigor... tem havido grande divergência entre os juízes e os tribunais quanto à norma aplicável aos casos em que a condenação tiver sido proferida na vigência da lei anterior. Assim é que alguns entendem que nesse caso o livramento pode ser concedido quando a pena privativa de liberdade for *superior a um ano e inferior a três,* aplicando-se a legislação anterior ao Código, enquanto outros recusam-se a conceder aquele benefício nos mesmos casos sob o fundamento de que a nova lei deve ser aplicada a todos os condenados," qualquer que tenha sido a data do crime ou da condenação... Com o elevado *intuito de pôr termo a essa situação,* o Conselho Penitenciário do Distrito Federal sugeriu-me fosse baixado um decreto-lei sobre a concessão do livramento condicional... Estando eu de acordo com as razões apontadas pelo Conselho Penitenciário na exposição que me enviou sobre o assunto, tenho a honra de submeter à apreciação de V. Ex.ª o anexo projeto de decreto-

Por último, a interpretação se denomina *extensiva* quando, para fazer as palavras da lei corresponderem ao espírito desta, o intérprete tem de ampliar o sentido ou alcance daquelas. Impõe-se tal interpretação no caso em que *lex minus scripsit, plus voluit*. Em matéria penal, só deve ser admitida nos casos estritamente necessários, isto é, quando os casos não previstos expressamente devem ser a *fortiori* (ou por força de compreensão) abrangidos pelo dispositivo. Assim, o que é proibido *in genere* também o é *in specie,* desde que a lei não faça explicitamente distinções. O que é incriminado quanto ao *minus* também o é quanto ao *majus* (argumento *a minori ad majus*). O que é lícito quanto ao *mais* obviamente o é quanto ao *menos* (argumento o *majori ad minus*). Impedem a *analogia,* mas não a interpretação extensiva, os seguintes aforismos, tantas vezes indevidamente invocados: *"qui dicit de uno negat*

---

lei que, se aprovado, porá termo definitivo as *dúvidas acima suscitadas"* (*Arquivos do Ministério da Justiça,* I, p. 94). Não é possível que se interprete um texto legal além do fim que o ditou e foi explicitamente declarado como sua *ratio* exclusiva: dirimir a transitória dúvida sobre a aplicabilidade da lei nova ou da lei antiga aos condenados a mais de um e até três anos, por crime anterior à vigência da primeira. Aconteceu que o Dec.-Lei n. 5.214 achou de dar efeito retroativo aos incisos n. II e III do art. 60 do Código Penal vigente e fê-lo de modo tão lacônico, que, *prima facie,* parece ter dispensado o requisito concernente ao período mínimo de cumprimento parcial da pena. Tal dispensa, porém, não se deu. O pensamento do legislador, como se deduz do cotejo entre o teor do decreto e a "exposição de motivos", é que, no tocante a esse período mínimo, deve prevalecer a lei anterior, ou a vigente, de acordo com o princípio geral de direito intertemporal em matéria penal. Nem seria compreensível que o Dec.-Lei n. 5.214 entendesse de transformar o livramento condicional em indulgência plenária (pois tanto importaria a dispensa de um mínimo prefixo de cumprimento da pena), e não cuidasse o legislador pátrio de justificar, com duas palavras, tão alarmente *novidade* de política criminal. O livramento condicional é uma conciliação entre o princípio da *pena-castigo* e o da *pena-emenda*. Pressupõe um quantum inflexível de execução parcial da pena, para que esta não perca o seu caráter *aflitivo, expiatório* ou *retributivo,* indispensável, quando mais não seja, para que a pena redunde em *intimidação* ou *coação psicológica* contra o crime. É o sistema adotado por toda parte. Nos Estados Unidos, é certo, achou-se de transigir, até uma certa medida, com esse critério, mas o desastre consecutivo já foi denunciado por J. E. Hoover, diretor do Federal Bureau of Investigation, no seu livro *O crime nos Estados Unidos:* uma das causas preponderantes do tremendo aumento de criminalidade no país dos ianques – diz ele – foram os indultos e a *prematura liberação condicional.* Salta aos olhos que o elíptico Dec.-Lei n. 5.214 não se abalançou a repelir o critério tradicional inspirado por uma longa experiência entre todos os povos civilizados. O legislador brasileiro, mercê de Deus, ainda não se deixou imbuir do *sentimentalismo* imprudente e subversivo que lastreia a penalogia *sob-sister,* de que fala o citado chefe dos famosos *G-men.* Não pode o intérprete valer-se de defeituosa redação da lei para atribuir-lhe um escopo que lhe foi inteiramente alheio, conforme ressalta das próprias *razões* que *oficialmente* a informaram. E isto já foi reconhecido pelo Supremo Tribunal Federal, em acórdão de 2 de agosto de 1944 *(*In: *Rev. de Direito,* vol. CLI, outubro de 1944, p. 131).

*de altero", "ubi lex voluit dixit, ubi noluit tacuit"; "ubi eadem ratio, ibi eadem dispositio"; "inclusio unius exclusio alterius"* (já dizia FARINACIO que *"inclusio unius non est exclusio alterius, quando illud alterum alia ratione potest includi"*). Exemplos de interpretação extensiva: quando o Código incrimina a *bigamia* (artigo 125), está necessariamente implícito que abrange na incriminação a *poligamia;* quando incrimina o *rapto* (art. 219), sem outra distinção que a referente aos *meios executivos,* compreende não só o rapto *per abductionem* (com remoção da vítima de um lugar para outro) como o rapto *per obsidionem* (com arbitrária *retenção da vítima* em lugar aonde fora por sua livre vontade); quando um fato é incriminado por criar uma *situação de perigo (v.g.:* o fato previsto no art. 130 do Código Penal), também o é, não obstante o silêncio da lei, quando cria uma *situação de dano efetivo (crime exaurido).*

No caso de irredutível dúvida entre o espírito e as palavras da lei, é força acolher, em direito penal, irrestritamente, o princípio *in dúbio pro reo* (isto é, o mesmo critério de solução nos casos de prova dúbia no processo penal). Desde que não seja possível descobrir-se a *voluntas legis,* deve guiar-se o intérprete pela conhecida máxima: *favorabilia sunt ampliando, odiosa restringenda.* O que vale dizer: a lei penal deve ser interpretada restritamente quando prejudicial ao réu, e extensivamente no caso contrário. Mas, insista-se: quando resulta inútil qualquer processo de interpretação do texto legal.

---

O Ministro FALCÃO teve o ensejo de assim dissertar, com todo acerto: "Essa exegese (que atribuiu ao Dec.-Lei número 5.214 a dispensa de certo interstício da execução da pena) não pode ser aceita porque conduziria a admitir a possibilidade de concessão do livramento condicional ao condenado que apenas, houvesse ingressado na prisão para o cumprimento da pena, de vez que eliminaria com isso a exigência de haver o mesmo condenado cumprido uma determinada fração da pena que lhe foi imposta. Tal coisa, que jamais foi objeto de qualquer legislação conhecida, não poderia estar no espírito do legislador brasileiro..." A lei atual, sob mais de um aspecto, tornou mais gravosa a concessibilidade da liberação condicional, que é, sem dúvida alguma, e acima de qualquer sofisma, instituto de direito penal material, afetando à duração da pena privativa de liberdade. Somente quanto ao requisito de certo tempo de cumprimento da pena, e limitadamente aos criminosos *primários,* a lei atual é mais benigna que a pretérita. Que fez o Dec.-Lei n. 5.214? Deixou que, quanto a esse requisito, fosse aplicada, das duas leis, a que se apresentasse mais favorável no caso concreto; mas, quanto aos demais requisitos, em qualquer caso, determinou fosse aplicada a lei vigente. Neste último ponto, porém, o decreto atrita de frente com preceito constitucional: é como se não tivesse sido escrito. E o que restaria dele é o que já estava implícito, *a contrario sensu,* no parágrafo único do art. 2º do Código Penal vigente: a *lex mitior,* em matéria de livramento condicional, é a que deve ser aplicada. Como quer que seja, entretanto, o certíssimo é que o requisito de prefixo tempo de cumprimento da pena não foi abolido: será o prescrito na lei atual, quanto aos *primários,* ou o constante da lei antiga, quanto aos reincidentes".

Somente *in re dubia* se justifica ou se impõe a inteligência da lei no sentido mais favorável ao réu, segundo antiga advertência: *in re dubia benigniorem interpretationem sequi non minus, justum est quam tutius.*

Certa semelhança existe, *prima facie,* entre a interpretação extensiva e a analogia, que, como já vimos, é inadmissível em matéria penal; mas essencialmente se distinguem. Na interpretação extensiva, dá-se a ampliação do sentido das palavras para acomodá-lo à própria vontade da lei; na analogia, o que se amplia é a vontade mesma da lei, para resolver, por mera identidade de razão, um caso não previsto, explícita ou implicitamente, pelo legislador. A analogia, portanto, não é interpretação, mas criação ou formação de direito novo, isto é, aplicação extensiva da lei a casos de que esta não cogita. Com ela, o juiz faz-se legislador, para suprir as lacunas da lei. É um *processus* integrativo, e não interpretativo da lei. Costuma-se distinguir entre analogia *legal (analogia legis)* e analogia *jurídica (analogia juris),* conforme seja seu ponto de partida um singular preceito de lei ou os princípios gerais (fundamentais) de direito; mas tal distinção é, de todo, indiferente ao direito penal, que repele, de modo geral (e não apenas no que concerne a incriminações ou sanções), ambas as formas de analogia. Tome-se, para exemplo de inextensibilidade por analogia, o art. 198 do Código Penal, que incrimina, como atentado à liberdade de trabalho, o fato de "constranger alguém, mediante violência ou grave ameaça, a *celebrar* contrato de trabalho", deixando de contemplar a hipótese de constrangimento para *não celebrar* dito contrato, apesar da completa identidade de razão para incluí-la no mesmo *præceptum*. A hipótese omitida não pode ser enquadrada no art. 198 (embora seja punível a outro título). Outro exemplo: tendo o Código omitido entre os *crimina falsi* a "guarda" de *estampilhas falsas,* não pode ser aplicado no caso, por paridade, o art. 289, § 1º, que incrimina a "guarda" de *moeda falsa.* Se o fato não representa, *in concreto, coautoria* em crime de *falsificação de estampilhas,* ou *receptação,* ou *favorecimento* real, terá de ficar impune.[14]

---

- 14 Ainda para ilustração do tema, não é demais que transcrevamos trechos de um arrazoado em que impugnamos a aplicação analógica do art. 269 do antigo Código Penal ao caso de cópula com mulher demente: "Na caracterização do *estupro,* em face da nossa lei penal (Código de 90), só há falar-se em violência quando há emprego de força física ou de meios que anulem transitoriamente as faculdades psíquicas da ofendida... Assim, e posto que, no caso vertente, a ofendida é maior de 16 anos, é bem de ver que o fato imputado não se enquadra no art. 269 do Código... Não vale argumentar que entre as hipóteses previstas e a não prevista (abuso de precedente alienação mental da ofendida) haja identidade de *substância jurídica.* Por mais axiomático que seja o *ubi eadem ratio, ibi eadem legis dispositio,* não pode o juiz criminal emendar a mão ao legislador, que se não ateve a tal raciocínio... Fora dos termos formais da lei penal, não

Não há confundir a analogia com a *interpretação analógica,* permitida pela própria lei. Trata-se, aqui, de analogia *intra legem,* de que é exemplo, entre outros muitos, a consentida na fórmula do *crime continuado* (art. 51, § 2º,

> há crimes. Não se pode concluir, por indução, de uma espécie criminal estabelecida para outra não expressa (C. Maximiliano, *Hermenêutica e aplicação do direito).* Em matéria penal, tudo é de direito estrito. Não se pode suprir a lei penal, à maneira do que se faz à lei civil, com analogias e induções... Ato não taxativamente vedado é ato permitido. *Permittitur quod non prohibetur.* E a razão nô-la expõem Chaveaux e Hélie *(Théorie du Code Pénal):* «en matière pénale, ce n'est pas, à proprement parler, le juge qui doit interpréter, c'est le justiciable qui doit régler ses *actes sur les textes de la loi. Si la loi contient une lacune, comme serait-il coupable de n'avoir pas vu ce qui n'y était pas?».* O brocardo *nullum crimen, nulla pœna sine lege* é um indeclinável mandamento jurídico. Não há crime, nem pena, senão quando previstos em lei. Este cânon, que entre nós é um preceito constitucional e está inscrito no limiar do Código Penal, não pode ser iludido pela aplicação analógica da lei. *A interpretação extensiva por analogia ou paridade (rectius:* a *analogia) não é admissível para qualificar crimes, ou aplicar-lhes pena,* – é o que dispõe, barrando o arbítrio da autoridade judiciária, o inciso do art. 1º do citado Código. Certamente, a interpretação estrita da lei penal não deve ser levada ao exagero de sutilezas que a desvirtuariam do seu próprio objetivo. Como doutrina C. Maximiliano (ob. cit.), ela "deve dar precisamente o que o texto exprime, porém *tudo* o que no mesmo se compreende; nada de mais, nada de menos". Por outras palavras: a lei penal comporta a *interpretação extensiva por força de compreensão,* isto é, a que declara exatamente o pensamento do legislador, quando se descobre, inquestionavelmente, pelo escopo e lógica da lei, que ele *minus dixit quam voluit.* Este processo, porém, não deve ser confundido com a analogia, em que a ilação aduzida não designa o que o legislador quis determinar, mas o que devia ter determinado, se previra ou disciplinara a hipótese, idêntica à outra por ele prevista ou disciplinada. Eis a lição de Filomusi Guelsi: *"L'interpretazione analógica (rectius:* a analogia) *ha una certa simiglianza con l'interpretazione estensiva, ma se ne differisce profondamente; dappoichè i presupposti dell'interpretazione estensiva e dell' analogia sono diversi. In quella si riconosce che la norma si contiene espressa nella legge, ma che solo le parole non ne adeguano l'estensione; nella analogia invece si riconosce che la norma nel caso non vi è, ma che se la legge avesse data una norma per esso, avrebbe dettata quella stessa norma che si ha nel caso simile previsto".* Enquanto a interpretação extensiva apenas esclarece uma norma *antiga,* a analogia revela uma norma *nova* (C. Maximiliano). A primeira desdobra o que a norma legal exprime, ao passo que a segunda "serve-se dos elementos de um dispositivo e com o seu auxílio formula preceito novo, para resolver hipótese não prevista de modo explícito, nem implícito, em norma alguma". Uma é propriamente *interpretação;* outra, a analogia, é, antes, uma forma de produção de direito... Dizer-se que entre os *meios* equiparados à *violência,* previstos no art. 269, se deve incluir ou se acha incluída a do abuso de precedente enfermidade mental da ofendida, não é fazer interpretação extensiva por força de compreensão, ou dilatar uma ideia contida nas próprias palavras da lei: é induzir de um caso para outro por mera identidade de motivos, é aplicar a uma hipótese não prevista a disposição relativa a um caso semelhante, é empregar o processo da analogia, recortando uma entidade criminal estranha ao Código Penal..."

do Código Penal), que, depois de mencionar as condições de "tempo, lugar, maneira de execução", indiciárias da homogeneidade objetiva dos fatos suces-

---

Por importar aplicação analógica da lei penal, a 3ª Câmara do Trib. de Just. do D. Federal deixou de considerar incluído no art. 3º, II, do Dec.-Lei n. 869, de 1938 ("transgredir tabelas oficiais de preços de *mercadorias"*) a cobrança de preços excessivos de "serviços profissionais", de que só cogitava o revogado Dec.-Lei n. 9.125, de 1946. Diz o acórdão (de 10.4.1947), relatado pelo Des. Toscano Espínola:

"Os preços de serviços profissionais ou industriais não podem figurar entre os oficialmente tabelados, e quando abusivamente o sejam, a violação não incide em sanção penal. Escapa a esta, portanto, a cobrança, por parte de *tintureiros*, de preços excedentes aos consignados em portarias administrativas para a tingidura ou lavagem de peças de vestuário. Com o advento do Dec.-Lei n. 9.840, de 11 de setembro de 1946, passou a vigorar o art. 3º, n. II, do Dec.-Lei n. 869, de 18 de novembro de 1938 (alterado pelo Dec.-Lei n. 2.254, de 23 de agosto de 1940, que abrandou a pena cominada), de modo que já não há mais reconhecer ilícito penal no cobrar "preços superiores aos tabelados", como indistintamente dizia o Dec.-Lei n. 9.125, de 4 de abril de 1946 (atualmente revogado); mas tão somente no transgredir tabelas oficiais de "preços de *mercadorias*". A palavra *mercadorias* tem acepção jurídica inextensível: significa tudo aquilo que pode ser objeto de *compra e venda*, na esfera comercial. Designa os "efeitos móveis ou semoventes" de que fala o art. 191 do Cód. Comercial. Pressupõe necessariamente coisa material, cujo *domínio* possa ser transferido (art. 1.122 do Cód. Civil). O "serviço profissional", o "trabalho industrial", a "mão de obra", ou seus respectivos salários, não se podem dizer "mercadorias" senão por metáfora dos economistas liberais, ou a não ser que a lei soberana faça a *equiparação*.

"Não há que reviver a controvérsia suscitada nos tribunais franceses em tomo ao vocábulo *marchandises*, do art. 419 do Cód. Penal de Napoleão (alterado por lei de 3 de dezembro de 1926), na qual veio a prevalecer, com flagrante extensão analógica, o ponto de vista de que até os *fretes* estavam abrangidos na expressão legal. Justíssima é a crítica que Ambrósio Negri *(Dei Reati Contro la Fede Pubblica. In: Trattato*, de Cogliolo, vol. 2, parte I-A, pp. 674 e ss.) faz a essa decisão jurisprudencial, louvando o acerto de vários arestos divergentes, entre os quais o da Corte de Paris (de 16.5.1838), no sentido de que "mercadorias" só podem ser *"coisas móveis corpóreas"*, que se contam, pesam e medem, e são destinadas a transmissão, no comércio, por meio de *compra e venda*. E, ao invés de se invocar a interpretação do art. 419 do Código francês, dever-se-ia, com mais atualidade, invocar as leis francesas de 21 de outubro de 1940 e 15.3.1942, sobre "alta ilícita de preços" e "mercado negro", em que as "mercadorias" *(marchandises)* de custo controlado compreendem apenas os "gêneros alimentícios" e certos " produtos industriais", de uso mais comum (veja-se *Etudes de Science "Criminelle et de Droit Penal Comparé*, de Hugueney et Donnedieu de Vabres, 1945).*

\* As mencionadas leis francesas, desacreditando a velha jurisprudência, falam, distintamente, em *"produits et services"*. A nossa lei atual sobre crimes contra a economia popular (Lei n. 1.521, de 26.12.1951) também distingue entre "mercadorias" e "serviços" *(essenciais à subsistência)*.

sivos, acrescenta: "e outras semelhantes". É óbvio que, no limite da *semelhança* referida à *casuística exemplificativa,* cabe ao juiz reconhecer as hipóteses não previstas individualmente. Toda vez que uma cláusula genérica se segue a uma fórmula casuística, deve entender-se que aquela somente compreende os casos *análogos* aos destacados por esta, que, do contrário, seria inteiramente ociosa. Por abstrair este elementar raciocínio é que se cuidou, na fase inicial de aplicação do Código vigente, de emprestar à fórmula da agravante prevista no art. 44, letra *d* ("ter o agente cometido o crime à traição, de emboscada, ou mediante dissimulação, ou *outro recurso que dificultou ou tornou impossível a defesa do ofendido"),* uma elasticidade inteiramente aberrante do seu sentido, chegando-se a querer reviver, através dela, a antiga e quase sempre inexpressiva agravante de "superioridade em força ou em armas"do art. 39 do Código de 90.

**4. Analogia "in bonam partem".** Com o argumento de que o *princípio da legalidade* somente diz com *incriminações e cominações de penas,* tem-se pretendido que, fora daí, o direito penal admite o emprego da analogia, desde que se atenda ao critério do *favorabilia amplianda.* Assim, poderiam ter aplicação analógica os preceitos referentes a exclusão de crime ou de culpabilidade, isenção ou atenuação de pena e extinção de punibilidade. Realmente, o *nullum crimen, nulla poena sine lege* não é infenso à analogia *in bonam partem;* mas contra a admissão desta, nos casos apontados, há a objeção de que os preceitos a estes relativos são de caráter *excepcional,* e as exceções às regras

---

"O termo "mercadorias" *(merci)* é também empregado no artigo 501 do Cód. Penal italiano, e os comentadores são unívocos (reproduzindo, aliás, definição contida na *Relazione* de Rocco) em restringir a significação da palavra aos *"bens materiais"* (matéria-prima e produtos), que têm valor em si mesmos e constituem objeto de atividade mercantil (Ruffo Mangini. In: *Nuovo Digesto Italiano,* vol. V, p. 275; Berenini, *Delitti contro l'economia pubblica, l'industria e il commercio.* In: *Trattato* de Florian, p. 174; Manzini, *Trattato,* vol. VII, p. 51; Saltelli-Di Falco, *Comento teor.-prat. dei nuovo códice penale,* vol. II, parte 2ª, p. 684).

"Dizer-se que os serviços profissionais estão incluídos no vocábulo *mercadoria* não é fazer interpretação extensiva, mas evidente *extensão analógica,* vedada no art. 1º do Cód. Penal e no § 27 do art. 141 da Constituição federal, de 18 de setembro de 1946.

Por maior que seja a *identidade de razão,* não pode o juiz estender incriminação ou pena, de uma hipótese prevista, para outra não prevista, explícita ou implicitamente, pelo legislador, – o que importa declarar-se, na espécie, a inexistência de crime ou de sanção penal". O Supremo Tribunal Federal, em recurso extraordinário, entendeu e decidiu de modo contrário; mas seu ponto de vista é insustentável. Veja-se a crítica de tal decisão no *Apêndice,* "Os pandectistas do direito penal".

da lei são rigorosamente limitadas aos casos a que se referem. *Exceptiones sunt strictissimi juris*. Os preceitos sobre causas descriminantes, excludentes ou atenuantes de culpabilidade ou de pena, ou extintivas de punibilidade, constituem *jus singulare* em relação aos preceitos incriminadores ou sancionadores, e, assim, não admitem extensão além dos casos taxativamente enumerados. Notadamente, é de enjeitar-se a teoria das "causas supralegais de exclusão de crime ou de culpabilidade", excogitada pelos autores alemães para suprir deficiências do Código Penal de sua pátria (velho de mais de meio século), não se justificando perante Códigos mais recentes, que procuram ir ao encontro de todas as sugestões no sentido de se obviarem os inconvenientes do *sistema fechado* da lei penal. Estaria esta exposta a sério perigo de subversão, se se atribuísse aos juízes o arbítrio de, com apoio em critérios não afiançados pela lei escrita (como o de que sempre "é justo o meio para o justo fim", de GEAF zu DOHNA, ou o da extensão da "não exigibilidade" além dos casos típicos do "estado de necessidade", segundo o pensamento de FREUDENTHAL e de MEZGER),[15] *criarem* causas de excepcional licitude, de impunibilidade ou não culpabilidade penal.

Em face de um Código, como o nosso, que enumera, em termos suficientemente dúcteis, as causas descriminantes ou de imunidade penal; que aboliu a "responsabilidade objetiva", consagrando irrestritamente o princípio *nulla poena sine culpa;* que é profuso no capítulo das causas de renúncia ao *jus puniendi* por parte do Estado; que faculta, em vários casos, o *perdão judicial;* que deixa ao juiz um extenso arbítrio na medida da pena (art. 42), haveria pouquíssimo espaço para a analogia *in bonam partem*.

Nenhum apoio merece a tese, sustentada por NARCÉLIO DE QUEIRÓS,[16] no sentido de que, tendo a nova Lei de Introdução ao Código Civil suprimido o art. 6º da anterior ("A lei que abre exceção a regras gerais só abrange os casos que especifica"), já não há como impugnar-se (no direito brasileiro) a analogia *in bonam partem,* mesmo em matéria penal. Seria discutível se a dita lei se reflete, *in subjecta matéria,* sobre o direito penal (a que não faz referência alguma); mas o que é certo é que a invocada supressão não visou

---

- 15 A doutrina da "não exigibilidade" *(Nichtzumutbarkeit)* pode ser assim, resumidamente, fixada: se o pressuposto da *culpabilidade* é a *censurabilidade (Vorwerfbarkeit)* da ação (ou omissão), segue-se que ela exprime a violação de um dever de conduta, sob o ponto de vista social; mas conduta social não pode ser senão aquela que, sendo *exigível* do indivíduo, não é seguida por este. A censurabilidade deixa de existir quando o indivíduo falta à observância de uma conduta que se lhe apresentava, no caso concreto, impossível *(ultra posse nemo tenetur)* ou particularmente difícil, *não exigível* do *homo medius,* do comum dos homens.
- 16 Analogia *in bonam partem* e a Lei de Introdução ao Código Civil.

a abolir o princípio da inextensão analógica das normas excepcionais. Outra foi a sua *ratio:* evitar a formulação legal de um *axioma* jurídico, que, segundo a justa ponderação de DIAS FERREIRA (secundado por CLÓVIS BEVILÁQUA), é "próprio de um livro elementar, destinado ao ensino do direito, inteiramente escusado no livro das leis"; bem como afastar dúvida sobre a acessibilidade das normas excepcionais à interpretação extensiva, que se não confunde com a extensão analógica.[17] A inextensibilidade por analogia das normas de exceção não precisa de figurar no corpo das leis: é um princípio apodítico de direito.

**5. O costume.** Tanto quanto a analogia, o costume não é fonte geradora do direito repressivo. Não pode suprir, ab-rogar ou retificar a lei penal. Cumpre, porém, distinguir entre costume *contra, extra* ou *ultra legem* e costume *integrativo, subsidiário* ou *elucidativo* da norma penal (costume *intra legem).* Nesse último caso, o costume intervém *ex vi legis,* sem afetar, portanto, o dogma de que a única fonte do direito penal é a lei. Assim, por exemplo, ao incriminar o "ultraje público ao pudor", a lei penal se reporta a um *costume social,* isto é, à moralidade coletiva em torno dos fatos da vida sexual, ficando subordinada, para o seu entendimento e aplicação, à variabilidade, no tempo e no espaço, desse *costume.* Não há caso algum em que o costume *contra* ou *extralegem* possa ter o efeito, já não dizemos de criar crimes ou penas, mas de expungir a criminalidade legal de um fato. As hipóteses citadas em contrário por STEVENSON[18] escapam à punição, não porque o *costume* as tornou penalmente lícitas, mas, ou porque são permitidas, explícita ou implicitamente, por leis extrapenais, ou por ausência de dolo, isto é, por inexistência da *consciência de injuridicidade* ou *animus delinquendi* (integrante do dolo). Tais são a "perfuração de orelhas para o uso de brincos", a "operação cirúrgica", o "tratamento plástico", a "extração de dentes", a "circuncisão", a "violência esportiva".

**6. Erros da lei.** O texto legal pode ressentir-se de lapsos de cópia ou de impressão, não corrigidos em ulterior edição do órgão oficial de publicidade. Cumpre, então, distinguir: se o erro é *manifesto* e não afeta o conteúdo ou essência da lei, pode o juiz fazer a retificação; caso contrário, é inadmissível a correção, ainda que ao juiz seja dado consultar ou tenha presente o texto original.[19]

- 17  V. SERPA LOPES, *Lei de Introdução ao Código Civil,* I, p. 218; ALÍPIO SILVEIRA, *A interpretação das leis excepcionais e restritivas de direito em face da nova Lei de Introdução ao Código Civil.* In: *Revista Forense,* vol. 105, pp. 25 e ss.
- 18  *Da exclusão de crime,* pp. 214 e ss.
- 19  Assim, por exemplo, a sanctio do art. 180 do Código apresentava, antes da Lei n. 2.505, de 1955, que o corrigiu, um lapsus (v. HUNGRIA, Novas questões jurídico-penais,

**7. Leis penais em branco.** Há certas leis penais que dependem, para sua exequibilidade, do complemento de outras normas jurídicas *in fieri* ou da futura expedição de certos atos administrativos (regulamentos, portarias, editais). É o que se chama "leis penais em branco", "cegas"ou "abertas". Contêm a *sanctio* (cominação de pena), mas o *preceptum* (ou, pelo menor, a precisa fixação deste) é remetido à *lex ferenda* ou futuro ato administrativo. A pena é cominada à transgressão (desobediência, inobservância) de uma norma (legal ou administrativa) a emitir-se *in futuro.* Exemplo: a Lei n. 1.521, de 26.12.1951, comina determinada pena ao fato de "transgredir tabelas oficiais de gênero e mercadorias, ou de serviços essenciais", de modo que sua aplicabilidade foi subordinada à subsequente expedição (com base no "poder de polícia") de portarias ou editais administrativos com as tabelas de preços. É óbvio que, passando os *regulamentos, portarias* ou *editais* a fazer corpo ou unidade lógica com a *lei penal,* cumpre, para sua eficiência, que sejam publicadas no *órgão oficial* (art. 1º da Lei de Introdução ao Código Civil), atendidas as regras sobre a *vacatio:* antes disso, por maior que seja a sua divulgação por outros meios, serão inteiramente anódinas (pois o *nemo censetur ignorare legem* pressupõe, necessariamente, a publicação oficial da lei).

**8. Tecnicismo jurídico-penal** O direito penal é um *hortus conclusus:* não existe fora da órbita legal. Sua única fonte – repita-se – é a lei. A *ciência do direito penal* somente pode consistir no estudo da lei penal em sentido lato ou do complexo de normas jurídicas mediante as quais o Estado manifesta o seu propósito de coibir a delinquência, indicando os fatos que a constituem, as condições da responsabilidade e culpabilidade penal, as sanções repressivas ou preventivas. Este, o irrefragável postulado do chamado *tecnicismo jurídico-penal.*

Com toda justeza, diz MASSARI: "Não existe outro direito penal além do coligido na legislação do Estado, e à nossa ciência não se pode atribuir, portanto, objeto diverso. É inadmissível um direito penal filosófico, ou ideal, ou racional, ou natural: não seria mais que simples abstração".

---

pp. 215 e ss.): em vez de "reclusão, de dois meses a quatro anos", ficou escrito: "reclusão, de dois a quatro anos" (tendo sido omitida a palavra "meses"). Não se tratava de erro reconhecível prima facie, de modo que ao juiz seria vedado corrigi-lo. Já o mesmo, porém, não acontece com o erro que se depara no art. 58 do Dec.-Lei n. 6.259, de 10 de fevereiro de 1944 (sobre loterias clandestinas), ao cominar a pena: "quarenta (40) a trinta (30) dias de prisão [...]." É patente a troca do "mínimo" pelo "máximo". Ao indivíduo mais ignorante não escapará a estranha inversão. Trata-se de um quid pro quo reconhecível ictu oculi, de modo que ao juiz, servindo-se do argumentum ab absurdo, será lícito aplicar o dispositivo como se o erro não existisse.

A ciência penal, *sub specie juris,* não admite outros conceitos e critérios além daqueles que lastreiam e informam as normas legais vigentes sobre a trilogia "criminoso, crime e pena". Outras ciências, pré-ciências ou pseudociências que se propõem, à margem do *jus conditum, a*o estudo da criminalidade como fenômeno biopsico-sociológico e a pesquisa ou preconício de meios de preservação e defesa sociais nada têm a ver com a ciência do direito penal propriamente dito, senão quando por este afiançados ou com este ajustáveis. Se não fazemos nítida separação entre *ciência penal,* que tem por objeto o estudo do direito penal positivo, e as teorias ou *hipóteses de trabalho (Arbeithipothese)* sob o rótulo genérico de "criminologia" ou "ciências criminológicas", não poderemos evitar uma confusão babélica de *idiomas,* e tudo resultará na desorientação e na perplexidade. A autêntica ciência jurídico-penal não pode ter por objeto a indagação experimental em torno ao problema da criminalidade, mas tão somente a *construção* do direito penal através das normas legais. Parte de premissas *certas,* que são as normas jurídicas, para chegar, logicamente, a conclusões *certas.* Não comporta *escolas,*[20] de vez que não pode haver antagonismo de métodos na sistematização das regras ditadas pela vontade soberana do Estado. Compete aos *juristas,* e não aos sociólogos, biólogos, psicólogos ou filósofos. É a *dogmática jurídico-penal* ou *jurisprudência penal,* tomado o vocábulo *jurisprudência* no sentido romanístico. Não há entre ela e essa *teia de Penélope* que se intitula "criminologia", nenhuma afinidade ou relação necessária. Trata-se de ciência *normativa,* e não *causal-explicativa.* Tem por objeto, como adverte GRISPIGNI, não o ser, o *Sein, mas o dever ser,* o *Sein Sollende,* que são os mandamentos ou preceitos legais. Seu método, seu único método possível é o *técnico jurídico* ou *lógico-abstrato.* Seu *processus* é o mesmo de todas as *ciências jurídicas*: estudo das *relações jurídicas* (isto é, das relações da vida, parcial ou totalmente reguladas pelo direito positivo), construção lógica dos *institutos jurídicos* (que representam a coordenação unitária dos princípios que disciplinam cada relação jurídica) e, finalmente, a formulação do *sistema,* que é as mais perfeita forma do conhecimento científico.

Nem por ficar assim delimitada, está a ciência jurídico-penal reduzida, como arguem os que acreditam num direito penal vagando fora das leis, a uma ciência árida, estreita, mesquinha, de mecânica exegese de textos legais ou de pura lógica abstrata. Não. A ciência do direito penal, sem renunciar

---

- 20 Somente no terreno da *política criminal* (ciência pré-jurídica) é que se pode falar em *escolas penais* ou postular critérios diversos dos assumidos pela lei penal em vigor. As infindáveis controvérsias em torno às hipóteses, conjecturas ou sugestões sobre a etiologia e *futuro* tratamento da criminalidade devem ser deixadas ao exclusivo *juízo arbitral* da política criminal, que é a ciência que cuida do direito penal *in fieri* ou dos programas de reforma do direito penal vigente.

ao seu método próprio não é a dialética servilmente aferrada ao rigor lógico das normas jurídicas. Não se confunde com a tarefa medíocre e inglória dos *escolásticos* do direito penal. Animando-o, vivificando-o, há dentro do direito penal positivo toda uma filosofia do homem e da vida humana; toda uma vasta sucessão de ideias vividas e sedimentadas pela experiência social e que continuam crepitando nos versículos da lei penal. Há uma *alma* a ser perscrutada nos textos legais. Submetido indefinidamente às inferências de lógica abstrata, o direito penal perderia o seu cunho de justiça e redundaria num produto inumano. Ciência penal não é esta desolante preocupação dialética dos que antepõem o literalismo frio das tábuas da lei ao seu sentido humano e enrodilham o direito penal numa inextricável complexidade de silogismos e sutilezas, asfixiando-o, anemizando-o, desfibrando-o; mas, sim, aquela *jurisprudência superior* de que fala JHERING, a superior atividade sistematizadora do direito sem a abstração da realidade palpitante da vida, em cujo seio se inspirou o legislador. A ciência penal não se exaure numa pura esquematização rígida de princípios *neutros*, pois que é a ciência de um direito eminentemente modelado sobre a vida e para a vida. Não pode isolar-se desta. O *tecnicismo jurídico*, que reserva o direito penal para os juristas, não quer dizer que estes devam colocar entre eles e o *mar* picado da vida, como parede cega, a inteiriça e gélida literalidade da lei. Conforme ensina MAGGIORE, o direito, para garantir-se a própria estabilidade e certeza, constrói os seus dogmas, que são como retábulos em que se enquadra a experiência jurídica no seu desdobramento histórico; mas o predomínio desses dogmas não deve degenerar em tirania e protrair-se até o ponto de alhear-se ao *élan* da vida, ao invés de limitar-se a construir os anteparos e sulcos em que ele deve acomodar-se à ordem jurídica. A dogmática, quando entregue à exasperação de abstrair, esquematizar e classificar, arrisca-se a romper os pontos de contato com a vida ou a pôr-se em dissídio com esta. É certo, e chega a ser lapalissiano afirmá-lo, como ainda observa MAGGIORE, que a ciência do direito é construída *juridicamente,* isto é, com o método originário e sempre mais aperfeiçoado da jurisprudência romana; mas não é jurista digno desse nome aquele que desconhece a advertência de VON JHERING: o irrestrito culto da lógica, que cuida de transformar a jurisprudência numa espécie de matemática do direito, é um erro, e assenta no desconhecimento da natureza do direito. A vida não é para os teoremas, mas estes para aquela. Não o que a lógica exige, mas o que a vida, o convívio dos homens e o sentimento jurídico reclamam é que deve acontecer, seja ou não possível dentro da lógica. Os romanos teriam merecido viver entre os sofistas de Abdera, se tivessem seguido outro critério, sacrificando os interesses da vida a uma dialética de escola. Não é verdadeiro jurista aquele que olvida o ensinamento de JELLINECK: "é impossível alcançar um resultado jurídico cientificamente aceitável, se se ignora inteiramente o conteúdo das relações da vida. A jurisprudência ou construção jurídica não pode perder a visão desse conteúdo, pois, do contrário, se abastardaria na escolástica, isto é, naquela diretriz do pensamento e da especulação que cria um mundo de noções sem realidade, de formas sem substância, de resultados "sem valor". Os preceitos jurídicos não são textos encruados, adamantinos, ensimesmados, destacados da vida como poças de água que a inundação deixou nos terrenos ribeirinhos; mas, ao revés, princípios vivos, que, ao serem estudados e aplicados, têm de ser perquiridos na sua gênese, compreendidos na sua *ratio,* condicionados à sua finalidade prática, interpretados no seu sentido social e humano. Ciência penal não é esse *leite desnatado,* esse *bagaço remoído,* esse *esqueleto de aula de anatomia* que nos impingem os ortodoxos da jurisprudência pura ou abstracionismo lógico. Ciência penal não é a jurisprudência isolada em si mesma, a alimentar-se perpetuamente de si mesma, a desdobrar-se, introvertidamente, em cálculos jurídicos e *subtilitates juris,* alheada às aventuras do mundo circundante. Não é ciência penal a que somente cuida do *sistema ósseo* do direito repressivo ou se limita a tessituras aracnídeas de lógica abstrata, fazendo de um código penal, que é a mais frisante expressão da moral prática de um povo, uma teoria hermética, uma categoria de ideias hirtas, um seco regulamento burocrático, uma árida tabela de aduana. Ciência penal não é só a sistematização hierática da lei, mas, antes de tudo, e acima de tudo, a revelação do seu *espírito,* a compreensão do seu *escopo,* para ajustá-la a fatos humanos, a almas humanas, a episódios do espetáculo dramático da vida. O crime não é somente uma abstrata noção jurídica, mas um fato do mundo sensível, e o criminoso não é um impessoal "modelo de fábrica", mas um trecho flagrante da humanidade. A ciência que estuda, interpreta e sistematiza o direito penal não pode fazer-se cega à realidade, sob pena de degradar-se numa sucessão de fórmulas vazias, numa platitude obsedante de mapa mural de geometria. Ao invés de librar-se aos pináculos da dogmática, tem de vir para o chão do átrio onde ecoa o rumor das ruas, o vozeio da multidão, o estrépito da vida, o fragor do mundo, o bramido da tragédia humana. Não pode alçar-se às nuvens, rumo da estratosfera, pois tem de estar presente ao entrevero dos homens, ao dantesco tumulto humano de:

> *Diverse lingue, orribili favelle,*
> *Parole di dolore, accenti d'ira,*
> *Voci alte e fioche, e suon di man con elle...*

**9. Arbítrio judicial.** Se o arbítrio judicial é radicalmente vedado no tocante a incriminações e sanções penais, constitui, entretanto, uma exigência central do direito penal contemporâneo no que concerne à *medida da pena.*

Rompendo com injunções de um individualismo hipertrofiado e critérios reconhecidamente errôneos do *classicismo* penal, o atual Código Penal brasileiro (art. 42) seguiu pelo novo rumo: consagrou o *arbitrium judicis* na medida da pena, como condição necessária à *justiça do caso concreto,* à racional *individualização* da reação jurídico-penal. Segundo o postulado clássico, o *mal da pena* deve ser proporcionado ao *mal do crime* em si mesmo. O que importa, principalmente, é o crime na sua gravidade objetiva, e não o seu autor. O crime *a parte objecti,* e não o crime *a parte subjecti.* Critério primário e decisivo é a *cestimatio delicti:* a *cestimatio sontis* não entra em linha de conta, senão secundariamente. Se um crime se apresenta, materialmente, igual a outro crime, os respectivos autores merecem a mesma pena. Para males iguais, penas iguais. É a lei do talião estilizada. É a justiça de superfície. É a justiça rudimentar da balança, que equilibra *quantidades* e não *qualidades.* É a justiça que vê os fatos humanos, mas ignora os homens. Com esse critério objetivista ou de apreciação *ab externo,* não se duvidou, para servir ao extremo individualismo do século XIX, que as penas podiam e deviam ser micrometricamente prefixadas na lei, sem nenhum ensejo ao arbítrio judicial. É bem conhecida a impugnação que a esse sistema de dosimetria legal da pena opôs o chamado *positivismo penal.* Proclamou este a necessidade de uma radical mudança de critério: a pena (como medida de defesa social, e não como *castigo* ou retribuição do mal pelo mal) deve ser calculada, não segundo a gravidade do crime, mas conforme a temibilidade ou periculosidade do criminoso, apreciado através de sua constituição fisiopsicológica e do seu grau de inadaptabilidade à vida social. Como não há dois criminosos iguais, a pena não deve ser pretederminada pelo legislador, mas *individualizada* pelo juiz, pois só este é que tem diante de si, na sua realidade viva e palpitante, o autor do crime, o elemento humano dos casos concretos.

De reprovado excesso, porém, pretendia-se passar a outro. Ao excesso de objetivismo, substituía-se o excesso de subjetivismo. A *escola clássica* focalizava o crime e deixava na sombra o criminoso; a *escola positiva* invertia as posições: o criminoso era trazido para o palco, enquanto o crime ficava na retrocena. O classicismo fazia do crime uma *entidade abstrata,* e outra coisa não fazia do criminoso o positivismo, que, com as suas generalizações apressadas, achou de classificar aprioristicamente *tipos* de delinquentes, na absurda tentativa de comprimir a infinita variedade do psiquismo humano dentro de quadros esquemáticos. Na ulterior evolução jurídica, entretanto, afirmou-se a tendência transacional. Nem a predominância do elemento objetivo, nem a do elemento subjetivo, mas a conjugação de ambos. A fórmula unitária foi assim fixada: *retribuir o mal concreto do crime com o mal concreto da pena, na concreta personalidade do criminoso.* Ao ser cominada *in abstracto,* a pena é individualizada objetivamente, mas, ao ser aplicada *in concreto,* não prescinde da sua individualização subjetiva. Após a individualização convencional da lei, a individualização experimental do juiz, ao mesmo tempo objetiva e subjetiva. É conservada a prefixação de *mínima e máxima especiais;* mas, suprimida a escala legal de graus intermédios, o juiz pode mover-se livremente entre aqueles, para realizar a "justiça do caso concreto".

Amoldando-se ao critério de individualização subjetiva da pena, o nosso Código, porém, não proclamou o puro arbítrio do juiz. Ficou a meio-caminho entre os dois sistemas opostos: o da liberdade máxima e o da legalidade rígida. O arbítrio judicial ilimitado, o retorno ao *plenum arbitrium* medieval seria evidentemente perigoso. É certo que o juiz moderno dispõe de mentalidade bem diversa da que dominava nos tribunais da Idade Média; mas é lição da experiência que todo poder sem divisas tende fatalmente para sua própria hipertrofia. Com o *arbitrium judicis* a coberto de limitações, estaria ameaçada a própria unidade do direito. O que o nosso Código consagra, no seu art. 42, é o *arbitrium regulatum,* o arbítrio temperado, o poder discricional relativo. Não é um arbítrio que possa exercer-se *sem rei nem roque* ou por *ignavas rationes.* Não é um arbítrio *in extensum* ou *à la dérive,* deixado ao mero impulso do sentimento, à mercê da atrabílis ou da euforia do juiz; mas um arbítrio limitado, moderado, controlado. A finalidade do art. 42 é ensejar a individualização da pena, a adequação da pena ao crime e à personalidade do criminoso, e não a *ditadura judicial,* a justiça de *cabra-cega,* o juiz *a legibus solutus.* Para evitar que redunde em puro capricho o poder discricional do juiz, são traçadas (pelo próprio artigo citado) indeclináveis diretrizes ao seu exercício.

### Lei penal no tempo
**Art. 2º** *Ninguém pode ser punido por fato que lei posterior deixa de considerar crime, cessando em virtude dela a execução e os efeitos penais da sentença condenatória.*
*Parágrafo único. A lei posterior, que de outro modo favorece o agente, aplica-se ao fato não definitivamente julgado e, na parte em que comina pena menos rigorosa, ainda ao fato julgado por sentença condenatória irrecorríveis.*

### Lei excepcional ou temporária
**Art. 3º** *A lei excepcional ou temporária, embora decorrido o período de sua duração ou cessadas as circunstâncias que a determinaram, aplica-se ao fato praticado durante sua vigência.*

**DIREITO COMPARADO.** *Códigos:* italiano, art. 2º; norueguês, § 3º; holandês, art. 1º; português, art. 6º; suíço, art. 2º; belga, artigo 2º; alemão, § 2º; francês, art. 4º; polonês, art. 2º, §§ 1º, 2º e 3º; dinamarquês arts. 3º e 5º; espanhol (1944), art. 24; iugoslavo, art. 90; mexicano, arts. 56 e 57; hondurense, art. 21;

nicaraguense, art. 1º; costarriquense, art. 2º; panamenho, art. 4º; colombiano, art. 3º; venezuelano, art. 2º; equatoriano, art. 2º; peruano, arts 7º e 9º; paraguaio, arts. 57 e 58; uruguaio, arts. 15 e 16; argentino, art. 2º; chileno, art. 18.

**BIBLIOGRAFIA** (especial). GABBA, *Della retroattività della legge in materia penale*, 1869; *Teoria della retroattività della legge*, 1891-1899; DONATI (D.), *Il contenuto dei principio della retroattività della legge*, 1915; TRAEGER (L.), Die Zeitliche Herrschaft des Strafgesetzes (*O império temporal da lei*). In: *Vergleichende darstellung des deutschen und ausländischen strafreches*, parte geral, vol. VI, 1908, pp. 321 e ss.; LEHMANN, *Das zeitliche herrschaft des strafrechtssätzes*, 1897; VON BAR, *Gesetz und schuld im strafrecht (Lei e culpabilidade em direito penal)*, I, 1906; RANIERI, L'applicazione delle leggi penali nel tempo. In: *Riv. Penale*, XCVI, pp. 118 e ss.; MEYNNE, *Essai sur le rétroactivité des lois repressives*, 1863; ROUBIER, *Les conflits des lois dans le temps*, 1929; PESSINA (E.), La legge pénale. In: *Enciclopédia*, vol. 3º, 1906; BATTAGLINI, Il luogo ed il tempo dei commesso reato. In: *Riv. Ital. di Dir. Pénale*, 1917; FONTANA (G.), *Se* l'art. 2º del códice penale sia applicabile alle norme penali concernenti l'approvvigionamento e i consumi emanate in occasione della guerra. In: *Riv. di Dir. e Proc. Pénale*, 1920, I, p. 79; RAGGI (L.), *Della legge penale e della sua applicazione*, 1927; Sull'efficacia delle leggi temporanee. In: *Riv. di Dir. e Proc. Penale*, 1918, pp. 81 e ss.; LEVI (Nino), *Tempus commissi delicti*. In: *Annali di Dir. e Proc. Pénale*, 1933, pp. 373 e ss.; GREGORACI, La pena dei reato permanente o continuato commesso sotto l'impero di leggi diverse. In: *La legge*, H, 1891; KITZINGER, Ort und zeit der handlung (Lugar e tempo da ação). In: *Vergleichende darstellung*, parte geral, vol. I, 1908; DIENA, Considerazioni critiche sul concetto dell'assoluta e completa separazione fra il diritto internazionale e l'interno. In: *Riv. del Diritto Pubblico*, I, 1913; BRUSA, Della giustizia penale eccezionale. In: *Riv. Penale*, vol. 34; ARANGIO RUIZ, Intorno all'efficacia delle leggi penali temporanee. In: *Riv. Penale*, vol. 54; RANELLETTI, Polizia di Sicurezza. In: *Trattato compl. de dir. amministrativo* de ORLANDO, vol. IV, 1908; MIRTO (Pietro), Della legge penale. In: *Codici penali nel primo decennio di attuazione*, 1942; MAGGIORE, Successione di leggi penali. In: *Nuovo digesto italiano*, vol. XII, 1ª parte; BELRICHARD, *Das zeitliche geltungsgebiet der strafrechtssätzes (A esfera de validez temporal dos preceitos penais)*, 1927; OLIVI (L.), Reati e pene in ordine al tempo. In: *Trattato* de COGLIOLO, I, parte II, 1888; VICO, La cosa giudicatta e il progetto del nuovo Codice Penale italiano. In: *Riv. Penale*, vol. 29, pp. 343 e ss.; ESPÍNOLA-ESPÍNOLA, *A Lei de Introdução ao Código Civil Brasileiro*, 1, 1943; SERPA LOPES, *Comentário teór.-prat. da lei de introdução ao código civil*, vol. 1º, 1943; C. MAXIMILIANO, *Direito intemporal ou a teoria da retroatividade das leis*, 1946; ARMANDO COSTA, O direito intertemporal e o Código Penal. In: *Revista Forense*, vol. LXXXIX, pp. 47 e ss.

## COMENTÁRIO

**10. A lei penal no tempo. Direito penal transitório.** A lei penal, quanto à sua obrigatoriedade e efetiva vigência, está subordinada às mesmas regras que disciplinam as leis em geral: publicação oficial (ou seja, publicação no *Diário Oficial*) e decurso do prazo de *vacatio* (nos termos do art. 1º e seu § 1º da Lei de Introdução ao Código Civil). E já assentado o princípio de que a única fonte do direito penal é a lei (n. 1), segue-se que uma lei penal somente por outra *(lex posterior)* é revogável. Pode ocorrer, entretanto, que uma lei penal, de antemão, no seu próprio texto, limite sua vigência a um prazo certo (lei penal *temporária*) ou à duração de excepcional acontecimento (lei penal *excepcional)*, e em tal caso, com a expiração do prazo ou findo o acontecimento, dá-se uma *autorrevogação,* dispensado o advento de nova lei (*vide* n. 30).[1] Cumpre ainda notar que, às vezes, a norma penal pressupõe uma norma extrapenal (de direito público ou privado), de modo que a mudança desta se reflete naquela, pois, embora formalmente distinta, a norma extrapenal, em tal hipótese, substancialmente se entrosa com a norma penal.

Como qualquer outra lei, a penal pode ser revogada *in toto (ab-rogação)* ou *parcialmente (derrogação),* de modo *expresso* ou *implícito* (tácito, indireto).[2]

No caso de sucessão de leis penais, pode acontecer que a *lei posterior*:

a) seja *menos favorável* que a *anterior,* quer incriminando *ex novo* um fato *(novatio criminis),* quer agravando, de qualquer modo, a punibilidade; ou

b) seja, ao contrário, *mais favorável* que a *anterior,* ou porque elimine uma incriminação *(abolitio criminis),* ou porque, de qualquer modo, beneficie o réu.

No primeiro caso, a lei posterior é irretroativa; no segundo, ao revés, *habet oculos retro*. Assim, no direito penal transitório, a lei *mais favorável* é *extra-ativa:* quando é a lei anterior, sobrevive à sua revogação *(ultra-atividade);* quando é a posterior, projeta-se no passado *(retroatividade),* em contraste com o *janus in legibus non placet* ou o *tempus regit actum*. Em sentido inverso, a lei *menos favorável* não dispõe de qualquer *extra-atividade:* nem faz marcha a ré (quando é a posterior), nem persiste (quando é a anterior) no seu *plus* de gravidade, mesmo em relação aos *facta praeterita*.

---

- 1 É o que acontece, aliás, com qualquer lei destinada à vigência temporária (Lei de Introdução ao Código Civil, art. 2º).
- 2 Art. 2º, § 1º, da Lei de Introdução ao Código Civil: "A lei posterior revoga a anterior quando expressamente o declare, quando seja com ela incompatível ou quando regule inteiramente a matéria de que tratava a lei anterior". Cons. Serpa Lopes e Espínola-Espínola (obras citadas).

A irretroatividade da lei penal menos favorável é um corolário do *nullum crimen, nulla poena sine lege*. As mesmas razões que fundamentam o veto à criação de crimes ou aplicações de penas à margem da lei (pelo *arbitrium judicis* ou pela analogia) militam para a interdição da lei penal *ex post facto*, quer no caso de *novatio criminis*, quer no de acréscimo de punibilidade ou desfavor ao réu. Em ambos os casos, a retroatividade encontra o obstáculo de autêntico *direito adquirido* na órbita da liberdade individual, isto é, o direito que o indivíduo adquiriu, vigente a lei anterior, de não ser punido ou ser punido menos severamente (CARRARA, PESSINA) . FERRI (e com ele alguns autores neoclássicos, notadamente alemães) negam que se possa falar em *direito adquirido* no campo do direito público, principalmente no do direito penal.[3] Mera *superstição*, que, por desgraça, acabou inspirando o despejado penalismo soviético e nazista. Tanto quanto na esfera judiciária do *patrimônio*, o *direito adquirido* é perfeitamente reconhecível na esfera da *liberdade individual*. O *permittitur quod non prohibetur,* inscrito à porta do Estado demoliberal, assegura o direito do indivíduo contra o recuo de uma *novatio criminis*. E também irrefutável é o *direito* do criminoso contra a ulterior agravação da pena. Com a prática do crime, estabelece-se entre o seu autor e o Estado indissimulável *relação jurídica* (idêntica à que se apresenta entre particular e particular, quando da prática de um *delito civil): o* Estado adquire o direito de punir o indivíduo e este, ao mesmo tempo em que surge para ele a obrigação de sofrer a pena, adquire o direito de não sofrer pena mais grave do que a cominada pela lei então vigente (do mesmo modo que o autor de um ilícito civil, de par com a obrigação de reparar o dano, adquire o direito de não suportar consequências jurídicas mais onerosas do que as estabelecidas pela lei contemporânea ao fato). O interesse da tutela social não pode jamais autorizar "emboscadas" à liberdade jurídica do indivíduo, isto é, que o Estado ultrapasse os limites que, com a lei do *tempus patrati delicti,* solenemente traçou à reação penal. Ao criminoso não pode ser imposta uma pena que lhe era *desconhecida* ao tempo do crime. Colidiria isto, aliás, com o *moneat priusquam feriat,* ou, seja, com a própria função *preventiva* ou *intimidante,* que, segundo o critério do direito positivo (precisamente quando exige a *anterioridade* da lei penal), realiza um dos fins da pena; pois é de presumir que, se esta já tivesse, ao tempo do crime, o rigor que só veio a assumir depois, o agente se teria abstido de violar a lei.

Argumenta-se que, a falar-se em *direito adquirido* do criminoso, ter-se-ia igualmente de reconhecer ao Estado, no caso inverso de maior benignidade da lei posterior, *direito adquirido* de impor a pena cominada ao tempo do

---

- 3 *Principii di diritto criminale,* 1928, p. 149.

crime, de modo que, logicamente, estaria excluída a retroatividade da *lex mitior*. Ora, o direito, sob pena de incorrer na *summa injuria*, não pode ser construído com critérios de pura lógica abstrata. Para a não ultra-atividade da *lex gravior* (que é o lado avesso da retroatividade da *lex mitior*), há uma irrecusável razão de *justiça:* se a lei nova, afeiçoando-se a uma mudança da *consciência jurídica geral* ou a uma nova "concepção jurídica" *(opinio juris,* ponto de vista ético-jurídico-social) em torno de determinado fato, suprime sua incriminação ou atenua sua punição, a eficácia póstuma da lei antiga redundaria numa opressão iníqua e inútil. Como diz Pietro Mirto, qualquer que seja a função finalística que se atribua à pena (defensiva, intimidativa, corretiva, retribuitiva etc.), evidentemente cessa tal função quando os fatos que lhe dão motivo não são mais considerados penalmente antijurídicos ou merecedores de pena rigorosa. E desde que o próprio Estado reconhece *desnecessária* a punibilidade ou maior punibilidade, não tem interesse algum em invocar *direito adquirido* à continuidade da punição ou ao *plus* de pena.

O princípio da irretroatividade da lei penal mais severa deita raízes no direito romano. Na época republicana, ao que se depreende de uma passagem de Cícero, na segunda oração contra Verres, a *lex gravior* só podia retroagir quando se tratasse de "*res sua sponte scelerata ac nefaria: neque in ulla* (isto é, *lege) praeteritum tempus reprehenditur, nisi ejus rei, quae sua sponte tam scelerata ac nefaria est, ut etiam si lex non esset magno opere vitanda fuerit*". Ao tempo do Império, firmou-se o princípio geral de que "*omnia constituta non praeteritis calumniam faciunt, sed futuris regulam ponunt*", salvo se a própria lei dispusesse o contrário: "*Leges et constitutiones futuris certum est dare formam negotiis, non ad facta praeterita revocari: nisi nominatim de praeterito tempore adhuc pendentibus negotiis cautum sit*" (1. 7 C. I, 14).[4]

Na Idade Média, os canonistas defenderam a regra de que *"poena criminix tempore legis est, quae crimen inhi buit"*, e os práticos seguiram o exemplo no direito secular. A Revolução Francesa, ao proclamar (Constituição de 1793) que "*la loi, qui punirait des délits commis avant qu'elle existât, serait une tyrannie, et l'effet rétroactif donné à la loi serait un crime»*, não fez mais que exprimir um princípio já então teoricamente pacífico. Antes dela, aliás, e com igual veemência, já as Constituições americanas, notadamente a de Maryland (1776), declaravam "*that rétrospective laws, punishing facts before the existence*

---

- 4 "É certo que as leis e Constituições regulam os negócios futuros e não os casos pretéritos, salvo declaração expressa de que se aplicam também ao passado, assim como aos negócios pendentes". O imperador Constantino prescreveu retroatividade, nos casos ainda não julgados, a uma lei mais severa contra os *plagiarii*.

*of such laws, and by them declared criminal, are oppressive, unjust, and incompatible with liberty; wherefore no ex post facto laws ought to be made".*

Quanto à retroatividade benigna da lei penal, não se encontra expressa nos textos romanos, nem a conheceu o direito canônico. Somente na avançada Idade Média é que surgiu a sua teoria, imperfeitamente esboçada por MALUMBRANO (século XIV) e ulteriormente assim fixada por FARINACIO (século XVII), com ressalva da *res judicata: "Lex, constitutio, seu statutum novum, quando minuit pœnam statuti antiqui, tune in imponendis pœnis inspiciatur tempus sentenciae. Ideo talis poena novae legis, constitutionis seu statuti, imponetur etiam pro delictis prateritis non punitis".*

A legislação penal contemporânea continua fiel aos dois princípios – o da irretroatividade *in pejus* e o da retroatividade *in melius*. Na Rússia soviética, entretanto, a lei penal é sempre retroativa (seja ou não mais benigna), conforme se vê da Lei de Introdução do seu atual Código Penal, e na Alemanha nazista permitia-se recuada à *lex gravior* (como aconteceu à famosa lei chamada *Van Der Lubbe,* de 22 de março de 1933, e à relativa aos assaltos de automóveis para fins de roubo, de 22 de junho de 1938).[5]

Entre nós, já o Código de 1830 vedava a retroatividade desfavorável (em consonância, aliás, com a Constituição de 1824 e precedente legislação reinol), embora ressalvada a intangibilidade da coisa julgada. O Código de 1890 (art. 3º, parág.ún.) estabelecia, como regra geral, a irretroatividade da lei penal e, como exceção, a retroatividade benigna, ainda que com subversão da *res judicata.*

O Código vigente adota duas regras paralelas: a da irretroatividade da *lex gravior* (corolário do art. 1º) e a da retroatividade benigna, destacando, quanto a esta, três hipóteses: a de *abolitio criminis,* a de pena menos rigorosa e a de qualquer outro *favor rei*; e enquanto nos primeiros casos desatende à *res judicata,* no terceiro manda que esta subsista, isto é, a retroação somente se

---

- 5  No Brasil, como singularidade odiosa, deu-se efeito retroativo ao Dec.-Lei n. 4.766, de 1º de outubro de 1942 (sobre crimes militares contra a segurança do Estado em tempo de guerra), sem excetuar-se o próprio caso de *novatio criminis*: "Esta lei retroagirá, em relação aos crimes contra a segurança externa, à data da ruptura das relações diplomáticas com a Alemanha, a Itália e o Japão". Em virtude deste ominoso dispositivo (partejado num período de supressão de garantias individuais), estiveram alguns indivíduos cumprindo 30 anos de reclusão, por fatos que, ao tempo de sua prática, escapavam a qualquer punição; e isso não obstante o intercorrente advento do atual regime constitucional, expressamente infenso à lei penal ex *post facto* (salvo quando favorável ao réu). É de notar-se que, quando a lei temporária ou excepcional só foi possível com a suspensão do regime constitucional, não se pode admitir, com o retorno deste, a sobrevivência dos efeitos daquela; pois, de outro modo, estaria aberto ensejo para uma prolongada ou duradoura burla as garantias da Constituição.

dará em relação aos casos ainda não julgados. Com o advento da Constituição de 46 (que repetiu, neste particular, preceito da Constituição de 34), foram elevadas à categoria de "garantias individuais" a irretroatividade *in pejus* e a *incondicional* retroatividade *in melius*.[6] Segundo penso, deve entender-se, em face do preceito constitucional, cancelada a restrição que fazia o Código: toda vez que a lei nova beneficiar, *de qualquer modo,* o réu, fará marcha atrás, pouco importando a coisa julgada. Voltou-se, assim, ao critério do Código de 90, segundo a interpretação liberal que se lhe dava.

CARLOS MAXIMILIANO[7] faz uma velada censura à indiscrição do legislador penal brasileiro, que, ao admitir a retroatividade *in mitius,* desatende ao princípio de *santidade da res judicata,* ainda quando não se trate de *abolitio criminis.* Não lhe assiste razão. Nos *altares* do direito penal, a coisa julgada é *santa* de prestígio muito relativo. Nem o critério de módica restrição do Código de 40 à retroatividade *in mitius* decorrera de respeito à *res judicata,* pois esta, evidentemente, não pode servir de *tabu* imperativo do *favor libertatis.* Inspirou-o, exclusivamente, uma consideração de ordem prática, como, aliás, salientou o ministro CAMPOS, na sua *Exposição de Motivos:* "Evita-se com ele uma extensa e complexa revisão ou *ajustamento* de processos já ultimados".[8]

**11. A Lei nova mais favorável.** A lei posterior apresenta-se mais favorável que a lei anterior, para o efeito de retroatividade,[9] não só quando elimina a incriminação de um fato, como quando, de qualquer modo, beneficia o réu. Pode isto ocorrer, notadamente, quando:

---

- 6  Art. 141, § 29: "A lei penal [...] só retroagirá quando beneficiar o réu".
- 7  Ob. cit., p. 319.
- 8  Não é outra a razão por que os Códigos Penais em geral mandam, fora do caso de *abolitio criminis,* respeitar a coisa julgada. Já advertia VON BAR (ob. cit., I, p. 90): "[...] *eben nur praktische Schwierigkeiten der Rückwirkung des milderen Gesetz hier* (isto é, fora do caso de *abolitio criminis*) *entgegenstehen, und dass die* res judicata *im Strafrechte keineswegs diesselbe Bedeutung hat wie im Zivilrecht; von einer notwendigen Stabilität eines durch Urteil festgestellten Rechtsverhältnisses kann im Strafrecht nicht die Rede sein*" („[...] tão somente dificuldades práticas opõem-se, aqui, à retroatividade da lei mais benigna, pois a res judicata em direito penal não tem a mesma importância que em direito civil; não há falar-se, em direito penal, de uma necessária estabilidade de relações jurídicas assentadas por um julgamento").
- 9  Ao que opina RAGGI (ob. cit., p. 61), a lei em período de *vacatio* não deixa de ser *lei posterior,* devendo, pois, ser aplicada desde logo, se mais favorável ao réu. É bem de ver, porém, que quando se fala em *lei posterior,* se entende a lei que passou a *vigorar* em substituição a outra.

*a)* a pena cominada atualmente ao crime é mais branda, quanto à sua natureza, que a da lei anterior;

*b)* a pena atual, embora da mesma natureza, é menos rigorosa quanto ao modo de execução;

*c)* o *quantum* da pena *in abstracto* é reduzido ou, mantido esse *quantum*, o critério de sua medida *in concreto é* menos rígido que o da lei anterior;

*d)* são reconhecidas *circunstâncias* que influem favoravelmente na gradação ou medida da pena (atenuantes, causas de especial diminuição de pena ou condições de menor punibilidade), alheias à lei anterior, ou suprime *agravantes* ou *majorantes* (qualificativas, causas de especial aumento de pena ou condições de maior punibilidade);

*e)* institui *benefícios* (no sentido da eliminação, suspensão *ab initio* ou interrupção da execução da pena) desconhecidos da lei pretérita, ou facilita sua obtenção;

*f)* cria causas extintivas de punibilidade ou torna mais fácil o seu advento;

*g)* estabelece condições de processabilidade que a lei anterior não exigia;

*h)* acresce as causas de irresponsabilidade penal, de isenção de pena, de exclusão de crime ou de culpabilidade;

*i)* exclui ou atenua penas acessórias;

*j)* suprime a concessibilidade de extradição.

Examinaremos cada um desses casos, *de per si*; mas, preliminarmente, cumpre advertir que não podem ser entrosados os dispositivos mais favoráveis da *lex nova* com os da lei antiga, pois, de outro modo, estaria o juiz arvorado em legislador, formando uma *terceira* lei, dissonante, no seu hibridismo, de qualquer das leis em jogo. Trata-se de um princípio prevalente em doutrina: não pode haver aplicação *combinada* das duas leis.

Há casos em que é intuitiva a *maior benignidade* da lei nova *(abolitio criminis,* mera redução simultânea do *minimum* e *maximum* da pena cominados *in abstracto,* exclusão de responsabilidade, simples abreviação de prazo prescricional etc.). Outros há, porém, em que a verificação do *minus* de rigor somente pode ser reconhecida após o exame do complexo dos dispositivos (especiais e gerais) da lei nova, em confronto com os da lei anterior. Tem-se de apurar o resultado da aplicação hipotética dos critérios do novo sistema jurídico e cotejá-lo com o alcançado ou alcançável, no mesmo caso, dentro do sistema antigo. As duas leis devem ser consideradas *incindíveis* em si mesmas e *distintamente,* em relação ao caso *de quo agitur.*[10]

---

- 10 O Código de Defesa Social cubano expressamente declara no *seu* art. 4º: *"Para la determinación de la relativa severidá de las leys se estará a la comparación entre las sanciones, que resultare de la práctica aplicación de las disposiciones de cada una de dichas leyes, teniendose en cuenta el resultado concreto de esa aplicación al caso de que se trata".*

**12. "Abolitio criminis".** É a hipótese do art. 2º do Código: a lei nova exclui da órbita do ilícito penal o fato anteriormente incriminado (ex.: o Código atual já não mais incrimina a *sedução* de mulher maior de 18 anos). Em tal caso, o processo é *trancado,* e se já houve sentença condenatória, cessam a sua execução e efeitos penais. O fato, como crime, deixa de figurar na vida pregressa do réu. À parte as consequências jurídicas de natureza civil, o réu é restituído ao *statu quo ante:* seu nome é riscado do rol dos culpados, e a condenação, quando intercorrente, é declarada nenhuma, não podendo, assim, de futuro, influir para o reconhecimento de *reincidência* ou como elemento desfavorável na medida da pena de crime que venha, acaso, ulteriormente a praticar.

A *abolitio criminis,* desde que a lei nova entra em vigor, é de ser reconhecida e declarada, *de plano,* quer na primeira, quer na segunda instância.

Às vezes, a lei nova muda o título do crime, passando a considerá-lo, *a priori,* de menor gravidade, quando não o degrada para simples *contravenção.* Assim, o Código atual, diversamente do Código anterior, não mais considera *estupro* (por presunção de violência) a conjunção carnal com mulher entre os 14 e 16 anos; mas, em determinadas condições, incrimina-a a título de *sedução* ou *corrupção de menor.* A "posse de instrumentos próprios para furto ou roubo deixou de *ser "crime"* (Código de 90, art. 361) para ser "contravenção" (Lei das Contravenções Penais, art. 25). Em tais casos, como é óbvio, a

---

Entre nós, J. Frederico Marques *(Curso de Direito Penal,* 1954, vol. I, pp. 191-192), invocando a opinião de Roubier e Petrocelli e chamando à coleção o art. 141, § 29, da Constituição vigente, impugna, na espécie, a proibição da *lex tertia.* "Se o juiz, diz ele, pode escolher, para aplicar o mandamento da Lei Magna, entre duas séries de disposições legais, a que lhe pareça mais benigna, não vemos porque se lhe vede a combinação de ambas para assim aplicar mais retamente a Constituição"..E prossegue: "Se lhe está afeto escolher o 'todo', para que o réu tenha o tratamento penal mais 'provável e benigno, nada há que lhe obste selecionar parte de um todo e parte de outro para cumprir uma regra constitucional que deve sobrepairar a pruridos de lógica formal... A verdade é que 'não estará retroagindo a lei mais benéfica se, para evitar-se a transação e o ecletismo, a parcela benéfica da lei posterior não for aplicada pelo juiz...'" Não procede a argumentação. O preceito constitucional manda retroagir a *lei penal* mais benéfica ao réu, e não aquele de seus dispositivos que, isoladamente, se apresente mais benéfico que o correspondente da lei anterior. Não se pode tomar a parte pelo todo. *Incivile est nisi tota lege perspecta, una aliqua particula ejus proposta judicare vel respondere.* Os dispositivos de uma lei se completam e se condicionam mutuamente, entrosando-se num sistema orgânico e irrepartível, e é, de todo, incurial que se destaque um deles como *ens* autônomo, truncando-se tal sistema. Basileu Garcia *(Instituições de direito penal,* vol. I, t. I, p. 148), que defende certo *temperamento* à proibição da *lex tertia,* refere-se ao *exemplo* dado pelo art. 16 da Lei de Introdução ao Cód. Penal; mas aí foi uma lei que permitiu a combinação de determinadas leis sucessivas, e a lei tem o poder milagroso de fazer *de albo nigrum aequat quadrata rotundis.*

incriminação não deixa de existir, embora mais benigna a sanção penal;[11] de modo que, mais propriamente, essas hipóteses devem ser incluídas na casuística da "pena menos rigorosa".

**13. Mudança da natureza da pena.** A pena pode atingir a *liberdade* ou o *patrimônio* (não conhecendo o nosso direito penal comum a pena de morte): muito menos grave é a pena pecuniária (multa), em cotejo com a restritiva de liberdade, pois esta é um *bem jurídico* sensivelmente mais relevante que o patrimônio. Pode, entretanto, acontecer que, dadas as precárias condições econômicas do réu, o cumprimento de prisão por breve prazo seja mais favorável que o pagamento de pesada multa. Assim, nem sempre deverá ser reconhecida a *maior benignidade* da pena *in aere,* isto é, não deve ser admitida como um conceito apriorístico e invariável. No caso de ser a pena *in corpore* substituída pela de multa, mas permitindo a lei nova a conversão desta em privação de liberdade, é bem de ver que o *quantum* ou duração desta não poderá exceder ao que seria aplicável *in concreto* segundo a lei anterior.

**14. Pena menos rigorosa quanto ao modo de execução.** A pena, embora da mesma natureza, pode variar quanto ao rigor de sua execução. Assim, a pena privativa de liberdade será mais ou menos grave conforme a maior ou menor severidade do seu *modus exequendi.* Em nosso sistema penal, a *prisão simples* é menos grave que a *detenção* e esta, por sua vez, é menos grave que a *reclusão,* tendo-se em conta o gradativo rigor da execução. Deve notar-se, porém, que se a lei nova substitui uma pena por outra de maior rigor na sua execução, mas de menor duração ou quantidade, poderá esta ser reconhecida como mais benigna, se grande é a redução de tempo ou quantidade. Com o modo ou sistema de execução da pena detentiva não dizem as medidas regulamentares de disciplina carcerária ou de administração interna da prisão, que, assim, escapam à proibição de aplicação imediata ou *ex nunc*. Também não suscitam questão de direito transitório certas obrigações *ex lege,* que não são propriamente *pena,* como a diminuição ou mesmo abolição de salário do condenado, ou aumento da quota pertencente ao Estado, a título de compensação de despesas ou menor sacrifício do erário com o custeio do estabelecimento carcerário.

- 11 Dá-se, porém, *abolitio criminis* quando o crime ficou em fase de tentativa e a lei posterior passou a considerá-lo como mera *contravenção* (pois não é punível a *tentativa de contravenção*).

**15. Redução quantitativa da pena.** A lei nova pode limitar-se a reduzir o mínimo ou o máximo da pena ou ambos simultâneamente, de modo que a sua maior benignidade, em confronto com a lei antiga, é reconhecível *prima facie*. Pode dar-se, porém, a hipótese de serem conservados os graus extremos da mesma pena, mas ser atenuada a primitiva rigidez da medida desta *in concreto*. Assim, em face do Código anterior, estava o juiz adstrito, na fixação da pena, a intratáveis critérios legais, enquanto, pelo atual sistema de *individualização*, tem relativo arbítrio. Ora, se se verifica, em face do Código vigente, que a pena aplicada ou aplicável no caso concreto, segundo o Código revogado, é excessiva, a retroatividade daquele tem de ser admitida.

Suponha-se, agora, que a lei nova reduza o mínimo, mas eleve o máximo, ou *vice-versa*. Segundo a doutrina francesa, a lei nova, na primeira hipótese, é mais severa que a antiga e, na segunda, mais benigna. Tal solução, porém, importaria, as mais das vezes, em aplicar-se ao réu pena mais grave que a do *tempus commissi delicti*, pois, como justamente observa TRAEGER,[12] a pena aplicável *in concreto* aproxima-se mais frequentemente do mínimo do que do máximo. Não se pode operar tendo em vista as penas *in abstracto*. A decisão justa é proceder-se à distinta aplicação hipotética de cada uma delas ao caso vertente, para ver qual a que resulta mais benigna.

**16. Modificativos da pena.** A lei posterior pode não alterar a pena cominada *in abstracto* pela lei anterior, mas admitir, *ex novo, atenuantes* ou *minorantes*, ou eliminar *agravantes* ou *majorantes*. Sua maior benignidade, em tais casos, não padece dúvida. Pode ocorrer que a lei nova deixe de reconhecer tal ou qual circunstância como *agravante genérica*, mas tomá-la em consideração como *agravante especial* ou *qualificativa* de determinado crime. Assim, o Código atual deixou de incluir o "ajuste" na casuística do seu art. 44, mas torna *qualificado*, por exemplo, o furto, quando cometido com o concurso e presença de duas ou mais pessoas conluiadas. Suponha-se que um réu tenha sido condenado no grau máximo da pena cominada a esse crime pelo Código de 90, porque, na ausência de atenuantes, haja ocorrido o "ajuste". Perante o Código vigente, influindo tal circunstância (seguida da efetiva presença dos coréus no local do crime) na *qualificação* do crime, e não na *graduação* da pena, podia ser quantitativamente menor a pena aplicável *in concreto*; de modo que, em tal hipótese, se impõe a retroatividade para o fim de reajustamento da pena.

---

- 12 Ob. cit., p. 363.

**17. Benefícios.** A lei nova pode criar *benefícios,* no sentido de permitir, em determinados casos e sob certas condições, o não pronunciamento de condenação ou não aplicação da pena *(perdão judicial),* ou a suspensão total ou parcial (interrupção) da efetiva execução da pena (suspensão condicional da pena, livramento condicional), ou tornar mais extensivos os *benefícios* que a lei anterior já concedia, ou de mais fácil implemento as condições requeridas. Em qualquer caso, é mais favorável ao réu, mesmo quando a pena aplicável ou aplicada segundo a lei antiga seja qualitativa ou quantitativamente menos severa que a da lei nova.[13]

---

- 13 Quando foi da entrada em vigor do Código atual, suscitou-se questão sobre a retroatividade de seus dispositivos em matéria de *livramento condicional,* não obstante mais restritivos que os do antigo Código. Contestando opinião de ROBERTO LYRA (expendida em comunicação feita à Sociedade Brasileira de Criminologia), no sentido da retroatividade, assim nos pronunciamos: "Ao que se inculca, o preceito constitucional, ao vedar a aplicação da lei penal *ex post facto,* somente se refere a penas agravadas *na lei,* e não à sua *execução.* É como se tivesse sido desvinculada a *parte especial* da *parte geral* do diploma jurídico-penal, de modo que a pena *cominada* ficaria, como pura abstração, alheada à materialidade de sua *execução.* Só haveria falar-se em *pena* quando de sua *cominação* legal. Não se sabe ao certo o que viria a ser a pena abstraída do conteúdo de fato do seu regime de execução, mas a ilação exegética é peremptória: a *execução* da pena nada tem a ver com a *cominação* dela e, consequentemente, quanto àquela, a lei pode ter *oculos retro.* Assim, se uma pena detentiva era especificamente executada sem rigor aflitivo, não deixa de ter eficácia retroativa a lei *ex post facto* que prescreva seja a mesma pena executada com encerramento do que condenado na célula, a pão e água. Se a lei nova, ao contrário da vigente ao tempo do crime, admite a conversão da pena pecuniária em prisão, quando burlada a sua execução, a metamorfose pode ser feita retroativamente. Basta formular tais hipóteses para ficar evidente que a interpretação do preceito constitucional não é a que lhe empresta o Prof. LYRA... O livramento condicional – diz ele – é uma "fase da progressão penitenciária", um "elemento do sistema de gradação", uma "peça do mecanismo de adaptação ou readaptação"; mas, apesar de tudo isso, não passa de mero "incidente da execução", alheio ao maior ou menor rigor da pena... Como pode ser indiferente ao rigor da pena uma etapa, um estágio de sua execução? Somente com tal paradoxo poderia o Prof. LYRA sustentar, *de jure condito,* que há um *direito penal executivo* destacado do *direito penal material,* e que as leis concernentes ao regime da pena não podem ser assimiladas às leis de incriminação ou de penalidade. Penalidade abstraída do seu regime não é coisa alguma. Não seria mais que um *flatus vocis...* Louvando-se na incontestável autoridade de ARMANDO COSTA, ROBERTO LYRA reconhece que a lei nova tem aplicação aos fatos anteriores quando estatui "um abrandamento de pena quanto à espécie ou à duração". A *Exposição de Motivos* do Ministro CAMPOS já acentuara a mesma coisa. Inversamente, portanto, a lei nova menos branda, quanto à espécie ou duração da pena, não tem aplicação retroativa. Pergunta-se, então: como se conhece da maior ou menor brandura de uma espécie de pena, em cotejo com outra da mesma duração, senão pelo respectivo modo de execução? E será que entre duas penas cominadas ou impostas por igual tempo, mas uma permitindo e outra excluindo ou restringindo o livramento condicional, não seja a segunda a mais rigorosa, quanto à espécie e *efetiva* duração? Negá-lo valeria por desconhecer o que seja o livramento condicional. É este um *corretivo* da pena de longa duração que, verificadas certas condições prefixadas na lei, se apresente excessiva ou desnecessária (por presunção de emenda do condenado e de sua superveniente compatibilidade com a vida livre). Transmuda em liberdade, embora vigiada e a título precário, o restante da

A conversão de uma pena em outra não impedirá o benefício nos casos pretéritos, se a lei anterior não o excluía. É este, aliás, o critério adotado pela Lei de Introdução ao atual Código (Dec.-Lei n. 3.914, de 9 de dezembro de 1941).

---

pena detentiva. É a cessação *sub conditione* da efetiva punição. É uma renúncia condicional do *jus puniendi* por parte do Estado, em benefício da liberdade individual. É um *favor libertatis*. A lição de MANZINI *(Trattato,* I, p. 336), embora axiomática, deve ser transcrita aqui: "Quanto aos *benefícios* de que pode gozar o réu, a lei mais favorável é a que permite a concessão deles, ainda que a outra, que a não permite, comine pena inferior à da primeira". Tal o relevo de benignidade que à pena imprime o livramento condicional, que um dos casos *excepcionais* em que as disposições transitórias do Código Penal suíço (art. 336, c) ordenam que a *lex mitior* retroaja com subversão da própria *res judicata* é o referente ao livramento. Para apoio de sua tese, o eminente professor chama à colação o art. 19 da Lei de Introdução ao Código Penal, que, ao definir os casos de pena menos rigorosa, não faz referência a livramento condicional. Ora, simplíssima é a razão do silêncio: em caso algum o Código concede livramento condicional onde a antiga legislação não o concedia (em certos casos, é o inverso que se dá), e as condições a que o subordina são mais rigorosas. É bem de ver que a Lei de Introdução não podia cuidar de hipótese irrealizável, qual a de menor rigor do Código, confrontado com a lei transata, em matéria de livramento. Não é mais feliz o Prof. LYRA quando se socorre do art. 15 da dita Lei de Introdução e assim argumenta: "A lei somente se refere à suspensão condicional, no assegurar-lhe cabimento de acordo com a lei anterior. Dir-se-á que assim o fez, porque só o *sursis* está em função da qualidade da pena privativa de liberdade. Também o livramento condicional é incompatível com a prisão simples, cumprida sem rigor penitenciário". Na verdade, o art. 15 somente cogita do *sursis,* porque, determinada a substituição de penas no art. 12, poderia ser entendido que se devesse negar tal benefício no caso em que a pena substituta, na sistemática do Código e em divergência com a lei anterior, o excluísse. A objeção a este argumento é surpreendente: não pode ser essa a razão, porque o livramento não é concessível no caso de prisão simples e, no entanto, o art. 15 faz dele caso omisso. Há de permitir o exímio penalista que eu lhe oponha a mais formal contradita, no tocante à exclusão do livramento no caso de prisão simples. A Lei das Contravenções Penais, no seu art. 1º, declara que se aplicam às contravenções "as regras gerais do Código Penal, sempre que a presente lei não disponha de modo diverso". Onde, em que escaninho dessa lei se exclui, expressa ou implicitamente, o livramento condicional estatuído como *regra geral* pelo Código? Entende o Prof. LYRA que foi ele implicitamente abolido, na parte geral da dita lei, quando se diz que "a prisão simples deve ser cumprida sem rigor penitenciário" e porque aí somente se cuida da suspensão condicional, não se fazendo menção alguma do livramento. Ora, o livramento é uma medida destinada, não a quebrantar ou a anular o *rigor penitenciário*, mas a afastar o condenado, da prisão para a vida livre, de modo que, *conceitualmente,* a prisão simples o admite. Seria de fazer bradar desde a terra até o céu que, concessível o livramento ao condenado a reclusão ou detenção, não o fosse ao condenado a prisão simples. Esta é menos severa que a detenção, como esta, por sua vez, o é menos que a reclusão, porque a lei, com tal gradação, entendeu de afeiçoar a pena ao limite variável de sua *necessidade,* que não se apresenta apenas sob o ponto de vista da *repressão,* mas também sob o prisma finalístico da *correção*. O cálculo *a priori,* porém, pode resultar num *quantum* excessivo de pena, seja qual for a *qualidade* desta: o condenado, após determinado tempo de execução efetiva, pode dar provas de sincero arrependimento, de emenda, de reajustamento à ordem jurídico-social. Intervém, então, o livramento, como uma *retificação. Seja qual for a espécie de pena detentiva*, interrompe-se a continuidade de sua efetiva execução, para submeter-se o condenado à

**18. Causas extintivas de punibilidade.** Mais favorável, sem dúvida alguma, é a lei nova quando admite uma causa extintiva de punibilidade, de que

---

- experiência de retorno à vida em liberdade. Não é outra a função do livramento que não está, *necessária* ou *indeclinavelmente*, adstrito a um regime específico de pena. Não é ele peculiar ao chamado *sistema progressivo*, que, aliás, o Código brasileiro somente adotou no tocante à *reclusão*, e assim mesmo *quando for possível*. Tal seja o caso, o período *penitenciário* da reclusão pode ficar reduzido à continuidade de um só estádio, sem que fique, entretanto, prejudicado o livramento. A *Exposição de Motivos*, ao argumentar sobre o livramento na estrutura do *sistema progressivo*, teve em mira somente a pena principal do Código: não foi, nem podia ser seu intuito confinar o livramento dentro de tal sistema, pois, de outro modo, estaria negando o texto expresso e iniludível do mesmo Código. Se a Lei das Contravenções faz referência especial ao *sursis*, vem isso de que tinha de ser diminuído o limite de tempo da suspensão condicional fixada no Código Penal. Tão-somente por isso e para isso. A nenhuma alusão ao livramento nada mais significa que, quanto a este, na conformidade do art. 1º da referida lei, prevalece a regra geral do Código. *De jure constituto*, é ocioso indagar, como faz LYRA, para resolver a questão de direito transitório em matéria de livramento, se este é instituto de direito material ou formal (ou de *lei substantiva* ou *adjetiva*, segundo a nomenclatura de BENTHAM, que foi o primeiro a indicar, nitidamente, a distinção). Ainda que fosse de direito formal (o que radicalmente se contesta), o nosso legislador achou de adotá-lo e discipliná-lo na lei penal material, que só retroage quando mais favorável, em cotejo com a lei anterior. *Tolitur quoestio*. É certo que o Cód. de Proc. Penal também cuida do livramento, mas apenas *complementarmente*, para regular detalhes processuais, sem afetar, de modo algum, a lei substantiva. Não foi arbitrariamente, entretanto, que o Código Penal avocou a si o livramento condicional. Tinha para isso razões de sobra. O livramento é uma causa condicional de extinção de punibilidade e representa, com as características de autêntico *direito subjetivo*, um interesse reconhecido ao indivíduo e tutelado pelo poder estatal. Não haveria de ser em lei processual que o Estado renunciasse, em determinado caso, embora *sub conditione*, ao efetivo exercício do seu *jus puniendi*. Não haveria de ser em lei de processo que o Estado instituísse uma medida que se consubstancia com a essência mesma da pena no direito moderno. Segundo justamente ensina FALCHI (*Diritto Penale Esecutivo*, I, página 19), "o Direito Penal Executivo, no que diz respeito às normas que, nos seus caracteres fundamentais, determinam, modificam ou extinguem o direito objetivo ou subjetivo a respeito da execução da pena, entram na órbita do direito penal substantivo". O Prof. LYRA impugna formalmente que o livramento condicional importe um *direito*, em relação ao condenado. Depois de acentuar que "o liberado é chamado a declarar (art. 723 do Cód. de Proc. Penal) *se aceita* as condições, tanto vale dizer *se aceita* o benefício", formula a seguinte pergunta: "*Aceita-se* um direito?" Mas evidentemente que sim. Um direito (notadamente quando subordinado seu exercício a tais ou quais condições) pode ser aceito, como pode ser recusado. Mesmo nos casos em que a aquisição do direito independe de manifestação de vontade do titular, não é este obrigado a exercê-lo, pois, do contrário, deixaria de haver um *direito* para apresentar-se um *dever*. Outro argumento do Prof. LYRA: "Constituísse direito o livramento, caberia *habeas corpus* de sua denegação e, no entanto, é previsto no caso recurso ordinário". Ora, não é exato que o recurso ordinário não proteja *direitos*. O aludido critério legal não teve outra razão senão esta: a concessão do livramento depende de longa apreciação de fatos e exame de provas, de modo que seria imprudente decidir sobre ela num recurso que se processa levato velo, qual o de *habeas corpus*. O argumento central, porém, em favor da tese de que não se trata, na espécie, de um direito, é o de que a lei dispõe que o juiz "*pode* conceder o livramento condicional" (art. 60 do Código Penal). Ora, não há deduzir-se daí que a outorga do livramento é ato de *puro* e *ilimitado* arbítrio do juiz. Se assim fosse, redundaria

não cogitava a lei antiga. Assim, no tocante à *reabilitação* (desconhecida do Código de 90), o Código atual tem efeito retroativo, isto é, abrange as *penas acessórias* decorrentes de condenações anteriores à sua vigência.

Também retroativa é a lei nova, por mais benigna, quando *facilita* a superveniência de causas de extinção de punibilidade já anteriormente previstas, como quando, por exemplo, abrevia o prazo da *prescrição*. Em matéria de *prescrição,* o Código atual aumentou, em geral, os prazos estabelecidos no

---

em completo disparate o recurso que a lei assegura contra o despacho que o denega. O caráter potestativo da norma penal quer apenas exprimir que o livramento não é obtido *automaticamente,* ou pela singela e sumária constatação de tais ou quais condições objetivas, pois deve preceder acurado exame judicial no sentido de verificar se, *in concreto,* o implemento dessas condições faz realmente presumir que o condenado pode regressar ao convívio social. Argumenta ainda o apreciado penalista que o *destinatário* da norma do art. 60 do Código é *exclusivamente* o juiz. A questão sobre quem seja o *destinatário* da norma penal é uma dessas sutilezas e frivolidades em que se comprazem os *beneditinos do tecnicismo jurídico* ou, para usarmos uma expressão do próprio LYRA, os "burocratas do direito penal". Tôda norma penal é formulada *erga omnes*. Nem pode haver dúvida a tal respeito. FERRI (chefe da "escola" a que se filia o Prof. LYRA) desacreditou o tema relativo ao *endereço* da norma penal com estas palavras: "*Per questo esaggerato indirizzo di astrazionismo lógico, qualsiasi senso della realtà resta smarrito*" (*Principii*, 1928, pág. 89). O livramento condicional é, em relação ao condenado, inquestionavelmente, um direito: direito ao benefício, à recompensa da liberdade antecipada. Ao cometer o crime, no regime de uma lei penal que concede o livramento, surge para o réu a obrigação de sofrer a pena que lhe venha a ser imposta, mas, também, simultaneamente, o direito de, ao fim de certo tempo, e preenchidas as condições prefixadas na lei, obter que lhe seja dispensado o efetivo cumprimento do restante da pena. É o direito de não ser privado de sua liberdade além de certo tempo de execução parcial da pena e desde que satisfeitos os demais requisitos legais. Com irrefutável acerto, advertem VIDAL e MAGNOL (*Cours de droit crim.*, 1928, pág. 655): "*D'une manière générale, on est porté à considérer la libération conditionnelle comme une faveur de même nature que la grâce. C'est là une erreur; il est absolument nécessaire de lui rendre son véritable caractère de moyen d'amendement et de faire pénétrer cette idée que la présentation pour la libération conditionnelle est comme un droit que se crée tout condamné qui s'astreint à remplir certaines conditions*". No mesmo sentido GARRAUD: não se pode dizer, com justeza, que o condenado tem as chaves da prisão nas mãos, se o livramento é considerado um simples favor, e não um direito. Importando uma descontinuidade da efetiva execução da pena, o livramento torna esta *menos rigorosa* e é, portanto, intangível por lei *ex post facto,* que o suprima ou restrinja, o que vale dizer: é um direito que adquire o delinquente... Convenhamos, porém, apesar de tudo, que o livramento condicional não importe um direito para o condenado, mas uma *faculdade discricionária* para o juiz. Mem assim poderia ter melhor êxito a tese de ROBERTO LYRA. Porque bastaria, para desprestigiá-la, este singelo, mas irresponsável raciocínio de Luís RAGGI (*Della legge penale e della sua applicazione*, p. 63): "[...] *non si vede perchè la possibilita dell'esercizio d'una facoltà discrezionale favorevole all' imputato non costituisca una mitigazione della legge penale*". Entre poder o condenado obter eventualmente o livramento e não ter de modo algum essa possibilidade, é claro que na primeira hipótese a pena é menos rigorosa que na segunda, e, assim, a lei nova que retira o livramento, nos casos em que a lei anterior o permitia, ou tornava mais difícil a sua obtenção, não pode, por argumento *a contrario* do parág. ún. do art. 2º do Código Penal, *andar de costas*".

Código anterior e, além disso, acresceu os casos de *interrupção,* de sorte que, na inovação *in pejus,* não tem efeito retroativo.

Suponha-se que a lei nova, ao mesmo tempo em que aumente o prazo da prescrição, mitigue a pena, ou, ao contrário, diminua o prazo prescricional e agrave a pena. Se já houve condenação (antes da lei nova), aplica-se, no primeiro caso, a lei nova, quanto ao *efetivo* cumprimento da pena, mas, para o reconhecimento da prescrição, aplica-se a lei antiga. Não há, com isso, formação de *lex tertia,* mas aplicação *integral* da lei nova ou da lei antiga, conforme a hipótese ocorrente. Se o fato ainda não foi julgado, o juiz terá de aplicar, em relação à pena, no primeiro caso acima figurado, a lei nova e, no segundo, a lei antiga; mas se a pena *menos grave* não pôde ser efetivamente executada, a lei mais favorável passa a ser a que estabelece menor prazo prescricional, de modo que o réu tem o direito de exigir, com fundamento no princípio da retroatividade benigna e sem embargo da *res judicata,* que se lhe aplique essa lei, ao invés da outra.

**19. Condições de processabilidade.** Se a lei nova converte um crime *de ação pública* em crime *de ação privada* ou, diversamente da lei anterior, subordina a *ação pública* à *representação* ou *requisição,* cria, certamente, uma situação de favor para o réu e, assim, mesmo em relação aos fatos pretéritos, a ação penal não pode ser intentada sem as ditas condições de processabilidade (queixa, representação, requisição), e se já está em curso a ação do Ministério Público, não prosseguirá, salvo, no caso de exigência de representação ou requisição, se o respectivo titular a apresentar no prazo legal, e sem prejuízo, no caso da metamorfose em ação privada, do direito de queixa, a ser exercido igualmente no devido prazo (contado, de regra, da data de entrada em vigor da nova lei), sob pena de *decadência.*[14]

Se na época do advento da nova lei, a ação penal pública já estava exaurida, não poderá ser alterada a situação, ainda quando o ofendido queira oferecer *perdão,* desde que tanto a lei antiga quanto a lei nova o proíbam, mesmo no caso de ação privada, após o trânsito em julgado da sentença condenatória.

**20. Causas excludentes de responsabilidade de crime, de pena ou de culpabilidade.** A *lex posterior* é aplicada retroativamente quando reconhece *ex novo* uma causa de incapacidade penal, uma descriminante, uma causa de isenção de pena ou de exclusão de culpabilidade. Assim, o Código de 40 regula os casos ocorridos antes de sua vigência (1 de janeiro de 1942), quando, alterando a legislação anterior, declara a total e irrestrita irresponsabilidade penal dos menores de 18 anos ou imprime elasticidade aos conceitos de *legítima defesa* e *estado de necessidade,* ou atribui efeito parcialmente extintivo de punibilidade

---

- 14 Vejam-se arts. 20, parág.ún., e 21, parág.ún., da Lei de Introdução ao Código Penal.

ao *arrependimento eficaz,* ou admite as chamadas "descriminantes putativas" como causas excludentes do dolo, ou rejeita a culpa *ex lege* ou o *qui in re illicita versatur tenetur etiam pro casu* (para consagrar incondicionalmente o *nulla poena sine culpa),* ou não equipara os crimes preterdolosos aos dolosos.

**21. Penas acessórias.** Os dispositivos da *lex* nova sobre penas acessórias, desde que mais favoráveis em cotejo com os da lei antiga, são irrestritamente retroativos.[15] Já nos referimos acima à *reabilitação,* que é uma causa extintiva de penas acessórias. Do mesmo modo, estejam ou não julgados os *facta praeterita,* são estes abrangidos pelos novos preceitos que mitiguem, qualitativa ou quantitativamente, as penas acessórias. Cumpre notar que, não havendo senão pequena desproporção entre as *penas principais* da lei nova e as da lei antiga, ou nos casos de dúvida sobre qual seja a mais benigna, poderá ser decisiva a consideração das correspondentes penas acessórias.

**22. Exclusão de extradição.** É sem dúvida um *favor rei* a superveniente proibição de extradição. Retroativa é, portanto, a lei nova que a prescreva, e isto sem embargo de tratados ou convenções internacionais em sentido contrário, pois estes só valem quando ratificados por lei de direito interno, em cuja esfera nada impede que uma lei seja revogada por outra, atribuindo-se a esta efeito retroativo quando importe um *favor libertatis.*

**23. Casos duvidosos.** Nos casos de irredutível dúvida sobre qual seja a lei mais favorável, deve ser aplicada a lei nova somente aos casos ainda não julgados. Os Códigos mexicano de 1871 e espanhol de 1928 dispunham que *"en caso de duda sobre la ley más favorable deberá ser oido el reo".* Tal solução já fora proposta por ZACHARIAE, e modernamente a defendem DORADO e CUELLO CALÓN, como a mais racional, pois "ninguém melhor que o réu para conhecer as disposições que lhe são mais benéficas". A jurisprudência norte-americana admite esse critério de decisão[16] e perante o nosso Código não há razão para recusá-lo.

**24. Tempo do crime.** A determinação do *tempo* do *crime* não é questão pacífica, quando a *ação* (ou *omissão)* e o *resultado* se separam cronologicamente. Ora se entende que deve ser o tempo da ação *(teoria da atividade),* ora o tempo do resultado *(teoria do efeito),* ora o tempo da ação ou o do resultado, indiferentemente *(teoria mista).* É controvérsia idêntica à que se suscita a respeito do *lugar* do crime *(vide* n. 34), em se tratando de *crimes à distância,* (em que a

---

- 15  Vejam-se arts. 8º a 11 da Lei de Introdução ao Código Penal.
- 16  WHARTON, *A treatrise on criminal law,* 1896.

ação ocorre num país e o resultado noutro). Não é aceitável o critério que faz coincidir o tempo do crime com o de seu resultado, notadamente quando a lei intercorrente (sobrevinda no período entre a ação e o resultado) incrimina *ex novo* o fato (entendido este como soma de ação e resultado específico). Se uma ação é lícita ao tempo em que foi empreendida, necessariamente lícito é o resultado, ainda que este venha a ocorrer na vigência da incriminadora *lex nova*. Nem se argumente que o tempo do resultado é o que prevalece para determinar o *dies a quo* do prazo prescricional (artigo 111 do Código Penal), pois, em tal caso, pressupõe-se que ação e resultado hajam ocorrido sob a vigência da lei incriminadora. HAFTER[17] e LOGOZ[18] sustentam que o critério de determinação do *tempus delicti* deve ser análogo ao de fixação do *locus delicti*. Prevalente, quanto a este, a teoria da *ubiquidade* (lugar do crime é tanto o lugar em que ocorreu total ou parcialmente a ação, quanto o lugar em que sobreveio o resultado), segue-se analogicamente que o *tempus delicti* tanto é o da ação quanto o do resultado.

Assim, perante o nosso Código, que adotou a teoria da ubiquidade quanto aos crimes à distância no plano internacional, a questão do tempo do crime estaria resolvida: tanto é o momento da ação quanto o do resultado. Esta solução, sob o ponto de vista prático, não ofereceria inconveniente, desde que assegurada, como reclamam seus defensores, a irretroatividade desfavorável da lei intercorrente. É de ponderar, porém, que, sobre não permitir a lei penal aplicação analógica, inexiste, na espécie, a pretendida analogia. Na hipótese dos crimes à distância, mesmo no plano internacional, não se apresenta um *conflito* de leis, pois, conforme acentua NINO LEVI,[19] "esclarecido que no chamado direito internacional se aplica sempre uma só lei (a nacional), é evidente que o verdadeiro princípio da ubiquidade conduz a aplicabilidade, não de duas leis, uma das quais exclua logicamente a outra, mas de uma mesma lei (a nacional) em dois casos". O juiz, quer do lugar da ação, quer do lugar do resultado, aplica exclusivamente a lei nacional, sem cuidar da lei estrangeira. No caso de determinação do *tempus commissi delicti*, porém, há duas leis em contraste, uma das quais o juiz terá de escolher, para atender o princípio da retroatividade benéfica. A diferença entre uma hipótese e outra é sensível.

A teoria aceitável, a que decorre como corolário mesmo do princípio da *anterioridade* da lei penal, é a *da atividade*. Como diz VON BAR (ob. cit., p. 81), desde que a lei penal é destinada a agir sobre a *vontade*, deve ser dada ao indivíduo a possibilidade de conhecê-la; de modo que, logicamente, o tempo

- 17 *Lehrbuch des schwizerischen straf rechts*, 1946, p. 92.
- 18 *Commentaire du Code Penal suisse*, 1939, p. 8.
- 19 Ob. cit., p. 378.

do crime não pode ser outro senão o tempo da ação, isto é, o tempo do *ato de vontade (Willensakt).*[20]

Mesmo que a ação seja cometida quando já publicada a *lex nova,* mas ainda no seu período de *vacatio,* sobrevindo o resultado após o término deste, a solução não muda: deve entender-se que o fato, como um todo, sob o ponto de vista jurídico-penal, ocorreu ao tempo da lei antiga, que ainda não perdera o vigor ao tempo da ação.

**25. Crimes permanentes e continuados.** O *crime permanente* (em que a atividade antijurídica, positiva ou negativa, se protrai no tempo) incide sob a lei nova, ainda que mais severa, desde que prossiga na vigência dela a *conduta* necessária à *permanência* do resultado. É que a cada momento de tal *permanência* está presente e militando, por ação ou omissão, a vontade do agente (ao contrário do que ocorre nos *crimes instantâneos com efeitos permanentes),* nada importando assim que o "estado de permanência"se haja iniciado no regime da lei antiga, ou que esta incriminasse, ou não, o fato. Em relação ao *crime continuado* (pluralidade de crimes da mesma espécie, sem intercorrente punição, que a lei unifica em razão de sua homogeneidade objetiva), se os atos sucessivos já eram incriminados pela lei antiga, não há duas *séries* (uma anterior, outra posterior à lei nova), mas uma única (dada a unidade jurídica do crime continuado), que incidirá sob a lei nova, ainda mesmo que esta seja menos favorável que a antiga, pois o agente já estava advertido da maior severidade da sanção, caso persistisse na "continuação". Se, entretanto, a incriminação sobreveio com a lei nova, segundo esta responderá o agente, a título de crime continuado, somente se os atos posteriores (subsequentes à entrada em vigor da lei nova) apresentarem a homogeneidade característica da "continuação", ficando inteiramente abstraídos os atos anteriores.

**26. Leis intermédias.** Pode ocorrer que entre a data do crime e a do julgamento se sucedam várias leis, e que uma lei intermédia, mitigante da sanção, tenha sido revogada pela lei atual (isto é, vigente na época do julgamento), retornando esta à antiga ou maior severidade. A última lei não terá efeito retroativo, pois o réu já adquiriu direito ao favor da lei intermédia. Decidir o contrário seria contrariar o princípio da extra-atividade da *lex mitior.* Como disserta o ministro CAMPOS na sua *Exposição de Motivos,* nem há necessidade de declarar expressamente na lei que "no caso de sucessão de várias leis,

---

- 20 No mesmo sentido, GRISPIGNI e BATTAGLINI. Este último *(Diritto penale,* 1937, p. 45) assim se exprime: "[...] *è infatti più razionale assumere come decisivo il tempo in cui è posta in essere la condotta. La legge pénale è diretta a influire sulla volontà, ed è appunto il momento dell'azione quello in cui si ha la manifestazione di volontà che contraddice alla legge".*

prevalece a mais benigna, pois é evidente que, aplicando-se ao fato a lei posterior somente quando favorece o agente, em caso algum se poderia cogitar da aplicação de qualquer lei sucessiva mais rigorosa, porque esta encontrará o agente já favorecido pela lei intermédia mais benigna".

**27. Leis penais em branco.** Segundo a incensurável lição de MANZINI,[21] as *leis penais em branco* (*vide* n. 7) não são revogadas em consequência da revogação de seus *complementos* (outra norma legal ou regulamentos, portarias ou editais expedidos pela autoridade administrativa, e condicionantes de sua aplicação). Não obstante a cessação destes, continuam elas em vigor, apenas faltando os elementos *ocasionais* para sua ulterior aplicação. A circunstância de que, com a cessação dos *complementos,* deixam de ser aplicáveis, somente diz com o futuro.[22] Este justo critério de decisão foi adotado pela 3ª Câmara do Tribunal de Justiça do Distrito Federal, a propósito de violação de "tabelas de preços", sendo que, no caso, a mercadoria, pela qual se cobrara preço abusivo, deixara, ao tempo do julgamento, de figurar entre as de preço controlado. O acórdão (por mim relatado) assim se pronunciou: "Trata-se na espécie de *lei penal em "branco",* cujo conteúdo é completado por ato administrativo (regulamentos, portarias, editais), mas que persiste em vigor ainda que venha a cessar esse elemento ocasional, continuando a ser puníveis os fatos anteriores a essa cessação. Não pode ser suscitada, aqui, questão de direito transitório, pois que não há sucessão de leis, isto é, a norma penal não é revogada, mas apenas vem a faltar, temporariamente, ou não, para o futuro, a eventualidade condicionante da aplicação da pena. É a pacífica lição doutrinária. Repetindo-a, MANZINI formula um exemplo que vem a propósito no caso vertente: "Assim, se alguém vendeu mercadorias a preços superiores aos fixados na tabela oficial, é punível pelo relativo crime, ainda quando, na ocasião do julgamento, tais preços, por efeito de sua periódica revisão, tenham sido levados ao nível daqueles pelos quais se fez a venda abusiva".

**28. Leis interpretativas ou corretivas.** Nem mesmo as leis destinadas a explicar ponto duvidoso de outras leis, ou a corrigir equívoco de que estas se

---

- 21 *Trattato,* I, p. 325.
- 22 Entende VON BAR (ob. cit., I, p. 78) que, em tal caso, o que se pune é a simples *desobediência* à norma *a latere* ou ato administrativo complementar, e a transgressão se apresenta e permanece como *desobediência,* não obstante a variação do conteúdo da proibição ou mandamento (*"Hir kommt die Handlung nicht in threronstigen konkreten Entscheidungsform, sondern lediglich als Ungehorsam in Betracht, und Ungehorsam war es und bleibt es, mag die zustandige Behörde oder die Gesetzgebung selbst heute diese, morgen jene Handlung bei Strafe verbieten order gebieten"*).

ressintam, podem retroagir em desfavor do réu. Se o próprio legislador achou que a lei anterior (interpretada ou emendada) era de difícil entendimento ou continha erro no seu texto, não se pode exigir do réu que a tivesse compreendido segundo o pensamento que deixou de ser expresso com clareza ou exatidão.

**29. Medidas de segurança e direito transitório.** Em face do nosso Código, fogem ao rigorismo da *anterioridade da lei* as *medidas de segurança*. A aplicação destas pressupõe a prática de fato legalmente definido como crime (salvo nos casos a que se refere o parág.ún. do art. 76), e o juiz não pode *criá-las* (isto é, aplicar outras que não as prescritas em lei); mas a lei que as prescreve tem irrestrito efeito *imediato*. Dispõe o art. 75 que "as medidas de segurança regem-se pela lei vigente *ao tempo da sentença*, prevalecendo, entretanto, se diversa, a lei vigente *ao tempo da execução*". Explica-se: o fundamento específico da medida de segurança é a *periculosidade subjetiva* do indivíduo, isto é, um *estado* que *perdura*, que *permanece;* de modo que, como é óbvio, não se pode dizer *ex post facto* a lei que procura conjurá-lo, enquanto está *persistindo*. A medida de segurança não se aplica ao indivíduo pelo que ele fez, mas pelo que ele *é*, pelo que atualmente *continua sendo*. Medida de segurança, aliás, não é *pena* (nada tendo a ver, portanto, com a censura do *nulla poena sine praevia lege)*. Há profunda diferença entre uma coisa e outra. A pena é, precipuamente, um *castigo* ou um *mal* infligido ao indivíduo (responsável) que violou a lei *(malum passionis quod infligitur ob malum actionis);* a medida de segurança, ao contrário, é um *meio de cura* ou de *reeducação,* despido de caráter *expiatório* ou *aflitivo,* tendente a recuperar o indivíduo (responsável ou não) para o seu próprio bem e para o bem da sociedade.

**30. Leis excepcionais ou temporárias.** O princípio da *retroatividade benigna* da lei penal, ainda quando incluído entre as *garantias individuais,* como acontece atualmente no Brasil (Constituição de 1946, art. 141, § 29), não é irrestrito. Sob pena de conduzir *ad absurdum,* não pode ser aplicado quando a *lex gravior,* diversamente da posterior *lex mitior,* seja das chamadas *temporárias* ou *excepcionais,* entendendo-se como tais as que são editadas para atender a anormais condições da vida social (locais ou gerais) e têm o prazo de vigência prefixado no seu próprio texto ou subordinado à duração do excepcional estado de coisas que as ocasiona. Ainda no caso (mais frequente) de maior severidade dessas leis, em cotejo com a lei *ordinária* ulteriormente restituída à plenitude de sua vigência, sobrevivem elas à extinção da própria obrigatoriedade.[23] É o que dis-

---

• 23 As leis temporárias ou excepcionais dispensam, para sua revogação, o advento de uma nova lei: deixam automaticamente de vigorar com a expiração do prazo preestabelecido por elas mesmas (autorrevogação) ou com a cessação da situação anormal

põe (aliás, superfluamente) o art. 3º do Código Penal brasileiro, inspirado nos Códigos italiano (art. 2º, al. 3ª), polonês (art. 2º, § 3º) e dinamarquês (art. 3º, I, *in fine*) e nos projetos alemão de 1925 (§ 3º) e francês (art. 6º, al. 2ª). Decidir-se de outro modo seria colocar essas leis em contraste com a sua própria *ratio,* além de que, praticamente, na quase totalidade dos casos, resultariam irrisoriamente inócuas. A severidade delas (confrontadas com a lei ordinária ou normal) em relação a tais ou quais fatos, incriminando-os *ex novo* ou exasperando sua punibilidade, correspondente à acidental gravidade ou maior gravidade que assumem esses fatos nas *presentes* condições sociais de caráter *extraordinário (in exemplis:* o estado de guerra ou de sítio, uma calamidade pública). A prática de qualquer desses fatos, enquanto duram tais condições exteriores de cunho excepcional, não pode ser jamais identificada com a prática do mesmo fato após o desaparecimento delas. Nem há distinguir, como queria FERRI,[24] entre lei *temporária* e lei *excepcional,* para admitir-se *ultra-atividade* à primeira e não à segunda. Tanto num caso como noutro, o fato é incriminado *ex novo* ou tem sua punibilidade majorada porque é praticado *ao tempo* de um *especial* estado de coisas, que *ex accidente* o torna antissocial ou acresce sua antissociabilidade; de modo que o retorno da lei ordinária, passado esse tempo, não pode jamais significar que o fato, com o seu *inseparável* elemento cronológico, deixa de ser crime ou de ser mais severamente punível.

Quando uma lei penal ordinária, subsequente a outra da *mesma espécie,* deixa de incriminar determinado fato ou, mantendo a incriminação, mitiga a pena correspondente, justifica-se a sua retroatividade: mesmo dentro das condições normais da vida coletiva, uma nova concepção ético-social ou uma nova *opinio juris* passou a considerar *intrinsecamente injusta* a incriminação ou a severidade da repressão anterior, de sorte que seria iníquo admitir a ultra-atividade da lei precedente. O mesmo, porém, não ocorre quando a lei ordinária retoma seu vigor após a extinção de obrigatoriedade de uma lei temporária ou excepcional. Não há, aqui, como justamente acentuam as

---

que as motivou (condição resolutiva ou extintiva). V. PACIFICI-MAZZONI *(Istituzioni di diritto civile,* I, n. 128); STOLFI *(Diritto civile,* I, p. 165); FOUZIER-HERMANN *(Répertoire,* verb. *loi,* n. 1.098); PACCHIONI *(Elementi di diritto civile,* n. 40); TOULLIER *(Droit civil,* I, n. 153); DEMANTE *(Code civil,* I, n. 20); MERILHON *(Les parlements de France,* n. 15); MERLIN *(Questions,* verb. *tribunal d'appellation,* § 5º); BAUDRY-FOUCARDE *(Diritto civile,* I, n. 122); C. MAXIMILIANO *(Hermenêutica e aplicação do direito,* p. 369); LACERDA *(Manual do cód. civil,* I, p. 287). Como já acentuamos (n. 10, nota 5), se a lei temporária ou excepcional só foi possível com a *suspensão do regime constitucional,* não se dá, com o retorno a este, a sobrevivência dos efeitos daquela, pois, de outro modo, estaria criado um meio de burlar continuadamente as garantias da Constituição ou de assegurar, paradoxalmente, em indefinido número de casos, um duradouro *estado* de inconstitucionalidade.

- 24 *Principii,* 1928, pp. 146-147.

dominantes doutrina e jurisprudência alemãs, mudança da *consciência social* ou da *concepção jurídica (Rechtsanschauung)* no tocante ao fato (como forma de conduta): este, considerado em si mesmo, volta a ser penalmente lícito ou menos rigorosamente punido tão só e simplesmente porque já não existem as *relações materiais* ou *de fato (Tatsächlichen Verhältnisse)* que provocaram a lei temporária ou excepcional. Não se dá uma alteração do *estado jurídico* no sentido da abolição ou benignidade da reação penal, mas apenas a sucessiva ausência da efêmera situação anômala que justificava a punibilidade ou maior punibilidade. Ninguém duvida que, quando a própria lei penal ordinária subordina a incriminação ou maior punibilidade de uma ação ou omissão a determinado eventual acontecimento de caráter excepcional (ex.: ser praticada em tempo de guerra ou por ocasião de uma calamidade pública), o agente não deixará de ser punido ou mais severamente punido, mesmo após o desaparecimento da situação anormal condicionante do crime ou da pena mais grave. Ora, é uma pura questão de técnica legislativa que, ao invés de se preverem na lei ordinária, de modo geral, estas ou aquelas anormais situações externas como condição de punibilidade ou maior punibilidade, se editem, para o mesmo fim, leis *intermitentes,* cada qual com vigência limitada à duração dessas situações esporádicas. Não há diferença de fundo, senão de forma, entre um caso e outro. Diz-se em contrário que, no primeiro caso, a lei penal *continua em vigor,* e apenas, com a cessação da situação anormal, já não é possível a praticabilidade material da ação ou omissão, tal como o dispositivo excepcional a incrimina ou mais severamente reprime; enquanto, no segundo caso, não somente cessa a situação anormal, senão também a vigência da lei. Atenda-se, porém: que importa a continuada vigência da lei ordinária, se o seu dispositivo excepcional, do mesmo modo que a lei excepcional autônoma, tem sua aplicabilidade condicionada à duração das condições anormais? A negar-se a retroatividade benigna num caso, ter-se-ia, logicamente, de negá-la no outro.

Impugnando a chamada *teoria dos motivos* (que remonta a BINDING e a FRANK), da qual resulta a negação da retroatividade benigna na hipótese de que ora se trata, RAGGI[25] entende que não há verdadeira distinção entre as duas ordens de *motivos* a que já acima nos referimos, isto é, *mudanças da consciência social* ou mera *cessação de contingentes situações materiais*. Em ambos os casos, diz ele, há metamorfose da *consciência social* porque cessaram as razões que aconselhavam a punibilidade ou maior punibilidade. Ora, quando se fala em *mudança da consciência social,* o que se quer significar é qualquer coisa de *profundo,* ou, seja, uma mudança gradativamente processada, ou maduramente realizada, de um critério ético-social acerca de deter-

---

• 25 *Sull'efficacia delle Leggi Temporanee*. In: *Rivista di Diritto e Proc. Penale,* 1918.

minados fatos humanos.²⁶ A extinção de uma lei pelo mero desaparecimento das anormais condições materiais que a motivaram não deriva de uma *evolução* da consciência social: esta continua sendo a mesma, rigorosamente a mesma, no tocante à apreciação ético-jurídica dos fatos, desde que referidos à concomitante existência dessas condições anormais. A mudança da lei, em tal hipótese, não ocorre por motivos de *justiça* (ou por um evoluído critério de justiça), mas por simples motivos de *oportunidade*.

Sob o ponto de vista prático, entretanto, é que se apresenta de todo insustentável a tese da retroatividade benigna ainda no caso de sucessão entre lei temporária ou excepcional e lei ordinária ou normal. A admitir-se semelhante retroação, chegar-se-ia aos mais francos despropósitos. Assim,

*a)* seria inútil que a lei temporal ou excepcional cominasse pena por tempo superior ao de sua própria efêmera vigência;

*b)* se dois indivíduos praticam, no mesmo dia, idêntico fato só incriminado pela lei temporal ou excepcional, poderia acontecer que, pela diversa celeridade dos processos *in concreto*, um viesse a ser punido (pelo menos até a expiração do prazo da lei) e outro ficasse impune;²⁷

*c)* na mesma hipótese, se um dos réus fosse capturado antes da expiração da lei e o outro não, o primeiro sofreria a grave pena (que pode ser até a *de morte*), enquanto o outro seria mandado em paz;

*d)* os violadores da lei temporária ou excepcional, na derradeira fase de vigência desta, teriam assegurado, ao *initio*, a imunidade penal ou isenção à maior punibilidade;²⁸

*e)* quando breve a duração da lei temporária ou excepcional, que incrimina *ex novo* determinado fato, não se poderia falar, a respeito deste, em extinção da punibilidade por *prescrição*, pois a esta precederia necessàriamente a *abolitio criminis*...

---

- 26  V. ARANGIO-RUTZ, *Intorno all'efficacia delle leggi penali temporanee*. In: *Rivista Penale*, vol. 54, 1896.

- 27  A "Exposição de Motivos" do projeto definitivo do Código Penal brasileiro adverte que a ressalva da ultra-atividade das leis temporárias ou excepcionais "visa a impedir que, tratando-se de leis previamente limitadas no tempo, possam ser frustradas as suas sanções por expedientes astuciosos no sentido do retardamento dos processos penais". Como diz DE MARSICO (*Diritto penale*, p. 56), se fosse dado ao acusado iludir a lei temporária ou excepcional, porque certa ou plausível a expectativa de retorno à lei ordinária, *"lo Stato si priverebbe dei suo potere di limitare la liberta e dirigere la condotta dei singoli próprio là dove più grave è la necessita di usarlo, poichè a bisogni eccezionali, se pur temporanei, provvedono le leggi in parole"*.

- 28  É o que acentua a Relazione sobre o projeto do atual Código Italiano: se as leis temporárias ou excepcionais não fossem ultra-ativas, *"sanzionerebbero l'assurdo di condannare le loro disposizioni ad una specie d'inefficacia preventiva in rapporto a quei fatti, da esse validamente vietati, che siano commessi nella imminenza dello scadere dei termine o per la fase ultima dello stato eccezionale"*.

MANZINI, defensor renitente da incondicional retroatividade benigna da lei penal, argumenta que, para obviar esses inconvenientes e desconchavos, nada impede que as próprias leis temporárias disponham expressamente sobre sua ultra-atividade. Mas, que diferença haveria entre determinar essa ultra-atividade em cada lei temporária ou excepcional e o prescrevê-la, de modo geral, na lei ordinária ou normal? E a questão perde qualquer relevo quando, por tão evidentes os despautérios a que conduziria a não ultra--atividade das leis em questão, se deve considerar que é até mesmo ocioso um mandamento legal *expresso* no sentido da não prevalência, na espécie, da regra sobre a retroatividade benigna. Como justamente pondera PAOLI[29] "deve considerar-se implícito esse mandamento". Ainda que não figure *expressis verbis* no texto da lei, essa exceção à regra necessariamente se impõe (a não ser que a lógica deixe de ser a coerência do raciocínio ou que se atribua ao legislador a abstração da mais elementar política criminal). Seria rematado absurdo que as leis temporárias ou excepcionais se convertessem em fonte de iniquidades, e, mais que absurdo, seria supinamente ridículo que, de antemão, estivessem destinadas ao desprestígio ou à ineficácia. O direito penal não é *jogo de disparate*.

**31. Conflito aparente de normas.** O direito penal não constituiria um *sistema* ou deixaria de ser uma unidade coordenada e harmônica, se as suas normas pudessem entrar em *efetivo* conflito. Não é admissível que duas ou mais leis penais ou dois ou mais dispositivos da mesma lei penal se disputem, *com igual autoridade,* exclusiva aplicação ao mesmo fato. Para evitar a perplexidade ou a intolerável solução pelo *bis in idem,* o direito penal (como o direito em geral) dispõe de regras, explícitas ou implícitas, que previnem a possibilidade de competição em seu seio. Quando duas ou mais leis se apresentam, *prima facie,* em colisão ou emulação, a propósito de determinado fato, cumpre, liminarmente, verificar se houve entre elas uma sucessão no tempo, pois o princípio *lex posterior derogat priori* impede que se estabeleça a rivalidade. Entre leis contemporâneamente vigentes, porém, ou entre dispositivos de uma mesma lei, também o conflito não pode deixar de ser apenas *aparente.* Ou o fato, apesar de unitário no seu processo material, é idealmente fragmentável, de modo que, considerado em suas *partes,* representa violação concomitante de normas distintas e *autônomas (concurso formal de crimes),* e então não há falar-se em *conflito,* pois todas as normas violadas têm aplicação simultânea (embora unificadas as penas segundo o chamado "cúmulo jurídico"); ou o fato incide sob várias normas, mas estas apresentam entre si uma tal relação de dependência ou hierarquia,

---

- 29 *Principii di diritto penale*, I, p. 163.

que só uma delas é aplicável, ficando *excluídas* ou *absorvidas* as outras. Neste último caso é que se costuma falar em "conflito aparente de normas penais". Evitando-se aracnídeas sutilizações de construcionismo jurídico que o problema tem suscitado, podem ser reduzidas a três as regras que disciplinam a sua solução: *a) lex specialis derogat legi generali; b) lex primaria derogat legi subsidiarae; c) lex consumens derogat legi consumptae.*

Focalizemos os três casos, que, na doutrina, figuram, respectivamente, sob as rubricas *especialidade, subsidiariedade e consunção.*"[30]

*Especialidade.* Uma norma penal se considera *especial* em relação a outra *(geral)* quando, referindo-se ambas ao mesmo fato, a primeira, entretanto, tem em conta uma particular condição (objetiva ou subjetiva) e apresenta, por isso mesmo, um *plus* ou um *minus* de severidade. Desde que se realize tal condição (elemento *especializante)*, fica excluída a aplicação da norma geral. O *typus specialis* substitui-se ao *typus generalis*. Assim, os tipos *qualificados* ou *privilegiados* afastam os *tipos fundamentais*. O *latrocínio* exclui o *roubo simples* (em que a *violência* não ultrapassa a *lesão corporal leve)*; o *furto qualificado* exclui o *furto simples;* o *homicidium privilegiatum* (art. 121, § 1º, do Código Penal) e o *infanticídio* (art. 123) excluem o tipo genérico "homicídio" (art. 121, *caput).*

*Subsidiariedade.* Uma norma se diz *subsidiária* em relação a outra *(principal)*:

---

- 30 Von Hippel *(Deutsches strafrecht,* LT, p. 526) entende que os casos podem ser reduzidos a dois: o de *especialidade* e o de *subsidiariedade* (tal como já doutrinava Ad. Merkel, *Derecho penal,* tradução esp. de Dorado, I, p. 388), desde que não se procure restringir desnecessariamente as suas órbitas. Os casos de *consunção* poderiam ser repartidos entre os de *especialidade* e de *subsidiariedade.*
Mezger *(Tratado de derecho penal,* trad. esp. de Munoz, II, pp. 327 e ss.) e Hafter *(Lehrbuch des schweizerischen strafrechts,* parte geral, 1946, pp. 349-350) querem que se fale somente em *especialidade* (exclusão de uma norma por outra, mediante dedução lógica) e *consunção* (caso em que, segundo seu próprio sentido, a aplicação de uma norma importa a não aplicação da outra).
Beling *(Die lehre vom verbrechen,* pp. 304 e ss.) refere-se a *exclusividade, especialidade* e *neutralidade.*
Gavier *(Aplicación de la ley penal y concurso de leyes,* 1941) usa idêntica terminologia, mas subdivide a *neutralidade* em *subsidiariedade* e *consunção.*
Soler *(Derecho penal argentino,* II, pp. 175-176) prefere falar em *especialidade, subsidiariedade* e *exclusividade,* de que seriam subespécies a *alternatividaãe* e a *consunção.*
Com Frank *(Das strafgesetzbuch für das deutsche reich,* 1908, pp. 164-165) e Grispigni *(Corso di diritto penale,* I, 1935, pp. 305 e ss.), preferimos a tripartição conforme se vê do texto.
Sobre o assunto, consultem-se ainda: Honig (R.), *Straflose vor-und nachtat,* 1927; Asúa, *La ley y el delito,* pp. 167 e ss., e *Tratado,* t. II, pp. 1.165 e ss.; Baumgarten, *Die lehre von der ideal-und gesetzkonkurrenz,* 1909; Correia (Eduardo), *Unidade e pluralidade de infrações,* Coimbra, 1945, pp. 155 e ss.; Puig Pena, *Colisión de normas penales,* 1955.

*a)* quando em seu próprio texto contém a cláusula de que sua aplicação está subordinada à não aplicação dessa outra subsidiariedade expressa), como acontece, por exemplo, com o art. 132 do Código Penal, que, ao cominar a pena, ressalva: "se o fato não constitui crime mais grave" ("a criação de perigo para a vida de outrem" somente incidirá no citado artigo se não configurar, *v.g.,* uma *tentativa de homicídio* ou o *abandono de incapaz*);

*b)* quando o fato por ela incriminado entra como elemento componente ou agravante especial de fato incriminado pela outra norma, de modo que a presença do último exclui a simultânea punição do primeiro (subsidiariedade tácita). Exemplos: o furto *qualificado* pelo *arrombamento* em casa de moradia compreende o *dano* e a *violação de domicílio,* ficando excluída a punição a título de um ou de outra; o *estupro* exclui a punição por *constrangimento ilegal* e *lesão corporal leve* (os *crimes complexos,* em geral, não permitem a punição autônoma dos crimes-membros); a *sedução* torna irrelevante, *in concreto,* a *corrupção de menor.* Prevalece, aqui, o princípio de que *ubi major minor cessat.* A diferença que existe entre *especialidade* e *subsidiariedade* é que, nesta, ao contrário do que ocorre naquela, os fatos previstos em uma e outra norma não estão em relação de *espécie* a *gênero,* e se a pena do *tipo principal* (sempre *mais grave* que a do *tipo subsidiário)* é excluída por qualquer causa, a pena do *tipo subsidiário* pode apresentar-se como "soldado de reserva" e aplicar-se pelo *residuum.*

*Consunção.* Finalmente, uma norma se deve reconhecer *consumida* por outra quando o crime previsto por aquela não passa de uma *fase de realização* do crime previsto por esta, ou é uma necessária ou normal forma de transição para o último *(crime progressivo).* O crime previsto pela norma *consuntiva* representa a etapa mais avançada na efetuação do malefício, aplicando-se, então, o princípio de que *major absorbet minorem.* Os fatos, aqui, também não se acham em relação de *species* a *genus,* mas de *minus* a *plus,* de parte a todo, de meio a fim. Exemplos: a *consumação* absorve a *tentativa,* e esta absorve o incriminado *ato preparatório; o crime de lesão* absorve o correspondente *crime de perigo; o furto* em casa habitada absorve a *violação de domicílio; o homicídio* absorve a *lesão corporal* e o *porte de armas;* os "crimes do automóvel"absorvem a contravenção de "direção perigosa de veículos na via pública".

É de notar-se ainda que a exclusão de uma norma por outra pode ocorrer mesmo no caso em que não haja unidade de fato ou um só contexto de ação. Um fato, embora configure crime, pode deixar de ser punível quando *anterior* ou *posterior (straflose Vor und Nachtat)* a outro crime mais grave, pressuposta a unidade de agente, nas seguintes hipóteses:

*a)* quando o crime *anterior* serve, necessária ou normalmente, de *meio* para cometer o crime subsequente (mais grave): a *bigamia* absorve a precedente *falsidade ideológica* (no processo de habilitação para o segundo casamento); o *furto simples* é absorvido pelo *estelionato* que o agente ulteriormente pratica, vendendo a *res furtiva* a terceiro *bona fiae;*

*b)* quando o crime *posterior* incide na linha de atuação do fim que se propôs o agente ao cometer o primeiro crime: o fabricante de *moeda falsa*, em ato sucessivo, a introduz na circulação (incide só uma vez na *mesma* pena cominada para ambos os casos);

*c)* quando se trata de fatos compreendidos num só artigo penal, como formas ou modos de um mesmo crime (crime de conteúdo variado; *Mischtatbestand*, dos autores alemães): quem *instiga* e, posteriormente, *auxilia* o suicídio de outrem, incorre uma só vez na mesma pena cominada para qualquer dos casos (art. 122 do Código Penal);

*d)* quando a lesão ao bem jurídico acarretada pelo crime *anterior* torna *indiferente* o fato posterior: ulteriormente ao *furto, o* ladrão destrói a *res furtiva* (responderá pelo crime de *furto*, e não também pelo de *dano).*

### LUGAR DO CRIME
*Art. 4º Aplica-se a lei brasileira, sem prejuízo de convenções, tratados e regras de direito internacional, ao crime cometido, no todo ou em parte, no território nacional, ou que nele, embora parcialmente, produziu ou devia produzir seu resultado.*

### EXTRATERRITORIALIDADE
*Art. 5º Ficam sujeitos à lei brasileira, embora cometidos no estrangeiro:*
*I – os crimes:*
*a) contra a vida ou a liberdade do Presidente da República;*
*b) contra o crédito ou a fé pública da União, de Estado ou de Município;*
*c) contra o patrimônio federal, estadual ou municipal;*
*d) contra a administração pública, por quem está a seu serviço.*
*II – os crimes:*
*a ) que, por tratado ou convenção, o Brasil se obrigou a reprimir;*
*b) praticados por brasileiros.*
*§ 1º Nos casos do n.I, o agente é punido segundo a lei brasileira, ainda que absolvido ou condenado no estrangeiro.*
*§ 2º Nos casos do n. II, a aplicação da lei brasileira depende do concurso das seguintes condições:*
*a) entrar o agente no território nacional;*
*b) ser o fato punível também no país em que foi praticado;*

c) estar o crime incluído entre aqueles pelos quais a lei brasileira autoriza a extradição;

d) não ter sido o agente absolvido no estrangeiro ou não ter aí cumprido a pena;

e) não ter sido o agente perdoado no estrangeiro ou, por outro motivo, não estar extinta a punibilidade, segundo a lei mais favorável.

§ 3º A lei brasileira aplica-se também ao crime cometido por estrangeiro contra brasileiro fora do Brasil, se, reunidas as condições previstas no parágrafo anterior:

a) não foi pedida ou foi negada a extradição;

b) houve requisição do Ministro da Justiça.

#### Pena cumprida no estrangeiro

*Art. 6º* A pena cumprida no estrangeiro atenua a pena imposta no Brasil pelo mesmo crime, quando diversas, ou nela é computada, quando idênticas.

#### Eficácia de sentença estrangeira

*Art . 7 º* A sentença estrangeira, quando a aplicação da lei brasileira produz na espécie as mesmas consequências, pode ser homologado no Brasil para:

I – obrigar o condenado à reparação do dano, restituições e outros efeitos civis;

II – sujeitá-lo às penas acessórias e medidas de segurança pessoais.

Parágrafo único. A homologação depende:

a) para os efeitos previstos no n. 1, de pedido da parte interessada;

b) para os outros efeitos, de existência de tratado de extradição com o país de cuja autoridade judiciária emanou a sentença, ou, na falta de tratado, de requisição do Ministro da Justiça.

**DIREITO COMPARADO.** *Códigos:* italiano, arts. 3º a 13; alemão, §§ 3º a 12; suíço, arts. 2º a 5º; dinamarquês, arts. 6º a 12; norueguês, §§ 12 a 14; belga, arts. 3 e 4; polonês, arts. 3º a 11; iugoslavo, arts. 15 e 91 a 96; japonês, §§ 2º a 5º; soviético, arts. 2º a 5º; húngaro, §§ 5º a 18; holandês, arts. 2º a 8º; português, art. 53; argentino, art. 1º; chileno, arts. 5º e 6º; mexicano, arts. 1º a 5º; uruguaio, arts. 9º a 14; peruano, arts. 4º a 6º; colombiano, arts. 4º a 9º; costarriquense, arts. 3º a 7º e 9º a 17; cubano, arts. 7º a 14; equatoriano, arts. 5º a 7º; guatemalteco, arts. 6º a 9º, nicaraguense, arts. 11 a 14; panamenho, arts. 5º a 16; paraguaio, arts. 8º a 14; venezuelano, arts. 3º a 6º.

**BIBLIOGRAFIA** (especial BARTHOLDT (M.), Das räumliche herrschaftsgebiet des strafgesetzes. In: *Vergleichende darstellung,* parte geral, vol. VI, 1908 (*O império da lei penal no espaço);* KITZINGER (F.), *Ort und zeit der handlung (Tempo e lugar da ação), idem,* vol. I; RAGGI (L.), *Della legge penale e della sua applicazione,* 1927; MAGGIORE (G.), Território dello stato, territorialita della legge penale, delitto comune dei cittadino all'estero, delitto comune dello straniero all'estero, riconoscimento di sentenza penale straniera, delitto politico commesso all'estero. In: *Nuovo Digesto Italiano,* XII, 2ª parte, IV, XI; KUBLI, *Die räumliche kompetenzabgrenzung staatlicher strafgewalt (o limite da competência territorial do poder penal do estado),* 1901; SCHOCH, *Der ort der verbrechensbegehung beim distanzdelikt (O lugar da prática do crime à distância),* 1929; VON CLERIC, Der bereich des strafgesetz (*O império da lei penal no espaço*). In: *Schweizerische Juristenzeitung,* vol. 15, pp. 211 e ss.; *Die beziehungen zwischen "jus puniendi" und anwendung des strafgesetz im internationalen strafrecht, speziell nach zukünftigem schweizeriscren recht (As relações entre "jus puniendi" e aplicação de lei penal no direito internacional, especialmente segundo o futuro direito suíço), idem,* vol. 14, pp. 369 e ss.; *Betrachtungen zum begehungsort des vergehens (Observações sobre o lugar do delito), idem,* vol. 22, pp. 73 e ss.; DIENA, *Sui conflitti di legislazione per reati commessi all'estero,* supl. à Riv. Penale, vol. 11; SOLNA, *Das weltrechtsprinzip im internationalen strafrecht* (*O princípio de direito universal no direito penal internacional*), 1927; GERMANN, *Die bestimmungen über das internationale strafrecht in schweizerische vorentwurf 1908 (Os dispositivos sobre direito penal internacional no anteprojeto suíço de 1908),* 1918; LEHNER, *Der Rechtsgüterschutz (Realprinzip) im sog. Internationalen Strafrecht der Schweiz (A proteção do bem jurídico (princípio real) no chamado direito penal internacional da Suíça),* 1917; CLERCC (F.), *Le Code Pénal suisse et le droit pénal international,* 1938; HONNORAT, Etude sur les Moyens de Réprimer la Criminalité Internationale. In: *Bulletin de l'Union Internationale de Droit Pénal,* vol. 13; LINDENAU, *idem;* HOPFP (A.), *Das internationale verbrechertum und seine bekämpfung (A criminalidade internacional e o seu combate), idem;* TESAURO, *Il diritto internazionale pénale,* sem data; LEONE, Applicabilité della legge straniera in matéria penale. In: *Annali di Dir. e Proc. Pénale,* 1932, I; D'AMELIO, Sul concetto del diritto penale internazionale. In: *Riv. di Dir. Pubblico e della Pubblica Amministrazione,* 1925; Roux, L'entr'aide des etats dans la lutte contre la criminalité. In: *Recueil des Cours de l'Académie de Droit Internationale*, vol. 36, 1931, II; Köhler (J.), *Internationales Strafrecht*, 1917; Ferri, La solidarietà degli etati nella lotta contra la delinquenza. In: *Scuola Positiva*, VI, 1926; Travers (M.), *Le droit pénal international et sa mise en œuvre en temps de paix et en temps de guerre*, 1920-1922; von Liszt (F.), *Das Volkrecht*, 1920, IIª ed.; Gunzburg (N.), *Les transformations récentes du droit pénal interne et international*, 1938; Vabres (Donnedieu de), *Les principes modernes du droit international*, 1928; *Introduction à l'étude du droit pénal international*, 1922; Il diritto internazionale secondo il progetto definitivo di codice penale italiano. In: *Il progetto rocco nel pensiero jurídico contemporâneo*, I, 1930; Les tendances actuelles du droit extraditional. In: *Revue Internationale de Droit Pénal*, 1928; La valeur internationale des jugements répressifs d'après le mouvement législatif actuel. In: *Revue de Droit International et de Criminologie*, maio de 1930; Gilbert Gidel, La mer territoriale et la zone contiguë. In: *Recueil des Cours*, vol. 48, 1934; Cybichowski, La compétence des tribunaux à raison d'infractions commises hors du territoire. In: *Recueil des Cours*, vol. 12, 1926, II; Fedozzi (P.), La condition juridique des navires de commerce. In: *Recueil des Cours*, vol. 10, 1925; Ham-marskjöld, *Les immunités des personnes investie de fonctions internationales, idem*, vol. 56, 1936; Hurst (C), *Les immunités diplomatiques, idem*, vol. 12, 1926; Ondei (E.), Sulle immunité diplomatiche nel diritto pénale. In: *Annali di Dir. e Proc. Pénale*, 1938; Pannain (R.), Nozione di reato commesso nel território dello stati. In: *Riv. Ital. di Dir. Pénale*, 1925; Saldana (Q.), La justice pénale internationale. In: *Recueil des Cours*, vol. 10, 1925; Bustamante, *El mar territorial*, 1930; *Droit international public*, trad. Franc., III, 1936; Stuart (G.), Le droit et la pratique diplomatique et consulaire. In: *Recueil des Cours*, vol. 48, 1934; Vischer (P.), *Les conflits de lois en matière de droit, idem*; Waltz (G. A.), *Les rapports du droit international et du droit interne, idem*, vol. 61, 1937; Accioly (H.), *Tratado de direito internacional público*, 1956-1957; *Atos internacionais vigentes no Brasil*, 1936; Antokoletz, *Tratado de derecho internacional público*, 1938; Carneiro de Campos, *Direito público aéreo*, 1941; Melita, *Saggio di diritto penale aeronautico*, 1933; Beviláqua, *Direito internacional público*, 1939; Feuilloley, Moyens pratiques d'assurer la répression des crimes et délits internationaux. In: *Journal du Droit International Privé*, XXXII, 1905; Cuello Calón, *La navigación aérea desde el punto de vista del derecho penal*, 1915; *L'extradition des nationaux, l'extradition des criminels politiques*, 1928; Ambrosini, Ordinamento giuridico della navigazione aerea. In: *Nuovo Digesto Italiano*, vol. II; Tsaconas, *L'extradition des nationaux*, 1922; Bolens, *Essai sur l'extradition et la non extradition des nationaux*, 1940; Secretan, *Les immunités diplomatiques des représentants des etats membres et des agents de la société des nations*, 1928; Ravizza, Competenza per reati commessi a bordo di navi mercantil. In: *Giurisprudenza italiana*,

1914, II, pp. 463 e ss.; JOURDAN, De la jurisdiction compétente à l'effet de connaître des crimes et délits commis en haute mer sur les navires de commerce et des quasi-délits, survenus dans les mêmes conditions. In: *Revue de Droit International*, X, 1908; CATELLANI, *Il diritto aereo*, 1911; PERRONI-FERRANTI, Tentativo e complicità in rapporto al diritto penale internazionale. In: *Riv. Pénale*, vol. 53, 1901; HUGUENEY, Le droit pénal et l'aviation. In: *Revue Internationale de Droit Pénal*, 1924; BARBEY, *De l'application internationale de la règle "non bis in idem" en matière de répression*, 1930; MELLI, *Lehrbuch des internationalen straf recht und strafprozessrechts*, 1910; *Das luftschaft im internen recht und völkerrecht*, 1908; BARREIRA (W. T.), *As doutrinas americanas de direito internacional*, 1946; CAMPOS (R. A.), *Legislação internacional do Brasil*, 1929; COELHO RODRIGUES (M.), *A extradição no direito brasileiro e na legislação comparada*, 1930; TENÓRIO (Oscar), Da aplicação da lei penal. In: *Tratado de direito penal*, ed. Jacinto, vol. I; DELAQUIS, *La collaboration internationale en matière de droit d'extradition*. In: *Schweizerische zeitschrift*, 1934; SILBERT, *Traité de droit international public*, 1951; ADINOLFI, La sentenza penale straniera nei novi codici penali. In: *Giustizia penale*, III, 1931; DAVID (F.), De la reconnaissance des sentences pénales etrangères en France, ou point de vue de la recidive et du sursis. In: *Revue Internationale de Droit Pénal*, 1938; VENTURINI, Il riconoscimiento delle sentenze penali stranieri. In: *Rev. Ital. di Dir. Pénale*, 1940; PELLA (V.), *La criminalité collective des etats et le droit pénal de l'avenir*, 1926; RAP-PAPORT, Le problème de l'unification internationalle du droit pénal. In: *Revue Penitenciaire de Pologne*, 1929 (janeiro, abril); SCHNEIKERT, Die bekämpfung des internationalen verbrechertums. In: *Zeitschrift f. Die Gesam. Strafrechtswissenschaft*, 1922; PESSINA, Efficacia della legge penale sotto l'aspetto del luogo. In: *Enciclopédia*, vol. **3º**; BRUSA, Le délit politique et l'extradition. In: *Revue du Droit International*, XIV, 1882; HOLTZENDORFF, Dell'estradizione. In: *Riv. Penale*, XV, 1881; ALOISI, Estradizione. In: *Nuovo Digesto Italiano*, vol. V; FIORE (P.), *Traité de droit pénal international*, trad. Franc., 1880; PEDERNEIRAS (B.), *Direito internacional compendiado*, 1942; VERDROSS, *Derecho internacional público*, trad. castelhana de TRUYOL Y SIERRA, 1955; CISNEROS (C. D.), *Derecho internacional público*, 1955; DUARTE (José), Direito aéreo. A responsabilidade penal do aviador. In: *Jornal do Comércio* de 25 de julho de 1937; FENWICK, A comissão interamericana de neutralidade. In: *Revista Forense*, vol. 86; SIMAS (Hugo), *Código brasileiro do ar*, 1939; PALAZZO (G. A.), Territorialita della legge penale. In: *Scuola Positiva*, 1927; CONTTERI, Sentenza penale straniera. In: *Nuovo Digesto Italiano*, vol. XII, 1ª parte; LEONE (G.), Applicabilità della legge straniera. In: *Annali di Dir. e Proc. Penale*, 1932; G. ALLEGRA, I *Riconoscimento della sentenza penale straniera*, 1943; NASCIMENTO E SILVA (G. E.), Imunidade de jurisdição penal das famílias de diplomatas. In: *Revista Forense*, fase de setembro de 1947; BRAMANT ARIAS, *La ley penal*, 1950.

## COMENTÁRIO[1]

**32. A lei penal no espaço.** Fundamentalmente, são em número de quatro os critérios aventados para a solução do relevante problema da eficácia da lei penal no espaço: *princípio da territorialidade, princípio da personalidade* (ou *da nacionalidade), princípio real* ou *da defesa* e *princípio da universalidade do direito penal* ou *da justiça penal cosmopolita.*

*Princípio da territorialidade.* De acordo com este, em toda a pureza do seu enunciado, a lei penal só é aplicável aos crimes praticados no território do Estado que a ditou. Daí decorre que, em caso algum, poderia o Estado arrogar-se o direito de punir qualquer fato cometido fora de seus limites territoriais, por mais valiosos que possa considerar os bens jurídicos atingidos. Também seria, de todo, indiferente a circunstância de ser nacional ou estrangeiro o sujeito ativo ou passivo. Vários são os fundamentos com que tradicionalmente é defendida essa rigorosa competência territorial. Reclamam-na sob o tríplice ponto de vista processual, repressivo e internacional. Corresponde aos interesses da boa administração da justiça que um crime seja julgado na jurisdição onde foi praticado, não só pela maior facilidade na obtenção das provas, como pela maior simplicidade do processo e julgamento. Por outro lado, a punição do crime por uma justiça que funciona em lugar diverso e distante do de sua prática não atende a uma das finalidades da pena, qual seja a da intimidação. Dizia BENTHAM que a pena é tanto mais útil quanto mais próxima do crime, no tempo e no espaço. Ainda outro argumento a que se apegam os defensores do princípio territorial vai ligar-se diretamente ao próprio conceito de Estado. A função penal é uma emanação da soberania estatal. O monopólio da ordem jurídica, que cabe ao Estado no âmbito do seu território, isto é, o primado do *direito interno,* evita a penetração de qualquer outro direito, resguardando, assim, o princípio de soberania. Corolário do princípio territorial é a absoluta indiferença, quanto aos julgamentos proferidos além-fronteiras, pois nenhuma validade ou consequência lhes poderia ser reconhecida no território do Estado. A função penal é uma emanação da soberania estatal. O monopólio da ordem jurpidica, que cabe ao Estado no âmbito do seu território, isto é, o primado do *direito interno*, evita a penetração de qualquer outro direito, resguardando, assim, o princípio da soberania. Corolário do princípio territorial é a absoluta indiferença, quanto aos julgamentos proferidos além-fronteira, pois nenhuma validade ou consequência lhes poderia ser reconhecida no território do Estado.

---

- 1 O presente comentário teve a preciosa colaboração de NARCÉLIO DE QUEIRÓS (n. 32, 33 e 35 a 41).

*Princípio da personalidade* (ou *da nacionalidade*). Contraposto ao da territorialidade, o princípio da personalidade entende que a lei do Estado deve seguir o cidadão onde quer que ele se encontre. O que decide, quanto à competência para a punição, é a nacionalidade do agente. A base do sistema é o conceito de que o cidadão está sempre ligado à lei do seu país e lhe deve obediência, ainda que se encontre no estrangeiro: *quilibet est subditus legibus patrice suce et extra territorium*. O princípio da personalidade se divide em *ativo* e *passivo*: é *ativo* quando importa em aplicar a lei nacional (ao cidadão que delinque no estrangeiro) seja qual for o bem jurídico lesado pelo crime; é *passivo* quando a lei nacional só é aplicável se o crime atinge bem jurídico do próprio Estado ou de outro de seus súditos. O melhor fundamento que o princípio da competência pessoal encontrou, em seu desenvolvimento histórico, foi, sem dúvida, o adágio *interest civitatis habere bonos subditos*. Dada a tendência para a não concessão da extradição de nacionais (a que logicamente obriga o princípio da territorialidade), o sistema em questão tem sido parcialmente adotado em numerosas legislações.

*Princípio real* (ou *da defesa*). De acordo com este princípio, o Estado deve exercer o seu direito de punir sempre que for nacional (do próprio Estado ou de seus cidadãos) o bem jurídico atingido pelo crime, seja qual for o lugar em que tenha sido este praticado e seja quem for o seu agente (nacional ou estrangeiro). O que importa é a nacionalidade do bem jurídico lesado ou posto em perigo. Cresce, cada vez mais, o prestígio desse sistema, que tem merecido das legislações modernas a maior atenção, dada a imperiosa necessidade de se acautelarem os Estados contra os crimes que se praticam no estrangeiro contra os seus interesses vitais. Veremos adiante o quanto o nosso Código Penal aderiu a essa orientação.

*Princípio da universalidade.* Ao que proclama este princípio, cada Estado pode arrogar-se o direito de punir qualquer crime, sejam quais forem o bem jurídico por ele violado e o lugar onde tenha sido praticado. Não importa, igualmente, a nacionalidade do criminoso ou da vítima. Para a punição daquele, basta que se encontre no território do Estado. É bem de ver que com a adoção de tal princípio (também chamado da *justiça cosmopolita* ou *da jurisdição mundial*) cada Estado se investiria de amplíssimos poderes, mas, por outro lado, teria de sofrer grande restrição à sua própria soberania territorial. Não se pode dissimular o caráter nitidamente utópico de tal princípio. Abstrai as grandes diferenças existentes entre as múltiplas legislações penais. Certos fatos que são incriminados em um país já não o são em outro. Tenha-se em conta, por exemplo, o vasto elenco das infrações meramente convencionais ou dos chamados delitos de formação política, cuja identificação varia de país a país. A impossibilidade de vir a realizar-se essa *desnacionalização da justiça* não pode, porém, desmerecer o nobre esforço de quantos se têm empenhado por torná-la viável. E muito já se tem obtido no sentido da cooperação internacional na luta contra o crime. Como observa Donnedieu de Vabres, a afirmação essencial da teoria universalista está hoje fora de qualquer controvérsia: a possibilidade da atribuição de competência ao *judex deprehensionis*. De fato, não há mais legislação alguma de país civilizado que não reconheça, em numerosos casos (dos chamados *crimes internacionais:* tráfico de mulheres, comércio de entorpecentes, publicações obscenas etc.), a competência do juiz do lugar em que se encontra o agente, para julgá-lo pelo crime cometido *extra territorium,* embora concorrente ou subsidiariamente com a do *judex loci patrati delicti* e do *judex domicilii*. É de notar-se que o Código brasileiro abriu amplo crédito à competência do *judex* deprehensionis.

**33. A regra adotada pelo Código e suas exceções.** O Código elegeu, como regra, no art. 4º, a teoria da territorialidade, mas abriu-lhe várias exceções. A primeira delas está expressa no próprio artigo citado. Ressalvando a obediência ao estipulado em *convenções e tratados* ou a *regras de direito internacional,* o Código criou um temperamento à *impenetrabilidade* do direito interno ou à exclusividade da ordem jurídica do Estado sobre o seu território, permitindo e reconhecendo, em determinados casos, a validez da lei de outro Estado. É em obséquio à boa convivência internacional, e quase sempre sob a condição de reciprocidade, que o território do Estado se torna *penetrável* pelo exercício de alheia, soberania. No art. 5º, n. I, o Código de novo abstrai o princípio da territorialidade, para consagrar, nos casos especiais, que enumera, o *princípio real* ou da *defesa*. É que a punição dos crimes aí alinhados interessa fundamentalmente à ordem jurídica interna, pela importância dos bens por eles atingidos, assim como pelas extensas consequências que podem determinar na vida política ou econômica da República. Outras exceções se encontram no n. II, letras *a* e b, do mesmo art. 5º, e são perfeitamente justificáveis: a da letra *a* – referente aos "crimes que, por tratado ou convenção, o Brasil se obrigou a reprimir" – obedece à inspiração do *princípio da universalidade do direito penal,* no sentido de uma colaboração internacional na luta contra certa espécie de criminalidade; a da letra *b* – relativa aos "crimes praticados por brasileiro" no estrangeiro – é uma adesão ao princípio da *personalidade ativa,* que tanto mais se impunha quanto a nossa lei constitucional veda a extradição do nacional (Constituições de 34, art. 13, n. 31; de 37, art. 122, n. 12, e de 46, art. 141, § 33). No § 3º do art. 5º, ainda se depara outra exceção à regra da territorialidade, para ser feita uma transigência com o princípio da *personalidade passiva:* é autorizada, sob certas condições, a punição, no Brasil, de crimes praticados fora dele por estrangeiro contra brasileiro. Finalmente, é de notar que o Código, no seu art. 7º, aceita, até certo ponto, o critério da internacionalização da sentença penal; também inspirado, como acentua a *Exposição de Motivos*, "no sentido da solidariedade universal contra os criminosos", criando, embora prudentemente, uma exceção ao monopólio estatal da ordem jurídica fronteiras a dentro: sob a condição de identidade entre a *lex fori* e a lei brasileira, a sentença penal estrangeira pode ter aplicação no Brasil, para sujeitar a certos de seus efeitos o delinquente condenado.

**34. Lugar do crime.** Segundo a regra geral, com apoio no princípio da territorialidade, a esfera de exercício do *jus puniendi* coincide com a órbita territorial do Estado. *Ibi poena plectendum ubi facinus admissum.* O crime deve ser punido no lugar em que foi praticado. Acontece, porém, que nem sempre é fácil determinar-se o *lugar do crime*. Quando um crime produz seu resultado no mesmo lugar onde ocorreu a ação (ou omissão), não pode haver dúvida quanto à lei que o há de punir ou ao juiz que o há de julgar. Se, entretanto, a ação é exercida num lugar e o resultado ocorre noutro, há que distinguir: ou os diferentes lugares estão situados no mesmo país ou, ao contrário, cada qual corresponde a país diverso. No primeiro caso, a questão envolve matéria de competência jurisdicional, no plano do direito interno, e não oferece maior relevo. O nosso Código de Processo Penal assim a resolve (art. 70): "A competência será, de regra, determinada pelo lugar em que se consumar a infração ou, no caso de tentativa, pelo lugar em que fôr praticado o último ato de execução". Transplantada, porém, para o plano internacional, a questão se complica, afetando o princípio da soberania dos Estados, no tocante ao *jus gladii*. Sendo utópica uma lei superestatal que regule o assunto e não existindo uniformes legislações internas a respeito, orientadas no sentido da conciliação de interesses concorrentes, senão tratados ou convenções entre estes ou aqueles países (notadamente quanto aos crimes chamados *mundiais* ou *internacionais:* tráfico de mulheres, comércio de entorpecentes, publicações obscenas, atentados contra cabos submarinos),[2] o problema vem sendo debatido desde os juristas medievais.

---

- 2 O Código de Bustamante, aprovado pela Convenção de Havana, de 1928, dispõe no cap. I do livro III (sob a rubrica "Direito Penal Internacional"), art. 302: "Quando os atos de que se acompanha um delito se realizem em Estados contratantes diversos, cada Estado pode castigar o ato realizado em seu país, se ele constitui, por si só, um fato punível. Em caso contrário, dar-se-á preferência ao direito da soberania local em que o delito se tiver consumado". A dita Convenção foi ratificada tão somente pelo Brasil (junho de 1939), Cuba, Chile, Costa-Rica, República Dominicana, Equador, Guatemala, Haiti, Honduras, Nicarágua, Panamá, Peru, Salvador e Venezuela.

Figurem-se, para ilustrar o problema, as seguintes hipóteses: *a)* num comboio em marcha, do Rio Grande do Sul para o Uruguai, um passageiro, ainda em território brasileiro, desfecha tiros contra outro, que é atingido, mas só vem a morrer em território uruguaio; *b)* um indivíduo, que se acha em Santana do Livramento, dispara um tiro de fuzil contra outro, que se encontra em Rivera, acontecendo que a vítima é transportada para Buenos Aires, onde vem a falecer.

Indaga-se: a qual dos países em que o crime *tocou* (fragmentados os seus *momentos*) cabe o *jus puniendi*? Por outras palavras: para atribuição do *jus puniendi*, qual o *lugar* do crime, a que então se dá o nome de crime à distância *(Distanzverbrechen,* dos alemães), e posto que o crime, juridicamente, é um todo incindível?

Várias são as teorias adotadas pelo *jus positum* ou doutrinàriamente sugeridas para solução do tema.

*Teoria da intenção.* O lugar do crime é aquele em que, segundo a intenção do agente, devia ocorrer o resultado típico do crime, pouco importando que, na realidade, tenha ocorrido alhures.

É manifesta a sua imprestabilidade: basta dizer que não resolveria a questão no tocante aos crimes preterdolosos e culposos, além de introduzir um elemento subjetivo na solução de um problema estritamente objetivo.

*Teoria do efeito (Erfolgstheorie).* Já teve grande prestígio, mas, na atualidade, está desacreditada. Segundo ela, o lugar do crime é aquele onde o resultado (típico) se produz, pouco importando a intenção do agente. Assim, na primeira hipótese acima formulada (sob *a), o jus gladii* caberia ao Uruguai e, na segunda (sob *b),* à Argentina. Ora, não é aceitável que o país onde foi praticada a ação (nas ditas hipóteses, o Brasil) fique inibido de intervir, não obstante a direta violação da sua ordem jurídica com o *momento* executivo do crime. Haveria nisso, evidentemente, uma abdicação de soberania, sob o pretexto, muito pouco convincente, de que o *eventus sceleris* ocorreu fora do território nacional, pretexto positivamente intolerável, se o agente volta a esse território ou nele permanece.

*Teoria da atividade* ou *da ação (Tatigkeitstheorie, Handlungstheorie).* O lugar do crime é aquele em que o agente realizou o processo executivo, isto é, a ação ou omissão causal (esta última, bem entendido, nos crimes omissivos impróprios ou comissivos por omissão, em que é possível o distanciamento temporal e espacial entre a abstenção do movimento corpóreo e o resultado). Geralmente esse lugar coincide com o da residência do agente, e daí também chamar-se "da residência" a teoria em questão *(Aufenthaltstheorie).* Foi ela adotada pelo Instituto de Direito Internacional, em sua sessão de Munique, em 1883, e pelo Congresso de Direito Comparado, de Haia, em 1932. Mas, igualmente, não é isenta de crítica. Nos exemplos acima figurados, ficariam o Uruguai e a Argentina, malgrado seu inquestionável interesse na punição do agente, privados de intervir, porque nenhum ato executivo do crime foi praticado em seus respectivos territórios.

*Teoria do efeito intermédio* ou *do efeito mais próximo (Zwischenwirkungstheorie).* O lugar do crime é aquele em que a energia posta em movimento pelo agente atinge o objeto ou alcança a vítima. No exemplo *supra sub a*, o lugar do crime seria o Brasil (comarca do Rio Grande do Sul onde a vítima foi atingida pelos tiros); na hipótese *sub b*, seria o Uruguai. Também esta teoria não é satisfatória: subtrai o fato à jurisdição dos lugares em que a ação se praticou ou o resultado típico se produziu, com grave restrição à soberania deles, sob o ponto de vista do *jus puniendi*.

*Teoria da longa mão* ou *da ação à distância (Langhandstheorie, théorie de l'action prolongée, teoria dell'azione ampliata).* É a combinação da teoria da atividade com a do efeito intermédio. O crime, como um todo, considera-se praticado quer onde o agente exerceu sua atividade executiva, quer onde ocorreu o efeito intermédio. Fica, assim, excluído o lugar do resultado típico, isto é, precisamente o lugar em que, de regra, mais se faz sentir o mal decorrente do crime.

*Teoria limitada da ubiquidade (Beschränkte ubiquitätstheorie).* É a conjugação da teoria da atividade e a do efeito: o lugar do crime tanto é o lugar da ação quanto o do resultado típico. Na hipótese acima figurada *sub b*, o lugar do crime seria tanto o Brasil como a Argentina, abstraído o Uruguai. Fica excluído o lugar do efeito intermédio, o que torna a teoria insuficiente, pois nesse lugar é que, quase sempre, mais extenso é o abalo provocado pelo crime.

*Teoria pura da ubiquidade (Reine ubiquitätstheorie).* O lugar do crime é tanto o lugar da ação quanto o do resultado e o do efeito intermédio. O crime, como uma unidade, se entende praticado onde quer que ocorra qualquer momento do seu *iter* ou onde se realiza o *summatum opus*. É, de todas as teorias, a menos vulnerável. Não exige transigências de soberania e, se não evita os conflitos *positivos* de jurisdição, elimina os *negativos*, conjurando o desconforto de eventual impunidade do agente. Esta, a sua inquestionável vantagem sobre as outras. Suponha-se o caso em que o Estado em cujo território foi praticada a ação adote a teoria do efeito, enquanto o Estado em que ocorreu o resultado típico, ou o efeito intermédio, adote a teoria da atividade: o agente ficará impune, pois nenhum desses Estados se consideraria competente para puni-lo. Ora, com a teoria pura da ubiquidade, esse inconveniente desaparece. Dir-se-á que ela, entretanto, viria aumentar a possibilidade do concurso de jurisdição, ensejando o *bis in idem* em matéria penal (pois o agente poderia ser condenado e sofrer pena pelo mesmo crime em cada um dos Estados interessados). Para obviar tal consequência, porém, haveria o recurso aos tratados internacionais, e, além disso, é cada vez maior a generalização do preceito que o nosso Código já inscreveu no seu art. 6º (inspirado nos Códigos, entre outros, da Itália, art. 138; da Dinamarca, art. 4º, últ. al.; da Polônia, art. 11, § 1º; da Suíça, art. 6º, últ. al.; da Noruega, § 13, últ. al.; da Alemanha, § 7º; do Japão, § 5º; do Peru, art. 6º, últ. al.; da Hungria, § 13; da Iugoslávia, art. 95; costarriquense, art. 7º, últ. al.; cubano, art. 9º, /; panamenho, art. 7º; venezuelano, art. 5º; guatemalense, art. 7º): "A pena cumprida no estrangeiro atenua a pena imposta no Brasil pelo mesmo crime, quando diversas, ou nela é computada, quando idênticas".

A teoria pura da ubiquidade foi a perfilhada pelo nosso Código vigente (art. 4º): "Aplica-se a lei brasileira, sem prejuízo de convenções, tratados e regras de direito internacional, ao crime cometido, no todo ou em parte, no território nacional, ou que nele, embora parcialmente, produziu ou devia produzir seu resultado". A propósito, disserta a *Exposição de Motivos* (n. 10): "É adotada a *teoria da ubiquidade (rectius:* teoria pura da ubiquidade) quanto aos denominados *crimes à distância,* teoria essa resultante da combinação da *teoria da atividade* e da *teoria do efeito* (o art. 4º reflete, igualmente, a *teoria do efeito intermédio)*: aplica-se a lei brasileira não só ao crime, no todo ou em parte, cometido no território nacional, como ao que nele, embora parcialmente, produziu ou devia produzir seu resultado, pouco importando que a atividade pessoal do criminoso se tenha exercido no estrangeiro. A cláusula "ou devia produzir seu resultado" diz respeito à *tentativa*. Alguns Códigos, como o polonês,[3] o iugoslavo[4] e o suíço[4a] tomam como critério determinante o lugar da tentativa a intenção do agente. Era o critério do Projeto Sá Pereira, que não nos pareceu acertado. Quando se trata de localizar o crime consumado, não se atende a essa intenção, e não há motivo para que se proceda diversamente em matéria de tentativa."

---

- 3  Art. 13, § 2º (trad. Franc. de Berezowski): "L'infraction est considerée comme commise sur le territoire de l'Etat Polonais[...] si l'auteur y a accompli l'action ou l'omission delictueuse ou lorsque l'effect delictueux s'y est produit ou devait s'y produire, suivant l'intention de l'auteur".
- 4  Art. 15 (2) *La tentative d'infraction est commise tant au lieu où l'auteur a agi qu'au lieu où le résultat d'après son intention curait dû ou aurait pu se produire.*
- 4a Art. 7º: *"Ein Verbrechen oder ein Vergehen gilt als da verübt, wo der Täter es ausgeführt und da, wo der Erfolg eingetreten ist. Der Versuch gilt als da begangen, wo der Täter ihn ausführt und da, wo nach seiner absieht der Erfolg hätte eintreten sollen"* ("Um crime ou um delito se entende cometido tanto no lugar onde o agente o executou quanto no lugar onde o resultado se produziu. A tentativa se considera cometida tanto no lugar em que o agente a executou quanto no lugar onde, segundo a intenção do agente, o resultado devia produzir-se").

O *lugar do crime* é tudo quanto há de mais objetivo em direito penal.⁵

Assim, em face do nosso Código, que se afeiçoou ao critério lógico e acertado, a condição "devia produzir seu resultado "tem de ser entendida de um ponto de vista estrita e exclusivamente objetivo. Lugar da tentativa é aquele em que teria ocorrido a consumação, se não fosse impedida, pouco importando a intenção do agente.

Suponha-se que uma *máquina infernal* seja enviada, por via marítima, de Cuba para a Argentina, com destino a pessoa que neste último país o agente pretendia matar, e o navio é retido, além do tempo previsto, no cais do porto do Rio, acontecendo que, aqui, antes de ocorrer a explosão, é descoberto e destruído o mortífero engenho. O agente está sujeito à lei e à jurisdição brasileiras.

Outro exemplo: de Buenos Aires, certo indivíduo despacha, por via postal, um pacote de confeitos envenenados endereçados a pessoa residente em Montevidéu, mas que, acidentalmente, se acha a passeio em Santos, para onde alguém, insciente do conteúdo, reenvia o pacote, e acontecendo que o destinatário, intoxicado pelos confeitos, é salvo por um antídoto imediatamente ministrado. O lugar da tentativa é a cidade paulista (tanto quanto a capital argentina), incidindo o agente sob a lei penal brasileira. O que é imprescindível para a aplicação do art. 4º é que na fase de tentativa, do mesmo modo que no momento da consumação, o crime haja *tocado* o território nacional.

Figure-se que a máquina infernal fosse despachada para o Brasil, mas que, antes da partida do navio ou em alto-mar, tivesse sido descoberta e inutilizada. Nada temos com o fato, pois se, *subjetivamente, o* resultado devia produzir-se no Brasil, *objetivamente* nada ocorreu em nosso território. Não nos atingiu de maneira alguma. Se interviéssemos no caso, dando relevo à simples intenção do agente (segundo o critério dos Códigos suíço e polonês), estaríamos a fazer qualquer coisa parecida com a pretensão de alguém que reclamasse direito ao aroma das rosas do vizinho...

Note-se, por último, que, nos crimes à distância, a competência da autoridade brasileira é fixada *ratione loci,* pelos §§ 1º e 2º do art. 70 do Código de Processo Penal: "Se iniciada a execução no território nacional, a infração se consumar fora dele, a competência será determinada pelo lugar em que tiver sido praticado, no Brasil, o último ato de execução"; "Quando o último ato

---

• 5 Eis a justa lição de von CLERIC, em crítica ao projeto suíço de 1918 *(Der Bereich des Strafgesetz in Schweizerische Juristenzeitung,* vol. 15, p. 224): „[...] a questão sobre o lugar de um delito diz com um sintoma puramente objetivo de direito penal e nada tem a ver com o elemento *intenção*" ( " [ . . . ] *die Frage, wo ein Verbrechen begangen ist, beschlägt ein rein objektives Symptom des Strafrechts und hat mit merkmalen des Vorsatz nichts zu tun").

de execução for praticado fora do território nacional, será competente o juiz do lugar em que o crime, embora parcialmente, tenha produzido ou devia produzir seu resultado."[6]

**35. Território nacional.** Divergindo do Código de 1890, o atual alheou-se à definição de *território nacional*. Não se trata, realmente, de matéria que deva ser regulada pelo direito penal, mas, sim, das mais relevantes que fazem objeto de disciplina do direito público interno e do direito das gentes. Justamente criticada foi a exorbitância do primeiro Código republicano. A respeito, escrevia Costa e Silva:[7] "Descabida e inútil em um código penal, como bem se observou na 'exposição de motivos' do primeiro projeto alemão e se reconheceu na elaboração do Código argentino, era uma noção dessa espécie. Acresce que ela não ficou completa." O Projeto Alcântara Machado (art. 3º), depois de referir-se a "território nacional", acrescentava: "ou outro lugar submetido à jurisdição do Brasil". A Comissão Revisora entendeu, porém, que era supérflua esta última referência. Para os efeitos da lei penal, qualquer lugar submetido à jurisdição do Brasil é território nacional, de vez que *território* é o espaço sobre o qual o Estado exerce sua soberania, e não, estritamente, o espaço territorial delimitado por fronteiras. O conceito de território não é *geográfico* ou *natural,* mas *jurídico*.[8] A autoridade do Estado sobre o território não tem identidade com o direito privado de propriedade: é uma autoridade de natureza exclusivamente política, tal como a exercida sobre as pessoas; é um *poder de governo*.[9] Para consecução dos dois grandes

---

- 6 No decorrer da primeira Grande Guerra, verificou-se a bordo do navio inglês *Tennyson,* que navegava em alto-mar, uma explosão que se apurou ter sido produzida por uma máquina infernal colocada no porão do navio na capital da Bahia, seu último porto de escala. Instaurado o processo nessa cidade, tanto o juiz federal na seção da Bahia, como o juiz de direito da 2ª Vara Criminal, se julgaram incompetentes para dele conhecer, alegando ambos que a competência era exclusiva da justiça inglesa, em virtude do princípio de direito internacional segundo o qual os navios mercantes, quando navegarem em alto-mar, são considerados prolongamentos dos territórios das nações a que pertencem. Suscitado o conflito negativo de jurisdição, resolveu o Supremo Tribunal Federal que a competência cabia ao juiz da 2ª Vara Criminal de Salvador. O acórdão (citado e parcialmente transcrito por MAURICE TRAVERS, em seu *Droit pénal international,* vol. I, p. 180), lavrado por VIVEIROS DE CASTRO, funda-se, principalmente, nas opiniões de BINDING, GARRAUD e PRTNS, concluindo por considerar como praticado no Brasil todo crime que nele se desenvolveu, no todo ou em parte.
- 7 *Código Penal Comentado,* 1930, vol. I, p. 20.
- 8 KELSEN, *Teoria general del estado,* trad. esp. de LACAMBRA, 1934, p. 182; SOLER, *Derecho penal argentino,* 1945, pp. 160 e 164. º
- 9 QUEIRÓS LIMA, *Teoria do estado,* p. 207.

fins do Estado – a defesa da ordem jurídica e a prestação de serviços públicos – a sua jurisdição deve ir até onde o justifique a necessidade para o efetivo exercício da autoridade política. Resulta daí que o poder de dominação do Estado não se faz sentir do mesmo modo e com a mesma intensidade sobre todos os elementos que entram na formação do seu território. Pode definir-se o território nacional como todo espaço terrestre, marítimo ou aéreo, sujeito à soberania do Estado, quer seja compreendido entre os limites que o separam dos Estados vizinhos ou do mar livre, quer esteja destacado do corpo territorial principal, ou não (MANZINI). Assim, em resumo, o território do Estado abrange todos os lugares sobre que se exerce a sua soberania.

São diversas as partes que entram na formação da jurisdição territorial do Estado: *a*) o solo ocupado pela corporação política, sem solução de continuidade e com limites reconhecidos; *b*) regiões separadas do solo principal; c) rios, lagos e mares interiores; *d*) golfos, baías e portos; e) a parte que o direito internacional atribui a cada Estado, sobre os mares, lagos e rios contíguos;) a faixa de mar exterior, que corre ao longo da costa e constitui o "mar territorial"; *g*) o espaço aéreo.[10]

Nenhuma dificuldade existe quando se trata propriamente do solo ocupado sem solução de continuidade, de vez que é ele perfeitamente demarcado pelos limites, sejam naturais, ou artificiais. Se o Estado tem suas fronteiras devidamente estabelecidas, nenhuma dúvida pode existir. Entretanto, algumas dificuldades podem surgir, quando se trata de fixação dos limites por fronteiras naturais. Diversificam as soluções, conforme seja o limite fixado com referência a montanhas, a rios ou lagos. Quando se trata de montanhas, dois critérios podem ser seguidos na fixação da linha de limite: o da linha das cumíadas e o do divisor das águas (*divortium aquarum*). Muito embora antigamente não se desse importância à diferença entre tais linhas, nos tempos modernos as questões suscitadas a respeito têm adquirido grande relevo, posto que nem sempre coincidem as duas.[11] Na fixação dos seus li-

- 10 QUEIRÓS LIMA, ob. cit., p. 208.
- 11 A linha do divisor das águas foi adotada entre a França e a Espanha (1659). No tratado de limites de 1881 entre a Argentina e o Chile ficou estipulado que *"la línea fronteriza correrá en esa extensión por las cumbres más elevadas de dichas cordilleras que dividan las aguas y pasará por entre las vertientes que se desprenden a un lado y otro"*. Ficou também estabelecido que no caso de surgirem dificuldades pela existência de certos vales formados pela bifurcação da Cordilheira dos Andes, em que não fosse clara a linha do divisor das águas, seriam tais dificuldades resolvidas amistosamente por dois peritos, um de cada parte. No caso de não chegarem estes a um acordo, seria chamado a decidir um terceiro perito, escolhido pelos dois países. A dificuldade sobreveio, determinando uma controvérsia. A Argentina sustentava que o limite devia seguir rigorosamente a linha do divisor

mites, o Brasil sempre revelou preferência pelo critério do divisor das águas, que é, aliás, o mais geralmente adotado. De fato, os nossos limites com as Guianas e com a Venezuela, Colômbia e Peru obedecem a linha do *divortium aquarum*. Só foi adotada a linha das maiores alturas nas fronteiras com o Paraguai, com a Argentina e, de algum modo, com o Uruguai. É de notar-se que o primeiro critério foi expressamente consagrado pelo Projeto de Código de Direito Internacional Público, de Epitácio Pessoa. Segundo seu art. 34, se a fronteira é constituída por uma cadeia de montanhas, a linha do divisor das águas determina o limite jurisdicional, salvo disposições dos tratados. Posteriormente, no Projeto n. 10, da série de projetos de Convenções para a preparação de um Código de Direito Internacional Público, formulados pelo Instituto Americano de Direito Internacional (para serem submetidos à Comissão Internacional de Jurisconsultos), na sua reunião de 1927, no Rio de Janeiro, também o princípio encontrou explícita adesão: "Se a fronteira for constituída por uma cordilheira ou por montanhas, o limite segue a divisão das águas."[12]

No caso de divisas naturais formadas pelos rios, várias questões podem ser suscitadas. Se o rio pertence a um dos Estados ribeirinhos, a fronteira passará pela margem oposta. Mas, se o rio pertence aos dois Estados, a divisa pode passar por uma linha determinada pela equidistância das margens, linha mediana do leito do rio, ou por uma linha que acompanhe a de maior profundida da corrente (talvegue).[13]

Pode também acontecer que o rio seja comum aos dois países, e, nesse caso, é indiviso, sendo comum a jurisdição sobre ele.

Nota ACCIOLY que em vários tratados de limites celebrados pelo Brasil há referência à linha divisória pelo "álveo" do rio. Mas "álveo", significando leito do rio, fica-se sem saber se a linha de divisa é a mediana, equidistante das margens, ou a do talvegue, ou se foi intenção das partes contratantes reservar-se o condomínio sobre as águas desses rios limítrofes. Entre tais tra-

---

das águas, enquanto o Chile entendia que a linha divisória devia ser a das maiores alturas. O rei da Inglaterra, nomeado árbitro, proferiu o seu laudo (1902), mas sem decidir formalmente o litígio.

- 12 *Codificação do direito internacional americano* (publ. da União Panamericana), Washington, 1925.
- 13 Alguns autores traduzem a palavra alemã *Talweg* como "caminho do vale" (ANTOKOLETZ, *Tratado*, II, p. 668); outros, como ACCIOLY, citando LAPRADELLE, afirmam que *Tal*, no sentido de "vale", não entra na expressão *Talweg*, e sim *Tal* como significando *jusante* (*Tratado*, II, 23, nota 1). Entretanto, parece que não há motivo para dúvidas, pois *Tal* significa também *Tiefe* – profundidade. Assim, *Talweg* é também *caminho* ou *linha da profundidade* (*Der neue brokhaus*, Leipzig, 1938, verbete *Tal*).

tados, refere os celebrados com o Paraguai (rios Paraná, Paraguai e Apa), com a Argentina (rios Peperiguaçu e Santo Antônio), com o Peru (rios Breu, Santa Rosa, Chambuiaco e Acre) e com o Uruguai (arroio da Mina).[14]

Entende CLÓVIS BEVILÁQUA que nesses casos deve considerar-se como limite o *Talweg*.[15]

Bem se podem avaliar as consequências difíceis que tal incerteza determinaria na órbita do direito penal, pelos conflitos de jurisdição que poderão surgir, em face de possíveis e naturais interpretações contraditórias dos textos dos tratados.

Na fixação dos limites do Brasil, tem sido objeto de cogitação a questão relativa aos deslocamentos dos cursos dos rios. Vale a pena lembrar as divergências que surgiram entre os membros da comissão mista anglo-brasileira, encarregada de demarcar os limites entre o Brasil e a Guiana Inglesa. Foi, finalmente, assentado entre os dois governos, a respeito dos rios Maú e Tacutu, que, no caso de abertura de novo leito, o limite continuaria a ser indicado pelo talvegue do rio, sendo indenizada a parte que tivesse seu território diminuído pelo deslocamento.[16]

Também dúvidas surgiram com relação ao limite do extremo sul do Brasil. Da ata da conferência realizada em 1953, pela Comissão de Limites Brasileiro-Uruguaio, consta uma referência às dificuldades encontradas pelo fato de não ser possível fixar com precisão o ponto de entrada do Chuí no mar, devido à variação de suas águas com a altura das marés. Ficou estabelecido que, ainda que o marco divisório tivesse de ser colocado mais ao sul, por não oferecerem as areias um lugar conveniente para situá-lo, ainda assim "isso não obstará a que se considerem suas margens respectivas como propriedade de um e outro condomínio, qualquer que venha a ser a situação de sua foz, em suas alterações futuras".[17]

O limite nas pontes sobre rios limítrofes é em geral determinado pela seção média transversal entre os dois encontros da ponte, uma vez que o ponto médio da ponte nem sempre coincide com o talvegue, ou com a linha mediana do rio. Tal regime foi adotado pelo Brasil e o Uruguai com relação à ponte Mauá, construída sobre o rio Jaguarão, não obstante o limite no rio ser pelo talvegue.

Quanto às ilhas nos rios limítrofes, não haverá dificuldades, desde que pertençam elas ao Estado entre cujos limites se encontrarem. Para determi-

- 14 ACCIOLY, *Tratado*, II, p. 22.
- 15 CLÓVIS BEVILÁQUA, *Direito público internacional*, I.
- 16 ACCIOLY, II, p. 27.
- 17 Essa ata se encontra no Arquivo do Itamarati (ACCIOLY, *Tratado*, II, p. 144).

nação da linha limítrofe será ela a do talvegue do rio, se navegável, ou a da linha média, se não navegável, ressalvada, naturalmente, qualquer estipulação de tratado. Entretanto, deve sempre prevalecer a discriminação determinada pela posição do talvegue ou da linha média por ocasião da demarcação. Uma vez assentada a linha, as ilhas só poderão mudar de jurisdição em virtude de acessão a uma das margens, unindo-se ao território do Estado limítrofe.

Não havendo estipulação especial, o limite num lago ou lagoa, que separa dois ou mais Estados, segue a linha da meia distância entre as margens. Entretanto, nem sempre os casos se apresentam com tanta simplicidade, pois a forma da superfície de água pode dificultar o traçado da linha. No caso de superfície estreita e longa, na qual as margens opostas pertencem a Estados diversos, o limite é a linha mediana. Quando parte das duas margens pertence a um só Estado, pode ocorrer o seguinte:

*a)* os pontos extremos do território desse Estado estão colocados, em cada margem, um em face do outro. Neste caso, a linha divisória é a que liga os dois pontos extremos;

*b)* os dois pontos extremos não se defrontam. Nesta hipótese, a linha divisória deve partir de um dos pontos, atravessar a superfície do lago em sentido perpendicular à margem, até encontrar a linha mediana das águas, e continuar por esta até atingir outra perpendicular tirada pelo outro ponto extremo.[18]

Na fronteira entre o Brasil e a Bolívia existem as lagoas de Cáceres, Mandioré, Gaíba e Uberaba. Parte dessas lagoas foi cedida pelo Brasil à Bolívia pelo Tratado de La Paz, de 27 de março de 1867, sendo traçada a fronteira pela linha mediana. O Tratado de Petrópolis, de 17 de novembro de 1903, ampliava tais concessões.

A lagoa Mirim, na fronteira com o Uruguai, pertencia inteiramente ao Brasil. Pelo tratado de 30 de outubro de 1909, firmado no Rio, o Brasil cedeu ao Uruguai a parte da lagoa compreendida entre a sua margem ocidental e a nova fronteira, que segue, em determinado trecho, pela linha mediana da lagoa.[19]

---

- 18 ACCIOLY, *Tratado*, II, p. 150.
- 19 A linha divisória foi fixada pelo art. 3º do Tratado: "Principiando na foz do arroio de São Miguel [...] a nova fronteira atravessará longitudinalmente a lagoa Mirim até a altura da ponta Rabotieso, na margem uruguaia, por meio de uma linha quebrada, definida por tantos alinhamentos retos quantos sejam necessários para conservar a maior distância entre os pontos principais das duas margens ou, se o fundo for escasso, por tantos alinhamentos quantos sejam necessários para acompanhar o canal da referida lagoa. Da altura da citada ponta Rabotieso, a linha divisória se inclina na direção do noroeste o que for preciso para passar entre as ilhas do Taquari [...] e daí irá alcançar nas proximidades da ponta Parobé [...] o canal mais profundo, continuando por ele até defrontar a ponta

**36. Domínio fluvial.** Já examinamos as questões relativas aos rios que servem de divisas dos Estados, ou *rios contíguos*.

Os rios podem ser classificados como *nacionais* e *internacionais*. Os primeiros são os que correm inteiramente no território de um só Estado; os segundos, os que separam ou atravessam o território de mais de um Estado; se apenas separam, nada há a acrescentar ao que atrás ficou exposto, pois nada mais interessa ao direito penal. Sobre os rios nacionais exerce o Estado a sua plena soberania, podendo, nesse exercício, conceder certas regalias aos outros Estados, mediante permissão à navegação de navios estrangeiros, consentimento para pesca, expedições científicas etc. Constituem parte integrante do domínio territorial do Estado.

Tratando-se de rio internacional sucessivo, o regime diz respeito simplesmente à navegação, sendo o trecho do rio que atravessa o território de determinado Estado, para o ponto de vista do direito penal, perfeitamente equiparado a mar territorial. E isso porque, é claro, a liberdade de navegação não importa em renúncia aos direitos de jurisdição e policia. Ao contrário. Não obstante franqueados à navegação mercante estrangeira, os rios internacionais estão inteiramente subordinados à jurisdição do Estado cujo território atravessam.

**37. Domínio marítimo.** O projeto do Instituto de Investigação do Direito Internacional da Universidade de Harvard estabeleceu, com muita clareza, sob o nome comum de *águas territoriais*, o que seja *mar marginal*, ou seja, "a parte do mar compreendida dentro de três milhas da costa, medidas a partir da linha média da maré baixa, ou a partir do limite para fora de uma baía ou da desembocadura de um rio, e as *águas interiores*, ou sejam as que ficam no interior do *mar marginal* e as compreendidas no interior do território terrestre".[20]

É bem de ver que a natureza do presente trabalho não comporta mais larga explanação sobre as variadas discussões que se têm travado em torno da evolução e conceito do *mar territorial*. O que nos interessa é tão somente registrar os princípios vigentes, aos quais o Brasil empresta sua adesão.

Pela Circular n. 92, de 31 de julho de 1850, expedida pelo ministro da Guerra aos presidentes das Províncias marítimas, foi reconhecido como critério para fixação de *mar territorial* o alcance dos canhões colocados no li-

---

Muniz [...] e a ponta dos Latinos [...] Desse ponto intermédio, e passando entre a ponta Muniz e a ilha brasileira do Juncal irá buscar a foz do Jaguarão [...]" (citado por ACCIOLY, *Tratado de direito internacional público*, II, p. 151).

- 20 BUSTAMANTE, *El mar territorial*, p. 152.

toral. Era a consagração da conhecida máxima: *terrae dominium finitur ubi finitur armorum vis.*

Durante a Grande Guerra, o ministro das Relações Exteriores, em circular dirigida aos presidentes dos Estados e aos ministros da Guerra e da Marinha, reconheceu o limite de três milhas marítimas. Posteriormente, pelo Regulamento da Diretoria de Pesca e Saneamento do Litoral, em 1923, foi considerado mar territorial brasileiro a faixa marítima de três milhas, a partir do litoral. Na conformidade do art. 2º, parág.ún., desse regulamento, a distância de três milhas "será contada para fora das linhas retas que unirem as pontas mais salientes do litoral, distantes no máximo 10 milhas umas das outras".[21]

Entre o mar territorial e o alto-mar, também se tem convencionado a existência de uma faixa, a que se tem chamado *zona contígua,* na qual o Estado exerceria apenas certos direitos, principalmente relativos à polícia sanitária ou aduaneira, ou controle da pesca.

A Conferência Pan-Americana, reunida no Panamá, em outubro de 1939, estabeleceu o princípio de um *mar continental* ou *zona de segurança.* Mediante uma declaração – a Declaração do Panamá – ficou estabelecida uma zona de proteção, constante de uma faixa de 300 milhas de mar, em volta de todo o continente de países beligerantes, salvo as costas das possessões. Essa declaração envolve uma tentativa de estabelecer uma nova norma de direito internacional. Entretanto, tal zona de segurança não deve ser considerada sob o mesmo regime do mar territorial, pois é equiparada "ao *mar aberto* para todas as atividades de comércio e tráfego pacíficos das embarcações de qualquer bandeira".[22]

Posteriormente, em setembro de 1941, a Comissão Interamericana de Neutralidade, com sede no Rio de Janeiro, em *Recomendação,* firmou novo critério quanto ao *mar territorial.* É a seguinte a regra formulada: "A soberania de cada Estado se estende, nas respectivas costas marítimas, até uma distância de 12 milhas, contadas da linha da mais baixa maré na costa firme ou nas margens das ilhas que formam parte do território nacional, ficando entendido que, no que respeita aos golfos, baías, estuários, rios, estreitos, canais, etc., se devem aplicar as normas que, por consuetudinárias ou convencionais razões, o direito internacional estabelece".

Firmaram a *Recomendação* os membros da Comissão, Afrânio de Melo Franco, Eduardo Labougle, Mariano Fontecilla e Salvador Martínez Mercado, tendo sido voto vencido o de Charles G. Fenwick.

---

- 21 Accioly, *Tratado,* II, p. 206: (zona contígua), 233; (segurança), 198; (linha de respeito), 198.
- 22 Charles G. Fenwick, A comissão interamericana de neutralidade. In: *Revista Forense,* vol. 86, p. 243.

**38. Domínio aéreo.** Vale lembrar, pelo seu valor histórico, a célebre controvérsia que teve por teatro a reunião do Instituto de Direito Internacional, de 1906, em Gand: FAUCHLLLE defendia a absoluta liberdade do ar, entendendo que o espaço aéreo não podia ser limitado por nenhuma soberania. Outra corrente, chefiada por WESTLAKE, defendia o direito de jurisdição dos Estados sobre o espaço aéreo correspondente a seus territórios. Se vencedora foi, então, a primeira tese, hoje em dia nenhuma dúvida pode mais existir sobre a supremacia da segunda.[23]

Entretanto, alguns autores, não obstante reconhecerem que a soberania do Estado se estende ao espaço aéreo, pretendem dividi-lo em duas zonas: uma *territorial,* submetida integralmente à lei do Estado, e outra *livre,* não sujeita à sua soberania.

A teoria que admite deva estender-se a soberania do Estado subjacente a todo o espaço aéreo que cobre o seu território, embora admitida uma *servidão internacional de passagem,* na expressão de COSTA E SILVA,[24] encontra hoje integral consagração no direito interno de numerosos países e no direito das gentes.

Entre nós, o Dec. n. 20.914, de 6 de janeiro de 1932, no seu art. 1º, dispôs: "Os Estados Unidos do Brasil exercem plena e exclusiva soberania em todo o espaço aéreo correspondente ao seu território e águas territoriais". E o Código Brasileiro do Ar, de 8 de junho de 1938, que veio consolidar as disposições anteriores, estabeleceu, quase que com as mesmas palavras, no seu art. 1º: "Os Estados Unidos do Brasil exercem completa e exclusiva soberania sobre o espaço situado acima do território nacional e águas territoriais."[25]

Coincidindo, dessa maneira, o espaço aéreo com o território nacional, as aeronaves ficam também sujeitas ao mesmo regime das embarcações, quanto às demais questões que se suscitem. O Código do Ar dispõe no art. 2º que "o direito aéreo é regulado pelas convenções e tratados a que o Brasil tenha aderido ou ratificado". Reza o art. 3º: "Considera-se território do Estado de sua nacionalidade as aeronaves militares, onde quer que se encontrem, e as de outra espécie, quando em alto-mar ou em território que não pertença a nenhum Estado". Na conformidade do art. 5º: "Consideram-se em território do Estado subjacente quaisquer aeronaves não militares ali em voo ou

- 23 ACCIOLY, II, p. 271.
- 24 *Código penal comentado,* I, p. 35.
- 25 Sobre o assunto, veja-se *Direito público aéreo,* de A. B. CARNEIRO DE CAMPOS, Rio de Janeiro, 1941.

em pouso".²⁶ Dispõe o art. 6º: "Reputam-se praticados no Brasil os atos que, originados de uma aeronave, considerada território estrangeiro, produziram, ou vierem a produzir, efeitos penais, ou quaisquer danos no território nacional. Parágrafo único. Se tais atos se originarem de uma aeronave considerada território brasileiro, atingindo as suas consequências território estrangeiro, serão cumulativamente do domínio das leis brasileiras e das leis estrangeiras."

Sem falar na impropriedade técnica das expressões empregadas pela lei, é de lamentar-se o dispositivo que se arroga a atribuir competência à jurisdição estrangeira, embora concorrente com a do Brasil (parágrafo do art. 6º).

Não seria necessário observar que os delitos praticados a bordo de aeronaves consideradas território não nacional, na conformidade do Código do Ar, estão sujeitos às regras de competências estabelecidas pelo Código Penal, art. 5º.

A questão relativa à determinação da jurisdição do Estado quanto ao espaço aéreo reduz-se, assim, a uma extrema simplicidade: estabelecido o conceito de *território nacional – é domínio aéreo do Estado* todo o espaço aéreo acima desse território.

**39. Navios e aeronaves.** Não tendo definido o que se deva entender por território nacional, o Código também nenhuma regra estabeleceu sobre a questão da jurisdição quanto aos crimes praticados em navios ou aeronaves. O Código Penal de 90, dispondo a respeito (art. 4º), mereceu várias críticas, pelas lacunas de que se ressentia, principalmente porque, incluindo na definição de território nacional os navios mercantes estrangeiros surtos em portos brasileiros, nada dispôs sobre tais navios, quando, fora dos portos, se encontrassem em águas territoriais do Brasil.²⁷

Antes de expor os princípios dominantes sobre a aplicação da lei penal aos crimes praticados a bordo de navios ou aeronaves, devemos verificar as condições postas pela lei para caracterizar-se a nacionalidade brasileira. Para que um navio seja tido como brasileiro, exige-se: 1º, que seja propriedade de cidadão brasileiro, ou de sociedade ou empresa com sede no Brasil, gerida exclusivamente por cidadãos brasileiros; 2º, que seja navegado por capitão ou mestre brasileiro; 3º, que pelo menos dois terços da equipagem sejam brasileiros (Dec. n. 123, de 11 de novembro de 1892, arts. 3º e 10, e Dec. n. 2.304,

---

- 26 No texto oficial do Código está escrito "aeronaves militares", mas é evidente que se trata de um equívoco, como observou Hugo Simas (*Código Brasileiro do Ar*, p. 40), pois, de outra maneira, estaria o art. 5º em antinomia com o art. 4º.
- 27 Oscar de Macedo Soares, *Código penal comentado*, 4ª ed., Rio de Janeiro, 1908, p. 18; Galdino Siqueira, *Direito penal brasileiro*, Parte Geral, 2ª ed., Rio de Janeiro, 1932, p. 84.

de 2 de julho de 1896). Recentemente com as providências adotadas para a nacionalização do trabalho, dispõe o Dec. n. 20.671, de 17 de novembro de 1931, no seu art. 3º, que "só brasileiros serão admitidos à matrícula nas capitanias dos portos para empregarem sua atividade profissional nos navios ou embarcações mercantes.

Quanto às aeronaves, dispõe o Código Brasileiro do Ar (Dec. n. 483, de 8 de julho de 1938) que "se consideram da nacionalidade do Estado em cujo registro de matrícula estejam regularmente inscritas" (art. 20).

E o mesmo Código, no art. 22, dispõe que só poderão ser inscritas no Registro Aeronáutico Brasileiro as aeronaves privadas que forem de propriedade exclusiva de brasileiro ou de pessoa jurídica brasileira, com sede no Brasil, com gerência exclusivamente confiada a brasileiros, e um terço, pelo menos, do capital social pertencente a brasileiros, aqui domiciliados.

Os navios, como as aeronaves, podem ser públicos ou privados. Quanto aos navios, são considerados públicos além dos navios de guerra e de quaisquer outros empregados em serviços militares, também os empregados pelo Estado em qualquer serviço público, tal como o de alfândega, polícia etc. Reconhece-se também o caráter público aos navios postos exclusivamente a serviço de soberanos ou chefes de Estado e de representantes diplomáticos.

Ainda recentemente, o Dec.-Lei n. 3.641, de 19 de setembro de 1941, que deu nova redação ao art. 15 da Consolidação das leis, decretos, circulares e decisões referentes ao exercício das funções consulares brasileiras, estabeleceu que "as autoridades consulares devem ter presente que os iates de recreio procedentes dos países amigos e que, não transportando carga para fim comercial, trouxerem a bordo seus proprietários em viagem de recreio, devem ser tratados nas alfândegas da União com a mesma distinção e as regalias dos navios de guerra" e "iguais privilégios serão dados aos navios que se destinem a explorações científicas".

A concessão de tais regalias aos iates de recreio e aos navios destinados a expedições científicas fica subordinada à concessão de licença especial do Governo, antes da partida para o Brasil.[28]

Segundo o Código Brasileiro do Ar, consideram-se aeronaves públicas: as militares, as que forem utilizadas pelo Estado em serviço público, assim como toda aeronave comandada por pessoa incorporada às Forças Armadas nacionais em serviço ativo. Assimilam-se às aeronaves privadas as públicas empregadas exclusivamente em tráfego comercial ou postal, quando dirigidas por civis (art. 19 e seu parágrafo).

---

- 28 Decreto-Lei citado, art. 1º, §§1º e ss.

Quanto aos delitos praticados a bordo dos navios ou aeronaves públicos (estrangeiros), estejam fora do nosso domínio territorial ou aéreo, ou dentro deles, clara é a inaplicabilidade da nossa lei, ressalvadas, entretanto, as disposições do art. 5º do Código Penal.

Se os tripulantes de navios públicos de nacionalidade estrangeira descem à terra a serviço e praticam algum delito, será este da competência do Estado do navio. A prática tem consagrado, por uma questão de cortesia diplomática, a renúncia por parte do Brasil à punição de delitos sem gravidade praticados por gente da tripulação de navios de guerra, ainda que tenham vindo à terra simplesmente a passeio.

Relativamente aos delitos praticados em navios privados estrangeiros que naveguem em águas territoriais do Brasil ou se encontrem surtos em algum porto nacional, deve reger a matéria o art. 5º do Código Penal, combinado com o Decreto n. 855, de 8 de novembro de 1851, ainda vigente. Assim, firma-se a aplicabilidade da lei brasileira, se o delito foi praticado por brasileiro, ainda que membro da tripulação, ou se ocorrem quaisquer das outras hipóteses do art. 5º. É claro que o processo ficará na dependência das condições estabelecidas por esse dispositivo da nossa lei.

Se o navio privado estrangeiro se encontra em porto nacional, firma-se a competência do Brasil, na forma do decreto de 1851, se se tratar de delito grave e tenha a sua prática perturbado a tranquilidade pública ou particularmente atingido qualquer habitante do país. A ausência desse requisito não exclui a aplicação da nossa lei, nos casos do art. 5º.

Quanto aos delitos praticados a bordo de aeronaves, a matéria já foi exposta anteriormente, ao tratarmos de domínio aéreo (n. 38).

No que diz respeito aos delitos praticados em navios públicos brasileiros, é competente a nossa Justiça para julgá-los, onde quer que se encontre o navio. Tratando-se de vapores privados em águas territoriais ou em portos estrangeiros, e não ocorrendo nenhuma das hipóteses do art. 5º, não há como justificar-se a aplicação da lei brasileira quanto aos crimes praticados a bordo, de vez que nenhum interesse nacional terá sido atingido. Entretanto, se o navio se encontra fora das águas territoriais, em alto-mar, a competência para o julgamento dos crimes praticados será da Justiça do país a que pertencer o navio.

No caso de delitos praticados em um navio em alto-mar, com resultado produzido em outro navio, também em alto-mar, de nacionalidade diversa, devem ter aplicação as regras de direito interno relativas à competência. Nesse sentido foi a decisão da Corte Permanente de Justiça Internacional, de Haia, no discutido caso do *Lotus*. Na noite de 2 de agosto de 1926, o navio francês *Lotus,* em viagem para Constantinopla, abalroou o navio carvoeiro turco *Boz-kourt,* do que resultou ser este afundado, perecendo oito tripulantes de nacionalidade turca. O governo da Turquia fez processar o comandante do navio turco e o oficial que pilotava o vapor francês no momento do desastre, os quais foram afinal condenados por homicídio culposo. Em face do protesto do governo francês, que negava a competência da Justiça turca para processar um estrangeiro por fato praticado em um navio estrangeiro em alto-mar, foi o caso submetido à Corte de Haia, que, a 7 de setembro de 1927, proferiu decisão assentando pelo voto de desempate do seu presidente, a aplicabilidade da lei turca. Concluiu a Corte que "o que se passa a bordo de um navio em alto-mar deve ser considerado como se tivesse ocorrido no território do Estado cuja bandeira o navio usa. Se, pois, um ato delituoso, cometido num navio, em alto--mar, produz seus efeitos sobre um navio que usa outra bandeira ou sobre um território estrangeiro, devem ser aplicados ao caso os mesmos princípios que se aplicariam se se tratasse de dois territórios de Estados diferentes, e, portanto, deve concluir-se que nenhuma regra de direito internacional proíbe ao Estado, de que depende o navio, onde os efeitos do delito se manifestaram, considerar esse delito como se tivesse sido cometido no seu território e exercer a ação penal contra o delinquente."[29] O julgado da Corte assentou a preeminência do direito interno, em casos como esse, uma vez que tal direito não colida com os princípios gerais do direito das gentes.

Este caso tem para nós real interesse, por isso que o critério adotado pelo nosso Código, no art. 4º, coincide com o da legislação da Turquia, julgada pela decisão daquela alta Corte, perfeitamente harmônica com o direito internacional[30]

---

- 29 *Publications de la Cour Permanente de Justice Internationale*, Série A, n. 10, p. 25, citado por Hildebrando Accioly, *Tratado de direito internacional público*, Rio de Janeiro, 1934, vol. II.
- 30 O Código de Processo Penal assim regula, na espécie, a competência da justiça brasileira:

"Art. 89. Os crimes cometidos em qualquer embarcação nas águas territoriais da República, ou nos rios e lagos fronteiriços, bem como a bordo de embarcações nacionais, em alto-mar, serão processados e julgados pela justiça do primeiro porto brasileiro em que tocar a embarcação, após o crime, ou, quando se afastar do país, pela do último em que houver tocado".

"Art. 90. Os crimes praticados a bordo de aeronave nacional, dentro do espaço aéreo correspondente ao território brasileiro, ou ao alto-mar, ou a bordo de aeronave estrangeira, dentro do espaço aéreo correspondente ao território nacional, serão processados e julgados pela justiça da comarca em cujo território se verificar o pouso após o crime, ou pela da comarca de onde houver partido a aeronave".

"Art. 91. Se não se firmar a competência de acordo com as normas estabelecidas nos arts. 89 e 90, será competente o juízo da Capital da República".

**40. Imunidades diplomáticas.** O princípio da territorialidade do direito penal sofre flagrante restrição com os privilégios que resultam das chamadas *imunidades diplomáticas*. Muito embora as concessões de tais privilégios nem sempre estejam estipuladas em tratados ou convenções, resultam elas do respeito devido a regras consuetudinárias do direito das gentes, cuja recepção pelo direito interno se faz, tácita ou expressamente.

O Código Penal no art. 4º ressalva a vigência desses privilégios, afrouxando o rigor do princípio da territorialidade, quer em obediência a estipulações expressas em atos internacionais firmados pelo Brasil, quer em homenagem a regras costumeiras nas relações internacionais.

A doutrina é extremamente vacilante sobre os exatos limites que devem ser traçados a tais prerrogativas. Por isso, para bem fixar a extensão que o Brasil vem emprestando a esses privilégios, tomamos como paradigma a Convenção sobre Funcionários Diplomáticos, firmada em Havana, a 20 de fevereiro de 1928, pelo Brasil e mais 19 países americanos, tendo sido ratificada pelo Brasil a 30 de julho de 1929. De acordo com o art. 14 dessa Convenção, a inviolabilidade dos funcionários diplomáticos sobre a sua pessoa, residência, particular ou oficial, e bens, se estende: 1º a todas as classes desses funcionários; 2º, a todo pessoal oficial da missão; 3º, aos membros da família, que vivam sob o mesmo teto; 4º, aos papéis, arquivos e correspondência da missão. O art. 18 isenta os funcionários diplomáticos, no Estado onde se achem acreditados: 1º, de quaisquer impostos pessoais; 2º, dos impostos prediais sobre o edifício da missão, quando este pertencer ao respectivo governo; 3º, dos direitos aduaneiros sobre os objetos destinados ao uso oficial da missão ou ao uso pessoal do funcionário diplomático ou da sua família. E o art. 19 os isenta de *"toda jurisdição civil ou criminal* do Estado entre o qual se acham acreditados."

As pessoas que gozam de imunidades relativas à jurisdição podem recusar-se a servir como testemunha perante os tribunais do país (art. 21). A imunidade começa quando o diplomata entra no país onde vai servir e dá a conhecer a sua qualidade, e, depois de terminada a missão, ainda dura o tempo necessário para que possa o diplomata retirar-se (art. 22). As imunidades e prerrogativas são também reconhecidas nos Estados de trânsito dos funcionários diplomáticos (art. 23). No caso de morte do diplomata, são asseguradas as imunidades à sua família, pelo tempo razoável para a sua retirada do país (art. 24).[31]

Nessa conformidade são asseguradas as imunidades diplomáticas aos representantes acreditados junto ao nosso Governo, ainda que o Brasil nada

---

- 31 Hildebrando Accioly, *Atos internacionais vigentes no Brasil,* 2ª ed., Rio de Janeiro, 1936, vol. I, p. 7.

tenha expressamente estipulado com vários dos países representados. Em tais casos, na falta de tratado ou convenção, vigoram as *regras de direito internacional,* vigente sempre o princípio da reciprocidade.

Assim, não obstante a opinião contrária de certa corrente da doutrina, está excluído dos benefícios das imunidades todo o pessoal não oficial da missão diplomática, constituído por secretários particulares, dactilógrafos, mordomos, criados ou motoristas, ainda que nacionais do país representado.

Os cônsules, muito embora gozem de certos privilégios, tais como a inviolabilidade da residência e dos lugares ocupados pela chancelaria e arquivos consulares, e dispensa do pagamento de determinados impostos, não estão isentos da jurisdição civil ou criminal do Estado em que servem.[32]

Na Sexta Conferência Internacional Americana, reunida em Havana, em 1928, tal como em relação aos agentes diplomáticos, foi também firmada uma convenção sobre agentes consulares. Essa convenção foi ratificada pelo Brasil, em 30 de julho de 1929, e consagra os princípios expostos acima.

A doutrina moderna do direito das gentes abandonou totalmente o critério de considerar as imunidades diplomáticas como aplicação do princípio da extraterritorialidade. Já não há necessidade de recorrer-se a essa detestável ficção jurídica, para se assegurarem aos representantes diplomáticos os privilégios relativos à isenção de jurisdição penal e civil. Além disso, com as numerosas exceções criadas pela lei ao princípio da territorialidade do direito penal, tal ficção se tornou insuficiente para justificar essas imunidades.

Decorressem os privilégios de imunidade penal e civil apenas da circunstância de se considerarem *extraterritoriais* as pessoas dos funcionários diplomáticos, já não estariam eles isentos de processo perante a Justiça brasileira, quando praticassem qualquer crime que se ajustasse a uma das hipóteses previstas no art. 5º do nosso Código Penal, pois, embora cometido no estrangeiro, tal crime estaria sujeito à lei brasileira. Por aí se vê que a extraterritorialidade da pessoa do diplomata, isto é, o fato de ser ele considerado *como se* estivesse no estrangeiro, não bastaria para isentá-lo da jurisdição penal do Brasil, uma vez que o citado art. 5º autoriza, em determinados casos, a instauração do processo, ainda que o agente tenha praticado o crime no estrangeiro, e aí se encontre.

As imunidades diplomáticas são privilégios outorgados aos representantes diplomáticos estrangeiros, observado sempre o princípio da mais estrita reciprocidade.

---

- 32 GRAHAM STUART, Le droit et la pratique diplomatiques et consulaires. In: *Recueil des Cours,* vol. 48, p. 521.

Quando, ainda hoje, se vê empregada a expressão "extraterritorialidade" para caracterizar a isenção de jurisdição, não pretende ela indicar senão o fato de que a pessoa chamada "extraterritorial" fica submetida à jurisdição dos tribunais de seu país de origem.[33] Como muito bem expõe ANTOKOLETZ, partindo de uma citação de MONTESQUIEU, a extraterritorialidade não mais corresponde à realidade das coisas. É uma doutrina prejudicial, porque, admitido o princípio, devem-se aceitar suas consequências, e estas estabelecem privilégios exorbitantes. Ademais, é uma teoria insuficiente para explicar certas imunidades, como, por exemplo, a de jurisdição civil, posto que várias legislações modernas permitem processar nacionais residentes no estrangeiro.[34] Consequentemente, não há também como insistir-se em admitir a extraterritorialidade das casas ocupadas pelas missões diplomáticas ou por seus funcionários. A ficção que fazia considerar-se como um pedaço de território do país representado a casa da legação ou embaixada, assim como as dos funcionários cobertos por imunidades, também já não é suficiente para justificar os privilégios em vigor, dadas as crescentes restrições impostas ao princípio da territorialidade da lei penal. As hipóteses referidas no art. 5º, a que acima aludimos, excluiriam os privilégios de imunidade, caso decorressem eles apenas da circunstância de se considerarem os fatos praticados nas legações ou embaixadas *como se* tivessem ocorrido em território estrangeiro. As prerrogativas dos agentes diplomáticos são exclusivamente qualidades pessoais *(redundantes in personam)* e estabelecidas *ne impediantur legati,* decorrendo daí que a inviolabilidade e a imunidade das sedes das legações ou embaixadas e os domicílios do pessoal da missão carecem do caráter real de extraterritorialidade.[35]

Bem se está vendo que também nesta matéria claramente se faz sentir a tendência para o banimento das ficções jurídicas, recurso tão do agrado de certas correntes da legislação e da doutrina, que timbram por evitar as soluções realistas em homenagem a um mal-entendido critério sistemático ou a uma já impossível coerência com o primitivo conteúdo de determinados institutos.

As regras de direito das gentes, consagradas ou não por tratados ou convenções, e as práticas de cortesia internacional presidem as soluções de todos os problemas relativos às imunidades diplomáticas e dirimem os possíveis

---

- 33 HAMMARSKJÖLD, Les immunités des personnes investies de fonctions internacionales. In: *Recueil des Cours,* vol. 56, p. 132.
- 34 ANTOKOLETZ, OB. CIT., VOL. II, p. 413.
- 35 ONDEI, Sulle immunità diplomatiche nel diritto penale. In: *Annali di Dir. e Proc. Penale,* 1938, p. 1.057.

conflitos de leis relativas à competência para o julgamento dos delitos praticados a bordo de navios ou aeronaves, de qualquer natureza.

De qualquer maneira, não há mais lugar para a ficção da extraterritorialidade, numa época em que as normas de direito interno se tornam cada vez mais díspares, de país para país, e em que, em cada um deles, domina o sentimento de afirmação de sua própria soberania.

**41. Convenções, tratados, regras de direito internacional.** O art. 4º ressalva, em face da lei brasileira, o vigor das estipulações constantes de *convenções, tratados e regras de direito internacional*.

Na verdade, como veremos adiante, o princípio de territorialidade do direito penal sofre exceções, que são impostas por estipulações realizadas pelo Brasil com outros Estados, por meio de convenções ou tratados, ou pelo respeito devido a certas regras costumeiras internacionais.

Dessa maneira, o Brasil renuncia ao exercício de sua jurisdição sobre determinadas pessoas que se encontram em seu território, ou reconhece certos privilégios que importam em derrogação parcial do princípio declarado no art. 4º.

O Projeto ALCÂNTARA MACHADO fazia referência a "convenções, tratados e normas universalmente aceitas de direito internacional" (art. 3º). A Comissão Revisora tornou mais simples a expressão, pois não se pode exigir que se trate de "normas universalmente aceitas". Se a *norma* atendível para o efeito a que se refere o art. 4º deve repousar, principalmente, na reciprocidade, não é necessário que seja "universal". Há *normas americanas,* estabelecidas nos costumes internacionais dos países da América, como podem existir normas vigorantes nas relações entre dois países vizinhos e válidas somente entre eles.

Já se tem dito ser redundante falar em *tratado* e *convenção,* uma vez que entre eles não há diferença. De fato, alguns autores os têm como sinônimos, já que as duas expressões são, hoje, usadas indiferentemente, sem distinção apreciável entre uma e outra.[36]

Entretanto, há uma realidade: certos atos internacionais são intitulados *tratados,* e outros, *convenções*. Uns e outros podem conter estipulações das que são referidas no art. 4º.

Aliás, ainda prestigiosos autores fazem a respeito nítida distinção. Escreve RAUL PEDERNEIRAS: "*Tratado* é o ato pelo qual dois ou mais Estados estabelecem, modificam ou extinguem um vínculo jurídico. Difere da *con-*

---

- 36 HILDEBRANDO ACCIOLY, *Tratado de direito internacional público,* vol. I, Rio de Janeiro, 1956, p. 544.

*venção*, não política, por sua forma mais solene e por abranger questões menos genéricas."[37]

Por outro lado, observa SANCHEZ DE BUSTAMANTE que não obstante serem, no mínimo, 14 os nomes com que se designam os acordos internacionais, *tratado* é uma denominação genérica, que é empregada comumente em todas as línguas, nenhum outro termo podendo com ele competir, pela compreensão fácil e rápida de seu objeto. Entretanto, é comum opor-se-lhe a palavra *convenção*, chamando-se *tratados* os pactos de mais importância, e *convenções* os menos relevantes. Esta tendência observa-se efetivamente na prática internacional. Chamam-se sempre *tratados* aos de paz e de aliança; e *convenções* as que são preparadas e assinadas nas conferências internacionais, versando questões de outra natureza. Todavia, a expressão *tratado de comércio* é também corrente. De qualquer maneira, o limite entre as duas fórmulas é bastante incerto, e determinada matéria pode ter sido objeto de um *tratado* e vir a ser, de outra feita, disciplinada por uma *convenção*. A divergência ainda existente na doutrina sobre a nomenclatura dos atos internacionais basta para justificar a discriminação adotada pelo Código.

**42. Imunidades parlamentares.** Diversa da questão relativa à pseudo-extraterritorialidade decorrente das *imunidades diplomáticas* é a concernente às *imunidades parlamentares*. É um defeito de técnica o seu tratamento conjunto.[38] As imunidades parlamentares constituem, em parte, uma causa de exclusão de crime[39] e, em parte, uma condição de não processabilidade enquanto

---

- 37 RAUL PEDERNEIRAS, *Direito internacional compendiado*, 6ª ed., Rio de Janeiro, 1939, p. 221.
- 38 HAFTER, *Lehrbuch des schweizerîschen strafrechts*, p. g., 1946, p. 192.
- 39 Constituição, art. 44: "Os deputados e os senadores são invioláveis no exercício do mandato, por suas opiniões, palavras e votos".
  "Este dispositivo, como é bem de ver, não importa *imunidade penal* quanto aos *atos* praticados pelo parlamentar com traição ao mandato e em detrimento do interesse nacional, ainda que tais atos se venham ligar às suas opiniões, palavras ou votos. Ninguém poderá duvidar, que comete o crime de corrupção passiva o deputado ou senador que mercadeja com o próprio voto. É o que justamente acentua LAFERRIÈRE (*Manuel de droit constitutionnel*, ed. 1947, p. 711): «Envisagé en lui même, l'acte de vote ne peut jamais fournir matière à poursuites; envisagé dans son contenu, il est l'expression d'une opinion. Mais le vote peut s'attacher à des actes anterieurs, étrangers ou même contraires au mandat et qui, eux, peuvent constituer des infractions; par exemple, si un député a reçu de l'argent pour voter dans un sens determiné. La corruption consentie par un député n'est couvert pas l'irresponsabilité«. No mesmo sentido, GARRAUD (*Traité*, I, 377, nota 7). O que a Constituição quer dizer, no seu artigo 144, é que nas opiniões, palavras ou votos dos mencionados representantes do povo jamais se poderá identificar qualquer dos chamados "crimes de opinião" ou "crimes da palavra" (crimes contra a honra, incitamento a crime, apologia

não intervém licença da Câmara a que pertence o acusado[40] As imunidades diplomáticas, ao contrário, não excluem, em caso algum, a existência de crime: apenas colocam o seu titular fora da jurisdição penal do Estado em que se acha acreditado, para submetê-la à de seu país. O setor das imunidades parlamentares é o das causas excludentes de crime ou de punibilidade, e não no das exceções *ratione personae* ao princípio da territorialidade da lei penal.

**43. Crimes cometidos no estrangeiro. Extraterritorialidade.** Como já ficou acentuado (n. 32), o princípio da territorialidade, adotado como regra geral pelo Código (artigo 4º), sofre várias exceções. Entre o *territorialismo* absoluto e a irrestrita *extraterritorialidade, o* Código preferiu, a exemplo, aliás, das legislações modernas, uma posição de limitada transigência ou a chamada "territorialidade temperada". Se já no próprio art. 4º ressalva a possibilidade de renúncia de jurisdição do Estado, mediante convenções, tratados ou regras de direito internacional, quanto a crimes total ou parcialmente praticados no território brasileiro, por outro lado, no art. 5º, prevê uma série de casos em que a aplicação da lei brasileira é extensível a crimes praticados fora do território nacional. São feitas *concessões* ao *princípio real ou da defesa* (art. 5º, n. I), ao princípio da *personalidade ativa* (art. 5º, n. II, letra b) e *passiva* (art. 5º, § 3º) e ao *princípio da universalidade* (art. 5º, n. II, letra a). Ainda mais: nos arts. 7º (limitada eficácia de sentença penal estrangeira) e 46 (adoção da chamada "reincidência internacional"), o Código adere, para certos efeitos, ao princípio da "internacionalização da sentença penal", que se liga ao da universalidade ou cosmopolitismo do direito penal (isto é, ao preconizado critério de solidariedade mundial contra o crime).

A excepcional extraterritorialidade pode ser *condicionada* ou não. É incondicionada nas hipóteses constantes do artigo 5º, n. I, isto é, quando se trate de crimes (praticados no estrangeiro) *contra a vida ou a liberdade do Presidente da República, contra o crédito, a fé pública ou o patrimônio da União, Estado federado ou município,* ou *contra a administração pública* (posto que o agente, brasileiro ou estrangeiro, esteja a seu serviço). Cumpre notar

---

de criminoso, propaganda subversiva da ordem política-social, preconício de ódio entre classes, vilipêndio oral a culto religioso etc. etc.). Fora daí, não há imunidade alguma. Suponha-se, por exemplo, que um deputado, da tribuna da Câmara, revele um segredo atinente à Defesa Nacional. Evidentemente terá de responder por crime de espionagem. Veja-se, para maior elucidação do tema, o erudito parecer do deputado MARTINS RODRIGUES no "caso do telegrama n. 295", publicado no *Jornal do Comércio* de 27.4.1957.

- 40 Constituição, art. 45: "Desde a expedição do diploma até a inauguração da legislatura seguinte, os membros do Congresso Nacional não poderão ser presos, salvo em flagrante de crime inafiançável, nem processados criminalmente, sem prévia licença de sua Câmara".

que a estas hipóteses acrescem as previstas no art. 17, letra *a*, do Dec.-Lei n. 394, de 28 de abril de 1938 (dispositivo esse que continua em vigor, dada a ressalva do art. 360 do Código Penal), em face do qual "poderão ser processados e julgados, ainda que ausentes, os brasileiros e estrangeiros que, em território *estrangeiro*, perpetrem crimes *contra a existência a segurança ou integridade do Estado e a estrutura das instituições, e contra a economia popular.*"

O incondicionalismo da aplicação da lei brasileira, em todas essas hipóteses, explica-se pela preeminência dos bens jurídicos atacados. O Estado não podia encantoar-se intratavelmente no princípio da territorialidade, para abster-se ou assumir posição secundária ou subsidiária, no tocante à punição de crimes que afetam diretamente a interesses seus, específicos e vitais, isto é, atinentes à sua própria ordem político-social, financeira, econômica e administrativa. Incumbe-lhe exercer, em tais casos, o seu *jus puniendi*, como se o crime tivesse sido praticado no território nacional *(quase territorialidade)*, pois, de outro modo, haveria uma abdicação incompatível com a particular relevância dos interesses em jogo. Tomando a iniciativa, age *próprio nomine* e sem quaisquer limites ou percalços à aplicação da sua lei penal. Não tem que aguardar a intervenção da justiça do país em que foi o crime cometido ou de se conformar com os seus pronunciamentos. Não importa que o agente já tenha sido julgado, no caso concreto, segundo a lei alienígena. É expresso, a tal respeito, o § 1º do art. 5º: "Nos casos do n. I, o agente é punido segundo a lei brasileira, ainda que absolvido ou condenado no estrangeiro". No caso de condenação e efetivo cumprimento de pena no Estado *commissi delicti*, apenas se fará a atenuação ou cômputo de que cogita o art. 6º. É de todo irrelevante que o agente (brasileiro, estrangeiro ou apátrida) não se encontre no território brasileiro: será processado e julgado *in absentia*. Nem há indagar se o fato é também incriminado no país em que foi praticado, ou se já se extinguiu a punibilidade segundo a lei estrangeira.

O crime *contra a vida ou a liberdade do Presidente da República* achava-se especialmente previsto no art. 2º, n. 9, do Dec.-Lei n. 431, de 18 de maio de 1938; mas como a única pena cominada era a de morte e esta foi abolida pela atual Constituição (art. 141, § 31), ter-se-ia de aplicar o Código Penal comum (na parte relativa aos crimes *contra a vida, integridade física e liberdade individual*), de modo que a esse tempo no que respeitava à proteção penal, o Presidente da República se encontrava em situação secundária, cotejado com outros agentes do poder público (art. 3º, n. 2, do citado decreto).

A nova Lei de Segurança Nacional, porém, veio corrigir a anomalia.[41]

---

- 41  Lei n. 1.802, de 1953, art. 6º, letra *a*.

Os crimes *contra o crédito, a fé pública, o patrimônio federal, estadual ou municipal e a administração pública* estão previstos nos títulos X e XI, capítulo I, do Código.

Os crimes *contra a existência, a segurança ou integridade do Estado e a estrutura das instituições* (a que se refere o Dec.-Lei n. 394) estão previstos, quando praticados em tempo de paz, pela Lei n. 1.802, de 5.1.1953 e quando em tempo de guerra, pelo Dec.-Lei n. 4.766, de 1 de outubro de 1942.

Finalmente, os *crimes contra a economia popular* (a que também alude o Dec.-Lei n. 394) estão previstos no Dec.-Lei n. 1.521, de 26 de dezembro de 1951.

Em todos os demais casos, a excepcional extraterritorialidade é *condicionada,* isto é, subordinada a determinados requisitos ou pressupostos.

O primeiro caso desta outra série é o dos "crimes que, por tratado ou convenção, o Brasil se obrigou a reprimir" (art. 5º, II, *a*). A quebra do princípio da territorialidade é, aqui, motivada, principalmente, pela necessidade de colaboração do Estado na luta contra certas *species* de criminalidade, cuja repressão interessa aos países civilizados em geral ou que afetam, em qualquer de suas fases (preparação, execução, consumação), contemporânea ou sucessivamente, a países diversos, e são, por isso mesmo, tradicionalmente, objeto de tratados e convenções internacionais, no sentido de sua punição em qualquer dêsses países. Apresentam-se aqui os denominados *delicta juris gentium* ou "crimes internacionais",[42] como sejam o "tráfico de mulheres", o "comércio de entorpecentes", a "difusão de publicações obscenas" e a "danificação ou destruição de cabos submarinos", de que cuidaram as Convenções de Paris de 1884, 1902, 1908 e 1910, de Haia de 1912, e de Genebra de 1921, 1923, 1925 e 1933, ratificadas pelo Brasil.[43]

O segundo caso de extraterritorialidade condicionada é o referente a crime praticado, no estrangeiro, por *brasileiro* (art. 5º, II, b). A exceção é jus-

---

- 42 FEUILLELOY (ob. cit., p. 796) assim define o crime *internacional*: «*toute action criminelle de droit commun qui aura été préparée, facilitée, consommée ou qui aura produit effet dans des pays différents, alors même que les divers actes qui sont les éléments constitutifs de l'infraction auraient été accomplis dans des pays différents*».
  Costuma-se chamar «direito penal internacional» ao conjunto das normas relativas ao direito penal no espaço. O rótulo, porém, é impróprio ou ambíguo. Conforme adverte HAFTER (ob. cit., p. 48), só se pode falar em "direito penal internacional" quando vários Estados convencionam a tutela penal comum de tais ou quais bens jurídicos, de modo que a jurisdição de qualquer deles não entra em conflito com a de outro. Adequada, portanto, é a expressão no tocante ao direito penal convencional em torno dos *delicta juris gentium*.

- 43 Cons. HILDEBRANDO ACCIOLY, *Atos internacionais vigentes no Brasil.*

tificada, preliminarmente, pelo *vínculo de nacionalidade* que segue o indivíduo mesmo fora do território pátrio (princípio da *personalidade ativa*), e tanto mais se impunha, como já foi observado, quanto a *não extradição do nacional* é, entre nós, princípio constitucional (a partir da Constituição de 1934). Se o Brasil não entrega a outro Estado o brasileiro que aí delinquiu, fica adstrito a puni-lo, segundo a lei nacional, pois, de outro modo, estaria assegurando a impunidade do crime. *Aut tradere, aut punire.* A aplicação da lei brasileira é, em tal caso, um corretivo da não extradição ou um sucedâneo da extradição. O Estado brasileiro torna-se como que um *gestor de negócios,* agindo *por conta* do Estado *patrati criminis.* É o que os autores suíços e alemães chamam *Stellvertrentendes Strafrecht.* Resulta daí que a aplicação da lei brasileira não deve abstrair, de todo, a lei estrangeira, para não acarretar um tratamento penal mais severo do que aquele que o culpado teria sofrido no país em que cometeu o crime. Não importa que o agente seja brasileiro nato ou naturalizado (bem entendido: naturalizado antes da perpetração do crime). Se é *incerta* ou *contestada* a nacionalidade brasileira, a questão pode ser resolvida no próprio juízo penal (desde que dela não dependa a existência do crime). Segundo a doutrina dominante, se se trata de um *apátrida* (ou porque não teve jamais cidadania alguma ou porque perdeu a sua sem adquirir outra), deve ser considerado *brasileiro,* para os efeitos penais, desde que tenha sua residência habitual no território brasileiro.

O terceiro e último caso é o do crime praticado por estrangeiro *contra brasileiro* fora do Brasil (princípio da *personalidade passiva*). Todo Estado tem para com os seus cidadãos, onde quer que estejam, o dever de proteção. É a este raciocínio que obedece a excepcional extraterritorialidade admitida no § 3º do art. 5º. Vejamos agora quais são as condições a que está indeclinavelmente subordinada, nos três casos citados, a aplicação da lei brasileira. São várias e devem concorrer simultâneamente. A primeira delas é a *entrada do agente no território nacional.* Não é preciso que o ingresso se dê com ânimo de permanecer: basta que o agente se encontre, voluntariamente ou não, ou ainda que em trânsito, no território brasileiro. Se não pode ser processado *in absentia,* não se eximirá, entretanto, à pena de *revelia* (posto que regularmente citado *ab initio*), se intercorrentemente voltar ao estrangeiro.

Vem a seguir a condição de *ser o fato punível também no país em que foi praticado.* Quer-se, assim, evitar que o agente sofra, no Brasil, o que não sofreria no próprio país em que praticou o fato. Deve este ser previsto como crime, ainda que com diversidade de *nomen juris,* quer no Brasil, quer pela lei do Estado estrangeiro. Se é praticado em *terra nullius* (ex.: região polar), é bem de ver que o juiz somente terá em conta a lei brasileira incriminadora.

Outra das condições é *estar o crime incluído entre aqueles pelos quais a lei brasileira autoriza a extradição*. Segundo o Dec.-Lei n. 394, de 28 de abril de 1938, que atualmente regula, entre nós, o instituto da extradição, não é esta concessível (art. 2º) quando se trate de crimes: *a)* a que a lei brasileira imponha pena de prisão inferior a um ano; *b)* pelos quais o agente tenha de responder, no país requerente, perante tribunal ou juízo de exceção; *c)* puramente militares; *d)* contra a religião; *e)* políticos ou de opinião.

*Puramente militares* são os crimes *próprios* dos militares, isto é, que só por estes podem ser praticados (ex.: deserção, insubordinação, cobardia etc.). Não estão abrangidos, portanto, os chamados "crimes militares impróprios".

Os *crimes contra a religião*, cujos autores não são passíveis de extradição, se entendem os exclusivamente tais (desacompanhados de violência contra pessoas ou coisas), e não também os *mistos* ou a que sejam *conexos* crimes comuns.

Os *crimes políticos,* que, por injunção mesma de nossa lei constitucional (art. 141, § 33), importam a inextraditabilidade de seus autores, são os dirigidos, subjetiva e objetivamente, de modo imediato, contra o Estado como unidade orgânica das instituições políticas e sociais. Não há distinguir entre *crime político e crime social*, pois sua objetividade jurídica vem a ser a mesma, ou, seja, a *ordem política*, que compreende, incontestavelmente, não só a específica organização do Estado, como a estrutural organização social, de que o Estado é fiador e sustentáculo. Costuma-se dizer que crime político é o que atenta diretamente contra a *personalidade* do Estado (lesando ou ameaçando de lesão a independência nacional, a integridade do território, as relações do Estado com os demais Estados, o regime político ou forma de governo, a formação e atividade dos poderes públicos),[44] enquanto crime social é o que visa

---

• 44 Caracteristicamente *políticos* são os *crimes eleitorais*. Abstraído o exagero romântico e *suranné* do individualismo, é força convir que a colaboração do indivíduo na atividade estatal, por meio do voto, representa, em última análise, antes que um *direito individual,* uma *função orgânica* do próprio Estado. Se é lição banal que se não deve confundir *direito político* com *função pública*, ainda que de caráter político, por isso que, nesta, o titular age por um fim que está fora dele, enquanto, naquele, quem o exerce é determinado *prevalentemente* pelo seu interesse próprio, não há como rotular de *direito político* a função eleitoral, cujo exercício atende primacialmente ao interesse geral, afastando o indivíduo de sua atividade peculiar, para gravitar na esfera própria do Estado. O eleitor atua em nome e por conta do Estado. A locução *direito eleitoral* é inadequada. E sobe de ponto essa impropriedade quando vem a ser declarado obrigatório, como acontece entre nós, o voto eleitoral. Verdade é que ao cidadão há de sempre ficar, necessariamente, a faculdade ou liberdade de escolha dos candidatos aos cargos eletivos; mas não se pode perder de vista que essa faculdade não é concedida ao indivíduo *por si mesmo*, mas *como* e *enquanto* órgão e instrumento do Estado, dentro do sistema democrático indireto ou representativo. A tutela penal, na espécie, é estatuída, primacialmente, no interesse das instituições

a atacar, desde suas bases, a hodierna organização social (que se convencionou chamar de "burguesa"). Nenhum alcance, porém, apresenta semelhante distinção, para o efeito de diverso tratamento dos crimes em questão, pois que entre as finalidades específicas do Estado se compreende a segurança da organização social, que diz, evidentemente, com a sua própria segurança. A organização política e a organização social interpenetram-se, formando uma unidade incindível. Notadamente na época atual, seria abstrair a palpitante realidade o desconhecer que o problema *político* se dilatou, para abranger ou assimilar, sinteticamente, o problema *social*. As questões estritamente políticas perderam o seu antigo relevo e evoluíram para as questões mais propriamente chamadas "político-sociais". Hoje em dia, partido político que se preze não deixa de gizar seu plano de reforma social. Os próprios legionários da liberal-democracia, ressalvado o seu antirradicalismo, já reconhecem a necessidade de afeiçoar-se a vigente organização social a moldes mais justos ou equitativos. Já não existe uma questão política ao lado de uma questão social, mas o visceral entrosamento de ambas. Esta íntima conexão já fora, aliás, de há muito, reconhecida por ORTOLAN.[45]

O benévolo tratamento dos *criminosos políticos*, em contraste com os tirânicos critérios medievais, tem a sua pré-história na filosofia dos enciclopedistas. E na diretriz de um crescente liberalismo, que culminou no sé-

---

representativas, o que vale dizer: no sentido da regularidade de atuação do Estado segundo o regime democrático indireto, cujo êxito está conceituadamente subordinado ao voto popular na seleção da *élite* ou dos *right men* a que devem ser confiadas a elaboração das leis e a suprema gestão da coisa pública. Os *crimes eleitorais*, exatamente apreciados, são, por consequência, crimes *contra o Estado* ou *contra a ordem política*.

- 45 *Eléments de droit pénal*, I, 1875, pp. 298 e ss.: "*Si l'on suppose maintenant que des actes soient commis ayant pour but, par des moyens contraires à la loi et frappés de peines par elle, soit de renverser ou de modifier l'organisation des grands pouvoirs de l'Etat; soit de détruire, d'affaiblir ou de déconsidérer l'un de ces pouvoirs; soit d'étendre ou de restreindre la part que les divers membres ou que certains membre de l'association sont appelés à y prendre, soit d'exercer dans un sens ou dans un autre une action illégitime sur le jeu de leur mécanisme ou sur la direction générale et suprême qui en résulte pour les affaires de l'Etat; soit de détruire ou de transformer en quelqu'un de leur éléments ou en tous les conditions sociales faites par la Constitution aux individus; soit enfin de susciter des troubles, des haines ou des luttes de violence dans la société à propos de l'un ou de l'autre des objets qui précèdent: ces actes, tous puisés à une idée commune d'atteinte à l'ordre social ou l'ordre politique établis, seront qualifiés delits politiques.*".

  E conclui o penalista francês: "Para saber se um crime é político ou não, temos de examinar: 1º, se ofende a justiça quanto aos deveres de ação ou inação que ao agente impõe a organização social; 2º, se o interesse da sociedade na repressão desse ato é um interesse atinente a essa mesma *organização social e política*".

culo XIX, chegou-se a negar legitimidade à repressão dos rebeldes contra o Estado. Não pode haver crime, dizia BRUNTSCHLI, quando se age para alcançar o bem da nação; nem esta pode julgar-se agredida por quem, com risco da própria vida, quer precisamente melhorar-lhe o destino e as condições de existência. CARRARA doutrinava que não podia ter ingresso no campo do direito penal um fato que é, alternadamente, crime e virtude cívica. Os insurretos, os conspiradores, os rebeldes deviam ser equiparados aos inimigos externos: uma vez vencidos, perdoados (*in illo tempore*...). No seu *Programa*, o grande professor da Universidade de Pisa não cuidou dos crimes políticos, considerando um sacrilégio o aliar-se a justiça à política e afirmando, num esto poético, que "sempre que a política entra as portas do templo da justiça, esta foge espavorida pela janela, para librar-se ao céu". CHRETIEN doutrinava que combater o insurreto na hora da luta é um ato de legítima defesa, mas puni-lo depois de vencido é um ato de tirania. Era evidente o exagero de tais conceitos, que refletiam a antiga indignação contra os monstruosos processos medievais de repressão do *crime lesae majestatis*. Verdade é que, do ponto de vista histórico, seriam eles talvez defensáveis, pois que ao crime político, mais do que a qualquer outro, não são ajustáveis, sob o ponto de vista ético-social, critérios permanentes ou estáveis. O crime político é tudo quanto há de mais contingente. Basta dizer que sua punição depende do seu insucesso. Se colhe êxito, já não é crime, mas título de glória. O celerado de hoje é o benemérito de amanhã. Garibaldi, derrotado em Mentana, é um bandido; vitorioso em Marsala, é um herói. Napoleão, ao sair da ilha de Elba, para a aventura dos *Cem Dias*, era, segundo os jornais de Paris, o "bandido corso", mas, ao chegar triunfante à capital francesa, era o "grande Imperador". Com a relativa estabilidade, porém, dos governos democráticos, veio a encontrar-se um fundamento de cor jurídica à incriminação do atentado político. É este uma violação da *lei da maioria*. A razão de sua punibilidade é o direito da maioria à manutenção da ordem político-social por ela aceita e adotada. Não pode ser lícito a um só ou a alguns indivíduos mudarem a forma de governo ou estrutura social que a maioria dos cidadãos, mediante expresso ou tácito consenso, se quis dar a si mesma. Ainda outra razão jurídica: a repressão penal na espécie deriva do *constitucionalismo*, que é uma força específica dos Estados modernos, impondo sistemas, processos e métodos jurídicos às mudanças ou reformas político-sociais. Todas as relações de convivência se exprimem por sanções jurídicas, e a ação reformadora que desconhece meios jurídicos de progresso, para entregar-se a violência, é criminosa. De resto, já estamos por demais escarmentados, nos dias que correm, para ainda fazermos a apologia do *direito de revolução*. Deixou este de subordinar-se à condição de *necessidade* com que o proclamava Locke[46] ou a "Declaração dos direitos do homem",[47] para ser, muitas vezes, um despejado *ôte toi de là pour que je m'y met*... Se é fora de dúvida a legitimidade de sua punição, não se pode deixar de reconhecer que os crimes políticos (autêntica e puramente tais), não obstante serem os que mais intensamente perturbam a ordem jurídico-social, não provocam o sentimento de revolta ou repugnância que, em geral, suscitam os crimes comuns. São até objeto de acentuada simpatia pública. Deles já se disse que são uma antecipação da moral futura. São mesmo chamados *crimes evolutivos*. Seus autores, quase sempre oriundos da *élite* da inteligência e do sentimento, seriam indivíduos que, descortinando mais além do horizonte que limita a visão de seus contemporâneos, madrugam para as jornadas da evolução humana. A história da civilização (a observação é de Grispigni) revela, efetivamente, que as maiores conquistas no terreno político-social têm sido alcançadas por essa espécie de crimes. Não se pode ignorar que a queda das tiranias, a abolição da servidão da gleba, a igualdade civil e política, os direitos do homem, a melhoria das condições de vida do proletariado, etc. não teriam sido possíveis sem o ímpeto dos crimes político-sociais.

Explica-se, assim, que entre todos os povos cultos, na época moderna, certos favores de que gozam tais crimes, quando não sejam simples máscara à delinquência humana, se tornassem uma tradição, que só a intolerância dos governos divorciados da opinião pública ou de regimes mal consolidados pode abstrair. Segundo um princípio integrado na consciência jurídica universal, só ultimamente rompido pela fúria liberticida dos governos totalitários (de que a Rússia soviética ainda nos dá um triste e alarmante exemplo), a pena de morte não é aplicável ou é sempre comutada, quando se trate de criminosos políticos. São a estes reservados, sistematicamente, benefícios especiais: *custódia honesta, anistia, direito de asilo* ou *não extradição*.[48*]

Entre nós, mesmo no regime do chamado *Estado Novo*, acoimado de tendências totalitárias, não se repudiou o critério de inextraditabilidade dos delinquentes de natureza política. Consagrou-se expressamente o Dec.-Lei n. 394, de 28 de abril de 1938. E atualmente se acha reintroduzido na Lei Constitucional.

---

- 46 "Whenever any prince or legislature, or government should endeavor to take away or destroy the property of the people, or to reduce them to slavery under arbitrary power, the people were then absolved from any further obedience and are left to the common refuge which God hath provided from all men against force and violence".
- 47 "Quand le gouvernement viole les droits du peuple, l'insurrection est pour le peuple, et pour chaque portion du peuple, le plus sacré des droits et le plus indispensable des devoirs".
- 48 * Veja-se, no *Apêndice*, nossa dissertação sobre "O asilo político".

Questão controvertida é a que suscita, em matéria de *não-extradição*, os denominados *crimes políticos relativos*, que compreendem os crimes políticos *complexos* ou *mistos* (simultâneamente ofensivos da ordem político-social e de um bem jurídico privado) e os crimes comuns *conexos* a crimes políticos. Deverão ser tais fatos considerados, indivisívelmente, de feição política? As leis, convenções e tratados sobre extradição não recusam, em geral, o direito de asilo aos autores de crimes políticos relativos, mas com restrições e temperamentos. Há toda uma série de sistemas a tal respeito: o *da prevalência*, que admite a extradição quando *prevalece* a infração comum; o *da separação*, que concede a extradição para o crime comum, se não forma unidade com o crime político; o da *causalidade*, que exclui a extradição somente quando os crimes políticos relativos ocorram por ocasião ou no curso de uma insurreição ou guerra civil; o da *atrocidade do meio*, que é uma paráfrase do sistema da prevalência; o *dos usos de guerra*, que só concede a extradição quando os fatos de que se trata, cometidos durante uma comoção intestina, não sejam escusados pelos usos de guerra. De todos estes sistemas, o mais difundido é o da prevalência, que teve adoção em nossa lei especial sobre extradição (Decreto-Lei n. 394, art. 2º, § 1º): "A alegação do fim ou motivo político não impedirá a extradição, quando o fato constituir, principalmente, uma infração comum da lei penal, ou quando o crime comum, conexo dos referidos no inciso VII (isto é, dos crimes puramente militares, religiosos, políticos ou de opinião), constituir o fato principal. "E a seguir, no art. 2º, § 2º, a dita lei consagra a chamada *cláusula de atentado* e faz outras exceções: "Não se consideram crimes políticos os atentados contra os chefes de Estado ou qualquer outra pessoa que exerça autoridade, nem os atos de anarquismo, terrorismo e sabotagem, ou que importem propaganda de guerra ou de processos violentos para subverter a ordem política ou social". É bem de ver que a exceção referente à "propaganda de processos violentos para subverter a ordem política ou social" deve ser reconhecida somente quando o preconizado "processo violento" constituir, principalmente, crime comum (acareados os §§ 1º e 2º do art. 2º), pois, a entender-se de outro modo, logicamente acabariam extraditáveis todos os crimes políticos (desde que sua simples "propaganda" não excluísse a extradição).[49]

---

- 49 É o seguinte o texto do Dec.-Lei n. 394, que regula a extradição (*Diário Oficial* de 30 de abril de 1938):
  "Art. 1º Em nenhum caso será concedida a extradição de brasileiros requisitada por Estado estrangeiro. O Governo Federal continuará, porém, a requisitar aos Estados estrangeiros a extradição de brasileiros, na forma de direito.
  § 1º Não será igualmente concedida a extradição de brasileiros naturalizados antes da perpetração do crime.

Por *crimes de opinião,* também excetuados à extradição, se entendem os que constituem abuso de liberdade do pensamento, seja pela imprensa (jornal, livro, impressos em geral), seja por palavras ou qualquer outro meio de expressão de ideias. Segundo o ponto de vista dominante, não se alinham entre os crimes de opinião excludentes de extradição os desprovidos de qualquer caráter político ou doutrinário (ex.: os crimes contra a honra de particulares, a apologia de crimes comuns etc.).

Ainda outra das concomitantes condições de excepcional extraterritorialidade é "não ter sido o agente absolvido no estrangeiro ou não ter aí cumprido a pena". Não há, com isto, senão um corolário do raciocínio segundo o qual, nos casos do n. II e § 3º do art. 5º, a justiça brasileira como que se exerce *por conta* ou *em substituição* da justiça estrangeira. Se o agente já foi absolvido (ainda que injustamente) no estrangeiro ou já cumpriu a pena que aí lhe foi imposta, cessa a *ratio* de atuação da lei brasileira. Se a pena só em parte foi cumprida no estrangeiro, pode ser instaurado novo processo no Brasil, mas atendido o disposto no art. 6º.

A última das condições estabelecidas no § 2º do art. 5º é a de "não ter sido o agente perdoado no estrangeiro ou, por outro motivo, não estar extinta a punibilidade, segundo a lei mais favorável". A aplicação da lei brasileira

---

§ 2º Negada a extradição de brasileiro, este será julgado no país, se o fato contra ele arguido constituir infração segundo a lei brasileira. Se a pena estipulada na lei brasileira for mais grave do que a do Estado requerente, será a mesma reduzida nesta medida. Do mesmo modo proceder-se-á quando for o caso, se negada a extradição do estrangeiro.

§ 3º Nos casos do parágrafo anterior, serão solicitados ao Governo requerente os elementos de convicção para o processo e julgamento, sendo-lhe depois comunicada a sentença ou resolução definitiva.

Art. 2º Não será, também, concedida a extradição nos seguintes casos:

I – quando não se tratar de infração segundo a lei brasileira, ou a do Estado requerente;
II – quando o Brasil for competente, segundo suas leis, para julgar a infração;
III – quando a lei brasileira impuser, pela infração, pena de prisão inferior a um ano, compreendida a tentativa, coautoria e cumplicidade;
IV – quando o extraditando estiver sendo processado ou já tiver sido condenado ou absolvido no Brasil, pelo mesmo fato que determinar o pedido;
V – quando se tiver verificado a prescrição, segundo a lei do Estado requerente, ou a brasileira;
VI – quando o extraditando tiver de responder, no país requerente, perante tribunal ou juízo de exceção;
VII – quando a infração for:
*a)* puramente militar;
*b)* contra a religião;
*c)* crime político ou de opinião.

não pode importar para o agente uma situação mais gravosa do que a que lhe seria criada pela *lex loci patrati criminis*. Se vem a extinguir-se a punibilidade segundo a lei estrangeira, a ação penal no Brasil seria como que um *excesso de repressão*. Por outro lado, se se reconhece a extinção de punibilidade em face da lei brasileira, impõe-se a abstenção da nossa justiça, do mesmo modo ou pela mesma razão que esta se abstém quando o fato não é incriminado pela lei nacional.

No caso do § 3º do art. 5º (extraterritorialidade segundo o princípio da *personalidade passiva*), a aplicação da lei brasileira, ainda quando reunidas as condições mencionadas acima, requer mais que: *a)* não tenha sido pedida ou tenha sido negada a extradição, e *b)* preceda requisição do ministro da Justiça. A este, e tão somente a este, cabe decidir, na espécie, se há ou não interesse na punição do não extraditado (tendo sido, portanto, derrogado, na sua última parte, o § 1º do art. 18 do Dec.-Lei n. 394).

**44. A regra "non bis in idem".** Nos casos em que a lei brasileira é aplicável a crime praticado, total ou parcialmente, no estrangeiro, ainda quando aí já tenha o agente, pelo mesmo fato, cumprido pena, o juiz brasileiro deve ter isso em conta, para evitar o *bis in idem* ou duplicidade de repressão. É o que

---

§ 1º A alegação do fim ou motivo político não impedirá a extradição quando o fato constituir, principalmente, uma infração comum da lei penal, ou quando o crime comum, conexo dos referidos no inciso VII, constituir o fato principal.
§ 2º Não se consideram crimes políticos os atentados contra chefes de Estado ou qualquer outra pessoa que exerça autoridade, nem os atos de anarquismo, terrorismo e sabotagem, ou que importem propaganda de guerra ou de processos violentos para subverter a ordem politica ou social.
§ 3º Caberá exclusivamente ao Supremo Tribunal Federal a apreciação do caráter da infração.
Art. 3º A extradição só será concedida se a infração tiver sido cometida no território do Estado requerente, ou quando se lhe aplicarem as suas leis penais.
Art. 4º A extradição alcança os processados ou condenados como autores, cúmplices ou encobridores da infração.
Art. 5º A detenção ou prisão do extraditando deverá estar autorizada pelo juiz ou tribunal competente do Estado requerente, se não houver sentença final, que deverá ser de privação de liberdade.
Art. 6º Quando vários Estados requererem a extradição da mesma pessoa pelo mesmo fato, terá preferência o pedido daquele em cujo território foi cometido.
§ 1º Tratando-se de fatos diversos:
*a)* o que versar sobre a infração mais grave, segundo a lei brasileira;
*b)* o do Estado que em primeiro lugar tiver solicitado a entrega, no caso de igual gravidade; se os pedidos forem simultâneos, o Estado de origem ou, na sua falta, o do domicílio. Nos demais casos, a preferência fica ao arbítrio do Governo brasileiro.

expressamente dispõe o art. 6º: "A pena cumprida no estrangeiro atenua a pena imposta no Brasil pelo mesmo crime, quando diversas, ou nela é computada, quando idênticas". No caso de diversidade *qualitativa* das penas, a

---

§ 2º Na hipótese do § 1º, poderá ser estipulada a condição de entrega ulterior aos outros requerentes.

§ 3º Havendo tratado com algum dos Estados solicitantes, as suas estipulações prevalecerão no que diz respeito à preferência de que trata este artigo.

Art. 7º A extradição será solicitada por via diplomática ou, na falta de agente diplomático do Estado requerente, diretamente de Governo a Governo, sendo o pedido acompanhado de cópia ou traslado autêntico da sentença de condenação ou das decisões de pronúncia ou prisão preventiva, proferidas por juiz competente. Estas peças deverão conter a indicação precisa do fato incriminado, o lugar e a data em que foi cometido, e cópia dos textos da lei aplicável à espécie, inclusive dos referentes à prescrição da ação ou da pena, bem como dados antecedentes necessários à comprovação da identidade do indivíduo reclamado.

Parágrafo único. O trânsito do pedido por via diplomática constitui prova bastante da autenticidade dos documentos apresentados.

Art. 8º O Ministério das Relações Exteriores remeterá o pedido ao da Justiça e Negócios Interiores, o qual providenciará para a detenção do extraditando e sua apresentação ao Supremo Tribunal Federal.

Art. 9º Em casos de urgência, e havendo reciprocidade de tratamento, poderá ser concedida a prisão preventiva do extraditando, mediante simples requisição, feita por qualquer meio, inclusive via telegráfica, telefônica ou radielétrica, por qualquer autoridade competente do Estado requerente, ou agente diplomático ou consular do mesmo Estado. A requisição será baseada na invocação de sentença de condenação, auto de prisão em flagrante ou mandado de prisão, ou ainda fuga do indiciado após o crime ou a condenação, e indicará a infração cometida. Dentro do prazo de 60 dias contados da data em que foi recebida a requisição, o Estado requerente deverá apresentar o pedido formal da extradição, acompanhado dos documentos indicados no art. 7º. A prisão não será mantida além do dito prazo; nem se admitirá novo pedido de prisão, pelo mesmo fato, sem o pedido formal de extradição, devidamente instruído.

Art. 10. Nenhum pedido de extradição será atendido sem prévio pronunciamento do Supremo Tribunal Federal sobre a legalidade e procedência do mesmo, bem como sobre o caráter da infração, na forma do art. 2º, § 3º. Efetuada a detenção do extraditando, serão todos os documentos referentes ao pedido enviados àquele Tribunal, de cuja decisão não caberá recurso. A defesa do extraditando só poderá consistir em não ser a pessoa reclamada, nos defeitos de forma dos documentos apresentados e na ilegalidade da extradição.

§ 1º O ministro designado para relatar o processo perante o Tribunal determinará o interrogatório do extraditando, dando-lhe curador, se for o caso, ou advogado, se o não tiver, e concedendo o prazo de cinco dias para a defesa.

§ 2º Quando, por vício de forma, ou ausência de documento essencial, o pedido deva ser denegado, o Tribunal, a requerimento do procurador-geral da República, poderá converter o julgamento em diligência para o fim de ser o pedido corrigido ou completado no prazo improrrogável de 45 dias, contados da sua apresentação ao próprio Tribunal. Findo esse prazo, o processo será julgado definitivamente, tenha ou não sido realizada a diligência.

atenuação é obrigatória, mas a sua medida é deixada ao arbítrio do juiz. No caso de diversidade *quantitativa*, porém, ao juiz nada mais incumbe que abater, se maior for o *quantum* da pena imposta *in concreto*, o *quantum* de pena cumprida no estrangeiro.

**45. Exequibilidade da sentença penal estrangeira.** O *territorialismo* da lei penal tem sofrido, na atualidade, cerrada crítica. Impugnando-o, como contrário ao progresso da ciência penal e do direito internacional, Donnedieu de Vabres, ao mesmo tempo que defende o princípio da "justiça universal", postula a abolição de qualquer limite à internacionalização da sentença penal. Proferida esta pela autoridade judiciária de um Estado, deve ser irrestritamente reconhecida pelos demais Estados, acompanhando o criminoso, enquanto não integralmente cumprida, aonde quer que ele se dirija ou onde

---

§ 3º Negada a extradição de um indivíduo, não poderá ser de novo solicitada a entrega deste pelo mesmo fato a ele imputado.

Art. 11. Quando o inculpado contra o qual foi feito o pedido estiver sendo processado ou estiver sujeito a cumprimento de pena de prisão ou de pena que nesta se resolva, por fato diverso, praticado no Brasil, a extradição será decidida, na forma desta lei, mas a entrega só se fará efetiva depois de findo o processo ou de extinta a pena.

Parágrafo único. A entrega ficará igualmente adiada, sem prejuízo da efetividade da extradição, quando enfermidade grave impedir que, sem perigo de vida, se proceda ao transporte do extraditado.

Art. 12. A entrega não será efetuada sem que o Estado requerente assuma os compromissos seguintes:

*a)* não ser detido o extraditado em prisão, nem julgado, por infração diferente da que haja motivado a extradição e cometida antes desta, salvo se livre e expressamente consentir em ser julgado ou se permanecer em liberdade, no território desse Estado, um mês depois de julgado e absolvido por aquela infração, ou de cumprida a pena de privação de liberdade que lhe tenha sido imposta;

*b)* não concorrer o fim ou motivo político, militar ou religioso para agravar a penalidade;

*c)* computar-se o tempo da detenção, no Brasil, ao extraditado, no de prisão preventiva, quando este se tenha de levar em conta;

*d)* comutar-se na de prisão a pena de morte ou corporal com que seja punida a infração;

*e)* não ser o extraditado, sem consentimento do Brasil, entregue a terceiro Estado que o reclame, com a mesma ressalva na letra *a*.

Art. 13. A entrega do extraditado será feita com todos os objetos que se encontrarem em seu poder, quer sejam produto da infração, quer se trate de peças que possam servir para a prova da mesma, tanto quanto for praticável, de acordo com as leis brasileiras, e respeitados os direitos de terceiros.

Parágrafo único. A entrega dos objetos a que se refere o artigo anterior poderá ser feita, se a pedir o Estado requerente da extradição, ainda que o inculpado venha a morrer ou desaparecer.

quer que se encontre. Arrazoa o ilustre penalista francês que "o movimento legislativo atual, sensível às necessidades da luta internacional contra o crime, repudia, cada vez mais, as soluções restritivas, orientando-se, assim, para a unificação do regime internacional dos julgamentos".

Semelhante tendência, porém, tem-se esboçado com a máxima cautela. O direito penal continua politicamente variável no espaço e ainda estamos bem longe da época em que o ideal da justiça universal conseguirá sobrepujar o *noli me tangere* da soberania estatal. Presentemente, o direito positivo interno, por exceção e sob certas condições, tem admitido exequibilidade à

> Art. 14. As despesas com a detenção ou entrega correrão por conta do Estado requerente, mas este não terá que despender importância alguma com os serviços que prestarem os empregados públicos pagos pelo Governo brasileiro.
> Art. 15. O trânsito, no Brasil, da pessoa extraditada entre dois outros países e de seus guardas, será permitido mediante a apresentação do exemplar original ou de uma cópia autêntica do documento que conceda a extradição, salvo se a isso se opuserem graves motivos de ordem pública.
> Art. 16. Concedida a extradição, se dentro de vinte (20) dias da data da comunicação de ficar o extraditando à disposição do Estado requerente não o tiver remetido o respectivo agente diplomático para o país requerente, dar-se-lhe-á liberdade e não será de novo preso pelo mesmo motivo da extradição.
> Art. 17. Poderão ser processados e julgados, ainda que ausentes, os brasileiros e estrangeiros que, em território estrangeiro, perpetrem crimes:
> *a)* contra a existência, a segurança ou integridade do Estado e a estrutura das instituições, e contra a economia popular;
> *b)* de moeda falsa, contrabando, peculato e falsidade (alterado pelo art. 5º, I, letras *b*, *c* e *d*, do Código Penal).
> Art. 18. Poderá ser processado e julgado no Brasil o nacional ou estrangeiro que, em território estrangeiro, perpetrar crime contra brasileiro, e ao qual comine a lei brasileira pena de prisão de dois (2) anos, no mínimo.
> § 1º O processo contra o nacional ou estrangeiro, nesse caso, só será iniciado mediante requisição do Ministério da Justiça e Negócios Interiores, ou queixa da parte, quando, nos casos em que a extradição é permitida, não for ela solicitada pelo Estado em cujo território foi cometida a infração (derrogada, na última parte, pelo § 3º do art. 5º do Cód. Penal).
> § 2º Não serão levados a efeito o processo e o julgamento pelos crimes referidos neste artigo, se os criminosos já houverem sido, em país estrangeiro, absolvidos, punidos, ou perdoados por tais crimes ou se o crime já estiver prescrito, segundo a lei mais favorável. O processo e julgamento não serão obstados por sentença ou qualquer ato de autoridade estrangeira. Todavia, será computado no tempo de pena a prisão que no estrangeiro tiver, por tais crimes, sido cumprida.
> Art. 19. O extraditado que, depois de entregue ao Estado requerente e durante o processo e julgamento, conseguir escapar à ação da justiça e se refugiar no Brasil ou por ele passar, será detido mediante requisição direta ou por via diplomática, e novamente entregue, sem outras formalidades.

sentença penal estrangeira, mas para *limitados* efeitos. É o que faz o nosso Código. Segundo o art. 7º *pode* ser homologada no Brasil a sentença penal estrangeira, mas tão somente para: *a) obrigar o condenado à reparação do dano, restituições e outros efeitos civis; b) sujeitá-lo às penas acessórias e medidas de segurança pessoais*. No primeiro caso, a sentença penal estrangeira é homologável do mesmo modo que o é a sentença cível. A *reparação do dano*, as *restituições* (concernentes ao produto ou qualquer vantagem do crime) e *outros efeitos civis*[50] não têm caráter *penal*: são meras obrigações ou sanções de direito privado. No segundo caso, o dispositivo não significa apenas restrita adesão ao princípio de assistência internacional na luta contra o crime, senão também a necessidade de defesa de nossa própria ordem jurídica, pois visa a contribuir para neutralizar a capacidade de delinquir ou a periculosidade do indivíduo julgado, que veio a ter ingresso no território brasileiro. Cumpre acentuar, para logo, que a homologação da sentença penal estrangeira não prejudica a jurisdição brasileira, nos casos de competência desta, em razão da *teoria da ubiquidade* ou do *princípio real da defesa*. A homologação, para os efeitos civis, é condicionada ao pedido da parte interessada, e, para aplicação das penas acessórias (arts. 67 a 73) ou de medidas de segurança pessoais (arts. 88, § 1º, a 98), depende de "existência de tratado de extradição com o país de cuja autoridade emanou a sentença ou, na falta de tratado, de requisição do ministro da Justiça" (parág.ún. do art. 7º).

Por injunção constitucional, a homologação da sentença estrangeira compete ao Supremo Tribunal Federal.[51]

---

Art. 20. Quando se tratar de indivíduo reclamado pela justiça brasileira e refugiado em país estrangeiro, o pedido de extradição deverá ser transmitido ao Ministério da Justiça e Negócios Interiores, que o examinará e, se o julgar procedente, o encaminhará ao Ministério das Relações Exteriores, para os fins convenientes, fazendo-o acompanhar de cópia dos textos da lei brasileira referentes ao crime praticado, à pena aplicável e à sua prescrição, e de dados ou informações que esclareçam devidamente o pedido. Em caso de urgência, o Ministério da Justiça e Negócios Interiores solicitará as necessárias providências ao das Relações Exteriores, para que este peça a prisão preventiva do extraditando.
Quando, em virtude de tratado, o país estrangeiro o permitir, as autoridades judiciárias ou administrativas dos Estados poderão diretamente solicitar a prisão preventiva do extraditando às autoridades competentes do referido país. Nesse caso, porém, deverão imediatamente levar o fato ao conhecimento do Ministério da Justiça, que o encaminhará ao das Relações Exteriores, para que confirme o pedido.
Art. 21. Esta lei entrará em vigor na data de sua publicação, revogadas as disposições em contrário".

- 50 Ex.: revogação de doação ou indignidade para herdar, nos casos dos arts. 1.183, n. I a III, e 1.595 do Cód. Civil.
- 51 Regulando-a, o Cód. de Proc. Penal dispõe:

### Contagem de prazo
**Art. 8º** *O dia do começo inclui-se no cômputo do prazo. Contam-se os dias, os meses e os anos pelo calendário comum.*

### Frações não computáveis da pena
**Art. 9º** *Desprezam-se, na pena privativa de liberdade, as frações de dia, e, na pena de multa, as frações de Cr$ 10,00.*

### Legislação Especial
**Art. 10.** *As regras gerais deste Código aplicam-se aos fatos incriminados por lei especial, se esta não dispõe de modo diverso.*

---

"Art. 787. As sentenças estrangeiras deverão ser previamente homologadas pelo Supremo Tribunal Federal para que produzam os efeitos do art. 7º do Cód. Penal.
Art. 788. A sentença penal estrangeira será homologada quando a aplicação da lei brasileira produzir na espécie as mesmas consequências e concorrerem os seguintes requisitos:
I – estar revestida das formalidades externas necessárias, segundo a legislação do país de origem;
II – haver sido proferida por juiz competente, mediante citação regular, segundo a mesma legislação;
III – ter passado em julgado;
IV – estar devidamente autenticada por cônsul brasileiro;
V – estar acompanhada de tradução, feita por tradutor público.
Art. 789. O procurador-geral da República sempre que tiver conhecimento da existência de sentença penal estrangeira, emanada de Estado que tenha com o Brasil tratado de extradição e que haja imposto medida de segurança pessoal ou pena acessória que deva ser cumprida no Brasil, pedirá ao ministro da Justiça providências para a obtenção de elementos que o habilitem a requerer a homologação da sentença.
§ 1º A homologação da sentença emanada de autoridade judiciária de Estado, que não tiver tratado de extradição com o Brasil, dependerá de requisição do ministro da Justiça.
§ 2º Distribuído o requerimento de homologação, o relator mandará citar o interessado para deduzir embargos, dentro de 10 dias, se residir no Distrito Federal, ou 30 dias, no caso contrário.
§ 3º Se nesse prazo o interessado não deduzir os embargos, ser-lhe-á pelo relator nomeado defensor, o qual dentro de 10 dias produzirá a defesa.
§ 4º Os embargos somente poderão fundar-se em dúvida sobre a autenticidade do documento, sobre a inteligência da sentença, ou sobre a falta de qualquer dos requisitos enumerados nos artigos 781 e 788.
§ 5º Contestados os embargos dentro de 10 dias pelo procurador-geral, irá o processo ao relator e ao revisor, observando-se no seu julgamento o Regimento Interno do Supremo Tribunal Federal.

**DIREITO COMPARADO.** *Códigos:* italiano, arts. 14, 16 e 134; suíço, art. 333; norueguês, § 11; argentino, art. 4º; venezuelano, art. 7º; mexicano, art. 6º; equatoriano, art. 9º; uruguaio, art. 17; guatemalteco, art. 10.

**BIBLIOGRAFIA.** MAGGIORE, Computo delle pena, computo e decorrenza di termini e leggi penali speciali. In: *Nuovo Digesto Italiano,* vols. III e VII; SALTELI-DI FALCO, *Commento teorico-pratico del nuovo codice penale,* 1931, vol. I; GRISPIGNI, *Corso di diritto penale,* 1935, I; SOLER (SEBASTIÁN), *Derecho penal argentino,* I, 1945, p. 138; CRIVELLARI, *Il codice penale,* 1891, vol. II, pp. 907 e ss.; TENÓRIO (OSCAR). IN: TRATADO DE DIREITO PENAL BRASILEIRO, I, pp. 330 e ss.; BENTO DE FARIA, *Código penal brasileiro,* 1942, vol. II, pp. 141 e ss.

## COMENTÁRIO

**46. Decurso de prazo.** Há uma série de efeitos jurídicos que, regulados pela lei substantiva, são condicionados ao elemento *tempo*: cumprimento da pena, extinção de punibilidade (prescrição, decadência, reabilitação), vigência mínima da medida de segurança, suspensão da execução da pena, livramento condicional, eficácia das penas acessórias, etc. Apresentam-se aqui os *prazos* juridicamente relevantes, sob o ponto de vista penal. Limitados no tempo, têm eles um *termo inicial* (dia do começo, *dies a quo*) e um *termo final* (*dies ad quem*). Para evitar discrepância de critérios ou dificuldades práticas na contagem de tais prazos, o Código julgou de bom aviso estabelecer certas regras a respeito. Assim, no art. 8º, *caput*, dispõe que "o dia do começo inclui-se no cômputo do prazo". Qualquer que seja a fração do dia do começo conta-se como se fosse um dia inteiro. Suponha-se, por exemplo, uma pena de 15 dias, cujo cumprimento tenha começado no dia 4 de determinado mês: terminará à meia-noite do dia 18. Tal critério (diverso do adotado pelos arts. 125 do Código Civil e 798, § 1º, do Código de Processo Penal) redunda em favor do

---

§ 6º Homologada a sentença, a respectiva carta será remetida ao presidente do Tribunal de Justiça do Distrito Federal, do Estado ou do Território.
§ 7º Recebida a carta de sentença, o presidente do Tribunal de Justiça a remeterá ao juiz do lugar de residência do condenado, para a aplicação da medida de segurança ou da pena acessória, observadas as disposições do título II, cap. III e título V do livro IV deste Código.
Art. 790. O interessado na execução da sentença penal estrangeira, para a reparação do dano, restituição e outros efeitos civis, poderá requerer ao Supremo Tribunal Federal a sua homologação, observando-se o que a respeito prescreve o Cód. de Proc. Civil".

réu. Consagrada a regra clássica de que *dies a quo non computatur in termino*, a pena, no caso acima figurado, só findaria à meia-noite do dia 19.

A seguir, em alínea, declara o já citado artigo: "Contam-se os dias, os meses e os anos pelo calendário comum". Segundo o calendário comum (gregoriano), os dias são contados pelo sistema romano, isto é, entendendo-se por *dia* o espaço de tempo que decorre entre meia-noite e meia-noite (*"More romano dies a media nocte incipit, et sequentis noctis media parte finitur.* – Dig., liv. II, tít. XII, fr. 8). Os meses e os anos são contados, não *ex numero*, mas *ex numeratione dierum*, isto é, não se atribuem invariavelmente 30 *dias* ao mês (como faz o art. 125, § 3º, do Código Civil), o que importa 360 dias para o ano; mas 28, 29, 30 ou 31, de acordo com o calendário; de modo que o ano terá 365 dias, ou, se for bissexto, 366. O juiz, tendo de condenar a um mês ou a um ano, não pode dizer, substitutivamente, "30 dias" ou "365 dias". Suponha-se o prazo de um ano e seis meses, que tenha começado às 16 horas de 7 de janeiro de determinado ano: terminará (atendidas as regras do artigo 8º) à meia-noite de 6 de julho do ano seguinte, pouco importando que um desses anos seja bissexto. Com a norma adotada pelo Código, evita-se a formação de um calendário à parte ou especial para uso da justiça penal. O critério do Código importará, na prática, diversidade de tratamento de um réu em cotejo com outro, quando, por exemplo, condenados a um mês de detenção, comece um deles a cumprir a pena no mês de janeiro e outro no mês de fevereiro. Ao legislador brasileiro, porém, tal inconveniente pareceu preferível ao da confusão que resultaria da abstração do calendário comum.

**47. Frações não computáveis de pena.** O art. 9º do Código suprimiu o rigor judaico no cálculo ou medida das penas: desprezam-se, na pena privativa de liberdade, as frações de dia, e, na pena pecuniária, as frações de dez mil réis (dez cruzeiros). Ao tempo do Império, não se desdenhavam, sequer, os *minutos*, e já no regime do Código de 90 não se dispensavam as *horas*. Do mesmo modo, contavam-se, na fixação da multa, até o último *tostão*. Semelhante *mesquinhez*, em face do Código vigente, não é mais possível. Assim, quando se tenha de aumentar de metade, exemplificativamente, uma pena detentiva de 15 dias ou diminuir de terça parte a multa de 100 cruzeiros, os *quanta* passarão a ser, respectivamente, 22 dias e 30 cruzeiros.

**48. Legislação especial.** O Código Penal não é toda a legislação penal: coexistem ou podem coexistir a seu lado, permanente ou temporariamente, outras leis penais, de caráter *supletivo* ou *complementar*. O próprio Código, no artigo 360, ressalva "a legislação especial sobre os crimes contra a existência, a segurança e a integridade do Estado e contra a guarda e o emprego da economia popular, os crimes de imprensa e os de falência, os de responsabilidade do presidente da República e dos governadores ou interventores, e os crimes militares". Deve entender-se que o Código é a lei penal *fundamental*, de modo que as outras leis penais vêm a formar com ele um *todo único*, quer quando definem novas infrações, quer quando, no caso particular, adota critérios em divergência com as regras gerais do Código. Cumpre, então, distinguir: ou a lei especial, ao incriminar tais ou quais fatos ou ao considerar sob aspectos especiais este ou aquele crime, dita regras particulares para sua própria aplicação, em antinomia com os princípios gerais do Código, ou limita-se a prever e definir *ex novo* uma infração. No primeiro caso, a regra *in Toto jure generi per speciem derogatur* resolve o conflito apenas *aparente* de normas (*vide* n. 31); no segundo caso, as regras gerais do Código é que são aplicáveis, como se a infração estivesse prevista e definida no próprio texto de sua parte especial."[1]

É de notar-se que as *regras gerais*, a que se refere o art. 10, não são apenas as da "parte geral" do Código senão também as que se contêm aqui e ali na sua "parte especial" (ex.: art. 327, sobre conceito de "funcionário público").

---

- 1 É o que dispõe o art. 10: "As regras deste Código aplicam-se aos fatos incriminados por lei especial, se esta não dispõe de modo diverso". É um critério de impecável lógica e técnica, evitando fastidiosas repetições no corpo das leis especiais, quando estas não repudiam as regras gerais do Código.

# SEGUNDA PARTE

René Ariel Dotti

# SIGLAS UTILIZADAS

| | |
|---|---|
| ADIn | Ação Direta de Inconstitucionalidade |
| ADPF | Arguição de Descumprimento de Preceito Fundamental |
| AgRg | Agravo Regimental |
| AI | Ato Institucional |
| al. | alínea |
| ampl. | ampliado, ampliada |
| Anteprojeto Hungria | Anteprojeto de Código Penal redigido pelo Ministro Nelson Hungria encaminhado ao Ministro da Justiça e publicado oficialmente em 1963 |
| Ap | Apelação |
| ApCrim | Apelação Criminal |
| Apud | extraído da obra de |
| art. | artigo |
| CBA | Código Brasileiro de Aeronáutica: Lei n. 7.565, de 19.12.1986 |
| cf. | conforme |
| CCrim. Império | Código Criminal do Império (16.12.1830) sancionado pela Carta de Lei de 08.01.1831 |
| Código | Código Penal: Parte Geral (Lei n. 7.209/1984) e Parte Especial (Dec.-Lei n. 2.848/1940) |
| Código Penal | código vigente |
| cons. | consultar |
| CP 1890 | Código Penal dos Estados Unidos do Brasil (Dec. n. 847, de 11.10.1890). |
| CP 1940 | Parte Geral do Código Penal de 1940 (Dec.-Lei n. 2.848, de 07.12.1940) |
| CP 1969 | Código Penal de 1969 (Dec.-Lei n. 1.004, de 21.10.1969, que instituiu o Código Penal, alterado pela Lei n. 6.016, de 31.12.1973, e revogado pela Lei n. 6.578, de 11.10.1978) |
| DJ | Diário da Justiça |
| DJe | Diário da Justiça eletrônico |
| Dec.-Lei | Decreto-Lei |

# Siglas

| | |
|---|---|
| EC | Emenda Constitucional |
| ed. | edição, edición, edizione |
| Exp. Mot. | Exposição de Motivos |
| i.e. | isto é |
| inc. | inciso |
| J. | julgado, julgamento |
| JTACrimSP | Julgados do Tribunal de Alçada Criminal de São Paulo |
| LC | Lei Complementar |
| LEP | Lei de Execução Penal (Lei n. 7.210/1984) |
| LICPP | Lei de Introdução ao Código de Processo Penal (Dec.-Lei n. 3.931/1941) |
| LINDB | Lei de Introdução às Normas do Direito Brasileiro (Dec.-Lei n. 4.657, de 04.09.1942) |
| loc. Cit | local citado |
| Min. | Ministro |
| MP | Ministério Público |
| n. | número |
| ob. cit. | obra citada |
| ob. e loc. cit. | obra e local citado |
| p./pp. | página/páginas |
| parág.ún. | parágrafo único |
| p. g. | Parte Geral |
| p.ex. | por exemplo |
| Proj.-lei | Projeto de Lei |
| publ. | publicado |
| RBCDP | Revista Brasileira de Criminologia e Direito Penal |
| Reforma de 1977 | Alteração setorial do CP e do CPP, determinada pela Lei n. 6.416/1977, quanto ao regime penitenciário, sistema de penas, sursis, livramento condicional reincidência, prisão provisória, prescrição e prova testemunhal |
| Reforma de 1984 | Reforma da Parte Geral do Código Penal e instituição da Lei de Execução Penal (Leis n[os] 7.209 e 7.210, de 11.07.1984) |
| RF | Revista Forense |
| REsp | Recurso Especial |
| RExt | Recurso Extraordinário |
| RIL | Revista de Informação Legislativa, Brasília, Senado Federal |

| | |
|---|---|
| RJTJSP | Revista de Jurisprudência do Tribunal de Justiça de São Paulo |
| RT | Revista dos Tribunais, São Paulo |
| ss. | seguintes |
| Súmula STF | Súmula de Jurisprudência predominante do Supremo Tribunal Federal |
| Súmula STJ | Súmula da Jurisprudência dominante do Superior Tribunal de Justiça |
| TR/RT | Thomson Reuters/Editora Revista dos Tribunais |
| t. | tomo |
| T. | Turma |
| TACrimSP | Tribunal de Alçada Criminal de São Paulo |
| trad./Trad. | tradução/Tradução |
| últ. | última |
| un. | unânime |
| v.g. | verbi gratia (por exemplo) |
| vol. | volume |
| v.u. | votação unânime |

# LEI N. 7.209, DE 11 DE JULHO DE 1984

### PARTE GERAL

#### Título I
#### DA APLICAÇÃO DA LEI PENAL

**ANTERIORIDADE DA LEI**
**Art. 1º** *Não há crime sem lei anterior que o defina. Não há pena sem prévia cominação legal.*

## BIBLIOGRAFIA

ANDREUCCI, Ricardo Antunes. *Direito penal e criação judicial*, São Paulo: edição do autor, com exemplar depositado na Faculdade da USP, 1988 •• ANTOLISEI, Francesco. *Manuale di diritto penale – Parte generale*, 3ª ed, Milano, 1994 •• ASÚA, Luís Jiménez de. *Tratado de derecho penal,* 3ª ed., Buenos Aires: Editorial Losada S/A, t. II, 1964 •• BASILEU GARCIA, *Instituições de direito penal*, 4ª ed., São Paulo: Max Limonad, vol. I, t. II, 1959 •• BATTAGLINI, Giulio Q. *Le norme del diritto penale e i loro destinatari,* Roma: Casa Libraria Editrice, 1910 •• BECCARIA, Cesare. *Dos delitos e as penas,* tradução de José de Faria Costa, *revista por Primola Vingiano*, Lisboa: Fundação Calouste Gulbenkian, 1998 •• BETTIOL, Giuseppe. *Diritto penale – Parte generale*, V ed. Palermo: G. Priulla Editore, 1962•• "O problema penal", trad. de Fernando de Miranda, Coimbra: Coimbra Editora Ltda, 1967 •• BEVILÁQUA, Clovis. Teoria Geral do Direito Civil. 7ª ed., atual. por Achilles e Isaias Beviláqua, Rio de Janeiro: Livraria Francisco Alves, 1955 •• BITENCOURT, Cezar Roberto. *Tratado de direito penal – Parte geral*, 19ª ed., São Paulo: Editora Saraiva, 2013 •• BRUNO, Aníbal. *Direito penal – Parte geral,* 3ª ed., Rio de Janeiro: Forense, t. 1º, 1967 •• BUSATO, Paulo César. *Fundamentos do direito penal brasileiro,* 3ª ed., Curitiba: edição do autor, 2012 •• CALAMANDREI, Piero. *Eles, os juízes, vistos por um advogado,* trad. do italiano de Eduardo Brandão, São Paulo: Martins Fontes, 2000 •• CANCIO MELIÁ, Manuel . *Derecho Penal del enemigo*, Madri: Civitas, 2003 •• CAPELLA, Juan-

Ramon. *Sobre a extinção do direito e a supressão dos juristas.* Trad. de Maria Luiza Guerreiro, Coimbra: Centelha, 1977 •• CARRANCA Y TRUJILLO, Raul. *Derecho penal mexicano – Parte General,* México: Editorial Porrúa, S.A., 1970 •• CAVALEIRO DE FERREIRA, Manuel. *Direito penal português – Parte geral,* Viseu: Editorial Verbo, 1981 •• CIRINO DOS SANTOS, Juarez. *Direito penal – Parte geral,* 3ª ed., Curitiba, ICPC; Lumen Juris, 2008 •• COSTA JR., Paulo José. *Código penal comentado,* 8ª ed., São Paulo: DPJ Editora, 2005 •• COSTA E SILVA, Antônio José da Costa e Silva, *Código penal,* São Paulo: Companhia Editora Nacional, vol. 1, 1943 •• *Código Penal dos Estados Unidos do Brasil (Dec. n. 847, de 11.10.1890),* São Paulo: Companhia Editora Nacional vol. II, 1938 •• DELITALA, Giacomo. Concorso di norme e concorso di reati. In: *Rivista Italiana di Diritto Penale,* Padova, 1934 •• DELMANTO, Celso et alii. *Código penal comentado,* 8ª ed., São Paulo: Editora Saraiva, 2010 •• DOMINGUES DE ANDRADE, Manuel. Sentido e valor da jurisprudência, oração de sapiência, Coimbra: *Boletim da Faculdade de Direito*: Coimbra Editora Ltda., 1973 •• DOTTI, René Ariel. *Curso de direito penal – Parte geral,* 4ª ed, com a colaboração de Alexandre Knopfholz e Gustavo Britta Scandelari, São Paulo: Revista dos Tribunais, 2012 •• ENGISCH, Karl. *La idea de concreción en el derecho y en la ciencia juridica actuale,* trad. de Juan José Gil Cremadas, Pamplona, 1968 •• FIGUEIREDO DIAS, Jorge de. *Direito penal – Parte geral*: Questões fundamentais, a doutrina geral do crime, 2ª ed., Coimbra Editora; 1ª ed., Revista dos Tribunais, t. I, 2007•• FERRAZ JUNIOR, Tercio Sampaio. *Teoria da norma jurídica,* Rio de Janeiro, Forense, 1958 •• FEUERBACH, Paul Johann Anselm Ritter von. *Tratado de derecho penal,* 1ª ed., Buenos Aires: Hammurabi, 2007 •• FIANDACA, Giovanni/MUSCO, Enzo. *Diritto penale – Parte generale,* 2ª ed.,Bologna: Tipografia Babina, 1994 •• FRAGOSO, Heleno Cláudio. *Lições de direito penal – Parte geral,* 17ª ed., atualizada por Fernando Fragoso, Rio de Janeiro: Editora Forense, 2006 •• FRAGOSO, Heleno Cláudio. *Comentários ao código penal,* 5ª ed., Rio de Janeiro: Forense, vol. I, t. I, 1977 •• GOMES, Luiz Flávio. *Direito penal – Parte geral,* 3ª ed., São Paulo: Editora Revista dos Tribunais/LFG – Rede de Ensino Luiz Flávio Gomes, 2006 •• GRECO, Rogério. *Curso de direito penal – Parte geral,* 15ª ed., Niterói: Editora Impetus, 2013 •• HUNGRIA, Nélson. *Comentários ao código penal,* 4ª ed., Rio de Janeiro: Forense, vol. I, t. I, 1958 // Direito Penal e Criminologia. In: *Revista Brasileira de Criminologia e Direito Penal,* n. 1, abr.-jun., 1963, p. 5// *Novas questões jurídico penais,* Rio de Janeiro: Nacional de Direito Ltda., 1945 •• JESCHECK, Hans-Heinrich. *Tratado de derecho penal – Parte General,* Barcelona: Bosch, Casa Editorial S.A., vol. 1º, 1981 •• JESUS, Damásio E. de. *Direito penal – Parte geral,* 34ª ed., São Paulo: Editora Saraiva, 2013 •• LEONARDO LOPES, Jair. *Curso de direi-*

*to penal – Parte geral*, 2ª ed., São Paulo: Revista dos Tribunais, 1996 •• LORENZETTI, Ricardo Luís. *Fundamentos do direito privado*, trad. da ed. argentina, Vera Maria Jacob de Fradera, São Paulo: Editora Revista dos Tribunais, 1998 •• LUISI, Luiz. *Os princípios constitucionais penais*, Porto Alegre: Sergio Fabris Editor, 1987 •• MANTOVANI, Ferrando. *Diritto penale*, 4ª ed., Padova: CEDAM, 2001 •• MARINUCCI, Giorgio/DOLCINI, Emilio. *Corso di diritto penale*, 2ª ed., 1, Milano: Giuffrè Editore, 1999 •• MAURACH, Reinhart; ZIPF, Heinz, *Derecho Penal – Parte General*, 7ª ed. al., Buenos Aires, vol. 1, 1994 •• MAYRINK DA COSTA, Álvaro. *Direito Penal – Parte geral*, 7ª ed., Rio de Janeiro: Editora Forense, vol. 1, 2005 •• MENDES, Gilmar Ferreira; MÁRTIRES COELHO, Inocêncio; GONET BRANCO, Paulo Gustavo. *Curso de direito constitucional*, 2ª ed., São Paulo: Editora Saraiva/Instituto Brasiliense de Direito Público (IDP), 2088 •• MESTIERI, João. *Manual de direito penal – Parte geral*, Rio de Janeiro: Forense, 2002 •• MIR PUIG, Santiago. *Derecho penal – Parte General*, 9ª ed., Buenos Aires: Editorial B de F Ltda, 2012 •• MUÑOZ CONDE, Francisco. *Introducción al derecho penal*, Buenos Aires: Julio César Faira-Editor, 2007 •• MUÑOZ CONDE, Francisco/GARCÍA ARÁN, Mercedes. *Derecho penal – Parte geral*, 5ª ed., Valencia: Tirant lo Blanch Libros, 2002 •• NOVOA MONREAL, Eduardo. *La evolución del derecho penal en el presente siglo*, Caracas: Editorial Juridica Venezoelana, 1977// *Curso de Derecho Penal Chileno – Parte General*, 2ª ed., Santiago: Editorial Juridica Ediar-Cono Sur Ltda., t. 1, 1985 •• NUCCI, *Código Penal comentado*, 13ª ed., São Paulo: Thomson Reuters/Revista dos Tribunais, 2013 •• NUÑEZ, Ricardo C. *Manual de Derecho Penal – Parte General*, 3ª ed., Cordoba: Marcos Lerner Editora Cordoba, 1982 •• ODORICO, Mario. *El problema del juez*, Buenos Aires, 1959 •• POLITOFF L., Sergio; PIERRE MATUS A. Jean; RAMIREZ G., Maria Cecilia. *Lecciones de derecho penal chileno – Parte General*, 2ª ed., Santiago: Editorial Juridica de Chile, 2008 •• PIMENTEL, Manoel Pedro. *Direito penal econômico*, São Paulo: Editora Revista dos Tribunais, 1973 •• PUIG PEÑA, Federico. *Derecho penal – Parte General*, 6ª ed., Madrid: Editorial Revista de Derecho Privado •• PRADO, Luiz Regis. *Curso de direito penal brasileiro – Parte geral*, 12ª ed., São Paulo: Thomson Reuters/Revista dos Tribunais, 2013 •• REALE, Miguel. *Teoria tridimensional do direito*, São Paulo: Saraiva, 2005 •• REALE JÚNIOR, Miguel. *Instituições de direito penal*, 3ª ed., Rio de Janeiro: Gen, Editora Forense, Bilac Pinto Editores, 2009 •• RIBEIRO BASTOS, Celso. *Comentários à Constituição do Brasil*, São Paulo: Saraiva, 1988, 2º vol. •• RODRIGUEZ DEVESA, José Maria; SERRANO GOMEZ, Alfonso. *Derecho Penal Español – Parte General*, 15ª ed., Madri: Dykinson, 1992 •• ROXIN, Claus. *Derecho penal – Parte General*, trad. da 2ª ed., alemana, Madrid: Civitas, t. 1, 1997 •• SILVA FRANCO, Alberto. *Código penal e sua interpretação. Doutrina e jurisprudência,* 8ª ed., Coordenadores: Alberto Silva Franco e Rui Stoco. São Paulo: Editora Revista dos Tribunais, 2007 •• SLOKAR, Alejandro. *Direito penal brasileiro,* Rio de Janeiro: Editora Revan, vol. I, 2003 •• SOLER, Sebastian. *Derecho penal argentino,* Buenos Aires: Tipografia Editora Argentina, 1970 •• SOUZA E BRITO, José de. A lei penal na Constituição. In: *Estudos sobre a Constituição,* Lisboa: Livraria Petrony, 2º vol., 1978 •• SOUZA, Artur de Brito Gueiros; JAPIASSÚ, Carlos Eduardo Adriano. *Curso de direito penal* – Parte geral, Rio de Janeiro: Elsevier, vol. 1, 2012 •• STEVENSON, Oscar. Concurso aparente de normas penais. In: *Estudos de direito e processo penal em homenagem a Nélson Hungria,* Rio de Janeiro: Forense, 1962 •• TOLEDO, Francisco de Assis. *Princípios básicos de direito penal,* 5ª ed., (1994), 17ª tiragem (2012), São Paulo: Editora Saraiva •• VILLALOBOS, Ignacio. *Derecho penal mexicano – Parte general,* 3ª ed., México: Editorial Porrúa, S.A., 1975 •• WESSELS, Johannes. *Direito penal – Parte geral (Aspectos fundamentais),* trad. do alemão e notas de Juarez Tavares, Porto Alegre: Sérgio Antonio Fabris Editor, 1976 •• WELZEL, Hans. *Derecho penal aleman – Parte general,* 11ª ed., trad. Juan Bustos Ramírez y Sergio Yáñez Pérez, Santiago: Editorial Juridica de Chile, 1970 // *Introducción a la filosofia del derecho – Derecho natural y justicia material,* trad. de Felipe Gonzáles Vicen, Madrid: Aguilar S.A. 1977 •• VON WEBER, Hellmuth. *Lineamentos del derecho penal aleman*, 2ª ed., Buenos Aires, 2008 •• ZAFFARONI, Eugenio Raúl. *Tratado de derecho penal – Parte general*, Buenos Aires: Ediar, vol. I, 1980 •• ZAFFARONI, Eugenio Raúl. *El enemigo en el derecho penal,* Madrid: Dykinson, 2006 •• ZAFFARONI, Eugenio Raúl; BATISTA, Nilo; ALAGIA, Alejandro.

## PRINCÍPIO DA LEGALIDADE

### § 1º O marco constitucional

Sob a perspectiva da Constituição Federal, o *princípio da legalidade* é proclamado com o preceito imperativo de que "ninguém será obrigado a fazer ou deixar de fazer alguma coisa senão em virtude de lei" (art. 5º, II). Trata-se de uma das garantias fundamentais asseguradas pela República constituída em Estado Democrático de Direito tal como declarado no primeiro artigo da Carta de 1988. Na expressão autorizada de RIBEIRO BASTOS, "é pelo princípio da legalidade que o Estado de Direito mais se afirma ou ainda, em outras palavras, não há Estado de Direito sem o princípio da legalidade" (*Comentários*, 2º/24).

Em matéria penal, essa garantia assume específica dimensão de proteção individual quando a *Carta Política* estabelece que "não há crime sem lei anterior que o defina, nem pena sem prévia cominação legal" (art. 5º, XXXIX). A designação mais apropriada para esse dogma de garantia pessoal é o princípio da *anterioridade da lei penal,* por dois aspectos: *a)* destaca a precedência da lei para definir um fato como delituoso e cominar uma sanção; *b)* está expresso na rubrica do primeiro artigo do Código Penal.

Na história legislativa brasileira, o princípio está positivado desde a Constituição do Império (1824, art. 179, § 11) e das Constituições Republicanas: 1891, art. 72, § 15; 1934, art. 113, §§ 26 e 27; 1937, art. 122, § 13; 1946, art. 141, § 29; 1967, art. 150, § 16 e 1969, art. 153, § 16.

## § 2º O marco legal

A legislação infraconstitucional consagra o *nullum crimen nulla poena sine praevia lege* tradicionalmente no primeiro artigo dos Códigos, a partir do diploma imperial (1830), com a seguinte proclamação: *"Não haverá crime ou delicto (palavras synonimas neste Codigo) sem uma Lei anterior que o qualifique"*. O Código Penal de 1890, assim dispunha: *"Ninguem poderá ser punido por facto que não tenha sido anteriormente qualificado crime, nem com penas que não estejam previamente estabelecidas"*. E a Consolidação das Leis Penais (1932) mantinha esta última redação.

A mesma orientação foi adotada pelo Código Penal de 1969[1] e pela reforma da Parte geral introduzida com a Lei n. 7.209, de 11.07.1984. Este diploma conservou a redação original do CP de 1940, nos seguintes termos: "Não há crime sem lei anterior que o defina. Não há pena sem prévia cominação legal".

A prioridade normativa dessa garantia observa-se em diplomas penais de outros países, a exemplo de Portugal: "Art. 1º 1. *Só pode ser punido criminalmente o facto descrito e declarado passível de pena por lei anterior ao momento de sua prática"* e da Espanha: "Art. 1.1. *No será castigada ninguna acción ni omisión que no este prevista como delito o falta por Ley anterior a su perpetración"*.

Na imagem concebida por MEZGER, "só a lei abre as portas da prisão" (*apud* COSTA E SILVA, *Código Penal,* p. 17).

## § 3º Evolução histórica do *nullum crimen, nulla poena sine lege*

"O direito penal começa", escreveu MOMMSEN, "quando se põem limites ao arbítrio do poder punitivo, do juiz penal, através da lei do Estado

---

- 1  CP de 1969: Dec.-Lei n. 1.004, de 21.10.1969, reformado pela Lei n. 6.016, de 31.12.1973, e revogado pela Lei n. 6.578, de 11.10.1978.

ou de tradição com igual valor [...]. O direito penal público romano começa com a Lei Valéria, que submeteu a sentença de morte do cidadão romano à confirmação pela cidade. A partir de então não há em Roma delito sem lei criminal, processo penal sem lei de processo, pena sem lei penal" (SOUZA E BRITO, *A lei penal na Constituição*, p. 202/203).

Com muita propriedade, SOUZA E BRITO observa que o princípio da legalidade em matéria penal não nasceu com o Direito Penal, mas com o constitucionalismo. A sua história "acompanha par e passo a do princípio da *rule of law* no mundo jurídico anglo-americano e a do princípio da constitucionalidade do Estado no continente europeu" (Ob. cit., p. 203).

Pode-se afirmar que um indicativo eloquente dessa garantia de liberdade individual nos vem da experiência britânica, com a Magna Carta outorgada em 15 de junho de 1215 pelo rei João Sem-Terra e confirmada pelos sucessores: Henrique III, Eduardo I, Eduardo III, Ricardo II, Henrique IV, Henrique V e Henrique VI. O art. 39 assim dispunha: *"Nenhum homem livre será detido ou sujeito à prisão, ou privado de seus bens, ou colocado fora da lei, ou exilado, ou de qualquer modo molestado, e nós não procederemos nem mandaremos proceder contra ele, senão mediante um julgamento regular pelos seus pares ou de harmonia com a lei do país"*. A experiência constitucional norte-americana, com a Declaração de Virgínia (16.06.1776), materializou o princípio nestes termos: *"Em todos os processos capitais ou criminais o acusado tem o direito de conhecer a causa e a natureza da acusação, de ser acareado com os acusadores e as testemunhas, de citar testemunhar de defesa e de obter um pronto julgamento por um júri imparcial de doze homens da vizinhança, não podendo ser declarado culpado sem o consenso unânime destes; e não pode ser obrigado a testemunhar contra si próprio. Ninguém pode ser privado da liberdade, a não ser em virtude da lei do país ou por julgamento de seus pares"* (seção VIII).

Embora os textos revelem expressamente o primado do *due process of law*, está implícito que a exigência da *"harmonia com a lei do país"* ou *"em virtude da lei do país"* mostravam, implicitamente, a existência da prévia norma incriminadora para responder à conduta humana.

A redação precisa da máxima *nullum crimen sine praevia lege* está na Declaração dos Direitos do Homem e do Cidadão (26.08.1789), característica do ponto alto da Revolução Francesa, que aboliu a Monarquia e instalou a República. A regra também comina sanção para o descumprimento: *"Ninguém pode ser acusado, preso ou detido senão nos casos determinados pela lei e de acordo com as formas por esta prescritas. Os que solicitam, expedem, executam ou mandam executar ordens arbitrárias devem ser castigados; mas qualquer cidadão convocado ou detido em virtude da lei deve obedecer imediatamente, senão torna-se culpado de resistência"* (art. 7º).

A primeira Constituição Republicana da França (24.06.1793) aprimorou a redação da garantia: "*Ninguém pode ser acusado, preso ou detido a não ser nos casos determinados pela lei e conforme as formas por ela prescritas. Todo o cidadão, convocado ou detido por autoridade da lei, deve obedecer no próprio instante; senão, torna-se culpado de resistência*" (art. 10).

A *Declaração Universal dos Direitos do Homem* (1948) foi uma resposta da Organização das Nações Unidas pelo desprezo e desrespeito caracterizados pelos atos bárbaros que ultrajaram a consciência da humanidade, na esperança de que "o advento de um mundo em que os homens gozem da liberdade da palavra, de crença e da liberdade de viverem a salvo do temor e da necessidade foi proclamado como a mais alta aspiração do homem comum".[2] Daí a inserção, no artigo XI, 2, da seguinte disposição: "*Ninguém poderá ser culpado por qualquer ação ou omissão que, no momento, não constituam delito perante o direito nacional ou internacional. Também não será imposta pena mais grave do que aquela que, no momento da prática, era aplicável ao ato delituoso*".

### § 4º Tribunal de Nuremberg

O texto a seguir constitui a *nota* deixada por NÉLSON HUNGRIA, após a 4ª edição dos *Comentários* (1958) para substituir o que se encontrava em nota de rodapé de fls. 31 a 33.

"O Tribunal de Nuremberg há de ficar como uma nódoa da civilização contemporânea. Instalado para julgamento dos *grandes criminosos* nazistas, mal disfarçando sua qualidade de tribunal de guerra *contra* os vencidos e constituindo, também ele, pelo seu unilateralismo, parcialidade e arbítrio, um atentado à civilização. Foi ele, no curso da História contemporânea, a primeira Corte internacional para julgar, com irrestrita soberania, os denominados "crimes de guerra", "crimes contra a paz" e "crimes contra a humanidade" (estes últimos quando tivessem alguma ligação com a guerra), até então deixados impunes porque praticados por ordem e conta do Estado, cujos agentes estavam adstritos à obediência, e era princípio assente que *universitas delinquere non potest*. Mas o discutido tribunal de exceção, imposto pelos vencedores, na conformidade do acordo de Moscou e do Estatuto de Londres, não teve outro objetivo senão o de vingança, pura e simples, contra os maiorais do derrotado hitlerismo, que não haviam escapado pela fuga ou pelo suicídio. Funcionando consoante a vontade discricionária dos Aliados vitoriosos, realizou, empiricamente, com a mais desabrida unilateralidade, o que, nos dias porvindouros, poderá constituir,

---

• 2    Preâmbulo da *Declaração*.

dentro de critérios imparciais e disciplinados segundo a *ordinatio rationis*, ou ditames da ordem jurídica, um capítulo da legislação penal, militar ou comum, seja no plano nacional, seja na dimensão internacional. Como já foi aludido, além dos "crimes de guerra" e dos "crimes contra a paz", cuja punição, aliás, na carne mesma de seus agentes, não será jamais convincentemente justificada fora do âmbito da própria guerra (que não conhece outra lei além do desesperado "*à la guerre, comme à la guerre*", que, no balanço final das mútuas represálias, torna compreensível a regra tradicional de que "inimigo vencido, inimigo perdoado"), a Carta de Nuremberg mencionou, no seu terceiro *count of indictment*, fatos que devem ser, inquestionavelmente, definidos no rol dos crimes de direito comum e na classe dos qualificados "internacionais" ou dos *delicta juris gentium*, sem dispensa, porém, e nisso é que bate o ponto, de jurisdição regular. Organizada *ad hoc*, mediante um plano de improviso, a Corte de Nuremberg não foi mais que uma tragicomédia. Ao invés de um menos inexplicável fuzilamento sumário dos chefes vencidos, preferiram os Aliados sujeitá-los ao inútil martírio de um longo processo e de um julgamento irrecorrível, em que os juízes, de ouvidos surdos à defesa, estavam de antemão determinados à imposição da pena de morte infamante na forca aos acusados. Fez-se *tabula rasa* do *nullum crimen, nulla poena sine lege* e da irretroatividade da *lex gravior* em matéria penal. Entre os dois ensinamentos de SÃO PAULO, o de que "não se deve praticar um mal ainda que para atingir um bem", o Tribunal de Nuremberg seguiu, à risca, o primeiro. Com um plano de julgamento elaborado de afogadilho, ali se puniram com a pena capital (enforcamento), fatos pretéritos até então não incriminados, invocando-se para isso o direito internacional, que, entretanto, jamais cuidara de definir crimes ou cominar penas. Os acusados foram condenados, com a mais despejada iniquidade, por fatos de guerra idênticos aos praticados, e em maior escala, pelos Aliados vencedores (esquecidos de Hiroshima e Nagasaki). Deixou-se de margem o princípio universalmente consagrado da territorialidade da lei penal. Estabeleceu-se a responsabilidade penal de indivíduos participantes de tais ou quais associações mandatárias dos crimes nazistas, ainda que alheios aos fatos por estas praticados, repudiando-se assim, a secular parêmia jurídica, de que *peccata suos teneant auctores*. Fez-se caso omisso das normas de exculpação ou de exclusão de crime nos casos de obediência devida a superior hierárquico, de coação irresistível e de ordem da lei. Como diz MONTERO SCHMIDT, "jamais poderia o espírito de algum jurista conceber tamanha derrocada dos princípios de Direito, que se coroou com uma cena grotesca e macabra: o enforcamento do marechal Goering, depois que este se havia suicidado na prisão".

## § 5º Elementos constitutivos da lei penal e seus destinatários

Relativamente à incriminação de condutas, a lei penal compõe-se de dois elementos, segundo a lúcida observação de BINDING: *a)* a *norma*, isto é, o preceito que declara ilícita uma determinada ação ou omissão; *b) a sanção*, ou seja, a reação estatal contra a conduta penalmente reprovada (pena e medida de segurança). Mas, além das normas *incriminadoras,* existem outras que são *permissivas* (causas de exclusão de crime, isenção de pena etc.) ou *explicativas* (definições de tempo e lugar do crime etc.).

Na precisa lição de BRUNO, a norma penal – contendo implícito o preceito – se dirige, "com a sua definição do que é ilícito, a todos aqueles que estão sujeitos ao seu império. Pela sua sanção, ela se destina em articular, aos juízes, a quem cumpre aplicá-la; mas ainda por esta função sancionadora temos de reconhecer-lhe a universalidade de destinatários, como ameaça que se dirige a todos, na prevenção geral dos fatos puníveis" (*Direito Penal*, t. 1º, p. 210).

Em face da Lei de Introdução às Normas do Direito Brasileiro (LINDB), as normas penais se destinam a todos que estão sujeitos à jurisdição do Estado[3], alcançando não somente os sujeitos imputáveis como os inimputáveis, referidos nos arts. 26 e 27 do Código Penal, porque, em relação a estes, que tenham cometido infração penal, aplicam-se, respectivamente, a medida de segurança e a cláusula da inimputabilidade. Os dispositivos que tratam das causas de exclusão de ilicitude ou isenção de pena são aplicáveis à generalidade das pessoas, conforme a situação concreta. Pela natureza retributiva da lei penal,[4] pode-se afirmar que o ofendido também é destinatário, cuja garantia para funcionar como assistente do Ministério Público (CPP, art. 201 c/c o art. 268) é realçada pela Constituição Federal (art. 5º, LIX) que lhe confere legitimação para o exercício da ação penal de iniciativa privada na hipótese ali prevista.

## § 6º Fontes da lei penal

Para os efeitos jurídicos, a fonte é o lugar de onde provém o Direito. A doutrina classifica as fontes em *materiais* (ou de *produção*) e *formais* (ou de

---

- 3 Essa conclusão decorre da regra do art. 3º da LINDB: "Ninguém se escusa de cumprir a lei, alegando que não a conhece", reafirmada pelo art. 21, *caput*, do CP.
- 4 O juiz, atendendo à culpabilidade do agente e a outros indicadores do art. 59, *caput*, CP, estabelecerá a medida penal *"conforme seja necessário e suficiente para reprovação* e prevenção do crime".

*conhecimento*). A fonte de produção, também chamada substancial, refere-se ao órgão encarregado de sua elaboração. Em relação ao Direito Penal, a competência para legislar é privativa da União, (CF, art. 22, I), compreendendo os Poderes Legislativo e Executivo. Por trás desses órgãos que ditam o Direito como vontade estatal está a "consciência do povo em dado momento de seu desenvolvimento histórico, consciência onde se fazem sentir as necessidades sociais e aspirações da cultura, da qual uma das expressões é o fenômeno jurídico" (BRUNO, *Direito Penal*, t. 1º, p. 201). A fonte formal ou de conhecimento é a lei escrita. Normalmente, a lei ordinária; excepcionalmente, porém, a *lei fundamental* de 1988, prevê *mandatos de criminalização* como observam MENDES *et alii*, indicando: art. 5º, incisos XLI, XLII, XLIII, XLIV; art. 7º, inciso X; art. 225, § 3º e art. 227, § 4º (*Curso de Direito Constitucional,* p. 582 e ss.)

### § 7º A lei escrita como única fonte de Direito Penal

A lei penal é uma regra escrita, aprovada e sancionada pelos Poderes Legislativo e Executivo e coercitivamente imposta à obediência de todos. Em face de sua natureza institucional e pelas consequências que acarreta em relação aos interesses individuais e coletivos, a sua fonte não pode resultar do costume, definido como regra social de conduta criada pela consciência comum popular tornada obrigatória. O costume é integrado por dois elementos: *a) objetivo*, como uso constante e prolongado (*diuturni mores/longa consuetudo*); *b) subjetivo*, convencimento de sua obrigatoriedade (*consensu utentium comprobati/oninio necessitas*). Sem a existência de um legítimo convencimento sobre a necessidade de sua prática, o costume seria reduzido a mero uso social, desprovido de exigibilidade. (PRADO, *Curso,* p. 198).

O *costume* tem função meramente integrativa da norma penal, como se observa pela causa de especial aumento da pena quando o furto é praticado "durante o repouso noturno" (CP, art. 155, § 1º). Considera-se, para tanto, o *costume* das pessoas, em geral, recolherem-se à noite para dormir ou simplesmente descansar da jornada de trabalho. Há outros exemplos da integração dos costumes quando o tipo penal aberto reclama complementação: Código Penal, arts. 233 e 234, que definem os crimes de "ato obsceno" e "escrito ou objeto obsceno".

Sob outro aspecto, o costume não tem função derrogatória da norma incriminadora. Os motéis, com sua alta rotatividade na locação de leitos para encontros sexuais, apesar da infinidade desse comércio – que tem incitantes formas de publicidade – não ab-rogaram o art. 229 do Código

Penal, que comina reclusão de dois a cinco anos e multa pela manutenção de "*lugar destinado a encontros para fim libidinoso, haja, ou não, intuito de lucro* [...]". O mesmo se pode dizer em relação à prática social disseminada do "jogo do bicho", previsto como contravenção penal (Dec.-Lei n. 3.688, de 03.10.1941, art. 58). No sentido da perda de eficácia, CIRINO DOS SANTOS sustenta que o costume pode produzir a descriminalização (de fato) "nas hipóteses indicadas pela sociologia jurídica da perda de eficácia da lei penal – e, com a perda da eficácia, a perda de validade da lei penal; por exemplo, a existência generalizada dos *motéis* indica a perda de eficácia – e, portanto, a invalidade da lei penal – do tipo legal do crime de *casa de prostituição*" (*Direito Penal*, p. 23).

Também a *jurisprudência* não é fonte imediata do Direito Penal, como ocorre em sistemas de outros países. Mas é inegável a sua contribuição para a criação de normas penais não incriminadoras, a exemplo de algumas súmulas do Supremo Tribunal Federal que orientaram a redação de dispositivos da reforma da Parte geral do Código Penal, determinada pela Lei n. 7.209, de 11.07.1984. São exemplos significativos: *a)* a Súmula n. 146 ("A prescrição da ação penal regula-se pela pena concretizada na sentença, quando não há recurso da acusação"); *b)* a Súmula n. 497 ("*Quanto se tratar de crime continuado, a prescrição regula-se pela pena imposta na sentença, não se computando o acréscimo decorrente da continuação*"); *c)* a Súmula n. 499 ("*Não obsta concessão do* sursis *condenação anterior à pena de multa*") e os seguintes dispositivos do Código Penal: *d)* §§ 1º e 2º do art. 110;[5] *e)* art. 119 e a Súmula n. 497; *c)* o § 1º do art. 77. Relativamente à Súmula de Efeito Vinculante, criada pela EC n. 45, de 30.12.2004 e incorporada na Carta Política (art. 103-A e parágrafos) é preciso considerar que ela não tem o poder de criminalizar ou descriminalizar, mas vincula o Poder Judiciário e a Administração Pública no campo do processo penal e, excepcionalmente, do penal, como se poderá verificar pelas Súmulas n. 9 (sobre a LEP); 11 (uso de algemas); 14 (direito de acesso à prova) e 26 (progressão de regime). Mas é forçoso reconhecer que, embora sem a finalidade ab-rogatória ou derrogatória, a Súmula n. 24 caracteriza uma hipótese de *ineficácia temporária da norma incriminadora,* como se verifica pela Súmula n. 24: "*Não*

---

- 5  A Lei n. 12.234, de 05.05.2010, revogou o § 2º do art. 110 do CP e deu a seguinte redação ao § 1º: "A prescrição, depois do trânsito em julgado para a acusação ou depois de improvido o seu recurso, regula-se pela pena aplicada, *não podendo, em nenhuma hipótese, ter por termo inicial data anterior à da denúncia ou queixa*". A mutilação da generosa regra estabelecida pela Reforma de 1984 – seguindo a jurisprudência majoritária do STF (Súmula n. 146) – foi imitação servil da Lei n. 6.416, de 24.05.1977.

*se tipifica crime material contra a ordem tributária, previsto no artigo 1º, inciso I, da Lei 8.137/90, antes do lançamento definitivo do tributo".*

A *doutrina* consiste na atividade dos juristas e jurisconsultos na interpretação da lei, nos comentários à jurisprudência e na crítica ao direito posto e consistem na publicação de textos em forma de artigos, ensaios, dissertações, teses, tratados, palestras, conferências e pareceres. Apesar de sua importância para compreensão ou crítica das disposições penais, as lições doutrinárias não constituem fonte de direito.

O mesmo é possível afirmar quanto aos princípios gerais de direito, que constituem expressões do justo e do equitativo, como o princípio da boa-fé. Embora aplicáveis no campo do processo penal (CPP, art. 3º), assim não ocorre quanto à criminalização ou punição de condutas.

Os tratados e as convenções internacionais sobre Direitos Humanos podem ser convertidos em fonte de Direito Penal quando aprovados, em cada Casa do Congresso Nacional, em dois turnos, por três quintos dos votos dos respectivos membros, hipótese em que se equivalerão às emendas constitucionais (CF, art. 5ª, § 3º).

Também as *medidas provisórias* não constituem fonte imediata da lei penal (CF, art. 62, § 1º, I, letra *b*), porque a competência para legislar sobre Direito Penal é privativa da União (CF, art. 22, I), enquanto tais medidas resultam de ato exclusivo do Poder Executivo (Presidência da República, cf. CF, art. 62).

### § 8º A proliferação de leis penais

A garantia do *nullum crimen nulla poena sine praevia lege* sofre, constantemente, o ataque promovido pelo *discurso político do crime* quando o expansionismo penal, gerado pela inflação legislativa, rende passagem à ilusão de que a neocriminalização e a gravidade das penas poderão reduzir a onda de criminalidade violenta e da delinquência astuciosa.

Atualmente, a legislação especial, criminalizando condutas ou declarando-as equiparadas a tipos já previstos no Código Penal, ou abordando aspectos relativos à aplicação ou extinção das penas, alcança um descomunal número de normas punitivas. No campo da administração da justiça penal, seus operadores estão sofrendo a amarga experiência da inflação legislativa, responsável por um tipo de *direito penal do terror* que, ao contrário de seu modelo antigo, não se caracteriza pelas intervenções na consciência e na alma das pessoas, tendo à frente as bandeiras do preconceito ideológico e da intolerância religiosa. Ele se destaca, atualmente, em duas perspectivas bem definidas: a massificação da responsabilidade criminal e a erosão do sistema positivo. A primeira fomenta o justiçamento social determinado pelos padrões sensacionalistas da mídia que subverte o princípio da presunção de inocência e alimenta a fogueira da suspeita que é a justiça das paixões, consagrando a responsabilidade objetiva; a segunda anarquiza os meios e métodos de controle da violência e da criminalidade, estimula o *discurso político* e revela a ausência de uma Política Criminal que deveria ser adotada racional e efetivamente pelos governos em todos os níveis.

Tais fenômenos da perda do equilíbrio e da redução dos espaços do espírito e que se convertem numa espécie de *bang-bang* legislativo foram muito bem observados, ao seu tempo e à sua maneira, pelo Conde FRANCISCO DE CABARRUS, no começo do Século XI: "*Percorri com espanto aquela massa imensa e incoerente de teocracia, republicanismo, despotismo militar, anarquia feudal, de erros antigos e de extravagâncias modernas, aquela massa de trinta e seis mil leis com seus formidáveis comentadores*". A afirmação está em sua obra *Cartas sobre los obstaculos que la naturaleza, la opinión y las leyes oponen a la felicidad publica* (LORENZETTI, *Fundamentos do direito privado*, p. 43).

### § 9º O abuso midiático da lei penal

No sistema positivo brasileiro, há um número imenso de leis injustas e leis nulas concebidas e gestadas por um *direito penal de ocasião* produzido pela mídia sensacionalista que se demasia em realizar justiçamentos sumários, transformando a notícia dos fatos delituosos, como dever inerente à liberdade de informação jornalística, em libelos acusatórios e sentenças condenatórias antecipadas contra indiciados ou meros suspeitos. O Congresso Nacional está congestionado de projetos carentes de lúcidas e racionais medidas de efetiva prevenção da criminalidade em favor de propostas radicalizantes de neocriminalização e endurecimento das penas. Vem a propósito a lição imortal do mestre BETTIOL, quando aborda as relações entre Direito Penal e Política, que têm sido entendidas "no sentido de uma dissolução das categorias lógico-científicas do direito, numa praxe política que tudo arrasta e a cujo serviço tudo deve ser posto: isto conduz não só à negação do direito penal como ciência política, mas também a uma forma pura e simples de terror penal. Quando se fala de *terror penal*, não se deve crer que ele só se manifesta através das guilhotinas e dos pelotões de execução, porque também é terror uma leve condenação aplicada pelo juiz, quando ao seu arbítrio não se fixem limites precisos. Terror é sinônimo de arbítrio individual e judicial, ao passo que o direito penal começa onde acaba o arbítrio. Ele apresenta-se, historicamente, como uma luta contra o terror, como esforço para a libertação da aplicação de uma 'discricionariedade', em que só a oportunidade do momento seria de guia ao juiz [...] E se o direito penal é a libertação do terror estadual ou colectivo, ele é, também, libertação do terror individual, ou seja, da vingança privada" (*O problema penal*, p. 46/47).

Ao falar sobre a moderação dos castigos e dos resultados funestos que a sua crueldade acarreta, BECCARIA afirmou, com a lucidez e a sabedoria consagradas pelos séculos, que "o fim das penas não é atormentar e afligir um ser sensível, nem desfazer um crime que já foi cometido" (*Dos delitos e das penas*, § XV).

Há decisões judiciais que aplicam leis inconstitucionais e injustas, homologando o abuso de autoridade em lugar de coibi-lo; há relações íntimas e contagiosas entre setores da administração da justiça criminal, incluindo temerárias ações policiais, e núcleos da mídia sensacionalista. Um dos lastimáveis exemplos é a reprodução de imagens ao vivo de diligências de prisão e de busca e apreensão em procedimentos ainda sigilosos para os suspeitos e seus advogados, mas liberados, com euforia publicitária, para a imprensa. A preocupação não é com a notícia do fato; é muito mais com a condenação do autor na investigação ainda incipiente. Esse *consórcio de propaganda enganosa* produz inúmeros efeitos maléficos, individuais e sociais: *a)* subverte o princípio da presunção de inocência; *b)* estimula o preconceito contra o suspeito ou indiciado; *c)* restaura a prática dos processos secretos; *d)* arranca, mediante coação moral, delações, premiando o pacto imoral entre o Estado e o delinquente; *e)* divulga, institucionalmente ou transmite aos aliados da imprensa de escândalo, a sentença condenatória de réus na pendência de recursos ordinários; *f)* utiliza, sem pudor, a prova capturada ilicitamente; *g)* aceita e estimula a prática de buscas e apreensões domiciliares, sem requisitos legais; *h)* defere e promove a interceptação e gravação de comunicações telefônicas e dados sem pressupostos de validade; *i)* coonesta o abuso de autoridade; *j)* desatende, explícita ou implicitamente, o direito ao silêncio; *k)* cuida para que o nome do réu somente vá para o rol dos culpados após o trânsito em julgado da sentença, mas determina, em muitos casos e desde logo, o cumprimento da decisão pendente de recurso; *l)* desrespeita o advogado, que é figura indispensável à administração da Justiça; *m)* condena na dúvida provocada pela deficiência da investigação policial ou negligência na instrução judicial; *n)* apoia e alimenta a criação de *tribunais de exceção* compostos pelos *juízes paralelos* da mídia impressa e eletrônica. Enfim, é uma expressão de poder totalitário e de um *direito penal de conjuntura* que ofende o princípio da dignidade da pessoa humana, além de múltiplas normas do direito justo.

A propósito das relações entre os meios de comunicação e as agências responsáveis pelo controle da criminalidade (Polícia, Ministério Público e Poder Judiciário), são muito apropriadas as observações da magistrada SCHREIBER, em sua monografia *A publicidade opressiva de julgamentos criminais*, verbis: "18. O crime é um acontecimento público e há legítimo interesse da coletividade em acompanhar os processos criminais. As notícias informativas ou opinativas a respeito do tratamento dispensado pela justiça criminal aos fatos criminosos não podem ser cerceadas, mesmo que críticas ácidas ou desrespeitosas. Por outro lado, é bastante comum que a cobertura jornalística de fatos criminais tome a forma de campanhas pela condenação do réu. Está-se, de fato, num terreno bastante propício para a repercussão da ideia da 'responsabilidade social da imprensa'. Aqui não se trata apenas de cumprir o dever de esclarecer os cidadãos, constatando-se a tendência de a mídia se substituir aos órgãos públicos responsáveis pela apuração e julgamento dos crimes, a fim de coadjuvar e pressionar essas instituições a funcionarem adequadamente, promovendo o necessário combate à impunidade. Essa atuação militante não se coaduna com o discurso de neutralidade jornalística. A incompatibilidade entre a verdade midiática e a verdade mediada pela atividade processual (única que pode arrimar um veredicto condenatório válido e justo) já é um elemento de tensão entre a imprensa e o judiciário. Ademais, o propósito de influenciar o resultado do julgamento criminal é patente no 'jornalismo militante no combate ao crime'. É necessário, portanto, desmistificar a ideia de que eventuais restrições postas à liberdade de expressão para promoção de outros direitos implicam em última análise em cerceamento indevido da única instituição depositária dos ideais democráticos no país" (Ob. cit., p. 411/412).

### § 10. O direito penal do inimigo

Uma recente onda de *fundamentalismo punitivo* surgiu em nosso país, com a excitação de apóstolos da doutrina autoritária de GÜNTHER JAKOBS. Contrariando o princípio democrático da igualdade de todos perante a lei, sustenta ele a necessidade de um *direito penal do cidadão* aplicável a todos os que pertencem a uma "comunidade legal", excluindo-se os que se recusam a participar dela. Para esses grupos deve-se tentar a aniquilação (se forem terroristas) ou a violação repetida e persistente das normas que os regem (se forem criminosos habituais ou por tendência) Em suas palavras: "o *direito penal do cidadão* é o direito de todos, o *direito penal do inimigo* é o daqueles que se unem contra o inimigo; face ao inimigo há apenas a coação física, até chegar à guerra" (*Derecho penal del ciudadano y derecho penal del inimigo,* em Jakobs, por CANCIO MELIÁ, *Derecho penal del inimigo,* 2003, p. 19 e ss.).

O chamado *direito penal do inimigo* é a ressurreição de uma concepção nazista sobre o ser humano, agora sob o foco do preconceito social, renovando antigas teorias e práticas com nova roupagem ideológica e escuridão do espírito.

Esta concepção "é de todo inadmissível, logo por poder descambar em um 'direito penal do agente'", como lucidamente observa FIGUEIREDO DIAS lembrando "as formas mais agressivas que assumiu no Estado nacional-socialista alemão, mas, sobretudo e em definitivo, por contrária ao fundamento primário do Estado de direito e à concepção da *pessoa* que lhe dá fundamento" (*Direito Penal,* t. I, p. 34/35).

A teoria do *direito penal do inimigo* – nome novo para a velha doutrina da defesa social – conduz ao malsinado *direito penal do autor.* Por meio dessa nomenclatura, propõe-se que o criminoso não é uma *pessoa,* mas um "indivíduo" e que, como tal, está sujeito a um conjunto de leis e princípios mais agressivos (menos humanos) do que as leis ("direito penal do cidadão") destinadas ao cidadão "normal". Para MORAIS RIBEIRO, "tal distinção é claramente antidemocrática, pois, em ambos os casos, ofende-se o princípio elementar de que todos são iguais perante a lei. Na realidade, todo 'indivíduo' é também 'pessoa', é sujeito que tem de estar sob a proteção do Estado Democrático de Direito; assim, não é somente um 'inimigo', um 'foco de perigo'" (*Defesa social e "direito penal do inimigo",* p. 94). REGIS PRADO alerta que essa construção teórica, embora esteja muito em voga na atualidade, está "relacionada à tendência expansiva do Direito Penal" e visa a enquadrar certos indivíduos (os suspeitos de praticarem crimes) como *"fontes de perigo"* e que, por isso, devem ser "parcialmente *despersonalizados* pelo Direito" (*Curso,* p. 131/133). O problema é a intensidade potencial dessa *despersonalização,* levando ZAFFARONI a concluir que "esta táctica de contención está destinada al fracaso, porque no reconoce que para los teóricos – y sobre todo los prácticos – de la excepción, ésta siempre invoca una *necesidad que no conoce ley ni limites"* (*El enemigo en el derecho penal,* p. 157. Itálicos do original). Isso porque, como ninguém pode prever exatamente o que farão seus concidadãos no futuro, essa incerteza mantém em aberto o juízo de perigosidade até que o juiz deixe de considerar determinada "pessoa" como *inimiga.*

Um exemplo contemporâneo da prática do *direito penal do inimigo* ocorreu com a implacável e preconceituosa perseguição, nos Estados Unidos, de suspeitos do ataque às torres gêmeas do World Trade Center, em Nova Iorque, no dia 11 de setembro de 2001. Como registra DELMANTO, em propalada *guerra ao terror,* sendo considerados inimigos os membros da Al-Qaeda e do Talibã sendo impostas prisões sem direito a *habeas corpus* e assistência de advogados, como na base militar de Guantánamo, em Cuba, e na prisão de Abu Ghraib, no Iraque (*Código Penal,* p. 69).

A maioria, senão todas essas manifestações obscurantistas, precisam ter resposta vigorosa e reprovação contundente. No interior dos cárceres – esses "monumentos talhados em pedra", como já disse alguém – na súplica perante os juízes e tribunais, no repertório das Declarações de Direitos, nas doutrinas expostas em tratados e manuais e no universo tangível dos sistemas penais e processuais circulam o pensamento e as palavras de BECCARIA e outros espíritos generosos com as suas lições de humanismo mantidas ao passar dos séculos.

Desfilam, atualmente, novos ícones totalitários assim como ocorreu no passado recente de violência institucionalizada pelo Estado autoritário do regime militar (1964-1985), que abastecia e estimulava a apologia da luta contra a corrupção e a subversão.

Mas há, em sentido oposto, uma *resistência heroica* na consciência e no espírito de inúmeros magistrados que, sem preconceito, temor ou indiferença, efetivam os direitos e as garantias individuais no processo penal. Eles optam por inscrever seus nomes na história da alta jurisprudência, com as lições do bom direito em lugar da aposentadoria ignorada e dos julgados desconhecidos. São os que cumprem os deveres do cargo, entre eles, a fidelidade aos princípios gerais de direito; a imparcialidade das decisões e o destemor funcional.

### § 11. Analogia e interpretação

A lição do mestre HUNGRIA é contrária à adoção da analogia *in bonam partem*, ao argumento de que as causas de exclusão da criminalidade e da isenção ou extinção da pena seriam excepcionais e, assim, insuscetíveis de ampliação analógica em favor do réu. Opondo-se a esse entendimento, FRAGOSO sustenta que "as normas eximentes de *caráter geral* não são excepcionais e que, como já ensinava CARRARA, são suscetíveis de ampliação analógica". Mas esclarece, com base na doutrina de BETTIOL, que somente quando a norma representa uma "verdadeira e própria interrupção na projeção lógica de uma norma penal deve ser considerada de caráter excepcional e, pois limitada aos casos nela especificados". E exemplifica com a causa de isenção de pena pela interrupção da gravidez em caso de estupro (*Comentários,* p. 230).

Na síntese magistral de CLÓVIS BEVILÁQUA, "interpretar a lei é revelar o pensamento que anima as suas palavras" (*Teoria geral do Direito Civil,*

p. 37). Trata-se de alcançar o seu conteúdo e a sua significação. Não há regras específicas para regular o procedimento mental da exegese, muito embora haja critérios (como se verá mais adiante) e um *norte* consubstanciado na advertência: *"Na aplicação da lei, o juiz atenderá aos fins sociais a que ela se dirige e às exigências do bem comum"* (LINDB, art. 5º). BECCARIA manifestou-se contrariamente à interpretação da lei pelo juiz, ao argumento de não ser ele o legislador: *"non v'è cosa piú pericolosa di quell' assioma comune che bisogna consultare lo spirito della legge"* (*Dei delitti e delle pene,* § IV). Considerava ele que a interpretação era uma brecha aberta à torrente de opiniões. Na realidade, porém, o brocardo *in claris non fit interpretatio* não pode ser acolhido. Várias são as razões que justificam a interpretação. A primeira delas, nos sistemas positivos em expansão, é a dificuldade de se identificar, na sucessão de leis, qual ou quais são os dispositivos ab-rogados ou derrogados de diplomas anteriores quando rotineira e simplesmente se declara, no último artigo, que *"são revogadas as disposições em contrário".* Outro fenômeno é a obscuridade e a incerteza de textos que deveriam ser claramente aplicáveis mas ensejam disputas doutrinárias e jurisprudenciais para a aplicação do direito justo nos casos concretos.

As *súmulas de jurisprudência* predominante não têm o objetivo de substituir o direito posto mas facilitar a sua aplicação, revelando a tendência dos tribunais no exame de determinadas matérias e não obrigando o magistrado a adotá-las em face do princípio de seu livre convencimento. Assim, porém, não ocorre com as *súmulas de efeito vinculante,* instituídas pela EC n. 45, de 30.12.2004 (CF, art. 103-A e §§). O SUPREMO TRIBUNAL FEDERAL está autorizado a, mediante decisão de 2/3 (dois terços) de seus membros e depois de reiteradas decisões sobre matéria constitucional, aprovar súmula que obrigará (daí o *efeito vinculante*) todo o Poder Judiciário e a Administração Pública a decidirem da mesma maneira. O art. 8º da EC possibilita, ainda, a atribuição de *efeito vinculante* à súmula já existente da mesma Corte. O dispositivo constitucional foi regulamentado pela Lei n. 11.417, de 19 de dezembro de 2006, que detalha o procedimento de edição, revisão e cancelamento de súmula.

A *Súmula de Efeito Vinculante* faz parte da Reforma do Poder Judiciário que, nesta parte, objetiva desafogar as instâncias superiores do Judiciário, evitando que questões idênticas e já julgadas de maneira uniforme precisem tramitar por todas as vias recursais para chegar no último grau de jurisdição e ter um fim antecipadamente previsto. A observância impositiva da súmula decorre justamente do *efeito vinculante* que o Supremo pode lhe conferir: caso algum ato administrativo ou judicial desrespeite a orientação da súmula, caberá reclamação ao SUPREMO TRIBUNAL FEDERAL, que poderá anulá-lo (art. 7º da Lei n. 11.417/2006).

## § 12. Aspectos gerais da interpretação

### A. Interpretação e integração

Na *interpretação*, o estudioso ou o profissional do Direito procura conhecer o sentido do texto; a *integração* é um processo de preenchimento da norma, como ocorre com as chamadas *leis penais em* branco, que precisam ser complementadas por outra disposição penal ou extrapenal.

### B. Interpretação por analogia

Não se confunde com a analogia. Trata-se de estender a compreensão da norma através de condutas ou fatos similares. Por exemplo: *a)* ter o agente cometido o crime à traição, de emboscada, mediante dissimulação *ou outro meio que dificultou ou tornou impossível a defesa da vítima* (CP, art. 61, II, *c;* 121, § 2º, IV); *b)* no crime de estelionato, o agente obtém vantagem ilícita em prejuízo alheio, induzindo ou mantendo alguém em erro, mediante artifício, ardil *ou qualquer outro meio fraudulento* (CP, art. 171); *c)* no delito de ameaça, o agente o pratica mediante a palavra, escrito *ou qualquer outro meio simbólico* de causar mal injusto e grave

### C. Meios de interpretação

*a) exposição de motivos* ao projeto de lei, decreto ou ato administrativo sustentando a necessidade e/ou a oportunidade da iniciativa e indicando a natureza e o sentido de preceitos; *b) Lei de Introdução ao Código Penal e à Lei das Contravenções Penais (*Dec.-Lei n. 3.914, de 09.12.1941) e Lei de Introdução às Normas do Direito Brasileiro (Dec.-Lei n. 4.657, de 04.09.1942); *c)* rubrica lateral ou superposta ao artigo de lei (*nomen juris).*

### D. Elementos de interpretação

*a) elemento gramatical ou linguístico* que serve para conhecer e compreender a norma em seu sentido literal; *b) elemento lógico* que compreende o *sistemático.* Permite o entendimento do preceito em harmonia com outra disposição da mesma ou diversa lei, como na regra do art. 59, *caput,* do Código Penal, no sentido de que o juiz deve estabelecer a natureza, a qualidade e a quantidade da pena, *"conforme seja necessário e suficiente para reprovação e prevenção do crime"*; *c) elemento histórico* que exige do intérprete a investigação sobre o tempo e as circunstâncias da elaboração legislativa; *d) elemento sociológico* para compreender palavras ou expressões do tipo penal como "honra", "repouso noturno", "relevante valor social" etc.; *e) elemento teleológico,* através do qual se busca identificar o sentido final da norma. A *teleologia jurídica* é definida como "a teoria que estuda o Direito em face de suas causas finais, como uma ordem dirigida a um fim: a Justiça" (DE PLÁCIDO E SILVA, *Vocabulário jurídico,* p. 798). Diz o art. 1º da Lei n. 7.210, de 11.07.1984: *"A execução penal tem por objetivo efetivar as disposições de sentença ou decisão criminal e proporcionar condições para a harmônica integração social do condenado e do internado"* (art. 1º); *f) elemento comparativo.* O Direito é expressão de uma ordem universal de valores, bens e interesses que são convertidos em preceitos jurídicos conforme o tempo e o lugar. O melhor exemplo nos é dado pelo mestre HUNGRIA quando, após a indicação de cada artigo a ser analisado ele indica os sistemas positivos de direito comparado. E assim também ocorreu com seu notável Anteprojeto de Código Penal (1963), com referência aos textos de códigos de diversos países.

### E. Poderes, órgãos e sujeitos de interpretação

Legislativo, Executivo e Judiciário como Poderes do Estado e mediante seus órgãos competentes são também responsáveis pela interpretação das leis. O mesmo ocorre com o Distrito Federal e territórios na medida de suas atribuições. O Tribunal de Contas, como órgão colegiado e auxiliar direto do Poder Legislativo, é uma instituição administrativa-política de auditoria e julgamento e, portanto, pratica a interpretação para o desempenho de suas funções. O Executivo, através de seus órgãos, interpreta e orienta a aplicação da lei mediante decretos, portarias, regulamentos e outros atos administrativos. O Judiciário atua por intermédio de seus diversos órgãos (juízes e tribunais), mediante decisões interlocutórias, sentenças, acórdãos e súmulas. Os órgãos e membros do Ministério Público e da Advocacia também são, por natureza, exegetas de lei em suas petições perante o Judiciário e a Administração Pública em geral. E os juristas, nos livros, monografias, artigos, conferências e palestras constituem uma categoria de estudiosos permanentes da ciência do Direito e, portanto, intérpretes da lei em amplo sentido.

### F. Espécies de interpretação

*a) interpretação autêntica,* procedida pelo próprio legislador quando, por exemplo, declara o que se entende por "casa" para caracterização do delito de violação de domicílio (CP, art. 150, §§ 4º e 5º) ou estabelece o conceito de funcionário público para os efeitos penais (CP, art. 327). Pode ser *contextual,* isto é, no mesmo corpo normativo, ou *posterior,* feita em documento normativo separado como no caso dos regulamentos e portarias; *b) interpretação doutrinal,* feita pelos juristas, professores e escritores com suas lições; *c) interpretação judicial,* procedida pelos juízes e Cortes de justiça no desempenho de suas funções.

**G. Resultados da interpretação.** *a) interpretação declaratória* ou *declarativa,* que é esclarecedora em seus próprios termos, sem acrescer ou reduzir qualquer ideia ou sentido; *b) interpretação restritiva,* identificada quando *"as palavras da lei dizem mais do que corresponde ao seu real sentido* (plus scripsit quam voluit), sendo *necessário restringir o significado literal"* (FRAGOSO, Lições, § 79). O homicídio permite uma especial redução de pena quando o crime é cometido *logo após* injusta provocação da vítima (CP, art. 121, § 1º); *c) interpretação extensiva.* É utilizada para ampliar o sentido de expressões utilizadas para qualificar o homicídio: "ou por *outro motivo* torpe", *"outro meio* insidioso ou cruel"; ou tipificar o estelionato: "qualquer outro meio fraudulento" etc. Tais exemplos caracterizam, como vimos, a chamada *interpretação por analogia* que, na doutrina de FRAGOSO, "nada mais é do que a interpretação extensiva" (*Lições,* § 79).

## § 13. A interpretação da lei e o brocardo *in dubio pro reo*

A clássica orientação jurisprudencial em matéria criminal sintetizada no lema jurídico romano *in dubio pro reo* reflete a concepção segundo a qual é preferível absolver um culpado do que condenar um inocente. Normalmente, a máxima resolve a questão duvidosa acerca da prova de autoria ou outro aspecto investigado no processo penal e se remete ao art. 386, VII, do Código respectivo: *"não existir prova suficiente para a condenação".*

Autorizada doutrina entende que o brocardo também é utilizável quando houver dúvida fundada na interpretação da norma penal. A lição é dada por HUNGRIA: "No caso de irredutível dúvida entre o espírito e as palavras da lei, é força acolher, em direito penal, irrestritamente, o princípio *in dubio pro reo* (isto é, o mesmo critério de solução nos casos de prova dúbia no processo penal). Desde que não seja possível descobrir-se a *voluntas legis,* deve guiar-se o intérprete pela conhecida máxima: *favorabilia sunt amplianda, odiosa restringenda.* O que vale dizer: a lei penal deve ser interpretada restritamente quando prejudicial ao réu e extensivamente em caso contrário. Mas, insista-se: quando resulta inútil qualquer processo de interpretação do texto legal. Somente em *re dubia* se justifica ou se impõe a inteligência da lei no sentido mais favorável ao réu, segundo antiga advertência *in re dubia benigniorem interpretationem sequi non minus, justum est quam tutius"* (*Comentários,* p. 86. Itálicos do original). No sentido do texto, as opiniões de ALÍPIO SILVEIRA, JIMENEZ DE ASÚA, GALDINO SIQUEIRA, COSTA E SILVA e ANÍBAL BRUNO (DAMÁSIO, *Direito Penal,* p. 86/87). A propósito: "Em que pese o cariz processual, alguns doutrinadores sustentam que o princípio *in dubio pro reo* também deve ser considerado como critério interpretativo da norma penal, decorrente ou complementar ao princípio da legalidade" (SOUZA/JAPIASSÚ, *Direito penal,* p. 85).

## § 14. Analogia vedada

A exigência constitucional-legal da anterioridade da lei penal não admite a punição por interpretação extensiva, analogia ou princípio geral de direito, como faculta o art. 3º do CPP quanto à aplicação das normas de processo e procedimento. O juiz criminal não tem a mesma possibilidade para fazer a *justiça do caso concreto* com a liberdade funcional que é concedida ao magistrado cível: "O juiz não se exime de sentenciar ou despachar alegando lacuna ou obscuridade da lei. No julgamento da lide caber-lhe-á aplicar as normas legais; não as havendo, recorrerá à analogia, aos costumes e aos princípios gerais de direito" (CPC, art. 126).

O princípio da legalidade em matéria de crime e sanção revela a natureza *constitutiva* do Direito Penal sem perder o caráter *sancionatório* que exsurge, por exemplo, das incriminações de natureza tributária, como exemplificam as Leis n. 7.492/1986 e 8.137/1990. Sob essa perspectiva, fica evidente o caráter limitado do Direito Penal, sob dois aspectos: *a)* o da subsidiariedade quanto à proteção de bens jurídicos; *b)* o dever estar condicionada a sua intervenção ao relevo ou à gravidade da lesão (TOLEDO, *Princípios,* § 7º). O *caráter constitutivo* do Direito Penal resulta do princípio da reserva legal, com a exigência da prévia definição dos crimes e do estabelecimento das reações penais e dos seus objetivos de tutela. Opondo-se ao entendimento de BINDING, no sentido de que a proibição de certas condutas é o resultado de normas extracriminais, cuja violação constitui a ilicitude, de modo a esvaziar o caráter constitutivo do Direito Penal, o mestre EDUARDO CORREIA sustenta: "Esta construção não pode todavia ser aceita. E isto sobretudo (porque para além de que em muitos casos não há qualquer norma anterior ao direito criminal que proíba a conduta que ele pune), assim, tornar-se-ia o direito criminal exangue na sua pura natureza formal de um direito subjectivo do Estado à obediência. Há pois que considerar o direito criminal, não apenas como um conjunto de disposições secundárias sancionadoras, mas como conjunto de normas autônomas que impõe sanções e ao mesmo tempo proíbem ou impõem condutas, *em vista* da *protecção de certos e determinados valores jurídicos: os valores jurídico-criminais.* Por outras palavras: ao direito criminal pertence não só a parte da norma que contém a *sanção*, mas ainda a parte que contém o *preceito* proibitivo ou impositivo. Daí que se ponha, em primeiro lugar, determinar quais os valores que o direito criminal quer proteger com as sanções criminais: uma vez isto feito, a sua avaliação deve fazer-se do ponto de vista do direito que as estabelece, e portanto do direito criminal, e não de qualquer conjunto de normas – civis, administrativas, fiscais, etc. – exteriores a ele. Só assim, ganhará, como deve ganhar, dignidade material" (*Direito criminal*, vol. 1, p. 11/12. Itálicos do original)

## § 15. Analogia admitida

A lei não constitui um corpo fechado de preceitos capazes de abranger as infinitas possibilidades da conduta humana. As lacunas do sistema positivo devem ser preenchidas pela analogia quando se trata de reconhecer causas de exclusão de ilicitude, isenção de pena ou extinção da punibilidade. Conforme a lição de Bruno, "na hipótese de aplicação da analogia, não há um texto de lei obscuro ou incerto, cujo exato sentido se procure descobrir ou esclarecer. O que há é ausência de lei que regule diretamente a hipótese" (*Direito penal*, t. 1, p. 222).

A analogia admite duas formas de existência: ***a)*** *analogia legis* ou *legal*. Consiste na aplicação de uma norma já existente no sistema positivo a um caso que não tem regra específica para regulá-lo; ***b)*** *analogia juris* ou *analogia jurídica*. É admitida para resolver uma hipótese, não em face de uma norma legal, mas através dos princípios gerais de direito. A analogia *in bonam partem* é admissível nas causas de justificação "quando os campos jurídicos aos quais se remete a lei impõem-na ou admitem-na" (Zaffaroni, Batista, Alagia, Slokar, *Direito Penal brasileiro*, I, p. 210). No mesmo sentido e ampliando para os casos de exculpação, extinção ou redução da punibilidade, Cirino dos Santos (*Direito Penal*, p. 22). Contra: Hungria, ao argumento que o Código enumera "em termos suficientemente dúcteis, as causas descriminantes ou de imunidade penal" (*Comentários*, p. 93).

## § 16. O costume

Na precisa lição de Costa e Silva, o costume, por mais arraigada que seja a convicção de sua necessidade, não pode criar crimes ou cominar penas. "A sua função, na esfera do direito penal, é simplesmente integrativa. Isso em virtude da influência que se lhe reconhece em outros ramos do direito, nomeadamente do privado" (*Código Penal*, p. 17).

## § 17. Leis penais em branco

As *leis (normas) penais em branco* assumem a imagem de "corpos errantes à procura de alma", como foi dito magistralmente por Binding. Elas se caracterizam pelo sentido genérico do preceito que deve ser completado por outra disposição normativa (lei, decreto, regulamento, circular etc.). A descrição da conduta incriminada necessita ser integrada por outra norma já existente ou futura. Tais normas podem ser classificadas em: *a)* leis penais em branco no sentido amplo; *b)* leis penais em branco em sentido estrito.

As primeiras se caracterizam quando o complemento é determinado pela mesma fonte legislativa (União). Ex.: Código Penal, art. 237 e os impedimentos do Código Civil; Código Penal, art. 178 (*warrant*) e o Código Civil; Código Penal, art. 184 e o Código Civil. Em relação às outras, o complemento vem de diversa fonte legislativa. Ex.: Lei n. 1.521, de 26.12.1951 (Lei de Economia Popular) e o tabelamento de preços; Lei n. 11.343, de 23.08.2006 (Lei de Drogas) e as portarias sanitárias (art. 66); Código Penal, art. 268: infração de medida sanitária preventiva e art. 269: omissão de notificação de doença e a relação de doenças (DOTTI, *Curso*, p. 305).

A lei ou norma penal em branco pode ser conceituada como aquela "em que a descrição da conduta punível se mostra lacunosa ou incompleta, necessitando de outro dispositivo legal para a sua integração ou complementação". (PRADO, *Curso de direito penal brasileiro*, p. 215).

A proteção jurídico-penal dos interesses difusos e coletivos a partir dos últimos anos, como o meio ambiente, as relações de consumo, a segurança no trânsito de veículos automotores e a ordem tributária, por exemplo, somente poderá se efetivar com o preenchimento de conteúdos normativos que estão fora do tipo de ilícito. PIMENTEL reconhece que a principal vantagem da norma penal em branco "é a estabilidade do dispositivo principal, emanado de autoridade legislativa de maior categoria através de moroso e complicado processo. As mutações impostas em razão do tempo e do lugar se fazem por meio de atos legislativos mais simples, de fácil maneabilidade, como é o caso da alteração da tabela de preços, dependente de mero ato administrativo e não do laborioso sistema de edição da lei ordinária" (PIMENTEL, *Direito penal econômico*, p. 50).

### § 18. Tipos penais abertos

São distintas as noções de *lei penal em branco* e *tipo penal aberto*. A primeira, como já foi exposto, precisa ser preenchida com outra disposição normativa em amplo sentido (lei, decreto, regulamento etc.), que completa o *material de proibição*. O segundo consiste no tipo legal que contém palavras ou expressões dependentes do exame de elementos exteriores ao tipo para aferir a ilicitude da conduta. Enquanto a primeira é *integrada* por uma norma de Direito, o outro é *avaliado* pelo juiz, em cada caso concreto, através das normas de cultura. Daí a classificação adotada pela doutrina em *tipos fechados e tipos abertos*. Nestes, como diz WELZEL, falta um quadro reitor material para a complementação do tipo (*Derecho penal aleman*, p. 98). Como exemplos, podem ser referidos os ilícitos culposos – quando a violação do dever de cuidado objetivo deve ser aferida caso a caso pelo juiz – e os dolosos, nos quais a ilicitude da conduta deve ser também reconhecida em função de aspectos externos ao tipo, como a natureza da injustiça do mal prometido na ameaça (CP, art. 147).

## § 19. Concurso aparente de normas penais

Há um *concurso aparente de normas penais*, que sugere a existência de um *concurso de infrações penais*, quando algumas normas estão umas para com as outras em relação de hierarquia, no sentido precisamente de que a aplicação de algumas delas exclui, sob certas circunstâncias, a possibilidade de eficácia cumulativa de outras. De onde resulta que a pluralidade de tipos que se podem considerar preenchidos quando se considera, isoladamente, cada uma das normas incriminadoras, vem no fim das contas em muitos casos, vistas tais relações de mútua exclusão e subordinação, a mostrar-se inexistente (CORREIA, *Direito Criminal*, II/204). Existe, em tais casos um *conflito aparente* de normas penais incriminadoras que se resolve com a aplicação de somente uma delas e exclusão das demais, atendendo-se a critérios lógicos e de valoração jurídica do fato (DOTTI, *Curso*, p. 372).

Segundo alguns estudiosos, o tema relativo ao concurso aparente de normas penais melhor seria tratado no Título V (DAS PENAS) e, em especial no seu Capítulo III (DA APLICAÇÃO DA PENA) em atenção às regras dos concursos material e formal (CP, arts. 69 e 70). Mas um bom número de doutrinadores considera adequado cuidar desse fenômeno no quadro da lei penal no tempo. Também assim me parece, porque o Título I do Código Penal trata, precisamente, DA APLICAÇÃO DA LEI PENAL.[6] É oportuno o exemplo do mestre HUNGRIA, que não apenas tratou do assunto ao comentar a lei penal no tempo como estabeleceu em seu famoso Anteprojeto de Código Penal (1963), a seguinte regra: "Art. 5º *Quando a um mesmo fato podem ser aplicadas duas ou mais normas penais, atende-se ao seguinte, a fim de que só uma pena seja imposta: a) a norma especial exclui a norma geral; b) a norma relativa a crime que passa ser elemento constitutivo ou qualificativo de outro, é excluída pela norma atinente a este; c) a norma incriminadora de um fato que é meio necessário ou normal fase de preparação ou execução de outro crime é excluída pela norma a este relativa. Parágrafo único. A norma penal que prevê*

---

• 6 Essa é, igualmente, a opinião de COSTA JR., *Código penal comentado*, p. 25.

*vários fatos, alternativamente, como modalidades de um mesmo crime, só é aplicável uma vez, ainda quando os ditos fatos são praticados, pelo mesmo agente, sucessivamente*". A proposta foi criticada por FRAGOSO, ponderando que o projeto "se abstivesse de regular o concurso aparente de normas. Para fazê-lo, seria preciso recorrer a fórmulas demasiadamente vagas, que nem sempre encontrariam neste imenso país, juízes bastante esclarecidos para aplicá-las. Não é preciso lei para resolver os casos em que duas ou mais normas se excluem por necessidade lógica ou de valoração jurídica do fato. O projeto HUNGRIA está aqui, a rigor, procurando dar um passo muito largo na legislação penal. Somente o princípio da especialidade já alcançou suficiente cristalização doutrinária para que seja expressamente previsto. Não haveria inconveniência, mas, também, não haveria necessidade de incluí-lo na lei" (A reforma da legislação penal – I. In: *RBCDP*, n. 2, jul.-set. 1963, p. 57). A impugnação de FRAGOSO foi renovada em seus *Comentários* (vol. I, t. I, p. 239/241), ao argumento central de que a matéria "dá lugar a graves incertezas e conduz a jurisprudência dos tribunais a grandes vacilações".

O Anteprojeto Hungria foi revisto por comissão instituída em 1964 pelo Ministro MILTON CAMPOS e composta pelo autor e os professores ANÍBAL BRUNO, que a presidiu, e HELENO CLÁUDIO FRAGOSO. O texto final converteu-se no Dec.-Lei n. 1.004, de 21.10.1969, que excluiu a proposta como também ocorreu com a alteração produzida pela Lei n. 6.016, de 31.12.1963.

Não me parece que o imortal Ministro HUNGRIA tivesse laborado em *desvio metódico* ao propor a positivação de hipóteses de concurso aparente que são inúmeras na vida prática. Basta a leitura de seus comentários ao art. 2º, verbete 31, e sua fecunda pesquisa, além dos exemplos práticos que ilustram as várias hipóteses de suposto conflito para nos convencermos de que o seu Anteprojeto estava com a orientação científica adequada. Muito melhor seria a regulação positiva desta matéria que deixá-la para as incertezas de cada caso concreto sujeito às oscilações da jurisprudência e, com grande frequência, com o notável prejuízo de se reconhecer um concurso formal ou material ou negar a existência do crime continuado com as graves consequências para a segurança jurídica e a liberdade de acusados. Os argumentos utilizados para a rejeição da fórmula do Anteprojeto Hungria também poderiam servir para se evitar o tratamento normativo dos arts. 69, 70 e 71 do Código Penal. O SUPERIOR TRIBUNAL DE JUSTIÇA, vencendo tal *superstição,* iniciou o caminho para disciplinar o fenômeno com o reconhecimento de uma *servidão de passagem* entre o crime de falso e o estelionato, declarando que quando o primeiro se exaure no segundo, "sem mais potencialidade lesiva, é por este absorvido" (Súmula n. 17). Esta indispensável *cláusula salvatória* da liberdade acolheu o critério da *consunção* assim como o fazia o Anteprojeto Hungria, art. 5º, letra *c*.

Tivesse a legislação já resolvido, por exemplo, o conflito resultante da alternatividade – proposto no parágrafo único do art. 5º do Anteprojeto Hungria, não existiria o absurdo previsto pelo Proj. de Lei do Senado n. 236, de 2012, com relação ao *libidinoso* art. 180 e seu parágrafo único: "Constranger alguém, mediante violência ou grave ameaça, à prática de ato sexual, *vaginal, anal ou oral*".[7] "*Se o agente pratica o crime mediante mais de uma das condutas descritas no caput, a pena será aumentada de um terço a dois terços,* sem prejuízo da aplicação de outras causas de aumento previstas neste Título".[8] Se esta *pérola* do Projeto Sarney for convertida em lei, o autor do crime de tráfico pode ser condenado a uma pena superior a 30 (trinta) anos de reclusão. Basta que, para vencer a concorrência e obter o primeiro lugar no pódio do mercado negro, ele disponha de equipes para importar, exportar, remeter, preparar, produzir, fabricar, adquirir, vender, enfim, cumprir todas ou quase todas as condutas previstas no art. 33 da Lei n. 11.343, de 23.08.2006. E, se estiver na faixa do idoso, irá inaugurar ou ser mantido em ala especial reservada para a "prisão perpétua".

## § 20. Critérios para resolver o conflito

Autorizada doutrina emprega o vocábulo *princípios* para designar as *relações* de especialidade, consunção, subsidiariedade e alternatividade, através das quais se examina e resolve o conflito. Na verdade, em tais situações, o aplicador da lei adota um *critério*, vale dizer, uma *regra* para decidir o que é verdadeiro ou falso. Daí a preferência pela expressão *critérios* (da especialidade etc.), para eliminar a falsa realidade do conflito de infrações penais.

Como já foi exposto em texto anterior (DOTTI, *Curso,* p. 374 e ss.), os critérios para resolver o conflito são quatro: especialidade, consunção, subsidiariedade e alternatividade.

**A. Especialidade.** Consiste a *especialidade* na relação que se estabelece entre dois ou mais preceitos sempre que na *lex specialis* se contém já todos os elementos de uma *lex generalis,* a qual se pode chamar de *tipo fundamental* e, ainda, certos elementos especializadores (CORREIA, *Direito criminal* II, p. 205). Essa relação determinará a exclusão da lei geral pela aplicação da lei especial, segundo o brocardo *lex specialis derogat legi generali.*

---

- 7   A pena cominada para o *caput* é a prisão, de seis a dez anos.
- 8   A preocupação em *reinventar a roda* seduziu a feitura do novo dispositivo quando o vigente art. 213 do Código Penal resolve muito bem a tipificação do estupro como o constrangimento "mediante violência ou grave ameaça, a ter conjunção carnal ou a praticar ou permitir que com ele se pratique outro ato libidinoso".

Em nosso sistema positivo, um dos exemplos mais evidentes da aplicação desse critério é o reconhecimento do crime de *infanticídio* (CP, art. 123) em confronto com o tipo de ilícito do *homicídio* (CP, art. 121). A mãe que, sob a influência do estado puerperal, mata o próprio filho, durante ou logo após o parto, realiza o tipo fundamental do homicídio e mais alguns elementos especializantes. Nessa hipótese, aplica-se somente a norma especial (CP, art. 123).

**B. Consunção.** Há *consunção* quando um crime é meio necessário ou normal etapa de preparação ou de execução de outro crime. Entre os bens jurídicos protegidos pelas normas penais, verificam-se, às vezes, relações de mais e de menos: uns contêm-se nos outros de tal maneira que uma norma consome já a proteção que a outra visa. Daí que, com fundamento na regra *ne bis in idem*, deve-se concluir que a *lex consumens derogat legi consumtae* (CORREIA, ob. e loc. cit.). Como exemplos, podem ser referidos: *a)* a lesão corporal em relação ao homicídio. Se o agente espanca e fere a vítima e depois a mata, existe apenas homicídio, pois a lesão corporal é *consumida* (FRAGOSO, *Lições*, § 370); *b)* o crime consumado também *consome* o crime tentado. Se alguém inicia a execução de um homicídio em outrem e produz a morte – querendo ou assumindo o risco desse resultado –, a hipótese jurídica é de homicídio; *c)* o crime de perigo é *consumido* pelo crime de dano se o bem jurídico protegido for o mesmo. Se a enfermeira se omite em ministrar o remédio ao paciente que dele necessita para manter a vida, querendo ou assumindo o risco de produzir-lhe a morte, o caso será de homicídio doloso (crime de dano) e não a omissão de socorro (crime de perigo).

Ao contrário do que ocorre com a relação de especialidade, o reconhecimento da consunção depende de uma verificação em cada caso concreto, através da comparação qualitativa dos bens jurídicos violados.

### B 1. Progressão criminosa

Ocorre a *progressão criminosa* quando a conduta indicada pelo núcleo do tipo é a consequência de atos que se desenvolvem através da passagem de um tipo de ilícito de menor potencial ofensivo para outro de maior gravidade. Trata-se de relação contida na estrutura interna do próprio tipo e não fora dele, com outro tipo realizado. Na primeira hipótese, temos a lesão corporal como passagem do homicídio e a invasão de domicílio quando etapa do furto no interior da casa; na segunda, o porte ilegal de arma e o seu uso para o crime de ameaça.

### B 2. Delito progressivo

No *delito progressivo*, o comportamento unitário do agente ultrapassa um tipo estagiário para alcançar outro de maior relevância jurídica, resolvendo-se a situação do concurso aparente de ilícitos pelo critério da consunção (*major absorvet minorem*). Há uma sucessão de *atos* no contexto do mesmo *fato* típico, de que são exemplos: a) o homicídio decorrente das lesões corporais (CP, arts. 129 e 121); b) os petrechos com os quais se falsifica a moeda (CP, arts. 291 e 289).

### B 3. Fato anterior impunível

Há determinados fatos típicos que são absolutamente indispensáveis para a prática do delito posterior, como ocorre com a falsificação de documento ou a falsidade ideológica (CP, arts. 297 e 299), como um meio para a prática do crime de bigamia (CP, art. 235). Diz-se, então, que há um antefato impunível. A propósito, a Súmula n. 17 do STJ: "Quando o falso se exaure no estelionato, sem mais potencialidade lesiva, é por este absorvido".

### B 4. Fato posterior impunível

Por outro lado, há realizações típicas que se sucedem a outras que atentam contra o mesmo bem jurídico e o mesmo sujeito passivo, de maneira a excluir o concurso de infrações. É possível exemplificar com as situações do uso de documento falso pelo falsificador (CP, arts. 297 ou 298 e 304) e da destruição da coisa furtada pelo próprio ladrão (CP, arts. 155 e 163). Nesses casos, fala-se em um *post factum* impunível.

### C. Subsidiariedade

Verifica-se a *subsidiariedade* quando uma norma que define crime menos grave está abrangida pela norma que define o crime mais grave, nas circunstâncias concretas em que o fato ocorreu. A relação de subsidiariedade é caracterizada com critérios de valoração jurídica (FRAGOSO, *Lições,* § 369).

Pode-se referir como paradigma dessa modalidade de relação o crime de falsa identidade, em cuja cominação se declara que a pena é a detenção, de 3 (três) meses a 1 (um) ano, ou multa, "se o fato não constitui elemento de crime mais grave" (CP, art. 307), como por exemplo, o estelionato, pelo ardil da identificação fraudulenta do agente a fim de induzir a vítima em erro (CP, art. 171).

### C 1. Subsidiariedade expressa

A subsidiariedade é *expressa* quando a própria lei penal contém a *cláusula de reserva*, através de expressões como "se o fato não constitui crime mais grave" (CP, arts. 132 e 307); se o agente "não quis o resultado (morte) nem assumiu o risco de produzi-lo" (CP, art. 129, § 3º); "se o fato não constitui crime" (LCP, art. 21); "se o fato não constitui crime contra a incolumidade pública" (LCP, art. 29).

### C 2. Subsidiariedade tácita

A subsidiariedade é *tácita* (ou *implícita*) quando uma figura típica funciona como elementar ou circunstância legal específica de outra, de maior gravidade punitiva, de forma que esta exclui a simultânea punição da primeira: *ubi major minor cessat*. Em tal caso, as circunstâncias elementares de um tipo de ilícito estão contidas em outro, ou como essenciais ou como acidentais, sem que a lei, expressamente, declare o caráter subsidiário de uma norma em relação a outra. Seguem-se os exemplos recolhidos por DAMÁSIO DE JESUS: *a)* o crime de dano é subsidiário do crime de furto pela destruição ou rompimento de obstáculo para a subtração da coisa (CP, art. 163 c/c o art. 155, § 4º, I); *b)* a ameaça é crime famulativo do constrangimento ilegal (CP, art. 147 c/c o art. 146); *c)* o constrangimento ilegal (CP, art. 146) é subsidiário de todos os delitos que têm como meio executivo a *vis absoluta* e a *vis compulsiva*, como o aborto da pessoa coagida, a violação do domicílio qualificada, a extorsão, o dano qualificado e o estupro (CP, arts. 126, parágrafo único; 150, *caput* e § 1º; 158; 163, parágrafo único, I e 213) (*Direito penal*, 1/98).

### D. Alternatividade

Diz-se que existe a relação de *alternatividade* quando a norma incriminadora descreve mais de uma modalidade de realização típica. É o *crime de conteúdo variado*, assim identificado quanto à conduta (CP, arts. 122 e 211); ao modo de execução (CP, art. 121, § 2º, IV); ao objeto material (CP, art. 234); aos meios de execução (CP, art. 136); ao resultado material da ação (CP, art. 129, § 2º, III); às circunstâncias de tempo (CP, art. 123); às circunstâncias de lugar (CP, art. 233) etc. Em todas essas hipóteses, o agente responderá por um só delito, embora várias possam ser as modalidades de conduta, as circunstâncias e demais aspectos do fato punível.

### D 1. Tipo misto alternativo

Apresenta o *tipo misto alternativo* um conteúdo variável porque descreve não uma, mas várias hipóteses de realização do mesmo fato delituoso. A característica destes tipos é que as várias modalidades são fungíveis e a realização de mais de uma não altera a unidade do delito (FRAGOSO, *Conduta punível*, p. 206).

### D 2. Tipo misto cumulativo

Já o mesmo não sucede com o impropriamente denominado *tipo misto cumulativo*. FRAGOSO contesta essa designação, esclarecendo que não há tipos cumulativos. "Há disposições legais que contêm, independentemente, mais de uma figura típica de delito, ou seja, nas quais há *tipos acumulados*. Nestes casos, haverá sempre concurso, em caso de realização de mais de um tipo. São exemplos de leis mistas cumulativas os arts. 135, 180, 208, 242, 244, 248, 326 etc." (ob. e loc. cit.).[9]

---

- 9 *Tipos acumulados*: O Anteprojeto Hungria (Título IV, verbete 35) previa essa modalidade no parágrafo único do art. 5º: "A norma penal que prevê vários fatos,

## § 21. Medida de segurança

A *medida de segurança* é uma reação estatal aplicável aos autores de crime que padecem de doença mental ou desenvolvimento mental incompleto ou retardado e que, em consequência, são inteiramente incapazes de entender o caráter ilícito do fato e de se determinar de acordo com esse entendimento (CP art. 26). O princípio da anterioridade da lei penal é também indispensável para a aplicação da medida de internação ou de tratamento ambulatorial.

A Reforma de 1984[10] eliminou o sistema chamado *duplo-binário* existente no regime anterior que consistia na aplicação da pena e da medida de segurança após o cumprimento da primeira, para os condenados efetiva ou presumidamente perigosos. Adotou-se o sistema *monista,* como declara a Exposição de Motivos: *"O princípio da culpabilidade estende-se, assim, a todo o Projeto. Aboliu-se a medida de segurança para o imputável"* (item 18).

As medidas de segurança são: I – internação em hospital de custódia e tratamento psiquiátrico ou, à falta, em outro estabelecimento adequado; II – sujeição a tratamento ambulatorial (CP, art. 96). Não é possível a aplicação de medida de segurança quando ocorrer a extinção da punibilidade (CP, parág.ún. do art. 96), como, por exemplo: anistia, graça ou indulto; retroatividade da lei descriminalizadora; prescrição, decadência e perempção etc. (CP, art. 107).

A Constituição veda a imposição de penas perpétuas (art. 5º, XLVII, *b*). Por analogia in *bonam partem,* pode-se afirmar que o princípio da temporariedade da reclusão também se aplica à medida de segurança, suprindo-se a omissão constante do § 1º do art. 97: "A internação, ou tratamento ambulatorial, será por *tempo indeterminado*, perdurando enquanto não for averiguada, mediante perícia médica, a cessação da periculosidade. O prazo mínimo deverá ser de 1 (um) a 3 (três) anos". Há precedentes na jurisprudência estabelecendo que o internamento ou o tratamento ambulatorial não poderão exceder o tempo da pena cominada ou aplicada para o crime cometido. Nesse rumo caminham alguns projetos de reforma de dispositivos da Parte geral do Código Penal.

O Código Penal estabelece que o internado será recolhido a estabelecimento dotado de características hospitalares e será submetido a tratamento (art. 99). O dispositivo, apesar de sua singeleza, procura resguardar o mínimo possível de segurança pessoal, suprindo a omissão do CP 1940

---

alternativamente, como modalidades de um mesmo crime, só é aplicável uma única vez, ainda quando os ditos fatos são praticados, pelo mesmo agente, sucessivamente".

10   Sobre a natureza e objetivos da Reforma de 1984, bem como as discussões ocorrentes durante os trabalhos preparatórios, *vide* Francisco de Assis Toledo, *Princípios básicos de direito penal,* 5ª ed., 1994, 17ª tiragem, 2012, p. 66/78.

neste sentido. A Lei de Execução Penal (Lei n. 7.210, de 11.07.1984) contém detalhada relação de direitos do condenado e presos provisórios (arts. 40 e 41) e estende, no que couber, ao submetido à medida de segurança, os mesmos direitos. Especificamente, o art. 43 garante a liberdade de contratar médico de confiança pessoal do internado ou do submetido a tratamento ambulatorial, por seus familiares ou dependentes, a fim de orientar e acompanhar o tratamento. As divergências entre o médico oficial e o particular serão resolvidas pelo juiz da execução (parág.ún.).

A Lei n. 10.216, de 06.04.2001, complementa a relação de direitos do internado, declarando que são assegurados sem qualquer forma de discriminação quanto à raça, cor, sexo, orientação sexual, religião, opção política, nacionalidade, idade, família, recursos econômicos e ao grau de gravidade ou tempo de evolução de seu transtorno (art. 1º). E, nos atendimentos em saúde mental, de qualquer natureza, a pessoa e seus familiares ou responsáveis serão formalmente cientificados dos direitos enumerados pela lei (art. 2º).

Uma orientação humanitária da jurisprudência veio temperar o rigor do art. 97 do Código Penal, que restringe o tratamento ambulatorial ao autor do fato se o crime for punido com detenção. Vale reproduzir: "Em casos excepcionais, admite-se a substituição da internação por medida de tratamento ambulatorial quando a pena estabelecida para o tipo é a reclusão, notadamente quando manifesta a desnecessidade da internação" (STF – HC 85401 – Min. CEZAR PELUSO – 2ª T. – DJ 12.02.2010). No mesmo sentido são os precedentes do Superior Tribunal de Justiça: "1. Na fixação da medida de segurança – por não se vincular à gravidade do delito perpetrado, mas à periculosidade do agente –, cabível ao magistrado a opção por tratamento mais apropriado ao inimputável, independentemente de o fato ser punível com reclusão ou detenção, em homenagem aos princípios da adequação, da razoabilidade e da proporcionalidade (arts. 26 e 97 do CP). [...]" (STJ – REsp 1.266.225/PI – Rel. Min. SEBASTIÃO REIS JÚNIOR – 6ª T. – DJe 03.09.2012). •• "1. Este Superior Tribunal de Justiça entende que o artigo 97 do Código Penal não deve ser aplicado de forma isolada, devendo se analisar também qual é a medida de segurança que melhor se ajusta à natureza do tratamento de que necessita o inimputável. 2. Agravo regimental a que se nega provimento." (STJ – AgRg no REsp 998.128/MG – Rel.ª Min.ª MARIA THEREZA DE ASSIS MOURA – 6ª T. – DJe 25.04.2011). ••• "1. A medida de segurança, enquanto resposta penal adequada aos casos de exclusão ou de diminuição de culpabilidade previstos no artigo 26, *caput* e parágrafo único, do Código Penal, deve ajustar-se, em espécie, à natureza do tratamento de que necessita o agente inimputável ou semi-imputável do fato-crime. 2. É o que resulta da letra do artigo 98 do Código Penal, ao determinar que, em necessitando o condenado a pena de prisão de especial tratamento curativo, seja imposta, em substituição, a medida de segurança de tratamento compulsório, em regime de internação em hospital de custódia e tratamento psiquiátrico ou em regime ambulatorial, atendida sempre, por implícito, a necessidade social. 3. Tais regimes alternativos da internação, com efeito, deferidos ao semi-imputável apenado com prisão que necessita de tratamento curativo, a um só tempo, certificam a exigência legal do ajustamento da medida de segurança ao estado do homem autor do fato-crime e determinam, na interpretação do regime legal das medidas de segurança, pena de contradição incompatível com o sistema, que se afirme a natureza relativa da presunção de necessidade do regime de internação para o tratamento do inimputável. 4. Recurso especial improvido" (STJ – REsp 324.091/SP – Rel. Min. HAMILTON CARVALHIDO – 6ª T. – DJ 09.02.2004).

### § 22. Erros da lei

Sobre este verbete, HUNGRIA observa que o texto legal pode ressentir-se de lapsos de cópia ou de impressão que não foram corrigidos em ulterior edição do órgão oficial de publicidade (*Comentários,* p. 95). Daí a classificação como *erro manifesto* quando não afeta o conteúdo ou a essência da lei e *erro dissimulado*. Um exemplo do erro evidente consta da redação do § 1º do art. 110 do Código Penal, com a malsinada alteração produzida pela Lei n. 12.234/2010: "A prescrição, depois de sentença condenatória com trânsito em julgado para a acusação ou depois de improvido seu recurso, regula-se pela pena aplicada, não podendo, em nenhuma hipótese, ter por termo inicial *data anterior à denúncia ou queixa*". A redação anterior, determinada pela Lei n. 7.209/1984, previa a possibilidade da prescrição retroativa, correndo o prazo prescricional a partir da "*data anterior à do recebimento da denúncia ou da queixa*".

A comparação entre as duas disposições mostra o erro da primeira ao se referir à *data anterior à denúncia ou queixa* quando a interrupção do curso prescricional não resulta do tempo e sim *da decisão do juiz* que recebe a peça inicial de acusação (CP, art. 117, I).

A Lei de Introdução às Normas do Direito Brasileiro expressamente admite a correção de erros contidos na lei antes e depois da entrada em vigor (Dec.-lei nº 4.657/1942, art. 1º, §§ 3º e 4º).

### § 23. Tecnicismo jurídico-penal

Sustentando a exclusividade da lei para conter o Direito Penal, HUNGRIA arremata que "a ciência do direito penal somente pode consistir no estudo da lei penal em sentido lato ou do complexo de normas jurídicas mediante as quais o Estado manifesta o seu propósito de coibir a delinquência, indicando os fatos que as constituem, as condições da responsabilidade penal, as sanções repressivas ou preventivas. Este, o irrefragável postulado do chamado *tecnicismo jurídico-penal"* (*Comentários,* p. 96, itálicos do original). Com muita propriedade afirma que a autêntica ciência jurídico-penal não pode ter por objeto a indagação experimental acerca dos problemas da criminalidade: "trata-se de ciência normativa e não *causal-explicativa [...]* Seu método, seu único método possível, é o técnico-jurídico ou *lógico-abstrato"* (*Comentários,* p. 97/98, itálicos do original).

A propósito do tema da exclusividade de um método próprio de investigação para o Direito Penal, já tive oportunidade de escrever o seguinte:

> "**O dogmatismo jurídico.** A dogmática é a tendência científica que estuda o direito positivo vigente de modo sistematizado e dedutivo, não havendo possibilidade para se elaborar uma dogmática penal à margem do direito em vigor. A dogmática propriamente dita é o fenômeno que IHERING chamava de *jurisprudência superior* e que na síntese de Bruno é o núcleo característico da ciência jurídica que, partindo das normas, define os princípios, organiza-os em institutos e coordena-os, por fim, em uma unidade mais alta que é o sistema. A dogmática, em síntese, constitui um 'processo unitário de descobrimento e ordenação dos conceitos do Direito Penal, ordenação e unificação características de toda construção científica' (*Direito penal,* t. 1º, p. 41).
> 
> Cf. WELZEL, a dogmática jurídica é a explicação sistemática dos princípios jurídicos que se encontram na base de uma ordem jurídica ou de algumas de suas partes (*Introducción a la filosofia del derecho,* p. 193). O *dogmatismo jurídico,* portanto, é um modo de ser do sistema penal positivo e uma das garantias de sua própria eficácia na medida em que reconhece como dogmas certos princípios e determinadas regras do ordenamento como, p.ex.: *a)* a anterioridade da lei penal quanto ao crime e à pena; *b)* a responsabilidade subjetiva; *c)* a inimputabilidade dos menores de 18 anos; *d)* a culpabilidade como fundamento, natureza e limite da pena; *e)* a personalidade da pena; *f)* a desconsideração da emoção e da paixão como causas autônomas de isenção de pena etc. A manutenção desses princípios e dessas regras constitui a própria segurança do regime jurídico-penal e qualquer tentativa no sentido de negar a sua existência e a sua eficácia implica em desestabilizar o sistema abrindo as portas para um mudancismo anárquico.

Mas é preciso também reconhecer, sob outra ótica, que a exegese da *lei pela lei* até a sua exaustão, bem como o empenho em atomizar conceitos e a distância cada vez mais acentuada do homem, da vida e do mundo, constituíram, em períodos recentes da história do Direito Penal, sérios obstáculos ao seu aprimoramento técnico e humano. Em muitas oportunidades, o excesso dos exercícios dogmáticos foi denunciado[11] e se reconheceu abertamente a falta de melhor evolução dos métodos e meios do Direito Penal durante o tempo em que a ciência foi submetida aos rigores exegéticos de filosofias autoritárias.

Um dos mais fervorosos críticos dos excessos da dogmática jurídica, JUAN-RAMÓN CAPELLA, retrata com sarcasmo esse panorama: "Fala-se, além das normas jurídicas, em relações, situações, instituições e estatutos jurídicos. A ontologia teorética da ciência jurídica aparece assim curiosamente duplicada, triplicada ou quintuplicada, sendo seguramente a isto que Ihering se referia quando falava da mania que os juristas têm para cortar o cabelo em sete partes. O estudante de Direito é obrigado a deter-se a averiguar a raiz da distinção entre 'relação jurídica' e 'situação jurídica' em qualquer pandectista alemão, divertimento capaz de absorver o espírito como a leitura de livros da cavalaria, com a perigosa diferença de que tal investigação é exigida para a aprendizagem da matéria" (*A extinção do direito e a supressão dos juristas*, p. 30).

O isolamento da dogmática em torno de si mesma e a dedicação exagerada às elucubrações abstratas, ignorando a realidade social e as particularidades do caso concreto, trazem como consequência um paradoxo: é possível ser dogmaticamente certo aquilo que é errado sob o ângulo de Política Criminal; e vice-versa. Como observaram penalistas de grande sensibilidade, a história da teoria do delito, construída pela dogmática dos anos 50, 60 e 70, poderia ser descrita exclusivamente como a peregrinação dos elementos do delito pelos diferentes estádios do sistema (NOVOA MONREAL, citando CLAUS ROXIN, em *La evolución del derecho penal en el presente siglo,* p. 42 e ss.).

---

• 11   Entre muitos: FERRI, *Principii,* p. 65: "più bizantini aberrazioni (...) virtuosità dialettica e di asfissiante prolissità"; ROXIN, Claus. *Política criminal y sistema del derecho penal*; MONREAL, Novoa. Alternatives et moments critiques du droit pénal d'aujour d'hui. In: *Revue* n. 4, de 1977, p. 767 e ss.; ORDEIG, Enrique Gimbernat. Tiene un futuro la dogmatica juridico penal? In: coletânea *Estudios de Derecho Penal*, p. 57 e ss.; HUNGRIA, Nelson. Os pandectistas do Direito Penal. In: *Comentários*, vol. I, t. II, p. 443; LYRA FILHO, Roberto. *Para um direito sem dogmas.*

Nos dias correntes, o excesso do dogmatismo jurídico deve ser depurado a fim de se permitir a elaboração de uma *dogmática realista*, i.e., ajustada às vicissitudes humanas e às condições e às circunstâncias ditadas pela vida e pelo mundo. Escritores de grande prestígio sustentam a possibilidade de se conciliarem as funções da dogmática e da crítica do Direito Penal e, por extensão, do sistema em que estão imersas. Cf. reconhece MUÑOZ CONDE, a primeira dificuldade que surge para esse empreendimento consiste na apuração das bases em torno das quais se tentará erigir uma *dogmática crítica*. Duas são as vertentes para a investigação: *a)* a *jurídica*, utilizando-se critérios próprios do objeto criticado; *b)* a *política*, apoiada em critérios de ordem social. Ambos os procedimentos, unilateralmente considerados, levam à frustração: o defeito do primeiro está no *juridicismo* exacerbado; o do segundo, num *sociologismo* do problema jurídico (*Introducción al derecho penal*, p. 185). O rumo certo está na conjugação dos critérios, evitando os excessos. Para alcançá-la o jurista deve procurar a verdade como um *saber total* e não como um *saber parcial* que ignora outras esferas de conhecimento.

A meta visada pelo movimento crítico se baseia na necessidade de reformulação de estruturas e parte do ordenamento que compõem o sistema. E a missão da dogmática crítica consiste na exegese e na ordenação do Direito vigente, colocando, ao mesmo tempo, as questões relevantes ainda sem solução ou mal resolvidas *"abriendo así la puerta a la reforma"*, com vista ao tratamento dos problemas. Assim, a dogmática jurídico-penal cumpre uma função político-criminal (MUÑOZ CONDE, *Introducción*, ob. cit., p. 187). No mesmo sentido é a lição de MIR PUIG, aludindo à direção convergente entre a Política Criminal e a dogmática no caminho da elaboração de uma *dogmática realista*. No seu entender, a introdução no dogmatismo dos postulados valorativos do Direito Penal, por um lado, e a análise das necessidades sociais, por outro, constituíram aspecto essencial do programa de integração entre as duas disciplinas. Mas, para que se verifique essa integração é indispensável que os postulados valorativos (inspiradores do direito positivo e da dogmática) e as necessidades do caso devem fugir de uma origem puramente intuitiva e procurar apoio na investigação do delito como fenômeno empírico, individual e social (*Introducción a las bases del derecho penal*, p. 345).

A instituição de categorias axiológicas em harmonia com as exigências sociais corresponde ao sentido original da Política

Criminal segundo a concepção de LISZT: estender uma ponte entre a dogmática e a Criminologia.

Afinal, como ensina MIGUEL REALE, "o Direito não é um fato que plana na abstração, ou seja, solto no espaço e no tempo, porque também está imerso na vida humana, que é um complexo de sentimentos e estimativas. *O Direito é uma dimensão da vida humana*" (*Teoria tridimensional do direito*, p. 123) (DOTTI, *Curso*, p. 107/109)."

Com um estilo incomparável e uma extraordinária lucidez espiritual, o imortal mestre HUNGRIA, em densa exposição cercada de conclusões categóricas e metáforas geniais, nos demonstra que "ciência penal não é esse *leite desnatado, esse bagaço remoído, esse esqueleto de aula de anatomia* que nos impingem os ortodoxos da jurisprudência isolada em si mesma, a alimentar-se perpetuamente de si mesma, a desdobrar-se, introvertidamente, em cálculos jurídicos e *subtilitates juris*, alheada às aventuras do mundo circundante [...] O crime não é somente uma abstrata noção jurídica, mas um fato do mundo sensível, e o criminoso não é um impessoal 'modelo de fábrica', mas um trecho fulgurante da humanidade" (*Comentários,* p. 100*).*

Na história do Direito Penal brasileiro ninguém melhor que HUNGRIA advogou a causa de dignidade do Direito Penal como ciência a salvo do que ele chamou de "capilarismo de conceitos e critérios, numa infindável, miúda e árdua análise dos versículos da lei" (Direito Penal e Criminologia. In: *RBCDP*, 1963, p. 5). Encerrando o tema acerca do "Tecnicismo jurídico-penal", as suas últimas palavras resumem notável lição de humanismo transmitida de corpo e alma que circulam na memória dos vivos e servem de epitáfio no túmulo dos mortos. Vale reproduzir: "A ciência que estuda, interpreta e sistematiza o direito penal não pode fazer-se cega à realidade, sob pena de degradar-se numa sucessão de fórmulas vazias, numa platitude obsedante de mapa mural de geometria. Ao invés de librar-se aos pináculos da dogmática, tem de vir para o chão do átrio onde ecoa o rumor das ruas, o vozerio da multidão, o estrépito da vida, o fragor do mundo, o bramido da tragédia humana. Não pode alçar-se às nuvens, rumo da estratosfera, pois tem de estar presente ao entrevero dos homens, ao dantesco tumulto humano de *diverse lingue, orribili favelle, / Parole di dolore, accentti d'ira, // Voci alte e fioche, e suon di man com ele [...]" (Comentários*, p. 100. Itálicos do original).

## § 24. Arbítrio judicial na aplicação da pena

Em três momentos se realiza o *dinamismo penal*: *a)* na *cominação,* mediante a previsão dos crimes e das penas; *b)* na *aplicação,* com a imposição concreta pelo juiz ou tribunal, da medida concreta da reação penal; *c)* na *execução,* pelo cumprimento efetivo da pena ou da medida de segurança.¹²

O Código Penal de 1890 impunha ao magistrado a aplicação da pena em graus conforme o art. 62: *"Nos casos em que este codigo não impõe pena determinada e sómente fixa o máximo e o mínimo, considerar-se-ão três graus na pena, sendo o grau medio comprehendido entre os extremos, com attenção ás circumstancias aggravantes e attenuantes, as quaes serão applicadas na conformidade do disposto no art. 38, observadas as seguintes regras:* § 1º *No concurso de circumstancias aggravantes e attenuantes que se compensem, ou na ausencia de umas e outras, a pena será applicada no grau medio.* § 2º *Na preponderancia das aggravantes, a pena será applicada entre os graus medio e maximo, e na das attenuantes entre o medio e o minimo;* § 3º *Sendo o crime acompanhado de uma ou mais circumstancias aggravantes sem alguma attenuante, a pena será applicada no maximo, e no minimo se fôr acompanhada de uma ou mais circumstancias attenuantes, sem nenhuma aggravante".*¹³

Embora o dispositivo se refira a três graus para a medição da pena, em verdade o processo se decompunha em cinco. Esta é a opinião manifestada pelos comentadores, a exemplo de MAGALHÃES NORONHA e BASILEU GARCIA. Diz o primeiro: "O juiz passou agora a ser considerado quase um autômato na aplicação da pena. Esta já era fixada em lei e dividida em graus, a que ele ficava sujeito na sentença. [...] Ao aplicar a pena o magistrado estava jungido aos graus máximo, mínimo, médio, submáximo e submédio, pouco ou quase nada restando para o seu subjetivismo ou determinação pessoal" (*Direito penal,* p. 285). E o segundo: "É interessante verificar como se aplicava a pena no Código de 90, para confrontar o seu método com o que hoje vigora. Havia cinco graus da pena: máximo, submáximo, médio, submédio e mínimo. O máximo e o mínimo figuravam no Código, pra cada crime. Para calcular o grau médio, o juiz extraía a média aritmética entre o máximo e o mínimo. Calculava o submédio, extraindo a média entre o mínimo e o médio; o submáximo, extraindo a média entre o médio e o máximo" (*Instituições,* vol. II, p. 467).

Criticando o texto, COSTA E SILVA observava que a tarefa de aplicação da pena é nula quando o juiz se limita a aplicar uma "medida da pena absolutamente determinada pela lei". E acrescentava que um postulado de moderna política criminal, abraçado por todas as escolas ensina que a pena,

---

- 12 Não causa estranheza a afirmação de que também a medida de segurança aos inimputáveis e semi-imputáveis deve ser individualizada, não somente em atenção ao princípio da legalidade, como também em face da Lei n. 10.216, de 06.04.2001, que dispõe sobre "a proteção e os direitos das pessoas portadoras de transtornos mentais e redireciona o modelo assistencial em saúde mental".

- 13 Foi mantida a ortografia original.

"para alcançar os vários fins a que se destina, deve ser tanto quanto possível, individualizada. A individualização que se opera por meio da lei é insufficiente. Completa-a a judicial. Esta exige que o juiz, na escolha da espécie e medida da pena, tenha em vista, não so a objectividade do facto delictuoso, mas, também, e precipuamente, as condições pessôaes do delinquente, os motivos determinantes do mesmo facto, o caracter que elles revelam, e o objectivo psychologico da pena a ser executada. Todos os elementos, tanto de natureza objetiva como subjectiva, precisam ser cuidadosamente apreciados e attendidos. Ora, sem uma ampla liberdade de acção, não póde o juiz desempenhar satisfatoriamente a árdua missão que se lhe confia. Dahi a moderna tendência em prol do arbítrio judicial" (*Codigo penal* [1938], p. 247).[14]

Em outra passagem de seu comentário, o imortal penalista (que integrou o Tribunal de Justiça de São Paulo) renova a queixa de opressão imposta pela manutenção do sistema que vinha do Código Criminal do Império. Afirmando que o legislador de 1890 não poderia desconhecer o fracasso da experiência da divisão da pena que passou do Código napolitano de 1819 para a legislação espanhola, com os diplomas de 1822, 1848 e 1870, espalhando-se para outros países, disse o mestre imortal: "A especie de pena a ser applicada a cada um dos crimes é nelle rigorosamente determinada. Nenhuma vez sequer se proporciona ao juiz a possibilidade de escolher, entre duas ou mais penas, a que lhe pareça mais adequada. Nunca lhe é permittido ultrapassar, para mais ou para menos, os limites ordinários. O quadro da pena é dividido em cinco gráus[15] aos quais fica o mesmo juiz adstricto.Para a fixação do gráu da pena a ser imposta, fornece-lhe o codigo um *numerum clausus* de circumstancias aggravantes e attenuantes. E para avaliação dessas circumstancias lhe põe deante dos olhos as regra do art. 38"[16] (Codigo Penal [1938], vol. II, p. 248).[17]

- 14   Foi mantida a ortografia original.
- 15   Em nota de rodapé o autor explica que, apesar de o art. 62 afirmar a divisão da pena em três graus, na verdade, eram cinco.
- 16   Dispunha o dispositivo referido: Art. 38. "No concurso de circumstancias attenuantes e aggravantes, prevalecem uma sobre outras, ou se compensam, observadas as seguintes regras: Paragrapho 1º Prevalecerão as aggravantes: a) quando preponderar a perversidade do criminoso, a extensão do damno e a intensidade do alarma causado pelo crime; b) quando o criminoso fôr anexado a praticar más acções ou desregrado de costumes. Paragrapho 2º Prevalecerão as attenuantes: c) quando o crime não fôr revestido de circumstancias indicativas de maior perversidade; d) quando o criminoso não estiver em condições de comprehender toda a gravidade e perigo da situação a que se expõe, nem a extensão e consequencias de sua responsabilidade. Paragrapho 3º Compensam-se umas circumstancias com outras, sendo da mesma importância ou intensidade, ou de igual numero (Foi mantida a ortografia original).
- 17   Foi mantida a ortografia original.

Reagindo àquele imobilismo que isolava o magistrado em barreira intransponível, o art. 42 do Código Penal de 1940 produziu uma *revolução copérnica* nos seguintes termos: "*Compete ao juiz, atendendo aos antecedentes e à personalidade do agente, à intensidade do dolo ou grau da culpa, aos motivos, às circunstâncias e consequências do crime: I – determinar a pena aplicável, dentre as cominadas alternativamente; II – fixar, dentro dos limites legais, a quantidade da pena aplicável*". Em conferência pronunciada na Faculdade de Direito do Recife, em 09.12. 1941, sob o título "O arbítrio judicial na medida da pena", HUNGRIA traduziu o pensamento dos demais membros da comissão[18] que fez a revisão do anteprojeto ALCÂNTARA MACHADO, ao sustentar: "O que o novo Código consagra, no seu art. 42, é o *arbitrium regulatum*, o arbítrio temperado, o poder discricional relativo. É a relativa elasticidade da ação do juiz, para que este, retificando os critérios inevitavelmente genéricos da lei, possa distribuir a justiça genuína e essencial, a justiça afeiçoada à realidade cambiante dos fatos humanos, a justiça do caso concreto, numa palavra: a justiça que se chama *equidade*. E quando se diz equidade, não se quer dizer negação da lei ou mero capricho do juiz. A equidade que o direito consente e reclama não é a que inspira no variável sentimentalismo do juiz, mas a que se funda na boa razão e no senso da justa medida. É equidade que seria a da própria lei, se esta pudesse realizar o milagre de enfeixar em sua fórmula a variedade caleidoscópica da vida" (*Novas questões,* p. 148. Itálicos do original).

Com a Reforma de 1984, ampliou-se consideravelmente o poder discricionário do juiz na consideração dos indicadores do art. 59, a partir do exame da culpabilidade, como juízo de reprovabilidade do agente pelo fato cometido. O dolo e a culpa passaram a integrar o tipo subjetivo do ilícito.

Em face das novas dimensões da aplicação judicial da pena o magistrado se libertou completamente das amarras que restringiam a sua capacidade de estabelecer a medida penal adequada "*conforme seja necessário e suficiente para reprovação e pretensão do crime*" (CP, art. 59, *caput).* A decisão, assim objetivada, deverá ter em conta, além da culpabilidade do sujeito, os antecedentes, a conduta social, a personalidade, os motivos, as circunstâncias e consequências do delito, bem como o comportamento da vítima. Esta inovação é da maior importância para averiguar se, no drama criminal, houve, de qualquer modo, uma atitude que possa ter instigado ou estimulado a ofensa contra si, a exemplo de crime sexual, contra o patrimônio, a integridade corporal, a honra, a liberdade pessoal etc., quando esta conduta não caracterizar causa de especial redução da pena ou atenuante atípica (art. 66). Nas palavras

---

• 18 Além de NÉLSON HUNGRIA, que a liderou, a comissão teve a participação de ROBERTO LYRA, VIEIRA BRAGA e NARCÉLIO DE QUEIRÓS.

de REALE JÚNIOR, "a pena é reconhecida como aflição e castigo, antes de tudo, como decorrência da própria *realidade*, pois desde a persecução penal, recaindo sobre o indiciado o aparato estatal para apuração do fato, até a execução, a pena é vista e sofrida pelo agente como um castigo e assim entendida pela sociedade, até mesmo depois de cumprida, quando permanece atuando na forma de rejeição do condenado" (*Instituições,* p. 410).

A individualização da pena, como garantia constitucional e legal, ganhou excelente oportunidade de se materializar no caso concreto quando, além de estabelecer a pena aplicável dentre as cominadas e fixar a sua quantidade dentro dos limites previstos, o magistrado pode determinar o regime inicial de cumprimento da pena privativa de liberdade e a substituição da pena de prisão aplicada por outra espécie de pena, se cabível (CP, art. 59). É relevante destacar a importância humana e social das penas restritivas de direitos: I – prestação pecuniária; II – perda de bens e valores; IV – prestação de serviço à comunidade ou a entidades públicas; V – interdição temporária de direitos; VI – limitação de fim de semana (CP, art. 43), bem como a possibilidade rotineira de substituírem a prisão quando: *a)* a pena aplicada não for superior a quatro anos; *b)* o crime não for praticado com violência ou grave ameaça à pessoa; *c)* o crime for culposo, independentemente da quantidade da pena; *d)* o réu não for reincidente em crime doloso;[19] *e)* a culpabilidade, os antecedentes, a conduta social e a personalidade do condenado, bem como os motivos e as circunstâncias indicarem que essa substituição seja suficiente (CP, art. 44, incisos I a III).

Diversamente do *ancien régime,* a mais importante mudança no sistema de aplicação da pena está na execução conforme os regimes fechado, semiaberto e aberto, situações tratadas nos arts. 33 a 36 do Código Penal e 110 a 119 da Lei de Execução Penal. A Reforma de 1984 superou a grande frustração resultante da inexecução da Lei n. 6.416, de 24.05.1977 que, embora prevendo tais regimes, deixou a sua regulamentação a cargo da lei local ou, à sua falta, a provimentos dos Conselhos Superiores da Magistratura ou órgão equivalente (CP 1940, art. 30, § 6º). O fracasso foi absoluto: raras unidades federadas cuidaram do assunto. A mesma omissão ocorreu, de modo geral, no Judiciário. O regime federalizado da execução penal sobrepujou antiga superstição: a de que a União somente poderia editar *normas gerais* do regime penitenciário a exemplo da iníqua Lei n. 3.274, de 02.10.1957. No entanto, em 29 de outubro de 1970, o Coordenador da Comissão de Estudos Legislativos, Professor JOSÉ CARLOS MOREIRA ALVES, encaminhou ao Ministro

---

- 19 "Se o condenado for reincidente, o juiz poderá deferir a substituição desde que, em face de condenação anterior, a medida seja socialmente recomendável e a reincidência não se tenha operado em virtude da prática do mesmo crime" (CP, art. 44, § 3º).

## Art. 1º

ALFREDO BUZAID o texto do Anteprojeto de Código das Execuções Penais elaborado pelo Professor BENJAMIM MORAES FILHO, revisto por Comissão composta dos Professores JOSÉ FREDERICO MARQUES, JOSÉ SALGADO MARTINS e JOSÉ CARLOS MOREIRA ALVES. Na exposição de motivos desse último Anteprojeto, já se demonstrava, com bastante clareza, a pertinência constitucional da iniciativa da União para editar um Código de Execuções Penais (Exp. Mot. n. 213, de 09.05.1983, que antecede a LEP, itens 5 e 6).

Em sua tese para a titularidade de Direito Penal na Universidade de São Paulo, com o sugestivo título *Direito Penal e criação judicial*, ANDREUCCI se reporta ao pensamento de IHERING, mencionado por KARL ENGISCH (*La idea de concreción em el derecho*, p. 186), de que "o Direito existe para ser realizado; a realização é a vida e a verdade do Direito, é o Direito mesmo. Não são, portanto, nem o conteúdo abstrato das leis, nem a justiça que está sob os papéis, o que decide sobre o valor do Direito [...] se não a objetivação do Direito na vida" (ANDREUCCI, ob. cit., p. 62). E prosseguindo, o mestre paulista se remete à obra do penalista argentino MARIO ODERIGO (*El problema del juez*, p. 47 e ss.), para concluir: "O que se tem é a criação judicial do Direito, necessária porque as leis que o juiz diariamente aplica contêm inevitavelmente o mínimo de injustiça, feitas que foram para a generalidade, não se ajustando, por inteiro, ao particular, o que o legislador sabe e desconta ao redigi-las" (ANDREUCCI, ob. cit., p. 63).

O art. 5º da LINDB declara que, na aplicação da lei, "*o juiz atenderá aos fins sociais a que ela se dirige e às exigências do bem comum*". Tal princípio vale para todos os ramos jurídicos e, em particular, para a judicatura criminal, em face da relevância dos interesses em confronto e porque o Direito Penal é a disciplina que dispõe das reações mais graves para combater a vasta gama de ilicitudes. O magistrado deve subsumir a realidade do caso concreto ao modelo normativo, inserindo-o na respectiva hipótese abstrata e depois extrair a sua conclusão. A decisão assim obtida vale como lei individual para as partes. Já foi dito, em antológica *oração de sapiência*, proferida na Faculdade de Direito de Coimbra pelo Professor DOMINGUES DE ANDRADE (1953), que, em tal sentido, o juiz será realmente "o intermediário entre a norma e a vida, o instrumento vivente que transforma o comando abstrato da lei no comando concreto da sentença. Será a viva voz do Direito, ou mesmo a própria encarnação da lei. Porque a lei, com efeito, só tem verdadeira existência prática como é entendida e aplicada pelo juiz" ("*Sentido e valor da jurisprudência*", p. 38).

Por sua vez, a jurisprudência está dirigida, inicialmente, ao entendimento correto da lei, completando-a e aperfeiçoando-a, respeitando sempre os valores que lhe serviram de inspiração, bem como provendo a fiel e exata aplicação das normas assim obtidas, em obediência aos interesses do Direito e da Justiça. Como salienta o mestre imortal: "*ao serviço da lei, mas num sentido de obediência pensante, que atende menos à letra que mata do que ao espírito que vivifica; e para além da lei, mas através dela, ao serviço do ideal jurídico – do nosso sentido do Direito que em cada momento deve ser"* (ob. cit., p. 40. Itálicos meus).

### § 25. "O juiz é o direito feito homem"

Mas, para muito além da liberdade de convicção judicial que possa ser oferecida por um sistema positivo evoluído com os princípios e as regras de um Direito Penal afeiçoado à condição humana sem desviar do interesse público, é essencial considerar a figura do juiz na perspectiva que lhe coloca o mestre CALAMANDREI: "Enquanto ninguém o perturba ou o contraria, o direito rodeia-nos, invisível e impalpável como o ar que respiramos, inadvertido como a saúde, cujo valor somente percebemos tê-la perdido. Mas, quando é ameaçado e violado, então, descendo do mundo astral em que repousava em forma de hipótese até o mundo dos sentidos, o direito encarna no juiz e se torna expressão concreta de vontade operativa através de sua palavra. O juiz é o direito feito homem. Só desse homem posso esperar, na vida prática, aquela tutela que em abstrato a lei me promete. Só se esse homem for capaz de pronunciar a meu favor a palavra de justiça, poderei perceber que o direito não é uma sombra vã. Por isso, indica-se na *iustitia*, e não simplesmente no *ius*, o verdadeiro *fundamentum regnorum* – pois, se o juiz não for vigilante, a voz do direito permanecerá evanescente e distante, como as inalcançáveis vozes dos sonhos. Não me é dado encontrar no caminho que percorro, homem entre os homens na realidade social, o direito abstrato, que vive apenas nas regiões siderais da quarta dimensão; mas me é dado, sim, encontrar a você, juiz, testemunho corpóreo da lei, da qual depende a sorte de meus bens terrenos" (*Eles, os juízes, vistos por um advogado*, p. 11/12).

## DEMAIS PRINCÍPIOS DE DIREITO PENAL

Além do fundamental princípio da anterioridade da lei, há outros que são indispensáveis para promover a dignidade científica do Direito Penal. Em resumo, são eles: *a) humanidade*. Com a proibição constitucional da pena de morte (salvo a exceção prevista no art. 84, XIX) e das penas de caráter perpétuo, de trabalhos forçados, de banimento e cruéis (CF, art. 5º, XLVII), a sanção penal deve respeitar o princípio da dignidade da pessoa humana, que é um dos fundamentos da República (CF, art. 1º, III). Consequentemente, a execução penal deve proporcionar condições para a harmônica integração social do condenado e do internado (LEP, art. 1º); *b) intervenção mínima*. O Estado somente pode intervir para a solução dos conflitos sociais quando a ordem jurídica não oferece outro meio eficaz através das normas de Direito Civil, Administrativo, Tributário, Disciplinar etc. ou das instâncias de transação; *c) insignificância*. A irrelevância da ofensa ao bem jurídico tutelado não autoriza a imposição da pena criminal; *d) necessidade das reações penais*. Tanto a pena como a medida de segurança constituem os instrumentos indispensáveis para conjurar o mal considerável produzido pelo delito. A retribuição e a prevenção devem constituir os objetivos da pena necessária e suficiente (CP, art. 59); *e) ofensividade*. Ao contrário do chamado *direito penal do autor*, que criminaliza a pessoa pelo que ela *é* e não pelo que *faz*, todo o ilícito penal pressupõe a existência perceptível de um dano ou perigo de dano. Em outras palavras: consagra o direito penal do fato; *f) personalidade da sanção*. A pena ou a medida de segurança não podem ir além da pessoa a quem se imputa um fato delituoso (CF, art. 5º, XLV); *g) culpabilidade*. A culpa é o fundamento e a medida da pena. Não se admite a responsabilidade objetiva, isto é, pelo simples fato ilícito, se não houver o juízo de reprovação da conduta humana do sujeito imputável, consciente da ilicitude de seu gesto e de quem se exigia comportamento diverso; *h) retroatividade da lei mais benigna/irretroatividade da lei mais grave*. A lei penal deve atender a aspiração da comunidade e respeitar a sensibilidade popular acerca da maior, menor ou nenhuma reação estatal para dirimir conflitos sociais. O princípio de dupla face é garantido pela Constituição (art. 5º, XL); *i) individualização da pena*. A justiça criminal deve aplicar a pena em atenção a determinados aspectos relativos ao fato e ao seu autor, cumprindo a máxima romana *suum cuique tribuere* (dar a cada um o que é seu), ou seja, a pena justa (CF, art. 5º, XLVI c/c o art. 59, CP); *j) proporcionalidade*. O paradigma constitucional da proporcionalidade do direito de resposta em face do agravo (art. 5º, V) serve de referência para exigir que a cominação da pena deva estabelecer, tanto quanto possível, a relação entre a ofensa e a resposta; *k) taxatividade da norma incriminadora*. O princípio em causa expressa a exigência de que o preceito seja claro e certo. Trata-se de um postulado dirigido ao legislador vetando a elaboração de tipos penais com expressões ambíguas, equívocas e vagas de modo a ensejar diferentes e mesmo contrastantes entendimentos (LUISI, *Os princípios constitucionais penais*, p. 18); *l) utilidade*. A Declaração dos Direito do Homem e do Cidadão, inserta na Constituição Francesa de 1793, proclamou, em seu art. 15: "*A lei apenas deve estabelecer penas estrita e evidentemente necessárias; as penas devem ser proporcionais ao delito e úteis à sociedade*". As penas restritivas de direitos, como a prestação pecuniária e a prestação de serviço à comunidade ou a entidades públicas (CP, art. 44, I e IV) são exemplos desse princípio.

**A LEI PENAL NO TEMPO**

***Art. 2º*** *Ninguém pode ser punido por fato que a lei posterior deixa de considerar crime, cessando em virtude dela a execução e os efeitos penais da sentença condenatória.*

***Parágrafo único.*** *A lei posterior, que de qualquer modo favorecer o agente, aplica-se aos fatos anteriores, ainda que decididos por sentença condenatória transitada em julgado.*

## BIBLIOGRAFIA

ANTOLISEI, Francesco. *Manuale di diritto penale –Parte generale*, 3ª ed., Milano, 1994 •• ASÚA, Luís Jiménez de. *Tratado de derecho penal,* 3ª ed., Buenos Aires: Editorial Losada S/A, t. II, 1964 •• BITENCOURT, Cezar Roberto. *Tratado de direito penal – Parte geral*, 19ª ed., São Paulo: Editora Saraiva, 2013 •• BUSATO, Paulo César. *Fundamentos do direito penal brasileiro,* 3ª ed., Curitiba: edição do autor, 2012 •• BRUNO, Aníbal. *Direito penal – Parte geral,* 3ª ed., Rio de Janeiro: Forense, t. 1º, 1967 •• BRUNO, Aníbal/BATISTA, Nilo. *Teoria da lei penal,* São Paulo: RT, 1974 •• CARRANCA Y TRUJILLO, Raul. *Derecho penal mexicano –* Parte General, México: Editorial Porrúa, S.A., 1970 •• CAVALEIRO DE FERREIRA, Manuel. *Direito penal português – Parte geral,* Viseu: Editorial Verbo, 1981 •• CEREZO MIR, José. *Derecho penal – Parte general*, 1ª ed. bras., prefácio Luiz Regis Prado, São Paulo: Revista dos Tribunais; Lima (PE), Ara Editores, 2007 •• CIRINO DOS SANTOS, Juarez. *Direito penal – Parte geral,* 3ª ed., Curitiba, ICPC; Lumen Juris, 2008 •• COSTA JR., Paulo José. *Código penal comentado*, 8ª ed., São Paulo: DPJ Editora, 2005 •• COSTA E SILVA, Antônio José da. *Código penal*, São Paulo: Companhia Editora Nacional, vol. I, 1943 •• DELMANTO, Celso *et alii. Código penal comentado,* 8ª ed., São Paulo: Editora Saraiva, 2010 •• DOTTI, René Ariel. *Curso de direito penal – Parte geral,* 4ª ed., com a colaboração de Alexandre Knopfholz e Gustavo Britta Scandelari, São Paulo: Revista dos Tribunais, 2012 •• FIGUEIREDO DIAS, Jorge de. *Direito penal – Parte geral: Questões fundamentais, a doutrina geral do crime,* 2ª ed., Coimbra Editora; 1ª ed., Revista dos Tribunais, t. 1, 2007•• FRAGOSO, Heleno Cláudio. *Comentários ao código penal,* 5ª ed., Rio de Janeiro: Forense, vol. I, t. I, 1977 •• FRAGOSO, Heleno Cláudio. *Lições de direito penal – Parte geral*, 17ª ed., atualizada por Fernando Fragoso, Rio de Janeiro: Editora Forense, 2006 •• GARCIA, Basileu. *Instituições de direito penal,* São Paulo: Max Limonad, vol. I, t. I e II, 1959 •• GOMES, Luiz Flávio. *Direito penal – Parte geral,* 3ª ed., São Paulo: Editora Revista dos Tribunais/LFG- Rede de Ensino Luiz Flávio Gomes, 2006 •• GRECO, Rogério. *Curso de direito penal – Parte geral,* 15ª ed., Niterói:

Editora Impetus, 2013 •• HUNGRIA, Nélson. *Comentários ao código penal,* 4ª ed., Rio de Janeiro: Forense, vol. I, t. I, 1958 •• JESUS, Damásio E. de. *Direito penal – Parte geral,* 34ª ed., São Paulo: Saraiva, 2013 •• LEONARDO LOPES, Jair. *Curso de direito penal – Parte geral,* 2ª ed., São Paulo: Revista dos Tribunais, 1996 •• MAGGIORE, Giuseppe. *Principii di diritto penale,* Bologna: Nicola Zachinelli Editora, t. 1º, vol. 1, 1961 •• MARQUES, José Frederico. *Tratado de direito penal,* 2ª ed.,São Paulo: Edição Saraiva, vol. I, 1964 •• MANTOVANI, Ferrando. *Diritto penale,* 4ª ed., Padova: CEDAM, 2001 •• MAURACH, Reinhart, *Tratado de derecho penal,* Barcelona: Ediciones Ariel, 1962 •• MAURACH, Reinhart/ZIPF, Heinz, *Derecho penal – Parte general,* 7ª ed. al., Buenos Aires, vol. 1, 1994 •• MAYRINK DA COSTA, Álvaro. *Direito penal – Parte geral,*7ª ed., Rio de Janeiro: Editora Forense, vol. 1, 2005 •• MESTIERI, João. *Manual de direito penal – Parte geral,* Rio de Janeiro: Forense, 2002 •• MUÑOZ CONDE, Francisco/GARCÍA ARÁN, Mercedes. *Derecho penal – Parte geral,* 5ª ed., Valencia: Tirant lo Blanch Libros, 2002 •• NUCCI, Guilherme de Souza. *Código penal comentado,* 13ª ed., São Paulo: Thomson Reuters/ Revista dos Tribunais, 2013 •• NOVOA MONREAL, Eduardo. *Curso de derecho penal chileno – Parte general,* 2ª ed., Santiago: Editorial Juridica Ediar-Cono Sur Ltda., t. 1, 1985 •• NUÑEZ, Ricardo C. *Manual de derecho penal – Parte general*, 3ª ed., Cordoba: Marcos Lerner Editora Cordoba, 1982 •• PUIG PEÑA, Federico. *Derecho penal-parte general,* 6ª ed., Madrid: Editorial Revista de Derecho Privado •• POLITOFF L., Sergio/PIERRE MATUS A., Jean / CECILIA RAMIREZ G, Maria. *Lecciones de derecho penal chileno – Parte general,* 2ª ed., Santiago: Editorial Juridica de Chile, 2008 •• PRADO, Luiz Regis. *Curso de direito penal brasileiro,* 12ª ed., São Paulo: Thomson Reuters/ Revista dos Tribunais, 2013 •• REALE JÚNIOR, Miguel. *Instituições de direito penal – Parte geral,* 3ª ed., Rio de Janeiro: Gen,Editora Forense, Bilac Pinto, Editores, 2009 •• RODRIGUEZ DEVESA, José Maria/SERRANO GOMEZ, Alfonso. *Derecho penal español – Parte General,* 15ª ed., Madri: Dykinson, 1992 •• ROXIN, Claus. *Derecho penal – Parte General,* trad. da 2ª ed., alemana, Madrid: Civitas, t. 1, 1997 •• SILVA FRANCO, Alberto. *Código penal e sua interpretação. Doutrina e jurisprudência,* 8ª ed., Coordenadores: Alberto Silva Franco e Rui Stoco. São Paulo: Editora Revista dos Tribunais, 2007 •• SOLER, Sebastian. *Derecho penal argentino,* Buenos Aires: Tipografia Editora Argentina, 1970 •• SOUZA, Artur de Brito Gueiros/JAPIASSÚ, Carlos Eduardo Adriano. *Curso de Direito penal – Parte geral,* Rio de Janeiro: Elsevier, 2012 •• WELZEL, Hans. *Derecho penal aleman – Parte General,* 11ª ed., trad. Juan Bustos Ramírez y Sergio Yáñez Pérez, Santiago: Editorial Juridica de Chile, 1970 •• VILLALOBOS, Ignacio. *Derecho penal mexicano – Parte General,* 3ª ed., México: Editorial Porrúa, S.A., 1975 •• WESSELS, Johannes. *Direito penal*

– *Parte geral (Aspectos fundamentais),* trad. do alemão e notas de Juarez Tavares, Porto Alegre: Sérgio Antonio Fabris Editor, 1976 •• Zaffaroni, Eugenio Raúl/ Pierangeli, José Henrique, *Manual de direito penal brasileiro* – Parte geral, 7ª ed., São Paulo, Editora Revista dos Tribunais, 2007 •• Zaffaroni , Eugenio Raúl/ Batista, Nilo/Alagia, Alejandro/ Slokar,Alejandro. *Direito penal brasileiro,* Rio de Janeiro: Revan, 2003.

## § 1º O texto anterior

O parágrafo único do art. 2º do Código Penal, em sua redação original, previa: "A lei posterior, que de outro modo favorece o agente, *aplica-se ao fato não definitivamente julgado* e, na parte em que comina pena menos rigorosa, ainda ao fato julgado por sentença condenatória recorrível".

Para justificar aquela orientação restritiva, a Exposição de Motivos alegava: "Há uma conveniência de ordem a justificar este último critério, diverso do primeiro. Evita-se, com ele, uma extensa e complexa revisão de *ajustamento* de processos já ultimados. Se injustiça grave surgir em algum caso concreto, poderá ser facilmente remediada com um decreto de *graça*" (item 7).

No entanto, a Constituição Federal de 1946 estabeleceu, no Capítulo dos direitos e das garantias individuais: "A lei penal regulará a individualização da pena e *só retroagirá quando beneficiar o réu*" (art. 141, § 29). A limitação, portanto, não foi recepcionada pela nova Carta Política, conforme entendimento de Hungria (*Comentários,* p. 110) e Basileu Garcia: "Parece implícito, nesse novo dispositivo, que a lei penal retroagirá sempre que beneficiar o réu. Em face da nova Constituição é sustentável que já não vigora aquela restrição à retroatividade benéfica, consubstanciada na parte inicial do parágrafo único do art. 2º do Código Penal" (*Instituições,* p. 147).

## § 2º O Código Penal de 1969 e a reforma de 1977

O princípio da retroatividade da lei mais favorável foi mantido nas Cartas Políticas editadas durante o período autoritário dos governos militares: 1967, art. 150, § 16 e 1969, art. 153, § 16. A redação era a mesma: "*A instrução criminal será contraditória, observada a lei anterior quanto ao crime e à pena, salvo quando agravar a situação do réu.*" O CP 1969 conferiu à matéria o seguinte texto: "*A lei posterior que, de qualquer modo, favorecer o agente, aplica-se retroativamente, ainda quando já tenha sobrevindo sentença condenatória irrecorrível*" (art. 2º, § 1º).

Mas a reforma parcial da Parte geral, determinada pela Lei n. 6.416, de 14.05.1977, deixou de aproveitar a *contribuição de melhoria* e manteve o texto do CP 1940, enquanto a Reforma de 1984 acolheu o dispositivo com modificação que o tornou mais claro.

## § 3° *Abolitio criminis*

Uma das causas de extinção da punibilidade é a retroatividade de lei que não mais considera o fato como criminoso (CP, art. 107, III). Essa é, justamente, a hipótese do art. 2º, *caput,* ora em análise. Se a lei é a expressão da vontade da maioria dos cidadãos representados pelo poder estatal competente, não há mais razão para se incriminar condutas que tenham perdido a natureza de ofensa aos bens jurídicos. A extinção da punibilidade deve ser declarada de ofício pelo juiz, em qualquer fase do processo (CPP, art. 61).

A Lei n. 11.106, de 28.03.2005, aboliu o crime de sedução previsto pelo art. 217 do Código Penal que previa a pena de reclusão de dois a quatro anos para a conduta de "seduzir mulher virgem, menor de dezoito anos e maior de quatorze e ter com ela conjunção carnal, aproveitando-se de sua inexperiência ou justificável confiança".[1] Também sob o império do mesmo diploma, foram descriminalizados outros delitos sexuais, como o rapto violento, mediante fraude ou consensual (CP, arts. 219 e 220).

Mas não se pode falar em *abolitio criminis* quando, apesar de revogado o dispositivo que descrevia o ilícito penal, o fato continua sendo punido sob outro *nomen juris.* É o que ocorreu com a revogação do art. 214 do Código Penal, que previa o "atentado violento ao pudor".[2] Com efeito, o vigente art. 213 do Código Penal mantém a incriminação dessa conduta no mesmo tipo previsto para o estupro.

Também não ocorre a supressão de ilicitude, no exemplo citado por HUNGRIA, quando o fato deixa de ser classificado como crime passando a ser simples contravenção. Mas, ao reverso, dá-se a *abolitio criminis* quando o delito ficou na fase de tentativa e a lei posterior passou a considerá-lo como mera contravenção, figura que não é punida pelo Dec.-Lei n. 3.688, de 03.10.1941, art. 4º (*Comentários,* p. 114, nota n. 11).

Conforme a lição de TOLEDO, referindo-se à decisão do SUPREMO TRIBUNAL FEDERAL, "para haver *abolitio criminis* deve haver uma ab-rogação

---

- 1  A Exposição de Motivos, relativamente a esse delito, expunha: "Certamente, o direito penal não pode abdicar de sua função ética, para acomodar-se ao afrouxamento dos costumes".
- 2  CP art. 214. "Constranger alguém, mediante violência ou grave ameaça, a praticar ou permitir que com ele se pratique ato libidinoso diverso da conjunção carnal: Pena – reclusão, de 6 (seis) a 10 (dez) anos".

completa do preceito penal, e não somente uma norma singular referente a um fato que, sem ela, se contém numa incriminação penal. É o caso do roubo a estabelecimento de crédito anteriormente abrangido pelo tipo do art. 157 e parágrafos do Código Penal, depois erigido em crime contra a segurança nacional pelo Decreto-Lei n. 898/69, finalmente excluído este último estatuto pela Lei n. 6.620/78.[3] Entendeu a Suprema Corte não ter ocorrido, em tal caso, a *abolitio criminis* porque o fato sempre fora incriminado pelo Código Penal cujas normas voltaram a incidir sobre ele, após a revogação dos preceitos que o transformaram em crime contra a segurança nacional. Cabia, pois, diante da revogação da norma da lei especial, aplicar-se o Código Penal como lei geral mais benigna (R. Crim. 1.331, 1378 e 1.381, *RTJ, 94*:501)" (*Princípios,* § 35).

Situação completamente distinta da ortodoxia interpretativa acerca deste tema ocorre com a chamada *abolitio criminis temporalis.* Trata-se da hipótese de suspensão temporária da eficácia da norma incriminadora, como ocorreu com o art. 30 da Lei n. 10.826, de 22.12.2003, com a nova redação que lhe deu a Lei n. 11.706, de 16.06.2008: "Os possuidores e proprietários de arma de fogo de uso permitido ainda não registrada deverão solicitar seu registro até o dia 31 de dezembro de 2008, mediante apresentação de documento de identificação pessoal e comprovante de residência fixa, acompanhados de nota fiscal de compra ou comprovação da origem lícita da posse, pelos meios de prova admitidos em direito, ou declaração firmada na qual constem as características da arma e a sua condição de proprietário, ficando este dispensado do pagamento da taxas e do cumprimento das demais exigências constantes dos incisos I a III do *caput* do art. 4º desta Lei". E a Lei n. 11.922, de 13.04.2009, prorrogou até 31 de dezembro do mesmo ano, o prazo para o aludido registro.

Não me parece adequada a expressão cunhada por certa doutrina e alguns arestos, "*abolitio criminis temporalis*", pela simples razão de que o verbo *abolir* significa "total extinção, anulação, supressão" (HOUAISS), ou seja, o desaparecimento de algo em face de tais fenômenos. Também é inapropriada a denominação "*vacatio legis indireta*" e "*anistia*". A designação correta para tal situação é *suspensão temporária do tipo penal,* vale dizer, da norma incriminadora durante determinado tempo.

A propósito: "[...] A Lei n. 10.826/03, em seus artigos 30 a 32, estipulou um prazo para que os possuidores de arma de fogo regularizassem sua situação ou entregassem a arma para a Polícia Federal. Dessa maneira, *até*

---

• 3   Esse diploma foi revogado pela Lei n. 7.170, de 14.12.1983.

*que findasse tal prazo*, que se iniciou em 23.12.2003 e que teve seu termo final prorrogado até 23.10.2005 (cf. Lei 11.191/2005), *ninguém poderia ser processado por possuir arma de fogo*. V – A nova lei, ao menos no que tange aos prazos dos artigos 30 a 32, que a doutrina chama de *abolitio criminis temporária* ou de *vacatio legis indireta* ou até mesmo de *anistia*, deve retroagir, uma vez que mais benéfica para o réu (APn n. 394/RN, Corte Especial, Rel. p/ Acórdão Min. JOSÉ DELGADO, j. 15.03.2006)" (Itálicos meus).

### § 4º Retroatividade da lei mais benigna

A garantia da retroatividade da lei penal mais favorável (CF, art. 5º, XL) atende às exigências sociais interpretadas pela nova legislação diante do pressuposto segundo o qual, em um Estado Democrático de Direito, a lei é a expressão da maioria representada no parlamento. Por outro lado, é da técnica legislativa a declaração formal de que o novo diploma revoga as disposições em contrário. A *descriminalização* de condutas anteriormente punidas tem os mais diversos fundamentos sociais, políticos, econômicos e culturais. Em matéria da criminalidade política, a Lei n. 7.170, de 14.12.1983, revogou toda a legislação que definia os delitos contra a segurança nacional e a ordem política e social oriunda do regime militar, especificamente o Dec.-Lei 898, de 29.09.1969[4] e a Lei n. 6.620, de 17.12.1978. Em relação a este aspecto, houve neocriminalização com as leis de 1978 e 1983. Por outro lado, a lei nova, embora mantenha a criminalização de certas condutas, pode estabelecer pena menos grave ou propor benefícios como a extinção da punibilidade em função do recolhimento de tributos e acessórios em crimes tributários, como ocorre pelo *pagamento direto* (Lei n. 10.684/2003) ou pelo *pagamento parcelado* (Lei n. 12.382/2011).

### § 5º Hipóteses de retroatividade da lei mais benigna

No caso de sucessão de leis no tempo, há várias hipóteses para se verificar se a nova lei é ou não mais benéfica. A *lex mitior* tem efeito retroativo quando: **a)** descriminaliza fato anteriormente punível; **b)** comina pena menos grave quanto ao mínimo ou o máximo; **c)** prevê atenuante; **d)** institui causa de especial diminuição da pena; **e)** estabelece regime de execução semiaberto em substituição ao fechado; **f)** estabelece regime aberto em lugar

---

• 4 Aquele diploma previa a pena de morte e a pena de prisão perpétua que, felizmente, não chegaram a ser executadas em face de recursos contra decisões de tribunais militares e o advento de lei mais favorável.

do semiaberto; *g)* acresce, à relação existente, nova causa de exclusão de ilicitude ou isenção de pena; *h)* substitui a pena privativa de liberdade por restritiva de direitos; *i)* comina exclusivamente a pena de multa; *j)* despenaliza o fato como crime para mantê-lo como contravenção penal ou ilícito de outro ramo jurídico (civil,[5] administrativo, tributário etc.); *k)* admite causa extintiva de punibilidade (anistia, graça ou indulto; prescrição, decadência ou perempção; perdão judicial); *l)* contém norma processual que amplia prazos de defesa ou de recurso; *m)* modifica a natureza da ação pública em privada, prevendo a extinção da punibilidade se o querelante não manifestar interesse pelo prosseguimento.

Na lição de MAGGIORE, a lei pode ser mais favorável: *a)* pela diversa configuração do crime. A diversidade pode referir-se à natureza deste (delito ou contravenção), aos seus elementos constitutivos (ação, antijuridicidade, culpabilidade) ou aos seus elementos acidentais (circunstâncias); *b)* pela diversa configuração das formas (tentativa, participação, unidade e pluralidade de crimes, reincidência); *c)* pela diversa determinação da gravidade material de lesão jurídica; *d)* pela diversa determinação das condições de punibilidade (queixa, extinção do crime e da pena); *e)* pela diversa determinação da espécie e duração da pena e dos efeitos penais (*Principii di diritto penale*, p. 152).

Estas situações, obviamente, não são exaustivas. Outras surgem no cotidiano dos casos concretos, a exemplo das lembradas por MESTIERI, como a menor gravidade da lesão jurídica e os efeitos penais da condenação (*Manual*, p. 72).

Não há, porém, que se falar em retroatividade mais branda no crime permanente, ou seja, aquele cuja consumação prolonga-se no tempo remanescendo a ofensa ao bem jurídico, como ocorre com o sequestro ou o cárcere privado (CP, art. 148). Se durante uma etapa de tempo em que a vítima está subjugada no cativeiro surge uma lei mais grave, esta é que irá regular o fato por inteiro. Em relação ao crime continuado (CP, art. 71), se a lei nova descriminaliza o fato, ela retroage, conforme a regra geral. Mas, se anteriormente o fato era impunível, as condutas posteriores que ocorrerem sob o império da nova lei criminalizadora serão por esta reguladas.

---

- 5 A Lei n. 11.106, de 28.03.2005, ao revogar o art. 240 do Código Penal, descriminalizou o adultério que remanesce como grave violação ao dever conjugal de fidelidade (Cód. Civil, arts. 1.572 e 1.573, I)

## A. Determinação da lei mais favorável (I)

Questão polêmica na doutrina é a possibilidade de se deferir ao acusado a oportunidade de indicar qual é a lei mais favorável. Na lição de TAIPA DE CARVALHO, "dentro deste problema da ponderação concreta, há um outro aspecto que não deve ser descurado: a possibilidade que deve ser concedida ao arguido de, nos casos de permanência da dúvida – apesar da ponderação concreta desenvolvida – sobre qual das leis é mais favorável, indicar qual a lei que prefere que lhe seja aplicada. Permanecendo a decisão como decisão do tribunal, compreende-se que o tribunal deva, *nos casos duvidosos, ter em conta a opção do mais interessado na aplicação da lei mitior*. Este aspecto, que é acentuado pela doutrina espanhola,[6] foi defendido já por HENRIQUES DA SILVA[7] e está dentro do espírito e da letra da lei (CP, 2º, 4)" (*Sucessão de leis penais* p. 153. Itálicos do original).

ZAFFARONI / BATISTA /ALAGIA / SLOKAR entendem que a negativa da consulta ao réu é admissível "para os casos em que não haja dúvida sobre qual é a *lex mitior*; naqueles casos nos quais, em concreto, haja divergência logicamente fundamentada sobre qual seria a solução mais benigna, a opção do réu pode constituir uma questão de fato condicionadora da conclusão jurídica, motivo pelo qual não convém excluí-la[8]" (*Direito penal brasileiro*, I, p. 215).

## B. Determinação da lei mais favorável (II)

A lei nova em período de *vacatio* deve ser aplicada em confronto com a lei vigente se for mais benigna. Com efeito, as Leis n. 7.209 e 7.210, de 11.07.1984 (nova Parte geral do CP e LEP), tiveram o prazo de 6 (seis) meses para entrar em vigor. No confronto com as normas do CP 1940, relativamente à pena privativa de liberdade e sua execução, os dispositivos da lei em expectativa eram decididamente mais favoráveis ao condenado. A respeito do tema: "um texto legal em plena *vacatio legis* não concorre com uma lei vigente. Apesar disso, pode o juiz buscar na lei com vigência futura elementos de interpretação que obviem uma intervenção punitiva sujeita a previsível modificação; se as discussões parlamentares pertinentes à elaboração da lei fornecem material interpretativo valioso, com maior razão o fornecerá

---

- 6   Nota de rodapé n. 257, no original: "Assim entre muitos outros, PUIG PEÑA (n. 100), 184-5; R. MOURULLO (n. 27), 140; CEREZO MIR (n. 27), 183; COBÓ DEL ROSAL/VIVES ANTON (n. 82), 176/7".
- 7   Nota de rodapé n. 258, no original: "*Sociologia*... (n. 62),139".
- 8   Nota de rodapé n. 67, no original: "Afirmando não haver qualquer impedimento de que 'seja ouvido o réu a respeito', Jesus, Damásio E. de, *Direito penal*, São Paulo, 1999, Ed. Saraiva, vol. 1, p. 93. Também Basileu Garcia, ob. cit., vol. 1, p. 149)"

seu produto final ainda não vigente. Observa-se uma saudável tendência no sentido da *antecipação judicial de vigência* de dispositivos mais benignos integrantes de leis ainda em período de *vacatio,* como se deu logo após a reforma de 1984 quanto à imposição de medida de segurança à imputável[9] ou na ampliação do conceito de *crime de menor potencial ofensivo* após a Lei n. 10.259, de 12.07.2001. Tal tendência se explica pela prevalência do valor político do princípio da legalidade por sobre o valor lógico-procedimental da vigência das leis (ZAFFARONI *et alii,* ob. cit., p. 215/216).

### § 6º Ultratividade da lei penal mais benigna

*Lei ultrativa* é a que se aplica a um caso concreto ocorrido durante a sua vigência mesmo após ter sido revogada. Assim ocorre, por exemplo, com a lei penal mais benigna em confronto com outra que a sucede. O fato praticado sob a vigência da *lex mitior* será julgado em função dela, embora tenha perdido vigência. A nova lei, por ser mais grave, não tem efeito retroativo. O inciso VIII do art. 107 do Código Penal declarava a extinção da punibilidade pelo casamento da vítima com terceiro, se o crime sexual fosse cometido sem violência ou grave ameaça e desde que a ofendida não requeresse o prosseguimento do inquérito policial ou da ação penal no prazo de 60 (sessenta) dias. Tal disposição, oriunda da Súmula n. 388 do Supremo Tribunal Federal, foi revogada pela Lei n. 11.106, de 28. 03. 2005. A mesma situação ocorreu com o inciso VII do mesmo artigo, que previa a extinção da punibilidade pelo casamento do ofensor com a ofendida. Se o fato ocorresse durante a vigência de uma daquelas normas, a extinção da punibilidade seria declarada mesmo após a revogação da lei. A lei revogadora, por ser mais grave, não pode alcançar fato pretérito.

### § 7º Retroatividade e irretroatividade da jurisprudência

A proibição da retroatividade da lei penal em prejuízo do réu deve ser entendida em sentido amplo, abarcando, também, a jurisprudência. É que, embora a decisão de um tribunal não seja como a lei, cujos efeitos *erga omnes* vinculam diretamente e independente de um caso concreto, ela é a *interpretação* que da lei se faz. Por isso, tal interpretação assume um lugar de importância igual ao *significado* da lei. A jurisprudência é a lei na prática. Daí ser inadmissível que a alteração da jurisprudência retroaja para prejudi-

---

• 9 Nota de rodapé n. 68 no original: "J. Adauto Suanes, TACrim SP, *RT* 595/370, SILVA FRANCO, Alberto. Retroatividade penal benéfica, *RT* 589/285".

car o réu. Mas, ao reverso, é admissível que a jurisprudência benigna tenha efeito retroativo em benefício do réu (DOTTI, *Curso,* p. 319).

ZAFFARONI, BATISTA, ALAGIA E SLOKAR exemplificam que, "quando uma ação, que até certo momento era considerada lícita, passa a ser considerada ilícita em razão de um novo critério interpretativo, ela não pode ser imputada ao agente, porque isso equivaleria a pretender que os cidadãos devessem abster-se [...] daquilo passível de vir a ser julgado proibido[...]" (*Direito penal brasileiro* – I, p. 224). CIRINO DOS SANTOS igualmente entende que a mudança de jurisprudência em prejuízo do réu, como a inversão de posição absolutória para posição condenatória, por exemplo, traduz "lesão ao *princípio da confiança* nas manifestações dos Tribunais (porque a jurisprudência é a lei no caso concreto), com consequências para a vida real de seres humanos de carne e osso, equivalentes à retroatividade da lei penal *em prejuízo do réu*, proibida pela Constituição da República" (*Direito penal,* p. 57). Também GRECO acompanha esta orientação, lembrando a Súmula Vinculante n. 26 que determinou, para efeito de progressão de regime no cumprimento de pena por crime hediondo ou equiparado, que o juízo de execução deverá observar "a inconstitucionalidade do art. 2º da Lei n. 8.072/90, sem prejuízo de avaliar se o condenado preenche, ou não, os requisitos objetivos e subjetivos do benefício" (*Curso,* p. 122/127).

### § 8° Combinação de leis sucessivas

A propósito do tema e considerando as respeitáveis opiniões em contrário, entendo que a solução para a controvérsia sobre a combinação das leis sucessivas tem um endereço legislativo certo: é no quadro das disposições constitucionais que consagram dois princípios fundamentais da aplicação da lei penal, quais sejam: a *irretroatividade da lei mais grave* e a *retroatividade da lei mais benigna.* Nos dias correntes e diante da clareza da Constituição Federal e do Código Penal, que tornam obrigatória a aplicação retroativa da lei mais benéfica – e, por via de consequência, inaplicável a *lex gravior* aos fatos praticados antes de sua vigência – não mais se questiona a possibilidade de o juiz fazer a integração entre a lei velha e a lei nova. Não há mais *clima* propício para se resistir ao imperativo da fusão das normas penais que sejam mais benignas ao réu. Contra a antiga *superstição* e a preconceituosa exegese, opõe-se o princípio de garantia individual da retroatividade da lei mais favorável (CF, art. 5º, XL), que não se detém mesmo diante da *res judicata* (CP, art. 2º, parágrafo único). E, para tanto, o magistrado nada mais faz senão aplicar o direito positivo ao fato submetido à sua jurisdição. Não está, com isso, 'criando' uma nova lei (DOTTI, *Curso*, p. 361/362).[10]

BASILEU GARCIA pondera, com sensibilidade prática, que há casos em que a observância estrita da proibição da combinação de leis *"leva a consequências clamorosamente injustas, e será necessário temperá-lo com um pouco de equidade"* (*Instituições*, vol. I, t. I, p. 148). MESTIERI admite a combinação de segmentos da lei, "desde que se recepcione o preceito *por inteiro*. Assim não seria possível compor uma sanção penal com a pena privativa de liberdade da lei nova e a pena de multa da lei anterior, quando aplicadas cumulativamente. De outra parte, seria possível aplicar-se a pena da lei anterior, menos gravosa, com um outro dispositivo da lei nova, e.g., uma causa especial de diminuição de pena" (*Manual*, p. 73).

No mesmo sentido é a lição de GRECO: "Entendemos que a combinação de leis levada a efeito pelo julgador, ao contrário de criar um terceiro gênero, atende aos princípios constitucionais da ultra-atividade e retroatividade benéficas. Se a lei anterior, já revogada, possui pontos que, de qualquer modo beneficiam o agente, deverá ser ultra-ativa; se na lei posterior que revogou o diploma anterior também existem aspectos que o beneficiem, por respeito aos imperativos constitucionais, devem ser aplicados, a exemplo do que ocorreu com as Leis n. 6.368/76 e n. 11.343/2006, em que a pena cominada ao delito de tráfico de drogas era de 3 (três) anos (revogado artigo 12), sendo que a *novatio legis* aumentou para 5 (cinco) (atual art. 33). No entanto, a nova lei previu, em seu art. 33, § 4º, uma causa especial de redução de pena que não constava da lei anterior, dizendo que, *verbis, nos delitos definidos no caput e no § 1º deste artigo, as penas poderão ser reduzidas de 1/6 (um sexto) a 2/3 (dois terços), vedada a conversão em penas restritivas de direitos, desde que o agente seja primário, de bons antecedentes, não se dedique às atividades criminosas nem integre organização criminosa*. Assim, deverá o julgado, na hipótese de crime de tráfico ocorrido na vigência da Lei n. 6.368/76, além de partir, obrigatoriamente, da pena mínima de 3 (três) anos, aplicar, se o caso concreto permitir, a causa de redução prevista na Lei n. 11.343/2006, conjugando assim, em benefício do agente, os dois diplomas legais, em estrita obediência ao disposto no inciso XL do art. 5º da Constituição Federal, que, prevendo os princípios de ultra e da retroatividade benéficas, determina

---

- 10   Com maiores detalhes e ampla fundamentação: DOTTI, René Ariel. *Curso*, p. 356/362.

que *a lei não retroagirá, salvo para beneficiar o réu"* (*Curso,* p. 116. Itálicos do original).[11]

A doutrina de ZAFFARONI, BATISTA, ALAGIA e SLOKAR observa que o tema da possibilidade da combinação de leis é muito politizado no Brasil. "Considerável número de autores se opunha à articulação de componentes de duas leis distintas para aplicação conjunta, so o argumento tradicional na doutrina europeia, de que dessa forma se estaria aplicando uma lei inexistente, argumento que por vezes foi prestigiado pelo Supremo Tribunal Federal. Contudo, forma irrestrita mediante a qual a lei dispõe acerca da retroatividade da *lex mitior* fora dos casos de *abolitio criminis* ('*de qualquer modo*' – art. 2ª, parág.ún., CP), bem como a natureza imperativa da cláusula constitucional (art. 5º, inc. XL, CR) gradativamente sensibilizaram a doutrina e a jurisprudência nacionais. No Tribunal de Alçada de São Paulo, por exemplo, generalizou-se o entendimento de ser 'perfeitamente possível a combinação das regras mais benignas da lei nova e da lei velha', desde que, *de qualquer modo*, favoreça o agente, considerando que 'não haverá aplicação da lei mais benigna se em algum ponto a lei aplicada for mais prejudicial ao acusado', chegando ao ponto de aplicar, quando do concurso de duas leis sobre drogas (as Leis n. 5.726/71 e n. 6.368/76), a pena de multa de uma e a pena privativa de liberdade de outra" (*Direito penal brasileiro,* I, p. 214/215).

O imortal mestre J. F. MARQUES, de modo absolutamente convincente, assim se manifesta: "Dizer que o Juiz está fazendo lei nova, ultrapassando assim suas funções constitucionais, é argumento sem consistência, pois o julgador, em obediência a princípios de equidade consagrados pela própria Constituição está apenas movimentando-se dentro dos quadros legais para uma tarefa de integração perfeitamente legítima. O órgão judiciário não está tirando *ex nihilo,* a regulamentação eclética que deve imperar *hic et nunc.* A norma do caso concreto é construída em função de um princípio constitucional, com o próprio material fornecido pelo legislador. Se ele pode escolher, para aplicar o mandamento da Lei Magna, entre duas séries de disposições legais, a que lhe pareça mais benigna, não vemos por que se lhe vede a combinação de ambas, para assim aplicar mais retamente a Constituição. Se lhe está afeto escolher o 'todo', para que o réu tenha tratamento penal mais favorável e benigno, nada há que lhe obste selecionar parte de um todo e parte de outro, para cumprir uma regra constitucional que deve sobrepairar a pruridos de lógica formal. Primeiro a Constituição

---

• 11 Em abono de sua conclusão, o autor refere precedente do STF no HC 95.435, rel. para o acórdão Min. Cezar Peluso, 2ª T., DJe 07.11.2008 (ob. e loc. cit.).

e depois o formalismo jurídico, mesmo porque a própria dogmática legal obriga a essa subordinação, pelo papel preponderante do texto constitucional. A verdade é que não estará retroagindo a lei mais benéfica, se, para evitar-se a transação e o ecletismo, a parcela benéfica da lei posterior não for aplicada pelo Juiz; e este tem por missão precípua velar pela Constituição e tornar efetivos os postulados fundamentais com que ela garante e proclama os direitos do homem. Quando está em jogo a Constituição, o Juiz, para cumpri-la, pode até mesmo usar os poderes pretorianos do *adjuvare, supplere, corrigere,* sem que esteja exorbitando. Por que lhe cercear, portanto, a escolha da regra aplicável quando desta é tirada de lei anterior ao julgamento?" (*Tratado,* p. 210/211).

### § 9º. Sucessão de leis em relação aos crimes permanentes e continuados

A jurisprudência tem resolvido sem maiores dificuldades o problema da sucessão de leis em relação às modalidades de delitos permanentes e continuados como demonstram estes precedentes: "A lei penal mais grave aplica-se ao crime continuado ou ao crime permanente, se a sua vigência é anterior à cessação da continuidade ou da permanência" (Súmula STF, 711) •• "O crime previsto no art. 211 do Código Penal, na forma ocultar, é permanente. Logo, se encontrado o cadáver após atingida a maioridade, o agende deve ser considerado imputável para todos os efeitos penais, ainda que a ação de ocultar tenha sido cometida quando era menor de 18 anos" (STF, REsp 900.509 (PR), 5ª T., Rel. Min. Felix Fischer, 26.06.2007, un.).

### § 10. A lei vacante mais favorável ao réu

Geralmente, a lei entra em vigor na data de sua publicação – como declara um de seus dispositivos. Mas o legislador institui a *vacatio* quando se trata de um diploma de maior repercussão social, como ocorre com a criminalização, neocriminalização, mudança do regime penal e/ou processual de certos ilícitos etc., ou quando há necessidade de recursos humanos e estruturas funcionais para o novo sistema. O Código Penal, publicado em 31.12.1940, entrou em vigor em 01.01.1942. Há exemplos de vacância nas leis n. 7.209/1984; n.7.210/1984; n.9.099/1995; 9.503/1997, além de muitas outras.

O art. 1.º da LINDB estabelece que, "*salvo disposição contrária, a lei começa a vigorar em todo o país quarenta e cinco dias depois de oficialmente publicada*". Em matéria penal, porém, a regra comporta exceção, conforme o caso. Assim, a lei nova mais favorável, embora com o tempo de vigência adiado, deve reger o fato praticado antes ou durante o período de intervalo. Tal solução se harmoniza com o generoso princípio da retroatividade da lei mais benigna (CF, art. 5º, XL; CP, art. 2º, parág. ún.).

Analisando o tema da aplicação da lei nova mais favorável, HUNGRIA observa: "Ao que opina RAGGI (ob. cit., pág. 61), a lei em período de *vacatio* não deixa de ser *lei posterior*, devendo, pois, ser aplicada desde logo, se mais favorável ao réu. É bem de ver, porém, que quando se fala em *lei posterior*, se entende a lei que passou a *vigorar* em substituição a outra" (*Comentários*, I, t. I, p. 111, nota de rodapé nº 9, itálicos do original).

É compreensível a objeção do mestre imortal. Ao tempo de sua notável obra, estava em vigor o parágrafo único do art. 2º do Código Penal (diploma do qual ele foi o mais destacado autor), que assim estabelecia: "*A lei posterior, que de outro modo favorecer o agente, aplica-se ao fato não definitivamente julgado* e, na parte em que comina pena menos rigorosa, ainda ao fato julgado por sentença condenatória irrecorríve". A restrição foi eliminada com a redação dada ao mesmo dispositivo pela Lei n. 7.209/1984: "*A lei posterior, que de qualquer modo favorecer o agente, aplica-se aos fatos anteriores*, ainda que decididos por sentença condenatória transitada em julgado", aplicando já a Carta Política de 1969 (art. 153, § 16), como estava fazendo a jurisprudência.

SILVA FRANCO demonstra muito bem a incidência da lei nova já publicada diante do caráter autoaplicável de direito fundamental declarado na Carta Política. São suas estas palavras: "Quando o legislador ordinário, em *lei posterior* ao fato criminoso, defere ao réu ou ao condenado uma posição mais favorável, é evidente que o dispositivo beneficiador constante de lei penal sancionada, promulgada e publicada deve ser, em respeito ao preceito constitucional, de cogente e imediata aplicação. Mas se o legislador ordinário prefixou, para a *lei posterior,* um período de *vacatio legis*, seria tal regra compatível com o princípio da retroatividade penal benéfica? Evidentemente, não" (*Código Penal*, p.67, grifos do original). E a natureza relevantíssima da lei mais benigna obriga o juiz a aplicá-la *ex officio*.

O extinto TA/RS, em precedente específico, colhe a lição de ADAUTO SUANNES, que rememora a conclusão de PONTES DE MIRANDA, segundo a qual "a lei, desde que existe, lei é, podendo, no entanto, fazer-se distinção conceptual entre 'existência' e 'incidência' da lei (Tratado..., t. 1, § 4º, n. 46)". Sustenta que, "quando a Constituição fala em 'lei posterior', não se refere a lei posterior 'vigente'. Logo, deve-se concluir que ela alude a lei posterior 'existente'. Existindo lei posterior mais benéfica, incide a norma constitucional, pois não seria aceitável que o legislador ordinário restringisse, por imprudência, imprevidência ou atrevimento, o preceito maior da norma constitucional" ('*Lex Mitior*' e '*Vacatio Legis*': um Caso de Incompossibilidade Jurídica, pp. 11-14)."[12]

Sob o período de *vacatio* da Lei 7.209/84, a 5ª Câmara do TACrimSP, por votação unânime, sendo relator o insigne Juiz ADAUTO SUANNES, considerou vigente, desprezando o período da *vacatio legis* consignado na Lei 7.209/84, a regra que inadmite a imposição de medida de segurança a réu imputável e considerou vigente, desde logo, a regra que proíbe a aplicação de medida de segurança ao réu imputável. Em consequência, dispensou o requerente de seu cumprimento (*Apud* SILVA FRANCO, Alberto. "Retroatividade penal benéfica", RT, nov. 1984, p. 288).

Merece especial registro a escorreita opinião de NUCCI sobre a retroatividade benigna da lei vacante. Em longa exposição (pp.70-71), o exímio doutrinador demonstra as razões pelas quais modificou entendimento anterior. Vale transcrever trecho final de suas conclusões: "Pode-se, então, deduzir, *em favor do réu*, a possibilidade de se aplicar, em plenitude, a retroatividade benéfica durante o período da vacância. Afora os casos de *abolitio criminis*, vários outros benefícios podem ser editados por lei penal ou processual penal e merecem imediata aplicação, enquanto a sociedade toma conhecimento do novo ordenamento. Assim o determina a dignidade da pessoa humana, que paira acima de qualquer formalismo legal" (*Código Penal*, p. 71, itálicos do original).

Competente para aplicar a lei posterior aos casos já julgados é o Juiz da Execução (LEP, art. 66, I; Súmula STF, 611). "Se o processo estiver em andamento, a aplicação da lei nova estará a cargo do juiz ou tribunal, na posse de quem estiverem os autos" (PIERANGELI, *Código Penal*, p. 24-25).

---

• 12 TA/RS, 3ª Câmara Criminal, HC 290090976, Rel. p/acórdão VLADIMIR GIACOMUZZI, j. 25.09.1990, RT, 667/330.

LEI EXCEPCIONAL OU TEMPORÁRIA

**Art. 3º** *A lei excepcional ou temporária, embora decorrido o período de sua duração ou cessadas as circunstâncias que a determinaram, aplica-se ao fato praticado durante a sua vigência.*

## BIBLIOGRAFIA

ASÚA, Luís Jiménez de. *Tratado de derecho penal,* 3ª ed., Buenos Aires: Editorial Losada S/A, t. II, 1964 •• BITENCOURT, Cezar Roberto.*Tratado de direito penal – Parte geral*, 19ª ed., São Paulo: Editora Saraiva, 2013 •• BRUNO, Aníbal. *Direito penal – Parte geral,* 3ª ed., Rio de Janeiro: Forense, t. 1º, 1967 •• BUSATO, Paulo César. *Fundamentos do direito penal brasileiro,* 3ª ed., Curitiba: edição do autor, 2012 •• CIRINO DOS SANTOS, Juarez. *Direito penal – Parte geral,* 3ª ed., Curitiba, ICPC; Lumen Juris, 2008 •• COSTA JR., Paulo José. *Código penal comentado,* 8ª ed., São Paulo: DPJ Editora, 2005 •• COSTA E SILVA, Antônio José da Costa e Silva, *Código penal*, São Paulo: Companhia Editora Nacional, vol. 1, 1943 •• DELMANTO, Celso et alii. *Código penal comentado,* 8ª ed., São Paulo: Editora Saraiva, 2010 •• DOTTI, René Ariel. *Curso de direito penal – Parte geral,* 4ª ed., com a colaboração de Alexandre Knopfholz e Gustavo Brita Scandelari, São Paulo: Revista dos Tribunais, 2012 •• FRAGOSO, Heleno Cláudio. *Comentários ao código penal,* 5ª ed., Rio de Janeiro: Forense, vol. I, t. I, 1977 •• FRAGOSO, Heleno Cláudio. *Lições de direito penal – Parte geral*, 17ª ed., atualizada por Fernando Fragoso, Rio de Janeiro: Editora Forense, 2006 •• GOMES, Luiz Flávio. *Direito penal – Parte geral,* 3ª ed., São Paulo: Editora Revista dos Tribunais/LFG – Rede de Ensino Luiz Flávio Gomes, 2006 •• GRECO, Rogério. *Curso de direito penal – Parte geral,* 15ª ed., Niterói: Editora Impetus, 2013 •• HUNGRIA, Nélson. *Comentários ao código penal*, 4ª ed., Rio de Janeiro: Forense, vol. I, t. I, 1958 •• JESUS, Damásio E. de. *Direito penal – Parte geral,* 34ª ed., São Paulo: Saraiva, 2013 •• LEONARDO LOPES, Jair. *Curso de direito penal – Parte geral,* 2ª ed., São Paulo: Editora Revista dos Tribunais, 1996 •• MAURACH, Reinhart/ZIPF, Heinz, *Derecho penal – Parte General,* 7ª ed. al., Buenos Aires, vol. 1, 1994 •• MESTIERI, João. *Manual de direito penal – Parte geral,* Rio de Janeiro: Forense, 2002 •• NUCCI, *Código penal comentado,* 13ª ed., São Paulo: Thomson Reuters/Revista dos Tribunais, 2013 •• PRADO, Luiz Regis. *Curso de direito penal brasileiro,* 12ª ed., São Paulo: Thomson Reuters/Revista dos Tribunais, 2013 •• REALE JÚNIOR, Miguel. *Instituições de direito penal*, 3ª ed., Rio de Janeiro: Gen, Editora Forense, Bilac Pinto Editores, 2009 •• SILVA FRANCO,

Alberto. *Código penal e sua interpretação. Doutrina e jurisprudência,* 8ª ed., Coordenadores: Alberto Silva Franco e Rui Stoco. São Paulo: Editora Revista dos Tribunais, 2007 •• ZAFFARONI, Eugenio Raúl / PIERANGELI, José Henrique. *Manual de direito penal brasileiro – Parte geral,* 7ª ed., São Paulo: Editora Revista dos Tribunais, vol. 1, 2007

## § 1º Conceito

Entende-se por *lei excepcional* aquela que é sancionada para vigorar durante o período em que a normalidade da vida social é perturbada pelo advento de situações e fatos que possam comprometer a ordem pública, a paz social ou a segurança do Estado e das instituições democráticas, justificando o decreto de *estado de emergência* (CF, art. 136). Também as calamidades naturais de grandes proporções autorizam o recurso da lei excepcional quando produzam graves efeitos danosos à população. Considera-se *temporária* a lei em função do tempo prefixado para a sua duração. Em face de seu caráter a lei excepcional é temporária.

Na hipótese de ineficácia do estado de emergência, poderá o Presidente da República, ouvido o Conselho da República e o Conselho de Defesa Nacional, solicitar ao Congresso Nacional autorização para decretar o estado de sítio, nos casos de: I – comoção grave de repercussão nacional ou ocorrência de fatos que comprovem a ineficácia de medida tomada durante o estado de emergência; II – declaração de estado de guerra ou resposta a agressão armada estrangeira (CF, art. 137).

A previsão constitucional acerca das restrições das garantias e dos direitos fundamentais dos cidadãos e da comunidade, adotadas em pleno Estado Democrático de Direito, torna absolutamente despicienda a discussão acerca da necessidade da existência de tais leis.

## § 2º Eficácia temporal

O Código Penal português estabelece: "*Quando a lei valer para um determinado período de tempo, continua a ser punível o facto praticado durante esse período*" (art. 2º, 3.)

Excepcionando o princípio constitucional da retroatividade da lei mais benigna, tais diplomas têm eficácia ultrativa. Esgotado o período de tempo previsto para a lei excepcional ou temporária, não se pode afirmar que a lei, inaplicável aos fatos posteriores, deixou de vigorar para punir a conduta ocorrente ao tempo de sua vigência. "Não há, se mergulharmos fundo na essência das coisas, uma exceção à não retroactividade da lei penal, pois que a lei não é outra; é a mesma para o período previsto" (MAIA GONÇALVES, *Código penal português,* p. 178).

A temporariedade da lei é expressamente consignada no art. 2º da LINDB: *"Não se destinando à vigência temporária, a lei terá vigor até que outra a modifique ou revogue".*

A antiga e renovada discussão acerca da inconstitucionalidade dessas leis frente ao princípio da retroatividade da lei mais benéfica, desafia a competência e sensibilidade do intérprete. Sustentando a não recepção pela Carta Política de 1988 é a opinião de ZAFFARONI-BATISTA (*Direito penal,* vol. I, p. 217), GRECO (*Curso,* vol. 1, p. 122) e COSTA JUNIOR (*Código penal,* p. 10). Em sentido contrário, REALE JUNIOR, ao argumento de não se esvaziar o conteúdo da norma excepcional ou temporária e os valores a serem protegidos naquele período: "A finalidade de reafirmação do valor importante de ser protegido naquele instante, bem como o fim da prevenção geral desapareceriam em face da retroatividade da lei penal comum, diante da qual o fato não é incriminado" (*Instituições,* p. 101).

Em meu entendimento, o debate perde substância à medida que a própria Constituição Federal prevê as hipóteses excepcionais e o tempo de duração do estado de defesa e do estado de sítio com as restrições ali determinadas.

Mas é possível surgir uma situação completamente diversa do paradigma tradicional. SILVA FRANCO observa que "em lugar de restaurar a vigência da lei penal ordinária *antecedente*, o legislador formula uma nova lei mais favorável. Nesse caso, ocorre uma genuína sucessão de leis penais e não há cogitar de efeitos ultra-ativos da lei temporária ou excepcional porque se impõe o princípio da retroatividade da lei mais favorável, reconhecido, sem nenhuma reserva, pela Constituição Federal" (*Código penal,* p.77. Itálicos do original).

**TEMPO DO CRIME**
*Art. 4º Considera-se praticado o crime no momento da ação ou omissão, ainda que outro seja o momento do resultado.*

## BIBLIOGRAFIA

ANTOLISEI, Francesco. *Manuale di diritto penale – Parte generale,* 3ª ed., Milano, 1994 •• ASÚA, Luís Jiménez de. *Tratado de derecho penal,* 3ª ed., Buenos Aires: Editorial Losada S/A, t. II, 1964 •• BITENCOURT, Cezar Roberto.

*Tratado de direito penal – Parte geral*, 19ª ed., São Paulo: Editora Saraiva, 2013 •• BRUNO, Aníbal. *Direito penal – Parte geral*, 3ª ed., Rio de Janeiro: Forense, t. 1º, 1967 •• BUSATO, Paulo César. *Fundamentos do direito penal brasileiro*, 3ª ed., Curitiba: edição do autor, 2012 •• CIRINO DOS SANTOS, Juarez. *Direito penal – Parte geral*, 3ª ed., Curitiba, ICPC; Lumen Juris, 2008 •• COSTA JR., Paulo José. *Código penal comentado*, 8ª ed., São Paulo: DPJ Editora, 2005 •• COSTA E SILVA, Antônio José da. *Código penal* – São Paulo: Companhia Editora Nacional, vol. 1, 1943 •• DELMANTO, Celso *et alii*. *Código penal comentado*, 8ª ed., São Paulo: Editora Saraiva, 2010 •• DOTTI, René Ariel. *Curso de direito penal – Parte geral*, 4ª ed, com a colaboração de Alexandre Knopfholz e Gustavo Brita Scandelari, São Paulo: Revista dos Tribunais, 2012 •• FABRÍCIO LEIRIA, Antônio José. *Teoria e prática da lei penal*, São Paulo: Saraiva, 1981 •• FRAGOSO, Heleno Cláudio. *Comentários ao código penal*, 5ª ed., Rio de Janeiro: Forense, vol. I, t. I, 1977 •• FRAGOSO, Heleno Cláudio. *Lições de direito penal – Parte geral*, 17ª ed., atualizada por Fernando Fragoso, Rio de Janeiro: Editora Forense, 2006 •• GOMES, Luiz Flávio. *Direito penal – Parte geral*, 3ª ed., São Paulo: Editora Revista dos Tribunais/LFG – Rede de Ensino Luiz Flávio Gomes, 2006 •• GRECO, Rogério. *Curso de direito penal – Parte geral*, 15ª ed., Niterói: Editora Impetus, 2013 •• HUNGRIA, Nélson. *Comentários ao código penal*, 4ª ed., Rio de Janeiro: Forense, 1958 •• JESUS, Damásio E. de. *Direito Penal – Parte geral*, 34ª ed., São Paulo: Saraiva, 2013 •• LEONARDO LOPES, Jair. *Curso de direito penal – Parte geral*, 2ª ed., São Paulo: Editora Revista dos Tribunais, 1996 •• NOVOA MONREAL, Eduardo. *Curso de derecho penal chileno – Parte general*, 2ª ed., Santiago: Editorial Juridica Ediar-Cono Sur Ltda., t. 1, 1985 •• NUCCI, Guilherme de Souza. *Código penal comentado*, 13ª ed., São Paulo: Thomson Reuters/Revista dos Tribunais, 2013 •• PRADO, Luiz Regis. *Curso de direito penal brasileiro*, 12ª ed., São Paulo: Thomson Reuters/Revista dos Tribunais, 2013 •• REALE JÚNIOR, Miguel. *Instituições de direito penal*, 3ª ed., Rio de Janeiro: Gen, Editora Forense, Bilac Pinto Editores, 2009 •• SILVA FRANCO, Alberto. *Código penal e sua interpretação. Doutrina e jurisprudência*, 8ª ed., Coordenadores: Alberto Silva Franco e Rui Stoco. São Paulo: Editora Revista dos Tribunais, 2007 •• TOLEDO, Francisco de Assis. *Princípios básicos de direito penal*, 5ª ed., (1994), 17ª tiragem (2012), São Paulo: Editora Saraiva •• VILLALOBOS, Ignacio. *Derecho penal mexicano – Parte general*, 3ª ed., México: Editorial Porrúa, S.A., 1975.

### § 1º A redação original

Em sua redação original, o Código Penal não tinha uma regra expressa a respeito do tempo do crime, deixando para a doutrina e a jurisprudência a solução dos problemas surgidos no cotidiano forense. O Dec.-Lei n. 1004/1969 supriu a omissão com o seguinte dispositivo: *"O crime se entende praticado no momento da ação ou omissão, ainda que outro seja o momento do resultado"* (art. 5º). A Exposição de Motivos desse diploma ponderou: "A fixação do tempo e do lugar do delito aparecem em dispositivos distintos dos que tratam da aplicação da lei penal no espaço. São, em realidade, questões diversas. O tempo e o lugar do delito relacionam-se com a estrutura do fato punível, podendo mesmo situar-se no capítulo que a êste corresponde, como ocorre em textos modernos" (Item 6, mantido o acento original). A mesma redação foi mantida pela Lei n. 6.016, de 31.12.1969.

### § 2º A lei penal no tempo

A regra é fundamental para determinar a aplicação da lei no tempo, além de produzir outros efeitos. É através dela que se define a lei aplicável quando, entre a conduta e o resultado, surge uma lei nova. É ela que vai definir a responsabilidade penal se o agente era imputável ou inimputável em razão de doença mental ou desenvolvimento incompleto ou retardado, ou, ainda menor de dezoito anos (CP, arts. 26 e 27). Também é o tempo do crime que vai demarcar o início da contagem do prazo para vários efeitos jurídicos, inclusive para o reconhecimento da prescrição pela pena cominada se não houver a interrupção pelo recebimento da denúncia ou da queixa (CP, art. 117, I). O dia do começo inclui-se no cômputo do prazo. Contam-se os dias, os meses e os anos pelo calendário comum (CP, art. 10).

### § 3º A teoria do Código Penal

O Código Penal definiu-se em favor da *teoria da atividade* relegando as demais: *a) teoria do resultado; b) teoria* mista ou da ubiquidade; *c) teoria diferenciadora ou da valoração jurídica.* Para FABRÍCIO LEIRIA, "é exatamente no instante da ação que a inteligência que pensa e a vontade que quer se manifestam no mundo exterior, tornando-se relevantes ao direito. É neste momento da ação ou da omissão que se objetiva o querer do agente e, portanto, revela-se a sua rebeldia ao comando da lei. Logo, aqui é que se deve situar o *tempus delicti"* (*Teoria e prática*, p. 93/94). Na hipótese em que o agente, com dolo de homicídio, desfere tiros na vítima que vem a morrer em razão dos ferimentos horas ou dias mais tarde, o momento consumativo do homicídio é o da ação e não o do resultado.

## § 4º Aspectos peculiares

Algumas questões exigem soluções específicas em atenção à figura do ilícito penal. Assim, no crime permanente, cuja consumação se alonga no tempo, que poderia ensejar dúvidas, o assunto se resolve pela doutrina e jurisprudência que consideram a fixação do tempo no "último momento de duração da conduta antijurídica" (SILVA FRANCO, *Código penal*, p. 80). Nos crimes de omissão, o que importa é o último instante em que o omitente ainda podia praticar a ação exigida (crime omissivo próprio) ou da ação adequada para impedir o resultado (crime omissivo impróprio). Em relação ao concurso de pessoas, o decisivo é o momento de cada uma das condutas individualmente consideradas. No crime continuado o momento relevante é o do primeiro ato da série, em face de ser considerado como delito único (PRADO, *Curso*, p. 234).

## § 5º Modalidades de crimes quanto ao momento consumativo

É sob a rubrica do *tempo do crime* que se devem estudar as hipóteses de certos crimes que revelam peculiaridades quanto ao seu momento consumativo. A constatação interessa, entre outros efeitos, para o fenômeno da sucessão de leis quanto ao crime habitual, instantâneo, instantâneo de efeito permanente, permanente e continuado.

O delito é *habitual* quando a sua realização típica indica um estilo de comportamento ou um modo de ser peculiar do agente. Um dos exemplos é o *rufianismo* previsto no art. 230, *caput*, do Código Penal e que consiste em tirar proveito da prostituição alheia, participando diretamente de seus lucros ou fazendo-se sustentar, no todo ou em parte, por quem a exerce. O tráfico ilícito de drogas (Lei n. 11.343/2006, art. 33) poderá revelar a habitualidade da conduta, embora tal característica não seja necessária para o reconhecimento do ilícito. O mesmo se poderá dizer das ações praticadas por organizações criminosas (Lei n. 9.034/95) e do crime de *lavagem de dinheiro* (Lei n. 9.613/98) nos quais a habitualidade poderá ser identificada quanto a um ou mais autores, embora não seja condição típica.

O CP 1969 considerava criminoso habitual quem: *a)* reincidisse, pela segunda vez, na prática de crime doloso da mesma natureza, em período de tempo não superior a cinco anos, descontado o que se referisse ao cumprimento da pena; *b)* embora em condenação anterior, cometesse sucessivamente, em período de tempo não superior a cinco anos, quatro ou mais crimes da mesma natureza e demonstrasse, pelas suas condições de vida e pelas circunstâncias dos fatos apreciados em conjunto, acentuada inclinação para o crime (art. 64, § 2º).

O crime é *instantâneo* quando o resultado é produzido num só momento, ou seja, a fase consumativa se realiza num só instante, sem continuidade no tempo. Conforme BRUNO, é o momento da consumação que dá o caráter instantâneo ao fato criminoso (*Direito penal*, t. 2, p. 220). Assim, o homicídio e o furto são considerados crimes instantâneos porque a perda do bem jurídico tutelado (vida e patrimônio) ocorre num só momento, embora o processo letal ou os atos de execução possam ser destacáveis.

O *crime instantâneo* pode ter *efeito permanente* quando, embora já consumada a infração, os seus efeitos danosos permanecem, como ocorre com a ameaça (CP, art. 147). O delito é *instantâneo* e se consumou quando o agente, através de comunicação telefônica, ameaçou de morte o interlocutor. Mas as consequências imediatas podem persistir com o estado de perturbação psicológica ou de terror sofridos pela vítima. O mesmo ocorre com o crime de furto (CP, art. 155) quando o ofendido é privado de comprar os alimentos com o dinheiro que lhe foi subtraído.

É *permanente* o ilícito penal em que a consumação se prolonga no tempo. Em tal situação, remanesce a ofensa ao bem jurídico protegido, como ocorre com o sequestro e o cárcere privado (CP, art. 148). A perda da liberdade (bem tutelado) persiste enquanto a vítima continua em mãos dos delinquentes ou no cativeiro. Nas infrações de caráter permanente, entende-se o agente em flagrante delito enquanto não cessar a permanência (CPP, art. 303) e a prescrição da ação penal (prescrição da pretensão punitiva) somente começa a correr do dia em que cessou a permanência (CP, art. 111, III).

O crime é *continuado* quando o agente, mediante mais de uma ação ou omissão, pratica dois ou mais crimes da mesma espécie e, pelas condições de tempo, lugar, maneira de execução e outras semelhantes, devem os subsequentes ser havidos como continuação do primeiro. Nesse caso, aplica-se a pena de um só dos crimes, se idênticas, ou a mais grave, se diversas, aumentada, em qualquer caso, de um sexto a dois terços" (CP, art. 71).

Enquanto o crime *instantâneo* é representado por um *ponto* (.), o *permanente* assume a figura gráfica do *travessão* (–) e o *continuado* é referido pela *reticência* [...].

**TERRITORIALIDADE**

*Art. 5º* *Aplica-se a lei brasileira, sem prejuízo de convenções, tratados e regras de direito internacional, ao crime cometido no território nacional.*

*§ 1º Para os efeitos penais, consideram-se como extensão do território nacional as embarcações e aeronaves brasileiras, de natureza pública ou a serviço do governo brasileiro onde quer que se encontrem, bem como as aeronaves e as embarcações brasileiras, mercantes ou de propriedade privada, que se achem, respectivamente, no espaço aéreo correspondente ou em alto-mar.*

*§ 2º É também aplicável a lei brasileira aos crimes praticados a bordo de aeronaves ou embarcações estrangeiras de propriedade privada, achando-se aquelas em pouso no território nacional ou em voo no espaço aero correspondente, e estas em porto ou mar territorial do Brasil.*

## BIBLIOGRAFIA

ALBUQUERQUE MELLO, Celso Duvivier. *Curso de direito internacional público*, Rio de Janeiro: Editora Forense, 2001 •• ANTOLISEI, Francesco. *Manuale di diritto penale –Parte generale*, 13ª ed., Milano: Dott. A Griuffrè Editore, 1994 •• ASÚA, Luís Jiménez de. *Tratado de derecho penal,* 3ª ed., Buenos Aires: Editorial Losada S/A, t. II, 1964 •• ASÚA, Luís Jiménez de. *Tratado de derecho penal,* 3ª ed., Buenos Aires: Editorial Losada S/A, t. II, 1964 •• BITENCOURT, Cezar Roberto.*Tratado de direito penal – Parte geral*, 19ª ed., São Paulo: Editora Saraiva, 2013 •• BRUNO, Aníbal. *Direito penal – Parte geral,* 3ª ed., Rio de Janeiro: Forense, t. 1º, 1967 •• BUSATO, Paulo César. *Fundamentos do direito penal brasileiro,* 3ª ed., Curitiba: edição do autor, 2012 •• CARRANCA Y TRUJILLO, Raul. *Derecho Penal Mexicano-Parte General*, México: Editorial Porrúa, S.A., 1970 •• CAVALEIRO DE FERREIRA, Manuel. *Direito penal português – Parte geral,* Viseu: Editorial Verbo, 1981 •• CEREZO MIR, José. *Derecho penal – Parte general,* 1ª ed. bras., prefácio Luiz Regis Prado, São Paulo: Revista dos Tribunais; Lima (PE) Ara Editores, 2007 •• CIRINO DOS SANTOS, Juarez. *Direito penal – Parte geral,* 3ª ed., Curitiba, ICPC; Lumen Juris, 2008 •• COSTA JR., Paulo José. *Código penal,* 8ª ed. São Paulo: DPJ Editora, 2005 •• COSTA E SILVA, Antônio José da Costa e Silva, *Código penal*, São Paulo: Companhia Editora Nacional, vol. 1, 1943 •• DELMANTO, Celso *et alii. Código penal comentado,* 8ª ed., São Paulo: Editora Saraiva,

2010 •• JESUS, Damásio E. de. *Direito penal – Parte geral,* 34ª ed., São Paulo: Saraiva, 2013 •• RODRIGUEZ DEVESA, José Maria/SERRANO GOMEZ, Alfonso. *Derecho penal español – Parte general,* 15ª ed., Madri: Dykinson, 1992 •• DOTTI, René Ariel. *Curso de direito penal – Parte geral,* 4ª ed., com a colaboração de Alexandre Knopfholz e Gustavo Brita Scandelari, São Paulo: Revista dos Tribunais, 2012 •• FERNANDEZ JANKOV, Fernanda Florentino. *Direito internacional penal – Mecanismo de implementação do Tribunal Penal Internacional,* São Paulo: Editora Saraiva, 2009 •• FIANDACA, Giovanni/MUSCO, Enzo. *Diritto penale – Parte generale,* 2ª ed., Bologna: Tipografia Babina, 1994 •• FIGUEIREDO DIAS, Jorge de. *Direito penal – Parte geral: Questões fundamentais, a doutrina geral do crime,* 2ª ed., Coimbra Editora; 1ª ed., Revista dos Tribunais, t. 1, 2007 •• FRAGOSO, Heleno Cláudio. *Comentários ao código penal,* 5ª ed., Rio de Janeiro: Forense, vol. I, t. I, 1977 •• FRAGOSO, Heleno Cláudio. *Lições de direito penal – Parte geral,* 17ª ed., atualizada por Fernando Fragoso, Rio de Janeiro: Editora Forense, 2006 •• GOMES,Luiz Flávio/PIOVESAN, Flávia. *O sistema interamericano de proteção dos direitos humanos e o direito brasileiro,* São Paulo: Revista dos Tribunais, 2000 •• GRECO, Rogério. *Curso de direito penal – Parte geral,* 15ª ed., Niterói: Editora Impetus, 2013 •• HUNGRIA, Nélson. *Comentários ao* código penal, 4ª ed., Rio de Janeiro: Forense, 1958 •• JESCHECK, Hans-Heinrich. *Tratado de derecho penal – Parte General,* Barcelona: Bosch, Casa Editorial S.A, vol. 1º, 1981 •• LEONARDO LOPES, Jair. *Curso de direito penal – Parte geral,* 2ª ed., São Paulo: Revista dos Tribunais, 1996 •• MANTOVANI, Ferrando. *Diritto penale,* 4ª ed., Padova: CEDAM, 2001 •• MARQUES, José Frederico. *Tratado de direito penal,*2ª ed., São Paulo: Edição Saraiva, vol. I, 1964 •• MAURACH, Reinhart/ZIPF, Heinz, *Derecho Penal – Parte General,* 7ª ed. al., Buenos Aires, vol. 1, 1994 •• MAYRINK DA COSTA, Álvaro. *Direito Penal – Parte geral,*7ª ed., Rio de Janeiro: Editora Forense, vol. 1, 2005 MAYER, Max Ernst. *Derecho penal – Parte General,* Buenos Aires: Julio César Faira-Editor, 2007 •• NOVOA MONREAL, Eduardo. *Curso de derecho penal chileno – Parte general,* 2ª ed., Santiago: Editorial Juridica Ediar-Cono Sur Ltda., t. 1, 1985 •• MUÑOZ CONDE, Francisco/GARCÍA ARÁN, Mercedes. *Derecho penal – Parte geral,* 5ª ed., Valência: Tirant lo Blanch Libros, 2002 •• NUCCI, Guilherme de Souza. *Código penal comentado,* 13ª ed., São Paulo: Thomson Reuters/ Revista dos Tribunais, 2013 •• NUÑEZ, Ricardo C. *Manual de derecho penal – Parte general,* 3ª ed., Cordoba: Marcos Lerner Editora Cordoba, 1982 •• PUIG PEÑA, Federico. *Derecho penal – Parte general,* 6ª ed., Madrid: Editorial Revista de Derecho Privado •• POLITOFF L. Sergio/PIERRE MATUS A. Jean /CECILIA RAMIREZ G., Maria. *Lecciones de derecho penal chileno –*

*Parte general*, 2ª ed., Santiago: Editorial Juridica de Chile, 2008 •• PRADO, Luiz Regis. *Curso de direito penal brasileiro,* 12ª ed., São Paulo: Thomson Reuters/Revista dos Tribunais, 2013 •• REALE JÚNIOR, Miguel. *Instituições de direito penal*, 3ª ed., Rio de Janeiro: Gen, Editora Forense, Bilac Pinto Editores, 2009 •• REZEK, José Francisco. *Direito dos tratados,* Rio de Janeiro: Forense, 1984 •• SILVA FRANCO, Alberto. *Código penal e sua interpretação. Doutrina e jurisprudência,* 8ª ed., Coordenadores: Alberto Silva Franco e Rui Stoco. São Paulo: Editora Revista dos Tribunais, 2007 •• SOUZA, Artur de Brito Gueiros/JAPIASSÚ, Carlos Eduardo Adriano. *Curso de direito penal – Parte geral,* Rio de Janeiro: Elsevier, 2012 •• TOLEDO, Francisco de Assis. *Princípios básicos de direito penal*, 5ª ed., (1994), 17ª tiragem (2012), São Paulo: Editora Saraiva •• TORON, Alberto Zacharias. *Inviolabilidade penal dos vereadores,* São Paulo: Editora Saraiva, 2004 •• VILLALOBOS, Ignacio. *Derecho penal mexicano – Parte general,* 3ª ed., México: Editorial Porrúa, S.A., 1975 •• VON WEBER, Hellmuth. *Lineamentos del derecho penal aleman*, 2ª ed., Buenos Aires, 2008 •• WELZEL, Hans. *Derecho penal aleman – Parte general,* 11ª ed., trad. Juan Bustos Ramírez y Sergio Yáñez Pérez, Santiago: Editorial Juridica de Chile, 1970 •• ZAFFARONI, Eugenio Raúl, PIERANGELI, José Henrique. *Manual de direito penal brasileiro – Parte geral,* 7ª ed., São Paulo, Editora Revista dos Tribunais, 2007

### § 1º Princípio da soberania

O dispositivo atende ao princípio da soberania que é o primeiro fundamento da República (art. 1º, I). Por isso, a LINDB proclama a regra segundo a qual a lei vigora em todo o país (art. 1º). O fato delituoso repercute para muito além de seu objeto material, ou seja, pessoa, coisa ou interesse juridicamente tutelado. Como postulado básico de Direito Penal e de Processo Penal, a territorialidade implica na sujeição do autor do crime à legislação brasileira, independente da raça ou qualquer outro dado que identifique o responsável pela infração. Nacionais, estrangeiros ou apátridas; pessoas domiciliadas no país ou nele residentes, ou os que se encontrem apenas de passagem, todos acham-se sob o império das leis punitivas da legislação nacional e, como consequência, das normas processuais da legislação local (MARQUES, *Tratado,* vol. I, p. 239). O *locus delicti comissi* determina a competência jurisdicional como declara o art. 70 do Código de Processo Penal: *"A competência será, de regra, determinada pelo lugar em que se consumar a infração, ou, no caso de tentativa, pelo lugar em que for praticado o último ato de execução".* Sob outro aspecto, é direito subjetivo do autor do crime ser julgado e sentenciado no local em que ocorreu o fato, salvo em processo submetido a julgamento pelo Tribunal do Júri, quando o interesse da ordem pública reclamar ou houver dúvida sobre a imparcialidade do júri, segurança pessoal do acusado, ou excesso de serviço, hipóteses que admitem o desaforamento (CPP, arts. 427 e 428). De qualquer forma, remanesce a garantia individual do réu ser processado e sentenciado pelo juiz (ou tribunal) competente (CF, art. 5º, LIII).

### § 2º Convenções e tratados

O dispositivo em análise utiliza os vocábulos *convenções* e *tratados* como documentos de idêntica importância. Assim também revela a Constituição para se referir a um dos assuntos de maior relevo no plano internacional (art. 5º, § 3º) e que constitui um dos princípios regentes das relações internacionais mantidas pela República: os Direitos Humanos (art. 4, II).

*Tratado* é o acordo formal, concluído entre sujeitos do Direito Internacional público, e destinado a produzir efeitos jurídicos (REZEK, *Direito dos tratados,* p. 21).

Na técnica do Direito Internacional, a *convenção* possui sentido mais estrito que o *tratado*. Este, além de cuidar da afirmação de princípios de ordem mais elevada, indica principalmente temas de natureza política. Mas nem por isso o instrumento da *convenção* tem menor ressonância, como é possível verificar pela *Convenção Americana de Direitos Humanos,* documento jurídico de maior importância no sistema interamericano. Assinada em São José da Costa Rica (1969), entrou em vigor em 1978, tendo o Brasil aderido em 25.09.1992. Substancialmente, a Convenção Americana reconhece e assegura um catálogo de direitos civis e políticos similar ao previsto pelo Pacto Internacional dos Direitos Civis e Políticos, como o direito à vida, o direito à liberdade, o direito a um julgamento justo, o direito a não ser submetido à escravidão etc.

Um das exceções ao princípio da territorialidade ocorre com os agentes diplomáticos que, pela Convenção de Viena, promulgada no Brasil pelo Decreto n. 56.435, de 08.06.1965, gozam de "imunidade de jurisdição no Estado acreditado" (art. 31, 1), sujeitando-se, exclusivamente, à jurisdição do Estado acreditante" (art. 31, 4). Estão eles, portanto, excluídos da jurisdição local podendo responder pelos seus atos perante a Justiça do país de onde vieram. Esta exceção e as previstas nos casos de extraterritorialidade da lei penal evidenciam que o Código Penal adotou, na expressão de Delmanto, uma "territorialidade temperada" (*Código penal,* p. 95).

Segundo a pesquisa de GOMES e PIOVESAN (*O sistema interamericano de proteção dos direitos humanos e o direito brasileiro,* p. 5/6) foram ratificados pelo Brasil, a partir do marco histórico da Constituição de 1988, os seguintes instrumentos: *a)* Convenção Interamericana para Prevenir e Punir a Tortura (20.7.1989); *b)* Convenção Contra a Tortura e outros Tratamentos Cruéis, Desumanos ou Degradantes (28.9.1989); *c)* Convenção sobre os Direitos da Criança (24.9.1990); *d)* Pacto Internacional dos Direitos Civis e Políticos (24.1.1992); *e)* Pacto Internacional dos Direitos Econômicos, Sociais e Culturais (24.1.1992); *f)* Convenção Americana dos Direitos Humanos (25.9.1992); *g)* Convenção Interamericana para Prevenir, Punir e Erradicar a Violência contra a Mulher (27.11.1995); *h)* Protocolo à Convenção Americana referente à Abolição da Pena de Morte (13.8.1996); *i)* Protocolo à Convenção Americana referente aos Direitos Econômicos, Sociais e Culturais (Protocolo de São Salvador) (21.8.1996).

Além das indicações acima, o Centro de Estudos da Procuradoria-Geral de São Paulo publicou a relação de Declarações e outros instrumentos de Direitos Humanos aprovados pelo Brasil.[1]

No plano *global*, podem ser referidas: *a)* Declaração Universal dos Direitos Humanos (1948); *b)* Declaração do Direito ao Desenvolvimento (1986); *c)* Declaração e Programa de Ação de Viena (1993); *d)* Declaração de Pequim (1995).

No plano *regional interamericano,* foi aprovada a Declaração Americana dos Direitos e Deveres do Homem (1948).

A mesma fonte arrola as Convenções, os Pactos e outros instrumentos, classificados adiante.

No plano *global*: *a)* Preceitos da Carta das Nações Unidas (1945);[2] *b)* Convenção contra o Genocídio (1948); *c)* Convenção relativa ao Estatuto dos Refugiados (1951); *d)* Protocolo sobre o Estatuto dos Refugiados (1966); *e)* Pacto Internacional dos Direitos Civis e Políticos (1966);[3] *f)* Pacto Internacional dos Direitos Econômicos, Sociais e Culturais (1966);[4] *g)* Convenção sobre a Eliminação de Todas as Formas de Discriminação Racial (1968);[5] *h)* Convenção sobre a Eliminação de todas as Formas de

---

- 1 *Instrumentos Internacionais de Proteção dos Direitos Humanos,* São Paulo: edição da Procuradoria-Geral do Estado, 1997, p. 7/8 (A menção ao ano após cada documento se refere ao tempo de sua aprovação original e não ao ano de sua ratificação pelo Brasil).
- 2 Ratificada pelo Brasil em 21.9.1945.
- 3 Ratificado pelo Brasil em 24.1.1992.
- 4 Ratificado pelo Brasil em 24.1.1992.
- 5 Ratificada pelo Brasil em 27.3.1968.

Discriminação contra a Mulher (1979);[6] *i)* Convenção contra a Tortura e outros Tratamentos ou Penas Cruéis, Desumanos ou Degradantes (1984);[7] *j)* Convenção sobre os Direitos da Criança (1989).[8]

Quanto ao plano regional interamericano: ***a)*** Convenção Americana sobre Direito Humanos (Pacto de São José da Costa Rica – 1969);[9] ***b)*** Convenção Interamericana para Prevenir e Punir a Tortura (1985);[10] ***c)*** Convenção Interamericana para Prevenir, Punir e Erradicar a Violência contra a Mulher (Convenção de Belém do Pará – 1994).[11]

### § 3º Território nacional

Território não é apenas a porção de terra entre os limites do Estado; tem um sentido muito mais amplo, porque ao lado do conceito real, figura também um conceito jurídico. O território nacional, em sentido jurídico e *lato*, vem a ser o âmbito do espaço em que o Estado exerce seu poder soberano e compreende: a superfície terrestre (solo e subsolo), as águas territoriais (fluviais, lacustres e marítimas) e o espaço aéreo correspondente. Entendem-se, ainda, como sendo território nacional – por extensão ou flutuante – as embarcações e aeronaves, por força de ficção jurídica (PRADO, *Curso*, p. 236).

Como lembra FRAGOSO, não existe um conceito jurídico-penal de território: "tal é dado pelo direito público e pelo direito internacional. Não se tratando de um conceito geográfico, mas de um conceito jurídico: *território é todo espaço onde se exerce a soberania do Estado*" (*Lições*, § 103).

#### A. Limites do mar territorial

O *mar territorial* constitui-se da faixa ao longo da costa, incluindo o leito e o subsolo respectivos, que formam a plataforma continental. De maneira enfática, BITENCOURT lembra que "os governos militares, ignorando os limites do alcance de seu arbítrio, estabeleceram os limites do *mar territorial brasileiro* em 200 milhas, a partir da baixa-mar do litoral continental e insular (Decreto-Lei n. 1.098/70). De um modo geral os demais países nunca chegaram a admitir as duzentas milhas, limitando-se a reconhecer o

---

- 6    Ratificada pelo Brasil em 1º.2.1984.
- 7    Ratificada pelo Brasil em 28.9.1989.
- 8    Ratificada pelo Brasil em 24.9.1990.
- 9    Ratificada pelo Brasil em 25.9.1992.
- 10   Ratificada pelo Brasil em 20.7.1989.
- 11   Ratificada pelo Brasil em 27.11.1994.

domínio sobre as 12 milhas marítimas. Aliás, as 12 milhas acabaram sendo, finalmente, fixadas pela Lei n. 8.617, de 4 de janeiro de 1993" (*Tratado*, p. 225). Tais milhas são medidas a partir da linha do baixa-mar do litoral continental e insular brasileiro, adotada como referência nas cartas náuticas de grande escala, reconhecidas oficialmente pelo nosso país. A soberania do Brasil estende-se ao mar territorial, ao espaço aéreo sobrejacente, bem como ao seu leito e subsolo.

### B. Limites de rios e lagos

Quanto aos rios, há os nacionais, ou seja, os que se situam inteiramente no território do país (*v.g.*, o Rio São Francisco), e os internacionais, que atravessam mais de um país. Os rios internacionais podem ser simultâneos (*v.g.*, o Arroio Chuí, que separa o Brasil do Uruguai) ou sucessivos (*v.g.*, o Rio Solimões, que começa no Peru e passa a se chamar Amazonas, quando do encontro com o Rio Negro, em Manaus), que compõem o território nacional a partir do trecho que atravessa a respectiva fronteira. O território, em relação aos rios internacionais simultâneos, bem como os lagos fronteiriços, é geralmente estabelecido por tratados entre as partes interessadas. Se o rio pertence a ambos os países, o limite é fixado em regra pela equidistância das margens ou pela linha de maior profundidade (Talweg). Nos lagos, o critério é geralmente o de limitação pela linha que liga ao centro os pontos extremos do território. A propósito, ainda pende de definição a demarcação da fronteira no lago artificial criado com a barragem da Hidrelétrica de Itaipu. Nas pontes internacionais – como a Ponte da Amizade, que liga as cidades de Foz do Iguaçu, no Brasil, e *Ciudad del Este*, no Paraguai –, o limite do território vai até o meio ainda que não corresponda ao Talweg do rio, salvo, é claro, convenção em contrário" (FRAGOSO, *Lições*, § 103; SOUZA/ JAPIASSÚ, *Curso*, p. 102 ).

### C. Limites do espaço aéreo

O Código Brasileiro de Aeronáutica estabelece que o Brasil exerce completa e exclusiva soberania sobre o espaço aéreo acima de seu território e mar territorial (Lei n. 7.565, de 19.12.1986, art. 11). Segundo disposições de Direito Internacional Privado, consideram-se situadas no território do Estado de sua nacionalidade: I – as aeronaves militares, bem como as civis de propriedade ou a serviço do Estado, por este diretamente utilizadas; II – as aeronaves de outra espécie, quando em alto-mar ou região que não pertença a qualquer Estado. Salvo na hipótese de estar a serviço do Estado, na forma indicada no item I, não prevalece a extraterritorialidade em relação à aeronave privada, que se considera sujeita à lei do Estado onde se encontre (CBA, art. 3º e parág.un.).

A Convenção Relativa às Infrações e a Certos Outros Atos Cometidos a Bordo de Aeronaves (Tóquio, 1963) prevê no artigo III: "O Estado de matrícula da aeronave será competente para exercer a jurisdição sobre infrações e atos praticados a bordo" (1). Cada Estado contratante deverá tomar as medidas necessárias para estabelecer sua jurisdição como Estado de matrícula sobre as infrações cometidas a bordo das aeronaves matriculadas nesse Estado (2).

### § 4º O princípio do pavilhão (ou da bandeira)

TOLEDO lembra que este princípio atribui ao Estado sob cuja bandeira está registrada a embarcação ou aeronave o poder de sujeitar à sua jurisdição penal os responsáveis por crimes praticados a bordo dessa embarcação ou aeronave, ainda que em alto-mar ou em território estrangeiro (*Princípios*, p. 46).

### § 5º Navios e aviões públicos e privados

Segue-se um resumo feito por CIRINO DOS SANTOS (*Direito penal*, p. 40/41) louvando-se na obra de ALBUQUERQUE MELLO, *Curso de direito internacional público:* os navios, definidos como engenhos para *navegar no mar,*[12] classificam-se em públicos e privados: os navios públicos compreendem: *a)* os navios de guerra, pertencentes à Marinha de um Estado, com os sinais exteriores dos navios de guerra e de sua nacionalidade; *b)* os navios públicos civis, que exercem serviços públicos como navios alfandegários, navios-faróis, navios de saúde e navios que transportam chefes de Estado; *c)* os navios privados são os utilizados para fins comerciais ou particulares (ALBUQUERQUE MELLO, *Curso,* p. 1.211/1.212). Os navios públicos de guerra e civis estão sob a jurisdição exclusiva do Estado de origem, com absoluta e ilimitada imunidade perante outros Estados, mesmo em mar territorial ou atracados em portos estrangeiros. Os navios privados, assim como os navios públicos destinados exclusivamente a fins comerciais, permanecem sob jurisdição do Estado de origem em águas territoriais respectivas em alto-mar, mas subordinam-se à lei penal de outros Estados – respeitado o direito de passagem inocente –, quando em águas territoriais ou em portos estrangeiros (ALBUQUERQUE MELLO, ob. cit., p. 1.211).

As aeronaves também podem ser classificadas em públicas e privadas: as aeronaves públicas compreendem: *a)* as aeronaves públicas militares,

---

• 12 Cf. Convenção de Bruxelas de 1924 e Convenção de Genebra de 1924.

que pertencem às Forças Armadas ou requisitadas para missões militares, e *b)* as aeronaves públicas civis, que exercem serviços públicos de natureza não militar (por exemplo, serviços de fiscalização alfandegária). As aeronaves privadas ou civis são destinadas a atividades comerciais (ALBUQUERQUE MELLO, ob. cit., p. 1.247).

As aeronaves públicas militares ou civis podem sobrevoar no espaço aéreo do território do Estado respectivo ou no espaço aéreo internacional, mas não possuem o direito de *passagem inocente* sobre o território de outros Estados, como ocorre com os navios – exceto mediante prévia autorização. As aeronaves privadas ou civis de tráfego internacional possuem a nacionalidade do Estado de registro ou de matrícula e são regidas por *liberdades* técnicas e comerciais, assim definidas: a) as liberdades técnicas compreendem o *sobrevôo do território* de outros Estados, admitida a restrição de certas áreas por razões de segurança, e a *escala técnica* nas hipóteses de pouso necessário; b) as liberdades comerciais, geralmente asseguradas em tratados bilaterais, compreendem o desembarque e o embarque de passageiros e de mercadorias provenientes *do* ou com destino *ao* Estado de matrícula, podendo-se admitir o desembarque e embarque de passageiros e de mercadorias *de* qualquer parte e *para* qualquer parte do mundo (ALBUQUERQUE MELLO, ob. cit., p. 1.247).

### § 6º Privilégios ou prerrogativas funcionais?

A Constituição de 25.03.1824 declarava que a pessoa do Imperador "é inviolável e sagrada: ele não está sujeito a responsabilidade alguma" (art. 99). Tratava-se de norma compatível com a natureza do regime político de governo que era monárquico e hereditário. Aquela imunidade absoluta – que ofendia o princípio de isonomia – desapareceu com o advento da República Federativa, adotada como forma de governo pela Carta Política de 24.02.1891, que previu a sujeição do Presidente ao processo e julgamento por crimes comuns e de responsabilidade (arts. 53 e 54).

A imunidade concedida ao Imperador (Dom Pedro I e, depois, Dom Pedro II), tinha o sentido de *privilégio*, que era uma das características da aristocracia e de grupos de elites administrativa e social daquela época. Ao institucionalizar o princípio da igualdade de todos perante a lei, a Constituição de 1891 acresceu ao respectivo dispositivo: "A República não admite privilégios de nascimento, desconhece foros de nobreza e extingue as ordens honoríficas existentes e todas as suas prerrogativas e regalias, bem como os títulos nobiliárquicos e de conselho" (art. 72, § 2º).

O sistema positivo brasileiro não acolhe, em matéria penal, qualquer regra que possa constituir um *privilégio*. Equivocadamente alguns escritores utilizam-se desse vocábulo para indicar a situação de *prerrogativa*. Mas enquanto o primeiro tem um acento nitidamente pessoal e elitista, a segunda é instituída em razão das funções exercidas por determinadas pessoas. O CPP, quando trata do tema da competência jurisdicional, refere-se às hipóteses de "competência pela *prerrogativa* de função" (arts. 69, VII, e 84 e ss.), tornando clara a preferência pelo termo mais adequado. E a Súmula n. 245 do Supremo Tribunal Federal dispõe que a imunidade parlamentar não se estende a corréu "sem essa *prerrogativa*". Portanto, na linguagem da lei e da jurisprudência não existe qualquer dúvida no sentido de que as imunidades e as garantias de jurisdição especial são hipóteses de *prerrogativas* funcionais e não de *privilégios* inerentes a algumas pessoas.

### § 7° Imunidades parlamentares

#### A. Imunidade absoluta

A Constituição Federal de 1946 declarava: "*Os Deputados e os Senadores são invioláveis no exercício do mandato, por suas opiniões, palavras e votos*" (art. 44). Quase a mesma redação foi adotada pelos constituintes de 1988, excluindo-se, apenas, a expressão "no exercício do mandato" (art. 53). O princípio assenta em duas bases essenciais: *a)* é um corolário lógico das liberdades de manifestação do pensamento, da informação e da expressão; *b)* é uma garantia conferida aos parlamentares em razão da indispensável liberdade do mandato.

A *imunidade absoluta*, na previsão constitucional, é uma prerrogativa funcional de *exclusão de ilicitude* e não uma *causa pessoal de exclusão de pena*, como sustentam alguns autores, a exemplo de Fragoso (*Lições*, § 113). Também não se trata de uma causa de *extinção da punibilidade*. Como é curial, esta última pressupõe a prática de uma infração penal, com a reunião dos elementos de estrutura do fato punível (conduta tipicamente ilícita e culpável). Todas as causas extintivas de punibilidade [morte do agente, anistia, graça, indulto, retroatividade da lei descriminalizante, prescrição, decadência, perempção, renúncia do direito de queixa ou representação, perdão aceito, retratação do agente, e perdão judicial (CP, art. 107) têm como pressuposto a existência de um crime ou contravenção. O mesmo não ocorre com a imunidade parlamentar absoluta, i.e, a *inviolabilidade*, civil e penal, do mandato por quaisquer opiniões, palavras e votos.[13]

É importante observar que, segundo a nova redação do art. 53 da Constituição Federal, determinada pela EC n. 35, de 30.12.2001,[14] não há mais necessidade da licença para o início da ação penal. Com feito, recebida a denúncia contra o senador ou deputado, por crime ocorrido após a diplomação, o Supremo Tribunal Federal dará ciência à Casa respectiva, que, por iniciativa de partido político nela representado e pelo voto da maioria de seus membros, poderá, até a decisão final sustar o andamento da ação (CF. art. 53, § 3º). O pedido de sustação será apreciado pela Casa respectiva no prazo improrrogável de quarenta e cinco dias do seu recebimento pela Mesa Diretora (CF, art. 53, § 4º). A sustação do processo suspende a prescrição enquanto durar o mandato (CF, art. 53, § 5º).

A imunidade parlamentar absoluta impede a ação cível de indenização porque não constitui ato ilícito o praticado no "exercício regular de um direito reconhecido" (CF, art. 53 e Cód. Civ., art. 188, I). Não existe aí a *possibilidade jurídica* para o autor obter uma sentença favorável. O processo é extinto sem julgamento do mérito (CPC, art. 329 c/c o art. 267, VI).

A imunidade não é reconhecida: *a)* quando o parlamentar estiver afastado das funções; *b)* no caso de deputado estadual (ou vereador) por fato ocorrido fora dos limites territoriais do Estado (ou do Município) (Súmula STF n. 3).[15]

A Súmula n. 4 do STF ("não perde a imunidade parlamentar o congressista nomeado Ministro de Estado") foi cancelada em 26.08.1981, no julgamento do Inq. 104-0 (RS). O plenário decidiu que o deputado licenciado para exercer a função de Ministro de Estado não perde o mandato, porém não pode invocar a prerrogativa da imunidade, material ou processual, pelo crime praticado no exercício da nova função (*RT* 556/387; *RTJ* 99/479).

---

- 13  Um dos precedentes de maior repercussão nacional e de minuciosa e lúcida fundamentação se contém no despacho do Min. Nelson Jobim, determinando o arquivamento da Representação Criminal contra o Senador Roberto Requião, concluindo que as manifestações do Representado foram feitas no exercício das funções desempenhadas em CPI (*RBCC*, n. 22, 1998, p. 277 e ss.).
- 14  CF, art. 53: "Os Deputados e Senadores são invioláveis civil e penalmente, por quaisquer de suas opiniões, palavras e votos".
- 15  Esta Súmula está superada (*vide* RE 456.679/DF, *DJU* 07.04.2006).

### B. Imunidade relativa

A *imunidade relativa* não é excludente de ilicitude, mas uma prerrogativa de jurisdição especial em favor de parlamentares federais e estaduais. Os deputados e senadores, desde a expedição do diploma, serão submetidos a julgamento perante o Supremo Tribunal Federal (CF, art. 53, § 1º). Os deputados estaduais e os prefeitos são julgados pelos Tribunais de Justiça ou Tribunais Regionais Federais, conforme se trate de crime estadual ou federal, enquanto os vereadores não têm jurisdição especial.

### C. Destinatários das imunidades

São *destinatários* das imunidades parlamentares os senadores, os deputados federais, os deputados estaduais e os vereadores. Quanto a estes últimos, a Constituição Federal garante a inviolabilidade por suas opiniões, palavras e votos no exercício do mandato e na circunscrição do Município (art. 29, VIII). E a jurisprudência tem reconhecido esta causa de imunidade penal relativamente aos crimes contra a honra ou qualquer outro fato típico que possa ser praticado nas circunstâncias acima referidas, v.g., o crime político ou de opinião (TACrimSP em *RT* 648/309; 672/325; TARS em *RT* 680/389). Mas essa imunidade não tem caráter processual, razão pela qual o vereador pode ser processado independentemente da licença da Câmara respectiva (STF, Rel. Min. Celso de Mello, *DJU* 03.12.1993, p. 26.357 e *RT* 707/394).

### § 8º Imunidades diplomáticas

As *imunidades diplomáticas* caracterizam uma prática internacional de grande relevo porque excluem da jurisdição penal do Estado onde se encontram acreditados os representantes estrangeiros. Trata-se de uma garantia inerente à liberdade que deve ter o embaixador, os familiares e os funcionários que vivem em sua companhia, desde que não sejam eles nacionais do Estado acreditante, i.e., onde exercem as funções de representação. Eles não ficam propriamente fora do alcance da lei penal posto que são, em princípio, responsabilizados perante a legislação de seu respectivo país.

A natureza jurídica das imunidades diplomáticas nada tem a ver com as causas de exclusão de ilicitude ou de isenção de pena; elas são *prerrogativas de exclusão da jurisdição*. Conforme Bruno, os agentes diplomáticos "escapam à jurisdição penal do Estado onde estão acreditados, porque continuam submetidos à do seu próprio Estado, que pode julgá-los e puni-los" (*Direito Penal*, t. 1, p. 247).

As imunidades não beneficiam os empregados domésticos e servidores da embaixada que tenham a nacionalidade do Estado acreditante.

Segue-se a resenha feita por FRAGOSO recopilando as Convenções de Viena sobre relações diplomáticas e consulares: "O art. 5º, CP, em seu próprio texto, já se refere às limitações que defluem de tratados, convenções e regras de direito internacional. A concessão de privilégios e representantes diplomáticos, relativamente aos atos ilícitos por eles praticados, é antiga praxe no direito das gentes, fundando-se no respeito e na consideração ao Estado que representam, e na necessidade de cercar sua atividade de garantias para o perfeito desempenho de sua missão diplomática. Tais privilégios baseiam-se sempre no regime de reciprocidade, e seus limites são bastante imprecisos. Como diz *Manzini,* a lógica ensinaria que a imunidade penal não deveria estender-se além dos fatos praticados no exercício ou por ocasião do exercício das funções diplomáticas, nem a fatos que constituem crimes políticos contra o Estado junto ao qual o agente diplomático é acreditado. Esta, porém, não é a orientação que vem sendo seguida.

Acha-se em vigor entre nós a Convenção de Viena sobre relações diplomáticas, de 18 de abril de 1961. Ela foi aprovada pelo Decreto Legislativo n. 103, de 1964, e promulgada pelo Decreto n. 56.435, de 08 de junho de 1965. Os locais da missão diplomática estrangeira são invioláveis. Os agentes do Estado acreditado não poderão neles penetrar sem consentimento do chefe da missão (art. 22). Entende-se por "locais de missão", os edifícios, ou parte dos edifícios e terrenos anexos, seja quem for seu proprietário, utilizados para as finalidades da missão, inclusive a residência do chefe da missão (art. 1º, *i*). *Chefe de missão* é a pessoa encarregada pelo Estado acreditante de agir nessa qualidade (embaixadores ou núncios; enviados, ministros ou internúncios; encarregados de negócios).

O chefe da missão é considerado como tendo assumido suas funções no momento em que entrega suas credenciais ou comunica a sua chegada e apresenta as cópias figuradas de suas credenciais ao Ministério das Relações Exteriores (art. 13).

Os locais da missão, seu mobiliário e demais bens nela situados, assim como os meios de transporte da missão, não poderão ser objeto de busca, requisição, embargo ou medida de execução (art. 22, 3), sendo invioláveis os arquivos e documentos da missão, em qualquer momento, onde quer que se encontrem (art. 24). A correspondência oficial da missão (concernente à missão e às suas funções) também é inviolável (art. 27, 2). A mala diplomática não pode ser aberta ou retida (art. 27, 3).

A pessoa do agente diplomático é inviolável e não pode ser objeto de nenhuma forma de detenção ou prisão (art. 29). Agentes diplomáticos são o chefe da missão e os membros do pessoal diplomático da missão, ou seja, os membros do pessoal da missão que tiverem a qualidade de diplomata (art. 1º, *d* e *e*)

Os agentes diplomáticos gozam de imunidade de jurisdição penal e não são obrigados a prestar depoimento como testemunha (art. 31), embora, se o desejarem, possam fazê-lo.

As imunidades abrangem os membros da família dos agentes diplomáticos que com eles convivam, desde que não sejam nacionais do Estado acreditado (art. 37,1). Estendem-se também aos *membros do pessoal administrativo e técnico da missão* (assim como aos membros de suas famílias que com eles convivam), desde que não sejam nacionais do Estado acreditado nem nele tenham residência permanente (art. 37, 2).

O direito às imunidades surge a partir do momento em que seu titular entre no território do Estado acreditado para assumir seu posto ou, no caso de já se encontrar no referido território, desde que sua nomeação tenha sido notificada ao Ministério das Relações Exteriores (art. 39,1). As funções de uma pessoa que goze de privilégios e imunidades cessarão normalmente quando esta pessoa deixar o país ou quando transcorrido um prazo razoável que lhe tenha sido concedido para tal fim (art. 39, 2). Em caso de falecimento de um membro da missão, os membros de sua família continuarão no gozo das imunidades a que têm direito, até a expiração de um prazo razoável que lhes permita deixar o Estado acreditado (art. 39, 3).

Os membros do pessoal de serviço que não sejam nacionais do Estado acreditado, nem nele tenham residência permanente, gozam de imunidade *quanto aos atos praticados no exercício de suas funções* (art. 37, 3). Como se percebe, procura-se preservar, a todo custo, os interesses do Estado acreditante.

Os funcionários da ONU, quando em missão no território nacional, gozam, igualmente, de imunidades (art. 105, Carta da ONU). A imunidade cobre também o chefe de Estado estrangeiro em visita ao país, bem como os membros de sua comitiva.

Não mais se acolhe a velha ficção da extraterritorialidade da sede diplomática, que é, para todos os efeitos, território nacional. Os crimes que aí forem praticados, por pessoas que não gozam de imunidade, serão julgados pelo país onde esteja a representação diplomática.

Há grande discrepância de opiniões, quanto à natureza jurídica destes privilégios. Alguns entendem que são eles de *natureza processual*, constituindo simplesmente uma ausência de jurisdição. A tendência dominante, porém, é a de situar tais imunidades no campo de direito material, pois é evidente que sua repercussão ultrapassa o âmbito das consequências puramente processuais. O representante diplomático que regressar ao seu país após perder esta qualidade não pode ser processado por fato praticado enquanto exercia sua missão. Trata-se realmente de *causa pessoal de exclusão de pena ou condição negativa de punibilidade do fato*. Subsiste a ilicitude penal do fato, deixando, apenas, de aplicar-se a sanção. A participação de terceiros é punível.

*Agentes consulares (ou funcionários consulares)* – Salvo convenção em contrário, os agentes consulares são funcionários administrativos. Acha-se em vigor no Brasil a Convenção de Viena sobre Relações Consulares, de 24 de abril de 1963, promulgada pelo Decreto n. 61.078, de 26 de julho de 1967 e aprovada pelo Decreto Legislativo n. 6, de 1967.

Os funcionários consulares não gozam de imunidades, mesmo quando pratiquem atos diplomáticos, nos casos em que o Estado que envia não mantém missão diplomática, nem está representado por um terceiro Estado (art. 17, 1). Entende-se por *funcionário consular* toda pessoa, inclusive o chefe da repartição consular, encarregado, nessa qualidade, do exercício de funções consulares (art. 1º, 1, *d*). As funções consulares estão especificadas no art. 5º da Convenção, e basicamente consistem em proteger, no Estado receptor, os interesses do Estado que envia e os de seus nacionais, pessoas físicas ou jurídicas, dentro dos limites permitidos pelo direito internacional.

Os locais consulares (edifícios ou parte dos edifícios e terrenos anexos, que, qualquer que seja seu proprietário, sejam utilizados exclusivamente para as finalidades da repartição consular) são invioláveis. As autoridades do Estado receptor não poderão penetrar na parte dos locais consulares que a repartição consular utilizar exclusivamente para as necessidades de seu trabalho (art. 31). Os arquivos e documentos consulares são sempre invioláveis (art. 33). A correspondência oficial da repartição consular é inviolável e a mala consular não poderá ser aberta ou retida. Todavia, se as autoridades competentes do Estado receptor tiverem razões sérias para acreditar que a mala contém algo além da correspondência, documentos ou objetos destinados exclusivamente a uso oficial, poderão pedir que a mala seja aberta em sua presença por representante autorizado do Estado que envia. Se o pedido for recusado, a mala será devolvida ao lugar de origem (art. 35, 3).

Os funcionários consulares terão direito de visitar o nacional do Estado que envia, se estiver detido, encarcerado ou preso preventivamente; conversar e corresponder-se com ele e providenciar sua defesa perante os tribunais (art. 36, 1, *c*).

Quando se instaurar processo penal contra um funcionário consular, este será obrigado a comparecer perante as autoridades competentes. Todavia, as diligências devem ser conduzidas com as deferências devidas à sua posição oficial e de maneira que perturbem o menos possível o exercício das funções consulares (art. 41,3). A prisão preventiva só poderá ser decretada em caso de *crime grave* (art. 41, 1). Por crime grave, em nosso sistema de direito, devem ser considerados os que são punidos com a pena de reclusão no mínimo superior a 2 anos. É perfeitamente possível a prisão em flagrante, a qual, todavia, somente será mantida se se tratar de crime grave. Em caso de prisão de um membro do pessoal consular ou de instauração de processo penal contra o mesmo, o Estado receptor deverá notificar imediatamente o chefe da repartição consular. Se este último for o objeto de tais medidas, o Estado receptor levará o fato ao conhecimento do Estado que envia, por via diplomática (art. 42).

Os funcionários consulares e membros do pessoal de serviço não poderão negar-se a depor como testemunha, salvo quanto a fatos relacionados com o exercício de suas funções. Todavia, se o funcionário consular recusar-se a prestar depoimento, nenhuma medida coercitiva ou qualquer outra sanção ser-lhe-á aplicada. A autoridade que solicitar o depoimento deverá evitar que o funcionário consular seja perturbado no exercício de suas funções, podendo tomar o depoimento em seu domicílio ou na repartição consular, ou aceitar sua declaração por escrito, sempre que possível (art. 44)" (FRAGOSO, *Lições*, § 112).

### § 9º Chefe de Estado

Como observam SOUZA e JAPIASSÚ, as imunidades não se aplicam ao chefe de Estado. No Brasil, conferem-se apenas prerrogativas de função ao Presidente da República e aos Ministros de Estado, "as quais não se referem às pessoas, mas à dignidade do cargo e à conveniência da função que exercem. Por isso, tais prerrogativas são puramente de *ordem processual* e *significam* que o Presidente da República só poderá ser processado depois que a Câmara dos Deputados, pela maioria absoluta de seus membros, declarar procedente a acusação. Se se tratar de crime comum, o julgamento será feito pelo Supremo Tribunal Federal; se se tratar de crime de responsabilidade, pelo Senado Federal (art. 86 da CF/1988). Prerrogativas semelhantes possuem os ministros de Estado e ministros do Supremo Tribunal Federal (arts. 52, I e II; 102, I, "b" e "c", da CF/1988, regulamentados pela Lei n. 1.079/1970) (*Curso,* p. 123. Itálicos do original).

### § 10. Prerrogativas processuais

Relativamente a determinadas pessoas, em razão das funções públicas que exercem, ou em face de circunstâncias personalíssimas, a legislação estabelece *prerrogativas processuais,* quer se trate de suspeito, indiciado ou acusado, quer se trate de testemunha.

O Presidente da República e as demais autoridades mencionadas no art. 221 do CPP serão inquiridos em local, dia e hora previamente ajustados entre eles e o juiz. O Presidente e o Vice-Presidente da República, os presidentes do Senado Federal, da Câmara dos Deputados e do Supremo Tribunal Federal poderão optar pela prestação de depoimento por escrito, caso em que as perguntas, formuladas pelas partes e deferidas pelo juiz, lhe serão transmitidas por ofício (CPP, art. 221, § 1º). Os militares deverão ser requisitados à autoridade superior (CPP, art. 221, § 2º). O mandado de intimação aos funcionários públicos para depor como testemunhas será imediatamente comunicado ao chefe da repartição em que servirem, com indicação do dia e hora marcados (CPP, art. 221, § 3º). As pessoas impossibilitadas, por enfermidade ou por velhice, de comparecer para depor, serão inquiridas onde estiverem (CPP, art. 220).

**LUGAR DO CRIME**
***Art. 6º*** *Considera-se praticado o crime no lugar em que ocorreu a ação ou omissão, no todo ou em parte, bem como onde se produziu ou deveria produzir-se o resultado.*

## BIBLIOGRAFIA

AsÚA, Luís Jiménez de. *Tratado de derecho penal,* 3ª ed., Buenos Aires: Editorial Losada S/A, t. II, 1964 •• BITENCOURT, Cezar Roberto. *Tratado de direito penal – Parte geral,* 19ª ed., São Paulo: Editora Saraiva, 2013 •• BRUNO, Aníbal. *Direito penal – Parte geral,* 3ª ed., Rio de Janeiro: Forense, t. 1º, 1967 •• BUSATO, Paulo César. *Fundamentos do direito penal brasileiro,* 3ª ed., Curitiba: edição do autor, 2012 •• CIRINO DOS SANTOS, Juarez. *Direito penal – Parte geral,* 3ª ed., Curitiba, ICPC; Lumen Juris, 2008 •• COSTA JR., Paulo José. *Código penal comentado,* 8ª ed., São Paulo: DPJ Editora, 2005 •• COSTA JR., Paulo José. *Código penal,* 8ª ed. São Paulo: DPJ Editora, 2005 •• COSTA E SILVA, Antônio José da Costa e Silva, *Código penal,* São Paulo: Companhia Editora Nacional, vol. 1, 1943 •• DELMANTO, Celso *et alii. Código penal comentado,* 8ª ed., São Paulo: Editora Saraiva, 2010 •• DOTTI, René Ariel. *Curso de direito penal – Parte geral,* 4ª ed., com a colaboração de Alexandre Knopfholz e Gustavo Britta Scandelari, São Paulo: Editora Revista dos

Tribunais, 2012 •• FRAGOSO, Heleno Cláudio. *Comentários ao código penal*, 5ª ed., Rio de Janeiro, vol. I., t. I, 1977 // (A reforma da legislação penal – I. In: *RBCDP*, n. 2, jul.-set. 1963, p. 57) // *Lições de direito penal – Parte geral,* 17ª ed., atualizada por Fernando Fragoso, Rio de Janeiro: Editora Forense, 2006// *Conduta punível,* São Paulo: José Bushatsky, Editor, 1961 •• GARCIA, Basileu. *Instituições de direito penal,* 4ª ed., São Paulo: Max Limonad, vol. I, t. I., s/d •• GOMES, Luiz Flávio. *Direito penal – Parte geral,* 3ª ed., São Paulo: Editora Revista dos Tribunais/LFG – Rede de Ensino Luiz Flávio Gomes, 2006 •• GRECO, Rogério. *Curso de direito penal – Parte geral,* 15ª ed., Niterói: Editora Impetus, 2013 •• HUNGRIA, Nélson. *Comentários ao código penal,* 4ª ed., Rio de Janeiro: Forense, vol. I, t. I, 1958 •• JESUS, Damásio E. de. *Direito penal – Parte geral,* 34ª ed., São Paulo: Editora Saraiva, 2013 •• LEONARDO LOPES, Jair. *Curso de direito penal – Parte geral,* 2ª ed., São Paulo: Editora Revista dos Tribunais, 1996 •• MARQUES, J. F. *Tratado de direito penal,* 2ª ed., Editora Saraiva, 1964 •• MESTIERI, João. *Manual de direito penal – Parte geral,* Rio de Janeiro: Editora Forense, vol. I, 2002 •• NUCCI, Guilherme de Souza. *Código penal comentado,* 13ª ed., São Paulo: Thomson Reuters/Revista dos Tribunais, 2013 •• PRADO, Luiz Regis. *Curso de direito penal brasileiro – Parte geral,* 12ª ed., São Paulo: Thomson Reuters/Revista dos Tribunais, 2013 •• SILVA FRANCO, Alberto. *Código penal e sua interpretação. Doutrina e jurisprudência,* 8ª ed., Coordenadores: Alberto Silva Franco e Rui Stoco. São Paulo: Editora Revista dos Tribunais, 2007 •• TOLEDO, Francisco de Assis. *Princípios básicos de direito penal,* 5ª ed., (1994), 17ª tiragem (2012), São Paulo: Editora Saraiva.

### § 1º Omissão no texto original do Código Penal

Não havia esta disposição no *ancien regime.* O art. 4º, na redação primitiva do Código Penal, tinha a rubrica "local do crime", regulando o princípio da territorialidade da lei penal (atual art. 5º). A redação vigente teve origem no CP 1969, nos termos acima. No entanto, a fórmula introduzida pela comissão revisora do Ministério da Justiça, por sugestão de FRAGOSO, era mais ampla: *"Considera-se praticado o fato no lugar em que se desenvolveu a atividade criminosa, no todo ou em parte e ainda que sob a forma de participação, bem como onde se produziu ou deveria produzir-se o resultado. Nos crimes omissivos o fato considera-se praticado no lugar em que deveria realizar-se a ação omitida"* (*Comentários,* p. 243).

## § 2° As diversas teorias sobre o assunto

Louvando-se na lição do mestre HUNGRIA, a doutrina dos dias correntes refere a existência de sete teorias para explicar o *locus commissi delicti*: *a) teoria da ação ou da atividade*: lugar do delito é onde ocorreu a ação ou a omissão; *b) teoria do resultado ou do efeito*: lugar do delito é onde ocorreu o evento (resultado); *c) teoria da intenção*: lugar do delito é aquele em que se deveria produzir o resultado segundo a vontade do autor; *d) teoria do efeito intermédio ou do efeito mais próximo:* lugar do delito seria aquele em que a conduta do autor alcança a vítima ou o bem jurídico protegido; *e) teoria da ação à distância ou longa mão:* lugar do delito é onde foi realizada a ação ou a omissão; *f) teoria limitada da ubiquidade:* lugar do delito tanto pode ser o da ação ou omissão ou o resultado; *g) teoria pura da* ubiquidade, *mista ou unitária*: lugar do delito tanto pode ser o lugar da conduta como o do resultado ou o lugar do bem jurídico lesionado (PRADO, *Curso,* pp. 238 e 239).

Assim já estabelecia a Exposição de Motivos do CP 1940: "É adotada a *teoria da ubiquidade*, quanto aos denominados 'crimes à distância', teoria essa resultante da combinação da *teoria da atividade* e da *teoria do efeito*: aplica-se a lei brasileira não só ao crime, no todo ou em parte, cometido no território nacional, como ao que nele, embora parcialmente, produziu ou devia produzir seu resultado, pouco importando que a atividade pessoal do criminoso se tenha exercido no estrangeiro. A cláusula 'ou devia produzir seu resultado', diz respeito à *tentativa*" (item 10. Os destaques em itálico são do original).

Na hipótese da *actio libera in causa*, quando o agente se tenha colocado em estado de embriaguez preordenada em território nacional (CP, art. 61, II, *l*) para executar o crime no estrangeiro, estará ele sujeito à lei brasileira (COSTA JR., *Código penal*, p. 16).

## § 3° A competência jurisdicional

Em regra, a competência jurisdicional será determinada pelo lugar em que se consumar a infração, ou, no caso de tentativa, pelo lugar em que for praticado o último ato de execução (CPP, art. 70). Considerando, porém, a teoria da ubiquidade que é adotada pelo Código, pode ocorrer que a vítima, ferida por ação dolosa em uma comarca venha a morrer em outra. Em tal hipótese, aplica-se a regra da prevenção, cf. o art. 83 do CPP: "Verificar-se-á a competência por prevenção toda vez que, concorrendo dois ou mais juízes igualmente competentes ou com jurisdição cumulativa, um deles tiver antecedido aos outros na prática de algum ato do processo ou de medida a este relativa, ainda que anterior ao oferecimento da denúncia ou da queixa (arts. 70, § 3º, 71, 72, § 2º e 78, II c).

A orientação legislativa resolve o problema da competência jurisdicional evitando o conflito que poderia surgir diante da eventual dificuldade em identificar o lugar preciso da conduta ou do evento.

### § 4º Crimes à distância

O dispositivo em análise resolve o problema do chamado *crime à distância* que se caracteriza pela separação, no espaço, entre a ação e o resultado. Um sujeito, que está no território brasileiro, dispara a arma de fogo contra a vítima que está próxima, porém em solo paraguaio. Ou, conforme o exemplo de DELMANTO, "um estelionato praticado no Brasil e consumado na Argentina (ou vice-versa)" (*Código penal*, p. 98).

Há uma grande variedade de ilícitos penais que têm sido cometidos através das chamadas *redes sociais* aproveitando-se das facilidades tecnológicas e da impunidade que reina nesse domínio. Além dos delitos contra a honra (CP, arts. 138, 139 e 140), do ultraje público ao pudor (CP, arts. 233 e 234), contra o patrimônio (CP, art. 171) e muito especialmente o tráfico internacional e o tráfico interno de pessoa para fim de exploração sexual (CP, arts. 231 e 231-A), há outros cometidos por meio da *internet* quando autor e vítima estão em países distintos.

### § 5º Crime complexo, crime permanente e crime continuado

Nas hipóteses de *crime complexo,* como o roubo (CP, art. 157, § 3º); de crime permanente, como o sequestro (CP, art. 148) e o delito continuado (CP, art. 71), considerados como *fato unitário,* o crime se tem por praticado no lugar em que ocorre um de seus elementos. Esta é a lição de J. F. MARQUES (*Tratado,* p. 253).

**EXTRATERRITORIALIDADE**

*Art. 7º* *Ficam sujeitos à lei brasileira, embora cometidos no estrangeiro:*

*I – os crimes:*

*a) contra a vida ou a liberdade do Presidente da República;*

*b) contra o patrimônio ou a fé pública da União, do Distrito Federal, de Estado, de Território, de Município, de empresa pública, sociedade de economia mista, autarquia ou fundação instituída pelo Poder Público;*

*c) contra a administração pública, por quem está a seu serviço;*

*d) de genocídio, quando o agente for brasileiro ou domiciliado no Brasil;*

*II – os crimes*

*a) que por tratado ou convenção, o Brasil se obrigou a reprimir;*

*b) praticados por brasileiro;*

*c) praticados em aeronaves ou embarcações brasileiras, mercantes ou de propriedade privada, quando em território estrangeiro e aí não sejam julgados.*

*§ 1º Nos casos do inciso I, o agente é punido segundo a lei brasileira, ainda que absolvido ou condenado no estrangeiro.*

*§ 2º Nos casos do inciso II, a aplicação da lei brasileira depende do concurso das seguintes condições:*

*a) entrar o agente no território nacional;*

*b) ser o fato punível também no país em que foi praticado;*

*c) estar o crime incluído entre aqueles pelos quais a lei brasileira autoriza a extradição;*

*d) não ter sido o agente absolvido no estrangeiro ou não ter aí cumprido pena;*

*e) não ter sido o agente perdoado no estrangeiro ou, por outro motivo, não estar extinta a punibilidade, segundo a lei mais favorável.*

*§ 3º A lei brasileira aplica-se também ao crime cometido por estrangeiro contra brasileiro fora do Brasil, se, reunidas as condições previstas no parágrafo anterior:*

*a) não foi pedida ou foi negada a extradição;*

*b) houver requisição do Ministro da Justiça.*

## BIBLIOGRAFIA

AsÚA, Luís Jiménez de. *Tratado de derecho penal*, 3ª ed., Buenos Aires: Editorial Losada S/A, t. II, 1964 •• ANTOLISEI, Francesco. *Manuale di diritto penale – Parte generale*, 3ª ed., Milano, 1994 •• BASSIOUNI, M. Cherif. International protection of victims, Association Internationale de Droit Pénal, Paris: Érès, 1988 // *The protection of human rights in the Administration of Criminal Justice: a compendium of United Nations norms and Standard*, Transnational Publishers, Inc., 1994 // *Introduction to international criminal law*. Adsley: Transnational Publishers, Inc., 2003 // Crimes against humanity: the need for a specialized convention, *Columbia Journal of Transnational Law*, vol. 31 (1993-1994) //•• BATISTA, Nilo. O genocídio como crime internacional. In: *Discursos Sediosos,* Rio de Janeiro: Instituto Carioca de Criminologia, n. 5 e 6, p. 275 •• BAZELAIRE, Jean-Paul; CRETIN, Thierry. *La justice penale internationnale*, Paris: Presses Universitaires de France, 2000 •• Caracciolo, Ida. *Dal diritto penale internazionale al diritto internazionale penale: il rafforzamento delle garanzie giurisdizionali*, Napoli: Editoriale Scientifica, 2000 •• BITENCOURT, Cezar Roberto. *Tratado de direito penal – Parte geral*, 19ª ed., São Paulo: Editora Saraiva, 2013 •• BRUNO, Aníbal. *Direito penal –* Parte geral, 3ª ed., Rio de Janeiro: Forense, t. 1º, 1967 •• BUSATO, Paulo César. *Fundamentos do direito penal brasileiro*, 3ª ed., Curitiba: edição do autor, 2012 •• CARACCIOLO, Ida. COLIN, Marcel. *Le crime contre l'humanité,* Ramonville Saint: Agne: Érés, 1996 •• CASTRO DO NASCIMENTO, Tupinambá Miguel. Eficácia da lei penal, *RT*, 449/336 •• CEREZO MIR, José. *Derecho penal – Parte general*, 1ª ed. bras., prefácio Luiz Regis Prado, São Paulo: Revista dos Tribunais; Lima (PE) Ara Editores, 2007 •• CIRINO DOS SANTOS, Juarez. *Direito penal – Parte geral,* 3ª ed., Curitiba, ICPC; Lumen Juris, 2008 •• COMPARATO, Fábio Konder. *A afirmação histórica dos direitos humanos,* São Paulo: Saraiva, 2001 •• COOPER, Belinda. *War crimes – The legacy of Nuremberg*, New York: TV Books, 1999 •• COSTA JR., Paulo José. *Código penal comentado*, 8ª ed., São Paulo: DPJ Editora, 2005 •• COSTA E SILVA, Antônio José da Costa e Silva, *Código Penal*, São Paulo: Companhia Editora Nacional, vol. 1, 1943 •• DELMANTO, Celso *et alii. Código penal comentado,* 8ª ed., São Paulo: Editora Saraiva, 2010 •• DES VABRES, Donnadieu. *Les principes modernes du droit pénal international*, Paris: Sirey, 1928 •• DOTTI, René Ariel. *Curso de direito penal – Parte geral,* 4ª ed., com a colaboração de Alexandre Knopfholz e Gustavo Britta Scandelari, São Paulo: Revista dos Tribunais, 2012 // Aplicação da lei penal brasileira a nacional que tenha cometido crime no estrangeiro. In: *RF*, 355/173 •• FIGUEIREDO DIAS, Jorge de. *Direito penal – Parte geral,* 2ª ed. portuguesa, 1ª ed.,

Brasileira, Coimbra/São Paulo: Coimbra Editora/Revista dos Tribunais, t. 1, 2007 •• FRAGOSO, Heleno Cláudio. *Comentários ao código penal,* 5ª ed., Rio de Janeiro: Forense, vol. I, t. I, 1977 •• FRAGOSO, Heleno Claudio. *Lições de direito penal – Parte geral,* 17ª ed. atualizada por Fernando Fragoso, Rio de Janeiro: Editora Forense, 2006 •• GOMES, Luiz Flávio. *Direito penal – Parte geral,* 3ª ed., São Paulo: Editora Revista dos Tribunais/LFG – Rede de Ensino Luiz Flávio Gomes, 2006 •• GOMES, Luiz Flávio/Oliveira Mazzuoli, Valério de. *Comentários à Convenção Americana sobre Direitos Humanos – Pacto de São José da Costa Rica,* 3ª ed., Coleção Ciências Criminais, vol. 4, São Paulo: RT, 2009 •• GOMES, Luiz Flávio/ PIOVEZAN, Flávia. *O sistema interamericano de proteção dos direitos humanos e o direito brasileiro,* São Paulo: RT, 2000 •• GRECO, Rogério. *Curso de direito penal – Parte geral,* 15ª ed., Niterói: Editora Impetus, 2013 •• HUNGRIA, Nélson. *Comentários ao código penal,* 4ª ed., Rio de Janeiro: Forense, vol. I, t. I, 1958 •• JAPIASSU, Carlos Eduardo A. *O Tribunal Penal Internacional,* Rio de Janeiro: Lumen Juris, 2004 •• JESUS, Damásio E. de. *Direito penal – Parte geral,* 34ª ed., São Paulo: Saraiva, 2013 •• LAFER, Celso. A internacionalização dos direitos humanos: Constituição, racismo e relações internacionais: Baruerí: Manole, 2005 •• LEONARDO LOPES, Jair. *Curso de direito penal – Parte geral,* 2ª ed., São Paulo: Editora Revista dos Tribunais, 1996 •• MANTOVANI, Ferrando. *Diritto penale,* 4ª ed., Padova: CEDAM, 2001 •• MARCILIO, Flávio. Fixação dos limites do mar territorial brasileiro. In: *RIL,* 30/45 •• MAYRINK DA COSTA, Álvaro. *Direito penal – Parte geral,* 7ª ed., Rio de Janeiro: Editora Forense, 2005 •• MESTIERI, João. *Manual de direito penal – Parte geral,* Rio de Janeiro: Forense, 2002 •• MONDIM, Tito. Mar territorial. In: *RIL,* jul./dez., 1967, p. 180 e ss. •• MUÑOZ CONDE, Francisco/GARCÍA ARÁN, Mercedes. *Derecho penal – Parte geral,* 5ª ed., Valencia: Tirant lo Blanch Libros, 2002 •• NUCCI, Guilherme de Souza. *Código penal comentado,* 13ª ed., São Paulo: Thomson Reuters/Revista dos Tribunais, 2013 •• NUÑEZ, Ricardo C. *Manual de derecho penal – Parte general,* 3ª ed., Cordoba: Marcos Lerner Editora Cordoba, 1982 •• NOVOA MONREAL, Eduardo. *Curso de derecho penal chileno – Parte general,* 2ª ed., Santiago: Editorial Juridica Ediar-Cono Sur Ltda., t. 1, 1985 •• OLIVEIRA ROCHA, Luiz Otávio. A vigência da lei penal no espaço: efeitos da globalização. In: *RF* 2004, p. 31 •• PLAWSKI, Stanislaw. *Etude des príncipes fondamentaux du droit international pénal,* Paris: Librairie Generale de Droit et de Jurisprudence (1972) •• PUIG PEÑA, Federico. *Derecho penal – Parte general,* 6ª ed., Madrid: Editorial Revista de Derecho Privado •• PUIG PEÑA, Federico. *Derecho penal – Parte general,* 6ª ed., Madrid: Editorial Revista de Derecho Privado •• PRADO, Luiz Regis. *Curso de direito penal brasileiro,* 12ª ed., São Paulo: Thomson Reuters/Revista dos Tribunais,

2013 •• REALE JÚNIOR, Miguel. *Instituições de direito penal – Parte geral*, 3ª ed., Rio de Janeiro: Gen/Editora Forense/Bilac Pinto, Editores, 2009 •• SCHABAS, William A. *Introduction to the International Criminal Court,* Cambridge: Cambridge University Press, 2004 •• SILVA FRANCO, Alberto. *Código penal e sua interpretação. Doutrina e jurisprudência,* 8ª ed., Coordenadores: Alberto Silva Franco e Rui Stoco. São Paulo: Editora Revista dos Tribunais, 2007 •• SOLER, Sebastian. *Derecho penal argentino,* Buenos Aires: Tipografica Editora Argentina, 1970, vol. I •• SOUZA, Artur de Brito Gueiros/JAPIASSÚ, Carlos Eduardo Adriano. *Curso de direito penal – Parte geral,* Rio de Janeiro: Elsevier, 2012 •• TIBURCIO, Carmen / BARROSO, Luiz Roberto. Algumas questões sobre a extradição no direito brasileiro. In: *RT,* 787/459-460, 2001 •• TOLEDO, Francisco de Assis. *Princípios básicos de direito penal,* 5ª ed., (1994), 17ª tiragem (2012), São Paulo: Editora Saraiva •• VILLALOBOS, Ignacio. *Derecho penal mexicano – Parte general,* 3ª ed., México: Editorial Porrúa, S.A., 1975 •• VOCOS, María Teresa. *Derechos humanos y la Corte Penal Internacional,* Córdoba: Lerner Editora S.R.L., 2012 •• WELZEL, Hans. *Derecho penal alemán – Parte general,* 11ª ed., trad. Juan Bustos Ramírez y Sergio Yáñez Pérez, Santiago: Editorial Juridica de Chile, 1970 •• ZAFFARONI, Eugenio Raúl. *Tratado de derecho penal – Parte general*, Buenos Aires: Ediar, vol. I, 1980.

## § 1º Extraterritorialidade

### A. Compreensão do princípio

A lei penal brasileira aplica-se não somente nos limites geográficos e fictos do território nacional, mas também fora dos mesmos, em face de determinadas condições relativas aos sujeitos do crime ou ao bem jurídico protegido. A matéria é regulada em disposições do CP (art. 7º e CPP, art. 88) e obedece a alguns princípios consagrados na doutrina.

A extraterritorialidade da lei penal pode ser *incondicionada* ou *condicionada*. Ela é *incondicionada* quando a aplicação da lei não depender de nenhuma outra condição, salvo a natureza do bem jurídico afetado. São as hipóteses previstas no inciso I do art. 7º do CP. Ocorrendo as situações ali previstas, o agente é punido segundo a lei brasileira, ainda que absolvido ou condenado em outro país (CP, art. 7º, § 1º). Ela é *condicionada* quando a aplicação da lei exige o atendimento de determinadas condições. Trata-se das hipóteses previstas no inciso II do art. 7º do CP, ou seja, dos crimes que: a) por tratado ou convenção o Brasil se obrigou a reprimir; b) praticados por brasileiro; c) praticados em aeronaves ou embarcações brasileiras, mercantes ou de propriedade privada, quando em território estrangeiro e aí não sejam julgados. Em tais casos, a aplicação da lei brasileira depende do concurso das seguintes condições: a) entrar o agente no território nacional;[1] b) ser o fato punível também no país em que foi praticado; c) estar o crime incluído entre aqueles pelos quais a lei brasileira autoriza a extradição; d) não ter sido o agente absolvido no estrangeiro ou não ter sido cumprido a pena; e) não ter sido o agente perdoado no estrangeiro ou, por qualquer outro motivo, não estar extinta a punibilidade, segundo a lei mais favorável (CP, art. 7º, § 2º).

### B. Princípio da nacionalidade (personalidade)

Pelo princípio da nacionalidade, também chamado de *personalidade*, a norma penal acompanha o nacional do país, tornando-o responsável pelos fatos praticados em território estrangeiro. Em tal caso, a aplicação da lei brasileira depende do concurso das condições indicadas no CP, art. 7º, § 2º (*vide* acima). Através desse critério evita-se a impunidade do brasileiro que, tendo praticado um crime no estrangeiro, não possa ser extraditado como declara a CF, art. 5º, LI, e a Lei n. 6.815, de 19.08.1980, art. 77, I. A consequência disso é sujeitar o nacional ao devido processo legal, desde que ingresse no território nacional e atendam-se as demais condições do § 2º do art. 7º do CP.

A doutrina subdivide esse princípio em *ativo* e *passivo*. No primeiro caso, a lei brasileira se aplica ao nacional que comete o crime no estrangeiro, independentemente da nacionalidade do sujeito passivo (CP, art. 7º, II, *b*); no segundo, exige-se que o fato praticado pelo nacional no estrangeiro ofenda um bem jurídico de seu próprio Estado ou de um concidadão.

### C. Princípio da defesa

Esse princípio, também chamado de *real* ou *de proteção*, leva em consideração a nacionalidade do bem jurídico lesado ou exposto a perigo de lesão pelo delito. Declara o art. 7º, I, do Código Penal, que ficam sujeitos à lei brasileira, embora cometidos no estrangeiro, os autores de crime: *a)* contra a vida ou a liberdade do Presidente da República; *b)* contra o patrimônio ou a fé pública da União, do Distrito Federal, de Estado, de Território, de Município, de empresa pública, de sociedade de economia mista, autarquia ou fundação instituída pelo Poder Público; *c)* contra a administração pública, por quem está a seu serviço; *d)* de genocídio, quando o agente for brasileiro ou domiciliado no Brasil. O mesmo critério é adotado pelo § 3º do art. 7º: "A lei brasileira aplica-se também ao crime cometido por estran-

---

• 1   Segundo a doutrina, não é preciso permanecer e nem residir no país para satisfazer a condição, que se caracteriza mesmo com o ingresso involuntário ou forçado do agente.

geiro contra brasileiro fora do Brasil, se reunidas as condições previstas no parágrafo anterior: *a)* não foi pedida ou foi negada a extradição; *b)* houve requisição do Ministro da Justiça".

**D. Princípio da representação**

Estabelece o art. 7º, II, *c*, do Código Penal que ficam sujeitos à lei brasileira, embora cometidos no estrangeiro, os crimes praticados em aeronaves ou embarcações brasileiras, mercantes ou de propriedade privada, quando em território estrangeiro e aí não sejam julgados. Este é o princípio da *representação,* que não constava da redação original do Código Penal e que foi introduzido, primeiramente, pelo CP de 1969, e depois pela Reforma de 1984 (Lei n. 7.209/84). Aos casos de extraterritorialidade se acrescentou uma nova situação, para suprir evidente lacuna em tal matéria. É a situação dos crimes praticados a bordo de aeronaves ou navios brasileiros, mercantes ou de propriedade privada, quando em território estrangeiro e aí não tenham sido julgados. Se um delito for praticado a bordo de aeronave de nacionalidade brasileira, de propriedade privada, em voo sobre território estrangeiro, onde não faz escalas, a lei brasileira até então não era aplicada, se o agente ou a vítima não fossem brasileiros. Isso também ocorria com as hipóteses de crimes cometidos a bordo de navios que deixam águas territoriais estrangeiras e não regressam aos portos de onde saem. Criou-se, assim, um novo princípio de aplicação da lei penal no espaço, que é o da *representação*, no qual o Estado a que pertence a bandeira da aeronave ou navio se substitui àquele em cujo território ocorreu a infração que não foi perseguida ou punida por motivos irrelevantes (cf. Exposição de Motivos do CP de 1969, n. 7).

**E. Princípio da justiça penal universal**

A esse princípio se empresta a designação de *justiça penal universal* ou de *extraterritorialidade absoluta*. Contra o mesmo opõem-se objeções antigas (LISZT, *Tratado*, t. I, p. 158) e ainda atuais, no pressuposto de que: *a)* existem profundas diferenças entre a legislação penal e processual dos diversos Estados; *b)* o juiz é obrigado a aplicar o Direito estrangeiro que lhe é desconhecido; *c)* há dificuldades processuais e burocráticas para a colheita da prova; *d)* o Estado e a sociedade estarão mais protegidos com a expulsão do estrangeiro suspeito ou condenado. Mas o progresso da Civilização e a internacionalização dos direitos humanos têm sustentado a necessidade de se aplicar a lei penal do Estado onde se encontre o criminoso, não importando a sua nacionalidade e nem o lugar do fato, sempre que o delito esteja compreendido na relação que os Estados, mediante tratado, tenham se obrigado a reprimir. Como acentua BRUNO, o desenvolvimento das leis penais, que vão se encaminhando para uma certa uniformidade, e o desenvolvimento da ideia e das práticas de maior colaboração internacional contra o delito irão alargando as possibilidades de aplicação desse princípio, concorrendo para isso a formação de um tipo comum de civilização entre os povos modernos, com uma consciência jurídica uniforme, nas suas grandes linhas e iguais necessidades, regras e hábitos da vida social (*Direito Penal*, t. 1, p. 233).

O tema da aplicação extraterritorial das normas penais em caráter absoluto constitui uma das modalidades da cooperação internacional na luta contra a criminalidade e que se realiza, quanto ao órgão encarregado de aplicação da lei, pelos tribunais nacionais em cujo território o autor do fato é preso ou por uma corte penal internacional.

### F. Princípios adotados pelo Código Penal

Em síntese, a lei penal brasileira, adota os seguintes princípios para aplicação de suas normas: *a) territorialidade*, como regra geral (art. 5º); *b) extraterritorialidade*, como exceção, através dos seguintes princípios: *b1)* nacionalidade ou personalidade (art. 7º, II, *b*); *b2)* defesa (art. 7º, I e § 3º); *b3)* representação (art. 7º, II, *c*); *b4)* justiça penal universal (art. 7º, II, *a*).

Lembra DELMANTO que a Lei n. 9.455, de 07.04.1997, que criminalizou a tortura,[2] prevê, em seu art. 2º, que "o disposto nesta Lei aplica-se ainda quando o crime não tenha sido cometido no território nacional, sendo a vítima brasileira ou encontrando-se o agente em local sob jurisdição brasileira" (*Código penal,* p. 100).

### § 2º Extradição

A *extradição* é um mecanismo fundamental na cooperação internacional na luta contra o crime, mediante tratados ou convenções que constituem expressão crescente de um critério de solidariedade entre os países (SOLER, *Derecho penal,* p. 178).

Consiste a *extradição* no ato pelo qual um Estado entrega a outro uma pessoa acusada da prática de um crime para ser processada ou, se já estiver condenada, para sofrer a execução da pena. Chama-se *ativa*, em relação ao Estado que a requer, e *passiva*, em relação ao Estado requerido.

Uma das garantias individuais consagradas na Constituição Federal é a que proíbe, em qualquer circunstância, a extradição de brasileiro nato (art. 5º, LI, c/c o art. 12, I). Quanto ao naturalizado, poderá ele ser extraditado

---

• 2   CF, art. 5º, inc. XLII.

nos seguintes casos: *a)* de crime comum que tenha sido cometido antes da naturalização; *b)* comprovado envolvimento em tráfico ilícito de entorpecentes e drogas afins,[3] na forma da lei (CF, art. 5º, LI c/c o art. 12, II). Em se tratando de crime político ou de opinião praticados por estrangeiros e que se encontrem em nosso território, também não será concedida a extradição (CF, art. 5º, LII).

### A. Crime político e crime de opinião

*Crime político*. Nos termos do art. 8º do Código Penal italiano, é *político* todo o delito que ofende um interesse político do Estado ou um direito político do cidadão. É assim também considerado o crime comum determinado, no todo ou em parte, por motivo político (conforme Lei n. 7.170/83, art. 2º). O crime político pode ser: *a) próprio*, quando ofende a personalidade e a organização política do Estado; *b) impróprio*, quando agride um direito político do cidadão; *c) puro*, o que tem exclusiva natureza política; *d) impuro* ou *relativo*, quando ofende bens e interesses tanto políticos como comuns. O delito político é julgado em primeira instância pelos juízes federais (CF, art. 109, IV) e, em grau de recurso ordinário, pelo STF (CF, art. 102, II, *b)*.

Não existe um critério rígido, prévio e abstrato para a caracterização de um crime como político quando também estão presentes elementos de crime comum. Tal definição somente pode ser feita à vista do caso concreto e deverá levar em conta fatores como: *a)* a situação política do Estado requerente; *b)* a motivação do agente; *c)* o fim visado; *d)* a condição da vítima (e.g., ocupante de cargo público, candidato a cargo político etc.). Deve o intérprete estar atento à extradição política disfarçada na qual a persecução ideológica da vítima se oculta sob a imputação de crime comum. (TIBURCIO, Carmen / BARROSO, Luiz Roberto. Algumas questões sobre a extradição no direito brasileiro, p. 459/460)

*Crime de opinião* é aquele que configura abuso da liberdade de expressão, constitucionalmente garantida (art. 5º, IX) no exercício da atividade intelectual, artística, científica ou de comunicação.

### B. Legislação reguladora

A Lei n. 6.815, de 19.08.1980, define a situação jurídica do estrangeiro no Brasil, cria o Conselho Nacional de Imigração e estabelece as hipóteses em que a extradição poderá ser concedida pelo nosso país.

---

- 3    A expressão "tráfico ilícito de entorpecentes e drogas afins", usada pela CF, art. 5º, LI, e pela Lei n. 8.072, de 25.07.1990, art. 2º, está, indevidamente, substituída para "tráfico ilícito de drogas", conforme a Lei n. 11.343, de 23.08.2006.

## C. Requisitos e condições

A admissibilidade da extradição exige o preenchimento de requisitos e condições. São *requisitos:* ***a)*** a existência de tratado ou compromisso de reciprocidade; ***b)*** a solicitação, pela via diplomática ou, na falta de agente diplomático do Estado requerente, de Governo a Governo; ***c)*** a cópia autêntica ou a certidão da sentença condenatória, da pronúncia ou do decreto de prisão preventiva; ***d)*** a competência da autoridade para os atos referidos na alínea anterior; ***e)*** as indicações precisas sobre o fato, data, natureza e circunstâncias do fato criminoso, identidade do extraditando e a cópia dos textos legais sobre o crime, a pena e a prescrição. São *condições*: *a) quanto à pessoa do extraditando*: *a1)* deverá ser estrangeiro ou brasileiro naturalizado; *a2)* o extraditando não estiver respondendo a processo ou não tiver sido julgado no Brasil, pelo mesmo fato; *b) quanto à natureza da infração*: *b1)* o fato deve constituir crime (e não apenas contravenção) tanto no Estado requerente como no Estado requerido; *b2)* não se tratar de crime político ou de opinião; *c) quanto à pena*: a pena cominada para o fato deve ser superior a 1 (um) ano; *d) quanto à possibilidade de se impor a pena*: inexistência de causa extintiva de punibilidade (v.g., prescrição), segundo a lei brasileira ou a do Estado requerente; *e) quanto à competência:* o Brasil não for competente, segundo a sua legislação, para julgar o fato; *f) quanto ao órgão jurisdicional do Estado requerente*: não poderá o extraditando responder, no Estado requerente, perante tribunal ou juízo de exceção (Lei n. 6.815, de 19.08.1980, arts. 76 e 77).

O julgamento do pedido de extradição compete, exclusivamente, ao Supremo Tribunal Federal (CF, art. 102, I, *g*), que decidirá sobre a sua legalidade e procedência, em caráter irrecorrível. Ao procedimento de extradição se aplicam as normas do Regimento Interno do STF (arts. 207 a 214) e a legislação processual, no que couber. Não terá andamento o pedido de extradição sem que o extraditando esteja preso e colocado à disposição do tribunal. A prisão será mantida até o julgamento final (art. 213, Reg. STF).

## D. Princípio da especialidade

Nas relações entre Estados para o efeito da extradição, deve prevalecer sempre o compromisso de lealdade e veracidade. Em face disso, vigora o *princípio da especialidade*: o extraditando não pode ser punido, no país solicitante, por crime diverso do que motivou o pedido original de extradição. Se o Estado requerente quiser punir por outro crime o extraditando, deverá requerer ao Brasil autorização expressa para isto, formulando um pedido de extradição supletiva (TIBURCIO, Carmen / BARROSO, Luiz Roberto. Algumas questões sobre a extradição no direito brasileiro, p. 460).

### E. Aplicação da pena de morte e de prisão perpétua

É da tradição legislativa que quando o extraditando estiver sujeito à pena de morte prevista na legislação do Estado requerente, o Supremo Tribunal Federal estabelece como condição a conversão da pena capital em privativa de liberdade. Assim ocorreu na década de 1960, com a extradição de Franz Paul Stangl, líder nazista que estava refugiado em nosso país.

Na hipótese de prisão perpétua, durante muito tempo prevaleceu no Supremo Tribunal Federal o entendimento de que o país requerente deveria fazer a conversão para a pena privativa de liberdade pelo tempo máximo de 30 (trinta) anos tomando como baliza o limite máximo de nosso sistema (CP, art. 75). Recentemente, contudo, passou a conceder a extradição, nessa hipótese, sem qualquer ressalva.

### F. Deportação, expulsão e transferência de presos

A *deportação* consiste na saída compulsória do estrangeiro nos casos de entrada ou permanência irregular, porque ingressou sem o visto, com este documento vencido ou porque está exercendo atividade comercial remunerada ilegalmente. Quando houver conveniência para o interesse público, a deportação pode ocorrer mesmo sem a concessão regular de prazo para a saída voluntária. Também será deportado o estrangeiro que infringir normas do Estatuto de extradição e a legislação em geral. A deportação far-se-á para o país de nacionalidade ou de procedência do estrangeiro ou para outro que consinta em recebê-lo.

A *expulsão* ocorre quando o estrangeiro atentar, de qualquer forma, contra a segurança nacional, a ordem política e social,[4] a tranquilidade ou moralidade pública e a economia popular ou cujo comportamento seja hostil à conveniência ou interesse nacional. Caberá exclusivamente ao Presidente da República deliberar sobre o assunto, determinando ou revogando a expulsão. O Código Penal prevê como crime o reingresso de estrangeiro expulso, cominando a reclusão de 1 (um) a 4 (quatro) anos, sem prejuízo de nova expulsão após o cumprimento da pena.

Sobre a *transferência de presos*, NUCCI lembra o episódio da transferência de criminosos que o Brasil celebrou com o Canadá, a Argentina e o Chile, motivado pelo sequestro do empresário Abílio Diniz, cujos autores, em sua maioria, eram oriundos desses países. Por pressões internacionais, firmou-se primeiramente o tratado de transferência de presos entre o Brasil e o Canadá. O documento, assinado em Brasília (15.07.1992), foi aprovado

---

- 4 Lei n. 7.170, de 14.12.1983, define os crimes contra a segurança nacional, a ordem política e social e estabelece seu processo e julgamento.

pelo Decreto Legislativo n. 22, de 24.08.1993 e passou a valer a partir do Decreto n. 2.547, da Presidência da República (14.04.1998) (*Código penal,* p. 110). Uma característica de um tratado desse tipo é o compromisso de reciprocidade.

### § 3º Tribunal Penal Internacional

Os horrores do holocausto e a generalização dos atentados contra os direitos, as garantias e as liberdades individuais e coletivas dos povos oprimidos pelos regimes do nacional-socialismo de Hitler e do fascismo de Mussolini durante a II Guerra Mundial (1939-1945) serviram para motivar a consciência jurídica internacional e restaurar a importância do princípio da anterioridade da lei penal em relação ao crime e à pena. Muito expressivo, em tal sentido, é o primeiro artigo da Constituição da Alemanha Ocidental, a chamada *Lei Fundamental de Bonn* (23.05.1949), ao proclamar: "Art. 1º, I – *A dignidade da pessoa humana é sagrada. Todos os agentes da autoridade pública têm o dever absoluto de a respeitar e proteger*". Tal preceito está em harmonia com um dos fundamentos da República Federativa do Brasil, que destaca "a dignidade da pessoa humana" como um deles (CF, art. 1º, III).

No mundo moderno, que se transformou em uma *aldeia global*, como já foi dito, o impacto transnacional de certos crimes faz com que o público telespectador, os ouvintes de rádio e os leitores de jornais e revistas, perguntem-se: "*Haverá punição para isso?*" Ou outra dúvida mais específica: "*Qual o tribunal que julgará os responsáveis por esses tipos de crimes?*"

Os delitos que a consciência universal reprova já são objeto de tratados e convenções entre muitos países. Podem ser indicados como integrantes de um *direito penal comunitário*, como guerra de conquista: a fabricação e uso ilícito de armas proibidas, o genocídio, o *apartheid*, a escravidão, a tortura e outros crimes contra os direitos humanos, as experiências médicas em pessoas vivas, os ilícitos contra a navegação terrestre, aérea e marítima internacional; a captura de aeronaves; a sabotagem; agressões a pessoas internacionalmente protegidas; o terrorismo; o tráfico de entorpecentes e drogas afins; danos ou subtração de tesouros nacionais e do patrimônio cultural; graves atentados contra o meio ambiente; tráfico de material obsceno, inclusive pela Internet; falsificação de moeda, subtração de material nuclear etc. Até mesmo o computador, que surgiu como um instrumento milagroso da comunicação, transformou-se em meio eficiente para a prática de ilícitos.

A propósito das reações do mundo civilizado e de juristas de prestígio internacional acerca do tema *direito injusto/direito nulo*, tratando das violações cometidas sob a influência do positivismo jurídico, são inúmeros os textos que caracterizam um notável movimento de resistência humanista.⁵

Acerca daqueles episódios ocorridos na II Grande Guerra (1939-1945) que a consciência universal não pode olvidar, REALE JUNIOR lembra que, terminado o conflito mundial, "ressurgem as ideias jusnaturalistas, em contraposição ao irracionalismo voluntarista do nazismo, buscando estabelecer direitos fundamentais do homem a serem incondicionalmente respeitados pelos povos de todas as nações, produzindo-se a Declaração Universal dos Direitos do Homem de 1948 [...]. Na Alemanha, juízes foram condenados por terem aplicado a lei injusta, e um indivíduo foi processado e condenado por homicídio, em razão de haver denunciado um conhecido como autor de escritos nos muros contra o nazismo, pelo que foi este condenado à morte, sendo que o denunciante sabia que a única consequência possível de sua declaração seria a morte [...]. A Comissão de Direitos das Nações Unidas propôs a criação de um Tribunal Internacional na década de 1980, projeto que ficou paralisado até 1990, quando, por sugestão de Trinidade Tobaco, foi reaceso [...]. Após longas discussões, em julho de 1998, conseguiu-se aprovar o Estatuto de Roma que instituiu o Tribunal Penal Internacional, sendo o Estatuto subscrito por 120 países [...]"⁶ (*Instituições*, p. 115/116).

O Brasil se submete à jurisdição de Tribunal Penal Internacional a cuja criação tenha manifestado adesão (CF, art. 5º, § 4º).

Na lição de FIGUEIREDO DIAS (*Direito penal,* p. 12), as duas notas marcantes da jurisdição estabelecida pelo Tribunal Penal Internacional são o *princípio da vinculação voluntária* e o *princípio da subsidiariedade*. De acordo com o primeiro, a jurisdição do Tribunal não é imposta aos Estados;⁷ vincula somente aqueles que são parte no Estatuto ou que decidam colaborar com o Tribunal na forma *ad hoc.* Conforme o segundo, o TPI somente pode-

---

- 5    Como simples referência: RADBRUCH, Gustav; SCHMIDT, Eberhard; WELZEL, Hans. *Derecho injusto y derecho nulo*; RADBRUCH, Gustav. *Arbitrariedad legal y derecho supralegal* e *el hombre en el derecho*; SCHMITT, Carl. *Legalidad y legitimidad*; BOBBIO, Norberto. *El problema del positivismo jurídico*; CARRIÓ, Genaro R. *Algunas palabras sobre las palavras de la ley*; PANIAGUA, Jose Maria Rodriguez. *Ley y derecho*; SILVING, Helen. *Derecho positivo y derecho natural*.

- 6    O Brasil foi um dos signatários do Estatuto, em 07.02.2000. O Estatuto de Roma, que criou o TPI, foi aprovado no Congresso Nacional pelo Decreto Legislativo n. 112, de 06.06.2002 e promulgado pelo Decreto do Presidente da República, n. 4.388, de 25.09.2002.

- 7    A exceção é estabelecida quando o impulso processual provém do Conselho de Segurança da ONU, hipótese em que a jurisdição é universal e independente da manifestação dos Estados.

rá exercer a sua jurisdição se o Estado competente para conhecer o fato não o fizer ou não tiver a possibilidade de fazê-lo.

## § 4º Direito Internacional Penal e Direito Penal Internacional

O *Direito Internacional Penal* não se confunde com o *Direito Penal Internacional*. Se o primeiro ramo do Direito tem caráter externo, o segundo concerne ao direito interno. A noção de Direito Penal Internacional se relaciona a essa parte do Direito Penal nacional, que tem a tarefa de determinar a competência repressiva do Estado no âmbito da luta contra a criminalidade marcada por elemento estrangeiro, ou seja, o local da infração ou a nacionalidade do sujeito ativo ou do sujeito passivo. Trata-se, portanto, da competência do Estado de punir as infrações cometidas fora de seu território ou praticadas por seus nacionais em territórios de outros Estados ou, enfim, aqueles que são cometidos em detrimento do Estado ou de seus nacionais no estrangeiro.

Na lição de Mayrink da Costa, no *Direito Penal internacional* predomina a característica *nacional* do direito interno, enquanto no segundo se destaca o caráter internacional. "A noção de Direito Penal internacional se vincula à do Direito Penal interno para determinar a competência repressiva do Estado no domínio da luta contra a criminalidade marcada pelo elemento internacional" (*Direito penal,* p. 494)

É evidente que, em todas as situações acima mencionadas, há um conflito de competência e as normas jurídicas que delimitam a competência de dois ou mais Estados constituem as regras do Direito Penal Internacional. Segundo Plawski, a diferença essencial entre o Direito Internacional Penal e o Direito Penal Internacional consiste no fato de os dispositivos do DIP serem resultado de acordos entre os Estados, ou seja, *são definidos entre os Estados*, enquanto as regras do DPI decorrem da competência legislativa de cada Estado. É o Estado, por sua vontade soberana, que decide sua competência repressiva em matéria internacional (*Étude des príncipes fondamentaux du droit international pénal,* p. 11).

## PENA CUMPRIDA NO ESTRANGEIRO

*Art. 8º A pena cumprida no estrangeiro atenua a pena imposta no Brasil pelo mesmo crime, quando diversas, ou nela é computada, quando idênticas.*

## BIBLIOGRAFIA

BITENCOURT, Cezar Roberto. *Tratado de Direito Penal – Parte Geral*, 19ª ed., São Paulo: Editora Saraiva, 2013 •• COSTA E SILVA, A. J. da. *Código Penal*, São Paulo: Companhia Editora Nacional, vol. I, 1943 •• CRUZ, Rogério Schietti M. *A Proibição de Dupla Persecução Penal*, Rio de Janeiro: Editora Lumen Juris, 2008 •• DELMANTO, Celso et alii. *Código Penal Comentado*, 8ª ed., São Paulo: Editora Saraiva, 2010 •• GRECO, Rogério. *Curso de Direito Penal – Parte Geral*, 15ª ed., Niterói: Editora Impetus, 2013 •• HUNGRIA, *Comentários ao Código Penal,* 4ª ed., Rio de Janeiro: Forense, 1958 •• JESUS, Damásio E. de. *Direito Penal – Parte Geral*, 34ª ed., São Paulo: Saraiva, 2013 •• MESTIERI, João: *Teoria Elementar do Direito Criminal*, Rio de Janeiro: edição do autor, 1990 •• NUCCI, Guilherme de Souza. *Código Penal Comentado,* 13ª ed., São Paulo: Thomson Reuters/Revista dos Tribunais, 2013 •• REALE JÚNIOR, Miguel. *Instituições de Direito Penal – Parte Geral*, 3ª ed., Rio de Janeiro: Forense, 2009 •• ROGEIRO, Nuno. *Constituição dos EUA – Anotada e seguida de estudo sobre o sistema constitucionais dos Estados Unidos*, trad. de Maria Goes, Lisboa: Usis Gradiva, 1993 •• SILVA FRANCO, Alberto. *Código Penal e sua Interpretação. Doutrina e Jurisprudência*, 8ª ed., Coordenadores: Alberto Silva Franco e Rui Stoco. São Paulo: Editora Revista dos Tribunais, 2007.

### §1º *Non bis in idem*

A Constituição de Portugal declara que "ninguém pode ser julgado mais de uma vez pela prática do mesmo crime" (art. 29, nº 5). Desde o século XVIII, a 5ª Emenda à Constituição dos Estados Unidos dispõe que *"ninguém poderá ser, pelo mesmo crime, duas vezes ameaçado em sua vida ou saúde"* (1791). Segundo comentário a este dispositivo, "ninguém pode ser 'sujeito a dupla ameaça' (julgado duas vezes) pelo mesmo crime e pela mesma autoridade. Pode, no entanto, ser julgado uma segunda vez se o júri não chegar a um veredicto, se o julgamento for considerado incorreto por qualquer razão, ou se o próprio requerer um novo julgamento" (ROGEIRO, *Constituição dos EUA*, p. 61/62).

O sistema positivo brasileiro acolhe as referidas exceções ao admitir um segundo ou terceiro julgamento dependendo da anulação do processo nos casos previstos pelo Código de Processo Penal.¹ Em tal situação, o feito ainda está em andamento. Mas repugna à consciência jurídica a revisão punitiva do fato já julgado em definitivo, salvo a hipótese da retroatividade da *lex mitior*.

As considerações posteriores procuram demonstrar que o art. 8º do Código Penal é manifestamente inconstitucional porque ofende o princípio da vedação da dupla persecução penal.

### § 2º Omissão legislativa

O dispositivo em análise não contempla a proibição do *double jeopardy* limitando-se a regular a situação de quem já foi condenado pelo mesmo fato pelos órgãos judiciários de países distintos. No entanto, observa ROGERIO SCHIETTI CRUZ que está na Lei nº 6.815, de 19.08,1980 "a positivação mais clara da garantia contra dupla persecução penal. Com efeito, estabelece o artigo 77, do Estatuto do Estrangeiro que não se concederá a extradição quando: [...] 'V - o extraditando estiver a responder a processo ou já houver sido condenado ou absolvido no Brasil pelo mesmo fato em que se fundar o pedido'" (*A proibição de dupla persecução penal*, p.106).²

O mesmo autor entende - com propriedade - que a recepção entre nós do Pacto Internacional dos Direitos Civis e Políticos (Nova York) e da Convenção Americana sobre Direitos Humanos (Pacto São José da Costa Rica), por força dos Decretos 592/1992 e 678/1992 e da Emenda Constitucional nº 45³ (que introduziu o § 3º do art. 5º da CF), esclarece qualquer dúvida sobre a incidência do *non bis in idem* no ordenamento pátrio (Ob. cit. p. 107). Cabe à jurisprudência, por essa via, a consagração desta garantia individual nos casos concretos.

### § 3º Hipóteses de graves incertezas

A perplexidade do tema e as imensas dificuldades para a justa solução do problema foram muito bem expostas por MESTIERI, e que apresenta

---

- 1 Além das causas de nulidade, a instância superior pode anular o julgamento do Tribunal do Júri quando a decisão dos jurados for manifestamente contrária à prova dos autos, para sujeitar o réu a novo julgamento. Não se admite, porém, pelo mesmo motivo, segunda apelação (CPP, art. 593, § 3º).
- 2 Na sequencia do comentário é indicado como precedente o julgamento da Extradição 871 cujo pedido foi indeferido na sessão de 17.12.2003, Rel. Min. Carlos Velloso, DJ 12.03.2004, p. 37.
- 3 Introduziu o § 3º do art. 5º da CF: "Os tratados e convenções internacionais sobre direitos humanos que forem aprovados, em cada Casa do Congresso Nacional, em dois turnos, por três quintos dos votos dos respectivos membros, serão equivalentes às emendas constitucionais".

duas questões merecedoras de reflexão e que justificam transcrição literal: A primeira consiste em saber se a dedução a que a lei se refere deva ser simplesmente quantitativa, ou então proporcional. "O agente foi condenado a 10 anos de prisão no estrangeiro. Cumpriu apenas 5 anos e conseguiu evadir-se. Preso e processado no Brasil, é condenado pela prática do mesmo ilícito à pena de 20 anos. Pergunta-se: como deverá ser feito o cômputo da pena já cumprida no estrangeiro? Deveremos, simplesmente, deduzir dos 20 anos da condenação brasileira os 5 anos já efetivamente cumpridos no estrangeiro, o que daria um restante de 15 anos de pena a cumprir, ou, segundo o cálculo da dedução proporcional, considerar que o cumprimento de cinco anos de pena no estrangeiro corresponde ao cumprimento da metade da pena imposta e por isso a dedução na condenação brasileira deva ser da metade, isto é, de dez anos, o que daria apenas dez anos de pena a cumprir?

No direito moderno, é inquestionável que o critério a adotar-se seja o da dedução aritmética, e não o proporcional.

A segunda questão, mais importante, consiste em saber se esta identidade de que nos fala o art. 8º é aquela quanto ao gênero ou quanto à espécie das penas. Será, certamente, quanto ao gênero e não quanto à espécie, isto porque a imensa variedade observada na cominação das diferentes espécies de penas, possibilitará a adoção de critérios, que poderíamos considerar uniformes, se analisarmos o problema de um prisma mais geral. Seja qual for o elenco das penas previstas por um determinado estatuto penal, poderemos classificá-las, quanto ao gênero; assim, em privativas de liberdade, pecuniárias etc. Ainda, a adoção do critério mais especificador poderia levar o aplicador da lei a admitir absurdos e cometer injustiças como esta que figuraremos: um indivíduo é condenado na Itália à pena do *ergastolo* (perpétua). Ao cabo de 20 anos consegue evadir-se. No Brasil é condenado à pena de 15 anos de reclusão. Se adotarmos o critério da identidade quanto à espécie, deveríamos admitir o absurdo de que os 20 anos efetivamente cumpridos na Itália apenas tivessem o poder de atenuar a pena de 15 anos imposta no Brasil, pois teríamos de aplicar a primeira parte do artigo 8º, de vez que a pena de *ergastolo* do direito italiano não é da mesma espécie da pena de reclusão prevista no nosso código. Pelo critério mais amplo, considerando-se o seu gênero, sendo ambas as penas privativas de liberdade, aplicar-se-ia a última parte do artigo 8º, o que vale considerá-las idênticas para os efeitos do artigo" (*Teoria elementar do direito criminal*, p. 122/123). Também há incerteza, anotada por REALE JÚNIOR, em descontar penas de natureza diversa, como, por exemplo, a sanção de multa frente à privativa de liberdade, ainda mais se a multa penal tiver sido aplicada sem o critério do dias-multa (*Instituições*, p. 112).

## § 4º Proibição de duplo processo pelo mesmo fato

É possível a pluralidade de sanções penais pelo mesmo fato como ocorre com o concurso formal (CP, art. 70), heterogêneo, ou seja, quando os crimes estão definidos em preceitos diversos. Serve de exemplo o incêndio culposo que produz a morte de uma criança que se encontrava abandonada na casa queimada (CP, arts. 250,§ 2º e 121, § 3º). Neste caso, é aplicável a pena do homicídio (infração mais grave), aumentada de 1/6 (um sexto) até ½ (metade). Mas o princípio non bis in idem vale para impedir a instauração de mais de um processo criminal pelo mesmo fato. Assim, porém, não ocorre com o processo anulado que não deixa de ser o mesmo quando refeito.

## § 5º Legalização de injustiça material

O dispositivo ora em comento é repudiado – com justa razão – por NUCCI: "Essa previsão legislativa não se coaduna com a garantia constitucional de que ninguém pode ser punido ou processado duas vezes pelo mesmo fato, consagrada na Convenção Americana dos Direitos Humanos, em vigor no Brasil, e cuja porta de entrada no sistema constitucional brasileiro dá-se pela previsão feita no art. 5º, § 2º, da Constituição Federal. *Não é possível que alguém, já punido no estrangeiro pela prática de determinado fato criminoso, tornando ao Brasil, seja novamente processado e, conforme o caso, deva cumprir mais outra sanção penal, pelo mesmo fato*" (*Código Penal*, p. 118. Itálicos meus).

EFICÁCIA DA SENTENÇA ESTRANGEIRA
*Art. 9º A sentença estrangeira, quando a aplicação da lei brasileira produz na espécie as mesmas consequências, pode ser homologada no Brasil para:*
*I – obrigar o condenado à reparação do dano, a restituições e a outros efeitos civis;*
*II – sujeitá-lo à medida de segurança.*
***Parágrafo único.*** *A homologação depende:*
*a) para os efeitos previstos no inciso I, de pedido da parte interessada;*
*b) para outros efeitos, da existência de tratado de extradição com o país de cuja autoridade judiciária emanou a sentença, ou, na falta de tratado, de requisição do Ministro da Justiça.*

## BIBLIOGRAFIA

Asúa, Luís Jiménez de. *Tratado de derecho penal,* 3ª ed., Buenos Aires: Editorial Losada S/A, t. II, 1964 •• Bitencourt, Cezar Roberto. *Tratado de direito penal – Parte geral,* 19ª ed., São Paulo: Editora Saraiva, 2013 •• Costa Jr., Paulo José da. *Código penal comentado,* 8ª ed., São Paulo: DPJ Editora, 2005 •• Delmanto, Celso *et alii. Código penal comentado,* 8ª ed., São Paulo: Editora Saraiva, 2010 •• Dotti, René Ariel. *Curso de direito penal – Parte geral,* 4ª ed., com a colaboração de Alexandre Knopfholz e Gustavo Britta Scandelari, São Paulo: Revista dos Tribunais, 2012 •• Greco, Rogério. *Curso de direito penal – Parte geral,* 15ª ed., Niterói: Editora Impetus, 2013 •• Hungria, Nelson. *Comentários ao código penal,* 4ª ed., Rio de Janeiro: Forense, vol. I, t. I, 1958 •• Jesus, Damásio E. de. *Direito Penal – Parte Geral,* 34ª ed., São Paulo: Saraiva, 2013 •• Mestieri, João. *Manual de direito penal – Parte geral,* Rio de Janeiro: Forense, 2002 •• Nucci, Guilherme de Souza, *Código penal comentado,* 13ª ed., São Paulo: Thomson Reuters/Revista dos Tribunais, 2013 •• Politoff L. Sergio / Pierre Matus A. Jean / Cecilia Ramirez G., Maria. *Lecciones de derecho penal chileno – Parte general,* 2ª ed., Santiago: Editorial Juridica de Chile, 2008 •• Prado, Luiz Regis. *Curso de direito penal brasileiro,* 12ª ed., São Paulo: Thomson Reuters/Revista dos Tribunais, 2013 •• Reale Júnior, Miguel. *Instituições de direito penal – Parte geral,* 3ª ed., Rio de Janeiro: Gen/Editora Forense/ Bilac Pinto, Editores, 2009 •• Silva Franco, Alberto. *Código penal e sua interpretação. Doutrina e jurisprudência,* coordenadores: Alberto Silva Franco e Rui Stoco, 8ª ed., São Paulo: Editora Revista dos Tribunais, 2007.

### § 1º Natureza e objetivos da norma

Integrando-se na luta internacional contra a criminalidade, o nosso sistema adota o mecanismo jurisdicional de tornar eficaz a sentença proferida no estrangeiro para as finalidades de obrigar o condenado à reparação do dano, restituição e outros efeitos civis expressamente determinados.. As possibilidades legais da aplicação do direito estrangeiro em nosso país constituem exceções restritas aos princípios da soberania nacional e da territorialidade da lei penal. Delmanto observa que, tendo o nosso sistema penal restringido a aplicação da medida de segurança aos inimputáveis e, eventualmente aos semi-imputáveis, é quase impossível a utilização do inciso II do artigo em comento (*Código penal,* p.102).

### § 2º O texto anterior

O dispositivo correspondente no CP 1940 previa que o condenado ficava sujeito também às penas acessórias e medidas de segurança pessoais.

Com a Reforma de 1984, a categoria das penas acessórias (art. 67) foi extinta. Algumas delas converteram-se em efeitos da condenação (art. 92) e a publicação da sentença condenatória (art. 67, III) foi abolida.[1] E, não tendo o diploma vigente mantido as medidas de segurança patrimoniais, previstas no sistema anterior, justifica-se a disposição restritiva do inciso II.

### § 3° Impropriedade de técnica legislativa

Na correta crítica de NUCCI, a expressão "condenado" é imprópria porque não existe a medida de segurança para o imputável. O inimputável, sujeito à medida de segurança, *é absolvido*, ficando sujeito à internação ou ao tratamento ambulatorial (*Código Penal*, p. 119).

### § 4° A eficácia da sentença

Além da reparação do dano, que poderá ser também moral, segundo a determinação da sentença, a homologação servirá para outros efeitos, como a perda do produto do crime ou qualquer bem ou valor que constitua proveito auferido pelo agente com o fato delituoso (CP, art. 92, *b*). Obviamente, tendo o delito ocorrido fora do Brasil, não há que se cogitar de tal perda em favor da União. Determinados efeitos do julgado estrangeiro dispensam a homologação, como o reconhecimento da reincidência, servir de pressuposto para a extraterritorialidade condicionada, impedir o *sursis,* prorrogar o prazo para o livramento condicional e gerar maus antecedentes. Explica NUCCI que tais situações são particulares, "nas quais não existe *execução* da sentença alienígena, mas somente a consideração delas como fatos jurídicos" (ob. e loc. cit.).

### § 5° A homologação da sentença

A homologação da sentença é condição indispensável para a sua execução em face do princípio constitucional da soberania. O ato judicial, anteriormente atribuído ao STF, passou a ser da competência do STJ (CF, art. 105, I, *i*), cf. a EC n. 45, de 08.12.2004. Lembra HUNGRIA, em seus *Comentários,* que, no primeiro caso, a sentença penal é homologável do mesmo modo

---

• 1    Contrariando a Parte Geral do CP, que não admite a antiga e infamante pena acessória de publicação da sentença condenatória, o Código de Proteção e Defesa do Consumidor (Lei n. 8.078, de 11.09.1990) prevê, além da pena de prisão e de multa, da interdição temporária de direitos e a prestação de serviços à comunidade, *"a publicação em órgãos de comunicação de grande circulação ou audiência, às expensas do condenado, de notícia sobre os fatos e a condenação"* (art. 78, II).

que a sentença civil. A reparação do dano, as restituições (concernentes ao produto ou qualquer vantagem do crime) e outros efeitos civis, como a revogação de doação ou indignidade para herdar, não têm caráter penal: são meras obrigações ou sanções de direito privado. Nucci observa que a reparação civil do dano vem facilitar a posição da vítima, sem necessidade de iniciar um processo de indenização, provando-se novamente a culpa do infrator. Uma vez feita a homologação, concretiza-se a formação de um título executivo. "Discutir-se-á, somente, o valor da reparação do dano" (ob. e loc. cit.).

### Contagem de prazo
*Art. 10. O dia do começo inclui-se no cômputo do prazo. Contam-se os dias, os meses e os anos pelo calendário comum.*

## BIBLIOGRAFIA

Bitencourt, Cezar Roberto. *Tratado de direito penal – Parte geral*, 19ª ed., São Paulo: Editora Saraiva, 2013 •• Delmanto, Celso et alii. *Código penal comentado*, 8ª ed., São Paulo: Editora Saraiva, 2010 •• Dotti, René Ariel. *Curso de direito penal – Parte geral*, 4ª ed., com a colaboração de Alexandre Knopfholz e Gustavo Britta Scandelari, São Paulo: Revista dos Tribunais, 2012 •• Greco, Rogério. *Curso de direito penal – Parte geral*, 15ª ed., Niterói: Editora Impetus, 2013 •• Hungria, Nélson. *Comentários ao código penal*, 4ª ed., Rio de Janeiro: Forense, 1958 •• Jesus, Damásio E. de. *Código penal anotado*, 19ª ed., São Paulo: Editora Saraiva, 2009 •• Mestieri, João. *Manual de direito penal – Parte geral*, Rio de Janeiro: Editora Forense, vol. I, 2002 •• Nucci, *Código penal comentado*, 13ª ed., São Paulo: Thomson Reuters/Revista dos Tribunais, 2013 •• Silva Franco, Alberto. *Código penal e sua interpretação. Doutrina e jurisprudência*, 8ª ed., Coordenadores: Alberto Silva Franco e Rui Stoco. São Paulo: Editora Revista dos Tribunais, 2007.

### § 1º Tratamentos diversos

O Código de Processo Civil estabelece: "*Salvo disposição em contrário, computar-se-ão os prazos, excluindo o dia do começo e incluindo o do vencimento*" (art. 184) e o seu § 1º dispõe que se "*considera prorrogado o prazo até o primeiro dia útil se o vencimento cair em feriado ou dia em que: I – for determinado o fechamento do forum; II – o expediente forense for encerrado antes da hora normal*". Para o Código de Processo Penal "*não se computará no prazo o dia do começo, incluindo-se, porém, o do vencimento*" (art. 798, § 1º).

Diversamente, porém, em matéria penal, o dia do começo é computado para o cálculo do tempo de atos e termos relevantes como o cumprimento da pena privativa de liberdade e restritiva de direitos e em institutos como o livramento condicional, a suspensão da execução da pena, a decadência e a prescrição. Em matéria penal, os prazos são de *direito material.* Segue-se daí a importância do tratamento diverso quanto ao direito processual.

### § 2º Contagem de dias, meses e anos

Os prazos penais, no Código Penal, obedecem o calendário gregoriano. Contam-se de zero a vinte e quatro horas (STJ, Rel. Min. VICENTE CERNICCHIARO, *DJU* 29.08.1994, p. 22.219). Diz-se *gregoriano* por oposição aos demais calendários (*eclesiástico, egípcio, grego, israelita, juliano, lunar* etc.) e por ter sido introduzido pelo Papa Gregório XIII (1502-1585). A cada quatro anos há um ano bissexto, com exceção dos anos seculares em que o número formado por algarismos das centenas e dos milhares não é divisível por quatro (AURÉLIO, *Novo dicionário*, p. 320).

O mês poderá ter 28, 29, 30 ou 31 dias e o ano 365 ou 366 (bissexto) dias, ainda assim serão contados como um mês ou um ano (TACrimSP, Rel. RUBENS GONÇALVES, *Jutacrim* 95/254). O mês, por exemplo, contar-se-á de determinado dia de certo mês à véspera do dia de igual número do mês seguinte, excluindo-se o dia do vencimento (TACrimSP, Rel. CUNHA CAMARGO, *Jutacrim* 33/379).

É importante considerar que as penas privativas de liberdade não podem ser expressas pelo número global de dias (como, por exemplo, a pena de 389 dias) ou de meses (como, por exemplo, 16 meses) devendo ser quantificadas em anos e frações de meses (até 12) ou dias (SILVA FRANCO, *Código penal,* p. 122). "Não há razão para se condenar em dias de prisão, quando a lei penal comina para o dispositivo violado pelo agente a pena em meses. Máxime porque, pelo calendário comum (gregoriano), os meses não têm sempre 30 dias, variando de 28 a 31 dias" (TACrimSP, Rel. ROBERTO MARTINS, *RT* 503/341).

Os prazos relativos à prescrição e à decadência são contados pela regra geral ora analisada e não pelo Código de Processo Penal cf. a orientação tranquila da jurisprudência (STF, *RT* 490/389; TJSP, *RJTJSP* 103/451). Os prazos previstos em leis especiais também seguem o mesmo comando (STF, *RT* 490/389).

### § 3º Exemplos práticos

Um réu que for condenado a um mês e preso no dia 1º de janeiro terá a pena cumprida no dia 31. No mesmo caso e para a mesma pena de um mês, se esta tivesse início em 1º de fevereiro, a pena estará cumprida em 28 ou 29 de fevereiro, conforme o caso. Outro exemplo, fornecido por MESTIERI: "pena de 1 mês e quinze dias de detenção. O cumprimento da pena tem início a 6 de fevereiro. No dia 5 de março à meia-noite haverá cumprido um mês. Acrescentando-se os quinze dias, a pena estará definitivamente cumprida no dia 19 de março. Se o réu foi preso às 23 horas e 59 minutos, esse minuto faz com que o prazo seja contado a partir desse dia" (*Manual,* p. 97).

### § 4º Inaplicabilidade das Leis n. 810/49 e 1.408/51

A Lei n. 810, de 06.09.1949 (define o ano civil) e a Lei n. 1.408, de 09.08.1951, (prorroga vencimento de prazos judiciais) não se aplicam aos prazos penais. Consequentemente, os prazos que se vencem aos domingos e feriados não se prorrogam para o dia útil imediato. Essa é a orientação jurisprudencial (STF, *RTJ* 47/592). Será ilegal a conservação do réu em prisão até segunda-feira, sob pretexto burocrático, cuja pena tenha expirado no domingo. O Estado tem o dever jurídico de indenizar o condenado que ficou preso além do tempo fixado na sentença sob pena de ser obrigado a pagar indenização (CF, art. 5º, LXXV).

### § 5º Prazos fatais e improrrogáveis

Em matéria penal os prazos são fatais e improrrogáveis, não se ampliando em face de domingos, feriados e férias. A jurisprudência é invariável: "I. Reconhece-se a extinção da punibilidade pela decadência se, em delito de sedução, a ofendida intentou a queixa-crime após o decurso do prazo de 06 meses. II. Por se tratar de causa extintiva de punibilidade, o prazo para a contagem da decadência tem caráter penal, devendo, portanto, obedecer aos ditames do art. 10 do Código Penal. III. Ordem concedida para declarar a extinção da punibilidade pela decadência, determinando o trancamento da ação penal instaurada contra o paciente" (HC 8.978/GO, Rel. Min. GILSON DIPP, 5ª T., j. 05.10.1999, DJ 25.10.1999, p. 102) •• – O prazo de prescrição é prazo de natureza penal, expresso em anos, contando-se na forma preconizada no art. 10 do Código Penal, na linha do calendário comum, o que significa dizer que o prazo de um ano tem início em determinado dia e termina na véspera do mesmo dia do mês e ano subsequentes. – Os meses e anos são contados não ex *numero,* mas *ex numeratione dierum,* ou seja, não se atribui 30 dias para o mês, nem 365 dias para o ano, sendo irrelevante o número de dias do mês – 28, 29, 30 e 31 –, mas o espaço entre duas datas idênticas de meses consecutivos. – Recurso especial não conhecido" (REsp 188.681/SC, Rel. Min. VICENTE LEAL, 6ª T., j. em 05.09.2000, DJ 25.09.2000, p. 146).

**FRAÇÕES NÃO COMPUTÁVEIS DA PENA**
*Art. 11. Desprezam-se, nas penas privativas de liberdade e nas restritivas de direitos, as frações de dia, e, na pena de multa, as frações de cruzeiro.*

## BIBLIOGRAFIA

BITENCOURT, Cezar Roberto. *Tratado de direito penal – Parte geral*, 19ª ed., São Paulo: Editora Saraiva, 2013 •• BUSATO, Paulo César. *Fundamentos do direito penal brasileiro*, 3ª ed., Curitiba: edição do autor, 2012 •• COSTA JR., Paulo José. *Código penal comentado*, 8ª ed., São Paulo: DPJ Editora, 2005 •• DELMANTO, Celso *et alii. Código penal comentado*, 8ª ed., São Paulo: Editora Saraiva, 2010 •• DOTTI, René Ariel. *Curso de direito penal Parte geral*, 4ª ed., com a colaboração de Alexandre Knopfholz e Gustavo Brita Scandelari, São Paulo: Revista dos Tribunais, 2012 GRECO, Rogério. *Curso de direito penal – Parte geral*, 15ª ed., Niterói: Editora Impetus, 2013 •• HUNGRIA, Nélson. *Comentários ao código penal*, 4ª ed., Rio de Janeiro: Forense, vol. I, t. I, 1958 •• JESUS, Damásio E. de. *Código penal anotado*, 19ª ed., São Paulo: Editora Saraiva, 2009 •• NUCCI, Guilherme de Souza. *Código penal comentado*, 13ª ed., São Paulo: Thomson Reuters/Revista dos Tribunais, 2013 •• SANDRONI, Paulo. *Dicionário de economia do século XXI*, Rio de Janeiro: Record, 2005 •• SILVA FRANCO, Alberto. *Código penal e sua interpretação. Doutrina e jurisprudência*, 8ª ed., Coordenadores: Alberto Silva Franco e Rui Stoco. São Paulo: Editora Revista dos Tribunais, 2007.

### § 1º Desprezo de fração

As frações de dias (horas) não são consideradas na fixação das penas privativas de liberdade e restritivas de direitos. "Suponha-se que alguém condenado, inicialmente, a 6 meses e 15 dias de detenção, pena da qual o juiz deve subtrair um sexto, em razão de atenuante ou causa de diminuição. Seria o caso de extrair 1 mês, 2 dias e 12 horas do total. Entretanto, diante do disposto no art. 11, reduz-se somente o montante de 1 mês e 2 dias, rejeitando-se as horas" (NUCCI, *Código Penal*, p. 122). O mesmo ocorre com a pena pecuniária, cf. o seguinte julgado: *"Não se computam na pena de multa as frações de dia-multa, aplicando-se à mesma, por analogia* in bonam partem, *o princípio do art.11, que manda serem desprezadas as frações de dia das penas privativas de liberdade"* (RT 678/314, 702/362). Onde está *"frações de cruzeiro"*, leia-se: *"frações de real"*, ou seja, os centavos.

## § 2º Desatualização

Após sucessivas trocas monetárias (réis, cruzeiro, cruzeiro novo, cruzado, cruzado novo, novamente cruzeiro e cruzeiro real), o Brasil adotou o real em 1º de julho de 1994, que, aliado à drástica queda das taxas de inflação, constituiu uma moeda estável para o país, após *verdadeira pletora*, resultante dos diversos planos de estabilização monetária (Planos Cruzado, Bresser, Verão, Collor e Real). No entanto, o legislador brasileiro que é pródigo em acolher as propostas legislativas midiáticas de endurecimento das penas e restrições da liberdade ainda não acordou da letargia para substituir o padrão de moeda que não mais existe.

## § 3º Norma de conteúdo vazio

Na lúcida advertência de SILVA FRANCO, "urge que alguma providência seja tomada [...] já que, com o real (Medida Provisória n. 542/94, aprovada pelo Congresso Nacional), as frações dessa moeda – os centavos – têm valor significativo. No entanto, se nenhuma providência legal for produzida com esse objetivo, o art. 11, parte final, do Código Penal permanecerá uma norma de conteúdo vazio, oco" (*Código penal,* p. 108).

## § 4º Moeda corrente

Em meu entendimento, de *lege ferenda*, deve-se substituir a expressão "frações de *cruzeiro*" por "frações de *moeda corrente*", que significa: "o dinheiro legalmente autorizado a circular no país como meio de pagamento, em geral emitido (cédulas de papel-moeda) ou cunhado (moedas metálicas) pelo próprio governo" (SANDRONI, *Dicionário de economia,* p. 568).

## § 5º Frações do dia-multa

Se as frações de dia não devem ser computadas, pela mesma razão essa regra deve ser observada na fixação do dia-multa. Assim, fixada a pena em dez dias-multa, acrescida de um terço, o resultado é treze dias-multa e não treze dias-multa e frações. No sentido do texto: *JTACrimSP,* 88/342 e 92/353; *RT,* 702/362. •• Na pena de multa devem ser desprezadas as frações de real. Fração é parte de um todo. Portanto, frações de dia são as horas; frações do real são os centavos. Consequentemente cumpre desprezar na fixação da pena pecuniária os centavos. TACrimSP, ACrim 575.257 (*apud* DAMÁSIO DE JESUS, *Código penal,* p. 31).

**LEGISLAÇÃO ESPECIAL**
*Art. 12. As regras gerais deste Código aplicam-se aos fatos incriminados por lei especial, se esta não dispuser de modo diverso.*

## BIBLIOGRAFIA

COSTA JR, Paulo José. *Código penal comentado*, 8ª ed., São Paulo: DPJ Editora, 2005 •• DELMANTO, Celso *et alii*. *Código penal comentado,* 8ª ed., São Paulo: Editora Saraiva, 2010 •• DOTTI, René Ariel. *Curso de Direito Penal – Parte geral,* 4ª ed., com a colaboração de Alexandre Knopfholz e Gustavo Brita Scandelari, São Paulo: Revista dos Tribunais, 2012 •• GRECO, Rogério. *Curso de direito penal – Parte geral,* 15ª ed., Niterói: Editora Impetus, 2013 •• HELENA DINIZ, Maria. *Dicionário jurídico*, São Paulo, Editora Saraiva, vol. 2 •• HUNGRIA, Nélson. *Comentários ao código penal*, 4ª ed., Rio de Janeiro: Forense, vol. I, t. I, 1958 •• JESUS, Damásio E. de. *Código penal anotado,* 19ª ed., São Paulo: Editora Saraiva, 2009 •• NUCCI, Guilherme de Souza. *Código penal comentado,* 13ª ed., São Paulo: Thomson Reuters/Revista dos Tribunais, 2013 •• SILVA FRANCO, Alberto. *Código penal e sua interpretação. Doutrina e jurisprudência,* 8ª ed., Coordenadores: Alberto Silva Franco e Rui Stoco. São Paulo: Editora Revista dos Tribunais, 2007.

### § 1º Direito Penal fundamental e Direito Penal complementar

A apreensão dos conceitos de *direito penal fundamental* e de *direito penal complementar* são indispensáveis para melhor análise do artigo em comento. Consiste o primeiro no conjunto de princípios, regras e disposições do Código Penal, tanto na Parte geral como na Especial, enquanto o segundo indica as leis especiais, também chamadas extravagantes (de *extra vacare, vagar à margem*). As leis especiais são as que existem fora do Código Penal, além daquelas relacionadas no art. 360. Por exemplo: Lei n. 2.889, de 1º.10.1956 (define e pune o crime de genocídio); Lei n. 4.729, de 14.07.1965 (define o crime de sonegação fiscal); Lei n. 7.170, de 14.12.1983 (define os crimes contra a segurança nacional e a ordem política e social); Lei n. 8.078, de 11.09.1990 (Código de Defesa do Consumidor) etc.

É preciso considerar que as *regras gerais,* a que se refere o artigo em análise, não são apenas as da Parte geral do Código senão também as que se contém na sua Parte Especial, como por exemplo, o conceito legal de funcionário público (CP, art. 327) (HUNGRIA, *Comentários,* p. 206).

## § 2º A lei especial exclui a aplicação da lei geral

Sempre que a *lex specialis* contiver todos os elementos de uma *lex generalis* e ainda um ou mais elementos especializadores, aplica-se o brocardo *lex specialis derogat legi generali*. Mas não se trata de *derrogação*, ou seja, a revogação parcial de uma lei, tornando ineficaz parte dela. A lei derrogada não perde vigência, pois somente os dispositivos atingidos é que perdem a obrigatoriedade (HELENA DINIZ, *Dicionário jurídico*, vol. 2, p. 76). Trata-se de exclusão de incidência da lei geral. O exemplo corriqueiro é o *infanticídio* (CP, art. 123) em relação ao *homicídio* (CP, art. 121), cuja conduta, além de preencher o tipo deste último ilícito ("*matar alguém*"), ainda revela elementos especializantes: *a)* a influência do estado puerperal; *b)* o filho (vítima); *c)* durante ou logo após o parto.

Louvando-se no art. 15 do Código Penal italiano[1] ("*salvo che sai altrimenti stabilito*"), COSTA JR. Observa que "os ensinamentos doutrinários peninsulares tem inteira aplicação ao dispositivo da lei nacional. Em outras palavras: o que o legislador determinou foi a aplicação das regras genéricas, se as normas específicas dispuserem de um modo e as normas gerais contiverem comando-proibição diverso, irão prevalecer as primeiras [...] A lei especial contém todos os elementos da lei geral e mais um elemento específico, que vem a justificar-lhe a existência" (*Código Penal*, p. 24).

## § 3º O desenvolvimento dos microssistemas

Muitas leis especiais criaram os microssistemas, ou seja, o conjunto de normas penais, processuais penais e eventualmente de outros ramos jurídicos, funcionando com autonomia como se infere pela leitura do dispositivo em comento porque contém disposições diversas das previstas no Código Penal. Um exemplo dessa independência se encontrava na revogada *lei de imprensa*[2] que continha relação de delitos de tipicidade própria, cominava a pena pecuniária em salários-mínimos da região, detalhava o procedimento do direito de resposta, modificava as regras de competência jurisdicional e estabelecia prazos privilegiados para a prescrição da ação penal e da con-

---

- 1 Materia regolata da più leggi penali o da più disposizioni della medesima legge penale "Quando più leggi penali o più disposizioni della medesima legge penale regolano la stessa materia, la legge o la disposizione di legge speciale deroga alla legge o alla disposizione di legge generale, *salvo che sia altrimenti stabilito*".
- 2 O STF, julgando a Arguição de Descumprimento de Preceito Fundamental (ADPF 130-7) declarou inconstitucional a Lei n. 5.250/67. Os delitos praticados através dos meios de comunicação podem ser processados e punidos pelo CP e CPP.

denação. Um exemplo do contraste entre a lei fundamental e a lei complementar ocorre com a regra da publicação da notícia da condenação no Estatuto de Proteção do Consumidor (Lei n. 8.078, de 11.09.1990, art. 78, II), ao contrário da Parte geral do Código Penal que, pela Reforma de 1984, eliminou a pena acessória de publicação de sentença, prevista como pena acessória no CP 1940 (art. 67, III). Há uma grande variedade de leis especiais que são aplicadas nos microssistemas, dotadas de normas declaratórias, criminais, processuais e de outro tipo, como se verifica pelos seguintes diplomas, entre outros: Lei n. 4.737, de 15.07.1965 (Código Eleitoral); Lei n. 7.170, de 14.12.1983 (crimes contra a segurança nacional e a ordem política e social); Lei n. 7.492, de 16.06.1986 (crimes contra o sistema financeiro nacional); Lei n. 8.069, de 13.07.1990 (Estatuto da Criança e do Adolescente); Lei n. 8.137, de 27.12.1990 (crimes contra a ordem tributária, econômica e contra as relações de consumo; Lei n. 9.605, de 12.02.1998 (sanções penais e administrativas por infrações ambientais; Lei n. 11.340, de 07.08.2006, violência doméstica e familiar contra a mulher; e Lei n. 11.343, de 23.08.2006, Lei Antidrogas).

### § 4º Concurso real, concurso formal e aparente de normas incriminadoras

A aplicação simultânea de normas incriminadoras previstas no Código Penal e nas leis especiais acarreta os concursos, material e formal, nas seguintes hipóteses: *a)* CP, art. 69: a quadrilha ou bando (CP, art. 288) e a gestão fraudulenta de instituição financeira (Lei n. 7.492, de 16.06.1986, art. 4º); *b)* CP, art. 70: a omissão do médico em deixar de prestar assistência médico-hospitalar, sendo possível fazê-lo a pessoa portadora de deficiência (CP, art. 135 – omissão de socorro e Lei n. 7.960/1989, art. 8º, IV); *c)* falsificação de documento (CP, art. 299) e sonegação fiscal (Lei n. 8.137/90, art. 1º). Esse caso é de concurso aparente que se resolve pelo critério da consunção.

### § 5º Um direito penal de ocasião

Uma verdadeira *babel legiferante* se observa em nosso país, especialmente após a Carta Política de 1988. É o *direito penal de ocasião* que produz a maior proliferação na história das leis penais e que, na saborosa metáfora de HUNGRIA (empregada na década de 1950 ao criticar uma nova lei de imprensa na época) o legislador brasileiro tem *"coceira de urticária; quanto mais se coça mais tem vontade de se coçar"*. O codificador prudente do início da década de 1940 foi substituído pelo *legislador temerário* que tem na mídia sensacionalista seu oráculo particular para consulta às divindades de segurança e justiça ao descerrar, com mais uma lei, a *cortina de fumaça* que esconde a omissão de políticas públicas de prevenção e repressão da criminalidade. Como se vê pelo art. 360 do Código Penal, a *cláusula salvatória* da legislação extravagante era razoável diante do insignificante número de leis especiais que se manteriam à margem do centro: *a)* crimes contra a existência, a segurança e a integridade do Estado; *b)* contra a guarda e o emprego da economia popular; *c)* crimes de imprensa; *d)* crimes de falência; *e)* crimes de responsabilidade do Presidente da República e dos Governadores ou Interventores e os crimes militares. Mas nos dias correntes a espantosa cifra de tipos penais que gravitam em torno da Parte Especial do Código Penal é absolutamente intolerável.

### § 6º A necessidade de um comando reitor

O Projeto de lei da Câmara dos Deputados n. 3.473/2000, em sua redação primitiva assim dispunha: "Art. 12. *As regras gerais deste Código aplicam-se aos fatos incriminados por lei especial*". Foi suprimida a ressalva que concede um *salvo-conduto* de ilimitada extensão para a redação de disposições que afrontam a unidade sistemática da Parte geral do Código. Penso que a melhor redação seria esta: "Art. 12. As regras gerais deste Código, aplicam-se às leis especiais, salvo quanto à legislação eleitoral e militar. O problema é do maior relevo quando se constata a divergência formal e material entre artigos que deveriam se harmonizar. Um exemplo são os arts. 65, I, e 115 do Código Penal, que se referem à idade de 70 (setenta) anos para o reconhecimento de atenuante e redução do prazo prescricional, com o art. 1º do *Estatuto do Idoso* (Lei n. 10.741, de 1º.10.2003), que considera idosa a pessoa com idade igual ou superior a 60 (sessenta) anos. A contradição instalou-se no corpo da Parte geral que, por força do mencionado *Estatuto*, prevê a agravante de o crime ser praticado contra "maior de 60 (sessenta) anos" (CP, art. 61, II, *h*). Essas e outras contradições vicejam no cipoal dos microssistemas que nas *fornadas de leis* feitas para atender grupos e interesses localizados, desprezam olimpicamente aspectos fundamentais do *devido direito criminal* esculpido nas partes Geral e Especial do Código Penal com a experiência dos anos, a cultura científica e a sensibilidade humana. A legislação extravagante deve ter o seu universo de criação das normas incriminadoras e de outra ordem submetidas ao *comando reitor* dos princípios e das regras do direito penal fundamental.

Lamentavelmente, porém, o Substitutivo ao Proj.-lei n. 3.473/2000, restaurou a disposição vigente desertando do dever de colaborar para se evitar os abusos.

### § 7º A reforma do sistema penal por lei complementar

A expansão das normas incriminadoras em clara ofensa ao princípio da intervenção mínima do Direito Penal para resolver conflitos sociais somente poderá cessar com a adoção do critério da *lei complementar* que exige, para a sua aprovação os votos da maioria absoluta dos membros das Casas do Congresso Nacional (CF, art. 59, II c/c o art. 69) para a definição de crimes e cominação de penas. Mas enquanto isso não ocorre conforta-nos em parte a crítica dos mestres à *licença legiferante* que continua provocando a quebra do sistema de *direito penal fundamental* pela travessia fácil de um *direito complementar*, que, em verdade, nada complementa em face da criação de microssistemas contendo regras que estão em manifesta contradição – e até mesmo oposição – com o sistema do direito penal fundamental. Nesse sentido, a objeção de Silva Franco é demolidora: "Como conciliar um subsistema penal extracódigo que pune com a pena mínima dez anos de reclusão quem falsifica, corrompe ou altera cosméticos e o sistema codificado que estabelece, no caso de deformidade permanente, a pena mínima de dois anos de reclusão? Como, nessa hipótese, reconhecer o princípio da proporcionalidade exigível em termos constitucionais?" (*Código penal e sua interpretação,* 2007, p. 109).

# APÊNDICE

APPENDICE.

# NOTA EXPLICATIVA[1]

Os "Comentários" de Nélson Hungria constituem a obra mais importante do direito penal brasileiro. Nenhuma outra a superou em autoridade e nenhuma outra exerceu tamanha influência na aplicação do CP vigente. Ao ser projetada a coleção, incumbiram os editores a diversos eminentes penalistas o preparo de cada um dos volumes. O primeiro a ser publicado foi o segundo, escrito pelo professor Roberto Lyra, correspondendo aos artigos 28 até 74, e que veio à luz em 1942. A seguir apareceu o quarto volume, de autoria do professor Aloysio de Carvalho Filho, da Universidade da Bahia, em 1944. Nélson Hungria se incumbira do quinto volume, mas, à vista do desinteresse manifestado pelos demais convidados (à exceção de Magalhães Drummond, que preparou o nono volume, correspondente aos artigos 250 até 361, e Romão Cortes de Lacerda, que colaborou no oitavo), assumiu a responsabilidade de todo o remanescente, sendo publicada a primeira edição de todos os demais volumes em 1948. Dos que Nélson Hungria escreveu fizeram-se quatro edições: a segunda em 1953, a terceira em 1955 e a quarta em 1958 (volumes I, V, VI e VII) e 1959 (volumes III e VIII). Quatro edições também se fizeram do quarto volume, do prof. Aloysio de Carvalho Filho, e do segundo volume (do prof. Roberto Lyra) uma segunda tiragem se fez em 1958. Com o falecimento de Magalhães Drummond e as dificuldades surgidas para a reedição de seu livro, Nélson Hungria preparou novamente o nono volume, publicando-se uma primeira edição em 1958 e uma segunda, em 1959. O professor Anibal Bruno preparou novamente o segundo volume (publicado em única edição em 1969) para substituir o que o prof. Roberto Lyra havia escrito e que, esgotado, não se reeditou.

A reedição desta obra famosa constitui, assim, acontecimento importante. Para atualizá-la, convidaram os responsáveis pela iniciativa um discípulo fiel do mestre desaparecido, seu antigo companheiro de muitas jornadas, no Brasil e fora dele. Poucos dias antes de sua morte, no início

---

- Em 1977 a Editora Forense republicou os *Comentários ao Código Penal*, vol. I, t. I, em duas partes. Na primeira, foi reproduzido o texto de Nélson Hungria relativo à 4ª edição (1958). Na segunda, os *Comentários* – também de 1 a 10 do Código Penal – foram feitos por Heleno Cláudio Fragoso, que redigiu a Nota acima.

do ano de 1969, já enfermo, Nélson Hungria devolvera os originais de seu projeto de novo Código Penal ao Ministério da Justiça, solicitando que os enviassem ao mesmo discípulo para que este preparasse a respectiva Exposição de Motivos (tarefa executada, por múltiplas razões, apenas quanto à Parte Geral). Atendem, assim, os que decidiram fazer uma nova edição dos "Comentários" à confiança que o velho mestre generosamente depositava em seu discípulo, que se lança à grave tarefa, acima de suas forças, para mais uma vez honrar a memória daquele a quem tanto deve.

Ao contrário do que se tem feito no exterior na atualização de obras jurídicas importantes, decidimos preservar o texto original, ao invés de alterá-lo, acrescentando matéria nova, suprimindo ou modificando trechos. A primeira parte de cada volume reproduzirá fielmente o texto da última edição, na forma em que o compôs Nélson Hungria. Uma segunda parte haverá em todos os volumes, contendo novos comentários, artigo por artigo, correspondendo à atualização, que terá presente não só as alterações legislativas e as novas contribuições doutrinárias, como também o texto do CP de 1969, de modo a assegurar o aproveitamento da obra se o novo Código entrar em vigor. Neste primeiro tomo do primeiro volume vão publicados também vários excelentes ensaios do mestre desaparecido.

Nélson Hungria foi um dos mais notáveis penalistas brasileiros de todos os tempos. Ele nasceu em 16 de maio de 1891, em Além Paraíba, Estado de Minas Gerais, tendo-se formado pela Faculdade Livre de Direito, do antigo Distrito Federal, em 1909. Em 1910, desempenhou as funções de promotor público na Cidade de Rio Pomba, Minas Gerais, transferindo-se em 1918 para Belo Horizonte, onde se dedicou à advocacia criminal. Em 1922 veio para o Rio de Janeiro, sendo nomeado delegado de polícia. Em 1924, através de concurso público em que conquistou o primeiro lugar, foi nomeado pretor. Daí por diante exerceu permanentemente a judicatura. De sua vocação de juiz nos fala no belo discurso proferido ao tomar posse no cargo de desembargador (RF 99/571). Em 1936 foi nomeado juiz de direito e, em 1944, desembargador do antigo Tribunal de Apelação do Distrito Federal. Em 1951 foi escolhido para ocupar o alto cargo de ministro do Supremo Tribunal Federal, que desempenhou com brilho invulgar até sua aposentadoria, em 1961, quando completou 70 anos. Dedicou-se à advocacia criminal até seu falecimento, ocorrido no Rio de Janeiro, em 26 de maio de 1969.

Em 1933, obteve a livre-docência na antiga Faculdade Nacional de Direito, com sua primeira obra publicada (Fraude penal, Rio de Janeiro, Editora Est. Gráfica, 1932). Exerceu o magistério até 1937, quando por lei se proibiu a acumulação de cargos públicos. Em 1936, publicou, em conjunto com o professor Roberto Lyra, um Compêndio de direito penal (Rio de

Janeiro, Editora Jacintho), no qual lhe coube a Parte Especial. Nesse mesmo ano e pela mesma editora, publicou a sua tese para a cátedra de Direito Penal (A legítima defesa putativa), que jamais defenderia. Em 1939, publicou um volume sobre os crimes contra a economia popular (Dos Crimes contra a Economia Popular e das vendas a prestações com reserva de domínio), cujo projeto de lei havia elaborado, e em 1940 reuniria em livro numerosos artigos e conferências divulgados em revistas técnicas (Questões jurídico-penais), sempre editados pela Livraria Jacintho. Trabalhador infatigável, Nélson Hungria é autor de enorme quantidade de estudos e artigos (muitos dos quais reunidos no volume Novas questões jurídico-penais, Rio de Janeiro, Editora Nacional de Direito, 1945) espalhados em revistas jurídicas de todo o país.

Integrou Nélson Hungria a comissão revisora do projeto de Código Penal, de Alcantara Machado (juntamente com Roberto Lyra, Narcélio de Queiroz e Vieira Braga), sendo autor da Exposição de Motivos, assinada pelo Ministro Francisco Campos. A mesma comissão elaborou o Código de Processo Penal e a Lei das Contravenções Penais que ainda vigoram.

A influência de Nélson Hungria no direito penal brasileiro foi, portanto, como se percebe, imensa. Foi ele, entre nós, o mais destacado representante do tecnicisino jurídico, que representou, sobretudo, retificação metodológica dos desvios e da confusão introduzidos no estudo do direito penal pela Escola Positiva, que teve, em nosso país, enorme repercussão, desde o início do século. Num trabalho escrito nos idos dos anos 30 (O tecnicismo jurídico-penal), incluído no volume Questões jurídico-penais, dizia o mestre: "O tecnicismo jurídico não é uma tendência do direito penal: é a condição sine qua non da realidade de uma ciência jurídico-penal. Só ele pôde imprimir ao direito penal a admirável unidade, harmonia e coesão com que se apresenta na atualidade." E afirmava que a ciência do direito penal não pode ter por objeto a indagação experimental em torno ao problema da criminalidade, mas tão somente a exegese do direito positivo, a pesquisa e formulação dos respectivos princípios gerais e a dedução lógica das consequências. Assim sendo, os postulados de outras ciências sobre a delinquência como fenômeno biopsicossociológico não se integram na ciência do direito objetivo, cujo único método possível é o dedutivo, o lógico-abstrato, o técnico-jurídico. E exemplificava: "Como o naturalista classifica, por exemplo, a uncia tigris na família dos felinos, na ordem dos mamíferos, na classe dos vertebrados, no reino animal, assim o jurista penal constrói, v.g., o conceito da premeditação: é uma circunstância subjetiva do crime, compreendida no elenco das circunstâncias agravantes, que são elementos acidentais do crime, isto é, do ilícito penal, que é a mais grave forma do ilícito jurídico."

É lamentável que Nélson Hungria não tenha escrito obra orgânica e sistemática sobre o direito penal brasileiro, permanecendo os "Comentários" como seu trabalho principal. O estudo de comentários obriga a seguir a ordem (ou a desordem) com que as matérias se apresentam no CP, visando, mais propriamente, a fins práticos. Hungria deu, porém, a seus trabalhos categoria extraordinária, revelando, como ele disse de Costa e Silva, a posse completa do árduo e movediço terreno da ciência penal. Apesar de sua formação técnica e do rigor sistemático; jamais perdeu de vista a realidade social e a destinação humana do direito punitivo, como realidade do "mar picado da vida". Em página admirável (Introdução à ciência penal) incluída no volume Novas questões jurídico-penais dizia "Os preceitos jurídicos não são textos encruados, adamantinos, intratáveis, ensimesmados, destacados da vida como poças d'água que a inundação deixou nos terrenos ribeirinhos; mas, ao revés, princípios vivos que, ao serem estudados e aplicados, têm de ser perquiridos na sua gênese, compreendidos na sua ratio, condicionados à sua finalidade prática, interpretados em seu sentido social e humano. Ciência penal não é esse leite desnatado, esse bagaço remoído, esse esqueleto de aula de anatomia que nos impingem os ortodoxos da jurisprudência pura. Ciência penal não é a jurisprudência isolada em si mesma, a desdobrar-se, introvertidamente, em cálculos jurídicos e subtilitates juris, indiferente às aventuras do mundo exterior. Não é ciência penal a que somente cuida do sistema ósseo do direito repressivo ou se limita a tessituras aracnídeas de lógica abstrata, fazendo de um código penal, que é a mais alta e viva expressão da ética de um povo, uma teoria hermética, uma categoria de ideias hirtas, um seco regulamento burocrático, uma inexpressiva tabela de aduana. Ciência penal não e só a interpretação hierárquica da lei, mas, antes de tudo e acima de tudo, a revelação de seu espírito e a compreensão de seu escopo, para ajustá-la a fatos humanos, a almas humanas, a episódios do espetaculo dramático da vida O crime não e somente uma abstrata noção jurídica, mas um fato do mundo sensível, e o criminoso não e um 'modelo de fábrica', mas um trecho flagrante da humanidade. A Ciência que estuda e sistematiza o direito penal não pode fazer-se cega à realidade, sob pena de degradar-se num formalismo vazio, numa placitude obsedante de mapa mural de geometria. Ao invés de librar-se aos pináculos da dogmática, tem de vir para o chão do átrio, onde ecoa o rumor das ruas, o vozeio da multidão, o estrépito da vida, o fragor do mundo, o bramido da tragédia humana."

Partidário de rígida concepção retributiva da pena (como se pode ver tão bem pelo volume III dos "Comentários"), Nélson Hungria surpreendeu a todos quando, nas Jornadas de Derecho Penal, realizada em Buenos Aires em agosto de 1960, quase septuagenário, sustentou a "unidade visceral" entre a pena e a medida de segurança, fazendo então uma nova profissão de fé: "Também eu fui partidário convencido da pena-retribuição. Como tal, fui um dos autores de um código eminentemente retribucionista, que é o Código Penal Brasileiro. Mas, a lição, a experiência dos acontecimentos do mundo atual me levaram a uma revisão de meu pensamento, para renegar, para repudiar, de uma vez para sempre, a pena-castigo, a pena-retribuição, que de nada vale e é de resultado ineficaz. A pena-retributiva jamais corrigiu alguém." As novas ideias do mestre aparecem em seu anteprojeto de código penal, que eliminou, por completo, as medidas de segurança detentivas para imputáveis, bem como em seus últimos trabalhos as conferências Novos Rumos do Direito Penal, feita no Rio de Janeiro (RF 198/21), e Novas Teorias e Diretrizes do Direito Penal, feita em Brasília, em 1967 (RF 222/26).

A maior lição que Nélson Hungria deixa a seus discípulos é exatamente essa: a fidelidade e o amor à Ciência, a capacidade de renovar as próprias ideias, que ele revelou numa idade em que as antigas concepções dificilmente são alteradas.

Retomando a publicação da obra fundamental do grande penalista, bem como, posteriormente, de seus ensaios selecionados, seus antigos admiradores da "Revista Forense", que ele mesmo chamou de sua "fiel editora" (RF 200/390), visam assegurar a permanência da obra que Jimenez de Asúa classificou de "monumental". E prestam homenagem ao velho amigo desaparecido, de quem já disseram, ao registrar sua ascensão ao Supremo Tribunal Federal, ser "mais do que amigo, pessoa de casa" (RF 135/619).

**Heleno Cláudio Fragoso**

# NÉLSON HUNGRIA: O PASSAGEIRO DA DIVINA COMÉDIA

René Ariel Dotti

### A homenagem por ocasião da aposentadoria

Ao saudar o Ministro Nélson Hungria, por ocasião de sua aposentadoria no Supremo Tribunal Federal (12.4.1961), Evandro Lins e Silva destacou a "vocação de Advogado com assento na magistratura que o conduzia muitas vezes à veemência de uma linguagem que provocava a perplexidade e o assombro na mansuetude dos tribunais".

Falando naquela cerimônia em nome dos advogados brasileiros, o notável criminalista salientou também a virtude de *polemista exímio* do homenageado que sempre encontrava a "réplica desconcertante para os opositores da tese que sustentava, com eloquência faiscante e dialética contundente" (...) "Nélson Hungria soube ser um grande Juiz com esse espírito combativo de lutador bravo e indômito, mineiro na vontade e *gaúcho no penache*, como o definiu o doce poeta e Juiz Adelmar Tavares".

### A homenagem pela ocasião do centenário

Trinta anos mais tarde, e também no Supremo Tribunal Federal, Nélson Hungria seria novamente homenageado. Agora, pelo resgate da memória de sua condição humana e pelas virtudes que imprimiram à sua vida e à sua obra as marcas da permanência no tempo.

Do presidente da Ordem dos Advogados do Brasil, Marcello Lavenère Machado, recebi a honrosa e grata deferência para prestar a homenagem póstuma a Nélson Hungria, em nome dos advogados brasileiros e no dia do centenário de seu nascimento (16.5.1991).

A oração proferida é uma tímida *fresta* a sugerir o universo de luz e calor que envolve a passagem física pela terra do maior penalista brasileiro de todos os tempos, a transmitir notáveis lições de humanidade, Direito e Justiça para as gerações do seu tempo e do futuro.

Presidida pelo Ministro Sydney Sanches, a solenidade contou com a presença dos Ministros Moreira Alves, Néri da Silveira, Octávio Gallotti,

Célio Borja, Paulo Brossard, Sepúlveda Pertence, Celso de Mello, Carlos Vellozo e Marco Aurélio. Em nome do Ministério Público falou o Doutor Affonso Henrique Prates Correia e pelo Supremo Tribunal Federal o orador foi o Ministro José Paulo Sepúlveda Pertence, que, assim como sucedeu com o homenageado vive a provação da magistratura, após as viagens de corpo e espírito pelos caminhos do Ministério Público e da Advocacia.

Como salientou Evandro Lins e Silva, na oração já referida, "Nélson Hungria é um tema fácil. Fácil, porém vasto e em demasia para represar-se nos limites de um discurso, que os usos e as praxes exigem que seja breve".

Com esta referência, pretendo excusar-me das omissões e da natureza do discurso enquanto não puder transmitir um pouco, pelo menos, da maior virtude de Nélson Hungria: a criação dos mundos da realidade e da fantasia segundo a palavra.

Fica, porém, como consolo pessoal, a vontade de continuar a oração de homenagem com outros trechos da mesma história. Na cátedra, nos auditórios do foro, nos gabinetes, nos corredores do mundo e da vida.

Revisitando as lições, reencontrando a fotografia e percorrendo o mapa-múndi da geografia da humanidade, eu recordo Nélson Hungria e peço aos juízes desta leitura a diminuição da pena de rejeição para o *discurso continuado* que se pratica com os temas da mesma espécie e que, pelas condições de tempo, lugar, modo de realização e outras semelhantes, devem uns ser considerados como sucessão de outros no mesmo contexto de admiração e saudade.

O maior exemplo de que a memória da vida e a qualidade da obra de Nélson Hungria devem continuar nos foi transmitido por ele mesmo.

Narra a crônica familiar que, momentos antes de falecer, ele reclamou a presença dos quatro filhos e, ainda com voz firme, pediu-lhes que o perdoassem por não ter deixado riqueza material, ouvindo a resposta afetuosa de que não poderia ser maior a fortuna que o seu exemplo de vida. Mas ele insistiu na sua derradeira preocupação, declamando longa passagem, no mesmo sentido, de Carlyle sobre um pai e seus filhos.

Um dos jornais do Rio de Janeiro que noticiou a morte do príncipe dos penalistas brasileiros referiu que, naqueles instantes de despedida, Nélson Hungria teria dito aos filhos mais ou menos assim: "Logo mais, quando estiverem me levando e eu não puder falar, saibam que estarei dizendo em silêncio: Aqui vai o Nélson; *muito a contragosto*".

Aquele foi o dia 26 de março de 1969.

## Apêndice

**O texto do discurso perante o Supremo Tribunal Federal**

É o seguinte o texto do discurso que proferi e ao qual foram acrescidas notas de rodapé.

Os advogados brasileiros comparecem a esta solene audiência para prestar também o seu depoimento de apreço e admiração pela vida e obra de Nelson Hungria Hoffbauer. Não, porém, na condição de simples testemunhas ou meros espectadores deste processo de restauração parcial da memória jurídico-penal. Compareçam como qualificados e antigos habitantes das moradias da sensibilidade, do talento, do vigor e da esperança que ao longo de sua vida construiu Nelson Hungria através de seus iluminados e antológicos textos.

A teoria e a prática do direito criminal em nosso País não conheceram expressão mais fulgurante de mestre e humanista. Nos mais diversos e longínquos mundos da realidade e da imaginação dos casos criminais, ele foi, e continua sendo pela obra imortal – o personagem, o ator e o espectador da *divina comédia da existência*. Infernos, purgatórios e paraísos, todos os cenários dantescos da vida cotidiana foram esculpidos e interpretados em suas lições.

A imensa obra de Nélson Hungria é um dos modelos ambulantes da vida, da paixão, da morte e da ressurreição da palavra como sagração e canto da condição humana.

Se existem duas grandes classes de escritores geniais – os que pensam e os que fazem pensar – Nélson Hungria foi o exemplo permanente e aliciante de ambas as categorias. Ele não somente pensava o universo do ser humano como protagonista da tragicomédia do delito como também fazia pensar a grande multidão de seus leitores: os profissionais e os estudiosos do Direito Penal. Os seus comentários ao Código Penal constituem a reencenação da aventura da existência, assim como o fizeram as sagradas escrituras. Com uma diferença, porém: os profetas que falam através das páginas de Nélson Hungria não são os místicos que flutuam sobre a realidade. São as criaturas de carne e osso que escrevem, dirigem, interpretam e montam a representação da vida. Os profetas do incomensurável espólio intelectual de Nélson Hungria são os réus, as vítimas, as testemunhas, os juízes, os advogados, os promotores, os peritos, todos, enfim, que fazem e reconstituem a história do delito e do delinquente e decidem em nome da consciência e da lei.

Os profissionais do Direito Criminal, especialmente os professores e alunos, sabem que as lições de Nélson Hungria constituem a melhor e a mais informada síntese dos estágios do Direito Penal brasileiro ao longo de sua formação histórica, a partir do tempo da colonização. Desde o ano de 1933, quando obteve a livre-docência na antiga Faculdade Nacional de Direito, com a sua primeira obra publicada *Fraude penal*,[1] e até os dias presentes, Nélson Hungria é o combativo advogado, o aguerrido acusador e o empolgado árbitro das doutrinas em transição, principalmente aquelas já desgastadas no velho mundo – como o positivismo criminológico do final do século passado – mas aqui assumidas pelos *novos cristãos*. Àqueles tradutores de ideias superadas, como pintores de *natureza morta*, Nélson Hungria destinava a imagem crítica muito sugestiva: "Enquanto a Europa faz fogo, o Brasil arde em fumaça".[2]

Ele foi o líder intelectual da comissão encarregada de redigir o Código Penal de 1940[3] e o seu grande arquiteto, não obstante o crédito concedido a Alcântara Machado, autor do projeto que

---

- 1 Segundo refere Cid Flaquer Scartezzini, em texto biográfico, a imensa obra jurídica de Nélson Hungria alcança "sem qualquer exagero" o número superior a 20.000 (vinte mil) escritos entre artigos jornalísticos, discursos, monografias, ensaios, conferências, sentenças, votos, acórdãos, arrazoados, pareceres e livros (*Nélson Hungria: o homem e o jurista*, discurso de posse na Academia Paulista de Direito, em 23 de setembro de 1974, homenageando o patrono da Cadeira n. 18).

- 2 Esta comparação foi também apresentada sob outra forma: "Já não emitíamos fumaça quando a Europa acendia fogo" ("A evolução do Direito Penal brasileiro nos últimos 25 anos", em *Novas questões jurídico-penais*, Editora Nacional de Direito Ltda., Rio de Janeiro, 1945, p. 25). Outra saborosa crítica à importação servil de ideias e teorias se contém no trecho do artigo "Ortotanásia ou eutanásia por omissão", nos seguintes termos: "Mercê de Deus que no Brasil, a parte uma irrequieta e ínfima minoria de *camelots* a apregoar o súbito mérito de ideias extravagantes, só porque fazem o *cachet* de novidade e da procedência europeia, não há clima para o ceticismo que avassala a mentalidade do Velho Mundo" (*Comentários ao Código Penal*, (Apêndice), ed. Forense, Rio de Janeiro, 1977, vol. I, tomo I, p. 349).

- 3 Decreto-Lei n. 2.848, de 7 de dezembro de 1940. Além de Nélson Hungria, integraram a Comissão Vieira Braga, Roberto Lyra e Narcelio de Queiroz. Colaborou na redação final do projeto, Abgar Renault. No epílogo da Exposição de Motivos do projeto, assinada pelo Ministro Francisco Campos, é feita a recomendação especial dos mencionados membros da Comissão e também de Alcântara Machado e Antonio José da Costa e Silva.

serviu de base aos trabalhos da Comissão.⁴ Declarou que o projeto Alcântara Machado estava para o Código Penal assim como o Projeto Clóvis Beviláqua esteve para o Código Civil.⁵

E na defesa do Código Penal, Nélson Hungria proferiu conferências e redigiu textos, no início dos anos 40, que iluminaram o roteiro histórico das ideias e dos movimentos difundidos nos vinte e cinco anos anteriores. Referindo-se à bibliografia daquele tempo, Nélson Hungria afirmou ser "escassa, enfezada e carrasquenha". Apenas arranhava a epiderme da lídima ciência penal cujo estudo, por isso mesmo, tornava-se desinteressante e tedioso.⁶

Ressalvadas exceções marcantes como as contribuições de Galdino Siqueira,⁷ Antonio José da Costa e Silva,⁸ José Hygino

- 4 *Projeto do código criminal brasileiro*, ed. Revista dos Tribunais, São Paulo, 1938. Em 15 de maio de 1938, estava pronta a parte geral, contendo 131 artigos. A parte especial, com 259 artigos, foi publicada em 11 de agosto daquele ano.
- 5 "A autoria intelectual do Código de 1940" em *Comentários ao código penal* (Apêndice), ed. Forense, Rio de Janeiro, 1958, vol. I, tomo I, p. 210. Este artigo foi reproduzido na 5ª edição dos *Comentários*, 1977, p. 350 e ss.
- 6 "A evolução do Direito Penal brasileiro nos últimos 25 anos", Conferência realizada na Faculdade de Direito de Sã Paulo e publicada em *Novas questões jurídico-penais*, ob. cit., pp. 17-18.
- 7 A propósito do *Direito penal brasileiro*, de Galdino Siqueira, cuja primeira parte foi publicada em 1921, Nélson Hungria dirigiu as seguintes palavras: "Foi um acontecimento verdadeiramente notável. Tínhamos, afinal, escrita, com mão de mestre, uma exposição clara e reconstrutiva do nosso direito penal positivo, interpretado dentro do raciocínio lógico-jurídico, retraçado nas suas fontes e no seu desenvolvimento histórico, coordenado nos seus princípios e corolários, exaustivamente comentado à luz da doutrina e jurisprudência modernas. Foi como se tivéssemos subido a um alcantil, descortinando a vastidão da paisagem circundante, divisando sítios nunca dantes percebidos, perscrutando toda a dilatada sucessão dos acidentes geográficos. Através do livro de Galdino, o Código de 90, que tão injustamente fora chamado 'o pior Código penal do mundo', aparecia-nos sob aspectos novos, reabilitado de muitas acusações que lhe faziam, explicado nos seus pontos obscuros ou incompreendidos, reintegrado no verdadeiro sentido dos seus dispositivos, cientificamente reajustado ao seus sistema orgânico e habilmente remoçado por uma exegese adaptativa" (...) (*A evolução do direito penal brasileiro*, ob. cit. pp. 18-19). A segunda parte do *Direito Penal*, tratando da parte especial do Código Penal de 1890, veio a lume em 1924, edição de Jacintho Ribeiro dos Santos, Rio de Janeiro.
- 8 *Código Penal dos Estados Unidos do Brasil*, Companhia Editora Nacional, São Paulo, vol. I publicado em 1930 e vol. II editado em 1938. A propósito, disse Hungria: "Foi por essa época que Antonio José da Costa e Silva, então Ministro do Tribunal de Justiça de São Paulo, publicou, para glória e orgulho da nossa cultura jurídica, o primeiro volume do seu 'Código Penal' (1930). Dir-se-ia que atingíramos o ponto culminante de gradati-

Duarte Pereira[9] e pouco mais,[10] era a época dos anotadores do Código Penal a respeito dos quais Esmeraldino Bandeira escrevia, "molhando a pena em vinagre", que não faziam avançar um passo na evolução da ciência jurídica e estavam para esta como certos indivíduos para a indústria nacional: "Mandam vir do estrangeiro um por um dos elementos que compõem determinado produto, inclusive o invólucro. Reúnem e colam esses elementos e, metendo-os no invólucro referido, os expõem à venda como produto nacional. *Mutatis mutandis*, é o que praticam aqueles anotadores. Apanham aqui e recortam ali as lições de uns juristas e as decisões de uns tribunais, reúnem e colam tudo isso e metem depois num livro, que fazem publicar. Põem na lombada o seu nome de *autor*, e nesse nome circula e é citado o livro".[11]
Ainda analisando a produção jurídico-penal daqueles 'últimos vinte e cinco anos', isto é, de 1918 a 1943, o príncipe dos criminalistas brasileiros *mandou chumbo grosso* contra a jurisprudência que 'não voava mais longe que um curiango. Salvo um ou outro julgado de maior fôlego, limitava-se à obsedante enunciação de algumas regrinhas, de contestável acerto, mas que, à força de se

---

va ascensão. Pela fiel informação doutrinária, pela riqueza e solidez de ensinamentos, perfeição técnica, concisão e clareza de estilo, esse livro foi, e continua sendo, a obra máxima do direito penal brasileiro. Atualizou conhecimentos, devassou distâncias, retificou caminhos, fixou certeiras diretrizes" (...) (*A evolução do direito penal brasileiro*, ob. cit., p. 24).

- 9 Existe unanimidade entre os estudiosos no sentido de que a tradução e os comentários de José Hygino Duarte Pereira ao *Tratado de direito penal alemão*, de Franz Von Liszt (F. Briguiet G & C Editores, Rio de Janeiro, 1899), constitui uma das mais importantes obras da literatura jurídico-penal brasileira. O prefácio do tradutor é, sem sombra de dúvida, um dos mais lúcidos e eruditos textos onde a qualidade da forma e a riqueza do conteúdo completam-se magistralmente.

- 10 Não sendo injusto para com seus contemporâneos, Nélson Hungria refere-se a "sérios estudos, consubstanciados em livros e monografias. Toda uma plêiade de autores novos, em concorrência com os já consagrados surgia na liça". E destaca alguns nomes como: Lemos Sobrinho, Osman Loureiro, Pedro Vergara, Lemos de Brito, Moniz Sodré, Raul Machado, Vicente de Azevedo, Ary Franco, Roberto Lyra, Basileu Garcia, Noé Azevedo, Soares de Mello, Cândido Motta Filho, Ataliba Noguira, Aloísio de Carvalho, Narcelio de Queiroz, Demóstenes Madureira de Pinho, Jorge Severiano, Magalhães Drumond, José Duarte, Anibal Bruno, Oscar Stevenson e outros (*A evolução do direito penal brasileiro nos últimos 25 anos*, ob. cit., p. 25).

- 11 p. 18.

repetirem, haviam adquirido o cunho de verdades axiomáticas'.[12]
As expressões e as imagens com as quais Nélson Hungria cunhava as pessoas, atitudes e situações, compõem um repertório saboroso da literatura brasileira e justificariam, por si sós, o seu assento na mais importante Academia de Letras.

Com efeito, a propósito da *Consolidação das leis penais*, que o Desembargador Vicente Piragibe editou em 1932, disse tratar-se de obra feita com 'paciência beneditina e habilidade de um mosaísta'.[13] Sobre a Antropologia, que na formação e desenvolvimento do positivismo criminológico assumiu a condição de grande estrela a partir do universo desvendado por Lombroso, Ferri e Garofalo, o nosso feroz crítico afirmou ser ela 'o ramo seco da ciência'.[14]

Não era de se estranhar tal adjetivação partindo de quem, já aos sete anos de idade, uma criança portanto, fundou o semanário *A vespa*, com o qual, certamente, ferreteava os dissidentes e antagonistas de seus pensamentos e seus desejos.

A virtude e o talento de crítico acompanharam-no durante toda a vida intelectual. Advogou a causa da validade científica do Código Penal de 1890, 'o caluniado Código de 90' (que) 'fora metamorfoseado pela espetacular e profusa oratória criminal, desorientadora da justiça ministrada pelos juízes de fato, num espantalho ridiculamente desacreditado'.[15]

Possuído de *ira santa* vituperou contra o '*passionalismo* sanguinário que andava à solta, licenciado sob a estapafúrdia rubrica da privação dos sentidos' (...) 'A licenciatura psiquiátrica a lobrigar

---

- 12 *Idem, ibidem*.
- 13 *Idem*, p. 24.
- 14 "Acontece, entretanto, que com estes meus ângulos de vista não se conforma o conhecido professor e meu particular amigo Dr. Leonídio Ribeiro, que se especializou, entre nós, no estudo desse ramo seco da ciência que se chama antropologia criminal" (O código penal e as novas teorias criminológicas. In: *Novas questões jurídico-penais*, ob. cit., p. 61).
- 15 *A evolução do direito penal nos últimos 25 anos*, ob. cit., p. 17. E prossegue com veemência: "Foi o período áureo do *passionalismo sanguinário*, que andava à solta licenciado sob a estapafúrdia rubrica de 'privação dos sentidos'. As teorias revolucionárias da chamada 'nova escola penal' difundidas a *la diable*, mal compreendidas ou tendenciosamente utilizadas, eram a moeda que, embora sem autorização legal, mas sob o pretexto de deplorável atraso (sic) da nossa lei escrita, livremente circulava nos recintos do tribunal de jurados".

o *patologismo* nas mais fugidias discordâncias de conduta, era piamente acreditada a abria a porta da prisão a uma privilegiada chusma de sicários e rapinantes'.[16]

Ninguém melhor que Hungria definiu o homicídio como 'o ponto culminante na orografia dos crimes'.[17] Comentando o crime de sedução disse que 'a promessa feita no momento erótico, com a voz empastada da libido estuante' ia muito além da promessa do anel de casamento. Se a ofendida pedisse, o agente lhe prometeria o 'anel de Saturno'.[18]

A alguns jovens penalistas que divergiam de aspectos de seu Anteprojeto de Código Penal, editado em 1963, disse que a crítica nada mais refletia 'que sua adesão aos 'aranhóis' em que se compraz o doutrinarismo jurídico-penal dos mais recentes autores alemães'.[19]

Nélson Hungria sempre advogou a causa da dignidade do Direito Penal como ciência a salvo do que ele chamava de 'capilarismo de conceitos e critérios, numa infindável, miúda e árdua análise dos versículos da lei'.[20]

---

- 16 *A evolução do direito penal nos últimos 25 anos*, ob. cit., p. 17.
- 17 *Comentários ao código penal*. Rio de Janeiro: ed. Revista Forense, 1955, vol. V, p. 25.
- 18 *Comentários ao código penal*. Rio de Janeiro: ed. Revista Forense, 1956, vol. VIII, p. 173. A ironia foi também uma das virtudes com as quais Nélson Hungria desarmava opositores, persuadia espíritos em dúvida ou comentava os casos de rotina. Após examinar os aspectos da violência e da grave ameaça no estupro e concluir que, de modo geral "um só homem, sem outro recurso que as próprias forças, não conseguirá, ao mesmo tempo tolher os movimentos defensivos da vítima (sendo esta mulher adulta, normal e sã) e possuí-la sexualmente", arrematou com esta *pérola de humor*. "Conta-se de um juiz que, ao ouvir de uma pseudoestuprada que o acusado, para conter-lhe os movimentos de defesa, se servira, durante todo o tempo, de ambas as mãos, indagou: 'Mas quem foi que conduziu o *ceguinho*?' E a queixosa não soube como responder..." (*Comentários ao Código Penal*, vol. VIII, cit. p. 123).
- 19 Em torno do anteprojeto de código penal. In: *Revista Brasileira de Criminologia e Direito Penal*, n. 5 (abr.-jun. 1963), p. 7.
- 20 Direito penal e criminologia. In: *Revista Brasileira de Criminologia e Direito Penal*, n. 1 (abr.-jun. 1963), p. 5. Do mesmo artigo é esta eloquente *declaração de amor* à verdadeira ciência do Direito Penal: "Precisamos defender a ciência penal debruçada sobre o agitado cenário da vida, a identificar os fatos na sua flagrância, na sua caleidoscópica realidade, e não adstrita aos ápices de acrisolado jurismo, que, por amor a si mesmo, procura entestar com as estrelas. Precisamos reivindicar o direito penal como direito que deriva de almas para almas, de consciências para consciências, de homens para homens. Precisamos rastrear o direito penal como direito destinado não a um homem convencional, mas ao homem de carne e espírito, ao *homem nascido de mulher*, ao

A guerra decretada no início dos anos 40 contra o extravio de método diante da confusão de conceitos e objetivos entre o Direito Penal e as ciências afins, não teve trégua nas décadas seguintes. A legislação nova tinha, segundo ele proclamou com vigor, 'mandado para o limbo as denominadas ciências criminológicas',[21] razão pela qual não mais poderiam ser reconhecidas como ciências penais.

Em célebre conferência no ano de 1942, concitou os juízes, promotores, advogados, professores e demais estudiosos da ciência penal a pugnarem pela 'nossa *doutrina de Monröe*: o direito penal é para os juristas, exclusivamente para os juristas. A qualquer indébita intromissão em nosso *lebensraum*, em nosso indeclinável *espaço vital*, façamos ressoar, em toque de rebate, os nossos tambores e clarins'.[22]

Continuaram fortes em nossa memória e em nossos corações de enamorados do Direito e da Justiça criminais, as suas adamantinas palavras: 'Ciência penal não é só a interpretação hierárquica da lei, mas, antes de tudo e acima de tudo, a revelação do seu *espírito* e a compreensão de seu *escopo*, para ajustá-la a fatos humanos, a almas humanas, a episódios do espetáculo dramático da vida. O crime não é somente uma abstrata noção jurídica, mas um fato do mundo sensível e o criminoso não é um *modelo de fábrica*, mas um trecho flagrante de humanidade. A ciência que estuda e sistematiza o direito penal não pode fazer-se cega à realidade, sob pena de degradar-se num formalismo vazio, numa platitude obsedante de mapa mural de geometria. Ao invés de librar-se aos pináculos da dogmática, tem de vir para o chão do átrio onde ecoa o rumor das ruas, o vozerio da multidão, o estrépito da vida, o fragor do mundo, o bravio da tragédia humana.

---

homem tal qual é, por vezes com o demônio no sangue, mas, afinal, sempre homem, e sempre com a possível recuperação de si mesmo, na plasticidade da sua natureza e na virtude prodigiosa de seu autodeterminismo (...). O direito penal que deve ser aprendido e aplicado não é o que se contenta com o eruditismo e impecável elegância da construção teórica, mas o que, de preferência, busca encontrar-se com a vida e com o homem, para o conhecimento de todas as fraquezas e misérias, de todas as infâmias e putrilagens, de todas as cóleras e negações, e para a tentativa, jamais desesperada, de contê-las e corrigi-las na medida da justiça e assistência social" (p. 7).

- 21 Introdução à ciência penal. In: *Novas questões jurídico-penais*, ob. cit., p. 15. No mesmo rumo o texto da conferência O Código Penal e as novas teorias criminológicas. In: *Novas questões*, ob. cit., p. 49 e ss.
- 22 Introdução à ciência penal. In: *Novas questões*, ob. cit., p. 15.

Não pode alçar-se às nuvens, no rumo do céu, pois tem de estar presente ao entrevero dos homens, ao dantesco tumulto humano de *diverse lingue / orrible favelle / Parole di dolore, accentid'ira / Voci alte, e fioche, e suon di man com elle '*.[23]

Esta marcante passagem lembra os caminhos da esperança e da angústia sintetizados de forma lapidar na poesia de Oscar Wilde: 'Lancei minh'alma ao espaço / a procura de um bem sempiterno / E quando ela a mim tornou / Trouxe um pouco do céu e um pouco do inferno'.

A causa da autonomia do Direito Penal relativamente aos institutos e métodos de Direito Civil nos proporcionou outro inesquecível texto, pronunciado em 1949: 'Os pandectistas do Direito Penal'. E salienta que na sua demasiada reação contra a escola antropológica ou positiva, o movimento vitorioso do tecnicismo jurídico-penal não vacilou em tomar de empréstimo os processos e os critérios da dogmática do Direito Civil. As teorias penais foram assimiladas aos institutos civilísticos como a teoria das obrigações. Ele proclamou que 'o direito penal contemporâneo perdeu a luminosidade de sol mediterrâneo com que o ensinava Carrara, o excelso e imortal professor da Universidade de Pisa' (...) 'Foi deplorável a transfusão de sangue que o direito penal recebeu, sem necessidade alguma, do direito civil'.[24]

A inflação de leis penais dos últimos anos, e em especial no campo econômico-financeiro caracteriza um *novo direito penal do terror*. Não podendo mais recair contra os hereges e os dissidentes políticos como antigamente, dirige-se agora contra os intérpretes e aplicadores da lei. Reagindo a essa babélica produção, o pranteado Hungria certamente iria repetir que 'o prurido legiferante no Brasil é *coceira de urticária*'.[25]

No final dos anos 50, Nélson Hungria liderou uma histórica campanha contra a pena de morte, conclamando à revisão da sentença que condenara Caryl Chessman a morrer na câmara de gás, no Estado da Califórnia.

---

- 23 Introdução à ciência penal. In: *Novas questões*, ob. cit., p. 6 e 7.
- 24 Conferência pronunciada na Faculdade de Direito da Universidade de Minas Gerais e publicada nos *Comentários ao Código Penal* (Apêndice), Rio de Janeiro: ed. Forense, 1958, vol. I, tomo II, p. 443 e ss. e, especialmente, p. 24. O texto foi republicado na 5ª edição (1978) da mesma obra, atualizada por Heleno Cláudio Fragoso, p. 443 e ss.
- 25 A nova lei de imprensa. In: *Comentários ao código penal* (Apêndice), Rio de Janeiro: ed. Forense, 1955, vol. VI, p. 269.

O movimento abolicionista não impediu a consumação do *homicídio legal*. Mas reafirmou as virtudes de humanidade e esperança do grande criminalista que sempre foi contrário à pena capital. A propósito, merecem releitura seus trabalhos editados no Brasil[26] e em Portugal, este referente ao colóquio do centenário da abolição da pena capital naquele país.[27]

No momento em que um projeto de lei flagrantemente inconstitucional tramita no Congresso Nacional visando implantar a pena de morte em tempo de paz, e aguardando contar com a cumplicidade de um plebiscito alimentado pelo *discurso político do crime*, o exemplo do Mestre Hungria deve ser retomado.

Nos seus últimos anos de vida física, o nosso homenageado retornou ao exercício viril da advocacia. Recebeu inúmeras homenagens de apreço, inclusive a láurea de uma coletânea em seu nome e com a doutrina de notáveis penalistas.[28]

Foi o tempo de várias reconciliações. Com a Criminologia – em termos – porquanto os criminólogos 'afinal se deixaram possuir da *dúvida metodológica* ou *dúvida cartesiana* e, com renovado espírito, reviram suas próprias ideias programáticas'.[29] Revisou,

---

- 26 "Sobre a pena de morte", conferência pronunciada na Faculdade de Direito de Belo Horizonte, em 26 de maio de 1951, publicada nos *Comentários ao código penal* (Apêndice), Rio de Janeiro: ed. Forense, 1958, vol. I, tomo II, p. 459 e ss. e republicada no vol. III, edição de 1959 e no vol. I, tomo II, de 1978, atualizada por Heleno Cláudio Fragoso, p. 459 e ss.; "A pena de morte e as medidas de segurança". Muitas outras conferências, teses e artigos foram divulgados nos apêndices dos *Comentários ao código penal*. Vale referir, pela ordem, os textos que ainda não foram mencionados. *Vol. I, tomo I* (1958): "Direito penal comparado: histórico, objeto e finalidade" e "Asilo político", republicadas na mesma obra, edição de 1977, *Vol. I, tomo II* (1958).
- 27 A pena de morte no Brasil. In: *Pena de morte*, edição Faculdade de Direito da Universidade de Coimbra, 1967, vol. II, p. 173 e s.
- 28 *Estudos de direito e processo penal em homenagem a Nélson Hungria*, Rio de Janeiro: ed. Forense, 1962. Escreveram para a coletânea, diversos autores consagrados: Luis Jiménez de Asúa, Oscar Stevenson, Aníbal Bruno, José Beleza dos Santos, Giuseppe Bettiol, Reinhart Maurach, Francisco P. Laplaza, José Frederico Marques, Noé Azevedo, Heleno Cláudio Fragoso, João Bernardino Gonzaga, Benjamim Morais, Roberto Lyra Filho, Xavier de Albuquerque, Romeu Pires de Campos, Odin Americano, Alípio Silveira, Everardo da Cunha Luna, Laertes Munhoz e outros.
- 29 Direito penal e criminologia, ob. cit., p. 14. Vale transcrever o contexto de seu pensamento: "Abolido, enfim, da parte dos juristas e criminólogos, o fanatismo, que impedia quaisquer entendimentos, arrefeceu a recíproca intolerância ou idiossincrasia entre o direito penal e a criminologia. A ciência do direito penal, que por tanto tempo recalcitrara em não reconhecer o alcance das novas indagações experimentais no campo da

parcialmente, a *sentença de maldição* lançada contra o Júri,[30] admitindo a grandeza dos debates do tribunal popular.[31]

Mudou o *eixo de rotação* de seu pensamento sobre a pena retributiva, reconhecendo expressamente em seu anteprojeto a necessidade da função ressocializadora do delinquente.[32] Em

---

criminologia, acabou por endossar as menos incertas ou menos contestáveis, no mesmo passo que a criminologia, por sua vez, acendeu e admitiu, até certo limite, o fundamento básico do direito penal, que é a culpabilidade moral. Desaparecem os dogmatismos e apriorismos de ambas as partes. Os criminólogos afinal se deixaram possuir da *dúvida metódica* ou *dúvida cartesiana* e, com renovado espírito, reviram suas próprias ideias programáticas, para admitirem uma possível solução de continuidade entre os fenômenos psicológicos, pela presença e ação de fatores que rompem o binômio "causa e efeito". De sua banda, os juristas convieram em aceitar muitas das conclusões e sugestões dos criminólogos, sobrevindo um direito penal em que, entrosado com o *juízo de culpabilidade moral*, adquiriu subido e renovado relevo o estudo ou conhecimento da personalidade do delinquente, em cuja estruturação se reconhece que coopera, de par com os fatores orgânicos e ambientais, a vontade livre e ativa, não alheada aos valores morais como "motivos de consciência" (*Revista Brasileira de Criminologia e Direito penal*, n. 1, ob. cit., pp. 14-15).

- 30 Em inúmeras ocasiões, Nélson Hungria se rebelou contra a instituição do Júri, basicamente pela sujeição dos jurados ao poder do *coronelismo* como fenômeno político e social das cidades menores. No artigo A justiça dos jurados (*Revista Forense*, 1956, vol. 166) qualifica o tribunal popular como "o culto da incompetência", e que pratica uma "justiça de véspera, justiça de roleta, justiça de loteria".

- 31 Apesar do vigor da crítica, nunca porém o sensível e talentoso penalista deixou de admirar o *torneio de inteligência* em que se envolvem acusadores e defensores. Na carta-prefácio ao livro editado por Carlos de Araújo Lima, *Os grandes processos do júri*, essa admiração é confessada: "Talento, erudição, habilidade de expressão, tudo se conjuga para o realce dos debates de que V. nos dá notícia. Há ali cintilações de espírito que obrigam a gente a reler, uma e outra vez, os trechos que as contêm... O seu livro vem desvelar o segredo da *encruzilhada de dúvidas* a que são comumente levados os juízes de fato (...). E como vocês do *barreau* conseguem tirar de vulgares *pedras no meio do caminho* sonoridade e reflexos de cristal! Sinto-me tão envaidecido com isso que quase chego a me reconciliar com o tribunal do povo... " (Rio de Janeiro, Ed. Livraria Freitas Bastos, 1955, vol. II, p. 7).

- 32 Durante os debates relativos ao tema ("Orientações contemporâneas sobre a reforma dos códigos penais", constante da pauta das *Jornadas de Derecho Penal* [Buenos Aires], agosto de 1960), Nélson Hungria admitiu: "Também fui partidário convencido da pena-retribuição. Tenho sido, como tal, um dos autores de um Código eminentemente retribucionista, que é o Código Penal brasileiro. Mas a lição, a experiência dos acontecimentos do mundo atual, levaram-me a uma revisão do pensamento, a uma revisão de raciocínio, para renegar, para repudiar, uma vez para sempre, a pena-castigo, a pena--retribuição, que de nada vale, que é de resultado ineficaz..." (*Jornadas de Derecho Penal*, Buenos Aires, 1962, p. 88). E ao redigir o art. 35 de seu anteprojeto de Código Penal

magníficos artigos doutrinários repensou dogmas e convicções[33] e demonstrou grandes preocupações com a tragédia carcerária.[34] A esse notável e imortal defensor de grandes causas humanitárias; a esse inquebrantável patrono de ideias, os advogados brasileiros, sob a lúcida e sensível orientação do *bâtonnier* Marcelo Lavenère Machado prestam a homenagem de sua perene gratidão. Ele viveu com dignidade soberana as provações da dúvida e o processo de contradição do ser humano.

Valem para ele as palavras de Franz Von Liszt: 'Há pessoas que só conhecem tese e antítese, corpo e alma, natureza e espírito, realidade e valor, poder e dever, ou como quer que lhe chamem. Elas podem gabar-se do seu método puro, dos seus conceitos claros, da sua argumentação segura. Pelo contrário, aquele que, para além das antinomias procura, tateando, a unidade superior, não tem nenhum guia a protegê-lo contra passos errados. Mas só ele pode esperar que uma hora feliz lhe abra caminho para o ponto alto, do qual, na síntese criadora de uma concepção unitária do mundo, se superem todas as antinomias'.[35]

---

(1963), Nélson Hungria expressamente consignou na rubrica a "Função finalística das penas privativas de liberdade". O texto do mencionado dispositivo é o seguinte: "A pena de reclusão e a de detenção, aquela sob regime mais rigoroso que esta, são cumpridas em estabelecimentos separados ou em seções especiais do mesmo estabelecimento, e devem ser executadas de modo que exerçam sobre o condenado uma individualizada ação educacional, no sentido de sua gradativa recuperação social".

- 33 Entre os textos através dos quais o ilustre homenageado revela grande sensibilidade – e também a *humildade dos grandes espíritos* – para rever seu pensamento, pode-se indicar o artigo Novos rumos de direito penal, e a conferência "Novas teorias e diretrizes de Direito Penal", publicadas, respectivamente, na *Revista Forense,* vol. 198, de 1962, p. 21 e ss.; vol. 222 de 1968, p. 26 e ss. e nos *Comentários do Código Penal*, ob. cit., edição de 1977, vol. I, tomo I, p. 284 e ss. e 271 e ss.

- 34 Ao invés da pena limitada ao seu sentido etimológico, ou da pena-castigo, ou como exclusivo mandamento de justiça ou como imperativo categórico, ou com fundamento em transcendentes razões filosóficas, o que presentemente se preconiza é a pena como meio e instrumento de utilidade social, atendendo, acima de tudo, ao fim prático de tentar, na medida do possível, a ressocialização do delinquente, pelos meios educativos indicados pela experiência. A recuperação social do criminoso, de simples epifenômeno, passa a ser o preponderante, o precípuo escopo da pena. Não mais, entre as paredes da prisão, o drama de sofrimento de um culpado, por antecipação do Inferno, mas o edificante espetáculo de resgate e salvação de um ser humano" (Novos rumos do direito penal, ob. cit., p. 21).

- 35 Franz Von Liszt, citado por Eduardo Correia. In: *A influência de Franz V. Liszt sobre a reforma penal portuguesa*, Coimbra, 1971, p. 37, nota n. 5.

Afinal, como disse muito bem a sabedoria romântica de Alvaro Moreyra: 'Há o determinismo. Há o livre-arbítrio. Não há nada, e há de tudo. A questão é não ter pressa'.[36]

## Hungria, o defensor de Chessmann

Parafraseando um dos títulos clássicos da literatura dos casos criminais célebres, pode-se afirmar sem receio que Nélson Hungria foi, no Brasil, para Chessman, o que Voltaire significou, na França iluminista, para Calas.

François-Marie Arouet (1694-1778), dito Voltaire, empreendeu uma histórica luta para a revisão do processo de Juan Calas, morto em 10 de março de 1762, por *suplício na roda*. A execução ocorreu em Toulouse, onde o condenado exercia honestamente a profissão de comerciante. Muito embora só pudesse abraçar a causa da revisão quando a vítima do erro judiciário já havia sido assassinada pelo Estado, a índole humanista e libertária de Voltaire tornou aquele caso imortal. O seu empenho, escrevendo para várias pessoas e ouvindo muitas outras, com o objetivo de recolher dados sobre o processo e a execução, multiplicaram o prestígio de Voltaire que tinha já o seu lugar destacado entre as figuras da resistência contra a opressão religiosa e os obscurantismos ditados por muitas instituições de seu tempo. A saga de Juan Calas, interpretada pelo imortal autor de *Candide* e registrada em obras clássicas,[37] teve, dois séculos mais tarde, uma espécie de *revival* com o sofrimento imposto a Caryl Chessman e o itinerário desenvolvido por Nelson Hungria. Os condenados tiveram patronos que, nas mais diversas oportunidades iriam assumir, juntos, um relevante patamar na escalada dos séculos contra a pena de morte.

**(I)** *A histórica campanha*

Nos mais diversos auditórios, de estudantes a trabalhadores de Direito; de investigadores sociais aos políticos militantes; dos religiosos aos agnósticos, não houve categoria profissional ou grupo dedicado aos problemas da conduta que não tivesse recebido a palavra e o apelo de Nélson Hungria em favor da revisão do processo de Chessman e da comutação de sua pena. Rejeitando a imparcialidade exigida pelo estilo ordodoxo da magistratura, o jurista notável e polemista exímio, visitou os mais diversos centros de pen-

- 36 *As amargas, não... lembranças*, Porto Alegre: ed. Instituto Estadual do Livro, 1989, p. 372.
- 37 Entre elas, merece destaque a de Julio Dassen, *Voltaire defensor de Juan Calas*: Buenos Aires: ed. Abeledo-Perrot, 1963.

samento e reflexão. Eu estava presente na Faculdade de Direito de Curitiba, em uma noite do ano de 1959, quando Hungria, ao lado da intimorata advogada Rosalie Asher, falou para autoridades, professores e estudantes de Direito. Foi impressionante a demonstração de conhecimento do processo, com todos os seus vícios e as imensas dúvidas sobre a autoria. Houve uma comovente denúncia contra a *pena final*, especialmente quando o homem a ser morto pelo Estado está completamente regenerado.

Segundo o depoimento prestado pelo seu filho, Clemente Hungria, aquela campanha da clemência, levada a várias cidades brasileiras, teve em Curitiba o seu ponto de partida.

Mas a *odisseia* em favor da clemência não se confinou nas fronteiras nacionais. Países da América do Sul também acompanharam as súplicas dirigidas ao Governador da Califórnia, invocando o seu passado de Procurador-Geral daquele Estado quando se dizia inimigo da pena capital. A luta missionária de Nélson Hungria foi destacada pela famosa revista *Time*, dedicando uma reportagem de capa a Caryl Chessman. Nas três longas páginas da edição para a América Latina, são revelados detalhes do processo, intercalados com trechos da biografia do suposto *the red light bandit* e dos esforços para comutar a sua pena. Em determinada passagem, diz a *Time*: "Brazilian Supreme Court Justice Nelson Hungria, principal author of the Brazilian penal code (no capital punishment), declare that 'Caryl Chessman is the most eloquent assurance of the need to wipe out once and for all the death penalty, that ugly stain on civilization'."[38]

Talvez o mais destacado momento de lucidez mental e vigor espiritual de Hungria – em todo aquele movimento abolicionista – ocorreu quanto ele ainda encontrou palavras para deplorar a iminente consumação do *assassinato oficial*. Faltando poucas horas para a execução, o ministro disse para o jornal *Folha de São Paulo:* "É uma barbaridade o que vão fazer. Isso nunca foi punição, é matar pelo prazer de matar. E eles são surdos aos apelos de todo o mundo, mesmo do papa... As consequências principais dessa execução serão um aumento da criminalidade nos Estados Unidos (os delinquentes juvenis que já têm o condenado-escritor como ídolo perderão toda esperança na regeneração) e uma vaga de descontentamento contra esse país em todos os continentes".

Continuando, o Ministro Nélson Hungria rememorou argumentos utilizados em conferências que pronunciou em vários Estados a respeito de

---

- 38 *Time – The weekly news magazin*, march, 21, 1960, p. 15.

Chessman, concluindo pelo que ele considerou uma aberração da legislação penal californiana:

> "Os crimes pelos quais Chessman foi condenado não são mais punidos com a pena capital naquele Estado. Entretanto, contrariando princípio usado em todos os países liberais (a lei menos rigorosa tem efeito retroativo, beneficiando o condenado pela legislação anterior) o dispositivo legal em vigor na Califórnia menciona em um de seus parágrafos que ele não poderá retroagir os seus efeitos a casos já passados em julgado".[39]

**(II)** *Um libelo antológico*

Entre os mais expressivos textos jurídicos e literários de Nélson Hungria, abordando o tema da *pena capital*, nenhum deles se compara ao redigido em função do processo e da execução da sentença contra Caryl Chessman. Trata-se da conferência pronunciada no Centro Acadêmico XI de Agosto, em maio de 1959. Nenhuma palavra a mais se deve acrescentar a esse *libelo antológico*, seja a título de introdução ou de comentário, pois qualquer uma dessas atitudes equivaleria a dar uma *pincelada* em um afresco de Michelangelo sob o pretexto de ampliar as suas cores e a sua luminosidade. Assim falou o *príncipe dos criminalistas brasileiros* aos estudantes de Direito em São Paulo:

> *Um condenado à morte.*
> *No corredor da morte* da Penitenciária californiana de San Quentin, cela 2455, há presentemente um homem que condenado à morte, desde 22 de junho de 1948, vem' lutando, obstinada e heroicamente, por sua sobrevivência, mediante a interposição de apelos sobre apelos, de *writs* sobre *writs*, numa tarefa sem remitências, como a de Sísifo, nos Infernos, a carregar até o alto o bloco de rocha que sempre retorna à base da penedia. Chama-se ele Caryl Chessman, e conta, atualmente, 38 anos de idade.
> Apontado como o *bandido da luz vermelha*, sob imputação de rapto e brutalização de duas raparigas (não se sabe bem se para fim de furto ou de libidinagem), condenou-o o tribunal de Los Angeles a respirar um gás mortífero, que é o meio de se matar legalmente na Califórnia.
> Trata-se de um singularíssimo exemplar humano. No ambiente de

---

• 39 Edição de 3.5.1960.

# Apêndice

pesadelo, em que a angústia, o medo, pânico, a depressão moral e o desespero ultrapassam a capacidade de sofrimento do homem comum, (levando, por vezes, à loucura ou ao suicídio), está ele vivendo há 11 anos, sem tibiezas ou soluções de continuidade no seu inexaurível amor à vida e, o que é assombroso, tendo conseguido transformar o seu aparentemente irremediável fracasso como *homo socialis* numa estupenda vitória sobre si mesmo e em face do mundo que o repelira como a um repugnante crótalo. Dotado de brilhante inteligência, chegando mesmo a despedir cintilações geniais, Chessman, naquela *maleborge* dantesca, sob o tremendo impacto de seu confinamento na estreita e sombria cela que precede à câmara de gases tóxicos em San Quentin, pôde ele achar-se, enfim, a si mesmo; e do mais profundo do seu ser, desvencilhando-se da empolgadura e cativeiro de sua própria natureza psicopática, que o arrastara, gradativamente, à mais impudente e grosseira animalidade, surgiu um outro homem, até então desconhecido para ele mesmo. Aquele cubículo, semelhante a uma cava de jazigo, foi a sua estrada de Damasco. Encontrou ali, no afincado e perseverante estudo e na exposição escrita de sua *vita anteacta* e de ideias e raciocínios em torno de sua condenação à morte, o caminho espiritual e moral por onde pode, como ele próprio diz, "empreender o seu regresso das trevas", para atingir a clareira da redenção. Obteve que lhe fossem proporcionados, às pilhas, livros da biblioteca da Penitenciária e da biblioteca pública de Sacramento. Livros de jurisprudência ou de doutrina jurídica, livros de sociologia, de criminologia, de filosofia, de história, de cultura geral. Só de obras de direito, leu-as em número superior a dois mil. Lia até que os olhos se congestionassem e seu cérebro exausto se negasse a continuar funcionando. Prolongando por 18 horas a fio o seu trabalho de cada dia, pode escrever e dar à publicidade, até agora, três impressionantes livros, que o tornaram mundialmente conhecido. Neles, em aliciante estilo e aliviadora confissão, rememora sua dramática existência de crimes, sua precocidade e diabólica pertinácia na senda do mal, o desafio que lançara ao princípio da autoridade, o seu desprezo pelos valores sociais, e, ao mesmo tempo, procura equacionar, sob novos ângulos, tendo a si próprio como ponto de referência, o desconcertante problema da criminalidade, em cuja solução se revelam ineficientes todos os métodos até agora cogitados e utilizados. As suas leituras cotidianas, a longa meditação sobre o que lia e a porfiada elaboração de seus livros foram para ele uma psicoterapia milagrosa. Deixemos que ele próprio nos informe: 'Os longos anos vividos neste cadinho chamado *corredor da morte* transpuseram-me para além da amargura, para além do ódio, para além da selvagem violência... A terapia do trabalho de fixação escrita das ideias restituiu-me à sanidade psíquica. Escrever foi para mim o mundo. Foi mais que uma catarse. Abriu-me a possibilidade de captar e canalizar meus impulsos e minha agressividade e de colocá-los a meu serviço, ao invés de me escravizarem: Significava que vivo ou morto, eu podia aproveitar algo do meu passado e imprimir um caráter positivo à minha vida'.

E foi assim que Chessman pode demonstrar que o criminoso mais fundadamente considerado *incorrigível* pode ser recuperado ainda quando tenha a lastreá-lo, como a ele, Chessman, uma personalidade de fundo psicopático, em que a vontade inibidora sossobra ao ímpeto dos instintos desbridados. Certa vez, um agente de polícia, entre indignado e pesaroso, disse-lhe: 'Nada pode te curar além de uma dose de gás hidrocianídrico'; mas Chessman conseguiu vencer a si mesmo e sublinhar as energias e impulsos que outrora o tangiam para o crime. Aquele Chessman de 27 anos que o júri de Los Angeles condenou à morte é tão diferente do Chessman atual como um carvão difere de um diamante. O que era agressividade feroz, o que era hostilidade afrontosa aos mais elementares princípios da boa convivência civil tornou-se um precioso valor humano, um espírito compreensivo e pacífico, uma vida útil, uma consciência integrada na solidariedade social. Wenzell Brown, organizador e presidente de Comitê de Escritores constituído para salvar a vida de Chessman, escreveu estas palavras irrefutáveis: 'A execução de Caryl Chessman representa o injustificável desaproveitamento de um comprovado valor individual e de uma pessoa capaz de descrever com tanta objetividade os tremendos impulsos, o idealismo distorcido, as vivências traumatizantes que desequilibraram sua personalidade. A energia que se fizera torpeza, violência e ódio em sua vida passada poderá ser orientada para fins construtivos, se a sociedade deixar de lado seu tradicional conceito de vingança legal e procurar estabelecer um programa que assegure a prevenção do crime e a reabilitação do criminoso... Logicamente a punição não constitui solução para problemas tais como os apresentados por personalidades desequilibradas, como a de Caryl Chessman... Qual a solução, então? No momento, a sociedade não dispõe de resposta, mas talvez, com o tempo, seja ela encontrada... E os livros de Chessman, podem ser a matéria-prima da qual novas descobertas poderão advir'.

Acontece, porém, que a justiça norte-americana é inexorável, ainda quando se apresente um excesso de castigo, e sucessivos governadores do Estado da Califórnia se têm recusado ao indulto de Chessman, considerando necessária a morte deste na câmara de gases venenosos. Nada mais desumano, entretanto, nem mais desprovido de sentido e finalidade. Será que Chessman, depois de padecer o acabrunhante castigo de onze anos de angustiosa expectativa nessa *cittá dolente*, nesse exasperante purgatório que é o *corredor da morte* de San Quentin, não terá conquistado um autêntico direito de comutação da pena, para continuar a viver? Será que o prosseguimento da vida de Chessman não será a continuidade de um exemplo edificante para os conscritos do crime? Será que a execução de Chessman não redundará num descoroçoamento aos jovens delinquentes, que veem nele um padrão digno de imitação, mas que, com a sua morte na câmara de gás, perderão todo o estímulo para o esforço de sua própria recuperação?

O emérito *Chief Justice* Earl Warren, antigo Governador da Califórnia e hoje presidente da Suprema Corte dos Estados Unidos, e o ilustrado juiz Charles W. Fricke, que presidiu o júri de condenação de Chessman, declararam que se a um indivíduo merecidamente condenado à morte se tivesse de conceder perdão, só pelo fato de saber escrever livros, seria melhor que, de uma vez, se atirasse o Código Penal na lata do lixo.

Ora, não é assim, tão superficial e displicentemente, que se há de encarar o caso de Chessman. Não é o simples fato de saber enfeixar ideias num livro que justifica, na espécie, a outorga de comutação da pena de morte: o que assume incomum relevo é que os livros de Chessman atestam uma radical modificação no caráter do seu autor, um proveitoso esforço para o bem social, uma notável contribuição para a decifração do enigma do crime e tratamento do criminoso, um sincero propósito de resgatar um passado de crimes pelo sentido de utilidade de uma vida nova. A regeneração de Caryl Chessman é a mais eloquente demonstração de que, entre todas as medidas até hoje aventadas para contenção do crime, a mais estúpida e irracional é a pena de morte. O que se passou com Chessman é a confirmação do que dizia Rohland: 'Não há homens absolutamente bons, do mesmo modo que não há caracteres absolutamente maus, ou delinquentes congênitos; por isso mesmo é possível ao contrário do que pretendia Schopenhauer, uma modificação do caráter, ensinando a experiência que, mediante sério esforço, muitos o conseguem'. Por que, ao invés de tentar reconstruir, sumariamente se há de destruir? Com a pena capital, o governo da sociedade imita a criança inconsequente e insofrida: não podendo compreender o brinquedo que tem em mãos, desconjunta-o e inutiliza-o. Quando se tem o conhecimento de casos como o de Chessman, que, em virtude de certos indícios e uma confissão que ele insiste em declarar extorquida pela violência, foi condenado à pena última pela justiça emocional do júri, sempre disposta a atirar, do alto da varanda de Pilatos, bodes expiatórios à multidão sedenta de vingança, é que se vê como estão distanciados da verdadeira solução do problema da grande criminalidade esses que, entre nós, presentemente, insistem em querer introduzir o assassínio oficial entre as sanções do nosso Código Penal comum.

Um licurgo indígena, ávido de notoriedade, está tentando na Câmara dos Deputados, um *pactum sceleris* em tal sentido, enquanto um padre que debate na televisão e um juiz com mentalidade medieval vêm a público, empunhando o hissope tomado de empréstimo a alguma igreja interditada, para esparzirem água benta no projeto. Somente *ravenants* dos jesuítas de Loiola ou dos energúmenos do Santo Ofício podem pretender que a pena de morte seja medida cristã. Em que versículo dos Evangelhos se encontra, acaso, apoio para esse resquício de barbaria, que é a pena de morte? O que é de Cristo é o *Sermão da Montanha*, impregnado de filosofia, da tolerância e do perdão. A repulsa contra a pena de morte vem da essência mesma dos ensinamentos de Cristo. Não é dos Evangelhos, mas da lei mosaica – documento de uma religião semibárbara – a fúria assassina contra os pecadores e criminosos. Nos séculos anteriores a Santo Tomás de Aquino, jamais a Igreja postulara a pena de morte. Sabe-se que o Imperador Justiniano teve de proibir aos cristãos o exercício de certos cargos públicos, porque sua religião impedia o emprego da espada contra os criminosos passíveis da pena capital.

Santo Agostinho, como um criminólogo moderno, reclamava a punição dos delinquentes, mas tão somente para regenerá-los pelo trabalho útil. São Jerônimo proclamava que *Ecclesia non si-*

*tit sanguinem*. Lactâncio doutrinava que *"occidere hominem est semper nefas, quem Deus sanctum animal esse voluit"*. Não foi senão para conciliar a Igreja com a estatolatria da Idade Média e mais tarde, para propagar a fé católica pelo terror, que a pena de morte foi contrabandeada para a religião de Cristo. Vindo a preconizar a punição do crime pela morte, a Igreja repudiou a advertência de Jesus: *Discite a me, quia mitis sum* (Aprendei comigo, que sou manso). Dizem os adeptos católicos do homicídio legal que os piores sicários, na iminência da execução, subjugados pelo medo da hora extrema, voltam-se para dentro de si mesmos, arrependem-se de suas infâmias e impiedades e preparam-se para sua própria redenção, para entrarem no reino do céu. O corpo é destruído, mas salva-se a alma.

Semelhante dialética, porém, não passa de uma série de inverdades e afronta contra Deus. Como pode agradar a Deus uma conversão na hora Z, sob a influência desintegradora do medo? Sustentar isso é retornar à superada doutrina dos fanáticos da Companhia de Jesus, a cujo respeito dizia Guerra Junqueiro que Jesus nunca andara em tão má companhia... A pena de morte não é mandamento divino, mas, como o homicídio, uma inspiração da lei do mato virgem. É uma supina vaidade do homem atribuir-se a função de instrumento de Deus, para a inflicção de um castigo definitivo e irreparável, como se fosse admissível uma justiça absoluta entre os erros e contingências do mundo terreno. A pena de morte, como belamente diz Albert Camus, rompe com a única solidariedade humana indiscutível, a solidariedade contra a morte, e não pode ser legítima senão por uma verdade ou um princípio que se coloca muito acima dos homens.

Profligando a pena capital, justamente acentuava Vitor Hugo que ela ofende o irrestrito princípio de que há três coisas que são de Deus e não pertencem aos homens: o irrevogável, o irreparável e o indissolúvel.

Ainda o poeta da *Legenda dos Séculos*, como recorda Camus, chamava a guilhotina de *Lesurques*, que era o nome do condenado à morte no famoso caso do Correio de Lyon. E ponderava: 'Não é que todos os condenados à pena última sejam *Lesurques*, mas basta, para desmoralizá-la, a possibilidade de outros *Lesurques*'.

Advogar-se a pena de morte num país, como o Brasil, onde, segundo é notório, a polícia é useira e vezeira em extorquir confissões pela coação, resultando, de quando em quando, clamorosos erros judiciários, como o da condenação dos irmãos Naves em Araguarí, e em que a imprensa, ressumando apaixonado ódio, se julga com o direito líquido de tutelar e constranger a justiça criminal para que, mesmo sem provas concludentes, sejam condenados os réus que lhe caem no desagrado, é tudo quanto há de mais despropositado e irrefletido.

Não é, de modo algum, exato, que a pena de morte tenha efeito decisivamente intimidativo. Supor isso é um puro engano daqueles que não conhecem o problema senão pela superfície ou *a ratione*. A pena capital não intimida mais que qualquer outra. E a razão é simples: o indivíduo que comete crime, ou age conturbado pela paixão ou emoção, que o torna impermeável a qualquer temor, ou age calculada e sub-repticiamente, confiante em que estará incluído entre os 30% de criminosos que ficam impunes por ausência ou incerteza de provas. Se a pena de morte realmente dissuadisse do crime, ela deveria ser cominada não apenas aos crimes mais graves, mas, logicamente, a todos os crimes, como na Grécia antiga, ao tempo de Draco.

As estatísticas obtidas pelos mais reputados criminólogos contemporâneos evidenciam que não há necessário nexo de causalidade entre a pena de morte e o coeficiente de criminalidade. Via de regra, a sua cominação ou aplicação legal não faz declinar, como a sua abolição não ocasiona o aumento dos crimes capitais. Já se verificou, entretanto, paradoxalmente, que ela exerce um estranho fascínio sobre certos criminosos, despertando-lhes instintos sádicos. Daí, a clandestinidade de que se cerca, na atualidade, a sua execução. E chega a ser irrisório que uma pena, que se diz exemplar, tenha de ser executada, como o próprio crime, dissimuladamente. Nos 36 países do mundo civilizado em que foi abolida ou suspensa ou caiu em desuso a pena de morte – Suécia, Noruega, Bélgica, Holanda, Dinamarca, Alemanha Ocidental, Itália, Inglaterra, Suíça, Portugal, Finlândia, Islândia, Israel, Nova Zelândia, Queenslândia e as repúblicas da América Latina, à exceção de Guatemala (em que a pena de morte foi instituída por um governo revolucionário), Chile (Código de 1874), Peru (pena capital introduzida por uma Junta Militar de ominosa memória), Haiti (Código de 1835), Bolívia (Código de 1832) e México (apenas no plano estadual), o algarismo da grande delinquência é proporcionalmente menor que nos países que, por supersticioso conservantismo ou ferrenho antiliberalismo, ainda conservam ou instituíram o assassínio legal. Em 1930, o governo belga, por um de seus ministros, assim conclui um relatório sobre a proposta adoção da pena de morte: 'A experiência nos ensina que o melhor meio de ensinar a respeitar a vida humana consiste em recusar suprimir a vida em nome da lei'.

Dizia um sociólogo francês (Gabriel Tarde, se não me engano), na defesa da pena de morte, que 'é melhor fazer morrer sem fazer sofrer que fazer sofrer sem fazer morrer'. Mas a pena de morte não é só o epílogo da magarefada no cadafalso, ou da carbonização na cadeira elétrica ou do envenenamento na câmara de gás. É preciso ler o que nos conta Caryl Chessman, através dos livros que nos mandou do *corredor da morte*, para ter-se uma noção do que seja o longo e tenebroso suplício do condenado à pena última, antes de chegar, afinal, o dia da execução. O castigo capital não é o simples ato de fazer morrer, na taliônica e brutal cobrança de vida por vida. Há para ele uma disciplina ritual, cujos momentos sucessivos, a começar pelo do aviso do dia da execução, significam aflições e agonias mais terríveis e rascantes que a do próprio momento final. A pena de morte, com o tormento da demorada expectativa da execução, é mais odiosa que o mais frio e supliciante dos crimes, pois jamais houve um celerado que cuidasse de comunicar à vítima, com longa antecedência, o seu propósito sinistro. Como já foi observado por um escritor contemporâneo, mais humana que a justiça de hoje, nos países em que a lei manda matar, era a dos atenienses, que, enviando a cicuta ao condenado, deixava a este a liberdade de abreviar a própria morte, praticando o suicídio.

E nada mais macabramente iníqua, na prática, que a decretação da pena de morte. Dependente de pronunciamento do tribunal do júri, a imposição dela está sujeita à intervenção de circunstâncias fortuitas ou caprichos do acaso, de tal modo que, frequentemente, uns a sofrem por crimes menos graves do que os de outros réus condenados à prisão perpétua ou temporária. Uma sensacional campanha jornalística contra o réu, um promotor teatralmente eloquente, uma defesa mal orientada, um conselho de jurados excessivamente rigorosos, tudo isso pode influir no sentido de um julgamento aberrante, entregando-se ao carrasco um réu que, em outras condições, poderia ser absolvido ou condenado a simples privação de liberdade.

Tome-se, para exemplo, o caso de Caryl Chessman: contra o terrivelmente hábil promotor Miller Leavy, que o acusa sustentando enfaticamente a tese de que o réu era 'um gênio do crime, sem nenhuma consciência social', Chessman, não dispondo, a esse tempo, de dinheiro para ajustar um advogado competente, teve, embora sem preparo e alheio aos truques tribunícios, de se defender a si mesmo, desajeitada e insuficientemente, perante um júri composto quase exclusivamente de mulheres, tiroidianamente emotivas e aprioristicamente inclinadas à vingança dos imputados assaltos contra moças indefesas.

Para erradicar o mal, não é preciso erradicar o homem. O que cumpre fazer não é matar o homem criminoso, mas o criminoso no homem. A criminalidade não se extingue ou declina com a pena de morte. Ao invés de irrogar-se arbitrariamente o direito de matar, ao Estado incumbe promover a remodelação da própria sociedade, para que se apresentem melhores condições políticas, econômicas e éticas, eliminadoras das causas etiológicas do crime. A pena de morte não traduz mais que o comodismo da administração da justiça, que, para esquivar-se à tarefa de recuperar os delinquentes perigosos, prefere eliminá-los, sem maior trabalho, como a cães danados. A maior ilegitimidade da pena de morte se evidencia, porém, em casos como o de Chessman. Tendo ele conseguido sobreviver até hoje, resistindo a um martírio de onze anos e batendo obstinadamente à porta dos tribunais, demonstrou, no curso do tempo, de modo mais cabal, que não era, como supunham, uma personalidade irremediavelmente deformada. É ele, hoje, um egresso definitivo do submundo do crime. Aquele criminoso, por disposição e hábito, que a justiça criminal, em 1948, decretou que fosse morto, já não mais existe. Desapareceu na antessala do Inferno, que é o *corredor da morte* de San Quentin. Atualmente, matar Chessman será um ato profundamente incaroável e prejudicial à sociedade, que recuperou nele um homem cujo valor não se mede pela craveira comum. Não posso, nem quero acreditar que tenha razão o escritor Max Leoner quando, depois de reconhecer a transfiguração moral de Chessman, após a longa e drástica experiência do *corredor da morte*, concluiu com estas palavras melancólicas: 'Mas não há dúvida que nós o mataremos, mais dia menos dia, não porque isso seja lógico, mas por faltar-nos imaginação social para adotar qualquer outra medida'.

Chessman vem de sofrer mais uma derrota na Suprema Corte americana, mas, segundo me informou F. R. Dickson, atual diretor da Penitenciária de San Quentin, continua ele *'planning further appeals on various points in the hope that eventually he way win his release'*.

À generosa mocidade acadêmica de São Paulo, quero sugerir, neste momento, a formulação e envio de um apelo ao atual Governador da Califórnia, Edmund G. Brown, no sentido da comutação da pena de morte imposta a Chessman. Negaram-se à clemência os anteriores governadores, Warren e Knight, mas é possível que Brown, um dos mais jovens, segundo me consta, entre os governadores norte-americanos, seja menos inexorável e se disponha, diante das súplicas que lhe estão chegando de todos os quadrantes da Terra, a um gesto de magnanimidade. Nos dizeres que lhe dirigirem, os acadêmicos de São Paulo devem imprimir a marca de seu nobre coração. Será uma imploração a mais, a significar que também no Brasil o condenado Caryl Chessman desperta comovido interesse e é considerado, não apenas um cidadão dos Estados Unidos, mas um cidadão do Mundo. Depreguemos ao Governador Brown que não consinta se faça de Chessman um cadáver que, enterrado ou cremado, apenas deixará uma vaga, a ser logo preenchida, nas celas da morte da San Quentin, mas, ao contrário, lhe permita continuar a viver, já agora para o bem de seus semelhantes, em resgate do mal que praticou outrora. Seja ele beneficiário da mesma indulgência que a Itália e a França proporcionaram a Cellini, a Villon e a Jean Genet, cujos crimes (talvez mais graves que o de Chessman) se consideram contrabalançados pelas obras-primas com que enriqueceram o patrimônio de arte e beleza da Humanidade.[40]

**Sobre a pena de morte no Brasil**

Sete anos após a execução de Chessman, houve uma nova e extraordinária oportunidade para que o seu advogado brasileiro *in pectoris* retomasse a luta contra a pena capital. Participando, como um dos ilustres convidados internacionais do *Colóquio* promovido pela Universidade de Coimbra, em 1967, para comemorar o centenário da abolição da pena de morte em Portugal, Nélson Hungria apresentou uma valiosa *Comunicação*. Trata-se de mais um vigoroso e iluminado texto, através do qual o mestre da

---

• 40 Nelson Hungria, "Um condenado à morte" conferência pronunciada na Sala do Estudante (Impressa por gentileza da LEX – Coletânea de Legislação).

ciência penal, que nos deixou há quase trinta anos, mostra o seu talento e a sua irresignação. Da notável contribuição científica e humana, são extraídas duas passagens marcantes.

A primeira, cuida de um breve levantamento histórico sobre a pena de morte em nosso país, desde os tempos da Colônia, passando pelo Império – com o erro judiciário que levou à forca o fazendeiro Manoel Mota Coqueiro e as sucessivas comutações decretadas por Dom Pedro II, valendo-se de seu *poder moderador* – e chegando até ao *Estado Novo*, cuja legislação, permitindo a reforma da decisão do Júri pelo mérito, foi o instrumento para condenar os irmãos Naves pelo homicídio de uma pessoa que estava viva.

A segunda, resgata a causa de Chessman e, agora, com um fato novo do maior relevo e que justificaria a revisão criminal se a vítima da intolerância não tivesse sido sacrificada pelo Estado. Tratava-se de uma investigação apontando a identidade do verdadeiro *bandido da luz vermelha*. O delinquente que atacava os casais de namorados à noite e tão procurado pela polícia de Los Angeles seria o *gangster* Charles Terranova, conforme declarações de sua própria viúva. Chessman fora condenado pelo seu passado e por um vago reconhecimento por parte das duas vítimas do crime sexual que se lhe imputou. Naquela *Comunicação* em terra portuguesa, Nelson Hungria resgatou, em parte, a memória daquele que foi mais um exemplo da irreparabilidade do *erro judiciário* quando entre a condenação injusta e a revisão do tempo se interpõe uma sentença de morte. Foram de Hungria, essas palavras:

> "No Brasil, a pena de morte, com efetiva execução, é, como em Portugal, uma vaga, quase apagada reminiscência. De fato, desde 1855 deixou de ser aplicada, embora só viesse a ser abolida, *de jure*, após o advento da República (1889). E se foi restaurada com a Constituição antiliberal de 1937, que instituiu no Brasil, transitoriamente, o chamado *Estado Novo*, tendo mesmo a subsequente lei de Defesa do Estado (Dec.-Lei n. 431, de 18 de maio de 1938, revogado, em parte, pela Constituição de 1946, superveniente à queda do *Estado Novo*) cominando a pena de morte no caso de certos crimes contra a ordem político-social, jamais foi infligida pelos tribunais do país, nem mesmo pelo juízo de exceção, que foi o ominoso Tribunal de Segurança Nacional (1938 – 1946). (...) "Nunca como na atualidade foi o sentimento brasileiro tão radicalmente infenso à pena de morte. Tudo indica que o Brasil jamais a restabelecerá, afeiçoando-se, assim, ao ritmo da maioria das nações do mundo civilizado, cujo exemplo autoriza a previsão

de que, no ano 2000, não mais subsistirá, à face da terra, esse resíduo de barbaria, incompatível com o mais elementar espírito de solidariedade humana".[41]

**Clássicos da literatura**

Os textos de Nélson Hungria influenciaram gerações de juízes, membros do Ministério Público, advogados e demais trabalhadores forenses, além de servirem como referência indispensável para os estudiosos do Direito Criminal. Suas lições conservam impressionante atualidade, não obstante as reformas penais e processuais que surgiram após a primeira edição de seus iluminados *Comentários ao Código Penal*. E a explicação para esse fenômeno é simples: a sua obra foi pensada e escrita com extraordinário vigor mental e uma notável capacidade de persuasão, tendo como base uma imensa cultura humanística. Os trabalhos intelectuais do imortal Nélson Hungria estão integrados no repertório dos clássicos da literatura em nosso país. A leitura de seus livros e de seus votos como magistrado é um estímulo para o estudo do ser humano sob a perspectiva das ciências penais. Mas não basta somente o seu conhecimento formal para *reviver* o autor. Como disse muito bem o jornalista, escritor e filólogo João Ribeiro (1860-1934): "É mister não só ler, mas viver, conviver, respirar e conspirar com os clássicos, no mundo em que se moveram e comoveram" (*Páginas de Estética*).

---

- 41 A pena de morte no Brasil. In: *Pena de morte,* Coimbra, 1967, vol. II, pp. 173/185. A *Comunicação* foi também publicada na *Revista Brasileira de Criminologia e Direito Penal*: Rio de Janeiro, edição da Universidade do estado da Guanabara, n. 17 (abr.-jun. 1967), pp. 7 e ss.

# NOVAS TEORIAS E DIRETRIZES DO DIREITO PENAL[1]

Nélson Hungria

> SUMÁRIO: *Defesa social. Escolas francesa e italiana. Recuperação social do criminoso. Finalidade da pena. Medida de segurança. Pena indeterminada. O anteprojeto do Cód. Penal. Estabelecimento penal aberto. Conclusão.*

Novas teorias em torno do problema da delinquência estão postulando, mais que uma simples reforma, a abolição do direito penal tradicional, cujos princípios deveriam ser radicalmente substituídos por outros que melhor assegurem a defesa social.

O novo lema assim apregoa: não mais "direito penal", não mais "direito de punir", mas "direito de defesa social" ou "contra a antissociabilidade".

Enquanto a escola francesa de "defesa social", chefiada por MARC ANCEL, se orienta no sentido de um entrosamento gradativo dos critérios do "neodefensismo" com as normas do direito penal tradicional, já o mesmo não acontece com a escola italiana, sob a mesma denominação, dirigida por FILIPPO GRAMMATICA, segundo a qual o direito penal tradicional deve ser relegado para museu, cedendo o lugar ao "direito-dever de defesa social", não por meio de punição, mas exclusivamente por meio da recuperação do indivíduo socialmente rebelde ou indisciplinado.

Com uma firmeza e concatenação de princípios que ultrapassam as da chamada "escola positiva", a corrente italiana do neodefensismo proclama que se deve ter em conta, não o fato de infringir a lei social, mas o agente, o "homem", o violador do *modus vivendi* da coletividade, como pessoa humana, a ser perquirida e avaliada em sua totalidade, para averiguar se se trata, ou não, de indivíduo antissocial.

Não mais *responsabilidade ou culpabilidade penal,* com ou sem base na imputabilidade moral ou psíquica, mas a demonstração da existência, *in concreto,* de sociabilidade ou antissociabilidade, de cunho eminentemente subjetivo, como um conceito de síntese. Não mais a preocupação com a tutela de bens jurídicos, mas a readaptação social, o "melhoramento" do

---

- [1] Conferência pronunciada em 10.10.1967, em Brasília, no Congresso de Direito Penal e Ciências Afins. Publicada em *RF*, 222/26.

indivíduo-agente. Não mais "crimes", mas "índices de maior ou menor antissociabilidade". Não mais *pena,* mas *medidas de defesa social,* preventivas, educativas ou curativas, adequadas a cada pessoa. Não mais *repressão ou castigo,* mas *ressocialização, reclassificação social* dos transviados ou antissociais.

A nova escola de defesa social tem o sentido ou representa uma superação do positivismo ferriano, pois este, ao contrário daquela, não pleiteia uma reforma radical e sistemática, continuando apegado ao critério de *responsabilidade,* embora dizendo-a *social* ou *legal,* para imprimir-lhe caráter chocantemente objetivo (o indivíduo é responsável porque e enquanto vive em sociedade) e, assim, exasperando o fundamento da atribuição do fato antissocial ao indivíduo. Diversamente do positivismo, a nova doutrina da defesa social não nega a responsabilidade moral, nem consequentemente o livre-arbítrio ou o libertismo da vontade, mas faz deles total abstração.

O positivismo conserva a noção de "crime", insistindo em falar de "delinquentes" e classificando-os em categorias mais ou menos empíricas, enquanto o neodefensismo não conhece "crimes", senão fatos indicativos de antissociabilidade de seu autor, e não cuida de *delinquentes* ou *não delinquentes,* senão de indivíduos sociais ou antissociais.

Na sua tomada de posição, o neodefensismo não se confunde com a *defesa social* inspiradora das teorias utilitaristas, pois constituiria um complexo de normas e práticas tendentes, não ao resguardo de bens ou interesses jurídicos contra a lesão ou perigo de lesão por parte do indivíduo, mas a prevenir e eliminar, no indivíduo, as causas de antissociabilidade. Seu fim único é a defesa da sociedade por meio da *socialização* do indivíduo, a harmonização da vida do indivíduo com a vida da sociedade. É a proteção da sociedade por meio da proteção do indivíduo, com medidas pedagógicas, emendativas ou curativas, segundo a natureza de cada caso.

Com o radicalismo da diretriz de Filippo Grammatica e seus adeptos não se compadece a escola francesa. Entende esta que deve ser gradativa a acomodação do direito penal tradicional aos princípios da defesa social, salvo os que permitam aplicação imediata sem maior contraste com o atual *jus positum*. Também a escola francesa propunha o princípio de que o fim precípuo da pena é a ressocialização do delinquente, devendo desaparecer o dualismo de pena e medida de segurança. Em todos os aspectos da pena, devem prevalecer os direitos da pessoa humana. O que se faz mister é um movimento de política criminal humanista.

Como diz Herzog, a defesa social, sob o novo prisma, é a "tendência para a humanização do direito penal". O neodefensismo, segundo a diretriz moderna, propõe-se uma ação sistemática de *socialização* dos delinquentes, mas entende que será isso possível sem desarticulação total do direito punitivo tradicional. Desde que os institutos e normas jurídico-penais se orientem essencialmente, tanto do ponto de vista substantivo quanto do processual ou adjetivo, no sentido da recuperação moral e social do indivíduo criminoso, não há necessidade imediata de subverter *ab imis fundamentis* a armação atual do direito penal.

Foi dentro desse ponto de vista que o 1º Congresso de Defesa Social, realizado em 1954, aprovou o seguinte voto: "As decisões judiciais devem ser proferidas e executadas tendo em conta, principalmente, a personalidade do criminoso e tenderem, por medidas científicas e individualizadas, para a adaptação social do indivíduo".

A moderação da escola francesa está muito mais próxima de praticabilidade atual do que o radicalismo da escola italiana. Pode mesmo dizer-se que ela é um reflexo das tendências mais recentes do direito penal.

Como de outra feita já acentuamos, o direito penal passa atualmente por uma fase de revisão de critérios, a começar pelo que diz respeito à tradicional pena-retribuição, que, na ortodoxia de seus princípios, está caindo em franco descrédito. Ao invés da pena limitada ao seu sentido etimológico, ou da pena-castigo, como retribuição do mal pelo mal ou contragolpe do crime, ou como exclusivo mandamento de justiça, ou como imperativo categórico, ou com fundamento em transcendentes razões filosóficas, o que presentemente se preconiza é a pena como meio e instrumento de utilidade social, atendendo, acima de tudo, ao fim prático de tentar, na medida do possível, a reclassificação social do delinquente, pelos meios educativos ou ortopsíquicos indicados pela experiência.

A recuperação social do criminoso, de simples epifenômeno, passa a ser o preponderante, o precípuo escopo da pena. Não mais, entre as paredes do cárcere, o drama de sofrimento de um culpado, por antecipação do Inferno, mas o edificante espetáculo de resgate e salvação de um ser humano.

Quando no Congresso Internacional de Direito Penal de Roma, em 1953, BIAGIO PETROCELLI, autor principal do malogrado projeto de novo Cód. Penal para a Itália, de 1949, afirmou que "a pena é uma superior exigência do espírito, cuja atuação deve, se necessário, pairar acima de todas as exigências práticas", suas palavras ecoaram como se viessem do fundo de uma época já inteiramente superada e esquecida. O versículo do novo credo adquire ressonância cada vez mais extensa.

O Cód. Penal suíço, no seu art. 37, já preceitua, de modo expresso, que as penas privativas de liberdade "devem ser executadas de modo a exercer sobre o condenado uma ação educadora e a prepará-lo para a vida livre".

O Código soviético, da mesma forma, atribui à pena a finalidade de "corrigir e reeducar o criminoso no espírito da honrosa adaptação ao trabalho e no respeito às normas da vida coletiva".

A vigente Constituição da Itália – país vanguardeiro no estudo da ciência penal – inclui entre as suas disposições a seguinte: "As penas não podem constituir em modos de tratamento contrários ao sentimento de humanidade e devem visar à reeducação do condenado".

O art. 10 da Declaração de Direitos da Constituição francesa, de 1946, declara: "As penas privativas de liberdade devem tender à reeducação do culpado".

O Código tchecoslovaco, de 1950, entre os fins da pena ressalta o de "educar o condenado durante sua execução e ressocializá-lo, para convertê-lo em um membro da comunidade, como os demais". No mesmo sentido, os Códigos da Bulgária e da Iugoslávia, ambos de 1951.

O Regulamento das Prisões da Espanha, de 1956, estabelece que as sanções penais devem ter por fim "uma ação reformatória, na conformidade dos princípios e orientações da ciência penitenciária".

Também a nossa Lei n. 3.274, de 1957, que veio formular normas gerais sobre o regime penitenciário, dá especial relevo ao princípio de que a pena, ajustada à personalidade do delinquente, deve constituir um "regime de educação moral, intelectual, física e profissional".

O mais recente projeto, de novo Código Penal argentino, de autoria de Sebastian Soler, repete o preceito do Código helvético: a pena deve ser executada como medida pedagógica, preparando o criminoso, gradualmente, para o retorno à vida livre. E assim por diante.

De tal sorte se vem acentuando, quer na doutrina, ou nos "votos" de Congressos Internacionais ou nos projetos de reforma jurídico-penal, quer, correspondentemente, no próprio direito positivo, ao adotar novos métodos no âmbito da execução penal, o critério de que a privação de liberdade, como sanção contra o delinquente, não é um fim em si mesma, não devendo ser aplicada *quia peccatum,* senão, principalmente, *ne peccetur* (isso é, devendo ser aproveitada para o afeiçoamento do condenado à vida social mediante processo de educação ativa), que se chega, afinal, à conclusão de que já não há mais distinguir entre pena e medida de segurança, dada a intercorrente identidade dos meios práticos utilizados por uma e outra.

O estabelecimento prisional, nos seus modernos moldes, tende a assimilar, inteiramente, o *modus exequendi* da medida de segurança detentiva.

Explica-se, dessarte, que nos mais recentes Congressos penais, no plano internacional, venha sendo debatida largamente a tese relativa à. supressão do sistema de *dupla via* ou de *dois trilhos* (*doppio binario, dual track, Zweispurigkeit*), isto é, da aplicação sucessiva de pena e medida de segurança, a ser substituído por um tratamento unitário.

No já citado Congresso de Roma, de 1953, teria triunfado a tese de unificação integral das duas sanções, e sob a epígrafe exclusiva de "medida de segurança", se Filippo Grispigni, o saudoso professor da Universidade romana, que sempre evoluiu entre a escola positiva e a escola neoclássica, não tivesse proposto, como relator do tema, uma fórmula conciliatória ou transacional: não mais o sistema de aplicação sucessiva de pena e medida de segurança, ou vice-versa, mas o sistema alternativo, ficando ao esclarecido e prudente arbítrio do juiz, em cada caso, aplicar, ou somente a pena, ou somente a medida de segurança.

A respeito do assunto, já tive oportunidade de me pronunciar, sem vacilações, nas internacionais "Jornadas Penales", de Buenos Aires, em agosto de 1960. Salvo o caso excepcional de necessidades de tratamento curativo, isto é, no caso dos enfermos mentais ou dos semi-imputáveis de fundo mórbido, em que se não poderá prescindir da medida de segurança, que é o manicômio judiciário ou o "anexo" psiquiátrico, sou pelo método unitário, mas sob a rubrica de "pena", sem repúdio à tradicional condição de imputabilidade e culpabilidade moral, posto que não há incompatibilidade alguma entre. o princípio de responsabilidade psíquica e a concepção finalística da pena.

A adoção da medida de segurança como sanção única apresentaria sério inconveniente. Conceitualmente subordinada, na sua aplicação, ao estado de periculosidade ou antissociabilidade do delinquente, não poderia abranger os criminosos de ocasião, episódicos ou de emergência, os passionais autênticos, os políticos, ou simplesmente culposos, ou autores de crimes meramente convencionais, os normais em geral (cuja existência os próprios positivistas ou defensistas não negam), que não apresentam deformada personalidade ou intimidade psíquica, ou ineducação social, de modo que, em relação a essas categorias, desapareceria a incontestável e imprescindível função intimidativa ou de prevenção geral da pena. Se apenas fossem atingíveis os perigosos ou antissociais, aos que não o fossem, isto é, aos não perigosos ou não antissociais, se forneceria um prévio salvo-conduto para a prática de crimes, – o que seria um rematado despropósito.

Sou dos que entendem que a pena, na sua função teleológica, não pode ficar confinada 'dentro de um princípio monolítico ou exclusivo. Seu escopo é pluridimensional. Não somente *retribuição (malum passionis ob malum actionis),* mas também *defesa social,* isto é, na sua fase executiva, deve prover, quando necessário e na medida do possível, a recuperação social do condenado.

No recentíssimo colóquio realizado em Coimbra, para comemorar o centenário da abolição da pena de morte em Portugal, do qual tive a honra de participar, travou-se vivo debate entre os professores FILIPPO GRAMMATICA e GIUSEPPE BETTIOL, ali presentes, um, defendendo a exclusividade do princípio de defesa social, e outro, sustentando o princípio da retribuição como único admissível. Ao que declarou o ilustre BETTIOL, fora tormentosa a sua vacilação entre os dois princípios, mas, afinal, se convencera de que, dentro da lógica dos princípios que disciplinam o *homo socialis,* somente havia lugar para a pena retributiva. Intervi no debate, para declarar que eu me eximira ao tormento, sofrido 'por BETTIOL, adotando a política do Zadig de VOLTAIRE, que, resolvendo a grave controvérsia religiosa entre os persas, sobre se se devia entrar no Templo com o pé direito ou com o pé esquerdo, entrou no sagrado recinto com ambos os pés. Tenho para mim que o fim da pena é retribuição e é defesa social. Na pureza de sua concepção ou rigor de sua lógica, o princípio da retribuição já não se encontra em legislação penal alguma do mundo civilização, pois, de outro modo, não se explicariam os institutos do livramento condicional, da suspensão condicional da pena e do perdão judicial, que, universalmente adotados, interromperam a continuidade ou a efetiva aplicação da pena, quando o condenado revela indícios de regeneração ou não se mostra perigoso, antissocial ou socialmente ineducado.

Por outro lado, o princípio da defesa social, na sua formulação antiga ou atual, não pode ser adotado, com exclusividade, para legitimar o escopo da reação do Estado contra os violadores da lei social, pois, como já foi ressaltado, é deficiente em relação aos mesmos indivíduos que vêm de ser mencionados, não necessitados das medidas profiláticas, educativas ou curativas sugeridas pelos defensistas, e que, assim, teriam livre ensejo de infringir a ordem jurídica.

A pena há de ser um *quid compositum,* transacionando entre *justiça* e *utilidade,* entre *retribuição* e *defesa social,* para evitar que fique truncada na sua função de utilidade prática.

Com a preconizada aglutinação entre pena e medida de segurança, volta ao debate a controvertida questão da "pena indeterminada". Se a pena passa a ter com um de seus irrenunciáveis objetivos ou encargos funcionais a reassimilação social do delinquente, a sua duração (que o princípio da retribuição exigia fosse limitada) terá de ser indeterminada, ou seja, condicionada à persistência da ineducação social do condenado. Do mesmo modo que se dispensa a continuidade de execução da pena, quando o condenado, intercorrentemente, revele recuperação social, assim também deverá ser prolongado o tempo dessa execução, enquanto o condenado se mostre carecedor do tratamento educacional ou recuperativo.

É trazida, então, à baila a teoria chamada "da culpabilidade do caráter" ou da "culpabilidade pela conduta da vida": o indivíduo deve responder, não apenas pela sua ação antijurídica, considerada em si mesma, senão também, e principalmente, pela sua deformada intimidade psíquica ou personalidade. Desde que para a formação ou modelação de sua personalidade antissocial, entrou, como fator concausal, a sua vontade, ao criminoso deve ser aplicada a pena não só pelo que *fez* (isto é, pelo crime praticado), como pelo que *é,* e enquanto não deixa de ser o que é, ou seja, enquanto persistir, em potencial, a sua antissociabilidade. Já não mais se deveria referir a culpabilidade apenas a um fato isolado ou individuado, mas também, e acima de tudo, à toda a vida pretérita do agente, enquanto esta estivesse marcando a sua personalidade ou o seu caráter.

Ainda mesmo, porém, que se assentisse nessa corrente de ideias (em gritante contraste com o direito penal tradicional), a indeterminação da pena, do ponto de vista político, seria desaconselhável, porque enseja um demasiado arbítrio judicial, dada a atual precariedade ou relativa insegurança dos indícios psicológicos da cessação de antissociabilidade E isto mesmo reconhecem, os próprios defensistas, quer os da escola francesa, quer os da escola italiana, excetuadas as medidas de caráter curativo, que não podem deixar de ser subordinadas, no tempo, a cura do paciente.

Entre nós, para a recusa da pena indeterminada, existe até mesmo a censura da Lei Constitucional, que proíbe a "prisão perpétua" como pena. O anteprojeto de novo Código Penal brasileiro, de cuja elaboração fui incumbido pelo governo, ajusta-se, até certo ponto, aos critérios mais recentemente preconizados e consagra a unificação das duas sanções – pena e medida de segurança, – salvo a exclusividade da última, obrigatoriamente no caso dos doentes mentais, e facultativamente na hipótese dos "inferiorizados psíquicos" de natureza mórbida. As penas privativas de liberdade (reclusão e detenção), segundo declara o art. 35, "devem ser executadas de modo que exerçam sobre o condenado, que o necessite, uma individualizada ação educacional, no sentido de sua recuperação social". Se, por um lado, é mantida a pena ainda quando o réu não demonstre indícios de antissociabilidade ou periculosidade social, por outro lado, a pena, quando presentes tais indícios, assume função essencialmente pedagógica. A duplicação de sanções, neste último caso, além de supérflua no regime adotado, importaria um desperdício econômico por parte do Estado.

Depois de determinar, obrigatoriamente, a internação dos inimputáveis, por motivo de doença mental, no "manicômio judiciário" (que é o estabelecimento pioneiro das medidas de segurança), o anteprojeto assim dispõe, no seu art. 89: "Quando o condenado se enquadra no § 2º do art. 30 (que trata dos indivíduos de imputabilidade restrita, portadores de personalidade psicopática, "fronteiriços" em geral) e necessite de especial tratamento curativo, a pena privativa de liberdade pode ser substituída pela internação em estabelecimento psiquiátrico anexo ao manicômio judiciário ou estabelecimento penal, ou em seção especial de um ou de outro. § 1º Sobrevindo a cura, não se dá a transferência do internado para o estabelecimento penal, mas não fica excluído o seu direito ao livramento condicional, como se estivesse a cumprir a substituída pena privativa de liberdade § 2º Se, ao termino do prazo, persistir o mórbido estado psíquico do internado, condicionante de periculosidade atual, a internação passa a ser por tempo indeterminado, aplicando-se o disposto nos §§ 1º a 4º do art. 88 (relativos à verificação anual da possível cessação de periculosidade)

Trata-se, como se vê, de um *mixtum compositum,* isto é, de uma pena consubstanciada com medida de segurança curativa pelo prazo da condenação, findo o qual pode subsistir uma pura medida de segurança, que durará enquanto não for conjurado o estado mórbido condicionante da periculosidade do internado. Dir-se-á que há nessa medida cambiante uma conjugação ilógica de critérios com fundamentação diversa; mas o direito penal e desembaraçadamente pragmático não atende a *lógica,* mas a *utilidade.* No caso disciplinado pelo art. 89, havia que contornar o preceito constitucional infenso a pena indeterminada, daí a admitida superveniente conversão integral da sanção em medida de segurança, cuja indeterminação no tempo escapa a censura da Magna Carta.

Outro atestado, no anteprojeto, do entrosamento que ele procura realizar, entre pena e medida de segurança, é a adoção do "estabelecimento penal aberto", a que assim se refere o extremado FILIPPO GRAMMATICA, vexilário do neodefensismo, que o inculca até mesmo como uma das "medidas de defesa social", substitutivas da tradicional pena-castigo:

"Devemos, sobretudo, ao tratar dos "lugares" de execução das medidas de defesa social, insistir sobre um problema que pode interessar particularmente ao sistema defensivo, isto é, o dos "estabelecimentos abertos", que constituem um tema de vastíssimo estudo e experimentação em muitos países. A ele as Nações Unidas dedicaram especial atenção. Nas recomendações que propuseram, foi dada, a respeito dos estabelecimentos para execução *all'aperto,* a seguinte definição "O estabelecimento aberto caracteriza-se pela ausência de precauções materiais e físicas contra a evasão (tais como muralhas, grades, ferrolhos, guardas e vigilantes), assim como por um regime fundado sobre uma disciplina consentida e sobre o sentimento de responsabilidade dos internados relativamente a comunhão em que vive, regime esse que encoraja o internado a usar das liberdades oferecidas sem abusar delas..."

Tal sistema é precisamente baseado sobre uma radical interpretação dos direitos do homem. A execução *all'aperto* entra, conseguintemente, no programa da defesa social.

O estabelecimento penal aberto, que, no Brasil, já está sendo praticado, e com ótimos resultados, em vários Estados (São Paulo, Minas Gerais, Paraná, Pernambuco, Alagoas, Rio Grande do Norte etc.), deve seu programa e organização inicial ao famoso penitenciarista OTTO KELLERHELS, o inolvidável diretor da Penitenciária de Witzwil, na Suíça. O seu critério prevalente é o de evitar, quanto possível, os maus efeitos da prisão tradicional, sob rígida disciplina, que torna o condenado ainda mais desajustado, pois, adotando o processo paradoxal de tentar prepará-lo para a vida livre mediante um regime de escravidão, afrouxa-lhe a vontade, elimina-lhe o espírito de iniciativa, desanima-o para o trabalho voluntário, suprime-lhe o restante sentimento de dignidade ou amor próprio, fá-lo perder a confiança em si mesmo, leva-o à desgraça das perversões sexuais, distancia-o cada vez mais da compatibilidade com a vida social ou a ordem jurídica.

Os estabelecimentos penais abertos existentes em nosso País – devo dar um testemunho *de visu* – já superaram o modelo de Witzwil, pois neste o regime continua sendo o de "segurança média" *(medium security),* não dispensando o encerramento celular à noite, sob chave. Além disso, não possui, pude observar no estabelecimento mineiro das Neves e nas Colônias paulistas de Bauru e São José do Rio Preto: a instalação de modestos *cottages* nas cercanias da sede da administração, para moradia das famílias dos internados (denominados "reeducandos"), em convivência com estes, proporcionando-se aos seus filhos, em seção, especial do estabelecimento, ensino primário. Os internados trabalham ou nas oficinas, sem outra vigilância que a dos contramestres, ou nas lavouras, para onde se encaminham pela manhã e de onde somente voltam a tarde, sem a companhia de um só guarda armado. Tais estabelecimentos têm funcionado, entre nós, um pouco à margem da lei, e o anteprojeto visa a oficializá-los, seja como sanção exclusiva, seja como etapa na execução de outras penas privativas de liberdade.

Já foi criticado esse sistema, sintomático da tendência de radical renovação em matéria de execução penal, porque o benigno, humano tratamento que dispensa aos delinquentes criaria um contraste amargamente irônico com o desconforto em que vivem os não delinquentes desprovidos de fortuna. Não procede, porém, a crítica. Na tentativa de debelar o flagelo da delinquência, e já evidenciada a ineficácia dos métodos tradicionais

# Apêndice

para a reabilitação dos que delinquem, todos os recursos e expedientes, que se apresentem com maior eficiência, são admissíveis e louváveis. O êxito que poderá ser alcançado, pelo menos com a atenuação do malefício dessa extensa e alarmante chaga cancerosa, que é a criminalidade, seria compensação suficiente para reduzir ou afastar argumentos como o que vem de ser citado, que só têm contribuído para a exacerbação da pena-castigo, o que, ao invés de corrigir, somente serve para agravar a antissociabilidade de quem a ela é submetido, embrutecendo-o e incapacitando-o para a vida livre.

Desde que se verifique a *corrigibilidade* de um criminoso, que se torna hóspede forçado do estabelecimento penal, já a multisecular experiência demonstrou, *ad nauseam,* que não há de ser com a inflicção de castigo, por mais cruel ou duradouro, que se obterá a sua inocuidade ou reassimilação social. Somente os irredutíveis ao emprego de métodos humanitários de reforma, entre os quais ressalta o 'trabalho orientado no sentido de uma redenção e reajustamento da individualidade, é que deverão ser sujeitos à segregação como um fim em si mesma ou como um meio de neutralizar, pelo menos temporariamente, a sua atividade maléfica, convindo mesmo que se lhes imponha não demorada privação de liberdade, que, ao término da servidão penal, se encontrem fisicamente incapacitados, em razão da idade avançada, para retornar ao submundo da criminalidade (e não foi por outra razão que o meu anteprojeto de novo Código possibilitava, em certos casos, a elevação da pena de reclusão até 40 anos, critério que, entretanto, não teve o apoio da Comissão Revisora, que optou pelo tradicional máximo de 30 anos).

Fora daí, a reconquista de um delinquente, no sentido do seu readaptamento à ordem jurídico-social, ao *mínimo ético indispensável* à conduta da vida em sociedade, é uma proeza que deve ter o assentimento, o estímulo, a contribuição de um pouco de sacrifício por parte de todos os membros da coletividade. Deve esta seguir o exemplo daquele patriarca da parábola de Cristo, que exultou com a volta do filho pródigo, sem cuidar do possível despeito ou queixume do outro filho, que lhe permanecera obediente e fiel.

# NOVOS RUMOS DO DIREITO PENAL[1]

Nélson Hungria

**SUMÁRIO:** *A pena como instrumento de utilidade social. Pena e medida de segurança. Prisão aberta. Estabelecimentos industriais e agrícolas. Penas de multa e de curta duração. Erro de fato e erro de direito. Crimes contra a segurança do trânsito. Abusos e fraudes contra o fisco. A liberdade de imprensa. Conclusão*

O direito penal passa atualmente por uma fase de revisão de critérios, a começar pelo que diz respeito à tradicional pena-retribuição, que está caindo, agora mais do que nunca, em franco descrédito Ao invés da pena limitada ao seu sentido etimológico, ou da pena-castigo, ou como exclusivo mandamento de justiça, ou como imperativo categórico, ou com fundamento em transcendentes razões filosóficas, o que presentemente se preconiza é a pena como meio e instrumento de utilidade social, atendendo, acima de tudo, ao fim prático de tentar, na medida do possível, a ressocialização do delinquente pelos meios educativos indicados pela experiência. A recuperação social do criminoso, de simples epifenômeno, passa a ser o preponderante, o precípuo escopo da pena. Não mais, entre as paredes da prisão, o drama de sofrimento de um culpado, por antecipação do Inferno, mas o edificante espetáculo de resgate e salvação de um ser humano.

Quando no Congresso Internacional de Direito Penal de Roma, em 1953, BIAGIO PETROCELLI, autor principal do malogrado projeto de novo Código Penal para a Itália, de 1949, afirmou que "a pena é uma superior exigência do espírito, cuja atuação deve, se necessário, pairar além, acima de todas as exigências práticas", palavras que ecoaram como se viessem do fundo de uma época já inteiramente superada e esquecida.

O versículo do novo credo adquire ressonâncja cada vez maior.

O Cód. Penal suíço, no seu art. 37, já preceitua, de modo expresso, que as penas privativas de liberdade "devem ser executadas de modo a exercer sobre o condenado uma ação educadora e a prepará-lo para a vida livre". O Código soviético, da mesma forma, atribui à pena a finalidade de "corrigir e reeducar o criminoso no espírito da honrosa adaptação ao trabalho e no

---

- 1 Palestra pronunciada no Rio de Janeiro, publicada em *RF*, 198/pp. 21 e ss.

respeito às normas da vida coletiva". A vigente Constituição da Itália – país vanguardeiro no estudo da ciência jurídico-penal – inclui entre as suas disposições a seguinte: "As penas não podem consistir em modos de tratamento contrários ao sentimento de humanidade e devem visar à reeducação do condenado". A nossa Lei n. 3.274, de 1957, que veio, na conformidade de mandamento da nossa Lei Magna, formular normas gerais sobre o regime penitenciário, dá especial relevo ao princípio de que a pena, ajustada à personalidade do delinquente, deve constituir um "regime de educação moral, intelectual, física e profissional". O mais recente projeto de Cód. Penal que é o argentino, elaborado por SEBASTIÁN SOLER, repete o preceito do Código helvético:

"A pena deve ser executada como medida pedagógica, preparando o criminoso, gradualmente, para o retorno à vida livre".

De tal sorte se veio acentuando, quer na doutrina, ou nos "votos" de Congressos internacionais ou nos projetos de reforma jurídico-social, quer, correspondentemente, no próprio direito positivo, ao adotar novos métodos no âmbito da execução penal, o critério de que a privação de liberdade, como sanção contra o delinquente, não é um fim em si mesmo, não devendo ser aplicada *quia peccatum*, senão principalmente *ne peccetur* (isto é, devendo ser aproveitada para o afeiçoamento do condenado à vida social, mediante processos de educação ativa), que se chegou, afinal, à seguinte conclusão: pelo menos do ponto de vista executivo, desapareceu a diferença entre pena e medida de segurança. Acabaram coincidindo os programas e processos práticos de uma e outra. O estabelecimento prisional, nos modernos moldes, assimilou o *modus exequendi* da medida de segurança detentiva. Salvo o caso excepcional dos doentes mentais, à *grande orquestra* ou em *discreta surdina* ("fronteiriços" de fundo mórbido), e dos ébrios habituais ou intoxicados crônicos (com profunda alteração do psiquismo), que devem ser declarados *irresponsáveis* (repudiando-se qualquer compromisso transacional a respeito) e submetidos exclusivamente à medida de segurança de internamento em manicômio judiciário ou seções especiais ou "anexos" de tal estabelecimento, todos os demais criminosos poderiam ser, sem prejuízo de imprescindíveis discriminações para o efeito do tratamento individualizado, mandados para os estabelecimentos penais. Os próprios portadores de personalidade psicopática, que não são propriamente *doentes mentais*, mas indivíduos que, não obstante mais ou menos íntegros de inteligência, trazem consigo um *status* constitucional de deficiência sentimental ou volitiva, não se eximiriam ao tratamento penal comum, já tendo a experiência demonstrado que o seu convívio com os delinquentes psiquicamente normais torna-os mais acessíveis ao regime disciplinar e educacional. A afinidade prática que, nos últimos anos, se estabeleceu entre pena e medida de segurança é que, naturalmente, explica o fato de que em quase todos os países, cujos Códigos adotaram as duas sanções, não se cuidou da instalação dos preconizados institutos de segurança. Não passaram estes de legislação de fachada. Compreendeu-se que seria gastar dinheiro inutilmente com a duplicidade de estabelecimentos que, embora sob etiquetas diferentes, eram idênticos na sua organização e atuação prática.

Nos mais recentes Congressos internacionais tem sido largamente debatida a tese relativa à supressão do sistema de *dupla via* ou de *dois trilhos* (*doppio binario, dual track, Zweispurigkeit*), isto é, da aplicação sucessiva de pena e medida de segurança, a ser substituído por um tratamento unitário. No já citado Congresso de Roma, de 1953, teria triunfado a tese da unificação integral das duas sanções, sob a epígrafe exclusiva de medida de segurança, se FILIPPO GRISPIGNI, o saudoso professor da Universidade da Capital italiana, que sempre evoluiu entre a escola positiva e a escola neoclássica, não tivesse proposto como relator do tema uma fórmula conciliatória ou transacional: não mais o sistema de aplicação sucessiva de pena e medida de segurança, ou *vice-versa*, mas o sistema alternativo, ficando ao esclarecido e prudente arbítrio do juiz, em cada caso, aplicar ou somente a pena ou somente a medida de segurança.

A respeito do assunto já tive oportunidade de me pronunciar nas "Jornadas Penales" de Buenos Aires, em agosto de 1960. Salvo os casos excepcionais a que acima já me referi, em que não se poderá prescindir da medida de segurança, que é o manicômio judiciário, sou pelo tratamento unitário, mas sob a rubrica exclusiva de "pena" sem repúdio à tradicional condição de imputabilidade e culpabilidade, posto que não há incompatibilidade alguma entre o princípio da responsabilidade psíquica e a concepção finalística da pena.

A adoção da medida de segurança como sanção única apresentaria sério inconveniente. Conceitualmente subordinada, na sua aplicação, à periculosidade do criminoso, não poderia abranger os criminosos de ocasião, de acaso ou de emergência, os criminosos passionais autênticos, os criminosos políticos, os criminosos simplesmente culposos, os autores de crimes meramente convencionais, os criminosos normais em geral, de nenhuma ou escassa periculosidade, de modo que todas essas categorias ficariam à margem do direito penal, com grave prejuízo da função intimidativa ou de coação psicológica inerente à ameaça da reação penal. Se apenas fossem atingíveis os perigosos, aos não perigosos se daria um prévio salvo-conduto para a prática de crimes, o que seria um despropósito.

A preferência da pena como sanção única está condicionada, quanto aos criminosos socialmente desajustados, a que o período de privação de liberdade não somente seja aproveitado, como na medida de segurança, para a reeducação do condenado, como também adquira a ductilidade necessária ao fim de individualização. Inscrevo-me entre aqueles que, em certos casos, propugnam não a absoluta indeterminação da pena (que, aliás, poderia redundar na *perpetuidade proibida* pela Constituição brasileira), mas a sua indeterminação relativa. Do mesmo modo que se dispensa o cumprimento de parte da pena, quando o condenado, intercorrentemente, revela sua recuperação social, assim também pode ser prolongado o tempo de sua prisão, até um certo limite além do *quantum* imposto pela sentença, desde que ele se mostre ainda carecedor da continuidade do tratamento educacional. Como diz BELEZA DOS SANTOS, que tem sido o grande inspirador da remodelação do sistema penitenciário de Portugal, "seria, porventura, de utilizar neste caso, como um meio eficaz de atuar na execução da pena, o conceito de *culpa na direção da vida* ou na formação ou, antes, *na modelação da própria personalidade*". Desde que para modelação de sua personalidade antissocial entra, como fator concausal, a sua vontade, ao criminoso pode ser aplicada a pena, não só pelo que fez (isto é, não só em razão do crime), senão também pelo que é, e enquanto não deixa de ser o que é.

Muito ilustrativo é o tratamento que está sendo atualmente adotado em relação aos criminosos *habituais* e aos chamados *por tendência* (isto é, criminosos organicamente condicionados, por deficitários de senso moral e autoinibição).

O Código iugoslavo, que é o mais recente entre os Códigos do mundo civilizado, engloba para idêntico tratamento essas duas categorias de delinquentes, permitindo a aplicação da pena mais severa para o crime de que se trate, não podendo, porém, ultrapassar o dobro dessa pena, nem ultrapassar o máximo da espécie de pena pronunciada. O Código grego, de 1950, que não conhece a existência do criminoso por tendência, cuida, especialmente, apenas do criminoso habitual contra o qual comina a pena de reclusão relativamente indeterminada; o mínimo da pena não pode ser inferior a dois terços do máximo da pena cominada para o reincidente simples, sem direito a intercorrente liberação condicional, e, findo esse prazo mínimo, se o condenado ainda não revela ausência de periculosidade, a pena poderá durar por mais 15 anos, embora devendo ser ele submetido, de três em três anos, a um exame de verificação de cessação de periculosidade, a fim de, no caso afirmativo, ser posto em liberdade. O projeto argentino de SEBASTIÁN

SOLER também reúne os habituais e por tendência a idêntico tratamento, como faz o Código iugoslavo: o juiz fixará a pena correspondente ao fato de que se trate, e o prazo respectivo será o mínimo da pena de reclusão, não podendo esta, entretanto, ser inferior a três anos, e sendo suscetível de prorrogação até 12 anos após o cumprimento do prazo mínimo fixado.

Para os criminosos não classificáveis como perigosos e mesmo os de pouca periculosidade, o sistema de tratamento penal que, atualmente, cada vez mais encontra apoio e difusão é o da "prisão aberta" ou "estabelecimento penal aberto", já adotado, com êxito, em vários Estados do Brasil (São Paulo, Minas Gerais, Paraná, Alagoas, Pernambuco, Rio Grande do Norte). É um regime que se caracteriza pela confiança que se deposita no detento ou internado, permitindo-se-lhe uma grande liberdade de movimentos ou conduta sem constante vigilância, bem como autonomia no desempenho de tarefas de que são incumbidos dentro do estabelecimento ou a céu aberto. A prisão aberta se reconhece, principalmente, pela ausência de obstáculos materiais para evitar a fuga, como sejam muralhas, grades, ferrolhos, guardas armados. Ao invés disso, o compromisso formal de não fugir, assumido pelo internado, incutindo-se-lhe o sentimento de autorresponsabilidade, avivando-se-lhe o brio pela confiança que nele se deposita. O modelo primitivo foi o estabelecimento penal de Witzwil, na Suíça, por mim recentemente visitado.

Deve-se sua organização ao famoso penitenciarista OTTO KELLERHALS, e tais têm sido os bons resultados obtidos que o sistema já encontrou apoio, para sua generalização, no próprio seio da ONU, ou seja, no Congresso por esta promovido em Genebra, em 1953, onde, porém, se acentuou, e com toda a razão, a necessidade de uma rigorosa seleção dos criminosos a internar na prisão aberta. Para esta, segundo penso, somente poderiam ser mandados, com fundada probabilidade de sucesso, os delinquentes ocasionais ou fortuitos, os passionais, os primários de bons antecedentes (condenados à pena cujo *quantum* exclua o *sursis*), os reincidentes não perigosos, os meramente culposos, os associais de caráter passivo, os normais em geral, para todos os quais constituiria ela o único método de execução penal. Poderia ainda a prisão aberta constituir uma etapa da reclusão ou detenção, imediatamente anterior à do livramento condicional, desde que o condenado, pela sua boa conduta na prisão fechada, se revele, segundo a expressão usada no Projeto de Código Penitenciário do Prof. OSCAR STEVENSON, *sociável*, isto é, reajustável às condições mínimas da vida em sociedade.

Os estabelecimentos abertos do Brasil (devo prestar um depoimento *de visu*) já superaram o modelo de Witzwil, pois neste o regime continua sendo o de "segurança média" *(medium security)*, não dispensando o encarceramento celular à noite, sob chave. Além disso, não possui o que pude observar no estabelecimento mineiro de Neves e nas colônias paulistas de São José do Rio Preto e Bauru: a instalação de modestas *cottages*, nas cercanias da sede da administração, para moradia das famílias dos internados, em convivência com estes, proporcionando-se aos filhos menores, no próprio estabelecimento, ensino primário. Os internados trabalham ou nas oficinas, sem outra vigilância que a dos contramestres, ou nas lavouras, para onde se encaminham pela manhã e de onde somente voltam à tarde, sem a companhia de um só guarda armado. Não se pode imaginar sistema que ofereça maior eficiência no preparo para o retorno à vida livre. Não se invoque para desprestígio da prisão aberta o que vem de ocorrer na de São José de Rio Preto, cujo diretor, o devotado Dr. JAVERT DE ANDRADE, foi estupidamente assassinado por um dos internados. Quando se soube o nome do autor do crime, chegou-se, para logo, à conclusão de que não podia estar gozando o privilégio da prisão aberta, pois não era outro senão o famigerado João Pereira Lima, o chefe da matança da Ilha Anchieta, que provocou, na época, o espanto e a indignação do mundo inteiro. Sua presença na Colônia de São José do Rio Preto, não obstante tratar-se de elemento comprovadamente perigosíssimo, fora uma ousada experiência do Dr. JAVERT, que, aliás, não percebendo que Pereira Lima apenas dissimulava, sob a máscara da contrição, seu indomável caráter antissocial, orgulhava-se de sua suposta recuperação.

Como quer que seja, porém, o insucesso do regime, em relação a um ou outro internado, não significa a sua falência.

Outra das ideias que têm sido ultimamente aventadas e cuja realização seria o coroamento da obra de redenção dos delinquentes é a instalação, por parte do Governo, de estabelecimentos industriais ou agrícolas, em que pudessem ser admitidos os egressos da prisão que não contassem, de imediato, com meios de ocupação. Sabe-se que o momento dramático ou crucial do condenado é quando ele sai do cárcere, cercado da desconfiança geral, não encontrando quem lhe estenda mão protetora, mas encontrando, a cada passo, ensejos de tentações para o retorno ao crime. Numa época em que o Estado cada vez mais se faz industrial, diretamente ou mediante empresas de economia mista, não lhe seria difícil aproveitar aí os ex-sentenciados, cooperando, assim, para sua integral recuperação. Não é preciso que tais estabelecimentos sejam destinados exclusivamente aos egressos da prisão, pois seria até mesmo útil que estes ali convivessem com os homens de bem ou não criminosos, para que definitivamente se libertassem dos meios criminógenos de onde vieram.

Ainda no setor da penalidade, cumpre registrar que a pena de multa vem adquirindo crescente prestígio, mesmo como pena cominada isoladamente aos crimes, substituindo, na medida do possível ou do aconselhável, as penas privativas de liberdade de curta duração. Não só é prescrita a propósito de tais ou quais crimes em espécie, como passou a ser objeto de uma norma geral no sentido de que deve ser aplicada toda vez que o crime haja sido praticado por cupidez, ainda que para ele não esteja expressamente cominada.

Para evitar que o eventual aviltamento da moeda torne ineficaz o algarismo na pena pecuniária, e mesmo para assegurar a sua equidade, está sendo adotado aos Códigos e projetos de Códigos mais recentes o sistema sueco do dia-multa, segundo o qual a base para imposição e cálculo da multa aplicável será sempre o ganho médio diário do condenado. Critério que também já se vai tornando prevalente é o de permitir que o pagamento da multa se faça em prestações, quando o justifique a situação financeira do condenado. Ainda outro sistema preconiza para o condenado insolvente, mas que seja homem válido, exigir-se dele que preste trabalho em obra pública, retirando-se do salário a que fizer jus uma quota-parte para resgate da multa, sem prejuízo do seu sustento e o de sua família.

A tão discutida pena de prisão a breve tempo já não sofre, como outrora, tão insistente e calorosa impugnação. Chegou-se à conclusão de que ela não deixa de ser intimidativa e, em alguns casos, é a única possível ou aconselhável. Os propostos sub-rogados da pena de curta duração, como a suspensão condicional da execução da pena, a admoestação, o domicílio coacto, o exílio local, a obrigação de permanência em determinado lugar, o termo de bem viver etc., ou não são indicados em muitos casos ou são facilmente burláveis ou irrisoriamente inócuos. A legislação penal alemã conhece um modo de execução, deveras original, da pena de breve duração: a pena que lá figura com o nome de "Strafhaft", cujo mínimo é uma semana e o máximo seis meses, pode ser convertida em prisão *week end,* isto é, ao invés de condenar o réu, digamos, a 30 dias corridos, o juiz poderá condená-lo a 30 sábados e domingos, evitando-se, assim, um dos apontados inconvenientes da pena de curta duração, qual a de, por continuada ausência, forçar a perder o condenado o seu emprego, o seu meio de vida, o seu ponto de freguesia ou a sua clientela, como aconteceu ao desgraçado "Crainquebille", do conto de ANATOLE FRANCE. Tal critério de solução poderia ser adotado entre nós, sem inconveniente algum.

Dois manifestos ilogismos que a política criminal introduzira no direito penal legislado estão sendo, na atualidade, firmemente repudiados: a responsabilidade pelo resultado mais grave, acarretando majoração de pena, ainda quando imprevisível tal resultado, e a irrelevância do erro de direito. ainda quando escusável. São dois renitentes resíduos do direito penal primitivo, desafiando o princípio central *"nulla poena sine culpa".* Se a irrogação da pena assenta na culpabilidade, e se o mínimo desta é a previsibilidade do evento antijurídico, como se compreende que, para a imputação do resultado mais grave, a que corresponde o acréscimo de pena, seja dispensada a indagação sobre o elemento subjetivo?

Contradição semelhante se evidencia no diverso tratamento do erro de fato e do erro de direito Se o justificável erro de fato (erro sobre elemento de fato do crime) exclui a culpabilidade, logicamente o mesmo efeito deve ser atribuído ao erro de direito, desde que escusável. Os que se apegam, quase supersticiosamente, ao velho brocardo *"error juris non excusat"*, alegam que a abolição dele representaria um grave perigo, pois frequente seria a alegação de desconhecimento ou equivocada interpretação da lei, e difícil seria demonstrar a insinceridade da exceção do réu. Ora, é bem de ver que tal causa excludente de culpabilidade só funcionaria nos casos de total rusticidade do agente, ou quando se tratasse dos crimes denominados meramente convencionais, ou então nos casos de *inovatio legis*, estando ausente do país, na ocasião, o excipiente, ou sendo perfeitamente plausível o seu equivocado entendimento. Fora daí, a alegação seria, *toto coelo,* inverossímil ou lastreada de má-fé. Nos Códigos mais recentes, como o da Suíça, o da Grécia e o da Iugoslávia, e nos últimos projetos de Código, como o alemão de 1958-1960, e o argentino de 1960, já se encontram dispositivos repelindo os citados ilogismos. A irrestrição do *"nulla poena sine culpa"* é a assegurada em termos que já o pranteado Costa e Silva, quando da elaboração do nosso atual Código, sugerira em vão à Comissão Revisora: "Pelos resultados que agravam especialmente as penas só responde o agente quando os houver causado pelo menos culposamente". Quanto à relevância do erro de direito, a nova fórmula soa mais ou menos assim:

> "A pena pode ser livremente atenuada, substituída por outra menos rigorosa ou mesmo excluída quando o agente, por escusável ignorância ou erro de interpretação da lei, supõe lícito o fato".

A alarmante frequência dos crimes contra a segurança do trânsito, principalmente no que diz com o transporte automobilístico (que veio confirmar, no mundo contemporâneo, a observação de Ferri, de que a ciência cada vez mais inventa aparelhos técnicos de progresso que estão aumentando os casos de matar sem querer), tem provocado em vários países a promulgação de leis especiais incriminando preventivamente fatos até agora deixados à margem do direito penal positivo ou não passando de meras circunstâncias agravantes ou simples ilícito administrativo. As novas entidades criminais apresentam, quase todas, o caráter de "crimes de perigos", como sejam: a embriaguez ao volante, expondo a perigo a incolumidade pública ou individual; o eximir-se ao exame técnico legalmente determinado para averiguação dessa embriaguez; a omissão de socorro às vítimas, mesmo no caso de culpa exclusiva destas, e também incorrendo no crime os próprios passageiros do veículo, quando fizerem causa comum com os motoristas (ressalvado que se estes prestarem o socorro ficarão a coberto da prisão em flagrante); a fuga do motorista, ainda quando não seja culpado do acidente (pois a sua presença no local, com o seu carro, é sempre necessária, ao menos para a reconstituição do acidente); finalmente, o furto ou apropriação indébita do uso de automóveis, punindo-se como uma espécie de receptadores os indivíduos que aceitarem condução no veículo desviado, sabendo-o ou devendo sabê-lo tal.

Outra matéria que tem preocupado o contemporâneo legislador penal é a concernente aos abusos e fraudes contra o fisco. Vários são os fatos classificados como "delitos fiscais", isto é, ofensivos à Fazenda Pública em matéria de impostos. Já havia, em um ou outro país, uma antiga legislação a respeito, de que, entretanto, o legislador brasileiro não se apercebia, porque tais crimes não figuravam no texto de Códigos penais, mas no de leis especiais que não chegavam ao seu conhecimento ou não feriam a sua atenção. Há, porém, atualmente, uma geral renovação legislativa, para a prevenção e repressão da polimoria criminalidade lesiva do erário público, como demonstra, por exemplo, a lei alemã de 12 de março de 1959 *(Reichsabgabenordnung)*. Além das figuras clássicas do contrabando e do descaminho de direitos alfandegários, são previstas como infrações fiscais, severamente punidas com prisão e multa, a sonegação de bens ou de rendas tributáveis, as falsas declarações sobre o valor de contratos, bem como toda uma série de fraudes empregadas para ludibriar os lançadores, recebedores ou cobradores fiscais. O contrabando é previsto sob múltiplos aspectos, e reconhecível ainda quando as mercadorias contrabandeadas já estejam em depósito além da zona aduaneira, punindo-se com idêntico rigor os que receptam tais mercadorias. No Brasil, a adoção de tais critérios impõe-se com urgência, para coibir o crescente êxito dos contrabandistas e fraudadores do fisco, que chegam a ameaçar a própria política financeira e cambial, na sua segurança e adequação. Em remate a esta minha desataviada conferência, em que estou apenas a respigar numa vasta seara de Booz, vou tocar num assunto melindroso, porque diz com a liberdade de imprensa, que, entre nós, como é sabido, assume a intangibilidade sagrada de um "tabu".

No seio das democracias, atualmente, cada vez mais se afirma o postulado da liberdade de imprensa, como um meio de vigilante e eficiente defesa de todas as demais liberdades. A característica das mais recentes leis de imprensa é a supressão radical de quaisquer medidas preventivas no sentido de entravar a publicação do jornal ou outro órgão da imprensa periódica. Ao mesmo tempo, entretanto, é reconhecido que a liberdade de imprensa, compreensiva da liberdade de opinião e de expressão ou de informação, não pode ser ilimitada ou excludente de deveres e responsabilidades. Liberdade sem responsabilidade ou sem limite é a anarquia, a desordem. Seria a própria negação do direito e da justiça, que não significam outra coisa senão limitação recíproca e acomodação de interesses e liberdades que compitam na vida social. Somente a extravagante filosofia existencialista, segundo a qual nenhum indivíduo pode arrogar-se o direito de decidir ou censurar o que outro entende de crer ou exprimir, é que seria capaz de reclamar ausência de marcos à liberdade de imprensa.

A Organização das Nações Unidas, ao adotar, em 1948, a nova Declaração dos Direitos do Homem, incluiu entre os seus versículos o seguinte: "Todo indivíduo tem direito à liberdade de opinião e expressão – o que importa o direito de não ser molestado por suas opiniões e o de colher, receber e difundir, sem consideração de fronteira, as informações e as ideias, seja qual for o meio de expressão"; mas, no Projeto de Pacto dos Direitos do Homem, aprovado em Genebra, no mesmo ano, era acrescentado: "O direito à liberdade de expressão comporta deveres e responsabilidades, e pode consequentemente ser submetido a sanções, condições e restrições claramente definidas em lei, mas unicamente no que concerne: *a)* às questões que exigem segredo no interesse da segurança nacional; *b)* às expressões de opinião que incitem a mudar pela violência o sistema de governo; *c)* às expressões de opinião que sejam incitamento direto à prática de atos criminosos; *d)* às expressões obscenas; *e)* às expressões de opinião que comprometam o curso regular da justiça; *f)* à violação de direitos em matéria de propriedade literária ou artística; *g)* às expressões de opinião que acarretem ofensa à reputação de outras pessoas físicas ou morais ou as prejudiquem de qualquer outra maneira, sem vantagem para a coletividade; *h)* à difusão sistemática de notícias falsas ou deformadas, sabendo-as tais, de modo a prejudicar as relações amistosas entre: povos ou entre Estados".

A esse casuístico critério restritivo não pode eximir-se a legislação sobre crimes de imprensa. São indeclináveis limitações *ratione reipublicae, ratione personae* e *ratione gentium*. Dentre os itens acima citados destaca-se, pela sua novidade, o colocado sob a letra *e*, relativo às "expressões de opinião que comprometam o curso normal da justiça". Trata-se de um problema cuja relevância está sendo mundialmente reconhecida: a necessidade de conciliação entre o interesse da liberdade de imprensa e o da liberdade e serenidade da justiça penal. A Inglaterra e a França – países onde se respira a mais oxigenada atmosfera democrático-liberal – já editaram leis regulando a matéria, e esta vem de constituir o principal objeto de debate do Congresso Internacional de Direito Penal que se realizou em Lisboa, setembro último.

A lei francesa de 23 de dezembro de 1958, cujo texto veio substituir o do art. 227 do velho Código de Napoleão, incrimina, cominando prisão até seis meses e multa até 20.000 francos novos, ou somente uma dessas penas, o fato de quem "publica, antes da intercorrência de sentença judiciária definitiva, comentários tendentes a exercer pressões sobre as declarações das testemunhas ou sobre a decisão das jurisdições de instrução ou de julgamento". Tem-se considerado, como a acentua GEORGES LAVASSEUR, que à imprensa deve ser imposto um mínimo de exatidão nas suas informações policiais e judiciárias, um mínimo de objetividade e lealdade nas críticas em torno aos inquéritos e processos criminais, um mínimo de respeito pelas instituições da justiça penal organizada, resguardando-se, dessarte, os legítimos interesses em causa. O reporter, ávido de sensacionalismo e na preocupação de dar o "furo", como se diz na gíria jornalística, não aguarda as informações da polícia ou não se contenta com elas e põe-se a fazer indagações *a latere* ou por conta própria, atribuindo-se qualidades de detetive, usurpando função que a lei comete exclusivamente à autoridade policial; resolve seguir pistas ao sabor de sua galopante imaginação; revela detalhes cuja publicidade prejudica, às vezes irremediavelmente, a ação policial contra os verdadeiros culpados; arrasta pela rua da amargura, por mera suspeita, pessoas inocentes, levando-as de roldão; com seus familiares, em pasto à maledicência e mais infundadas conjeturas em palpitante realidade de fatos, e vagos rumores em indícios incontrastáveis; arvora-se em orientador da justiça, e, no seu crescente desmando, para fazer prevalecer seu ponto de vista, vai ao extremo de cobrir de baldões o acusado (que já os romanos consideravam *res sacra*), de insultar o advogado que o defende, de enxovalhar o juiz que não encontra provas para a condenação!

Ninguém pode achar que seja isso razoável, ou que continue a ser permitido em homenagem à liberdade de imprensa, como se esta, além de seus irrefragáveis direitos, tivesse também a faculdade do exercício abusivo deles. Não se quer proibir que o repórter leve ao seu jornal os informes obtidos na polícia, os resultados apurados no inquérito, os depoimentos e debates em Juízo. O que se pretende coibir é a novela policial sensacionalista em torno de casos concretos, é a função de investigador policial que se atribui o repórter em competição com o poder competente, é o comentário tendencioso, o noticiário provocador de escândalo para impressionar a opinião pública, com grave detrimento para o exercício da justiça. O que se quer evitar é que a imprensa se arrogue, qual direito líquido e certo, a liderança da justiça, como se esta estivesse mal servida pelos magistrados incumbidos de distribuí-la.

Outra marcada tendência do novo direito penal da imprensa é a abolição irrestrita, em seus dispositivos, de qualquer vestígio de responsabilidade objetiva. Para repressão dos crimes de imprensa não há necessidade de transigir com esse resíduo de primitivismo, que é a responsabilidade sem culpa. O mais nítido padrão dessa nova diretriz é a lei italiana de 4.3.1958, que modificou o art. 57 do Cód. Penal peninsular:

> Salvo a responsabilidade do autor da publicação e fora dos casos de concurso, o diretor ou vice-diretor responsável, que deixa de exercer sobre o conteúdo do periódico por ele dirigido o controle necessário a impedir que, por meio da publicação, sejam cometidos crimes, é punido, a título de culpa, se um crime vem a ser cometido, com a pena cominada a tal crime, diminuída, no máximo, de um terço.

Assim, os únicos responsáveis subsidiários passam a ser o diretor ou o vice-diretor do jornal, e isto mesmo quando tenham sido negligentes na fiscalização dos artigos, notícias ou anúncios, não respondendo solidariamente ou em igualdade de condições com o autor, mas com pena sensivelmente minorada.

Aí estão, em traços gerais, o que pude colher como tendências mais recentes do direito penal no mundo civilizado e como sugestões à pretendida reforma da legislação penal brasileira.

## COSTA E SILVA, PENALISTA

Nélson Hungria

> SUMÁRIO: *Crítica do Cód. Penal de 1890. Resíduos da doutrina medieval. Das penas. Analogia. Elaboração do Cód. Penal vigente. Dolo eventual. Preterintencionalidade. Responsabilidade sem culpa. Crime culposo. Erro de direito. Outras sugestões. Conclusão.*

Coube-me a honra de ser o magistrado escolhido para dissertar, nesta "solenidade judiciária", sobre a obra de "grande jurista pátrio já falecido", conforme se diz no ofício de convite que me foi endereçado. Não hesitam um só instante na preferência deixada ao meu alvedrio. Desde o primeiro momento, fixei, para esta minha conferência, o nome de quem se pode dizer que foi o mais apurado autor da ciência jurídico-penal no Brasil: ANTÔNIO JOSÉ DA COSTA E SILVA. O que ele deixou escrito pode ser reconhecido como a *summum culmen* na bibliografia do direito penal pátrio. É obra de mestre, no mais lídimo sentido da expressão. É cristalização de um saber autêntico, que só se adquire pelo perseverante e ávido aproveitamento do tempo no estudo e na meditação. COSTA E SILVA teve a posse inteira do árduo e movediço terreno da ciência penal. Conhecia-o polegada a polegada, nos seus velhos extratos e nas suas aluviões, nos seus caminhos batidos e nas suas trilhas mais recentes, nas suas desconcertantes encruzilhadas e nos seus intricados meandros, nas suas torrentes borbulhosas e nos seus regatos sossegados. Tinha a visão aquilina do conjunto e dos pormenores. Nada escapava ao alcance da sua retina, à agilidade da sua percepção, à finura da sua análise, à sensibilidade do seu espírito científico. Versava com a mesma habilidade as soluções menos intranquilas e as *vexatas questiones*, expondo-as com clareza e precisão, submetendo-as ao seu agudo senso de crítica, orientando-as no sentido da unidade sistemática, da impecável harmonia de que se deve revestir um corpo de doutrina.

Ao contrário de muitos dos nossos escritores de direito penal, jamais abstraiu ou ladeou os problemas difíceis ou ingratos: defrontava-os com serena bravura e segurava-os firmemente pelas guampas. Não era um repetidor servil de ideias alheias, importadas do Velho Mundo ou da América do Norte. Comentando o direito penal brasileiro, não fazia caso omisso do seu texto, para trasladar teorias e conceitos formulados em face de Códigos alienígenas. Seus livros encerram a mais perfeita construção técnico-jurídica do nosso verdadeiro *jus positum* em matéria penal.

Havia em COSTA E SILVA, expositor admirável, um traço indicativo da genuína sabedoria: o amor à síntese. Não empregava o estilo copioso dos simuladores de erudição. Sabia gizar o exato contorno das questões, e resolvia-as com *palhetadas* magistrais. Nos seus períodos nítidos e escorreitos, sumariamente persuasivos como dinheiro à vista, não havia a demasia de um só vocábulo, uma só derivação inútil.

### Crítica ao Código Penal de 1890

Ninguém fez tão superiormente, como ele, o comentário e a crítica do Código Penal de 1890. Discorrendo sobre a evolução do direito penal pátrio e assinalando a sua derradeira etapa a partir da discussão em torno do projeto SÁ PEREIRA, já assim me pronunciei: "[...] foi por essa época que ANTÔNIO JOSÉ DA COSTA E SILVA, então ministro do Tribunal de Justiça de São Paulo, publicou, para glória e orgulho da nossa cultura jurídica, o primeiro volume do seu "Código Penal" (1930). Dir-se-ia que atingíramos o ponto culminante de gradativa ascensão. Pela fiel informação doutrinária, pela solidez e riqueza de ensinamentos, pela perfeição técnica, concisão e clareza de estilo, esse livro foi, e continua sendo, a obra máxima do direito penal brasileiro. Atualizou conhecimentos, devassou distâncias, retificou caminhos, fixou certeiras diretrizes. Comparou o nosso direito ao de outros países e nos pôs em contato direto com a profunda cultura jurídico-penal da Alemanha de antes de Hitler, da qual tínhamos notícias, quase que exclusivamente, pela antiga versão do "Tratado de VON LISZT por JOSÉ HIGINO (cujo famoso prefácio, aliás, constitui ainda hoje uma das melhores páginas da nossa literatura penal). Só então nos refizêmos da incerteza e insatisfação em que, sobre vários problemas, nos deixavam os autores italianos, até ali reputados, no Brasil, mestres inexcedíveis da ciência penal. Só então pudemos verificar, não sem um certo desencanto, que os figurinos italianos, em que tão estaticamente nos inspirávamos, eram, por sua vez, em grande parte, inspirados e talhados nos riscos e moldes da alfaiataria alemã. A *fonte limpa* estava para além dos Alpes, alimentada pela mais penetrante sabedoria e o mais infatigável espírito de construção jurídica. O livro de COSTA E SILVA, cujo segundo tomo só veio a lume em 1938, foi o atestado inequívoco do quanto se elevara o nível da nossa cultura no campo da dogmática jurídico-penal. Realizou, em linhas esculturais, o mais perfeito trabalho de sistematização e doutrinação do nosso direito penal legislado. Alheando-se radicalmente à estéril e anacrônica polêmica das *escolas*, cujo borralho fora resolvido, entre nós, por efeito reflexo da celeuma provocada pelo malogrado projeto FERRI, apresentado ao governo italiano em 1921, COSTA E SILVA afirmava-se mestre insuperável na exposição técnico-jurídica dos princípios do Código de 90 e leis adicionais, no mesmo passo que, através de uma crítica superiormente esclarecida, arroteava as trilhas para um mais seguro e confiante empreendimento da reforma da nossa legislação penal".

Foi, sem dúvida alguma, o mais bem informado dos nossos penalistas. Sempre atento às produções doutrinárias ou legislativas sobre direito penal, não lhe passava despercebido o mais leve ou longínquo *tremor* no solo da sua querida ciência. JIMÉNEZ DE ASÚA, quando de sua visita ao Brasil em 1938, ficou surpreendido com a atualidade de sua cultura, e conta que *"apenas publicado el proyecto de Código penal alemán de 1927, COSTA E SILVA no sólo tenia noticias de él, sino que lo estudió con esmero y sus observaciones eran certerísimas"* (*Un viaje al Brasil*, 1929, p. 87).

E enganara-se o mesmo ASÚA quando prognosticara, a respeito de COSTA E SILVA, que *"sus quehaceres de magistrado le hurtan tiempo para plasmar en libros sus doctrinas"*. Deste equívoco veio a penitenciar-se o insigne penalista espanhol, ao receber o livro que, dois anos depois, COSTA E SILVA dava à publicidade. Em carta que lhe dirigiu, declarava ASÚA:

> Acreditei, e assim o disse em meu livro "Uma viagem ao Brasil", que os seus grandes labores de juiz lhe tiravam o tempo para escrever obras de tal monta. Vejo com júbilo que me equivoquei... Sinto admiração pelo homem que, sem descuidar de suas difíceis obrigações de magistrado, pode dedicar-se à empresa de escrever um livro de tanta responsabilidade e valor.

COSTA E SILVA não teve pressa em escrever. Preservou-se contra o prurido da publicidade. Sabia que os livros duradouros são somente aqueles que trazem a marca das longas reflexões, dos apurados raciocínios, da persistente e escrupulosa revisão das ideias. Já era sexagenário quando publicou o primeiro volume do seu "Código Penal"; mas consagrou-se, para logo, mestre entre os mestres.

Pelo subido nível científico e impecável rigor de técnica, o livro revelava-o digno de uma cátedra universitária em Goetinge ou em Nápoles. As mais enredadas questões, os mais irredutíveis *quadrados da hipotenusa* da ciência penal encontram ali soluções de incensurável acerto, numa linguagem de rara limpidez, sobriedade e correção. Foi uma vigorosa percussão na quieta lagoa da rotineira doutrina penal indígena. No que respeita ao direito penal, antes do primeiro livro de COSTA E SILVA, não se pode deixar de convir com ASÚA quando, no seu *compte rendu* da visita que nos fez, afirmava que *"la cultura jurídica brasileña no ha conseguido trepar a niveles altos"* (ob. cit., p. 69). Somente COSTA E SILVA nos deu, no campo da ciência penal, uma autêntica obra-prima, comparável às dos melhores autores alemães ou italianos (posto que fora da Alemanha e da Itália o estudo do direito penal é mero diletantismo). Os temas eram versados sob aspectos até então desconhecidos em nossa literatura penal ou assumiam relevo que ainda não havíamos, sequer, suspeitado. Todo o livro era uma sucessão de límpidas e incisivas lições, destacando-se as páginas sobre o "princípio da legalidade", a "teoria da causalidade", os "crimes a distância", a "capacidade de direito penal", a "culpabilidade", o "dolo indireto", a "responsabilidade objetiva", o "erro de direito" e o "erro de fato", a *actio libera in causa,* o "concurso de agentes", as "justificativas" e os *accidentalia delicti.*

Oito anos depois da publicação do primeiro volume, foi dado remate à obra, com o aparecimento do segundo tomo. Manteve-se este na mesma altitude daquele, versando com inexcedível mestria o tema da pena em geral e das penas em espécie, os regimes penitenciários, os institutos da suspensão da pena e livramento condicional, o concurso de crimes, as causas extintivas de punibilidade e ainda contendo uma série de doutos "aditamentos" sobre o "princípio da legalidade e analogia em matéria penal", a "extradicionados nacionais", o "problema da causalidade", o "dolo criminal" e a "liberdade de imprensa".

Penetrando no âmago das controvérsias, era com denodo e irresistível poder de persuasão que COSTA E SILVA defendia seus pontos de vista. Tinha predileção pelos autores alemães, sem desconhecer, entretanto, o grande mérito dos italianos. A estes apenas criticava pelo excesso de logomaquia e verbiagem. Escreveu-me ele, certa vez: "Ninguém mais do que eu admira os criminalistas italianos, mas eles, como aquele personagem de *Idioma Gentile*, têm precisão de *um astrigente*".

**Resíduos da doutrina medieval**

Adversário irreconciliável de certos resíduos da doutrina medieval no direito penal moderno, não os poupava à sua crítica, por vezes candente. A ele devemos o descrédito, entre nós, do famigerado "dolo indireto", contrassenso que ainda nos impingia a doutrina franco-italiana) e da empírica parêmia *dolus indeterminatus determinatur ab eventu*, de perniciosa influência no ânimo dos juízes, para sistemático favor a criminosos.

Foi ele quem iniciou a ofensiva contra a obsoleta "responsabilidade sem culpa", que, afeitos ao modelo italiano, ainda conservávamos na órbita do direito punitivo. Só depois dele é que tivemos coragem de recolher ao museu da ciência penal o ominoso *versari in re illicitaa* que servia de fundamento à *imputativa facti et juris* pelo resultado causal. Não perdoava aos nossos projetos de novo Código Penal a conservação dessa antigalha. "Em nosso país", dizia ele, "os projetos de reforma se mostram cegamente alheios ao "progresso que a respeito se opera nas legislações. Neles se nos depara o mesmo defeito do Código vigente: os resultados que qualificam as lesões corporais de graves independem de culpabilidade do agente. O art. 202 do projeto SÁ FERREIRA assim dispõe: "Aquele que causou a morte, que não "queria, nem podia prever como consequência dos seus atos, tendentes apenas a produzir lesão corporal, descontar-se-á por um terço a pena do homicídio". É a responsabilidade pelo caso fortuito na sua maior "nudez e repugnância".

Foi COSTA E SILVA o primeiro a impugnar convincentemente, entre nós, o caráter *subsidiário* da legítima defesa (suprimido, por sua influência, no Código de 40). Assim discorria ele, com toda justeza:

> O caráter subsidiário conferido pelo "nosso Código à legítima defesa é erro que a ciência hoje em dia reprova. O apelo a terceiras pessoas, como meio de prevenir ou obstar a agressão, carece de valor, prático e teórico: nos verdadeiros casos de legítima defesa, a rapidez da reação nem sempre permite pensar nele; e só o poder público, e não os particulares, tem obrigação de atender ao pedido de auxílio. A fuga não pode ser imposta ao agredido ou ameaçado, embora sem perigo e sem humilhação. Só mal entendida moral cristã *(charitas cristiana)* pode pretender que por essa forma se avilte, o direito perante a injustiça. Pode o prudente aconselhar ao fraco que se dobre covardemente à injustiça; mas ao Estado não fica bem exigir dos cidadãos que assim procedam, pois seria arvorar a poltroneria em dever jurídico.

Foi também ele que deitou a pá de cal sobre a *presunção absoluta* de legitima defesa, no caso de violação de domicílio:

> Imperdoavelmente contraditório seria o legislador brasileiro se, exigindo para a legítima defesa da própria vida as condições restritivas do art. 34 (do Código de 90), as "dispensasse em hipótese de igual ou menor gravidade, de simples periclitação desse bem ou de lesão de bens de inferior valia (como a violação de domicílio).

# Apêndice

O seu comentário sobre as circunstâncias agravantes e atenuantes veio pôr em dia a nossa doutrina sobre o assunto. Defendendo a adoção de uma *cláusula generalis* a respeito dos *accidentalia delictii*, foi um convencido paladino do relativo *arbitrium judicis* (consagrado, afinal, no Código de 40):

**Das penas**

> Todos os escritores de política criminal estão de acordo em opinar que a individualização da pena não pode ser feita somente pela lei. É sobretudo obra do juiz, o qual necessita, para bem desempenhar-se dessa espinhosa tarefa, das mais amplas faculdades. Ora, a enumeração limitativa das circunstâncias atenuantes e agravantes cerceia e embaraça a livre atividade dos juízes. O sistema (do Código de 90), portanto, não corresponde as hodiernas exigências da prevenção especial. Andam mui sabiamente as legislações que, em vez dele, adotam o de subministrar aos juízes indicações gerais e abstratas, que lhes deixem a necessária liberdade na determinação da medida da pena.

E, em outra passagem, acrescentava:

> Durante longo tempo se considerou ótima a lei que menos ensanchas deixava ao arbítrio judicial. Bacon pôs isso em máxima. Contra semelhante desconfiança se ergueram debalde vozes autorizadas. Hoje a convicção dominante é de que sem liberdade de ação não pode o juiz criminal desempenhar proveitosamente, com eficácia, a sua importantíssima missão. Ainda há pouco, perante o parlamento alemão, afirmava o insigne professor Kahl: [...] sem liberdade do juiz na determinação da pena, não pode o direito penal atingir o seu supremo escopo.

Seu estudo sobre o capítulo das penas é uma das mais refletidas e bem informadas páginas da nossa literatura sobre o direito repressivo. Intransigente opositor da pena de morte, assim se pronunciava, incisivamente:

> [...] para livrar-se dos delinquentes, ainda daqueles que mais perigo oferecem, não necessita a sociedade de sacrificar a vida alheia, sendo assim a primeira a dar o deplorável exemplo de menosprezo ao bem supremo da existência.

Pleiteava o repúdio das penas de curta duração e opinava pela faculdade, outorgada *cum grano salis*, do perdão judicial. Impugnava o conceito de que o livramento condicional é um *mero favor*, inclinando-se pelo reconhecimento do seu caráter de *direito*:

> É inegável que com isso lucraria a eficácia do instituto. Não se pode com verdade dizer que o condenado tem as chaves da prisão nas mãos (como se exprime GARRAUD) quando o livramento condicional e um simples favor não um direito.

Tratando do *concursus delictorum*, foi o primeiro entre nossos penalistas a mencionar, na conceituação do crime continuado, a teoria puramente objetiva que, ainda por sugestão sua, veio a ser consagrada no Código de 40.

## Analogia

Infenso à analogia penal, erguia seu nobre espírito liberal contra o ferrenho direito penal autoritário que, na Alemanha, renegara a escola liszteana, abolindo o *nullum crimen, nulla poena sine lege*:

> Somos intransigentemente contrários à admissão da analogia (que se distingue essencialmente da interpretação extensiva) em matéria de incriminação de fatos e cominação de penas. Não nos abalam os argumentos com que os adeptos da opinião oposta tentam sustentá-la. Os de ordem política não merecem confutação. Quem considera a liberdade individual como coisa de somenos valia, diante dos interesses da coletividade, quem atribui a este predominância sobre aquela não tem realmente motivo para temer o emprego da analogia, na esfera do direito punitivo. São consequentes os escritores da escola nazista. Alegam os defensores da aplicação analógica da lei penal que os perigos e maus resultados desse método podem ser evitados com a adoção de cautelas adequadas. Infelizmente nenhuma das cautelas propostas é suficientemente garantidora. Representam elas óbices bem frágeis, barreiras que, sem maiores dificuldades, serão transpostas pelo arbítrio judicial. Quando se recorre, como faz o nazismo, ao critério do "são sentimento do povo" ou à "consciência popular", oscilam e se confundem os limites entre a autointegração e a extraintegração da lei. A repressão punitiva passa a ser regulada não pela vontade objetiva da lei,

mas pelas variáveis e transitórias orientações da consciência coletiva...

Deve o nosso direito, inspirando-se no exemplo dos regimes antiliberais, abandonar esse princípio (da proibição da analogia penal)? Apesar da íntima correlação que existe entre o problema da analogia no direito penal e as ideias políticas fundamentais, dominantes em certa época, temos que sera passo errado, de desastrosas consequências, a renúncia a benéfica garantia que os nossos antepassados criaram contra os abusos do arbítrio judicial e em prol da segurança do direito.

### Elaboração do código penal vigente

Extenso e profundo foi o influxo de Costa e Silva na elaboração do projeto do atual Código Penal brasileiro, resultante da revisão do projeto Alcântara Machado. Em eruditos e percucientes artigos publicados no "Jornal do Comércio"[1] desta Capital, coubera-lhe a primazia de séria crítica ao trabalho do professor e político paulista. Já nomeada a Comissão revisora, o então ministro da Justiça Francisco Campos, por sugestão minha, resolveu convidá-lo para cooperar na ingente tarefa, e fui eu próprio designado para portador do convite. Não o conhecia pessoalmente. Como me houvessem informado que era pessoa de gênio enfarruscado e pouco sociável, foi para mim gratíssima surpresa quando, ao procurá-lo no seu retiro da rua Tomás Carvalhal, em São Paulo, deparei com um homem acolhedor e amável, de coração à flor da pele, sem o mais remoto laivo de orgulho ou pretensão. Ao fim de, pouco tempo, era como se fôssemos velhos amigos. Tinha razão Jiménez de Asúa quando disse de Costa e Silva que *era un deleite escucharle*. Pela extrema lhaneza do trato, havia nele mais de mineiro que de paulista. Sua estada em Minas Gerais, para onde o levara o grande presidente João Pinheiro, como juiz municipal da comarca de Caeté, afeiçoara-o à espontânea simplicidade da gente montanhosa. Conversamos no idioma que se fala, no Estado central, de onde sou nativo. A princípio, objetou-me que a defesa do projeto Alcântara estava assumindo um caráter de política pessoal e de tal modo intolerante que até o descoroçoara de prosseguir nos seu artigos para o "Jornal do Comércio". Havia também o seu mau estado de saúde: submetido a uma cistostomia, não se encorajara a subseqüente remoção da prostata, preferindo a continuidade de uma drenagem que, pelo incômodo produzido, o retinha constantemente em casa e lhe sacrificava a

---

1 \* N. da R. — Publicados na *Revista Forense,* v. 80, *p.* 243.

capacidade de tratalho. Pude, entretanto, com a minha instância, convencê-lo de aceitar a incumbência de uma supervisão da atividade da Comissão revisora, sem afastar-se de São Paulo. De como se desempenhou da missão di-lo a magnífica dissertação crítica que, sob o título "Ligeiras observações", enviou à Comissão, bem como a correspondência que comigo manteve assiduamente. Como sempre, demonstrou a opulência dos seus conhecimentos e o esmero da sua técnica. Só em breve escorso poderei, no espaço de uma conferência, fixar, e assim mesmo *per summa capta*, os pontos de vista por ele defendidos, a maioria dos quais acabou prevalecendo no projeto definitivo do Código.

Começou ele pela questionada disciplina dos *crimes a distância*, aconselhando mais precisão na fórmula da *teoria da ubiquidade,* que reconhece equivalência entre o lugar da atividade criminosa e o da produção do resultado, ainda que, quanto a esta, fosse outra a intenção do agente. Cumpria fazer incidir sob a lei brasileira não só o crime que no território nacional "devia produzir", senão também aquele que neste "produziu" seus efeitos, embora em divergência com o plano criminoso.

A advertência foi aceita pela Comissão.

Em discrepância com a Comissão, refutou a impunibilidade da tentativa de crime culposo, citando o exemplo de FRANK, relativo à hipótese de legítima defesa putativa por erro inescusável e assim ponderando:

> Se o crime tentado pode ser um homicídio, como nesse exemplo, não posso acabar comigo em que se lhe decrete a impunidade, como faz o projeto (substitutivo). Por que a tentativa de um homicídio culposo não ha de sofrer castigo? É por acaso coisa mínima?

No projeto definitivo foi acolhida a sugestão, suprimindo-se o dispositivo criticado.

### Dolo eventual

Versando a questão do dolo, e em resposta a uma consulta minha sobre o que pensava acerca da equiparação entre o dolo eventual e a culpa consciente, assim discorreu, magistralmente.

> O dolo eventual não é uma criação puramente doutrinária.
> É uma realidade. Não pode ser abolido sem deixar enorme lacuna. Conhecem-no todas as legislações que já lograram desvencilhar-se do antigo dolo indireto. Não está nesse número a italiana.

O que caracteriza o dolo eventual é o elemento voluntário representado pela aprovação ou aquiescência do agente. Na culpa consciente esse elemento não existe [...] A *Einwilligungstheorie*, nascida e desenvolvida na Alemanha (onde mais se tem aprofundado a doutrina do dolo), está hoje grandemente espalhada. Os ataques de Dijk e Grossmann não a abalaram. Ela penetrou *stark in solchen lander die ihr bisher abweisend oder indifferent gegenüberstanden* (SCHAFFSTEIN, *Die Behandlung des Schuldarten im ausländischen Strafrecht seit 1908*, p. 643). É necessário que os códigos definindo o dolo se refiram *expressis verbis* (como faz, por exemplo, o Código polaco) ao dolo eventual? Respondo com Hafter: não. Desde que se diga que age "dolosamente quem pratica o fato com conhecimento (consciência) e vontade, está compreendido o dolo eventual. Para afastar quaisquer dúvidas, todavia, será conveniente completar o pensamento. Tenho aqui diante de mim o projeto austríaco de 1927 (Kadecka). A segunda parte do art. 317 declara: *"oder die Verwirklichung zwar nur für möglich hält, jedoch für das Fall der Verwirklichung mit ihr einverstanden ist"*. O projeto Alcântara confunde dolo e intenção. Isso e muito comum. Mas em um Código de nosso tempo, em que a técnica jurídica deve ser rigorosamente observada, cumpre evitar a confusão. A intenção é uma espécie de dolo – *die siharfste Vorsatzart* (Hafter, *Lehrbuch*, 1, p. 111); mas não é dolo.

**Preterintencionalidade**

Foi com vigor que se manifestou contra a "preterintencionalidade", que o projeto Alcântara fora buscar ao Código italiano. Dizia-me em carta:

Sabe muitíssimo bem o meu ilustre colega que ela não passa do antigo e desacreditado *dolus indirectus*. A ciência alemã, mais adiantada, em matéria de dolo, do que qualquer outra, de há muito desprezou essa espécie de dolo.
Só os italianos, por amor próprio, continuam a mantê-la.

E em outro tópico:

Não me conformo em que, no nosso vindouro Código, em que se deve revelar. o nível da nossa cultura jurídico-criminal, apareça essa velharia. A inclusão do elemento da previsibilidade do resultado pouco adianta. Caímos na *culpa dolo determinata*, repudiada pelo seu próprio criador (Feuerbach). A verdade científica e esta: a culpabilidade é dolosa ou culposa (sentido estrito). O dolo, uno na sua essência, é direto ou eventual; a culpa é consciente ou inconsciente.

Referindo-se a um livro de Stefano Riccio, cuja leitura viera de fazer, no estudo desse tema, fez-lhe crítica cerrada. Foi uma decepção. Teve, porém, uma "utilidade": fortaleceu-me a convicção de que a preterintencionalidade não merece as honras que os italianos e seus imitadores lhe tributam. Para justificar a existência da "preterintencionalidade", procura o autor distinguir o crime preterintencional do agravado pelo resultado. Em substância, a distinção é esta: o delito *praeterintentionem* viola um único bem jurídico, embora com major extensão; o delito agravado pelo resultado viola mais de um desses bens. Transcrevo-lhe as palavras: "Mentre il delitto pretenrintenzionale è reato strutturalmente unico e autonomo, in cui la lesione giuridica è unica, realizandosi sul piano dello stesso bene, invece il delitto aggravato dall'evento è reato qualificato dalla circostanza del verificarsi dell'evento diverso non voluto, derivato da quello evento". O delito preterintencional é "nella sua struttura qualificativa omogeneo a quello che si previde e si vuole". Em síntese e com a máxima clareza: no delito preterintencional só há um bem jurídico violado, e o evento ou resultado é *querido*. No delito qualificado pelo resultado os bens jurídicos violados são diversos e o evento ou resultado não é *querido*. Não sei como se possa seriamente sustentar identidade do bem jurídico da integridade corpórea com o da vida. E se tenha a coragem de qualificar de querido (doloso) o resultado que foi além da intenção. A teoria de Riccio não é nova. Precederam-no Manzini, Marsico e outros. Não passa de mais uma tentativa para salvar a *preterintenzionalità*. É muito sabida a marcha evolutiva desse instituto, que se enquistou no direito italiano. Criado pelos práticos da Idade Média, sofreu profunda modificação nos fins do século XVIII. Combatido, deu lugar à categoria dos delitos agravados pelo resultado. Durante longo tempo, não se exigia, quanto a este, qualquer grau de culpa *(sensu lato)*: Hoje domina a ideia contrária: *keine Strafe ohne Schuld*. O homicídio preterintencional não é mais do que o crime de lesões pessoais agravado pelo resultado. Este deve ser previsível. Está o professor RICCIO com a verdade, quando escreve: "[...] *requisito mínimo per l'arrematadione della responsabilità è la prevedibilità*".

## Apêndice

**Responsabilidade sem culpa**

Exaltadamente dependeu a adoção expressa do princípio *nulla poena sine culpa*. Pode dizer-se que foi o seu *ponto de honra*. Não me furto ao prazer de ainda transcrevê-lo:

> Entendo que o futuro Código, para não incorrer na pecha de atrasado, deve repelir toda responsabilidade sem culpa (a *Erfolgshaftung* dos alemães). Assim o exige a consciência jurídica do nosso tempo. Assim o aconselha uma sã política criminal. O Código polaco legisla a respeito na parte geral. Diz o § 2 do art. 15: *"Les conséquences de l'acte qui entrainent une penalité aggravée, ne sont prises en consideration qui si l'auter les prévoyait ou devait les prévoir"*. "O suíço preferiu fazê-lo na parte especial, dispondo no art. 124: *"Hat der Täter die schwere Folge, die er verursacht, weder verursachen wollen, noch voraussehen können, si gilt fur ihn die Strafe der Köperverletzung, die er verursachen wollte»*. Sem dúvida, o primeiro método é o melhor.
>
> Qual a fórmula a ser acolhida? Proponho a seguinte:
> Pelos resultados que agravam especialmente as penas só responderá o agente que os houver causado pelo menos culposamente.

A Comissão, a princípio, concordou em inserir o seguinte dispositivo: "Pelos resultados que agravam ou aumentam especialmente as penas não responde o agente, quando derivados de caso fortuito"; mas, posteriormente, resolveu suprimi-lo, considerando-o supérfluo, não já deixará de ser repetida a vetusta fórmula do § 6°, do art. 27 do Código de 90, que só atribuía ao *casus* efeito excludente de pena quando o agente não estivesse incidindo *in re illicita*; não já porque se repelia a culpa *ex lege,* ou não já porque se acolhera expressamente o princípio de que, salvo os casos expressos de punibilidade a título de *culpa,* ninguém responde pelo crime senão a título de dolo, mas porque, segundo a própria regra adotada sobre a causalidade física, o resultado não podia ser imputado ao agente quando produzido por caso fortuito. Como lhe desse eu a explicação, Costa e Silva replicou:

> Peço licença para ponderar que uma invocação de tamanha importância não pode ficar simplesmente implícita. Do sistema do projeto não me parece que se possa deduzir, com segurança, que se tenha querido acabar com o que alguém apelidou "o escalracho da responsabilidade sem culpa". É mister deixar este ponto

fora de toda dúvida. A jurisprudência é rotineira. Continuará a aplicar a lei de acordo com as ideias tradicionais.

Sua inconformação refletiu-se ainda numa nota à pág. 9 do seu livro póstumo *Código penal* (1943), em que lamenta a teimosia da Comissão revisora em não seguir-lhe o conselho.

**Crime culposo**

Foi também reiteradamente que propugnou por uma conceituação unitária da culpa *stricto sensu*, propondo o seguinte texto, em substituição à fórmula casuística adotada pela Comissão: "Diz-se o crime culposo quando o agente, deixando de observar a diligência a que era obrigado, não prevê o resultado, que podia prever; ou, prevendo-o, confia em que ele se não verifique". Delineava-se, na última parte, a culpa consciente, cuja menção, segundo ponderava, correspondia a uma evidente necessidade, para ficar traçada a linha demarcatória entre o dolo e a culpa. Tendo a maioria dos membros da Comissão insistido na primitiva redação, voltou ele à carga, declarando-me em carta:

"A oposição da maioria da Comissão a um conceito unitário da culpa não me parece que tenha razoáveis fundamentos.

Deixar à doutrina e à jurisprudência a tarefa de decidir qual o verdadeiro conceito dessa forma de culpabilidade é procedimento talvez cômodo, mas que não pode merecer louvores. O assunto é controvertido (não tanto quanto se supõe, pois só duas teorias realmente se defrontam: a da previsibilidade e a da causalidade eficiente); mas é isso que aconselha o legislador a manifestar-se com clareza.

Muito bem escreveu Castori, na sua monografia acerca da tentativa, inserta no "Trattato", de Cogliolo: *"A me pare che quanto più la scienza è osciliante tanto più il legislatore ha il dovere di parlare chiaro, onde evitare di essere interpretado oggi in un modo e domani in altro, a seconda dei diversi criteri scientifici prevalenti"*. Não posso esquivar-me a outra transcrição. O trecho é de Rocco (*Lav. prep.*, IV, 1ª parte, 117): "[...] *adossare la responsabilità della risoluzione di probiemi gravissimi alla dottrina e alla giurisprudenza è, da parte del legislatore, una vegliaccheria intellettualle"*. A frase final não deixa de ser bastante áspera. Mas já alguém disse muito bem que a verdade é como cabeça de macela: quando não amarga, não presta. Um dos pontos mais importantes, em matéria de culpa (s. s.), é a delimitação desta. Isto só se consegue satisfatorlainemente com uma definição

# Apêndice

genérica, onde apareça a distinção da culpa em consciente e inconsciente (com previsão ou sem ela).

O futuro código não será obra perfeita se mantiver a tricotomia – imprudência, negligência, imperícia".

Não se resignou com a fidelidade da Comissão à fórmula casuística e, no seu ulterior comentário ao novo Código, assim se exprimiu:

> O Código atendeu à resolução da 1ª Conferência de Criminologia, que se efetuou, no Rio, em 1936, mantendo, quanto a culpa, a redação do Código de 1890 (art. 297, com exclusão da frase na sua arte ou profissão". Não foi feliz. Ficou indefinida a verdadeira essência da culpa. Nenhuma referência fez à culpa consciente. Essa referência era necessária. Bem o compreendeu o Código italiano.

**Erro de direito**

Increpando de retardatário o critério da irrestrita irrelevância do *erro de direito*, sugeriu que se introduzisse o seguinte preceito: "Quando o agente, praticando a ação ou omissão, tiver fundados motivos para supô-la lícita, nenhuma pena lhe será imposta. Se culposamente incorrer em erro, reduzir-se-á de um a dois terços a pena cominada para a mesma ação ou omissão". E explicava:

> A frase *fundados motivos*, que também pode ser "razões suficientes", corresponde à do Código suíço – *zureichenden Grunden*. Inspirei-me, quanto ao conteúdo do dispositivo, na lição de VON Hippel. Como ele argutamente pondera, o erro culposo de direito *(Rechtsfahrlässigkeit)* não é a execução culposa de um delito *(Tatbestandsfahrlässigkeit)*.
> A pena do primeiro deve ser a do crime doloso, embora algum tanto reduzida.

Retrucando a uma objeção minha, escreveu-me:

> Diz-me o colega "Julgamos perigosa, entre, nós, a abolição do caráter irrestrito dessa irrelevância (do *error juris*)". A abolição, como eu propus, não me parece que possa oferecer perigo. A eficácia do *error juris* só se verificará quando o agente tiver *fundado motivo* para supor a ação permitida (lícita). Isso não poderá acontecer na grande maioria dos crimes, naqueles que trazem em si

mesmos o cunho de imorais. O *error juris* ficará limitado aos delitos de criação política. E só quando não for atribuível à culpa. O projeto muitíssimo confia da magistratura. O arbítrio que ele lhe concede na fixação da medida da pena é enorme. Por que recear que ela não saiba cumprir o seu dever, em se tratando do erro ou ignorância de direito?

Como se sabe, a Comissão acedeu em admitir a relevância do *error juris* em matéria de contravenções.

**Outras sugestões**

Discorrendo sobre a fórmula da *legítima defesa*, expendeu conceitos tão razoáveis que a Comissão não vacilou em endossá-los. Foi por sugestão sua que se aboliu a subsidiariedade da *inculpada tutela*. E hoje, com três anos de experimentação do Código, lamento que não tivéssemos aceito a sua fórmula sobre o *excessus defensionis*: "Quando forem excedidos os limites da legítima defesa, responde o agente por dolo ou culpa, mas poderá o juiz, atendendo às circunstâncias, reduzir de um a dois terços a pena a ser aplicada".

Sobre a tormentosa questão da responsabilidade penal, a contribuição de Costa e Silva foi de molde a provocar uma radical contramarcha da Comissão, conforme já tive ocasião de acentuar, em conferência sob o título "A responsabilidade em face do novo Código Penal", proferida na Sociedade de Criminologia.[2*]

A simplificada redação do preceito sobre a *coautoria*, tal como ficou no projeto definitivo, foi também inspiração sua.

Ao ingressar no capítulo das penas, pleiteou ardorosamente pelo isolamento inicial, na execução das penas privativas de liberdade, contrapondo-se ao ponto de vista de Roberto Lyra que prevalecera a princípio, sem restrições, no seio da Comissão:

> "Considero da maior necessidade" dizia ele "a segregação absoluta durante a primeira parte da pena. Essa segregação temporária está em vigor onde quer que domine o regime progressivo. É a primeira etapa de execução da pena, destinada a dar ao sentenciado uma forte impressão da seriedade do castigo e a proporcionar à administração penitenciária dados de que ela necessita para a exata classificação do mesmo sentenciado".

---

- 2 * Publicada na *Revista Forense,* vol. 93, p. 5.

A Comissão cedeu em parte, restabelecendo o confinamento, como período de prova, no sistema da pena de reclusão.

O setor das agravantes e atenuantes mereceu-lhe especial cuidado, e muitas das suas sugestões foram acolhidas. Foi por insinuação sua que a Comissão rejeitou o critério de cota prefixa de aumento ou diminuição decorrentes dos *accidentalia delicti*. Dizia ele:

> O projeto Alcântara fixa aritmeticamente a proporção do aumento ou da diminuição. Cerceia, pois, a liberdade do juiz. Está muito atrasado. Mais de acordo com as modernas ideias a respeito do arbítrio judicial é o projeto Sá Pereira (antes e depois da revisão).

Impugnando a inclusão da "culpa consciente" como agravante enviou à Comissão, que acabou em franca rendição, uma pequena monografia, em que não se sabe o que mais admirar: se a vastidão da cultura, se a pujança da argumentação ou o primor do estilo. São páginas preciosas, que ainda publicarei, quando tiver de coligir os "trabalhos prearatórios" do Código vigente.

Múltiplos foram seus reparos ao capítulo das "medidas de segurança" e ao da "extinção da punibilidade" (rubrica por ele sugerida).

Sobre uma das causas extintivas da punibilidade, o *subsequens matrimonium*, enviou dissertação interessantíssima.

Extensa foi, igualmente, a sua contribuição na "parte especial" do "substitutivo" (nome que Alcântara Machado dera ao projeto revisto); notadamente quanto aos "crimes contra a pessoa" e aos "crimes contra os costumes".

Foi a seu conselho que o impropriamente chamado "homicídio preterintencional" passou para o setor das "lesões corporais". Assim dizia ele:

> Fala o n. 1 do § 3º (do antigo art. 311 do substitutivo) em *homicídio preterintencional*. É uma velharia. O homicídio *praeterintentionem* não é homicídio. É o crime de lesões corporais seguido de resultado mais grave. Esse resultado, se culposo (previsível, não previsto) deve ser imputado ao agente; se, filho do acaso (imprevisível), não pode ser posto em conta do mesmo agente. Um Código Penal digno de nosso tempo não pode dar acolhida ao arquivelho dolo indireto".

A previsão do *homicídio privilegiado* antes da do *homicídio qualificado* foi por ele reclamada:

O parágrafo que trata da figura do homicídio especialmente atenuado não se acha, a meu ver, no lugar mais próprio. Esse crime é uma espécie do homicídio comum, definido na parte inicial (na *cabeça*, diria o Dr. Alcântara) do artigo. Deve, portanto, o § 2º vir logo após essa parte. A pena cuja redução o parágrafo permite é a do homicídio comum. Colocado esse parágrafo depois do relativo ao homicídio qualificado (especialmente agravado), dúvidas podem surgir na prática.

No tocante à licitude do aborto de estuprada, aconselhou prudência:

> A impunidade do aborto provocado pela própria gestante, quando a gravidez provenha de estupro, afigura-se-me, em mais de um sentido, perigosa. A origem da gravidez dará lugar a muitíssimas discussões. A prova será sempre difícil. O abortamento, sem a exigência de intervenção de pessoa habilitada, porá frequentemente em perigo a vida ou a saúde da gestante. Melhor fora reconhecer a impunidade apenas no caso de ser o aborto provocado pelo médico. O projeto checoslovaco, apesar de admitir em larga escala o aborto, só lhe declara a impunidade em caso de estupro, se praticado por pessoa habilitada. E não se contenta com isso: exige que seja indubitável a proveniência da concepção: "quando é indubitável que a concepção se deu por estupro" (§ 286). Penso que no nosso projeto se deve incluir uma coisa semelhante. Dir-se-á, por exemplo: "Quando a gravidez resulta provadamente (indubitavelmente) de estupro".
> "O médico, diante dessa cláusula, precisa estar certo da verdadeira origem da gravidez. Procederá levianamente, criminosamente, o médico que se contentar com afirmações da gestante ou de outros interessados".

Também neste ponto, a Comissão lhe ouviu, em parte, a advertência.
Criticando a fórmula primitiva do projeto revisto sobre o crime de "sedução", assim se externou:

> No capítulo relativo a *sedução* e *corrupção de menores* "sublinharei o seguinte chamando-se *sedução* a primeira das figuras criminosas aí descritas, era natural que, no respectivo conceito, entrasse essa ideia (a sedução) Veja-se quão mais perfeito é o modelo suíço *"Wer eine Unmündige [...] durch Missbrauch ihrer*

*Unerfahrenheit und ihses Vertrauen zum Bischlaf veführt[...]"* Aliás a cláusula *durch Missbrauch* etc., cláusula incompleta, é perfeitamente dispensável. Não a insere, por exemplo, o Código alemão. Na ideia de sedução está incluída a do abuso de inexperiência, confiança, fragilidade etc. da menor.

Seria, prolongar indefinidamente esta conferência se me empenhasse na tarefa de esmiuçar todo o *apport* com que Costa e Silva contribuiu para o projeto que se transformou no atual Código Penal. Não há talvez um só dos seus dispositivos que se não ressinta, quer na essência, quer na forma, pelo menos de um retoque seu.

## Conclusão

Resta-me, porém, falar, de relance, acerca de sua obra póstuma: os seus comentários sobre o novo Código. Até agora, somente o primeiro volume foi publicado. Ele aí está nas mãos de quantos se interessam pelo direito penal no Brasil. Ressai entre os mais perfeitos livros que já se editaram sobre o vigente diploma penal. Não há ali uma palavra de mais ou de menos. É uma construção técnico-doutrinária do mais alto valor. É um fio de Ariadne a guiar-nos a salvo não só por entre os litígios da ciência penal, senão também por entre os equívocos e mal-entendidos provocados por uma sôfrega literatura consequente ao advento do novo Código. É certo que num ou noutro ponto discordo do pranteado mestre; mas sou o primeiro a reconhecer que se trata de questões ainda em pleno debate. Assim, por exemplo, o *capt tempestarum* do prévio cálculo da pena-base, separadas as circunstâncias judiciais das circunstâncias legais. Já em carta que me dirigira, pouco antes do seu falecimento, notificara-me da divergência, que depois apareceria no seu livro. Lamentava a dificuldade na aquisição do livro de ROBERTO LYRA (edição da *Revista Forense*) sobre o capítulo das penas, e declarava: "[...] interessa-me bastante a opinião do Dr. LYRA sobre a exegese do art. 50. Pesa-me estar em, desacordo com o meu caro amigo a respeito da maneira de fixação da medida da pena, e queria ter a meu lado uma autoridadê do calibre (estilo de nossos dias) do Dr. LYRA". Não fora a firmeza da minha convicção, e eu teria bandeado para o campo adversário...

Quem conhecia a crescente agravação da moléstia de Costa e Silva pode avaliar o quanto de sacrifício lhe custou a diligente atividade de colaboração e ulterior análise do Código de 40. Dele se pode dizer que foi inexcedível no concurso para a evolução científica e reforma legislativa do direito penal no Brasil.

E não terminarei esta minha palestra sem recordar que Costa e Silva, além de vértice entre os publicistas do direito penal pátrio, foi um magistrado exemplar, cujas decisões representam altos relevos da jurisprudência nacional, pelo seu acendrado espírito de justiça e insuperável erudição. Era, sobretudo, um juiz de rija têmpera moral. Certa vez, como lhe pedissem apontamentos sobre a: sua vida, respondeu: "Vida simples, dominada pelo heroísmo mudo da carreira. "Escreveu Jhering (foi, se bem me recordo, na "Finalidade do direito") que o juiz devia muitas vezes levar a própria pele ao mercado. Para isso é preciso coragem, a coragem moral. É esse o predicado máximo do magistrado".

Costa e Silva foi uma nobre inteligência e um adamantino caráter ao serviço do direito como sentimento, como ideia e como ação.

# CRIME CONTINUADO

Nélson Hungria

**Sumário:** *Teoria objetiva. Art. 51, § 2º, do Cód. Penal. Doutrinas alemã e italiana. Elemento subjetivo unitário. Opinião de* Roberto Lira. *Definição e requisitos. Condições de tempo e de lugar. Maneira de execução.*

O projeto Alcântara Machado, no seu art. 59 (posteriormente art. 48), assim perfilava o *crime continuado*:

> Quando, na execução do mesmo desígnio criminoso, o agente praticar, numa só ocasião ou em ocasiões diversas, várias infrações da mesma natureza, aplicar-se-á, aumentada de um a dois terços, a pena cominada para a mais grave das infrações cometidas.

Era, como se vê, a manutenção da teoria *objetivo-subjetiva*, na conformidade do modelo italiano. Como o Código Rocco (art. 81, 2ª parte) substituíra pela expressão *medesime disegno criminoso*, a locução *medesima risoluzione criminosa* do Código Zanardelli (art. 79), também o projeto Alcântara cuidara de dizer "mesmo desígnio criminoso", onde a antiga Consolidação das Leis Penais (art. 66, § 2º) dizia "uma só resolução".

## Teoria objetiva

No seio da Comissão revisora, porém, foi, desde logo, preferida a teoria *objetiva* que, no reconhecimento da *continuação*, prescinde de qualquer elemento psicológico, para deduzi-la tão somente da conexidade objetiva ou homogeneidade exterior das ações sucessivas.

A impugnação da teoria objetivo-subjetiva partiu de Costa e Silva, que se manifestou nestes termos, acentuando preliminarmente a controvérsia entre os penalistas:

> Estes, modernamente, se dividem em dois grupos: o dos que sustentam a teoria *objetivo-subjetiva* e o dos que sustentam a teoria puramente *objetiva*. Exigem os primeiros, para a existên-

cia do delito continuado, além de determinados elementos de natureza objetiva, outro de índole subjetiva. Este é expresso de modos diferentes – unidade de dolo, unidade de resolução e unidade de desígnio. Unidade de dolo – um dolo compreensivo dos diversos crimes *(Gesamtvorsatz)* – só a reclamam alguns criminalistas alemães, em diminuto número, e a praxe do Tribunal do Império *(Reichsgericht)*. A grande maioria deles abraça a teoria objetiva, dispensando, portanto, esse elemento. A respeito desta teoria, muito bem disse Mezger, 367 (segundo a versão italiana) *"Questa e la costruzione prevalente nella dotrina Essa deduce il concetto di azione continuata degli elementi costitutivi esteriori della omogeneità. Per lo più, con taluni addatamenti ai singoli casi, si dà rilevo all'analogia della fattispecie, all'eguaglianza della commissione, all'unicità del bene giuridico, al nesso temporale, allo sfruttamento della medesima circostanza o della stessa occasioni (Frank) ecc., quali criteri obbjettivi. Effetivamente, questo criterio puramente oggettivo sembra infatto il più esatto. L'unicità del dolo – che il Trib. Sup. esige, riffutando la semplice risoluzione unica – à ordinariamente una fictio.*

E Costa e Silva prosseguia:

> Está hoje geralmente reconhecido o absurdo da exigência de um dolo único ou de uma resolução compreensiva dos diversos crimes. O novo Cód. italiano preferiu a *unidade de desígnio.* Explica, por exemplo, Maggiore (Principii, 1, p. 504): *"É parso al legislatore che nel reato continuato quella che veramente rimane persistente è l'ideazione e non già la risoluzione con cui quella si traduce in atto. L'elemento intellettivo sarebbe la molla dell'attività criminosa, più che l'elemento deliberativo e volitivo".* Contentam-se os autores italianos com palavras. A *ideação...* Que se pretende exprimir com essa desusada palavra? Ela significa – dizem os dicionários – o ato de formar a ideia, a formação desta. Em acepção figurada, pode ser equivalente a "plano". Mas porventura o delito continuado exige uma ideação especial, extensiva aos diversos crimes? A tal ideação não vale mais do que o "dolo único", a "mesma resolução". A verdadeira definição do crime continuado deve orientar-se pela teoria objetiva. Esta fórmula me parece aceitável: "Quando o agente, com várias ações ou omissões, praticar dois ou mais crimes do mesmo conteúdo, que, pelas condições de

tempo, lugar, maneira de execução e outras semelhantes, devam ser havidos como continuação do anterior ou anteriores, impor-se-lhe-á a pena mais grave em que houver incorrido, aumentada até dois terços".

Aceitando a sugestão de Costa e Silva, a Comissão revisora assim redigira, inicialmente, o dispositivo sobre o crime continuado (primitivo art. 50, § 2º):

> Quando o agente, com várias ações ou omissões, pratica dois ou mais crimes da mesma espécie, impõe-se-lhe a pena mais grave em que haja incorrido, aumentada de um sexto até dois terços, desde que, pelas condições de tempo, lugar, maneira de execução e outras semelhantes, devam os crimes subsequentes ser havidos como continuação do primeiro.

Em crítica ao que ele chamava projeto *substitutivo*, Alcântara Machado impugnou essa fórmula, a cujo respeito indagava: "Quais serão as condições *semelhantes às de tempo, lugar, maneira de execução*?".

Defendendo seu ponto de vista, explicou a Comissão, na *tréplica* apresentada ao Ministro Campos:

> No *crime continuado*, a pena-base é a mais grave das concorrentes, e não a *cominada à mais grave das infrações cometidas* (como se dizia no projeto Alcântara). Isto, na prática, redundaria em perplexidade por parte do juiz: dadas as circunstâncias do caso concreto, uma infração, embora apenada mais gravemente do que outra, pode ser considerada de menor gravidade do que esta. Na configuração do crime continuado, o *substitutivo* adotou a teoria objetiva, dispensando a *unidade de ideação* (que, como observa Mezger, não passa de uma *ficção*) e deduzindo o conceito da ação continuada dos elementos constitutivos exteriores de homogeneidade. Assim, pode ser reconhecida a continuação até mesmo de crimes *culposos*, com grande vantagem sobre a fórmula ALCÂNTARA. Indaga o professor Alcântara quais são as condições *semelhantes às de tempo, lugar e maneira de execução*, a que alude o § 2º do art. 50.
> É fácil a resposta: são todas as demais circunstâncias objetivas que indicam a continuação entre a primeira e as sucessivas ações ou omissões. Exemplos: a identidade de favorável situação

pessoal, de que o agente se aproveite reiteradamente (como no caso do caixeiro-viajante que indebitamente se apropria, por várias vezes, do dinheiro recebido da clientela); a coesão objetiva entre as várias ações ou omissões, como no caso do indivíduo que não podendo *passar* de uma só vez a seu *stock* de moeda falsa, consegue introduzi-lo parceladamente.

### Art. 51, § 2º, do Código Penal

Prevalecendo o critério da Comissão, o preceito relativo ao crime continuado teve, afinal, a redação com que figura no Código (art. 51, § 2º):

> Quando o agente, mediante mais de uma ação ou omissão, pratica dois ou mais crimes da mesma espécie e, pelas condições de tempo, lugar, maneira de execução e outras semelhantes, devem os subquentes ser havidos como continuação do primeiro, impõe-se-lhe a pena de um só dos crimes, se idênticas, ou a mais grave, se diversas, aumentada, em qualquer caso, de um sexto a dois terços.

Corrigiu-se, dessarte, a fórmula primitiva, que não se referia à hipótese (aliás, a mais frequente) de penas *idênticas*.

Preferindo a solução da teoria objetiva, a Comissão revisora não fez mais do que ceder à irrepreensibilidade de sua lógica e à evidência de seu acerto. Desde que se reconhece a necessidade de manter a construção jurídica do *delictum continuatum*, cumpre afeiçoá-lo a um critério realístico, prescindindo-se de um elemento psicológico especial, que na grande maioria dos casos resulta puramente fictício ou convencional, a não ser que se restrinja de tal modo a identificação do crime continuado, que se tornaria quase praticamente inútil a sua permanência no sistema jurídico-penal. É força reconhecer que: *a continuação* não deixa de existir ainda quando as sucessivas ações não se apresentem ligadas por um nexo subjetivo formado *ab initio,* chame-se a este "dolo unitário", "resolução coletiva" ou mesmo "desígnio".

### Doutrinas alemã e italiana

O agente, ao praticar a primeira ação, pode não ter a mínima ideia de praticar outras, ou pode arrepender-se após a prática de cada ação, sem que, por isso, as ações apreciadas em conjunto, na sua homogeneidade objetiva, deixem de apresentar o cunho de continuação. Justamente acentua M. E. Mayer (*Der aligemeine teil des deutschen strafrechts*, 1923, p. 170): "Na realidade, as mais das vezes, o inculpado não faz ideia alguma sobre sua ulterior conduta, de modo que a afirmação do dolo unitário deriva, mais ou menos, de uma ficção" ("[...] *in wahrheit, wird sich der Schuldige aber über agine künftiges Verhalten überhaupt keine Gedanken gemacht haben, sodass die Festsrellung des einheitlichen Vorsatz mehr oder semiger auf eine Fiktion hinausläuft*").

Eis o claro raciocínio de von Hippel (*Deutsches strafrecht*, II, p. 543, 1930): "O que se apresenta como decisivo não é que o agente compreenda sua conduta como unidade mas, sim, que a ordem jurídica tenha fundamento para concebê-la como tal;[1] e esse fundamento existe já na homogeneidade objetiva da conduta, ainda que o agente (como as mais das vezes acontece) não se represente a continuação ou se arrependa de cada vez, embora vindo a ceder, de novo, a idêntica tentação".[2]

Um atestado da inconsistência da teoria objetivo-subjetiva é a desinteligência dos seus adeptos sobre o que seja realmente o *quid* psicológico da continuação. O Tribunal Imperial alemão fala em *dolo de conjunto (Gesamtvorsatz)*, que não significa uma resolução genérica de agir do mesmo modo, sempre que se apresente ocasião propícia (o que para alguns subjetivistas é suficiente para a continuação): o agente deve, de antemão (von Vornherein), abranger no seu dolo todas as ações singulares e o resultado total. A objeção de von Hippel (ob. cit., II, p. 542), porém, é irretorquível:

> De regra, não há um dolo ou resolução de conjunto que possa ocasionar automaticamente ações separadas no tempo, sejam

---

- 1 É o que já acentuava MERKEL (*Derecho penal*, trad. esp. de DORADO, 1, p. 382): "A unidade (do crime) não pode resultar de relações meramente subjetivas entre distintas violações jurídicas. Não pode resultar, por exemplo, da circunstância de que o próprio delinquente considere tais violações como ligadas entre si, nem de que elas sirvam a um fim idêntico que incida fora dos elementos constitutivos do crime, nem de que a resolução de cometer um crime se haja tomado simultaneamente com a de cometer outros etc. O ponto de vista do direito não é o ponto de vista do delinquente. O que para este se apresenta como uma unidade não se apresenta necessariamente, como tal, também àquele".
- 2 *"Nicht ob der Täter sein Tun zur Einheit zusammenfasste, sondern ob die Rechtsorduung Grund hat, es als Einheit aufzufassen, ist entscheidend. Dies Bedürfnis aber besteht bereits bei Gleicheartigkeit auch wenn der Täter sich so meist – über die Fortsetzung keine klaren Vorstellungen machte oder far jedesmal Reue fühlte, dann aber erneut der gleichen Versuchung erlag".*

ou não semelhantes, pois cada ação exige necessariamente uma nova resolução (dolo).[3]

O atual Cód. italiano, para iludir essa objeção, já não fala em *medesima risoluzione,* como o Cód. de 89, mas, segundo já vimos, em *medesimo disegno*. E Manzini assim define o que seja *disegno (disigno)*: *"é um projeto de ação ou omissão, firme, determinado e concreto, que não resulta apenas da coordenação de uma série de ideias substanciais, mas que pressupõe, outrossim, a escolha de meios para conseguir um determinado fim e o prévio conhecimento das condições objetivas e subjetivas, nas quais se desenvolvera a atividade criminosa" (Trattato,* II, p. 557).

Ora, se assim é, raríssimos seriam os casos de crime continuado, de modo que, praticamente, resultaria quase inutilizável essa construção jurídica. A opinião de Manzini, porém, é formalmente contrariada por outros comentadores do Código italiano, e a controvérsia em torno do elemento psicológico da continuação amplia-se indefinidamente, chegando a perder-se nos confins nebulosos da filosofia e da metafísica. Fala-se em *unidade de ideação*, em *unidade de motivo ou de fim*, em *fim coletivo ou genérico*, em *unidade de juízo*, em *unidade de desejo*, em *identidade de representações* etc. etc. A "Relazione" de Rocco, justificando a troca do vocábulo "resolução" pela palavra "desígnio", no conceito do crime continuado, disserta: *"Nel reato continuato quella che veramente rimane persistente è la ideazione, e non già la risoluzione con cui questa si traduce in atto, è l'elemento intelettivo e non già l'elemento deliberativo o volitivo, che sorrege l'attività criminosa".* Pura logomaquia. Um *desígnio* concreto, ou seja, um *plano de ação* não existe sem volição. *Ter um desígnio e não querer* é um absurdo lógico. Nem evita a incongruência a teoria de Leone ("Del reato abituale, continuato e permanente", 1933), que começa identificando *desígnio* com *desejo (desiderio),* e conclui falando em *unidade de motivo ou de fim* (repetindo o *plura delicta qui tendunt ad eundem finem,* de Baldo), como se este pudesse incidir fora da órbita da volição. O ponto de vista de LEONE é, aliás, uma simples tentativa de solução, pois ele próprio reconhece que o fundamento psicológico do crime continuado *giace in una zona di difficile penetrazione*. Pillitu ("Il reato continuato", 1936) nega se possa confundir o "mesmo desígnio" com a "identidade de fim", e contesta Manzini, dizendo

---

- 3 *"Es gibt zunächst überhaupt keinen Gesamtvorsatz oder Gesamtentschluss, der automatisch zeitlich getrennte Eizelhandlungen hervorrufen könnte, mögen diese gleichartig sein oder nicht. Sondern jede Eizelhandlung erfordert notwendig einen neuen Entschluss (Vorsatz)".*

que não é necessária, no conceito de *desígnio*, a previsão das particularidades da ação ou omissão, para assim concluir: "Por desígnio deve entender-se a ideação ou programa do espírito de um indivíduo, que estabelece uma relação de interesse entre uma necessidade e um bem da vida". Ora, é absolutamente inaceitável que essa remota *ideação,* desprovida de calor volitivo, possa ter relevo jurídico-penal, para servir de liame psicológico da continuação. Pisapia (*Reato continuato*, 1938), por sua vez, diverge de Manzini e de Pillitu e refere-se à *identidade de representações*, acostando-se à velha teoria de PESSINA, que falava em *unidade de consciência*. É na representação – diz ele – que está o *momento* em que as várias ações (do crime continuado) se aliam no espírito do agente. Mas é de ponderar-se que a *representação* é uma atitude inerte do espírito, não pode, por isso mesmo, tornar-se decisivo ponto de referência da conexidade de ações humanas.

Jannitti-Piromallo (E.) (*Corso di diritto criminale*, 1932) identifica *desígnio* com *plano* ou *programa* e, a seguir, com a *cogitatio*: "[...] *il piano o programma criminoso, non corrispondendo a volontà operativa in atto (dolo), è da considerarsi come cogitatio, avente un particolare valore giuridico*". Mas, por que estranha razão há de a *cogitatio*, ou, seja, na espécie, o fato puro simples de projetar *in mente* a execução de um crime a prestações, adquirir *particular valor jurídico*, para transformar-se em nexo psicológico unitário das sucessivas ações, independentemente da volição que a estas preside? Ou a *cogitatio* se conjuga com a volição, e só então pode ter relevância, ou dela se separa, como etapa autônoma, e é um *nada jurídico*.

Angioni (*La premeditazione*, 1933), depois de distinguir entre *desígnio* e *resolução* ("*il disegno o ideazione stà alla risoluzione come l'abbozzo di un programma stà al proposito di attuario o, per dire col Massari, come il momento intelettualistico stà al momento voluntaristico*"), discorre: "[...] elemento subjetivo do crime continuado consiste, não na persistência constante e irrevogável da vontade de exercer uma determinada atividade criminosa, mas na persistência da ideação, isto é, na persistência da *disposição genérica* de realizar, fracionando-o, um certo empreendimento criminoso, desde que se apresentem ocasiões propícias". Ora, de duas, uma: ou *disposição* é o mesmo que *resolução*, e retorna-se ao campo da volição; ou é mero *pensamento*, e não pode ter consistência para justificar a *unidade* jurídica do crime continuado.

Embora rejeitando a teoria objetiva *por ser contrária ao direito positivo italiano*, LEONE (ob. cit., p. 269) faz a seguinte confissão:

> [...] *ad onta degli sforza compiuti della dottrina, de porre un concetto fermo e sicuro di questo estremo del reato continuato, nella*

*pratica giudiziaria sarà, piuttosto, una intuizione del giudice, un criterio di benignità che si verrà imponendo,* quasi una finzione di esistenza di questo nesso psicológico, *come osservano alcuni scritori tedeschi. Basta la più piccola esperienza giudiziaria per osservare come resti* quasi generalmente senza alcuna dismostrazione concreta l'ammissione de um tale elemento: *il giudice, per una intuitiva sensazione e per quel motivo di equità – che, come vedremo, costituisce l'anima dell'istituto –* riconosceva quell'identità di resoluzione col codice abrogato e riconosce quella identità di disegno col codice vigente, che autorizza a fissare la pena in più umani limiti, senza che egli stesso riesce ad avvertire in che consista tale estremo.

### Elemento subjetivo unitário

Deixemos, porém, de parte o trabalho de Sísifo a que se entregam os subjetivistas, na pesquisa de um *momento* psicológico que, antecedendo à volição, sirva de *alma* ao crime continuado.

Preliminarmente, é inteiramente dispensável para a *existência* do *delictum continuatum* a averiguação de um elo subjetivo entre as várias ações. Como se poderia reconhecer esse *quid* psicológico senão deduzindo-o da homogeneidade objetiva das sucessivas ações?

Seria inútil em tal sentido a própria *confissão* do acusado, se não se apresentasse demonstrado o elemento psicológico unitário pela conexidade exterior das ações. Corolário lógico: na identificação do crime continuado, é supérflua a pesquisa de fundamento outro além da homogeneidade ou encadeamento objetivo dos elementos sensíveis da atividade criminosa. É *necessária* e *suficiente* essa homogeneidade apreciada *ab externo*: a ulterior indagação de um elemento subjetivo unitário é tudo quanto há de mais ocioso. Este singelo raciocínio remonta a von Bar (*Gesetz und schuld in strafrecht*, III, p. 582, 1900): "o dolo unitário, dado que pudesse ser reconhecido de modo geral, não seria senão um simples *reflexo* das circunstâncias objetivas.[4] Se assim não fosse, não poderia ser reconhecido. Por outras palavras:

---

• 4   Em sentido contrário, mas sem razão alguma, Roberto Lyra (Comentários ao código penal, vol. II, p. 37).

Sem a devida atenção, Basileu Garcia (In: *Justitia*, vol. II, ano II, fase II) e Magalhães Noronha (*Crimes contra os costumes*, 1943, p. 521) continuam insistindo na indeclinabilidade da "unidade de desígnio", que seria o único elemento distintivo entre "crime continuado" e "concurso material". Ora, é tão somente a homogeneidade objetiva das ações que torna possível o discrime em todos os casos. A unidade de desígnio é mera-

a exigência do dolo unitário é supervacânea" ("[...] *so wird der verlangte einheitlich Vorsatz, sofern er überhaupt beachtet. werden Ümstande; ist er dies nicht, so wird er nicht beachtet. Mit anderen Wortens das Erfordenis des einheitlichen Vorsatz ist überfüssig*)".

Florian, não obstante adepto da teoria objetivo-subjetiva, não deixa de reconhecer (*Trattato*, part. ger., 1926, vol. II, p. 68) *"che nella vita pratica del diritto il concetto di unicità della resoluzione è piuttosto empirico giacchè mentre logicamente e psichicamente dovrebbe precedere tutti i reati poi commessi ed esserne quasi il preludio, l'esatto accetamento di ciò incontra difficoltà enormi, onde comunemente della continuazione si giudica a posteriore ed alla stregua di criteri esterni (la successione dei reati nel tempo, ecc."*).

O principal argumento, porém, contra a exigência de um elemento subjetivo unitário no conceito do crime continuado é o de que ela redunda num flagrante contrassenso, um evidente ilogismo. Sabe-se que o crime continuado, fundamentalmente, atende a um objetivo de equidade,[5] importando uma exceção à regra do "concurso material", no sentido de uma penalidade mitigada. É um benefício que se instituiu em favor do inculpado, para conjurar, em certos casos, um excesso de pena.

Ao invés de considerar-se na espécie uma pluralidade de crimes com penas acumuladas, em qualquer temperamento, reconhece-se, por ficção jurídica, que se trata de crime *mum et idem*, aplicando-se uma pena complexa, mas inferior a que resultaria da soma das penas, se reconhecido o concurso material. Pois bem; o elemento psicológico reclamado pela teoria

---

mente eventual. Pode deixar de existir, não obstante a homogeneidade objetiva, e nem por isso deixará de apresentar-se o crime continuado.

- 5 M. E. Mayer e von Hippel pretendem que o crime continuado tenha um fundamento de utilidade, qual o da economia do processo. Diz o primeiro (ob. cit., p. 167 "[...] *es wäre unzweckmässig, jede einzelne Handlung zu bestrafen, weil dann im Prozess jede einzeln reeachgewiesen, also ein unverhältnismässig grösser Aufwand an Zeit, Mühe und Geld setrieben werden müsste. Die Annahme des fortgesetzten Verbrechens ermöglicht, es dahingestellt sein zu lassen, ob der Tatbestand sinmal mehr oder weniger ausfüllt worden ist, und sich mit dem Beweis wiedernolter Verwirklzchung zu begnügen* (seria inconveniente punir cada ação *de per si*, por isso que, tornando-se necessário apurar no processo cada uma delas, haveria um desproporcionado gasto de tempo, de esforço e de dinheiro. A admissão do crime continuado permite dispensar a verificacão do número exato das várias ações, contentando-se com a prova da repetição do crime"). von Hippel (ob. cit., p. 536) argumenta do mesmo modo: *"Der allein rangbare Weg ist hier vielmehr, eine Anzahl Stichproben zu machen, die den Anfang, die Fortsetzung und den Schluss festiegen und dann zu verurteilen wegen eines fortgesetzten Delikts wobei die Mehrzahl der Falle bei der Strafzumessung angemessen zu berücksichtigen ist und* res judicata *auch für die nicht ausdrücklich festgestellten Fälle eintritt."*

objetivo-subjetiva, longe de justificar esse abrandamento da pena, faz dele a paradoxal recompensa a um *plus* de dolo ou de capacidade de delinquir. É de toda evidência que muito mais merecedor de pena é aquele que *ab initio* se propõe repetir o crime, agindo segundo um plano, do que aquele que se determina, de caso em caso, à repetição estimulada pela anterior impunidade, que lhe afrouxa os motivos da consciência, e seduzido pela permanência ou reiteração de uma oportunidade particularmente favorável.

O êxito ou impunidade da primeira ação e a persistência da ocasião propícia exercem uma influência psicológica, no sentido de quebrantar ainda mais a resistência à tentação. Logo, a repetição do *mau passo*, em tais condições, é menos censurável do que a que resulta de um propósito formado de antemão Nino Levi (In: *Il codice penale ilustrato*, de Ugo Conti, fásc. 3º, p. 294), depois de acentuar que quem comete a primeira infração não tem, de regra, o propósito de cometer outras, observa:

> [...] poi per gli allettamenti della impunità, per quella minore volutazione morale che corrisponde alla reiterazione del fatto in confronto al fatto iniziaie (e che dal punto di vista psicológico è a mio avviso la giustificazione più efficace della minore ripressione del reato continuato), per il persistente impulso al conseguimento di quello stasso obbiettivo, ricade: vi è reato continuato. Senza di che si arriverebbe a questo assurdo: di punire più gravemente chi abbia opposto una certa resistenza agli impulsi criminosi e magari lottato per resistere, e di beneficiare chi abbia, frigido pacatoque animo *fin dal primo momento, concepito tutto lo svoglimento del disegno criminoso.*

A incongruência da teoria objetivo-subjetiva já era acusada por von Bar (ob. cit., p. 586):

> Não tem certamente direito a benigno tratamento, por isso que revela maior intensidade de dolo, aquele que, segundo um único plano (resolução) ou um plano delineado de antemão em seus detalhes, pratica vários crimes da mesma espécie; mas ao contrário, não deixa de ter esse direito aquele que, dada uma ocasião essencialmente idêntica à em que já uma vez praticou o crime e sem que nesse meio tempo um sério motivo o dissuadisse do mau caminho, cede novamente à tentação.[6]

---

• 6 *"Auf mildere Buesteilung hat aber sicher – wegen gröisserer intensität des Dolus –*

No mesmo sentido, M. E. Mayer (loc. cit.): "[...] tão evidente é o acréscimo de energia que a resolução criminosa imprime a unidade de dolo, que dificilmente se acomodaria o benigno tratamento colimado em razão da concepção conjunta das ações sucessivas" ("[...] *offenbar wird durch die Einheit des Vorsatz die Energie der verbrerischen Entschlossenheit so geistert, dass die mildere Buerteilung, die durch die Zusammenfassunge der Einzelakte wird, schlecht am Platze wäre*").

Mezger (*Tratado de derecho penal*, trad. esp. de Munoz, II, p. 321) igualmente adverte:

> [...] se o agente possuísse realmente, de antemão, um dolo unitário, por exemplo, de abusar impudicamente de uma criança em toda ocasião propícia,[7] tal dolo não seria certamente motivo de atenuação, mas, ao contrário, de agravação da pena. Precisamente o sucumbir sempre de novo à tentação corresponde, em face dele, à ideia do crime continuado.

Beling (*Dier leher vom verbrechen*, 1906, p. 370), do mesmo modo, desacredita a teoria da *resolução conjunta*:

---

*keinen Auspruch, wer infolge einheitlichen Planes (Entschlusses) oder gar vorher entworfenen detaillierten Planes mehrer gleichartige Verbrechen begeht. Wohl aber hat jenen Anspruch, wer durch eine wesentlich gleichartige Gelegenheit, da er schon einmal das Delikt begangen hat, ohne inzwischen eine ernstiche Abmahnung... zu erfaren weiter die Bahn des Verbrechenn zu verfolgen in Versuchung geführt wird*".

Ao argumento de que a unidade de desígnio é índice de maior intensidade de dolo, responde Lira (loc. cit.) que "não o seria menos o *motu continuo* celerado que é antes reiteração do que continuação".Em primeiro lugar, não há *motu continuo* no crime continuado.

Este, apesar do seu nome, caracteriza-se, paradoxalmente, pela descontinuidade das ações que o compõem. Além disso, seria interessante saber qual o critério para distinguir entre o *delictum continuatum* e o *delictum reiteratum,* se se abstrai a homogeneidade objetiva das ações singulares.

- 7 Lyra (ob. cit., p. 376) diz que esse exemplo "não será de crime continuado, e sim, de reiteração, pela nova atitude da vontade".

Ora, a cada uma das ações do crime continuado corresponde sempre, necessariamente, uma volição particular, tal como se dá no concurso material; mas isso, como é claro (e o proclamam os subjetivistas) não exclui a possibilidade de uma genérica resolução *ab initio* ou um desígnio de conjunto (alheio à volição, como querem os neosubjetivistas), que a teoria defendida por Lira declara imprescindível à continuação. O caso figurado por Mezger, que em face da teoria objetivo-subjetiva (reconhecida a unidade de plano), quer perante a teoria puramente objetiva (dada a homogeneidade considerada *ab externo*) é de típico crime continuado.

Uma resolução dirigindo-se, de antemão, à totalidade das ações, só a tem, de regra, precisamente os piores criminosos, que operam segundo um plano. Não a tem aquele que é seduzido, iterativamente, pelas várias oportunidades. Assim, o benefício do *delictum continuatum* não reverteria em favor dos que mais o merecem, e *vice versa*... Para a construção jurídico-penal, tem-se de partir das ações, e não das fontes psicológicas de que decorrem, pois as ações é que são puníveis, e não as *resoluções criminais*.[8]

Por último, é indisfarçável a imprestabilidade ou insuficiência da teoria objetivo-subjetiva quando se tem em vista que ela exclui a continuação no campo da culpa *stricto sensu*, pois nesta não se pode falar em plano criminoso. É de chocante iniquidade que o benefício da continuação seja outorgado aos delinquentes dolosos e não seja aos culposos, isto é, justamente àqueles que mais devem ter direito a ele.[9] Assim, por exemplo, a cozinheira que, segundo um plano preconcebido, deita veneno, em dias sucessivos, no alimento da patroa será favorecida pela continuação, mas, se, por mero descuido na limpeza do caldeirão de cobre em que prepara a comida, causa reiterados danos a saúde da patroa, tera de sofrer as penas acumuladas! Basta esse desconchavo de maior benignidade para com o delinquente doloso, em cotejo com o simplesmente culposo, para justificar o repúdio da teoria objetivo-subjetiva, que só por aferro a tradição ainda persiste no direito penal positivo

### Opinião de Roberto Lyra

Ao tomar partido por essa desprestigiada teoria, Roberto Lyra, valendo-se de uma breve informação de Pisapia (ob. cit., p. 246 e ss.), afirma que

---

- 8 *"Einem von vornherein auf das Ganze gehenden Gesamtentschluss werden nämlich in der Regel gerade nur die schlimmeren Verbrecher, die plannmässig arbeiten, haben; der durch öftere Gelegenheit wieder und wieder Verführte hat ihn gerade nicht, und so käme die Wohltat des delictum continuatum gerade denen nicht zu gute, die sie am ersten verdienen und vice-versa... Für die strafrechtliche Konstruktion ist chen auszugehen von den Handlungen, nicht von dem seelischen Quell, aus dem sie fliessen; die Taten es, die strafbar, sind, nicht die verbrerischen Entschlüsse".*
- 9 Conforme acentua a "Exposição de motivos" do Ministro Francisco Campos, em face da fórmula do art. 51, § 2º, do novo Código, não padece dúvida "a possibilidade de continuação até mesmo em crime culposo, como no exemplo, sempre citado, do motorista que, com o seu veículo em excessiva velocidade, atropela um transeunte e, prosseguindo na carreira desenfreada, atropela outro".

"a última palavra da doutrina na Alemanha" a respeito do crime continuado é a opinião de Diller, que teria negado qualquer razão de existência a essa construção jurídica. Antes do mais, o verdadeiro pensamento de Diller (Das fortgesetzte Delikte im Licht der Strafrechtserneuerung. In: *Zeitschrift f.d. der Strafrechtswissenschaft*, vol. 56, 3º fasc. 1936, pp. 361 e ss.) é que o crime continuado deve ser, *de lege ferenda*, considerado uma simples *variante* ou *modalidade* do concurso material *(Tatmehrheit)*, mas *posto que, quanto a este, se permita uma certa elasticidade na aplicação da pena*:

> O crime continuado deve ser, de futuro, convenientemente apenado na órbita do concurso material, em que se possibilitara um mais dúctil sistema de punição, a fim de atender devidamente a todos os possíveis graus de culpabilidade. (*"Das fortgesetzte Delikte wird deshalb zwechmassigerwetz künftig im Rahmem der Tatmehrherit strafrechtlich gehandet, wobel ein weiterer Estrafrahmen es ermöglichen wird, alie auftonahenden nash Gebühr strafrechtlich zu erfassen"*.)

*De jure constituto,* porém, Diller não vacila em manifestar-se pela teoria objetiva do crime continuado, impugnando o ponto de vista do *Reichsgericht* e da Comissão Oficial do Direito Penal alemão (que cedeu à opinião de FREISLER, no sentido da jurisprudência do *Reichsgericht*). Depois de acentuar que, em face do direito penal *voluntarístico*, não vale assentar uma noção, arbitrária e, aprioristicamente, sobre um puro elemento subjetivo, mas, sim, fixar os elementos objetivos dos quais se deduza, com segurança, a maior ou menor intensidade de dolo, conclui:

> Aplicado ao crime continuado, significa isso que, para o seu conceito, não é de ser exigido, como essencial, o dolo de conjunto, pois a conexão continuada deve ser, de preferência, apreciada e determinada segundo característicos objetivos, *uma vez que se reconheça a necessidade de conservar esse instituto jurídico-penal* (*"Auf die fortgesetzte Handlung angewendet hetzer dies, dass der Gesamtvorsatz für deren Begriff nicht als Wesensmerkmal gefordenwerden darf, dass der Fortsetzungszusammenhang vielmehr nach objektiven Merkmalen auszurichten und zu bestimmen, istwenn anders man die Notwendigkeit diestz strafrechtlichen Erscheinun gesform fortantbejat"*).

O Código Penal brasileiro, embora conservando a figura do crime continuado, procurou atender ao justo raciocínio que, antes de Diller, já era formulado por todos os defensores da teoria objetiva: a pesquisa de especial elemento subjetivo, no crime continuado, deve ser feita, de caso em caso, e quando possível, somente para o fim da medida da pena complexa. E a esta imprimiu o Código, no § 2º do art. 51, a necessária amplitude ou maleabilidade para corresponder o objetivo de seu ajustamento à variedade dos casos concretos.

O que decide para a existência do crime continuado é tão somente a homogeneidade objetiva das ações, abstraído qualquer nexo psicológico, seja volitivo, seja meramente intelectivo. A unidade de dolo, de resolução ou de desígnio, quando efetivamente apurada, longe de funcionar como causa de benigno tratamento penal, deve ser, como índice de maior intensidade do dolo do agente ou de sua capacidade de delinquir, uma *circunstância judicial* de elevação da pena-base (art. 42).

### Definição e requisitos

Em face do Código, pode ser assim definido o crime continuado: é uma pluralidade de crimes da mesma espécie, sem intercorrente punição, que a lei unifica em razão de sua homogeneidade objetiva, reconhecível pelas condições de tempo, de lugar, maneira de execução e outras semelhantes. É uma série de ações separadas no sentido natural, mas que, em virtude de sua homogeneidade exterior, é *juridicamente* considerada uma reação. Na verdade, trata-se de uma espécie de *concurso material*, e como tal deveria ser tratado, se a lei, colimando, principalmente, um fim de *equidade*[10] e, secundariamente, um fim de *utilidade* (economia da atividade processual), não entendesse de *fingir* a unidade, com fundamento da aludida homogeneidade considerada *ab externo*.

O primeiro requisito do crime continuado é a prática repetida do *crime da mesma espécie*. Considera-se tal a violação do mesmo artigo da lei penal. É necessária a identidade no conteúdo específico de cada crime ou, como dizem os autores alemães, a *Einheit des Tatbestands*. Não se segue daí, porém, que deva ser excluída a continuação quando se apresentem formas *simples* e

---

- 10 CARRARA ("Programma", prt. ger., § 510): *Data pluralità di azioni, il rigore dei principii avrebbe richiesto che all'autore delle medesime si imputassero tutti, comme altrettanti disttinti titoli di delitto. Ciò portando per necessità logica ad una agglomerazione di pene che poteva essere esorbitante, i pratici introdussero la dottrina della continuazione, la quale ebbe lo scopo benigno di considerare i più delitti come un solo delitto continuato".

formas *qualificadas* do crime, posto que não haja mudança de *nomem juris*. Assim, pode haver continuação entre *furto* previsto no *caput* do art. 155 e *furto* previsto no § 4º do mesmo artigo; mas já não haverá entre *furto* (simples ou qualificado) e *roubo*. O que se faz mister é que seja idêntico o *tipo fundamental (Grundtatbestand)* ou que seja violada, como diz Mayer, a "norma incriminadora principal". É também fora de dúvida que pode existir continuação entre a forma *consumada* e a forma *tentada* do crime.

A *tentativa* não é mais do que uma *subespécie* do crime a que diz respeito.

O requisito da *identidade de tipo de crime* importa a *identidade in abstracto*, mas não reclama, necessariamente, a *unidade* do bem jurídico lesado. Esta só é exigível quando se trata de *bens eminentemente pessoais (höchstpersonliche Rechtsgütter)*, como a *vida*, a *integridade corporal*, a *honra*, a *liberdade*, o *pudor individual*. Neste caso, é obviamente imprescindível que o sujeito passivo seja o mesmo, isto é, que haja unidade do bem jurídico lesado *(Einheit des verletzten Rechtsguts)*, pois que, tratando-se de bens que só podem ser lesados *na pessoa* do respectivo titular, não é admissível, sem ofensa ao bom senso, que, diversas as pessoas, a lesão praticada contra uma seja *continuação* da praticada contra outra. Redundaria num absurdo dizer-se, por exemplo, que o homicídio de Tício seja continuação do homicídio de Mévio, por maior que seja a conexão objetiva entre um crime e outro. Já ninguém duvida, entretanto, que o homicídio de Tício pode ser continuação da tentativa de homicídio que contra ele praticara, na véspera, o mesmo agente. Do mesmo modo, não será continuado o atentado ao pudor praticado sucessivamente contra diversas crianças, mas poderá ser considerado tal se o sujeito passivo é sempre o mesmo.

Em todos os demais crimes, para cuja prática é indiferente (da parte do agente) a pessoa do titular do bem jurídico (por exemplo: os crimes patrimoniais) ou que se dirigem *in incertam personam* (exemplo: crimes contra a saúde pública, ultraje pública ao pudor), basta, como pressuposto da continuação, a *identidade* dos bens lesados, pouco importando a pluralidade de sujeitos passivos.

**Condições de tempo e de lugar**

Vejamos, agora, o que significam as "condições de tempo, lugar, maneira de execução e outras semelhantes", a que alude o § 2º do art. 51, como índices da continuação.

A condição de *tempo* é a que na doutrina alemã se chama "conexão temporal adequada", isto é, uma certa continuidade no tempo (exemplo:

o ladrão, no curso de uma noite, subtrai, de vários quartos de um hotel, objetos pertencentes aos diversos hóspedes) ou, pelo menos, uma *periodicidade* tal que não iniba de se observar um *certo ritmo* (como diz Mayer) entre as ações sucessivas (exemplo: o agente várias vezes, no decorrer de um mês, abusa de uma menor).[11] Não se podem fixar, a respeito, indicações precisas; mas é de advertir que, se entre uma ação e outra medeia um longo trato de tempo, a continuação só existirá se outras condições positivamente a indicarem. Por outro lado, não se deve confundir a continuidade de tempo com a *contemporaneidade*, que ocorre quando o bem jurídico é lesado repetidamente no mesmo contexto de ação, ou num só processo de atividade. Assim, não há crime continuado mas um fato criminoso essencialmente único no caso do agente que desfere, seguidamente, vários golpes contra a vítima.

A condição de *lugar* é a unidade concreta do *ubi* do crime. Exemplo: certo gatuno pratica um furto na casa X e, estimulado pelo êxito, retorna no dia seguinte a mesma casa, prosseguindo na sua atividade criminosa. É bem de ver que a *diversidade* de local é inteiramente irrelevante, isto é, não impedirá o reconhecimento do crime continuado se outras condições atestarem a homogeneidade objetiva das ações. No caso, por exemplo, do indivíduo que vai de cidade em cidade praticando, *pelo mesmo processo*, uma determinada *fraude no comércio* (art. 170 do CP) é de identificar-se a continuação.[12]

### Maneira de execução

A condição referente à *maneira de execução* é a que se traduz na semelhança do modo ou forma de praticar o crime. *In exemplis*: o estelionatário emprega idêntica *mise-en-scène* para enganar, várias vezes, uma firma comercial; o falsário usa do mesmo documento falso contra várias pessoas, sucessivamente; o automobilista, na mesma vertiginosa carreira (isto é, com a mesma imprudência), atropela, sucessivamente, vários transeuntes.

A cláusula "e outras semelhantes" refere-se a qualquer outra condição *objetiva* que possa indicar a homogeneidade das ações. Assim, entre outras,

- 11  A relativa continuidade de tempo será irrelevante se não se apresenta conjugada a outros indícios de encadeamento objetivo das ações. Assim, o ladrão que, na mesma noite, assalta casas distintas responde por *concurso material* de crimes.
- 12  Dada a unidade jurídica do crime continuado, entende-se que este, para efeitos processuais, é praticado em qualquer lugar onde tenha sido praticada qualquer das ações sucessivas (art. 71 do Cód. do Proc. Penal), embora se considere consumado com a última ação, da qual, portanto, começa a correr a prescrição (art. 111 do Cód. Penal).

o aproveitamento da mesma ocasião (das mesmas circunstâncias), ou de persistente ocasião favorável, ou o aproveitamento da mesma relação permanente. Exemplos: o doméstico subtrai diariamente charutos ao patrão; o morador da casa frauda, por vezes sucessivas, o medidor da luz elétrica; o coletor de rendas apropria-se, por várias vezes, do dinheiro do Estado.

Cumpre notar que, via de regra, nenhuma das citadas condições, consideradas isoladamente, possui decisivo relevo sintomático. O caso comum é o da *diagnose* fundada em mais de uma delas.

Não se podem prefixar todas as possíveis condições objetivas indiciárias do crime continuado. Ao prudente arbítrio do juiz, guiado pela fórmula genérica da lei, pela lição doutrinária e pelo entendimento comum, é que caberá, necessariamente, identificar, de caso em caso, a homogeneidade objetiva das ações apreciadas em conjunto. Repita-se que, para a *existência* da continuação, pouco importa que o agente tenha procedido segundo um plano predeterminado. Sem dúvida, há casos em que a *resolução* coletiva é manifesta. Haja visto o caso citado por von Liszt, do indivíduo que emite pouco a pouco o dinheiro falso que obteve. Não se pode deixar de reconhecer, aqui, que o agente se propôs, *ab initio*, à execução parcelada de um só objetivo. Na impossibilidade de *passar*, de uma só vez, todo o *stock* de dinheiro falso, resolveu, velhacamente, introduzi-lo *a prestações*. Mas, em casos como este, é ainda a coesão objetiva das ações que decide sozinha, as ações sucessivas, apreciadas *a posteriori*, se apresentam como etapas de um mesmo *iter*. Se não existisse essa coesão reconhecível *ab externo* não haveria crime continuado, ainda que de outro modo se pudesse inferir o designio unitário Este somente servirá, como circunstância indicativa de intensidade do dolo, para que a pena complexa aplicável (pena-base unificada mais aumento especial decorrente da continuação) se incline na direção do máximo.

## ORTOTANÁSIA OU EUTANÁSIA POR OMISSÃO
Nélson Hungria

É sabido que a nossa vigente lei penal desacolhe a tese de impunibilidade do homicídio eutanásico, isto é, do homicídio praticado para abreviar piedosamente os sofrimentos de um doente incurável. Apenas transige em considerá-lo um *homicidium privilegiatum*, um *delictum exceptuam*, facultando ao juiz a imposição de pena minorada, em atenção a que o agente é impelido "por motivo de relevante valor social ou moral". O nosso legislador de 1940 manteve-se fiel ao princípio de que o homem é coisa sagrada para o homem. *Homo res homini sacra*. A supressão dos momentos de vida que restam ao moribundo é crime de homicídio, pois a vida não deixa de ser respeitável mesmo quando convertida num drama pungente e esteja próximo de seu fim. O ser humano, ainda que irremediavelmente apuado pela dor ou minado por incurável mal físico, não pode ser equiparado à rês pestilenta ou estropiada que o campeiro abate. Nem mesmo o angustioso sentimento de piedade: ante o espetáculo do atroz e irremovível sofrimento, alheio, e ainda que preceda a comovente súplica de morte formulada pela própria vítima pode isentar de pena o homicida eutanásico, cujo gesto, afinal, não deixa de ter um fundo egoístico, pois visa também a libertá-lo de sua própria angústia. Nenhum meio artificial pode ser empregado para truncar a existência ao enfermo "desenganado" ou apressar a sua extinção iminente. A Parca inexorável deve agir sozinha, sem acólitos e sem cúmplices. O misterioso fio da vida, seja no embrião humano dentro do claustro materno, seja na plenitude da idade viril, seja nos derradeiros arquejos de moribundo, não pode ser cortada senão pela fiandeira Atropos.

Mas, se assim é, se nenhum artifício é lícito para "ajudar" à Morte, indaga-se: será juridicamente permitida a omissão dos recursos que a medicina conhece sob o nome genérico de "distanásia", para prolongar a vida? Será penalmente lícita a deliberada abstenção ou interrupção do emprego de tais recursos, ou seja, a prática de "ortotanásia", que consiste em deixar o enfermo morrer naturalmente, nos casos em que a cura é considerada inviável?

O tema foi recentemente debatido no seminário da Escola de Criminologia da Universidade de Liège, segundo informa Simone Pelletier na "Revue Internationale de Droit Pénal".

São múltiplos e bem conhecidos os meios *heróicos* de manter a sobrevida dos agônicos ou preagônicos, ou *distrair* a morte; altas doses de antibióticos, tendas de oxigênio, aplicação de cânulas para possibilitar a respiração, ministração de cardiotônicos poderosos (coramina, lobelina, estricnina, picrotoxima etc.), transfusão de sangue, hidratação orgânica com soro fisiológico e glicosado, alimentação artificial por meio de sonda gástrica ou clisteres etc. etc.

Suponha-se um enfermo vivendo, exclusivamente, por obra e graça de injeções maciças de penicilina ou de um tubo que ainda lhe permita a inspiração de ar. Pode o médico-assistente, para poupar ao enfermo a dilatação de tormentosa agonia ou preagonia, interceptar a continuidade das injeções ou retirar o tubo, sabendo que, assim, a morte sobrevirá imediatamente ou em prazo mais breve, e querendo isso mesmo, com plena consciência de vontade?

Tenho para mim que a resposta deve ser, categoricamente, redondamente, esta: "não"! Se o fizer comete um indubitável homicídio doloso, embora com pena atenuada. Várias são as objeções que se podem opor aos adeptos da ortotanásia, que é, no fim de contas, uma eutanásia por omissão, ou se confunde com a própria eutanásia comissiva, quando importe em retirar o aparelho que esteja servindo ao sustento da vida em declínio. Não há distinguir, como eles pretendem, para o emprego, ou não, da distanásia entre vida artificial e vida natural, entre vida vegetal e vida consciente. Não existe gradação ou meio termo entre vida e morte, que são estados absolutamente antagônicos, inacessíveis a qualquer transação ou entendimento recíproco. Ou há vida ou há morte. Não há "meia vida" ou "meia morte". Trata-se de *duo contraditorio: non datur tertium*. Ainda que mantida por meios artificiosos ou reduzida à mera extremeção muscular, alheia à consciência, a vida, como diz POULLET, não deixa de ser tal, não chegou ainda ao término do seu curso, que começa no momento da concepção e somente cessa com o "último suspiro". Extingui-la, ainda quando se apresente como provocada sobrevida ou um avanço além do "ponto mortal", previsto segundo *id quod plerum que fit*, é matar. A vida, embora periclitante ou conservada pelo suprimento artificial da quase exaurida resistência orgânica ou fisiológica, não deixa de ser vida, do mesmo modo que não deixa de ser fogo a chama que bruxoleia por escassez de combustível, ou do mesmo modo que não deixou de ser luz a que proveio do sol cujo ocaso teria sido relatado por Josué, segundo a lenda bíblica.

Nem para que a vida seja reconhecível como tal é necessária a consciência individual de viver. Ainda que puramente vegetativa, a vida continua a ser vida: é ainda vida autêntica, vida em curso, vida a palpitar, vida que está animando o corpo.

De outro modo, e levada ao extremo a lógica dos defensores da ortotanásia, a vida de quem se acha em letargia não mereceria proteção. E, pela mesma lógica, deveria ser lícito ou livremente praticável o feticídio ou a ocisão intencional dos idiotas denominados "para-humanos", cuja vida é igual a das plantas.

Nem sempre, aliás, é verdade que, no estado reconhecido *ab externo* como de simples vida vegetativa, isto é, quando o enfermo se encontra, na expressão de BOSSUET, *"aux abois de la mort"*, desaparece a consciência do eu ou do mundo circundante. Já se têm verificado casos de franca aparência de vida vegetativa, acompanhada até mesmo de rigidez semelhante à do cadáver, em que o doente, restabelecido inesperadamente, demonstrou ter conservado a percepção do que se passava em seu derredor.

Há, porém, contra o postulado dos ortotanasistas objeção mais séria ou decisiva: afora certos e pouquíssimos casos de incontestável impossibilidade de cura, pelo menos com os meios terapêuticos atualmente conhecidos, nunca se pode prever, com infalível certeza, se e quando a morte sobrevirá ao estado agônico, que pode ser real ou suposto. Há as espontâneas reações orgânicas que se costuma chamar "milagres", restabelecendo-se o enfermo contra toda expectativa. Há prodígios equiparáveis à ressurreição de Lázaro, que, conforme assoalham os incréus, se teria operado mesmo sem o *surge et ambula* de Cristo, pois o irmão de Marta e de Maria se achava apenas em estado cataléptico. Quando. toda a esperança já desapareceu, a natureza revela, por vezes, a sua taumatúrgica ou inexplicável capacidade. de auto-recuperação.

Não se pode duvidar da morte próxima no caso, por exemplo, de encefalomalacia acompanhada de coma *carus*, ou no de rematada caquexia cancerosa, com metásteses em vários departamentos orgânicos; mas, mesmo admitida a segurança de previsão do evento letal em tais casos extremos, é preciso não esquecer a possibilidade de erros de diagnóstico ou de prognóstico, que levam os médicos, frequentemente, a tomar a nuvem por Juno. O Prof. CABOT, dos Estados Unidos, nos apresenta uma estatística verdadeiramente alarmante: há uma proporção de 40% de erros nos diagnósticos. Segundo pôde ele averiguar, de 3.000 cadáveres autopsiados, uma boa metade era de pessoas cuja vida cessara porque os médicos não atinaram com o seu verdadeiro mal. Tem-se visto, e não raramente, enfermos se reabilitarem de aparente coma agônica, ou voltarem do estado de pseudovida artificial para o de vida ou saúde normal.

O próprio Prof. ROSKAM, que é favorável a uma estritamente controlada supressão da distanásia nas emergências desesperadas, cita o caso de uma mulher afetada de dilatação dos ventrículos cerebrais e que, contra o definitivo prognóstico de morte próxima, veio a recuperar a saúde.

Se é falível o diagnóstico ou o prognóstico, não menos precário é o critério de incurabilidade. Como diz Moreau, nenhum médico pode afirmar qual a resistência do enfermo, e, por vezes, os elementos naturais, imprevisíveis ou imprevistos, mudam uma situação considerada como desesperadora.

No mesmo sentido, Morselli: "Jamais podemos sentir-nos absolutamente seguros ao pronunciarmos uma sentença de incurabilidade, mesmo diante de um caso desesperador de tabas ou de afecção medular, pois já se têm visto tabéticos, mielíticos e sifilíticos atingidos nos centros nervosos, não obstante a fase avançadíssima do processo mórbido, readquirirem uma condição, se não plenamente satisfatória, pelo menos tolerável de saúde." Por mais experimentado e perspicaz, não pode o médico dizer, com irrestrita certeza, que o enfermo está irrecorrivelmente votado à morte. A carência atual de recursos para, em tal ou qual caso, evitar a morte não é o mesmo que certeza da morte ou impossibildade de que esta deixe de ocorrer. De um dia para outro, pode ser descoberto um remédio eficiente, ou a natureza pode agir de modo surpreendente.

Nos laboratórios científicos, em todo o mundo civilizado, há centenas de sábios que vivem pesquisando o segredo do máximo de prolongação da vida. E, de quando em quando, surge um remédio novo para a cura específica de moléstias até então reputadas incuráveis. Foi o que ocorreu, por exemplo, com os modernos antibióticos. Uma doença que é hoje incurável pode ser curável amanhã, e, assim, a ortotanásia faz o doente correr o risco de não viver bastante para que um novo remédio possa curá-lo ou assegurar-lhe um mais ou menos longo período de suportável sobrevivência. Basta uma probabilidade ainda que remotíssima em tal sentido, como basta a possibilidade de uma só recuperação que seja, em mil casos considerados incuráveis, para que se condene a supressão da distanásia. A função da medicina é prolongar a vida até os últimos limites possíveis, com os recursos medicamentosos ou cirúrgicos de que pode lançar mão.

Já argumentamos, contra a permissão da ortotanásia, com a álea do erro dos diagnósticos, e não devemos abstrair que há, também, o perigo de abusos. Médicos levianos, inescrupulosos ou displicentes, ou demasiadamente confiantes na sua previsão de morte, podem deixar-se aliciar pelas insinuações interesseiras de parentes que visam a uma herança ou a evitar que esta se desfalque com um tratamento dispendioso do enfermo, e ser induzidos, ainda que por furtivo influxo do subconsciente, a admitir como realidade o que talvez não passe de errônea suposição de insuperável proximidade da morte e a não aplicar ou interromper a aplicação dos recursos distanásicos.

Entre as medidas acautelatórias da adequação da ortotanásia, segundo os partidários desta, inculca-se a necessidade de prévio assentimento do doente, que deve tê-lo prestado quando ainda na posse de plena consciência. Ora, não se sabe por que tal consentimento deva ser irrevogável, e, além disso, que valor pode ter tal manifestação de vontade por parte de um enfermo combalido de corpo e de alma, em que já não mais existem, como no indivíduo são, o apego incondicional à vida e a efusiva alegria de vive?

A covardia diante da dor, seja física seja moral, perturba de tal modo o raciocínio que já tem levado, com frequência, ao extremo ato de suicídio pelo medo de continuar a sofrer. Aquele que consente na abreviação da chegada da morte, sob a influência desnormalizante da dor, presta um consentimento sob premente coação e, por isso mesmo, sem valor. Enquanto hígido, o homem prefere a perspectiva do maior suplício a assentir na própria morte, e não quer aceitar a advertência de Sêneca, relembrada por Maeterlink, de que o fim do suplício é o melhor do suplício. Para ele é verdade, como diz o autor de "La Mort", que *"une seule heure dérobée à la mort vaut toute une existence de tortures"*. Acresce que, sob o ponto de vista jurídico, o consentimento da vítima, pelo menos em face do nosso direito positivo, não discrimina o homicídio, pois a vida é um bem inalienável ou indisponível.

A supressão fatal da distanásia, do mesmo modo que a eutanásia, constitui, repita-se, o crime que o Cód. Penal define como "homicídio". Nenhuma diferença existe entre o aplicar-se uma forte injeção de protóxido de azoto para abreviar a morte do enfermo e o deixar, para o mesmo fim, de lhe ministrar um cardiotônico ou um antibiótico. Nem há dizer-se que, no último caso, haveria, quando muito, o crime de "omissão de socorro". Nesta, ao contrário do que ocorre na eutanásia por omissão, inexiste o *animus necandi*, a *voluntas ad necem*. O omitente de socorro é um egoísta que cuida de se forrar a incômodos, mas sem que o inspire, sequer, o mais longínquo desejo de morte do periclitante; enquanto o médico que deixa de empregar os recursos distanásicos falta ao seu dever profissional e jurídico de prolongar a vida tanto quanto possível e contribui, voluntária e intecionalmente, para a morte do seu cliente.

Somente a moral biológica pode aprovar a ortotanásia, mas a moral biológica é a moral dos símios e dos lobos. É a moral que confunde o homem com o irracional da jungle e reclama, como na taba dos xavantes, o sacrifício dos doentes que o pajé-feiticeiro não consegue curar. É a moral do mais cru materialismo, a mesma moral que inventou as câmaras tóxicas para o extermínio dos chamados "sub-homens". É a moral feroz de seleção artificial dos valores humanos. É a moral do assassino, sob o miserável pretexto da necessidade da eliminação do "peso-morto" que representam os moribundos, os velhos, os loucos e os débeis mentais. É a moral que renega 20 séculos de civilização cristã, e quer que o homem retroceda às eras primitivas.

E semelhante moral não é, nem jamais poderá ser, a moral jurídica, a moral social, a moral do *homo sapiens*, que superando, com a própria razão, a impulsividade dos instintos, proclamou, desde a lei mosaica, o indeclinável mandamento da vida em sociedade: "Não matarás! *Non occides*!".

Carrel, no seu "L'homme, ce inconnu", sugere a matança, por meios científicos, de todos os fracos de corpo e de espírito; mas tal sugestão não passa de um desses atrevidos paradoxos da era contemporânea, formulados por aqueles que, aproveitando-se da perplexidade em que se encontra atualmente o mundo, pregam o retorno à lei do mato virgem e pretendem o integral desmonte da consciência humana, estratificada através de milênios, chegando ao extremo de pleitearem, em nome de um utilitarismo sem entranhas, seja suprimido no coração dos homens o próprio sentimento de caridade. Combatem a solidariedade até agora dispensada aos que mais precisam dela. O carro da civilização já não comportaria os fracos, os aleijados na carne e na alma, os desgraçados que não podem valer-se a si mesmos. Sejam eles esmagados, sem dó nem piedade, pelas rodas do comboio triunfal do Progresso. É a aceitação do conceito de Nietzsche, que o emitiu como um sintoma precoce da paralisia geral de que veio a morrer: "Se me demonstrarem que os instintos qualificados maus pela moral vigente, como a dureza, a crueldade, a astúcia, a audácia temerária, a índole belicosa, servem para aumentar a vitalidade do homem, eu direi "sim" ao mal e ao pecado." Amaldiçoada filosofia esta que, depois de amadurecer o mundo para as duas Grandes Guerras, quer agora impor-se ao espírito dos médicos, para que estes reneguem a própria finalidade de sua missão, tão belamente resumida por Desgenettes, na resposta dada a Bonaparte, que lhe ordenara abreviasse a agonia dos pestosos de Jaffa: "Minha tarefa é conservar."

Nenhum médico tem a faculdade de ficar impassível ou como simples espectador em face do moribundo, desde que haja possibilidade de mantê-lo com vida. E aquele que assim proceder não será apenas um criminoso, senão também um profissional indigno, a quem se deve rasgar o diploma.

Mercê de Deus que no Brasil, à parte uma irrequieta e ínfima minoria de *camelots* a apregoar o subido mérito de ideias extravagantes, só porque trazem o *cachet* da novidade e da procedência europeia, não há clima para o ceticismo que avassala a mentalidade do Velho Mundo. Ainda não nos despedimos, nem nos despediremos, por honra nossa, da convicção de que um dos traços frisantes da superioridade do homem sobre a besta é o consciente sentimento de solidariedade para com o seu semelhante.

# A AUTORIA INTELECTUAL DO CÓDIGO PENAL DE 1940[1]

Nélson Hungria

Ao comemorar-se o 12º ano de vigência do atual Cód. Penal, vem a propósito, para dirimir dúvidas recentemente suscitadas, uma *investigação de paternidade*: o Projeto definitivo, resultante da revisão do Projeto Alcântara Machado pela Comissão nomeada pelo Ministro Francisco Campos e de que fizeram parte Vieira Braga, Roberto Lira, Narcélio de Queirós e eu, com o auxílio que se poderia chamar a supervisão de Costa e Silva, significou apenas uma alteração de superfície do projeto revisto ou constituiu trabalho substancialmente diverso? Nem uma coisa, nem outra. De par com modificações de forma, houve mudanças de fundo, mas o Projeto Alcântara Machado não ficou irreconhecível: a cada passo, no texto do Projeto convertido no Código, depara-se a marca, o *sinal de unha* do emérito e saudoso professor paulista. Em conferência que proferi, lá vai um decênio, na Faculdade de Direito de São Paulo, assim me externei: "A dominante preocupação da Comissão Revisora foi imprimir ao Projeto Alcântara uma apurada harmonia técnica. Era nosso intuito que ele adquirisse, na sua contextura, uma homogeneidade integral, uma indefectível continuidade e coesão, qual a da superfície de água parada, que, à mais leve percussão, toda se ressente. Por outro lado, tivemos de alterá-lo no sentido de maior concisão possível, de modo que não restasse uma só demasia ou superfluidade. Revivemos alguma coisa do Projeto Sá Pereira e respigamos, para o efeito de algumas retificações, nos Códigos Penais suíço, dinamarquês e polonês. Escandimos certos institutos e atualizamos outros.

Ampliamos a noção do dolo. Suprimimos o "regime da menoridade" que, pelo critério adotado, exorbitava da lei penal. Riscamos a "pena de morte", não obstante a sugestão em contrário do preceito constitucional, a que não correspondem a tradição de nosso direito e o sentimento nacional. Eliminamos a classificação apriorística de criminosos, que, na prática, iria redundar fatalmente na perplexidade ou no mais descontrolado arbítrio. Cortamos cerce, relegando-o para as versáteis Leis de Segurança Nacional, o

---

- 1 Conferência pronunciada na Faculdade Livre de Direito do Rio de Janeiro, em maio de 1954.

capítulo dos crimes políticos, que, na atualidade, são irredutíveis a um sistema estável e duradouro, confirmando, cada vez mais, o famoso conceito de Carrara: "Quando a política entra as portas do templo da Justiça, esta foge pela janela, para librar-se ao céu". Procuramos, aqui e ali, afeiçoar mais convenientemente os critérios de solução à realidade brasileira e seguir mais fielmente as lições de nossa prática judiciária. E foi só, a não ser que se hajam de trazer à baila alterações inteiramente secundárias...

    Já disse e repito que é de todo verdadeira a comparação no sentido de que o Projeto Alcântara Machado está para o atual Cód. Penal como o Projeto Clóvis Beviláqua está para o Cód. Civil.

    Estas palavras eu as confirmo neste ensejo. Há poucos dias, estive a pôr em ordem e a cotejar todos os elementos que retraçam a elaboração do Código de 40 e que, espero em Deus, ainda hei de publicar, concatenados e anotados, em volume especial: as três diferentes edições do Projeto Alcântara, o texto da primitiva revisão, a réplica de Alcântara, a tréplica da Comissão Revisora e a derradeira *mondagem* da revisão. Pela acareação desses elementos se verifica, sem sombra de dúvida, que o *cerne*, a *medula*, o *granito* do Código veio do Projeto Alcântara. Injustiça, porém, e grande, é dizer que o trabalho da Comissão Revisora foi apenas cópia, com alterações mesquinhas, do Projeto revisto, como, dias atrás, sem perfeito conhecimento de causa e provocadoramente, insinuou o Prof. Leonídio Ribeiro em sua crônica semanal no "*O Jornal*". Pode criticar-se tudo quanto a Comissão Revisora modificou no trabalho de Alcântara, mas afirmar-se que ela não fez mais que reproduzi-lo com o disfarce de retoques irrelevantes, é negar a evidência mesma. É querer *tapar o sol com peneira*. Percebe-se que o ilustre crítico louvou-se em descomedidas e azedas palavras do próprio Alcântara Machado, quando da primeira fase dos trabalhos da Comissão, e desconhece, ou finge desconhecer, o que posteriormente foi proclamado, também com manifesto exagero, pelo mesmo Alcântara, no sentido de que coisa inteiramente diversa do seu Projeto era o Código de 40, ao qual opunha exaltado libelo de ação negatória de paternidade. A inconformação de Alcântara com as alterações que sofreu o seu trabalho, fê-lo esquecer até mesmo que, na última edição do seu Projeto, quer no tocante à "parte geral", quer, principalmente, no concernente à "parte especial", muitas dessas alterações foram por ele aceitas, denunciando sua parcial adesão à Comissão Revisora, embora se abstivesse de o confessar. Tal foi a atitude de apaixonada intolerância por ele assumida, que, nós outros, revisores do Projeto, quando delegados do Brasil ao II Congresso Latino-Americano de Criminologia realizado em Santiago do Chile, em 1941, receosos de acrimoniosa negativa a um *chamamento à autoria*, tivemos de omitir o seu nome entre os dos coautores do Código, ali tão entusiasticamente festejado. Já expliquei isso mesmo na conferência acima aludida, respondendo a uma increpação de César Salgado. Não se fez uma injustiça por amor à injustiça ou por intuito de monopólio de *penas de pavão*. A arguida omissão foi motivada pelo fundado receio de que Alcântara Machado, jamais conformado com o trabalho de revisão, a cuja elaboração timbrava em alhear-se, rejeitasse a homenagem dos congressistas reunidos no Chile, colocando-nos em situação de invencível constrangimento.

Não obstante o formal repúdio que mereceu de ALCÂNTARA o Código de 40, entende o Prof. Leonídio Ribeiro que ele deve ser lembrado, *agora e sempre*, como o seu *verdadeiro autor*. Não é tanto assim. O que é rigorosamente exato é dizer-se que o inolvidável professor paulista é *um dos verdadeiros coautores do Código de 40*.

Tenho para mim, preliminarmente, que se não deve estar a disputar glórias em torno à autoria intelectual desse diploma legislativo. Como já afirmei de outra feita, é ele, acima de tudo, uma resultante da cultura jurídica brasileira. Não é exclusivamente de alguém ou de um grupo: é do Brasil. Nem mesmo estaria eu aqui, *sponte mea*, a reivindicar o que cabe à Comissão Revisora do Projeto Alcântara, se não fora a imputação de desprimor e mesquinhez que um amigo de Alcântara procura fazer a essa Comissão. Pretender que Alcântara *é o único e verdadeiro autor do Código, tendo-se limitado o trabalho revisionista a uma insignificante aposição de vírgulas, ou mofina troca de vocábulos, para dissimular uma apropriação indébita, é um aleive e é uma inverdade. A comparação mais perfunctória entre o Projeto Alcântara e o Projeto definitivo da comissão Revisora revela que aquele não passou apenas por inexpressivas alterações de epiderme, senão também por uma remodelação, embora parcial, no seu próprio sistema orgânico. Não nos circunscrevemos, nós, os revisores, a corrigir detalhes de fachada ou de estilo, Fomos ao âmago, à essência visceral do Projeto, para emenda do que nos pareceu errôneo e suprimento de falhas que se nos afiguravam intoleráveis, à luz da moderna política criminal e técnica jurídico-penal. Não nos limitamos a evitar que figurassem no Código a ser promulgado impropriedades de linguagem, ilogismos, redundâncias, enganos de raciocínio, de que estava inçado o Projeto, como sejam, dentre múltiplos exemplos: confundir definição* com *qualificação* do crime; falar em irrelevância de "erro da lei", ao invés de "erro de compreensão da lei", dizer interrompida a prescrição pela *fuga do condenado* ou *revogação do livramento condicional* (como se em tais casos estivesse a correr alguma prescrição), declarar que as majorantes e a pena de multa estavam adstritas a expresso dispositivo legal (não obstante já ter sido consagrado o *nulla poena sine lege*); dispor que a tentativa inacabada se apresenta com a *desistência da execução*, e não com a *desistência da consumação*; definir o *sursis* como "condenação de execução condicional", quando o seu efeito suspensivo atinge somente a pena privativa de liberdade; negar efeito atenuante ao "estado passional ou emocional" e, a seguir, reconhecer em tal caso uma atenuante genérica e uma minorante; distinguir entre *auxílio necessário* e *auxílio secundário*, depois de adotada a teoria da *equivalência das causas*; considerar a "prisão preventiva" como única espécie de *prisão provisória* antes da sentença condenatória e recorrível; cuidar da *preterintenção* como forma autônoma de culpabilidade; referir-se a "erro *substancial* sobre *fato constitutivo* do crime"; confundir as "penas acessórias" com "efeitos da condenação"; julgar *cometido* o crime continuado ou permanente só quando cesse a continuação ou permanência, etc. Não se restringiu a Comissão a colocar rubricas laterais ao lado dos dispositivos, para melhor entendimento destes, nem a inverter a ordem de sucessão dos crimes na "parte especial", partindo dos mais simples para os mais complexos. Salta aos olhos de quem queira ver que sua intervenção foi muito mais profunda, importando, por vezes, em alteração radical de critérios de solução. Quero, aqui, apenas tocar nos pontos de maior relevo, para demonstrar como o Projeto revisto foi afetado no seu tecido muscular e nervoso, na sua própria organicidade. Serei mais preciso que na conferência de São Paulo. Comecemos pelos cortes radicais. Aboliu-se todo o capítulo sobre a *menoridade penal*, para evitar a incongruência de se incluir no Código de repressão da delinqu*ência o regime atinente àqueles que eram declarados carecedores de capacidade penal*, sujeitos exclusivamente a medidas administrativas de prevenção educacional. Enjeitou-se a identificação geral entre *crimes* e *contravenções*, para conjurar o desconchavo da conveniência entre os *habitantes de Brobdignac e Liliput*. Cancelou-se integralmente o capítulo referente aos crimes contra o Estado, para poupar o futuro Código à instabilidade dos critérios com que é tratada essa criminalidade, objeto das irrequietas leis de Segurança Nacional. Não se manteve igualmente o capítulo sobre os crimes falimentares, cujo regime também varia, oportunisticamente, com as versáteis leis de falência. Passou-se um traço negro sobre a "pena de morte", que é o *assassínio legal*, a contrastar com a evolução do moderno direito penal executivo. Não se conservou a pena de "segregação", que, numa confusão de coisas heterogêneas, não passava de uma "medida de segurança". Recusou-se o estranho e elástico *sursis* aos *valetudinários* e às *mulheres honestas* condenados a detenção e desprovidos de periculosidade, pois é fácil imaginar o que isso acarretaria, na prática, em detrimento do interesse da defesa social. Não se respeitou a obsoleta "caução de bom comportamento", cuja inocuidade a experiência, em toda parte, já demonstrou *ad nauseam*. Repeliu-se o critério de cuidar, na lei penal comum, dos crimes contra a honra por meio da imprensa (devendo notar-se que o Projeto, em tal caso, ao arrepio da tradição universal, determinava a exacerbação de criminosos", para maior ou menor rigor do tratamento penal, pois seria inevitável a "justiça de dois pesos e de duas medidas", que isso importaria, dada a precariedade dos critérios objetivos que se podem aventar a respeito. Riscaram-se todas as normas de ordem processual que o Projeto pretendia deslocar do direito judiciário penal. Extinguiu-se o escalracho da culpa *ex lege* ou presumida no caso de *inobservância de lei* (a que o Projeto Alcântara acrescentava, incrivelmente, a "determinação da autoridade"), anacronismo que representa a sobrevivência da *responsabilidade objetiva* do primitivo direito penal.

Passemos, agora, às modificações de substância em muitas das *paredes e colunas* estruturais conservadas. Seria fastidioso o enumerá-las todas, e por isso vou apenas destacar as de maior relevo.

Foi dilatada a conceituação do dolo, para incluir-se nele, além da *intenção* dirigida ao *eventus sceleris*, a atitude psíquica de assumir o risco de produzi-lo. Deixou-se de distinguir entre culpa *inconsciente* e culpa *consciente*, pois que se não pode declarar, aprioristicamente, qual das duas é mais grave. Foi ampliada a noção do erro essencial de fato, como causa excludente de culpabilidade. Cuidou-se de evitar confusão entre culpabilidade e periculosidade, circunscrita aquela à órbita da *pena* e esta à da *medida de segurança*.

Diferençou-se entre causas de exclusão de culpabilidade e causas de exclusão de crime, que o Projeto amalgamava à *la diable*. A *legítima defesa* foi acomodada ao evoluído pensamento jurídico, desembaraçada de qualquer caráter *subsidiário,* e da condição de ausência de provocação da parte de quem se defende (critério anti-humano do direito penal medieval): Retificou-se o tratamento do *excessus defensionis*, cuja eventual impunibilidade não pode estar subordinada às *condições pessoais do agente* (critério subjetivo), mas, sim, ao *quod plerumque accidit* (critério objetivo), sob pena de se fornecer salvo-conduto às demasias dos hiperemotivos. Na conceituação do "crime continuado", substituiu-se a teoria subjetivo-objetiva pela teoria objetiva pura, mais condizente com a realidade, desde que se quer manter essa construção jurídico-penal. A *pena máxima* privativa de liberdade foi reduzida de 40 para 30 anos, pois esta última duração é tanto mais suficiente quanto os delinquentes irredutíveis à emenda pela pena ficam sujeitos à medida de segurança, que é indeterminada no tempo. Refundiram-se os dispositivos sobre extinção da ação penal e da condenação, a que se deu o unitário e mais adequado título de "extinção da punibilidade", corrigindo-se a prolixidade e imperfeição técnica do Projeto. Extirpou-se o *perdão* como causa extintiva da própria pena, pois isso poderia dar ensejo a extorsões ou transações imorais. Na "parte especial", basta um relance de olhos para se notar, em vários pontos, a diferença entre o Projeto Alcântara e o Código. Notadamente sob o ponto de vista técnico e de política criminal, é manifesta a diversidade de critérios. Não concordou a Comissão Revisora em que se ampliasse o *privilegium* concedido ao homicídio simples, no caso de violenta emoção injustamente provocada, ao homicídio qualificado. Não se conservou o critério de cominar a *lesão corporal culposa* tão somente multa e de condicionar sua punibilidade, em certos casos, à queixa do ofendido. Alterou-se fundamentalmente o conceito de *roubo,* para só configurá-lo quando haja violência à pessoa. Mudou-se inteiramente o conceito da *extorsão indireta,* que o Projeto revisto trasladara, para deformar, do Projeto Sá Pereira. Foram colocados nos seus devidos quadros vários crimes inteiramente deslocados. E assim por diante. Páginas e páginas poderiam ser enchidas com a menção pormenorizada das alterações introduzidas pela Comissão Revisora e que vieram imprimir ao Código o cunho de sobriedade, precisão e técnica que geralmente lhe é reconhecido.

Não é meu intuito, de modo algum, deixar na penumbra o Projeto Alcântara. Os seus revisores não poderiam deixar de subscrever as palavras do Ministro Campos, ao término de sua *Exposição de Motivos*: – foi ele "uma etapa útil e necessária à construção do Projeto definitivo". O meu propósito é apenas acobertar os ditos revisores da acusação, gravemente injusta, de não serem mais que copistas trapalhões que se fazem passar, vaidosamente, por únicos autores do vigente Cód. Penal. Não fizemos trapalhada alguma, mas, ao contrário, arrumação e correção. E nunca é demais recordar que tivemos de nosso lado, acompanhando *pari passu* os nossos trabalhos, estimulando-nos com seu apoio e orientando-nos com a sua inexcedível sabedoria, o maior dos penalistas que o Brasil já teve: Antonio José da Costa e Silva. O traço do seu pensamento científico e sociológico encontra-se a cada página do Código de 40. Quanto a mim, posso mesmo dizer, como já disse, que não fui, no seio da Comissão, mais do que um fiel mensageiro e fiel defensor dos critérios e ideais desse insigne e pranteado mestre. Vieira Braga, Roberto Lyra e Narcélio de Queirós entraram com o precioso contingente de sua inteligência e cultura e podem reivindicar muita coisa que, de sua iniciativa, figura no Código. No que me toca, porém, o mérito que para mim reclamo é o de ter sido um vigilante e denodado servidor das propostas e sugestões de Costa e Silva. E nada mais quero que isso.

# O ASILO POLÍTICO[1]

Nélson Hungria

O asilo político, quer o *territorial*, quer o *diplomático*, é um *filho adotivo* da América Latina, onde adquiriu características novas, adaptando-se às peculiaridades e idiossincrasias político-sociais da terra de adoção. Exprimindo um *consensus gentium* cada vez mais acentuado e tolerante, na dimensão latino-americana, as convenções, acordos e tratados, os votos e resoluções de Congressos, as conferências, as declarações de princípios, as comissões internacionais de jurisconsultos, o doutrinarismo internacionalista, as leis ordinárias internas e as próprias Constituições políticas fizeram dele um corolário da soberania do Estado, e o consagraram, ora como um autêntico direito individual, ora como ato jurídico institucional, ora como uma instituição humanitária, que independe até mesmo de específica autorização das leis nacionais ou da condição de reciprocidade. O princípio firmado por Kluit, no seu *De deditione profugorum*, há quase século e meio, de que devem estar isentos à extradição os refugiados criminosos políticos, era um *jus receptum* na América Latina antes mesmo que recebesse o *placet* do Instituto de Oxford, na sua memorável sessão de 1880. O Tratado de Extradição, subscrito em Lima, no ano de 1879, já o reconhecia de modo categórico. Reafirmaram-no o Tratado de Montevidéu, de 1889, e o Tratado de Washington, de 1907, entre as repúblicas da América Central. Seguiu-se o Acordo boliviano de 1911, que assinalou um passo na evolução do asilo político, traduzindo, aliás, um critério já introduzido nos costumes internacionais do continente ibero-americano: a apreciação do caráter político do crime atribuído ao refugiado compete, unilateralmente, ao Estado que presta o asilo.

Em 1927, o *Projeto da Convenção sobre Asilo*, elaborado pela Comissão Internacional de Jurisconsultos Americanos, no Rio de Janeiro, referendou as normas do Tratado de Montevidéu, de 1889. A VI Conferência Panamericana, realizada em Havana, em 1928, manteve, com o dissídio único dos Estados Unidos (teoricamente infensos ao direito de asilo), os princípios tradicionais, timbrando mesmo em abolir certas restrições do Tratado de Montevidéu. A Convenção aprovada na VII Conferência Panamericana,

---

• 1 Conferência proferida na "Semana Jurídica" de Porto Alegre, em maio de 1946.

de Montevidéu, em 1933, assentou com mais precisão algumas das bases fundamentais do asilo político, reconhecido, antes de tudo, como *instituição humanitária*, e não sujeito, por isso mesmo, ao critério de reciprocidade. O subsequente Tratado celebrado (1939) entre o Uruguai, Argentina, Bolívia, Chile, Paraguai e Peru orientou-se no mesmo sentido. A Carta dos Direitos e Deveres do Homem aprovada pela Conferência de Bogotá, em 1948, consagrou o asilo político. No mesmo ano, a América Latina aderiu à Carta de São Francisco, em que, igualmente, se reconhece e proclama entre os direitos da pessoa humana, no mundo civilizado, o de *procurar* e *gozar* asilo contra perseguições por *crimes* ou *motivos* políticos, – o que vale dizer que, uma vez concedido o asilo àquele que o pede, cria-se para o asilado uma *condição jurídica* que impede a sua extradição ou entrega a outro país. Os dois Projetos do Comitê Jurídico Interamericano, respectivamente sobre asilo territorial e asilo diplomático, aprovados pelo Conselho de Jurisconsultos Americanos, reunido em Buenos Aires em 1953, definiram, segundo o direito escrito ou consuetudinário da América Latina, o asilo político, admitindo-o como direito ou prerrogativa do Estado ou instituição humanitária e, notadamente, reivindicando com firmeza os *princípios americanos* quanto ao asilo diplomático, tão lamentavelmente postos em dúvida ou malbaratados pela decisão da Corte Internacional de Justiça, no famoso caso *Haya de La Torre*.

E, finalmente, sobreveio, em 1954, a X Conferência Panamericana, de Caracas, na qual foram subscritas duas convenções fielmente inspiradas nos Projetos do Comitê Jurídico Interamericano. As regras centrais aí consignadas sobre o asilo territorial são as seguintes:

*a)* todo Estado tem direito, no exercício de sua soberania, a admitir em seu território as pessoas que julgar conveniente, sem que outro Estado possa reclamar;

*b)* a jurisdição do Estado sobre as pessoas que nele ingressarem, perseguidas por outros Estados, deve merecer o mesmo respeito que a sua jurisdição sobre seus próprios habitantes;

*c)* o Estado asilante não está obrigado, a entregar ou a expulsar os perseguidos por *motivos ou crimes políticos;*

*d)* a qualificação de motivos ou crimes políticos cabe ao Estado que presta o asilo.

E sobre o asilo diplomático, foram estes, em resumo, os princípios consolidados:

*a)* o asilo imediato de perseguidos políticos em legações (bem como em navios de guerra, acampamentos ou aeronaves militares, mas excluídos, em qualquer caso, os "desertores de terra e mar"), será respeitado na medida em que, como direito ou tolerância humanitária, o admitirem o uso, as convenções ou as leis do país de refúgio;

*b)* compete a este, unilateralmente, a qualificação da natureza do crime ou dos motivos da perseguição;

*c)* o asilo não poderá ser prestado senão em *casos de urgência,* apreciada esta, porém, pelo representante diplomático homiziante, e tão só pelo tempo indispensável para que o asilado abandone o país, com as garantias outorgadas pelo Governo do Estado territorial, a fim de que não corra perigo sua vida, integridade pessoal ou liberdade, ou seja colocado, de outro modo, em segurança;

*d)* entendem-se por *casos de urgência* aqueles em que o indivíduo seja perseguido por pessoas ou multidões que hajam escapado ao controle das autoridades, ou pelas próprias autoridades, bem como quando se encontre em perigo de ser privado de sua vida ou liberdade por motivos de ordem política e não possa, sem risco, pôr-se, de outro modo, em segurança;

*e)* o Estado asilante pode pedir a saída do asilado para território estrangeiro, e o Estado territorial está obrigado a outorgar imediatamente salvo motivo de força maior, as garantias à vida, integridade pessoal ou liberdade do asilado e o necessário salvo-conduto;

*f)* o representante diplomático homiziante tomará em conta as informações que o Governo territorial lhe ofereça para orientar seu critério no tocante à natureza do crime e à existência de crimes comuns conexos, mas sua determinação de continuar a prestar o asilo ou exigir o salvo-conduto para o perseguido será respeitada.

Evidencia-se desses *itens*, como já foi notado, o propósito de uma repulsa aos critérios e dubiedades da decepcionante sentença da Corte Internacional de Justiça no litígio entre a Colômbia e o Peru, relativamente ao asilo concedido pela embaixada colombiana em Lima ao líder aprista Haya da la Torre, – sentença que, felizmente, para lenitivo da consciência latino-americana, não foi unânime, contando-se entre os votos vencidos o do juiz brasileiro, que era o saudoso Filadeldo Azevedo. Um dos pontos nevrálgicos do litígio era o concernente à *qualificação unilateral,* que se atribuía a Colômbia, do caráter político dos fatos imputados a La Torre. Defendia a Colômbia tal critério como essencial à eficácia mesmo do asilo diplomático, tão profundamente radicado no plano internacional da América Latina, senão como obséquio a *extraterritorialidade* das legações, pelo menos como um reconhecido dever de solidariedade humana. Ficaria inoperante a instituição, se fosse deferida essa qualificação ao Estado territorial, pois, dada a sua explicável falta de serena imparcialidade para com o adversário perseguido, ficaria, praticamente, com o arbítrio de impedir o exercício do direito de asilo. De seu lado, o Governo peruano sustentava que o referido princípio não figurava na Convenção de Montevidéu, de 1933, e entre os crimes atribuídos ao asilado se incluía o de *terrorismo*, que, segundo consenso quase unânime, não constitui crime político, mas comum.

A decisão da Corte Internacional, entretanto, com a preocupação de fazer *justiça de Salomão*, foi verdadeiramente desconcertante. Acusou-a Barcia Trelles, justamente, de *farisaica* e *escamoteadora do direito de asilo*. Ressente-se do doutrinarismo ou pensamento europeu, que, dada a estabilidade progressiva da ordem política do Velho Mundo e alheado à realidade dos países da Ibero-América, estigmatiza até mesmo o asilo político como contrário à razão jurídica. Abstraiu que, afora os Estados Unidos (que, incoerentemente com suas próprias práticas, nega a inclusão do asilo no Direito Internacional), nas duas Américas o asilo político, com características especiais de amplitude, é uma resultante indeclinável de peculiares condições políticas, históricas, jurídicas e geográficas, podendo mesmo dizer-se que é um dos atestados da existência de um particular *Direito Internacional Americano*. Cedendo, em parte, à argumentação do Governo peruano, a mandatária da O.N.U. em Haia estabeleceu que a Colômbia não tinha a faculdade de qualificar, por uma deliberação *unilateral* e *definitiva*, vinculante do Peru, a natureza dos crimes imputados a La Torre. Assentou que o asilo outorgado pela legação colombiana fora contrário à Convenção de Havana, pois não houvera, no caso, a premente *urgência*. Admitiu que o Governo peruano não demonstrara que os fatos atribuídos a La Torre fossem crimes comuns, mas, não obstante, negou à Colômbia o direito de obter do Peru o salvo-conduto para o asilado sair do país, com inviolabilidade de sua pessoa. Houve, assim, uma espécie de *empate* entre os litigantes, esquecendo-se a sentença de indicar qual o processo executivo para a terminação do controvertido asilo. Os *embargos de declaração* opostos, a tal respeito, pela Colômbia, não foram recebidos, sob o sofístico pretexto de que o assunto não fora expressamente submetido à decisão da Corte, e devia ser resolvido pelos próprios litigantes. E o epílogo da rumorosa questão foi um *protocolo de amizade* e *cooperação* entre a Colômbia e o Peru, pelo qual, estranhamente, ao arrepio da tradição latino-americana, o asilado foi entregue ao Governo territorial, embora sob a condição de ser condenado, unicamente, à expulsão do país.

No seu recente *Tratado de derecho internacional público*, Diaz Cisneiros faz uma cerrada e justa crítica à decisão da Corte de Haia, ao mesmo tempo que reivindica os princípios do Direito Internacional Americano em torno do asilo político, que, aliás, haviam sido reconhecidos pelos juízes dissidentes Read, Badawi Pacha e Filadelfo Azevedo. Foi desprezada ou contornada a advertência de YEPES, advogado da Colômbia: "É o próprio Direito Internacional Americano que comparece aqui, reconhecido como um dos grandes sistemas do mundo que a Carta das Nações Unidas implicitamente aprovou". Não foi tomado em conta que o asilo político, na América Latina, mais que uma instituição jurídica, e um imperativo de tolerância humanitária. A sentença de Haia não se compenetrou do sentido e feição do direito de asilo, tal como tem sido reclamado e aplicado nos países de aquém-Atlântico, sujeitos, por um fatalismo histórico ou condições ainda persistentes em pleno meado do século XX, a frequentes rebeliões políticas, mudanças violentas de governos, conspirações, sedições populares, pronunciamentos militares e golpes de Estado, criando-se para os vencidos um clima irrespirável de perseguição.

Devido às suas interposições desarrazoadamente restritivas e fragmentárias dos usos e convenções na órbita latino-americana, quebrou a nossa fé e confiança na Justiça Internacional. Inteiramente cerebrina foi a distinção da Corte, entre qualificação *provisória* e qualificação *definitiva*, para concluir que só a primeira compete ao Estado asilante. Tal distinção jamais constou das práticas e entendimentos interamericanos, pois o irrestrito direito de *qualificação unilateral* pleiteado pela Colômbia já vem afirmado desde o Acordo boliviano de 1911, nada importando que a ele não se referisse explicitamente a Convenção de Montevidéu, em 1933, posto que esta foi apenas um complemento da Convenção de Havana, de 1928, um de cujos artigos declara que o asilo político será concedido "na medida segundo a qual, como direito ou por tolerância humanitária, o admitam os *costumes*, as *convenções* ou as *leis* do pais do refúgio", e jamais se teve notícia de que algum país da América Latina, anteriormente, houvesse impugnado a *qualificação unilateral* a favor do Estado asilante, – princípio cuja insubsistência, como e fácil de prever, importaria, praticamente, na própria abolição do asilo político.

Não obstante a situação premente em que se encontrara o asilado La Torre, a Corte fez-se de desentendida e negou tivesse havido o elemento *urgência*, condicionante do asilo diplomático, segundo a Convenção de Havana. Discriminou entre asilo territorial e asilo diplomático, para acrescentar que o último é uma derrogação da soberania do Estado territorial. Ora, semelhante argumento seria admissível para impugnação da legitimidade do asilo diplomático, mas não para recusá-lo no continente americano, onde jamais prevaleceu, quer nos usos, quer nos tratados ou convenções internacionais. Referiu-se a Corte aos abusos que podem ocorrer, mas, como belamente retruca Cisneiros, "cumpre advertir que mesmo os abusos devem bendizer-se, se o asilo salva, como tem acontecido tantas vezes, vidas nobres, vidas heroicas, vidas de seres que se têm sacrificado por seus ideais políticos, ainda quando pudessem, em muitos casos, achar-se equivocados".

Finalmente, adstrito a um critério de formalismo que orçou pelo irrisório, o Tribunal de Haia deixou a questão insoluta, abstendo-se de explicar qual o expediente a ser adotado para pôr termo ao asilo de La Torre, que já durava por mais de um lustro. A sua decisão pode ser considerada como um pronunciamento antiamericano. É uma página que deve ser suprimida na história do internacionalismo do Novo Mundo. Neste, ao contrário do que acontece na velha Europa, o asilo político não pode ser enquadrado na sistemática de um jurismo estático e fechado. As peculiaridades e vicissitudes político-sociais da América Latina exigem-no amplificado e dúctil, como um instrumento dinâmico de proteção à pessoa humana e à liberdade de credos políticos.

Nós, os latino-americanos, vivemos, na órbita da política militante, com as nossas irrequietudes, paixões, inconformismos, exaltações, rebeldias, golpes de Estado e conjurações, porque isso está em nosso sangue e em nosso temperamento. Há em nós o calor e o ímpeto da mocidade, a proclividade para a controvérsia, o incontrolável espírito de insubmissão à prepotência, a volúpia do proselitismo. A nossa intransigência partidária é extremada, e está frequentemente fomentando revoluções armadas ou campanhas de ódio, e os vencidos (*vae victis!*) ficam expostos a toda sorte de represálias, para desafogo dos vencedores. Quando não conseguem escapar à fúria dos adversários, são sumariamente eliminados, ou encarcerados, maltratados, acusados de supostos crimes e levados à *varanda de Pilatos*. A única salvação para eles, quando possível, é o asilo imediato em legações estrangeiras ou a fuga para além das balizas da pátria, em busca de homizio em terra alheia. Negar-se-lhes o asilo diplomático ou territorial seria repudiar o próprio sentimento de solidariedade humana. O asilo político, notadamente nas plagas americanas, é um mandamento de caridade entre os homens, e não deve estar sujeito a entraves formalísticos, nem a critérios rígidos ou intratáveis. Ainda mesmo no caso de acusação de crimes comuns, mas verificando-se que se trata de mero artifício engendrado por *motivos políticos*, deve ser outorgado. As Cartas de Bogotá e de São Francisco referem-se, de modo genérico ou irrestrito, a *perseguições por motivos políticos*, e estas não podem deixar de ser reconhecidas quando a imputação de crimes comuns é apenas um subterfúgio para ilidir ou obstar o direito de asilo. O fato não é incomum na época atual, em que, por desgraça, entrou nos hábitos da inconsiderada política partidária, transformada em *catch-as-catch-can*, o emprego de *golpes baixos* ou traiçoeiros recursos, entre os quais a difamação e a calúnia, para cujo bom êxito se arregimentam os *urubus-carniceiros* e *bosteiros* do facciosismo e os *Fouquier-*

*Tinville* de fancaria, mascarados de *salvadores da Pátria*, de *rédresseurs de torts* e paladinos da moral política.

Aproveitando ou forçando aparências, deturpando ou sonegando circunstâncias, convertendo *argueiros* em *cavaleiros*, atribui-se a um homem público, que se quer destruir politicamente, o mandato ou prática de crime comum, como, por exemplo, um homicídio, um abuso de poder, um peculato ou malversação, uma prevaricação ou suborno passivo, um atentado sexual etc. Presunções gratuitas, documentos forjados, falsos testemunhos, enredos e tricas à Dom Basílio, interpretações tendenciosas de circunstâncias inexpressivas, a lógica do lobo em face do cordeiro, os raciocínios que lembram o *post hoc, ergo propter hoc*, tudo serve para o sinistro desígnio. A acusação reboa na imprensa sensacionalista, alvoroçando a opinião pública, e cresce, incha, corrupia como um tornado, alicia e desvaira os espíritos, transfundindo-se num coro imenso de reprovação, num generalizado clamor de vingança, num reclamo coletivo pela imolação do acusado. Já então, a calúnia adquiriu caráter de verdade inconcussa, e quando, acaso, serenas e heroicas vozes isoladas advertem contra a inconsistência das provas do libelo, são acoimadas de conivência ou favor ao crime, à malvadez, à desonestidade, ao cínico impudor. A ressaca difamatória, espumejando, roncando, braminho, espoucando, supera o próprio quebra-mar dos tribunais de justiça, e os juízes, empolgados pela caudal despenhada, sugestionados pelo retumbante alarido de mil e uma goelas, acolhem a acusação e permitem que o acusado seja trazido de rastos pela *rua da amargura* de um processo penal.

Ninguém pode duvidar que em casos tais o direito de pedir e gozar asilo é, igualmente, sagrado: o fementido pretexto de prática de crime comum não pode fazer abstrair, quando evidente, a *perseguição política* como um fim em si mesma, o encalço do refugiado por motivos exclusivamente inspirados pelo ódio dessa desgraça sem entranhas, que é a política de facção. A indagação para outorga do asilo, seja o diplomático, seja o territorial, não deve limitar-se ao *caráter político* deste ou daquele crime imputado, mas atender, também, ao *móvel político* da *acusação*, ainda que esta seja, refalsadamente, por crime comum. Não só a *perseguição por crimes políticos* condiciona o asilo, senão também a *perseguição por motivos políticos*. É o que está assentado no Direito Internacional Americano. O Estado a cuja embaixada, legação ou território, se recolhe o perseguido, na referida hipótese, não está obrigado a entregá-lo, pelo menos enquanto não acalmadas as paixões contra ele desencadeadas no Estado de procedência ou não tenha sido proferida a derradeira palavra da mais alta instância da respectiva Justiça, que se tem de presumir, por força mesma do preceito constitucional que para ela concede o recurso extremo, como um alcantil inacessível aos arrojos e desvarios da epilepsia político-partidária, provocadores de erros de entendimento. Sem dúvida, a consciência jurídica internacional, nos tempos modernos, repele o asilo a criminosos de direito comum, que não passa de triste lembrança de uma remota época. Sou mesmo de opinião que, para dirimir incertezas, se faça uma taxativa casuística dos crimes políticos ou conexos que excluam a extradição; mas cumpre que, nos futuros tratados e convenções interamericanas ou leis nacionais, se destaque, nitidamente, para igual tratamento, o caso de crimes comuns imputados a líderes de partido ou políticos em evidência por exclusiva *perseguição política*, isto é, sem que corresponda a acusação ao sereno conhecimento e análise dos fatos e aos interesses da justiça penal, mas tão somente aos incaroáveis interesses de bandos políticos ou corrilhos eleitorais.

Uma das objeções que se fazem ao asilo político, e a que tão obstinadamente se apegam os Estados Unidos, em sua dissidência com os demais países das Américas, consiste em que ele redunda num estímulo indireto às conjurações e desordens no plano interno das nações. Pois bem; nem mesmo tal objeção, no caso acima fixado, teria razão de ser: não se trata de acolher um fomentador de intentona ou insurreições, mas de salvar um homem público, cujo prestígio se quer deslealmente abater, para afastá-lo da competição política.

Bolini Shaw, na sua monografia sobre *direito de asilo*, proclama, com justificado orgulho, que *"la América latina ha dado al mundo intero un ejemplo de cultura al luchar desde hace años a favor del asilo"*. Não podemos renunciar a esse título de benemerência, e o direito de asilo deve continuar, na América Latina, a sua evolução institucional, sem restrições indevidas, como um pálio à liberdade individual e à fraternidade entre os homens

NÉLSON HUNGRIA Hoffbauer (1891-1969)

## DADOS BIOGRÁFICOS

René Ariel Dotti

Uma fiel pesquisa sobre vida e obra do *príncipe dos penalistas brasileiros* se contém na abertura da valiosa coletânea de seus votos organizada por LUCIANO FELÍCIO FUCK, *Memória Jurisprudencial: Ministro Nelson Hungria*, editada pelo Supremo Tribunal Federal (2002). Outras nascentes de informações vêm de CID FLAQUER SCARTEZZINI, com seu discurso de posse na Academia Paulista de Direito, *Nelson Hungria: o homem e o jurista* (23.09.1974), saudando o anterior ocupante da Cadeira nº18, e do filho dedicado e atento, CLEMENTE HUNGRIA, no texto publicado nas primeiras páginas deste volume.

NÉLSON HUNGRIA HOFFBAUER nasceu em 16 de maio de 1891, na fazenda Solidão, propriedade de seus avós maternos, localizada no Município de Além Paraíba, na Zona da Mata de Minas Gerais. Seus pais, "ricos apenas em valores morais",[1] chamavam-se Alberto Teixeira de Carvalho Hungria, humilde funcionário público municipal, e Anna Paula Domingues Hungria, costureira.

Alfabetizado pela mãe aos 3 anos de idade ele fez o curso primário no Colégio Cassão, em Belo Horizonte e iniciou o secundário na mesma instituição completando-o em Sabará – "onde estudou latim com FRANCISCO CAMPOS e OROZIMBO NONATO"[2] e no Ginásio Nogueira da Gama, em Jacareí (SP). Já aos 7 fundou em Santo Antônio do Pinhal (SP) o semanário de uma página impresso em Pindamonhangaba (SP), com o arrebatado título "A vespa" para meter ferroadas em fazendeiros locais.

Aos 14 anos ingressou na Faculdade de Direito de Belo Horizonte, mas no final do segundo ano "mudou-se sozinho para o Rio de Janeiro onde conseguiu emprego como *mata-mosquito*, para se sustentar. Bacharelou-se aos 18 anos no Curso de Direito da Faculdade Livre do Rio de Janeiro. Retornou a Minas Gerais, onde foi nomeado Promotor Público em Rio Pomba, agreste

---

- 1 FELÍCIO FUCK, Luciano. Ob. cit., p. 20.
- 2 TAVARES, Adelmar. *Apud* FELÍCIO FUCK, Luciano. Ob. cit., nota de rodapé nº 4, fls. 20.

interior do Estado. Aos 21 anos, em 1912, casou-se com D. Isabel Maria Machado Hungria Hoffbauer, com quem teve quatro filhos".[3]

Após a mudança para Belo Horizonte, em 1918, advogou por quatro anos e decidiu retornar ao Rio de Janeiro para exercer a função de Delegado de Polícia durante dez meses e "vendedor de estampilhas no Tesouro Nacional".[4]

Sua carreira na judicatura iniciou-se em 1924, passando em primeiro lugar no Brasil para o concurso de pretor. Assumiu a 8ª Pretoria Criminal do Rio de Janeiro e serviu posteriormente como Juiz de Órfãos da Vara dos Feitos da Fazenda Pública. Em 1936 veio a promoção por merecimento a Juiz de Direito e em 1944 foi nomeado Desembargador do Tribunal de Apelação do Rio de Janeiro. Em 29 de maio de 1951, o Presidente GETÚLIO VARGAS nomeou-o Ministro do Supremo Tribunal Federal cargo que honrou até a sua aposentadoria em razão do limite de idade (11.04.1961) com extraordinária cultura geral, notável conhecimento jurídico, profunda dedicação e um *fervor religioso* na defesa de suas convicções. Também foi membro substituto (1955-1957) e efetivo (1957-1961) do Tribunal Superior Eleitoral, ocupando a presidência no período de 9 de setembro de 1959 a 22 de janeiro de 1961.

Em seu discurso de despedida (14.04.1961) cunhou a histórica frase que o identificaria como insuperável penalista e exímio polemista: "*Muitas vezes, com a minha fácil e irreprimível exaltação, fui provocador de acalorados debates, em que todos nos empenhávamos, imprimindo ondulações na superfície de nosso até então invariável 'manso lago azul'. Não me arrependo de tê-lo feito. Tenho aversão às águas estagnadas, que só servem para emitir eflúvios malignos ou causar emanações mefíticas*".[5]

A metáfora foi – e continua sendo pela recuperação da palavra – o seu instrumento de combate que serve tanto à crítica como à ironia no cenário da polêmica quando vergasta a apostasia de princípios jurídicos ou os apóstolos de novos e esdrúxulos credos doutrinários. Vale um exemplo: "*Nós ainda não nos libertamos do mau vezo de acolher, sem refletir, as ideias que nos chegam, empacotadas, da Europa. Ainda não nos corrigimos da balda de ter acessos de tosse quando o Velho Mundo apanha a coqueluche... Na pressa de se coçarem de pruridos alheios, aqueles que, entre nós, vozeiam as ideias partejadas na crise epilética dos países europeus, não se dão ao*

---

- 3 FELÍCIO FUCK, Luciano. Ob. cit., p. 20.
- 4 Idem. Ob. cit., p. 21.
- 5 Idem. Ob. cit., p. 12. (Os destaques em itálico são meus).

*trabalho de passá-las pelo crivo da meditação e ponderação que nos permite a tranquilidade remansosa em que vivemos*".[6]

Na carreira acadêmica HUNGRIA obteve a aprovação em primeiro lugar para a Livre-Docência de Direito Penal na Faculdade Nacional de Direito (1934). Entre suas obras de maior relevo (quinze livros e cerca de trezentas monografias), podem ser referidas: *Fraude Penal; Legítima defesa putativa; Estudos sobre a Parte Especial do Código Penal de 1890; Crimes contra a economia popular; Novas questões jurídico-penais* e os monumentais *Comentários ao Código Penal.* Ele conciliava o tempo da magistratura com o tempo de escritor na atmosfera da vida familiar e doméstica. Madrugador qual um monge trapista, NÉLSON chamava a atenção do filho CLEMENTE que lembra as palavras de absoluta disposição para o trabalho: "*A natureza me privilegiou com boa memória e decretou que só dormiria cinco horas por noite, o que me sobre tempo para ler*".[7]

Participou ativamente em congressos nacionais e internacionais indicando-se entre muitos: ***a)*** 2º Congresso Latino Americano (Santiago do Chile, 1947); ***b)*** 3º Congresso Latino Americano de Criminologia (1949), ***c)*** *Jornadas de Derecho Penal* (Buenos Aires, 1960); ***d)*** a corredação do *Código Penal Tipo para a América Latina,* com reuniões em Santiago do Chile (1963 e 1965); ***e)*** Centenário de Abolição da Pena de Morte em Portugal (1967), com o artigo "A pena de morte no Brasil".

É impossível enumerar a sua vasta contribuição para os debates acadêmicos e legislativos com palestras, conferências, artigos e entrevistas acerca dos mais vibrantes temas de Direito Penal e Criminologia. Algumas amostras de sua lúcida versatilidade, luminosa inteligência e esmerada combatividade estão nos escritos publicados nos apêndices dos volumes I (tomos I e II), III, V e VI dos *Comentários*.

Como legislador NÉLSON HUNGRIA coordenou a Comissão Revisora do Anteprojeto ALCÂNTARA MACHADO, também integrada por ANTONIO VIEIRA BRAGA, NARCÉLIO DE QUEIROZ, ROBERTO LYRA e ABGAR RENAULT e que teve a colaboração de A. J. COSTA E SILVA. O aludido trabalho se converteu no Decreto-lei nº 2.848, de 7 de dezembro de 1940 (Código Penal). Em 1963 foi publicado pelo Ministério da Justiça o seu portentoso Anteprojeto de Código Penal. Com infatigável paciência ele ilustrou vários dispositivos da Parte Geral com a legislação comparada de outros países.[8] HUNGRIA partici-

---

- 6  Comentário ao art. 1º, p. 13. (Os destaques em itálico são meus).
- 7  HUNGRIA, Clemente. "Nélson Hungria, meu pai", nesta edição.
- 8  O Anteprojeto de Código Penal foi também divulgado pela *Revista Brasileira de Criminologia e Direito Penal*, Rio de Janeiro: ed. Universidade do Estado da Guanabara, 1963, nºs. 1 (p. 169-198) e 2 (p.185-227).

pou da primeira comissão revisora de seu texto que subsidiou a elaboração do Código Penal de 1969.⁹ Foi também membro das comissões de redação dos anteprojetos do Código de Processo Penal e da Lei das Contravenções Penais.

Após a sua aposentadoria retornou ao exercício da advocacia (razões, pareceres, sustentações orais) até dias antes do passamento ocorrido em 26 de março de 1969 aos 78 anos de idade.

Assim foi; assim é e assim continuará sendo, NÉLSON HUNGRIA.

> "Bisogna fare la propria vita, come si fa un'opera d'arte. Bisogna che la vita d'un uomo d'inteletto sia opera di lui. La superiorità vera è tuta qui".
>
> G. D'Annunzio (1863-1938), Il piacere, I, 2.

---

- 9  CP 1969: Dec.-lei nº 1004, de 21.10.1969, alterado pela Lei nº 6.016, de 31.12.1973 e revogado, sem entrar em vigor, pela Lei nº 6.578, de 11.10.1978.

*Reunião da Comissão Revisora do Anteprojeto de Código Penal: Antonio Vieira Braga, Nélson Hungria, Florêncio de Abreu, Narcélio de Queiroz, Roberto Lyra.*

FACULTAD DE DERECHO Y CIENCIAS SOCIALES
UNIVERSIDAD DE BUENOS AIRES
DEPARTAMENTO DE DERECHO PENAL Y CRIMINOLOGIA

PROF. EUGENIO RAUL ZAFFARONI
DIRECTOR

Buenos Aires, marzo 1° de 1995.

Sr. Dr. D. Clemente Hungria
Rio de Janeiro.

Querido amigo:

Muchísimas gracias por su amable carta y por el material que me entrega sobre la vida y obra de su Sr. padre. No creo que mis recuerdos personales del Prof. Nelson Hungria puedan agregar mucho a la riquísima información disponible. En rigor, con el ilustre Maestro del período dogmático del derecho penal brasileño, tuve un trato más frecuente a través de sus obras que en lo personal. Creo que nadie puede ignorar en América sus famosos "Comentários" y, aunque el derecho penal haya acelerado el pasaje de doctrinas y teorías en su parte general, en la parte especial la obra de su padre conserva plena vigencia y creo que la conservará por muchos años. No es un testimonio del pasado, de un pensamiento que, por luminoso que sea, se ha convertido en histórico, sino que, al menos en la parte especial, quien quiera abrir nuevos rumbos debe discutir con su padre.

Por supuesto que todo esto debe ser dicho sin omitir que la depurada técnica de construcción de los tipos del código de 1940, que sin duda es el aporte más importante de este texto -y el que es saludable cuidar en el futuro- muestra la pluma más certera y precisa que haya conocido la codificación penal del continente. Hungria impuso un estilo de legislación penal, que será germánico y poco elegante para algunos, pero que es el más adecuado a un estado de derecho y a la legalidad. Quienes lo critican por amor a lo farragoso y por sentir ofendida su exquisita sensibilidad literaria, sería mejor que se dediquen a las letras, pero que no se confundan, que recuerden que los tipos penales no se escriben para deleite estético, sino para decir qué es lo que está prohibido con la mayor claridad posible, sabiendo que ninguna es suficiente.

Siendo estudiante, le conocí personalmente en Buenos Aires en 1960, en las "Jornadas de Derecho Penal" que se realizaron en la Facultad de Derecho en conmemoración del sesquicentenario de la Revolución de Mayo. Volví a verle en 1965, en la reunión de la comisión del "Código Tipo" en México D.F. Recuerdo que sus intervenciones eran tan precisas como su escritura, pero más ricas, por la ardiente defensa de sus posiciones, brindando el agradable espectáculo del hombre que defiende con fuerza e inteligencia su verdad, con profundo convencimiento de la misma. Pero todo eso no puede hacer pensar en un hombre agresivo, por el contrario: su trato era afabilísimo y extraordinariamente cordial, diría que, por momentos, hasta tímido. Particularmente, lo que impresionaba era su sencillez, marcadamente contrastante con las actitudes dominantes entre los profesores de su tiempo, quizá por ello ese sea el rasgo que más recuerdo y que, sin duda, mi memoria selecciona como el más valioso de su rica personalidad.

Espero tener la suerte de verle muy pronto y, en tanto, le envío un fuerte y fraternal abrazo,

O PROF. ZAFFARONI É CONSIDERADO, NA ATUALIDADE, UM DOS MAIORES PENALISTA DO MUNDO. HOJE É MINISTRO DA SUPREMA CORTE DA ARGENTINA.

## QUADRO DA LEGISLAÇÃO COMPARADA

| DECRETO-LEI Nº 2.848, DE 7 DE DEZEMBRO DE 1940. | LEI Nº 7.209, DE 11 DE JULHO DE 1984. |
|---|---|
| O PRESIDENTE DA REPÚBLICA, usando da atribuição que lhe confere o art. 180 da Constituição, decreta a seguinte Lei:<br><br>CÓDIGO PENAL<br>Parte Geral<br>TÍTULO I<br>Da aplicação da lei penal | O PRESIDENTE DA REPÚBLICA, faço saber que o CONGRESSO NACIONAL decreta e eu sanciono a seguinte Lei:<br><br>Art. 1º O Decreto-lei nº 2.848, de 7 de dezembro de 1940 - Código Penal, passa a vigorar com as seguintes alterações:<br><br>PARTE GERAL<br>TÍTULO I<br>DA APLICAÇÃO DA LEI PENAL |
| **Anterioridade da lei**<br>**Art. 1°** Não há crime sem lei anterior que o defina. Não há pena sem prévia cominação legal. | **Anterioridade da lei**<br>**Art. 1º** Não há crime sem lei anterior que o defina. Não há pena sem prévia cominação legal. |
| **A Lei penal no tempo**<br>**Art. 2º** Ninguém pode ser punido por fato que lei posterior deixa de considerar crime, cessando em virtude dela a execução e os efeitos penais da sentença condenatória.<br>Parágrafo único. A lei posterior, que de outro modo favorece o agente, aplica-se ao fato não definitivamente julgado e, na parte em que comina pena menos rigorosa, ainda ao fato julgado por sentença condenatória irrecorrível. | **Lei penal no tempo**<br>**Art. 2º** Ninguém pode ser punido por fato que lei posterior deixa de considerar crime, cessando em virtude dela a execução e os efeitos penais da sentença condenatória.<br>Parágrafo único. A lei posterior, que de qualquer modo favorecer o agente, aplica-se aos fatos interiores, ainda que decididos por sentença condenatória transitada em julgado. |
| **Art. 3°** A lei excepcional ou temporária, embora decorrido o período de sua duração ou cessadas as circunstâncias que a determinaram, aplica-se ao fato praticado durante sua vigência. | **Lei excepcional ou temporária**<br>**Art. 3º** A lei excepcional ou temporária, embora decorrido o período de sua duração ou cessadas as circunstâncias que a determinaram, aplica-se ao fato praticado durante a sua vigência. |
| | **Tempo do crime**<br>**Art. 4º** Considera-se praticado a crime no momento da ação ou omissão, ainda que outro seja o momento do resultado. |

| | |
|---|---|
| **Lugar do crime**<br>**Art. 4º** Aplica-se a lei brasileira, sem prejuízo de convenções, tratados e regras de direito internacional, ao crime cometido, no todo ou em parte, no território nacional, ou que nele, embora parcialmente, produziu ou devia produzir seu resultado. | **Territorialidade**<br>**Art. 5º** Aplica-se a lei brasileira, sem prejuízo de convenções, tratados e regras de direito internacional, ao crime cometido no território nacional.<br>**§ 1º** Para os efeitos penais, consideram-se como extensão do território nacional as embarcações e aeronaves brasileiras, de natureza pública ou a serviço do governo brasileiro onde quer que se encontrem, bem como as aeronaves e as embarcações brasileiras, mercantes ou de propriedade privada, que se achem, respectivamente, no espaço aéreo correspondente ou em alto mar.<br>**§ 2º** É também aplicável a lei brasileira aos crimes praticados a bordo de aeronaves ou embarcações estrangeiras de propriedade privada, achando-se aquelas em pouso no território nacional ou em voo no espaço aéreo correspondente, e estas em porto ou mar territorial do Brasil. |
| | **Lugar do crime**<br>**Art. 6º** Considera-se praticado o crime no lugar em que ocorreu a ação ou omissão, no todo ou em parte, bem como onde se produziu ou deveria produzir-se o resultado. |
| **Extraterritorialidade**<br>**Art. 5º** Ficam sujeitos à lei brasileira, embora cometidos no estrangeiro:<br>I - os crimes:<br>a) contra a vida ou a liberdade do Presidente da República;<br>b) contra o crédito ou a fé pública da União, de Estado ou de Município;<br>c) contra o patrimônio federal, estadual ou municipal;<br>d) contra a administração pública, por quem está a seu serviço; | **Extraterritorialidade**<br>**Art. 7º** Ficam sujeitos à lei brasileira, embora cometidos no estrangeiro:<br>I - os crimes:<br>a) contra a vida ou a liberdade do Presidente da República;<br>b) contra o patrimônio ou a fé pública da União, do Distrito Federal, de Estado, de Território, de Município, de empresa pública, sociedade de economia mista, autarquia ou fundação instituída pelo Poder Público;<br>c) contra a administração pública, por quem está a seu serviço;<br>d) de genocídio, quando o agente for brasileiro ou domiciliado no Brasil; |

| | |
|---|---|
| II - os crimes:<br>a) que, por tratado ou convenção, o Brasil se obrigou a reprimir;<br>b) praticados por brasileiro.<br>§ 1° Nos casos do n. I, o agente é punido segundo a lei brasileira, ainda que absolvido ou condenado no estrangeiro.<br>§ 2° Nos casos do n. II, a aplicação da lei brasileira depende do concurso das seguintes condições:<br>a) entrar o agente no território nacional;<br>b) ser o fato punível também no país em que foi praticado;<br>c) estar o crime incluído entre aqueles pelos quais a lei brasileira autoriza a extradição;<br>d) não ter sido o agente absolvido no estrangeiro ou não ter aí cumprido a pena;<br>e) não ter sido o agente perdoado no estrangeiro ou, por outro motivo, não estar extinta a punibilidade, segundo a lei mais favorável.<br>§ 3° A lei brasileira aplica-se também ao crime cometido por estrangeiro contra brasileiro fora do Brasil, se, reunidas as condições previstas no parágrafo anterior:<br>a) não foi pedida ou foi negada a extradição;<br>b) houve requisição do Ministro da Justiça. | II - os crimes:<br>a) que, por tratado ou convenção, o Brasil se obrigou a reprimir;<br>b) praticados por brasileiro;<br>c) praticados em aeronaves ou embarcações brasileiras, mercantes ou de propriedade privada, quando em território estrangeiro e aí não sejam julgados.<br>§ 1º Nos casos do inciso I, o agente é punido segundo a lei brasileira, ainda que absolvido ou condenado no estrangeiro.<br>§ 2º Nos casos do inciso II, a aplicação da lei brasileira depende do concurso das seguintes condições:<br>a) entrar o agente no território nacional;<br>b) ser o fato punível também no país em que foi praticado;<br>c) estar o crime incluído entre aqueles pelos quais a lei brasileira autoriza a extradição;<br>d) não ter sido o agente absolvido no estrangeiro ou não ter aí cumprido a pena;<br>e) não ter sido o agente perdoado no estrangeiro ou, por outro motivo, não estar extinta a punibilidade, segundo a lei mais favorável.<br>§ 3º A lei brasileira aplica-se também ao crime cometido por estrangeiro contra brasileiro fora do Brasil, se, reunidas as condições previstas no parágrafo anterior:<br>a) não foi pedida ou foi negada a extradição;<br>b) houve requisição do Ministro da Justiça. |
| **Pena cumprida no estrangeiro**<br>Art. 6° A pena cumprida no estrangeiro atenua a pena imposta no Brasil pelo mesmo crime, quando diversas, ou nela é computada, quando idênticas. | **Pena cumprida no estrangeiro**<br>Art. 8º A pena cumprida no estrangeiro atenua a pena imposta no Brasil pelo mesmo crime, quando diversas, ou nela é computada, quando idênticas. |
| **Eficácia de sentença estrangeira**<br>Art. 7° A sentença estrangeira, quando a aplicação da lei brasileira produz na espécie as mesmas consequências, pode ser homologada no Brasil para:<br>I - obrigar o condenado à reparação do dano, restituições e outros efeitos civis;<br>II - sujeitá-lo às penas acessórias e medidas de segurança pessoais.<br>Parágrafo único. A homologação depende:<br>a) para os efeitos previstos no n. I, de pedido da parte interessada; | **Eficácia de sentença estrangeira**<br>Art. 9º A sentença estrangeira, quando a aplicação da lei brasileira produz na espécie as mesmas consequências, pode ser homologada no Brasil para:<br>I - obrigar o condenado à reparação do dano, a restituições e a outros efeitos civis;<br>II - sujeitá-lo à medida de segurança.<br>Parágrafo único - A homologação depende:<br>a) para os efeitos previstos no inciso I, de pedido da parte interessada; |

| | |
|---|---|
| b) para os outros efeitos, de existência de tratado de extradição com o país de cuja autoridade judiciária emanou a sentença, ou, na falta de tratado, de requisição do Ministro da Justiça. | b) para os outros efeitos, da existência de tratado de extradição com o país de cuja autoridade judiciária emanou a sentença, ou, na falta de tratado, de requisição do Ministro da Justiça. |
| **Contagem de prazo**<br>**Art. 8º** O dia do começo inclui-se no cômputo do prazo. Contam-se os dias, os meses e os anos pelo calendário comum. | **Contagem de prazo**<br>**Art. 10.** O dia do começo inclui-se no cômputo do prazo. Contam-se os dias, os meses e os anos pelo calendário comum. |
| **Frações não computáveis da pena**<br>**Art. 9º** Desprezam-se na pena privativa de liberdade, as frações de dia, e, na pena de multa, as frações de dez mil réis. | **Frações não computáveis da pena**<br>**Art. 11.** Desprezam-se, nas penas privativas de liberdade e nas restritivas de direitos, as frações de dia, e, na pena de multa, as frações de cruzeiro. |
| **Legislação especial**<br>**Art. 10.** As regras gerais deste Código aplicam-se aos fatos incriminados por lei especial, se esta não dispõe de modo diverso. | **Legislação especial**<br>**Art. 12.** As regras gerais deste código aplicam especial se aos fatos incriminados por lei especial, se esta não dispuser de modo diverso. |

# EXPOSIÇÃO DE MOTIVOS DO CP 1940

**MINISTÉRIO DA JUSTIÇA E NEGÓCIOS INTERIORES**
**GABINETE DO MINISTRO**
**EXPOSIÇÃO DE MOTIVOS**[1]

Em 4 de novembro de 1940.

Senhor Presidente

**1.** Com o atual Código Penal nasceu a tendência de reformá-lo. A datar de sua entrada em vigor começou a cogitação de emendar-lhe os erros e falhas. Retardado em relação à ciência penal do seu tempo, sentia-se que era necessário colocá-lo em dia com as idéias dominantes no campo da criminologia e, ao mesmo tempo, ampliar-lhe os quadros de maneira a serem contempladas novas figuras delituosas com que os progressos industriais e técnicos enriqueceram o elenco dos fatos puníveis.

Já em 1893, o deputado Vieira de Araújo apresentava à Câmara dos Deputados o projeto de um novo Código Penal. A este projeto foram apresentados dois substitutivos, um do próprio autor do projeto e o outro da Comissão Especial da Câmara. Nenhum dos projetos, porém, conseguiu vingar. Em 1911, o Congresso delegou ao Poder Executivo a atribuição de formular um novo projeto. O projeto de autoria de Galdino Siqueira, datado de 1913, não chegou a ser objeto de consideração legislativa. Finalmente, em 1927, desincumbindo-se de encargo que lhe havia sido cometido pelo Governo, Sá Pereira organizou o seu projeto, que, submetido a uma comissão revisora composta do autor do projeto e dos Drs. Evaristo de Morais e Bulhões Pedreira, foi apresentado em 1935 à consideração da Câmara dos Deputados. Aprovado por esta, passou ao Senado e neste se encontrava em exame na Comissão de Justiça, quando sobreveio o advento da nova ordem política.

---

- 1 **Nota do Atualizador.** A transcrição (parcial) da Exp. Mot. do CP 1940 leva em consideração o valor histórico do documento e a sua importância como meio de interpretação.

A Conferência de Criminologia, reunida no Rio de Janeiro em 1936, dedicou os seus trabalhos ao exame e à crítica do projeto revisto, apontando nele deficiências e lacunas, cuja correção se impunha. Vossa Excelência resolveu, então, que se confiasse a tarefa de formular novo projeto ao Dr. ALCÂNTARA MACHADO, eminente professor da Faculdade de Direito de São Paulo. Em 1938, o Dr. ALCÂNTARA MACHADO entregava ao Governo o novo projeto, cuja publicação despertou o mais vivo interesse.

A matéria impunha, entretanto, pela sua delicadeza e por suas notórias dificuldades, um exame demorado e minucioso. Sem desmerecer o valor do trabalho de que se desincumbira o Professor ALCÂNTARA MACHADO, julguei de bom aviso submeter o projeto a uma demorada revisão, convocando para isso técnicos, que se houvessem distinguido não somente na teoria do direito criminal como também na prática de aplicação da lei penal.

Assim, constituí a Comissão revisora com os ilustres magistrados VIEIRA BRAGA, NÉLSON HUNGRIA e NARCÉLIO DE QUEIRÓS e com um ilustre representante do Ministério Público o Dr. ROBERTO LIRA.

Durante mais de um ano a Comissão dedicou-se quotidianamente ao trabalho de revisão cujos primeiros resultados comuniquei ao eminente Dr. ALCANTARA MACHADO que diante deles remodelou o seu projeto dando-lhe uma nova edição. Não se achava porém, ainda acabado o trabalho de revisão. Prosseguiram com a minha assistencia e colaboração ate que me parecesse o projeto em condições de ser submetido a apreciação de Vossa Excelencia.

Dos trabalhos da Comissão revisora resultou este projeto. Embora da revisão houvessem advindo modificações, à estrutura e ao plano sistemático não há dúvida que o projeto ALCANTARA MACHADO representou, em relação aos anteriores, um grande passo no sentido da reforma da nossa legislação penal, Cumpre-me deixar aqui consignado o nosso louvor à obra do eminente patrício, cujo valioso subsídio ao atual projeto nem eu, nem os ilustres membros da comissão revisora deixamos de reconhecer.

**2.** Ficou decidido, desde o início do trabalho de revisão, excluir do Código Penal as contravenções, que seriam objeto de lei à parte. Foi, assim, rejeitado o critério inicialmente proposto pelo Professor ALCÂNTARA MACHADO, de abolir-se qualquer distinção entre crimes e contravenções. Quando se misturam coisas de somenos importância com outras de maior valor, correm estas o risco de se verem amesquinhadas. Não é que exista diversidade ontológica entre crime e contravenção; embora sendo apenas de grau ou quantidade a diferença entre as duas espécies de ilícito penal, pareceu nos de toda conveniência excluir do Código Penal a matéria tão miúda, tão vária e tão versátil das contravenções, dificilmente subordinável a um espírito de sistema e adstrita a critérios oportunísticos ou meramente convencionais e, assim, permitir que o Código Penal se furtasse, na medida do possível, pelo menos àquelas contingências do tempo a que não devem estar sujeitas as obras destinadas a maior duração.

A lei de coordenação, cujo projeto terei ocasião de submeter proximamente a apreciação de Vossa Excelencia dara o criterio prático para distinguir-se entre crime e contravenção.

### PARTE GERAL

**3.** Coincidindo com a quase totalidade das codificações modernas o projeto não reza em cartilhas ortodoxas, nem assume compromissos irretrataveis ou incondicionais com qualquer das escolas ou das correntes doutrinarias que se disputam o acerto na solução dos problemas penais Ao invés de adotar uma política extremada em materia penal inclina-se para uma politica de transação ou de conciliação. Nele, os postulados clássicos fazem causa comum com os principios da Escola Positiva.

**4.** A responsabilidade penal continua a ter por fundamento a responsabilidade moral que pressupõe no autor do crime contemporaneamente à ação ou omissão, a capacidade de entendimento e a liberdade de vontade, embora nem sempre a responsabilidade penal fique adstrita a condição de plenitude do estado de imputabilidade psíquica e até mesmo prescinda de sua coexistência com a ação ou omissão, desde que esta possa ser considerada *libera in causa* ou *ad libertatem relata*.

A autonomia da vontade humana é um postulado de ordem prática, ao qual é indiferente a interminável e insolúvel controvérsia metafísica entre o determinismo e o livre arbítrio. Do ponto de vista ético-social, a autonomia da vontade humana é um *a priori* em relação à experiência moral, como o princípio de causalidade em relação à experiência física. Sem o postulado da responsabilidade moral, o direito penal deixaria de ser uma disciplina de caráter ético para tornar-se mero instrumento de utilitarismo social ou de prepotência do Estado. Rejeitado o pressuposto da vontade livre, o código penal seria uma congérie de ilogismos.

Um código recente, vazado nos moldes da Escola Positiva, substituiu ao princípio da responsabilidade moral o da responsabilidade legal. Não se absteve, porém, de declarar, num dos seus primeiros artigos, que às penas somente está sujeito o autor do crime *"quando tenha tido consciência das consequências do ato, prevendo-as, querendo-as ou favorecendo-as"*. A incoerência é manifesta: o elemento *vontade*, que se abstraíra do conceito de responsabilidade penal, volta a ser condição necessária desta.

Se a vontade é absolutamente determinada, que importa saber se o agente praticou o crime com ou sem vontade?

É a mesma contradição em que incidia o famoso projeto Ferri, quando, depois de adotar o princípio da responsabilidade legal, dava preponderante importância à *intenção* (elemento subjetivo da vontade), ao *fim* (elemento objetivo da vontade) e aos *motivos determinantes* (formação íntima da vontade), o que importa, em última análise, reintroduzir o princípio, que se havia banido, da responsabilidade moral.

Ao direito penal, como às demais disciplinas práticas, não interessa a questão, que transcende à experiência humana, de saber se a vontade é absolutamente livre. A liberdade da vontade é um pressuposto de todas as disciplinas práticas, pois existe nos homens a convicção de ordem empírica de que cada um de nós é capaz de escolher entre os motivos determinantes da vontade e, portanto, moralmente responsável.

(...)[2]

**6.** O princípio da legalidade na conceituação formal do crime e na cominação da pena, expresso na célebre fórmula de Feuerbach – *nullum crimen, nulla poena sine lege* (e já afirmado no direito romano: *Poena non irrogatur, nisi quoe quaque lege vel quo alio jure specialiter huic delicio imposita est*), era, até bem pouco tempo, um axioma tranquilo. Indiscutível era a máxima em seus corolários: a) a lei penal não retroage (salvo a exceção da *lex mitior*); b) é vedada a aplicação analógica da lei penal. É verdade que, há meio século, Binding, na Alemanha, se insurgiu contra o veto à analogia. Entre nós, mesmo Tobias Barreto foi adversário do que, ironicamente, denominava *analogofobia*. A discrepância, porém, ficara sem repercussão, quer na doutrina, quer na legislação. Somente depois da Grande Guerra (1914-1918) é que a analogia em direito penal passou a ter fervorosos adeptos, que a reclamam sob o pretexto de maior eficiência da defesa social contra o crime. Não é compreensível – afirma-se – que fatos perigosos fiquem impunes por falta de explícitos artigos no Código Penal O Código russo de 1926 foi o primeiro a afiançar a nova corrente de ideias, abolindo a proibição tradicional da analogia penal, e fazendo de sua *parte especial* um simples *catálogo de exemplos*. Seguiu-se-lhe o Código Penal dinamarquês, de 1930, em cujo artigo primeiro se declara que os preceitos penais se aplicam aos fatos não previamente incriminados desde que inteiramen-

---

- 2 **Nota do atualizador.** Foi excluído o item nº 5 porque trata das penas que não são objeto dos Comentártios deste volume.

te assimiláveis aos previstos na lei. Finalmente veio a lei alemã de 1935, que, alterando o art. 2º do Código de 1871, reconheceu a legitimidade da aplicação analógica da lei penal e permitiu ao juiz a imposição da pena por um fato não expressamente declarado crime, uma vez que a repressão se mostra justificada segundo o conceito fundamental de um dispositivo penal ("*Nach dem Grundgedanken eines Strafgesetz*") ou "segundo a sã consciencia do povo" ("*Nach gesunden Volksempfinden*"). O argumento central em favor da analogia é que a sua proibição favorece os criminosos astutos ou suficientemente hábeis para contornar a lei sem incidir em qualquer de seus dispositivos.

*Prima facie*, o raciocínio é impressionante; mas, apreciado em cotejo com a realidade dos fatos, perde inteiramente o seu prestígio. Para desacreditá-lo, demos a palavra ao Prof. PAUL LOGOZ, de Genebra ("*Schweizerische Zeitschrift für Strafrecht*", 1938, 1° fasc.) *"...lorsqu'il s'agit de préciser ce grief en citant des faits tirés d'une pratique déjà longue, les cas d'impunité dont on fait état sont toujours plus ou moins les mêmes et ne constituent pas une liste très impressionante. On cite le vol d'électricité, la grivèlerie, certains cas d'obtention frauduleuse de telle ou telle prestation (un parcours en chemin de fer ou le fonctionnement d'un appareil automatique, par exemple). Il n'y a guère plus. Mais s'il est vrai que de tels actes ont pu, tout d'abord, trouver certains codes en défaut, cela justifie-t-il l'abandon d'une garantie dont, peut-être, on ne peut mésurer toute la valeur que quand on en est privé? Pour quelques acquittements dont la portée est assez minime et auxquels d'ailleurs un législateur vigilant peut couper court à bref délai, vaut-il vraiment la peine de courir des risques beaucoup plus graves?"*

A adoção da analogia em direito penal, para que o juiz eventualmente se substitua ao legislador, importará, inevitavelmente, na insegurança do direito. Nem mesmo poderá subsistir um nítido traço distintivo entre o injusto penal e o fato lícito. O texto expresso da lei cederá lugar a sensibilidade ética dos juízes acaso mais apurada que a moral média do povo. Além disso, haverá o grave perigo de expor os juízes na criação de crimes ou na imposição de penas, a pressões externas, a paixões dominantes no momento, as sugestões da opinião pública, nem sempre bem orientada ou imparcial.

Entre nós, o legislador penal não pode, sequer, vacilar no acolhimento do *nullum crimen, nulla poena sine lege*, pois figura entre as *garantias individuais* asseguradas pela Constituição a de que *as penas estabelecidas ou agravadas na lei nova não se aplicam aos fatos anteriores* (art. 122, nº 13). No artigo primeiro do projeto ficou assim consagrado o princípio: "Não há crime sem lei anterior que o defina. Não há pena sem prévia cominação legal".

**7.** A seguir, o projeto resolve outras questões de direito intertemporal. Três são as hipóteses que podem ocorrer: a) um fato considerado crime, pela lei vigente ao tempo em que foi praticado, deixa de o ser por lei posterior; b) as duas leis, a anterior e a posterior, incriminam o fato, mas a última comina pena menos rigorosa (quanto à espécie ou à duração); c) ambas as leis incriminam o fato e cominam a mesma pena *in abstracto*, mas a atual é, por qualquer outra razão, mais favorável que a anterior (como, por exemplo, se reconhece uma atenuante estranha à lei antiga).

Nos casos *a* e *b*, a lei posterior retroage, subvertendo até mesmo a *coisa julgada*, ressalvados os efeitos civis da condenação. No caso *c*, porém, a retroatividade da lei posterior detém-se diante da *res judicata*, isto é, a lei posterior só se aplicará aos fatos ainda não irrecorrivelmente julgados. Há uma conveniência de ordem prática a justificar este último critério, diverso do primeiro. Evita-se com ele uma extensa e complexa revisão ou ajustamento de processos já ultimados. Se injustiça grave surgir em algum caso concreto, poderá ser facilmente remediada com um decreto de *graça*. Não havia necessidade de declarar expressamente que, no caso de sucessão de várias leis, prevalece a mais benigna, pois é evidente que, aplicando-se ao fato a lei posterior somente quando favorece o agente, em caso algum se poderá cogitar da aplicação de qualquer lei sucessiva mais rigorosa, porque esta encontrará o agente já favorecido por lei intermediária mais benigna.

**8.** É especialmente decidida a hipótese da *lei excepcional ou temporária*, reconhecendo-se a sua *ultra-atividade*. Esta ressalva visa impedir que, tratando-se de leis previamente limitadas no tempo, possam ser frustradas as suas sanções por expedientes astuciosos no sentido do retardamento dos processos penais.

**9.** É fixado o princípio fundamental da *territorialidade* da lei penal, ressalvadas apenas as exceções constantes de convenções, tratados e regras de direito internacional. Absteve-se o projeto de definir até onde vai a renúncia da competência jurisdicional, decorrente das *imunidades diplomáticas*, bem como a extensão do chamado *território fictício*, pois tal matéria escapa ao alcance de um código penal, dependendo de acordos entre o Brasil e outras nações, ou devendo ser deixada sua solução às normas do direito internacional. Com razão, dizia Angel Rojas, quando da elaboração do atual Código Penal argentino: *"Pensamos que lo que está regido por el derecho de gentes no debe ser objeto de las leyes internas de un país. Si lo que éstas disponen se encuentra ya arreglado por aquél, esas leyes son superfluas; si contraria el derecho de gentes, no son aceptables; si omiten* *casos previstos por la ley de las Naciones, la omisión no importa subtraer esos casos al imperio de dicha ley"* (*Código Penal de la Nación Argentina*, edição oficial, pág. 498).

**10.** É adotada a *teoria da ubiquidade*, quanto aos denominados "crimes à distância", teoria essa resultante da combinação da *teoria da atividade* e da *teoria do efeito*: aplica-se a lei brasileira não só ao crime, no todo ou em parte, cometido no território nacional, como ao que nele, embora parcialmente, produziu ou devia produzir seu resultado, pouco importando que a atividade pessoal do criminoso se tenha exercido no estrangeiro. A cláusula "ou devia produzir seu resultado" diz respeito à *tentativa*. Alguns códigos, como o polonês e o suíço, tomam como critério determinante do lugar da tentativa a intenção do agente. Era o critério do projeto SÁ PEREIRA, que não nos pareceu acertado. Quando se trata de localizar o crime consumado, não se atende a essa intenção, e não há motivo para que se proceda diversamente em matéria de tentativa.

O art. 5º cuida da excepcional *extraterritorialidade* da lei penal. Há certos crimes que afetam tão diretamente o interesse do Estado, que, embora cometidos no estrangeiro, é como se fossem praticados no próprio território nacional. Os autores de tais crimes são punidos segundo a lei brasileira, ainda que já tenham sido absolvidos ou condenados no estrangeiro (art. 5º, § 1º).

No art. 5º, n° II, e §§ 2º e 3º, são consagradas regras que se inspiram no princípio da *universalidade do direito penal* ou da cooperação internacional na repressão da delinquência, ainda que se não trate daqueles crimes tradicionalmente chamados *de direito das gentes*.

Ficam sujeitos à lei brasileira, embora praticados no estrangeiro, mas desde que seus autores ingressem no território nacional, os crimes: a) que o Brasil, por tratado ou convenção, se tenha obrigado a reprimir; b) de que tenha sido agente ou vítima um brasileiro. A adoção do princípio da *personalidade ativa*, formulada na alínea b do nº II do art. 5º, tanto mais se impunha à regra do *non bis in idem*, dispõe o art. 6º que a pena cumprida no estrangeiro, pelo mesmo crime, atenua a pena imposta no Brasil, quando diversa, ou nela é computada, quando idêntica.

O art. 7º aceita, parcialmente, o critério da internacionalização da sentença penal, também inspirado no sentido da solidariedade universal contra os criminosos: a sentença penal estrangeira será aplicável no Brasil, para sujeitar o condenado à reparação do dano, à restituição dos *producta sceleris* e a outros efeitos civis, às penas acessórias e medidas de segurança pessoais, desde que haja identidade entre a *lex fori* e a lei brasileira.

## PLANO GERAL DOS COMENTÁRIOS AO CÓDIGO PENAL

NÉLSON HUNGRIA, vol. I tomo I: arts. 1º a 10, RJ: Forense. 4ª ed. 1958

NÉLSON HUNGRIA, vol. I tomo II: arts. 11 a 27, RJ: Forense, 4ª ed. 1958

NÉLSON HUNGRIA – HELENO CLÁUDIO FRAGOSO, vol. I, tomo I: arts. 1 a10, RJ: Forense, 5ª ed. 1977

NÉLSON HUNGRIA – HELENO CLÁUDIO FRAGOSO, vol. I, tomo II: arts. 11 a 27, RJ: Forense, 5ª ed. 1978

NÉLSON HUNGRIA- RENÉ ARIEL DOTTI, vol. I, tomo I: arts. 1 a 10, RJ: Forense, 4ª ed., 1958 e 1 a 12, RJ: GZ Editora, 6ª ed., 2014

ROBERTO LYRA, vol. II: arts. 28 a 74, RJ: Forense, 3ª ed., 1958 (2ª tiragem)

ANÍBAL BRUNO, vol. II: arts. 28 a 74, RJ: Forense, 1ª ed., 1969

NÉLSON HUNGRIA, vol. III: arts. 75 a 101, RJ: Forense, 4ª ed., 1958

ALOYSIO DE CARVALHO FILHO, vol. IV: arts. 102 a 120, RJ: Forense, 4ª ed., 1958

ALOYSIO DE CARVALHO FILHO – JORGE ALBERTO ROMEIRO, vol. IV: arts. 102 a 120, RJ: Forense, 5ª ed., 1979

NÉLSON HUNGRIA, vol. V: arts. 121 a 136, RJ: Forense, 4ª ed., 1958

NÉLSON HUNGRIA, vol. VI: arts. 137 a 154, RJ: Forense, 4ª ed., 1958

NÉLSON HUNGRIA – HELENO CLÁUDIO FRAGOSO, vol. VI: arts. 137 a 154, RJ: Forense, 5ª ed., 1980

NÉLSON HUNGRIA, vol. VII: arts. 155 a 196, RJ: Forense, 2ª ed., 1958

NÉLSON HUNGRIA – HELENO CLÁUDIO FRAGOSO, vol. VII: arts. 155 a 196, RJ: Forense, 4ª ed., 1980

# ÍNDICE ALFABÉTICO REMISSIVO

**A**

Abolitio criminis, 79, 200
Abuso midiático da lei penal, 165
Alternatividade, 182
Analogia, 331
Analogia admitida, 175
Analogia e interpretação, 34, 169
Analogia *in bonam partem*, 63
Analogia *intra legem*, 61
Analogia vedada, 174
Anterioridade da lei, 3, 153
Aplicação da pena de morte e de prisão perpétua, 248
Arbítrio judicial, 69
Arbítrio judicial na aplicação da pena, 189
Asilo político, 373
Autoria intelectual do Código Penal de 1940, 367

**B**

Benefícios, 82

**C**

Causas excludentes de responsabilidade de crime, de pena ou de culpabilidade, 86
Causas extintivas de punibilidade, 84
Chefe de Estado, 234
Código Penal de 1890, crítica ao, 326
Código Penal de 1940, autoria intelectual, 367
Combinação de leis sucessivas, 206
Competência jurisdicional, 237
Concurso aparente de normas incriminadoras, 265
Concurso aparente de normas penais, 177
Concurso formal, 265
Concurso real, 265
Condições de processabilidade, 86
Conflito aparente de normas, 95
Conflito aparente de normas penais, 177
Consunção, 96, 180
Contagem de dias, meses e anos, 259
Contagem de prazo, 143, 258
Convenção de Viena, 231
Convenções e tratados, 222
Convenções, tratados, regras de direito internacional, 126
Costa e Silva, penalista, 325
Costume, 65, 175
Crime complexo, crime permanente e crime continuado, 238
Crime continuado, 344
Crime continuado (sucessão de leis), 209
Crime culposo, 337
Crime de opinião, 137, 246
Crime permanente (sucessão de leis), 209
Crime político e crime de opinião, 132, 246
Crime praticado no estrangeiro contra brasileiro, 131
Crimes à distância, 238
Crimes cometidos no estrangeiro, 128
Crimes cometidos no estrangeiro. Extraterritorialidade, 128
Crimes contra religião, 132
Crimes permanentes e continuados, 89
Crimes políticos complexos ou mistos, 136
Crimes políticos e sociais, 132, 246
Crimes puramente militares, 132

# Índice

Critério da alternatividade, 182
Critério da consunção, 97, 210,
Critério da especialidade, 96, 179
Critério da subsidiariedade, 96, 181

## D

Dados biográficos (Nélson Hungria), 383
Das penas, 330
Decurso de prazo, 144
Delito progressivo, 180
Demais princípios de Direito Penal, 195
Deportação, expulsão e transferência de presos, 248
Desatualização (monetária), 262
Desprezo de fração (da pena), 261
Destinatários das imunidades, 230
Dia-multa, frações, 262
Direito Internacional Penal e Direito Penal Internacional, 251
Direito penal de ocasião, 265
Direito penal do inimigo, 167
Direito Penal fundamental e Direito Penal complementar, 263
Discurso perante o Supremo Tribunal Federal, 278
Dogmatismo jurídico, 186
Dolo eventual, 333
Domínio aéreo, 118
Domínio fluvial, 116
Domínio marítimo, 116
Duplo processo pelo mesmo fato, proibição, 255

## E

Eficácia da sentença estrangeira, 99, 255, 257
Eficácia temporal, 213
Elaboração do Código Penal vigente, 332
Elementos constitutivos da lei penal, 161
Erro de direito, 338
Erros da lei, 65, 185
Espaço aéreo, limites, 225

Exclusão de extradição, 87
Exemplos práticos (contagem de prazo), 259
Exequibilidade da sentença penal estrangeira, 140
Exposição de motivos do CP 1940, 393
Extradição, 245
Extradição, exclusão de, 87
Extraterritorialidade, 98, 239, 242
Extraterritorialidade. Crimes cometidos no estrangeiro, 128

## F

Fato anterior impunível, 181
Fato posterior impunível, 181
Fontes da lei penal, 161
Frações do dia-multa, 262
Frações não computáveis da pena, 143, 145, 261

## H

Homenagem pela ocasião do centenário, 276
Homenagem por ocasião da aposentadoria, 276
Homologação da sentença (estrangeira), 257
Humanidade (da pena), 195
Hungria, o defensor de Chessmann, 289

## I

Imunidade absoluta, 228
Imunidade relativa, 230
Imunidades diplomáticas, 123, 230
Imunidades parlamentares, 127, 228
*In dubio pro reo* (e a interpretação da lei), 173
Individualização da pena, 196
Insignificância (princípio da), 196
Integração e interpretação, 171
Interpretação (elementos de), 171
Interpretação (espécies de), 172
Interpretação autêntica, judicial e doutrinal, 47

Interpretação extensiva, 58
Interpretação lógica ou teleológica, 53
Interpretação por analogia, 171
Interpretação, aspectos gerais, 171
Interpretação, quanto aos resultados, 56, 173
Intervenção mínima (princípio da), 195
Irretroatividade da lei penal menos favorável, 74

**J**

Juiz é o direito feito homem, 195
Juiz fetichista da jurisprudência, 51
Juiz técnico-apriorístico, 51
Jurisprudência (retroatividade/irretroatividade), 205

**L**

Legalização de injustiça material, 255
Legislação comparada, 389
Legislação especial, 145, 263
Lei complementar (reforma do sistema penal), 267
Lei escrita como única fonte de Direito Penal, 162
Lei especial excludente, 264
Lei excepcional ou temporária, 71, 213
Lei mais benigna (ultratividade), 205
Lei mais benigna, hipóteses de retroatividade, 202
Lei mais favorável (determinação da), 204
Lei nova mais favorável (retroatividade), 77
Lei penal no espaço, 103
Lei penal no tempo, 71, 197, 216
Lei penal no tempo. Direito penal transitório, 73
Lei vacante mais favorável ao réu, 209
Leis excepcionais ou temporárias, 91
Leis intermédias, 89
Leis interpretativas ou corretivas, 90
Leis n. 810/49 e 1.408/51 (inaplicabilidade da), 260

Leis penais em branco, 66, 90, 175
Livramento condicional (nota 13), 82
Local do crime (omissão no CP/1940), 236
Lugar do crime, 98, 106, 110

**M**

Mar territorial, limites do, 224
Medida de segurança, 183
Medidas de segurança e direito transitório, 91
Microssistemas (desenvolvimento dos), 264
Modalidades de crimes (momento consumativo), 217
Moeda corrente, 262
Mudança da natureza da pena, 80

**N**

Navios e aeronaves, 119
Navios e aviões públicos e privados, 226
*Non bis in idem*, 138, 252
Norma de conteúdo vazio, 262
Norma penal, Especial, 96
Norma penal, Subsidiária, 96
Novas teorias e diretrizes do Direito Penal, 303
Novos rumos do Direito Penal, 313
*Nullum crimen, nulla poena sine lege*, 15, 74, 157

**O**

Ofensividade (princípio da), 196
Omissão legislativa, 253
Ortotanásia ou eutanásia por omissão, 361

**P**

Pena cumprida no estrangeiro, 99, 252
Pena de morte e prisão perpétua, aplicação, 248
Pena de morte no Brasil, sobre a, 300
Pena menos rigorosa quanto ao modo de execução, 80
Pena, modificativos, 81
Pena, mudança da natureza da, 80

# Índice

Pena, redução quantitativa, 81
Penas acessórias, 87
Personalidade passiva (princípio), 138
Prazo, contagem, 143, 262
Prazo, decurso, 144
Prazos fatais e improrrogáveis, 260
Prerrogativas funcionais ou privilégios, 227
Prerrogativas processuais, 234
Preterintencionalidade, 334
Princípio da defesa, 243
Princípio da especialidade, 247
Princípio da justiça penal universal, 244
Princípio da legalidade, 5, 156
Princípio da nacionalidade (personalidade), 243
Princípio da personalidade (ou da nacionalidade), 104
Princípio da representação, 244
Princípio da soberania, 221
Princípio da universalidade, 104
Princípio do pavilhão (ou da bandeira), 226
Princípio real (ou da defesa), 104
Princípios adotados pelo Código Penal, 245
Privilégios ou prerrogativas funcionais, 227
Progressão criminosa, 180
Proibição de duplo processo pelo mesmo fato, 255
Proliferação de leis penais, 164
Proporcionalidade (da pena), 196

## Q
Quadro da legislação comparada, 389

## R
Reações penais (necessidade das), 196
Redução quantitativa da pena, 81
Reforma do sistema penal por lei complementar, 267
Resíduos da doutrina medieval, 328
Responsabilidade sem culpa, 336

Retroatividade da lei mais benigna, 202
Retroatividade e irretroatividade da jurisprudência, 205
Rios e lagos, limites de, 225

## S
Sentença estrangeira, eficácia, 99, 255, 257
Sentença penal estrangeira, exequibilidade, 140
Siglas utilizadas, 149
Subsidiariedade, 181
Subsidiariedade expressa, 181
Subsidiariedade tácita, 181
Sucessão de leis em relação aos crimes permanentes e continuados, 209
Súmula de efeito vinculante, 170
Súmulas da jurisprudência, 170

## T
Taxatividade da norma incriminadora, 196
Tecnicismo jurídico-penal, 66, 185
Tempo do crime, 87, 214
Teoria da atividade ou da ação, 107
Teoria da intenção, 107
Teoria da longa mão ou da ação à distância, 108
Teoria do Código Penal, 216
Teoria do efeito, 107
Teoria do efeito intermédio ou do efeito mais próximo, 108
Teoria limitada da ubiquidade, 108
Teoria objetiva (crime continuado), 344
Teoria pura da ubiquidade, 108
Territorialidade, 219
Território nacional, 111, 224
Território nacional, 224
Tipo misto alternativo, 182
Tipo misto cumulativo, 182
Tipos penais abertos, 176
Tribunal de Nuremberg, 18, 159

Tribunal Penal Internacional, 249

**U**

Ubiquidade, teoria da, 108
*Ultima ratio*, 33

Ultratividade da lei mais benigna, 205
Utilidade (da pena), 196

**V**

*Vacatio legis*, 204, 209

Este livro foi impresso nas oficinas gráficas da Editora Vozes Ltda.,
Rua Frei Luís, 100 – Petrópolis, RJ.